THE CENTURY

THE CENTURY

珍藏20世紀

珍藏

20世紀

彼德・詹寧斯
陶德・布魯斯特／合著
凱瑟琳・玻布／圖片編輯

時報出版
尊重智慧與創意的文化事業

《珍藏20世紀》

使歷史翱翔於各事之邊緣與側後，比專注在當前的觀察更要翔實。

黃仁宇

本書已有作者們自身的交代。他們希望讀者對它有看小說時一般的快慰，而不希望被束之高閣，徒充判斷「雞皮洋蔥」時之權威。換言之，他們內容生動活潑，充沛著人情味(human interest)，無意於像編修百科全書時的銖錙必較，考證精微。他們又提倡好的歷史應使讀者受衝擊，而志不在安慰讀者。這些特點非常顯明，毋庸我人置喙。

只是對中文的讀者而言，我們的文教傳統，在講學歷史時偏重於大人先生們創制、立法、宣戰、媾和的各種姿態，而不計及匹婦匹夫承受各種事物後果時的詳情。本書翻了一個面。它除了每隔約十年對發生大事具有鋪陳外，隨著各篇引用ABC電視之訪談，並附照片記載一般人在當時的目擊身受，而且這樣的講述與圖釋成爲全書之骨幹。

雖說很多被訪問者日後成爲講師、教授、律師、法官、書刊的著作者及發行人等(我想他們共同的長處爲口齒靈敏)，針對各色題材則無不身臨其境，代表著佃農、廠工、退伍軍人和移民子女等等的觀感。這樣的取材，使歷史翱翔於各事之邊緣與側後，比專注在當前的觀察更要翔實。我們需要擯斥「文以載道」之遺風，才能徹底領略此書之民主精神。

作者們坦白承認他們不離美國的觀點。讀者也可以因此立場更瞭解美國，也愈瞭解美國新聞界。

不過作者們避免對美國矜飾，例如述及三〇年代前白人私刑將黑人吊死時，有圖片爲證。書中固然有德國士兵殘殺婦孺的眞相，也指出戰時之殘虐及於彼此雙方。美軍也將宰割的日兵頭顱陳列，書中之細膩處也顯示著作者們避免偏激。希特勒固爲專制魔王，但是他之喜愛小孩(當然的，此不及於猶太血緣的小孩)已經有口共稱，此書中即有一段回憶，述者提及他幼年時，希特勒四肢著地，是爲隧道，他自己匍匐蛇行，在其胸前脅下通過，是爲火車。書中圖片之輕鬆處及於觀眾對棒球健將、電影明星、流行歌手的熱烈歡迎。絕大多數圖片不見於以前之書刊。

書中不可能使所有讀者全部一句一字的同意。例如我的很多朋友與同事即不可能對作者們處置蔣介石之行止時，忽視他所領導的群眾運動中之積極性格稱快，我只好簡潔的說，要是一個作者全盤討好於所有讀者則不如不著書。反面言之，要是讀者絲毫不能容忍與己意相違的讀物，也只好對所有書刊全不沾手。

此書以20世紀科技之發展(飛機、無線電)始，也以世紀末對科技之期望終。作者們保持帶有期望之樂觀（guarded optimism）。他們指出，本世紀之內一般人壽之延長即爲進步之表現。

中文版行文流利，忠實的反映原著的文辭，我已在瀏覽時大開眼界，今後有暇時當再繼續欣賞。我希望其他讀者也能如此。

（本文作者為知名歷史學者）

《珍藏20世紀》

凝聚了新聞記者的敏銳視角和史學家的客觀求眞精神

呂芳上

1899年12月30日夜半，離1900年24小時，也就是19世紀接近尾聲的時候，流亡在日本的梁啓超寫下了這樣一首〈20世紀太平洋歌〉：

亞洲大陸有一士，自名任公其姓梁，盡瘁國事不得志，斷髮胡服走扶桑。

扶桑之居讀書尚友既一載，耳目神氣頗發皇。

少年懸弧四方志，未敢久戀蓬萊鄉。

誓將適彼世界共和政體之祖國，問政求學觀其光。

梁任公這首歌實在難掩一個晚清知識分子對世紀末的焦慮，也不免有面對20世紀——一個嶄新世紀的徬徨。作爲一個20世紀的人，我們面對即將消失的舊世紀和即將到來的21世紀，是不是也會感覺到焦慮和徬徨？

不管20世紀是光明的世紀還是黑暗的世紀，是繁榮的世紀或是災難的世紀，走過這段路的人，沒有人會否認：這是一個變化多端、人類文明快速發展，「百年銳於千載」的世紀。曾經有人把20世紀切割成十段，每十年給它一個代表性的稱呼：一○年代揭開「變遷」的序幕，二○年代是瘋狂時代，三○年代遭到了不景氣，二次大戰主宰了四○年代，五○年代是暴風雨後的寧靜，接著是動盪不安的六○年代，七○年代被視爲自我中心的時代，八○年代是貪婪的年代，九○年代姑且名爲屏息期盼的時代。《珍藏20世紀》這部書則顯然更貼近美國人的歷史經驗，把這個世紀劃分爲12個單元，從改變的種子開其端，凸顯了一次大戰、短暫榮景、經濟大恐慌、戰爭前夕、二戰夢魘、戰後東西對峙、大眾市場、走上街頭、徬徨的年代、清新的早晨和科技新紀元。這一同時注意到政治、社會、經濟和科技劇變的描繪方式，其中正顯示了20世紀的世界，的確經歷了翻天覆地、多元而複雜的變遷。生長在跨世紀的人們，均應稍稍頓足，回顧人類共同走過、但不完全一樣的「從前」。

《珍藏20世紀》是一部與眾不同的「世紀書」。它凝聚了新聞記者的敏銳視角和史學家的客觀求眞精神，圖文生動活潑又豐富客觀，篇幅雖多，但終篇都能引發讀者的興味和注意力。由於編撰者了解時代的走向，適切的掌握時代的脈動，對出現檯面少數大人物的褒貶，不會愛惡隨心，也不致無的放矢；讓更多締造歷史的小人物躍上世紀的舞台，顯示群眾時代的來臨，也使讀者倍覺親切。

這部書不是世紀大事紀，也不是世紀流水帳。在一個主題下先有「敘事」，加上「訪談」，殿以「圖說」。敘事極少正經八百的政治圖像，閒話家常中帶出可以感受到的時代特質；訪談近於口述歷史，平凡人物說小故事卻有大學問，正反映了一般人的內心深處。圖片輔以說明，簡單扼要，等於是清楚的時代烙印。這種編排手法予讀者立體性的感受，兼具歷史的深度和廣度，可以爲一般讀者和歷史教師提供了廣大的世界觀和教學素材。許多人認爲歷史應還其本來面目，的確，史家是在盡力求眞，但更重要的是賦予意義，這部書的圖文，的確呈現了一般人所需要又很難得的「觀念」。20世紀會給人們、給後世帶來什麼樣的教訓、想法和未來的願景，讀者多半可以從這些智慧的火花中尋求。

讀過《珍藏20世紀》的人，大約心中仍不免幾分遺憾：這是一部出自美國人，具有美式口味的書！這是事實。不過，從西風東漸和傳媒的角度看，有很多先進國家走過的足跡，也會是稍後發展國家的經驗，這也應是「全球化」的另一種無奈。相對的說，我們自己也得反躬自省，中國人爲什麼老是在世界史中缺席？是史學家的責任，還是所有中國人的責任？寄望這部書的譯介和出版，能刺激我們的學界和出版界：我們也應該要有幾部具有中國觀點、台灣觀點，甚至由我們主導的具有世界觀點的《珍藏20世紀》！

（本文作者為中央研究院近代史研究所所長）

WELCOME
20TH CENTURY

20世紀到底始於1900年還是1901年曾經引發大幅爭議。左圖為1901年紐約市政廳張燈結綵慶祝新世紀一景，紐約市政府以為「一」元復始，才將1901年，而非1900年，訂為20世紀的第一年。有些人沒辦法等這麼久，有些人則乾脆連續「迎接」20世紀兩次。

目　　錄

前言：一個充滿動力的時代

本書在於回顧20世紀百年間的人類活動。20世紀是個大成功，也同樣是個大失敗的時代；是個充斥偉大與邪惡的想法的時代；更是企圖實現這些想法的善惡男女的時代。進步與衰退，仇恨與仁愛，有人莊嚴地掌握自己的命運，也有人不能掙脫於不可知的絕望與困惑，黯然退卻。

1904年，男孩們在紐約州蕭特島游泳。

本世紀究竟始於何時？有人說（而且還有不少人附和）本世紀並非始於西元1901年，而是起於1870年，正值發明時代伊始，奠定吾人置身其中的現代社會的科技基礎。或者，就如同其他論述指出，1914年，即第一次世界大戰爆發之年，掃除了19世紀以來的階級與政治架構，引進人類集體死亡與毀滅的經驗，形成本世紀最宏大亦最爲悲慘的遺跡。或是1917年，俄國的十月革命開啓了意識形態的競爭，界定了長達72年的兩極化人類世界。或甚至遲至1920年，我們快速進步的都市化社會逐漸成形。同時，當後代的歷史學者苦思如何掌握與解釋我們的年代時，無疑地，必然有等量齊觀的不同理論推定「20世紀」終於何時。但是，本書僅在於逐年記述一般人如何經驗歷史。同時，在一般人的經驗與想像中，20世紀始於西元1901年，並將止於1999年12月31日。

然而，時間起迄並不就代表歷史。要成爲歷史，我們還需要觀念、架構、方法論與觀點；本書即以審視這個時代的主題寫就我們的歷史。世界歷史，簡而言之，不過是如湯瑪士·卡萊爾所言：「無數人物傳記的基調。」但是，卡萊爾與其「英雄史觀」所屬的過去那個階層分明的世界，已經和19世紀分道揚鑣了。同時，我們的世界歷史充滿了偉大的男人與女人——科學家與發明家，政治家與藝術家，探險家與企業家，革命志士與政客，還有幾位球員——我們選擇陳述他們的故事，只因爲他們的故事相關於本世紀最強大的力量，即一般大眾，其數之眾與其勤奮不輟，開創了一個充滿動力的時代，創造了20世紀的故事。

除此之外，我們將從何解釋當代最重要，亦相互競爭的兩種意識形態──共產主義與民主政治──兩者皆宣揚由下而上的中央集權，摒除特權菁英？或是解釋本世紀最爲邪惡的魔道──希特勒的納粹集權，何嘗不是主要歸因於成功地操控「民氣」？或是本世紀最後十年間，全球通訊科技的突飛猛進，將億萬人的生活連結在一起？或者可以想想，本世紀最傑出的藝術成就並非繪畫、雕塑與文學（雖然本世紀於上述各領域都有豐富與令人印象深刻的成果），而在於另一項全新領域──通俗藝術，無意博取評論家的青睞，只爲討好買票進場的普羅大眾。如果說20世紀眞有其「聖母慟子像」，那麼一定是用賽璐珞軟片拍攝的，而非石頭雕塑的。

1910年底，福特汽車公司的「外勞」在公司的教室裡學英文。

傾聽「大眾」的聲音，聽聽活過這個世紀的人怎麼說，就是這本書以及美國廣播公司(ABC)與「歷史」頻道上的同名電視單元影集從企劃到完成，這幾年間的任務。我們往往要求受訪者做一個相當不簡單的簡單動作──就是回憶。偏偏，歷史捉摸不定。即使我們自己是這個時代的過來人，我們還是習慣以別人告訴我們的方式描述自己的時代。好比：20年代的女人都是穿著大膽的時髦女子；50年代所有的家庭都住在郊區；而且全世界都在伍德史塔音樂節的大雨中光著身子。你將發現本書的受訪者紛紛拒絕這種誘惑，他們不再被動的「回憶」，幫助我們完成本企畫既定的目標，非僅重述過去的事件，還要讓讀者（和觀眾）體驗（或再度體驗）那些事件。雖然，今人皆偏好以後見之明的優勢看待歷史上的錯誤，還諸本相，但是，重新感受當時的情感衝突則更具挑戰性。最好的歷史不在於撫平悸動，而在於激發人心，而最激發人心的經驗莫過於設身處地，試想如果自己身處1933年的德國，或1963年的伯明罕，或1968年的芝加哥，那時「我會怎麼做……」。

本書特別開闢專欄，刊載剪輯自《珍藏20世紀》電視影集中受訪者的說明文字。但是，即使是原始文本，我們也試著區隔我們的故事與其他歷史書寫。進行每一章之前，我們都要做個石蕊試紙般的測試，問一句：「我們看待這個時代的觀點和該時代的過來人相同嗎？」除了記載一時一地之事外，我們是否也掌握了當時人們的情緒，一般民眾的態度，與德國人所稱Zeitgeist的「時代精神」嗎？諷刺的是，這個過程本身就是個頗爲洩氣的經驗。因爲，過去研究偉大人物的歷史也許夾雜了某些特殊個體的眞知灼見，研究集體經驗就一定要專注在尋常百姓的特殊體質上，也就是說，體現於其榮耀與神祕之中的生命。

因此，我們聽到一位母親在1940年倫敦大轟炸時臨盆的故事，也記錄一名德軍在進攻蘇聯時愛上一個俄羅斯女孩的深情。我們採集了大蕭條時期，一個小女孩回家發現爸爸因爲缺錢，悉數挪用了她的小豬撲滿時的沮喪；以及1920年間，一個小男孩在旋扭電晶體收音機時突發的奇蹟，頃刻間，飄飄仙樂由天而降；還有一個神學院學生參加1967年五角大廈示威遊行，抗議美國的越南政策時，心裡知道自己的父親就在裡面，協助執行是項政策。我們是一位意志消沉的年輕男同性戀者的見證，他在1980年間負責接聽後天免疫不全症候群患者（即愛滋病患）的熱線電話，深深體會成千上萬個世紀黑死病帶原者的恐懼。 隨著時代的推進，我們也翔實記錄了不斷變遷的大眾心態，從本世紀第一個十年的進步主義到中期的恐懼與絕望，到1960與70年間的社會傾軋，到現在我們對科技發展的審慎樂觀。想像一位無時不在、無處不見的「某某先生」，從1900年出世，一直活到1999年，這就是我們的故事。

1939年，黑人農工到鎭上趕集途中，於密西西比州漢茲郡。

我們的歷史橫跨整個世界，但僅以美國人自身的經驗爲之。除了以國際觀點來選擇納入與排除某些事件外，我們還要自問一些問題：這個事件對美國人的生活有沒有任何直接或間接的影響？該事件可曾推動過西方思想或經驗？美國人可曾因該事件而異於其他人？美國人眞的在乎嗎？事實上，20世紀的美國人深深在乎自家門外發生的許多事情——有時置身事外較爲有利（持續的孤立主義），有時則操控事件以維護其國家利益（堅定的干預主義），更多時候，戲劇性的力量讓某些事情變得不可抗拒。美利堅合眾國的20世紀史，一言以蔽之，借用史提芬・安博思的力作——《全球主義的崛起》，在崛起的過程中，如同讀者在閱讀本書時將逐漸體會到，有時略爲頑固的美國如何與世界建立關係。

雖然本書以傳統的方式編排——即以編年順序貫穿全書，我們的意圖不在於營造專題研究，如同鉅細靡遺的百科全書或善盡職守的教科書一般，相反的，我們認爲，選擇性的看待過去這一百年，串聯一系列滿載故事的論述，較能凝聚與還原一個偉大時代的面貌。本書不及詳載許多重要的歷史事件（1915年百萬餘亞美尼亞人遭到屠殺；1970至80年間，赤柬在柬埔寨的滅種犯行；以及美洲原住民行動分子於1973年發起的南達科塔州傷膝地區佔領事件等等）。而且，請讀者不要將本書視爲一本工具書而束諸高閣，只有在參考搜尋雞毛蒜皮的資料時才偶一翻閱。請將本書文字當作一本小說來讀，欣賞本書圖片彷彿畫廊觀畫，順便看看書中第一人稱的證言部分，好比爬梳自家先人的日記一般。20世紀就在這裡。

本書大幅仰賴其他學者的學術成果。可是，除了書中數百人次過來人專訪外，我們都不直接引用原始資料。由於作者本身即爲新聞工作者，我們已經採訪過本書稍後章節中的許多事件。舉例來說，何梅尼結束法國流亡歲月，返回伊朗革命懷抱時，彼德與之同機飛行。此外，當彼德在白宮等候雷根總統共進午餐時，總統助理突然跑來告訴他挑戰者號升空失敗爆炸的噩耗。1989年捷克政變時，陶德隨同哈維爾一起走向布拉格的街道，民眾夾道歡呼「哈維爾進城堡」——即總統官邸。哈維爾由一個長期繫獄的政治犯，不旋踵成爲新捷克的政治領袖，以及後共黨專政時期新東歐的良知領袖。1961年，彼德在柏林目睹柏林圍牆的豎立，這段鮮明不滅的記憶一直縈繞心頭，直到28年後，他又在同一地點看著怪手將過去無以穿越的水泥塊，一塊一塊地擊碎。

1953年紐約市汽車大展上，
一群汽車發燒友合影。

雖然，新聞記者的觀點也許較一般讀者接近現場，卻不盡然異於一般讀者；而且，創造這段歷史時最興奮的地方，就在於這不但是我們的歷史，也是你們的歷史。像這種述說我們共同走過的歷史，如此既幸運又特殊的任務，其挑戰性絕對有別於，比如說，一般歷史學者替未曾謀面的人撰寫傳記，或是描繪一段他從未參與的時代。

《珍藏20世紀》一書中所敘述的事件，即使是發生在作者未及共襄盛舉的年代，也決不致早於其祖父母生年。彼德的祖父在第一次世界大戰期間就是赤誠的志願軍，並於1915年敵軍於西部戰線以毒氣突襲加拿大軍隊時，成爲第一批傷亡戰士。老祖父絕口不提這段經歷，更讓小孫兒滿心敬畏（直到今日，祖父身著戎裝的照片，還穩踞彼德辦公桌的一側）。陶德的叔叔年方兩歲時，不幸死於1918年人類史上最嚴重的流行性感冒，而陶德的外祖父母於1910年間雙雙在巡迴演出的綜藝馬戲團擔綱，然而，這份事業轉瞬間因大眾喜好轉向電影而被取代，並逐漸式微。

彼德的父親，查爾斯・詹寧斯，爲加拿大廣播電台新聞播報的先驅人物。彼德記憶猶新，父親如何考驗當時剛開始播報電視新聞的自己，當時還不會拿捏用字力道。老爸會對兒子說「描述一下天空」，彼德說明完畢後，老爸會叫兒子出去再觀察一遍。「現在，把天空切成幾片，再從頭一片片的描述，每一片的說明都不能重複。」陶德從小就聽父親講自己在經濟大蕭條時期的童年故事，小時候住在紐澤西州克利夫頓的勞夫・布魯斯特，總是看著孤單的流浪漢在他家門外的人行道上，用粉筆畫上記號，藉以告知下一個流浪漢，此處乃善心人家，敲個門就會有個同情的微笑與一碗熱湯。我們相信，讀者自己的回憶一定也同樣感人與深刻。

1964年紐約市反戰分子並肩示威抗議。

我們太應該感謝世世代代的前人——感謝他們兩度戰勝法西斯主義與共產主義；感謝父祖輩在戰勝疾病上的大幅躍進；感謝故人道德意識的醒覺，終能一掃整個社會歧視人種的罪惡，眞正達成社會平等；也許該爲我們在90年代的空前富足而感謝，爲許多人在30年代的生活水準，以及，即使在絕望的70年代，懷疑我們究竟還能做什麼的時候，也要感謝前面走過的人。

我們還應該爲當今的歷史意識感謝前人，20世紀的發明天才提供了一項副產品，我們得以動態方式保存現代生活的紀錄（聲音、圖像、動人的影片、錄影帶，當然還有無以數計的人工製品），其數量遠遠高於歷代總合——而且，不僅公家檔案如此，私人檔案亦然，只要你手持一部輕型電視攝影機（內建VCR），家裡還有一個閣樓專供收藏八釐米錄影帶，從每個生日派對、畢業典禮到寶寶學步一一收羅即可。也許並非人人如此（「美國人，」歷史小說家高爾・維達曾抱怨道：「根本不在乎昨天以前發生的事情」），不過，無限感謝，我們是世界史上最具有歷史意識的一代。

近年來，最受歡迎的歷史習題不外乎一些簡單問題——「當初如果如何如何，後來則將如何如何」。在這個電腦程式當道的時代，「讀者」在「閱讀」時，可以自行選擇佈局與情境，更何況拜網際網路的發達之賜，虛擬幻境充斥於現實中，這種「簡單問題」實在不足爲怪。當你閱讀本書時，可能也蠢蠢欲問，如果在歷史上某些重要關鍵時刻來個大逆轉的話，則你的世界又當如何？如果1944年搶灘登陸諾曼第的「霸王行動」失敗，則大戰又將如何發展？如果當年孜孜不倦於曼哈頓計畫的物理學家（許多學者日後深受罪惡感煎熬）未能搶先德國，先行獲取原子的奧秘，並以一朵蕈狀雲結束大戰，則今日世界大勢又將如何？如果1980年波蘭格旦斯克的碼頭工人噤若寒蟬，而未能團結支持列克．華勒沙的勇氣，則東歐又將如何？共產主義將如此迅速的瓦解嗎？有可能會瓦解嗎？我們還可以一直沒完沒了的問下去。

可是，只要想到20世紀，這種「如果……則……」問題就讓人悲喜交加，既有感慨，也是感激。就好比問一句：如果那些讓整個地球捲入第一次世界大戰的蠢人，能夠尋求較爲審愼而且和平的方式來弭平彼此間的差異——俄國人民還會回應某個長期流放在外的革命分子的工人祖國夢想嗎？然而終其一生，該夢想都只像片懸在烏拉山脈上的烏雲，飄浮無根；是否德國也能夠提前演進扎實與健全的民主體制，而非曇花一現的威瑪共和，而柏林人也不致於凝神諦聽某個瘋子的狺狺狂吠？同時，美國袖手旁觀第一次「大」戰的浴血屠殺，美國人又能迴避世代以來讓他們睡不安枕的、沉重的憤世諷俗氣氛嗎？我們還能樂觀推崇本世紀初進步的無邪年代嗎？

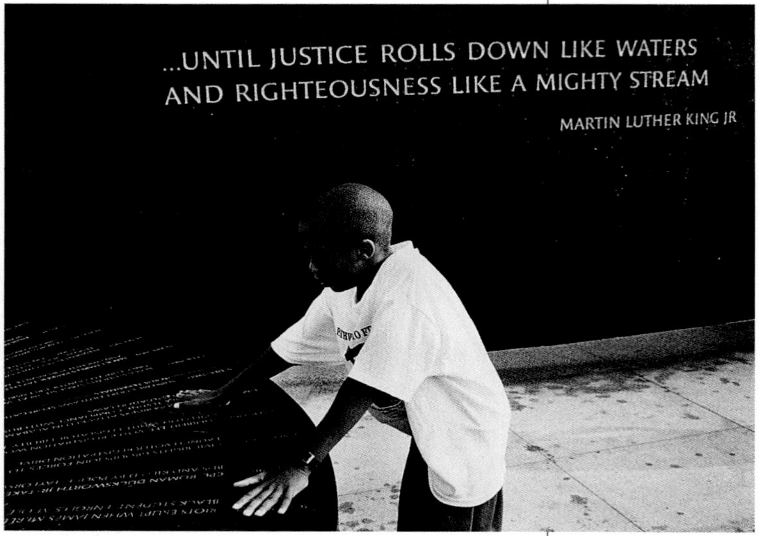

1995年阿拉巴馬州蒙哥馬利市，民權紀念堂牆上的歷史訓示。

然而，歷史不是一本電腦小說，歷史從無他途，沒有替代方案。不論榮枯興替，20世紀的故事，是「我們的」故事，也是「你的」故事，正將展現在你眼前，一部喧鬧的人類嘉年華，穿插既壯觀而驚駭的景象，俗豔又燦爛，暴虎馮河卻又豪氣干雲。

珍藏20世紀

1

改變的種子

1901-1914

改變的種子*1901-1914*

前頁：本世紀是個城市的世紀，紐約市也是世界各城市的縮影，鋼筋水泥的中心。現代的紐約市建於本世紀，圖為一名工人於即將完工的伍爾華茨大樓工地，該建築完工於1912年，為最早構成紐約市現代風貌的摩天大樓之一。

左圖：1900年，奧利佛．李平卡特的雙汽缸「動力車」，舉世第一輛無馬車輛，登上優詩美地國家公園的冰河點——戲劇性的側寫本世紀最熾熱的摩擦點——科技與大自然間的鬥爭。李平卡特自豪的說，他那「超乎想像的小機器」絕對不會「脫離這宏大山谷的常軌，也不會減損這永恆山陵的威嚴」。他真是活在樂觀主義的時代。

1893年，弗雷德瑞克．傑克遜．透納還是個年輕，不太知名的威斯康辛大學歷史學者，他應邀參加當年於芝加哥召開的世界哥倫布博覽會，與一群學者群集一堂並發表演說。舉辦該博覽會是為了紀念哥倫布之旅屆滿四百周年（但是晚了一年才舉行）。美國歷史協會選在這樣不搭軋的場景下開會，還要與會學者在鑼鼓喧天，規模過大的嘉年華會裡宣讀論文，無怪許多精英學者都託辭不克出席。可是對透納來說，那可是個人學術生涯的突破，更是他多年研究心得得以亮相的大好機會。透納熱中釣魚、健行與西部拓荒，而「拓荒」非常重要，他認為美國人的生活與個性多半要歸因於拓荒精神。而今，1890年的戶口普查顯示，開荒闢地已經結束了——所有的美國國土都已經完成探勘、放領與屯墾——這位教授已經預知美國將面臨世紀交替的危機。

7月12日，透納無心觀賞水牛比爾的狂野西部秀，更無暇趕赴密西根湖畔一睹逼真的複製維京海盜船——這還只是當年吸引2,800萬參觀人潮的芝加哥博覽會數百項節目的其中兩個而已——他正埋首潤飾當晚即將在藝術學院發表的論文。然後，心不在焉的捱過諸如「伊利諾州與威斯康辛州早期鉛礦開採」與「中世紀英語應用擴大」等討論後，他步上講台，宣讀了當時最重要的歷史論述——單就美國歷史而言，自是亙古以來最重要的。透納的「拓荒終結」理論內容扎實，擲地有聲，一瞬間，他成為歷史學界的新貴，後來更晉身為老羅斯福總統與威爾遜總統的好友。

透納的想法既創新又有吸引力。他說，美國人並非只是歐洲移民，而是自成一族的新興民族，他們甚少受到歷史的影響，就如同其制度亦很少

弗雷德瑞克．傑克遜．透納

「原野魅惑了拓荒者……原野驅使拓荒者跳下火車車廂，搭上白楊獨木舟。剝下文明的衣飾，套上獵衫與鹿皮鞋……一點一滴的，拓荒者改變了原野，結果卻不是歐洲的複製品……而是個全新的產物，就叫做美國……」

拓荒於美國歷史之重要性

受到環境影響一般。對透納來說，美國人的根性植基於向西開拓的衝勁，冒險奔向邊域的無限可能。如果當年美國人不遠千里從歐洲西來，棲停在大西洋岸，爲的是逃避高度文明與社會不義，那麼，當東岸已然飽和並出現舊世界的症狀時，某些人必然要進一步向西開拔。

透納以爲，眞正的美國人應該日新又新，不斷地重塑自我，拓荒就是他的宗教，開闢邊域可以洗滌世俗罪惡，重拾生命最基本的德行。這位史學家在拓荒生涯中細數許多美國人最顯著的特質由來：取之不盡的土地讓他慷慨樂觀；邊疆地帶的艱苦生活教他自立自強並養成個人主義；開墾的挑戰迫使他適應，創新甚至要民主地與他人合作。在西部，人人光桿一條，如畫家雷明頓所言，個人評價全看打拚成果，無關先祖傳統，政府管理越少越好，再說，政府在那種狹小的莽林邊境要幹什麼？自然而然的，越來越多人到達邊境，聚落文明益形複雜——政府規模擴大，社會層次逐步鮮明——直到最富探險精神的先驅者再度向西挺進。然而逐漸的，隨著開墾人潮由東向西邁進，他們所留下的社會也逐漸成長，愈發「美國」化且越少受舊世代傳統的箝制，由是，也逐漸生成國族的性格。「美式民主並非產自任何理論家的夢想，」透納正色道：「民主來自美國森林，而且每接觸一次新邊域，民主的力量就越強健。」

只要新地無垠，透納敘述的歷程就不會中斷，可是，探險家終有抵達地平線的一天，美國也要面對開國以來最大的挑戰——今後將往何處去？透納在拓荒終結之時，看到美國歷史上一個大時代的結束，也試著找尋另一個初露曙光的開始。既然「美國人」，他寫道：「需要開闊的天地以發洩無窮精力。」另一個西部——或曰道德上與精神上的新西部——即將爲之探索開闢。果不其然，透納預測美國人將逐漸生成社會良知，因爲他們再也不能以遷徙來逃避社會問題。也有人不做如是想。透納的理論對他們來講，不啻宣告美國註定要衰敗的將來，也是美國步入中年的第一個徵兆。邊域不再，美國難道也要步上歐洲僵化的前塵嗎？即便美國沒有僵化，又怎能確定這股衝勁會轉爲提倡社會福利，而不會導向侵略性的對外政策、攻城掠地以開發更多土地與市場？

透納本人的經歷倒是和移民相反，論文發表的成功爲他贏取一席哈佛大學教職，一躍成爲當代美國史學大師。束手縛腳地住在劍橋的文明世界裡，透納自稱是「房子裡的西部人」，有時還在自家布雷特街住宅的屋廊下紮營，睡在麻薩諸塞州的市區「荒野」中。透納的專業生涯也因而略遭困頓。雖然，萬方矚目透納的學說（其粗獷氣息正符合不少美國人的自我形象），而拓荒的迷思構成了20世紀的大眾文化（激發了簡．葛雷的小說、約翰．韋恩的電影與50年代的戴維．克羅奇風潮等等），可是，許多

1910年，一位領導風潮的英國飛行員示範駕駛他的「飛機」，掠過白宮上方的數呎高空。「當時，人們將飛行當作不可能的任務，」歐維爾．萊特回憶道「除非親眼看見，否則誰都不會相信。」

人以爲透納應該寫就的學術專書一直沒有完成，他過世多年後，歷史學者開始譏評他的學說，一則不堪證實，二來流於懷舊。

不論如何，透納還是當代的風雲人物，他的理論也適足說明一個國族的夢想與恐懼，尤其在面臨社會、政治與精神的嚴重失序時。世紀轉換之際，遷徙的流風一路席捲美國，許多人以爲維持穩定之道只有緊緊的向下扎根。

耶穌誕生（即所謂西元紀年由來）後的2000年來，西方文化素來不太重視每個世紀的結束與開始。農耕世界裡，大自然的循環──上帝的時鐘──規範著人們的生活，日出而作，日落而息，不過是大自然持續循環的一環，不論日曆上的規定如何。但是，在15世紀末與現代

這張歌單的封面代表當代熱中科技的深深執迷。

之初，尤其是建立商業經濟之後（時間開始被視為商品），伴隨而生的是不斷進步的觀念，人們越來越重視日曆。同時，也逐漸形成世紀末的緊張感，似乎在世紀轉換的前一年將發生奇幻般的變化，我們要用確切的過去交換神秘的未來，人們心醉神迷於各種可能，也魅惑畏懼於未知的種種。這種態度在1890年間最爲顯著，當時一句法文「fin de siecle」，意即「世紀末」，立即體現即將傾圮的頹廢感，造成不單在巴黎，幾乎整個西方世界都難以倖免的損害。

19世紀的結束爲何夾帶如此的緊張與陰影？因爲，該世紀的盡頭正巧與許多絕對價值的終結同步。1859年，達爾文首度提出其演化與天擇理論，並於1872年再加以修正，人人低迴，個個重新檢視人種的起源與生命的意義。宗教教義不能再耽溺於基本教義之中，世間萬物不再是某個法喜充滿的造物者的傑作，而是在道德中立的激烈競爭之下，最具侵略性的參賽者將斬獲最多。同期間，民主主義與社會主義執全球政治思想牛耳，二者之共同教條，至今仍不能否認，意即，唯有破除精英主義，還政於民才能維持社會秩序。最後，隨著19世紀接近結束，科學與工業的突飛猛進預告人們與自然環境間將開展截然不同的關係，科技即將征服黑暗（發明電燈），征服地平線（發明汽車），並且解除許多勞務的負擔，甚至還引進了新形態的娛樂活動（留聲機與電影）與通訊方式（電話與無線電）。

機械看來就是人類的奴隸，忠誠可靠，保用萬年，足證人類能夠掌握其週遭環境。越來越多人離開農場，遷居到機械打造的世界展開新生活。雨後春筍般急速發展的大都會如：巴黎、聖路易、水牛城、亞特蘭大，當然還有芝加哥，紛紛在世紀之交籌辦博覽會，展現科技文明的大好願景，而當時許多參觀民眾連柏油路面都覺得很新奇呢。

普查結果不但正是美國西部的狀況，也是全球一致的趨勢，彷彿正值上一段歷史之盡與下一段歷史伊始。1911年，人類已完成探勘世界的盡頭，美國探險家羅伯．皮里登上北極，挪威人勞伯．艾蒙生發現南極——以最直接的方式體現透納的理論。但是，既往時代已筋疲力竭之感，不僅在於地理發現上。闊步前行於1900前數年，藝術不再模仿或重現現實，先是碎解爲許多「小方塊」（如馬蒂斯所稱，並藉此命名最新穎與最激烈的繪畫意識型態），將本世紀導入抽象藝術無窮無盡的探索中；音樂家拒斥傳統和諧理論，轉效荀白克的「十二音」新猷；文學作品賣弄敘事技巧；物理學家在發現電子後，研究重點從19世紀的大宇宙力量——物質與能量，移入次原子粒子的小宇宙世界，研究成果最後綻放於廣島上空。時間上極度湊巧的是1901年維多利亞女皇的喪禮，維多利亞成爲18世紀的同義詞，女皇也隨著時光飛逝而撒手人寰。

萊特兄弟在哈夫曼草原——

「爸爸說，『咱們的小子今天要試飛……要是飛得起來……就創造歷史了！』」

當我小的時候，我們家還沒有電，晚上要點很多根蠟燭照明，當然，我們家裡也有瓦斯裝置。街上有街燈，每到傍晚，就會有個街燈小童，肩膀上扛根長桿，沿街點亮街燈。小孩子看到點燈的人都會很高興，因爲這代表大夥還可以再多玩一會兒，即使天都黑了。有時甚至天黑了，我們還可以在街上遊行，我們把蠟燭放在舊的鞋盒子裡做成燈籠，所有的小朋友都提著他們的簡易燈籠列隊遊行，爸爸媽媽和祖父母則坐在房子前廊看著。

我爸爸是個工程師，在俄亥俄州戴頓市有個辦公室，當時他幫我們家在鄉間設計與建造一棟配備電力設施的房子，那個時候，這可是很摩登的。

本世紀開頭那幾年眞是白雲蒼狗。我還記得家裡的第一具電話，接電話要面壁站立，對著機器講話，我們和四、五家鄰居合用一條線，有時候搞不清楚倒底是誰在跟誰講話，卻仍然很開心。有人擔心生活的改變這麼快又這麼大，可是我爸爸一點兒也不擔心，他對於眼前的一切都非常感興趣。

有一天他提早下班回家，跟我們說，「大家準備出們，咱們的小子今天要試飛，說不定會一舉成功」。我爸爸總是喊萊特兄弟「咱們的小子」，他說「我們趕快去占位子，就可以先看到他們試飛成功創造歷史了！」接著他把老尼普套上四輪馬車，我們一路趕往進行試飛的哈夫曼草原。我們家和萊特家是多年好友。奧維爾和韋伯的外甥女依鳳妮特是我童年最好的朋友，他們的腳踏車店跟我們家在同一條街上。奧維爾和韋伯對「飛」一直很有興趣。我記得自己和依鳳在萊特家的前廊玩，奧維爾和韋伯在另一邊盯著天上的鳥看。當他們開始搞會飛的機器時，馬上就傳遍鄰里，很多鄰居懷疑他們在搞什麼鬼，有人說「看吧，這兩個一定得回頭去修理腳踏車的，我就不信世上有什麼會飛的機器。」因爲我們家和萊特家很親，我覺得這種話很難聽，好像在嘲笑自己家人一樣。爸爸總是替他們講話，「你甭管他倆在幹什麼，他們知道自個兒在幹什麼。」萊特兄弟也從不諱莫如深，腳踏車店門戶大開，誰都可以進去參觀。他們如此執著於製造飛行機器，埋頭苦幹，任何閒言冷語都無法動搖他們。

我爸爸曾經載我們到哈夫曼草原好幾次，奧維爾和韋伯拿那裡當試飛場，有時他們也只在試車，修修推進器，發動引擎或是讓飛機在地上跑來跑去。可是這一回，爸爸聽他們說要飛了，其實，奧維爾和韋伯在北卡的奇地霍克(Kitty Hawk)已經飛過一次了，只是沒有報紙報導，一般人也不相信他們眞的飛過。所以，對我們來說，那一天他們是眞的在向不可能挑戰。

爸爸知道哈夫曼草原上有個斜坡，視野絕佳，尼普老馬識途將馬車拖到坡上，我們好比雕像一般聚精會神的靜觀其變。底下已經熙熙攘攘，我們正好可以鳥瞰全景。爸爸非常興奮，揮著拳頭說「注意了！聽我說，你們一輩子都會記得這一刻的！」尼普漸感騷動不安，爸爸得爬下馬車，摸摸牠的鼻子，拍拍牠的頭，同時還要把尼普的繩子繫緊一點兒，因爲飛行機器的引擎實在太大聲了，怕會把馬給嚇跑了。草原外圍萬頭鑽動，我們好比坐在貴賓席的包廂裡，雖然距離比較遠，卻可以一覽無遺。他們發動引擎時，人們鼓掌叫好，但是大部分時間大伙兒都屏息以待。奧維爾和韋伯的一舉一動都吸引觀眾趨近探看，他倆必須不斷的請人們後退，我想，大家都快精神崩潰了。

飛機眞的起飛時眞是筆墨難以形容，我想自己大概大氣也沒喘一下，很多人都默默祈禱。眞壯觀——簡直不敢相信——我只能這麼說。飛機先是與地面有些高差，隨後即持續爬升，整個飛行過程雖然沒有超過一分鐘，卻證明了——人，是可以飛的。飛機一著陸，四周立刻響徹如雷掌聲，然後，又是一陣沉靜。沒有人能相信自己的雙眼，個個啞然佇立，甚至當我們驅車返家時，還可以看到人人臉上惘然不能置信的表情，騎在馬上，或坐在馬車裡，一直搖頭。沒有什麼人在談論這件事，當年咬定萊特兄弟飛不起來的長舌男女怎麼都銷聲匿跡了？我覺得全身虛脫，好似目睹一個奇蹟一般。我在馬車裡和爸爸理論，我說「我知道我們可以像這樣放風箏，可是，他們怎麼可以這樣子『放』那個機器飛上天去呢？」爸爸說「這我也不知道，你得去問奧維爾和韋伯。」

下圖：葛立普（右）與妹妹羅琳．黑爾攝於1905年。

左圖：1904年萊特兄弟在哈夫曼草原試飛飛機。

——瑪寶．葛立普，1896年生於俄亥俄州戴頓市，住家距萊特兄弟的腳踏車店僅隔數戶。她結婚、持家，終其一生都住在戴頓市。

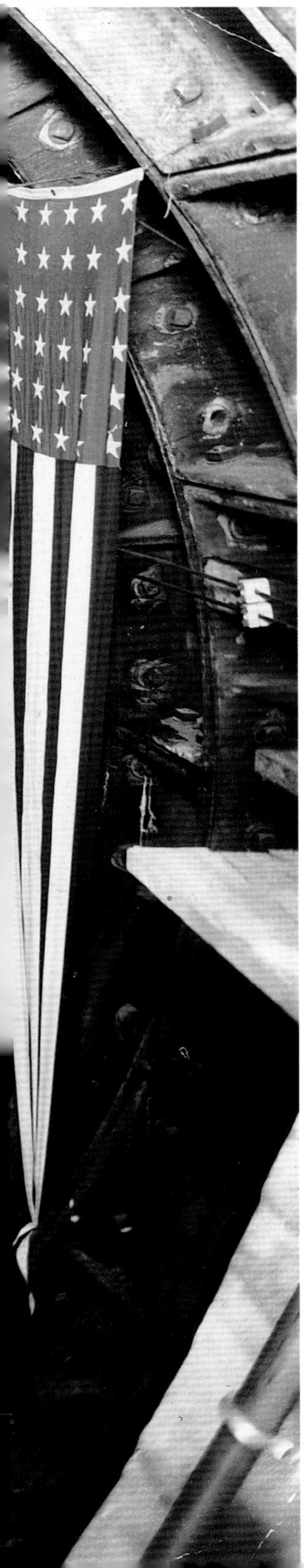

完成都市基層建設何等可喜。圖為紐約市一處河底隧道於1907年竣工誌慶典禮。工程師、政治人物與資本家齊聚地下，目睹前不見古人的科技躍進，其中有人還參加過南北戰爭，可謂全程奉陪了工業革命的始末。

正當歐洲以文化與藝術邁入現代，在美國，卻是由科技大聲宣布對未來的承諾，帶著發現與探勘的狂熱，確信新時代會是更好的時代。美國的發明天才（愛迪生、萊特兄弟、貝爾）讓全世界都振奮於無限的可能，更重要的是，美國的工業家（洛克斐勒、卡內基）與系統建造者（福特、泰勒、英素爾）懂得如何將科技新猷應用於大眾生活中。有誰能不爲之手舞足蹈？一塊又一塊，一件又一件，設計再設計，蓄志銳進的美國資本家以人造世界替換了自然世界，不僅爲特權階級立命，更爲全體人類開創新生活，開創一個完全逾越自然限制的世界，完全符合人類需求的世界，舒適、歡樂，最重要的是——絕對自由。然而，正因爲完全逾越自然限制，又幾近史無前例，其舒適便利更無涉傳統，新時代也是在戒懼謹慎中降臨的。

現在看來，應是憂多歡少。再過幾年後，一場大戰就要進入歷史，在人們還未能甩脫1800年以降的軛控轄制，就被身不由己的推入所謂第二度創世紀。一次大戰爆發前幾年，美國人已經忙不迭地自我調整以迎接新生活，小心翼翼地面對某些據說將影響他們一百年的挑戰。譬如說，該如何在令人雀躍卻陌生的新時代保留美國的傳統呢？一個非集權的農業共和國又該如何躋身於都市與工業主導的世紀呢？居民多爲白種盎格魯．撒克遜人的國家，又該如何伸出雙臂歡迎來自其他文化的移民？美國人種族平等的理想，又該如何與環境與生物決定論折衝樽俎呢？又該如何實踐美國人肩負的神聖使命——「推動世界進步，保衛和平正義」呢？的確，該如何在驚懼與狂喜交加的20世紀做個美國人？

如果未來有個形狀或是標誌，那一定非摩天大樓莫屬。這項建築奇蹟確實是在19世紀末，從芝加哥的灰燼中成長茁壯的。芝加哥市於1871年全城付之一炬，爾後，謝絕木材、磚頭與鐵塊，該市以相當現代的建材與工法——鋼鐵、玻璃、以及鋼筋混凝土構築框架，建築物的重量不再像過去一樣完全由牆壁支撐，而是懸吊在整個結構體中，大廈才能直入雲霄，成爲都市的穀倉與天柱。摩天大樓眞是拓荒終結的直接反應（向上發展取代平面的攻城掠地），而其時代印象投射如此鮮明，還激發了某個康乃狄克州製造商的靈感，生產了本世紀最耐玩也最受歡迎的玩具——直立玩具組。更重要的是，新大樓不再沿用過去芝加哥名建築師路易士．蘇利文的招牌——四平八穩的簡單屋頂，而改採向上穿透的教堂尖塔，說明新時代亟待追求的新價值。1913年，紐約市的伍爾華茨大樓開幕啓用，樓高60層，高達792呎（約240公尺），並大言不慚的自誇爲「商業總教堂」。

「對我而言，建築不只是一種藝術，而是宗教，而且這種宗教正是民主政治的一部分。」

芝加哥建築師
路易士．蘇利文

1912年，伍爾華茨大樓攝於即將完工前，該華廈獨領全球最高建築物之銜達17年之久。

紐約市一馬當先向上發展，曼哈頓島雖屬彈丸之地，然而位於美國主要進出港口，本世紀初年，島上林立的新建築正好讓成千上萬奔向美國海岸的移民留下「向上運動」的深刻印象。每個外來移民在遣赴艾利斯島的行政中心前，都會先經過聳立港邊的自由女神像——象徵他在新家鄉不可或缺的樂觀精神——其實，他早已滿懷狂熱就要投入新世界的懷抱。當時百萬民眾勇渡大西洋，其中許多人是爲了逃離中歐與南歐的猶太人大屠殺與貧窮，對他們來講，美國眞是個重生的機會。

從1890年到1910年共計有1,300萬移民湧入美國，美國人口大增，更劇烈的改變了以往單純而高同質性——多爲英格蘭、蘇格蘭、日爾曼與愛爾蘭後裔組成的公民結構，轉爲由多種族裔形成的混合族群。如果說，19世紀的美國代表白種人、盎格魯．撒克遜以及新教徒，20世紀的美國就是白種人、黑種人（恢復自由身的黑奴也要爭取到更好的人生）與黃種人的。宗教上不再只有新教徒，還包括了來自俄羅斯與希臘的東正教人士，信奉天主教的地中海國家民眾與老家在俄羅斯與波蘭的猶太人。這支浩浩蕩蕩的移民大軍，背景殊異，信仰不同，生活習慣更是南轅北轍，正面衝擊美國人的理想。

這群新客過去多半務農，卻不遠千里來到美國的工廠找工作，新興工業又多以城市爲重鎭。過去他們在南義大利、俄羅斯與東歐斯拉夫國家的炎炎日頭下揮汗耕地，現在他們除了要聽命亟盡壓榨的領班指揮外，還要豎起耳朵聽汽笛聲響，準備下班。本世紀的前幾年間，好幾百萬的新移民，擠在美國中型的工業城鎭掙錢（曾有人估算，單就麻薩諸塞州羅倫斯市一家紡織廠內，就有25種語言同時交互流通），還有更多人投身現代化的中心任務——建設大城市。在告別薩丁尼亞的土壤後幾個禮拜，某個義大利年輕人可能就搖身一變改挖地下鐵甬道，給台車鋪軌道，路面鋪柏油，建造橋樑或是埋設污水排放與電力系統，甚至高踞在鋼筋大樑上，撐起另一棟新摩天大樓。多虧了這些辛勤奮鬥的新美國人，1906年被一次大地震震垮、並造成20多萬人無家可歸的舊金山市才能在三年內復甦，當年淘金熱時麇集的木造建築，皆爲鋼筋地基取代，比過去要耐震多了。

對於老派的美國人來說，也就是其父祖輩在前幾世紀就先行移民者，新移民與新世紀紛至沓來，著實教人困惑。許多美國人首次意識到大都會生活的困擾，隨著都市快速而無節制的成長，煙塵、貪污、疾病與摩肩接踵的街道等等；有的人會把這些問題當作是外國人蓄意破壞美國體系的結果，而非都市集結的副產品。實際上也是如此，本世紀初，紐約市有「哈德遜河畔的歐洲」之稱，群集各色族裔——各族在擁擠

移民故事：

逃離屠殺，奔向「遍地黃金」的夢土

我出生在一個俄羅斯小鎮，全鎮居民只有一萬人。我父親製造馬車讓布爾喬亞階級乘坐在禮拜天遊車河。當時，他什麼工具也買不起，只有以雙手十指打造，所以每一輛馬車都得花上六個月才能完成。父親甚至得將馬車上的舊漆磨下來，再提煉爲新漆好塗在新馬車上，我永遠不會忘記父親小心翼翼的混合油漆的樣子與味道，培養了我小時候對色彩的喜愛。爸爸的有錢客戶在馬車交車前一毛也不會付，所以我們只有挨餓，媽媽每個禮拜會去市場賣點兒糖果小吃貼補家用，可是還是捉襟見肘。

我們鎮上的猶太人大概有兩千多人，我們是其中一家。我們三不五時總要忍受莫名其妙的惡毒指控，他們說我們是「壞猶太人」或「基督殺手」，還說我們通通該死。1905年，有一次俄國人沿街搶砸猶太人擁有或經營的店鋪，我還記得媽媽把我藏起來，怕我受到傷害。我的兩個哥哥那時就決定要到美國打天下，反正猶太人在俄國也沒飯吃，我兩個哥哥在美國一定會有工作，因爲人家說，美國就是遍地黃金，走在路上都會撿到錢。哥哥們到了美國幫人家粉刷房子，還存錢把我們全家都接過去。

我在搭船前往美國之前從來沒有看過海，開航時，巨浪拍岸，驚險萬端，然而，海面之寬闊無涯又讓我大開眼界。當我們一到紐約港和艾利斯島，我看到自由女神像就爲大好前途而喜不自勝，紐約市的高大建築更讓我目不暇給，在我老家只有磚房瓦屋，在這裡，什麼東西都又大又新。艾利斯島上的官員盯著我的眼睛看，又檢查我有沒有頭蝨，在確定我們一家人都沒病後，我們就到了美國。

當我看到伍爾華茨大樓時，我不敢相信怎麼有房子能這樣直上九天？我心中充滿了希望，心想自己一定能像這樣成爲誠正又能創新，頂天立地的男子漢。可是，這些大樓也讓我迷失，紐約比俄國老家大上好多好多——好比一灘潑墨與一個小點之差。我從下百老匯街進了伍爾華茨大樓，箱型電梯倏地將我載到頂樓，啊！怎麼會有這種事情呀！

起先，我不敢搭地鐵，不敢走進那個黑漆漆的地洞，我以前只知道騎馬和騎腳踏車。直到有一天我跟一個在第11街與雷諾克斯大道口的地鐵出口處擺書報攤的人聊起來，他叫我別怕，裡頭不過是鐵路罷了，我才鼓起勇氣進入地下道。一進去就發現一個全新的世界。牆上廣告告訴我們什麼該買、什麼不能買，車站裡的人——黑人、黃種人，族裔不同，面容各異，我從來都沒有看過。最讓我驚奇的是，五分錢居然可以無遠弗屆，到曼哈頓南端的巴特利公園只要五分錢，到紐約市附近的楊克市居然也只要五分錢。

萊費特於
1914年留影。

——亞佛雷特·萊費特，1894年出生於烏克蘭邊境上的小鎮貝拉魯斯。1911年同家人移民美國，定居紐約市，並於費瑞爾學院學習藝術課程。萊費特終生作畫，目前有20餘幀畫作為紐約大都會博物館典藏，被視為本世紀初經過艾利斯島進入美國的重要名人之一。

我本來在103街靠近第三大道上學，可是學校裡有太多外國孩子，我便毅然轉學，因爲，我想要完全融入美國人的生活，學美國人的語言、文化與思想。另外，我也想找個好工作，如果我不能講英語，人家怎麼會用我呢？於是，我找到在116街上，哈林區的一所中學，跟校長談我的問題，請他讓我面試入學。他出了兩個題目考我，第一，拼出「意外(accident)」這個字，我沒漏掉那兩個c；第二，15的三分之二是多少？我答了個10，於是，校長就「錄取」我了。在俄國，只有極少數的猶太小孩可以上學，而且還只能上猶太人的學校，名額既滿就入學無門，在美國我可以和大家一起上學。

到了紐約市沒多久，媽媽就叫我出去找工作。那時候，女用大衣上的鈕扣都是布做的，鈕扣邊上都鑲有金屬圈，既然自己喜歡畫畫，我就找了個畫鈕扣的工作，每個禮拜六塊錢。後來，聽說107街的費瑞爾學院有開藝術課程，我決定去投石問路。我跟應門的女士說明來意，她說，他們有開課，可是，今天沒錢請模特兒，所以停課。我說「甭耽心」，便把褲子脫下來，站在台上充當模特兒，就這樣進了費瑞爾。

進了費瑞爾學院後，我跑去參觀展出許多現代繪畫與藝術的兵工廠畫展，當我看到杜象名作《裸體下樓》時，內心激盪不已，眞不知道作者是怎麼構思的；其他還有許多傑作，激勵我立志做個藝術家，發掘未知的自我，繪畫不只是臨摹實物，更要畫出自己的內心。

美國開拓了我的視野，我到了美國才知道世上不只有俄國人、還有法國人、英國人、德國人與美國人。這些人我連想都沒有想過，更不可能了解他們。美國是個民族大熔爐，任何人都可以來美一展長才，創造人生。

BIG

雖然在美國，新移民的自由與機會都增加了，可是，不少人也苦於貧民區內骯髒、擁擠、污穢不堪的生活條件，左圖即紐約市的下東區。「咱們苦苦追尋的美國就是這樣子嗎？」一名猶太裔移民質疑道，「難道我們只是繞了一圈，從老家的猶太貧民區跑到另一個貧民區嗎？」

世紀交替時，艾利斯島的知名過客：

- 伊曼紐·戈登伯格（艾德華·G·羅賓遜），
  知名演員，1903年
- 以色列·白林（艾文·柏林），
  歌曲作者，1893年
- 莉莉·周瓊（克勞蒂特·考白特），
  知名女星，1912年
- 安吉羅·西西里安諾（查理士·亞特拉斯），
  倡導健身人士，1903年
- 施謬爾·蓋伯費茲（山繆爾·高德溫），
  電影製片，1903年
- 列思立·湯茲·霍伯（鮑伯·霍伯），
  知名諧星，1908年
- 納特·羅特尼（納特·羅特尼），
  足球教練，1893年
- 魯道夫·古克立米·范倫提納·達通古拉（魯道夫·范倫鐵諾），
  電影明星，1913年
- 以色列·史特拉斯伯格（李·史特拉斯伯格），
  劇場導演兼演員，1909年

「尚未美國化，還在吃義大利菜。」

20世紀早期社會工作報告

的廉租公寓裡擁抱民族傳承，有時十人一室，一個社區裡可能就有超過兩千個外來移民。都市性格與生活層面的驟然改變，不免讓某些人惶惶不可終日，於是就有人說，這些新移民不是眞心要到美國追求新生活的，他們只會把歐洲的頹廢惡習帶來污染美國海灘（「這些人…崇拜邪神異教…他們正虎視眈眈的準備張開爪子」）。

其實，這只是舊調重彈。19世紀以來，美國就一直在捍衛「在地人」的利益，甚至許多素負聲望的政治領袖都不惜揮霍自己的信譽與口才，以宣揚這種不堪細究的偏執心態。可是，現在，倡議限制移民有了新說帖，許多人擔心的危機近在眼前，如果美國要改變自己的形象，那麼新形象還是要保留一些大家慣見的舊形象。

美國在19世紀時還是個相當樸實無華的社會，人口僅6700萬，其生活之純眞與安詳非世紀末的今人能夠想見：泥土路，馬車，女人束腹緊紮，維多利亞式的客套往來，煤油燈與公用廁所，男人的圓頂禮帽，麥克古菲讀本與《仕女家庭雜誌》。城市裡櫛比鱗次的俱樂部，煙霧繚繞，核桃木的吧台面板，如同曼哈頓的麥克薛理老麥酒坊一樣（標榜供應「上好麥酒、生洋蔥以及謝絕女仕」），60%的人口還是住在鄉間，悠然適意如透納的拓荒理論所述，生活簡樸而力行美德。當年美國成人平均就學五年（政府不久前才採取積極措施降低文盲率）。然而，許多既不世故又不飽學的美國人，卻自信飽滿，並且堅守兩個信念，意即：美國是人間樂土，新伊甸園，而美國人就是上帝的選民。

1904年，爲慶祝路易斯安那州建州百年紀念日而舉辦的聖路易博覽會，就聳人聽聞的體現了前述的自大心態。在冰淇淋、漢堡與冰茶的攤位間，主辦單位自稱基於達爾文的理論，根據「頭部優勢發育論」，意即人腦大小依進化程度與種族優劣而不同，舉辦了一場人類學大展。展覽策劃人、人類學家麥克吉自承，他的主張雖然還沒找到傳統的證據支持，卻是「十目所視的恆常現象」，因此，他以不同的地理生態背景展示了一系列非洲矮黑人、日本原住民愛奴人、阿根廷巴塔哥尼亞巨人、菲律賓的小黑人、以及北美印地安人原住民——簡直就是個人種動物園——展覽的目的就是要告訴觀眾，「完美的人種」（白種人，尤其是美國的盎格魯．撒克遜人）是如何從「生番」演化到「熟番」再進入「文明」的，接下來，由於工業擴張的奇蹟又跨躍了「啓蒙階段」等等。其中不言自明的表現了美國煉金術的神奇，因爲美國，人種才能提升到更高的層次。此外，這位展覽策劃人不但有根深柢固的種族歧視，他還說，雖然目前湧入美國沿岸的新移民大多是白人，他們卻是僅具「文明」程度的白人，都需要「美佬」氛圍予以潛移默化，加以「啓蒙」改造。

本世紀早期美國人仍然是過著禮教森嚴、維多利亞式的清教徒的生活。圖為1906年新英格蘭地區一家人正在用餐，牆上掛的小橫幅字句是19世紀常見的誓詞「世人信主」。

「上帝已經註記美國人為其選民，領導全球新世代，這是美國人的神聖使命，我們可以獲得全人類的利益、榮耀與幸福。」

艾爾伯特・F・比佛立吉
印地安納州參議員

無怪乎所有前往參觀聖路易博覽會的人個個都衷心大悅。19世紀末，20世紀初的各項節慶都會穿插標榜種族優越感的主題，然而，主辦單位所料未及的是，這種展覽也迫使人們面對他們關在籠子裡的「自我」。因爲，如果按照一般人對達爾文學說的理解，人類是由猴子進化而來的，那麼，人性與獸性能相去多遠？更有甚者，如果美國的盎格魯一撒克遜白人工業社會代表「文明」的極致，那麼在攀上巔峰的過程中，人們又丟失了些什麼？

從舊世紀末到新世紀初，有好長一段時間，不論是科學家或是僞科學家都在相互競逐，汲汲搜尋猿猴到人類間一頁進化史上「失蹤的一環」，以證明自己的種族是最優秀與最進步的。到後來，這些功夫盡是枉廢。1868年，紐約州阿爾班尼發現一具「卡地夫巨人」化石，美國舉國狂歡，後來騙局揭穿，才知道這副化石不過是一尊經過強酸浸蝕的石膏像罷了，

左圖：綽號「蠻荒霸王」，人類學家W.J.麥克吉（中立者）1904年於聖路易斯世界博覽會之馬里可帕印第安人展中留影，他在這次博覽會中展出與研究了2,000多名「原始人」。「人類文化漸趨一致」，麥克吉時發妄語「不僅是因為強勢文化向外擴散，另外，也要歸因於低等文化的自然淘汰。」

上圖：麥克吉的「菲律賓大展」傳單，該展號稱由千餘名菲律賓原住民領銜演出。

當時，一個馬戲團老闆巴能還自己炮製了一個，強調這一尊才是「本尊」，並隨馬戲團巡迴展演，可謂騙王之王。德國人在國內挖到尼安德塔人的遺骨，稍後並在古代人的背骨上找到顯然爲日爾曼人頭骨的特徵。諸如此類「發現」中，最讓人拍案叫絕的莫過於1912年「出土」於英國的皮爾當人，這個成就奠定了英國爲歐洲文明的搖籃，改寫演化理論達40年之久，一直到1953年才鑑定發現爲一堆紅毛猩猩遺骨，只是某個急於出名的業餘人類學家自導自演的好戲。

當年，人們是如此心醉神迷於文明與蠻荒，以及原始人和現代人之間的關係。1913年，新英格蘭人喬・諾爾斯提議在完全孤立的狀態下，獨自生活60天，並且還駭人聽聞地在進入緬因州的森林前，褪去全身衣物以親近泥土與大地。他確實做到了。諾爾斯以白楊樹皮爲紙、木炭爲筆，書寫生活記錄，留置於樹根下，俾便尾隨其後的記者撿拾。諾爾斯和讀者分享他如何捕魚屠鹿，時而大發哲思，頌揚自然生活的德行並痛責讀者的生活過於「文明」。

諾爾斯的行徑可以說是作秀，誠如某波士頓報紙的批評，可是不爭的是，他觸動了當時某些人內心深處最爲感性的部分。當時，傑克・倫敦剛剛出版了《野性的呼喚》——敘述一隻家犬如何脫離主人的豢養，回歸狼犬的生活——爲當時最受歡迎的小說；同時，美國男童軍也成立了，其宗旨即在於避免兒童喪失森林求生的技能。諾爾斯從緬因州的森林歸來時，身上僅著熊皮，旋即前往波士頓民眾會館參加一項典禮，受到兩萬名以上的民眾歡迎。諾氏的新書《荒野獨居》售出30萬冊以上，《波士頓郵報》甚至以全版彩色刊出他的野生動物「畫作」，該報聲稱可以直接剪下、裱框，並「掛在您的獸穴裡」。即便美國人急於奔向工業化的大好前程，自豪於種種成就，人們還是忍不住回頭觀望。

世紀交替之際，「進步」一詞實在包含太多重意義了，有人如聖路易博覽會的主辦人一般肯定並擁抱進步，有人如諾爾斯爬在緬因州深林內的樹上，強力撻伐所謂的進步分子。當他們注意到現代工作環境之惡劣嚴酷，改革派的箭頭便從「完全的人」轉向「完全的工業資本主義」，當時的經濟生產還完全受控於市場的「自然律」。

當時讓進步分子提出行動的生產條件，一言以蔽之，眞是太可怕了！世紀交替之際，平均每一個工業勞動者的每周工時在59個小時以上，某些鋼鐵廠還可以延長到一周工時84小時。工資微薄，而且，有些工廠以「季」爲工作單位，經常關廠數月，工人無米下鍋，要等到下一季開工才有工作機會。紡織工人更慘，成群擠在都市閣樓裡，工資按件計酬，俾能產生瘋

1913年，全美東部以及西至堪薩斯市的報社記者跟隨與採訪「摩登原始人」喬．諾爾斯（圖中僅著腰布者）。「現代世界的生活方式根本就大錯特錯，」諾爾斯對記者剴切呼籲「文明已經偏離常軌…我們現在根本不是在『生活』，只是在『過』日子。」

狂效率，織工搏命換取「血汗錢」，工廠也以「血汗鋪子」惡名遠揚。煤礦工人的一生也不比契約賣斷的奴隸強多少，由礦場醫生接生，上礦場學校，住在礦場宿舍，死在礦場墓園裡。

新聞記者如傑可．李斯揭露一般藍領生活的殘酷無情後，震撼了許多美國人，畢竟，大家一直自豪於生活在充滿機會的大地上。1904年，調查指出美國有將近1,000萬人可謂生活貧困，稍後這個數字又增加一倍，（某個研究甚至說，「他們的生活條件遠不如你家的馬或奴隸」），強力改善已經刻不容緩了。

許多有志改革的作者（當時被譏爲「扒糞者」）也加入了李斯的行列，其中包括揭發市政腐敗的林肯．史提芬，還有因報導石油與肉品包裝業集體貪污而一戰成名的伊達．塔貝爾。但是，本世紀初期改變的關鍵還是在於選票。過去，進步改革派往往被當成反美異端，頌揚社會主義（社會主義者也確實因選舉而爭取到立足點，甚至於競逐1912年的總統大選），但是，一方面因爲美國社會長期享受繁榮與穩定，久而久之，自然會靜極思動而力求改善，改革主張也掀動中產階級的心湖，大家都想替困在「血汗鋪子」與煉鋼廠裡的勞動大眾做些什麼。如同堪薩斯報人威廉．艾倫．懷特有言，美國人務實的形象已經稍作修正，美國人已經「刮掉鬍子，洗淨襯衫，（還）戴上一頂圓頂硬帽」。

事實上，社會對於改革的開放態度也可以歸因於當時方興未艾的科學新信仰，科學即無懈可擊的事實，詳細解說與分析了人類所有的行爲。偉大的發明時代，通常定義自1870年至1920年之間，更加強了天才發明家的形象，其中又以湯馬士．愛迪生最爲知名，充滿自信，自我教育，白手起家，集美國拓荒神話與未來承諾於一身（小學肄業的愛迪生，赤手空拳開拓科技的蠻荒），也是個可親可靠的祖父帶領徒子徒孫深

美國的都市夢魘：
煤塵濃黑，即使日正當中都看不見太陽

1908年的羅樂德。

── 查理斯．羅樂德，生於1905年，就讀匹茲堡大學與杜崁法學院時，在匹茲堡市北部擺書報攤養活自己。1920年間，他為《北方編年》雜誌寫了許多文章，隨後他在德拉姆公司工作長達38年。退休後，他回去經營當年的書報攤，其實，在他任職德拉姆公司期間，未曾歇業，一直到他79歲為止。羅樂德逝於1995年4月。

我成長於本世紀初，當時的生活對窮人家來講，眞是不好過。日子很苦。沒有社會福利，要是你在挨餓，就只能到教會去碰運氣。我媽媽有一次到圖書館後面的小教會去借一小塊炭，一塊炭時價約三塊錢，我們家好像一輩子也還不了這筆債。

我媽媽在家裡把煙草捲成雪茄好賺一點兒錢。其實，我們是全家總動員，爸爸、爺爺和我，只要在家就會幫著捲雪茄。當年，雪茄幾乎都是在人家家裡捲的，我們把大大的煙草葉子攤在廚房桌子上，然後邊捲邊聊，媽媽會將成品拿去賣給雪茄公司，不過所得甚少。因爲，當時雪茄非常便宜，10分錢就可以買到三、四根，所以可想而知，捲雪茄能賺多少錢了。有一回，我私藏了一盒切剩下來的煙草碎片，之前我曾經看人家嚼過，心想有爲者亦若是，就有模有樣的嚼將起來。不料那天下午，煙草害得我根本沒辦法上學，病得奄奄一息。

當時，有很多外國移民搬到匹茲堡，還有很多黑人從南方北上，只因爲他們可以在這裡立刻找到工作，就算在別的地方沒有工作，匹茲堡還是會有碗飯吃的。我們家隔壁就搬來了一家希臘人，我們經常嘲笑他們，因爲他們是外國人，講的話沒人聽得懂。雖然他們工作認眞，勤奮踏實，我們還是看不起他們，這一方面是我們無知，二方面也因爲當時大家都覺得：移民來的沒一個是好東西。鎭上到處都是波蘭人、德國人還有希臘人，匹茲堡還發行兩種德文報紙，他們多半在工廠上班，尤其是罐頭工廠和煉鋼廠。而且，不管我們怎麼看待他們，他們都埋頭苦幹，一天十二個小時，一個禮拜六天。

有人說我們是德國人，不然至少是德裔的──我媽是賓州的荷蘭人，我可覺得自己是美國人。媽媽和外婆想講些不讓小孩子知道的事情時，就改說德語。我雖然知道幾個單字，也還不到交談的程度。至於那些眞的移民，我才不想跟他們有什麼瓜葛呢，我忙自己的營生都來不及了──我從六歲就開始在街上賣報紙。

當時的匹茲堡眞是烏煙瘴氣。家家戶戶燃煤取暖，軟煤一燒就冒出許多硫磺和黑煙。即使在夏天，還是有很多工廠燒煤推動蒸氣引擎。有時即使是正午的時候也看不到太陽，因爲工廠排放的濃煙蔽日。還有河面上的汽船也是燒煤的，只要經過較爲低矮的橋樑，濃煙就會吞沒橋身。好多次我在橋這一端，身上還是乾淨的，過了橋就得換件襯衫了。

講到河流就更糟了。各種污水都直接排入河道，下水道口周長約十呎，各種污水、垃圾都細大不捐倒進河裡。河邊有一家醫院，他們不管從病人身上切下什麼東西──腫瘤或是截肢，都扔進河裡，有一次我甚至看到一個嬰兒屍體在河裡載沉載浮。更不用提每一戶人家的排洩物了，皆隨大江東去。最糟的是，小孩子往往都在下水道出口釣魚，因爲那裡鯰魚最多，我也試著釣過幾次，幸好什麼也沒碰上。

河岸上工廠林立，屠宰場、罐頭工廠與煉鋼廠等一應俱全。廠方將廢料廢水一概倒進河裡。站在河邊就知道今天是做蕃茄罐頭還是辣椒醬，因爲蕃茄皮會把河水染紅，還可以看到大塊肥肉從屠宰場流出來。晚上河面上的夜空映著煉鋼廠日夜不停的火爐，彷彿整個城市都著了火。

有時，我也會下去看他們煉鋼。他們把焦煤送進一個看起來像蜂窩的東西裡，裡頭是雄雄烈燄與一大球鋼鐵。工人用長長的桿子翻動鋼鐵，他穿著厚厚的法藍絨內衣，不住的冒汗，才不會跟著鍋爐燒起來。煙塵隨著烈燄衝出開放式鍋爐，雨露均霑地落在匹茲堡所有人家的屋頂和門廊上，每天都要掃上好幾回才能重見天日。

雖然街道骯髒，人人勤奮工作──兒童從十二、三歲就開始在工廠工作──我們卻沒有任何抱怨。不論是移民或黑人，大家都是到匹茲堡展開新生活，賺點兒錢，而且在奮力向前衝刺時，還不能忘掉過去。每到獨立紀念日，所有的小朋友就會捧著盆花，列隊行進到墓園，在南北戰爭陣亡將士墓旁種花。內戰老兵就會跟我們細說當年勇，如何擊潰南軍，教對方將領夾著尾巴落荒而逃。當時，我們總是聽得津津有味，可是，也感到一絲悲哀。要不是內戰，匹茲堡怎麼會聚集來自四面八方的英雄，來此重生與繁榮地方呢？

全美各地礦坑與工廠內惡劣的工作條件逐漸引發積極的關懷與指責。尤其教人憂心忡忡的是全國將近兩百萬童工的健康與命運。圖為一群賓州煤礦礦坑裡的「碎炭童」，每天在危機四伏的礦坑裡工作長達十小時而日漸羸弱。

湯馬士・愛迪生（下圖右一），與其「不眠部隊」合影於新澤西州，西橘郡的實驗室。該實驗室據說全年無休，無時無刻不在改良白熾燈泡、更耐用的蓄電池、以及動畫攝影機。「我從來沒有隨心所欲的工作，」愛迪生曾說：「我也從來沒有因為偶然而發明出任何東西，我所有的發明都是苦幹實幹而來的。」

「如果你跟我說，你可以讓機器生孩子，我也會相信…」

記者丹尼爾・克雷格
致函湯馬士・愛迪生

入新奇的世界。科學的浪漫光環普照機械與系統，人們逐漸以爲科學無堅不摧，無所不能：從提高工作效率與加強商業競爭力，到持家教子，到掃除貧民窟，一直到成功維持都市社會，科學可以樣樣包辦。社會工作就是在這種心態下應運而生的，可見於市區內日益增加的「收容之家」爲證，這些機構都在實踐一個進步的信念，亦即，新移民之困境在於其生活環境，而非其種族或族裔使然。

然而，如果說效率是目標而專家是英雄的話，弗雷德里克・溫思婁・泰勒就是當代最偉大的科學思想家。他下定決心揮別過去他所謂「苦戰式」（一般稱爲「堆金磚」）的工作方式，在賓州伯利恆的鋼鐵廠，泰勒拿著計秒表，記錄鏟煤工人鏟起煤炭、鐵砂與焦炭所需的時間。始終堅信凡事一定有最好的方法，泰勒計算出鏟煤工人最有效率的鏟法就是──每一鏟不多不少，剛好鏟起21磅半的材料。爲了提高公司的生產力，泰勒（過去曾給自己設計改良型鏟式網球拍以提高表現）還從旁協助設計數款鏟子以鏟起最佳重量的煤塊──有一款寬平鏟用來鏟礦石，一款大型短柄杓式鏟子專門對付較輕的細炭。同時還精心編排最完美的鏟煤「技術」，並且說服伯利恆廠方聘請「鏟煤教練」駐場指導。剛開始，伯利恆的管理階層以爲他是神經病，不久，140名鏟煤工人可以完成原來需要500名工人的工作，泰勒傳奇才逐漸廣爲人知。

「泰勒主義」漸漸成爲「科學管理」的鐵律，「科學管理」即亨利・福特冀望其汽車生產線能夠達成的理想──分解每一項任務，分派給每個工人以達到最大效率。不只是泰勒，還有很多人都認爲生產線不但對唯利是圖的資本家有利，對努力工作的勞動群眾也有幫助，因爲高工資就是泰勒開給優良工業的處方之一，泰勒特別聲明，「沒有人會額外多做一天，卻只拿一般工時的薪資。」相形之下，即使工作例行化，心手分離，讓人感覺像部大機器的一個零組件，勞工還是願意配合。對泰勒這種進步分子來說，衝突就是開倒車，因爲「科學管理」的精髓就在於彼此競爭的各個部門（如管理階層、勞工、資方與政府等等），能夠和衷共濟的運作（粗

為了實現製造「大衆車」的夢想，亨利・福特基於弗雷德里克・溫思婁・泰勒的「科學管理」，發展建構生產線。到了1914年，福特廠每天都能生產1,000輛以上的汽車。

略的說，就像一部上油保養良好的大機器）。

泰勒雖然只對工業管理有興趣，然而不出數年，他的想法已經遍及每一個生活層面，從教堂彌撒到家事管理，無遠弗屆。而且諷刺的是，雖然「科學管理」被視爲迫害勞工，列寧還是仔細的徹底研究以作爲蘇聯工業的模範，墨索里尼更拿來當作法西斯義大利的原型。最重要的是，泰勒的想法已經成爲宰制20世紀生活的精神，就如作家尼爾・波斯特曼所言「當人類憑自身技術與科技支配時，也就是說，當人不如機器時，才能盡其所能的貢獻社會。」

進步分子在女性議題上產生分裂。普選派主張任何女性福利都要從女人也有權投票開始。這些行動分子不但將普選視爲民主政治的定理，更以爲女人可以用選票來改善社會，社會將更加欣見改革，減少犯罪活動，最終還將根除戰爭。

不贊成女性投票權的進步分子則另有見地，他們說，女人投票將過度強調平等，從而難以推動特別法案以保障婦女和兒童在工作場合的安全與福利。歷史學家威廉・歐尼爾口中的「社會女性主義者」的確帶著女性向

一則促銷泰勒式21磅鏟子的廣告。

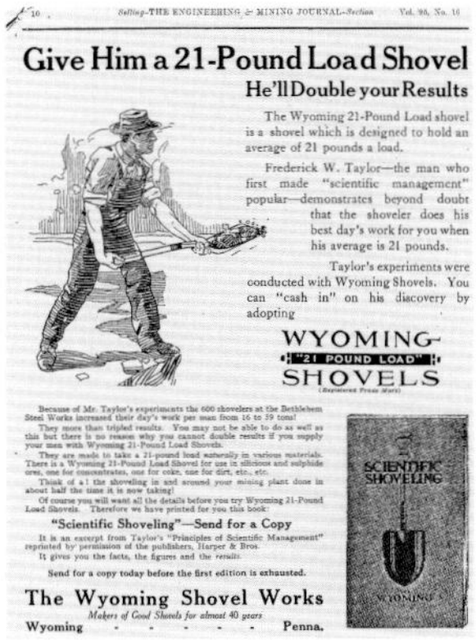

WOMEN
VOTE
WE DEMAND AN
AMENDMENT TO THE
CONSTITUTION OF THE
UNITED STATES
ENFRANCHISING THE
WOMEN OF THIS COUNTRY

倡議婦女投票權人士以戲劇性的方式遊行示威，並勇於面對強烈的反對。上圖為某次在華盛頓的遊行，據一位政府官員表示，遊行婦女經常「遭到毆打，賞耳光，惡意絆倒，還有人把點燃的雪茄煙頭扔到她們身上，圍觀群衆出口成『髒』的羞辱更是家常便飯。」

前邁進了一大步，雖然在某些地方可以說是婦女傳統角色的延伸，例如，社會工作、教育與健康醫療的「協助性」專業角色等，「都市家務廢弛，」行動分子珍·亞當斯也曾說：「難說不是因爲在冒然施行前未曾參考我們女人的意見。」然而，激進的女性主義者卻深惡痛絕社會女性主義者在延伸傳統成就上的妥協，因爲這種苟安的作法將延宕爭取眞正的平等。

普選運動腹背受敵，凡是認爲選票將動搖家庭的男男女女，這些人牢不可破的以爲男主外、女主內的家庭分工乃人類文明的基本面，不但傳統如此，生物學定理也是如此。「我們的下一代將伊於胡底？」有個當時通稱爲「反對」人士的男子就曾大發牢騷：「萬一女人以爲其第一要務是作自己，而不在於無私無我的奉獻？」

不過，普選分子也有些意外的盟友，其一爲「本土分子」，彼等以爲「無知移民」可以恬不知恥的行使投票權，盎格魯·撒克遜女人怎麼可以沒有投票權？另一群盟友則是美國南方的種族歧視者，他們冀望普選能讓

白人選票倍增，以抗衡解放後的黑人。19世紀期間，普選分子曾與廢奴人士結盟，然而，進入20世紀後，他們卻經常拿非裔美人墊背。「只要是略知其國家歷史的美國女人，」女性主義者嘉麗・恰普曼・凱特曾寫道：「都會深深厭惡美國男人解放黑奴於提升自己妻子與母親的地位之前。」實際上，歷史學者安・道格拉斯曾特別指出，美國南方男人一直企圖取消黑人的投票權，而且在這方面還獲得如凱特之流的行動分子聲援，凱特堅稱只要女人開始投票，就可以終結「文盲治國」，同時另一位普選分子也說，如果女人有投票權，將獲致「立即而永久的白人第一」。

在20世紀屆臨其第二個十年前，普選分子決意集中火力修改憲法，並訴諸公民抗命來迫使當局配合。的確，由於世界各地婦女皆擁有投票權，普選勢所難免，此外，隨著第一次世界大戰迫近，女人紛紛投入勞動市場，要求投票權更加理直氣壯了。

這個時代最有名的進步分子莫過於一個留著小鬍子，一嘴暴牙，戴著一副夾鼻眼鏡，以及一個堅如岩石的下巴，他就是西奧多・羅斯福，也就是弗雷德瑞克・傑克遜・透納最心儀的總統。他出身紐約貴族，卻因為對艱苦生活的熱愛而說自己也算是個「西部男兒」（除了居家期間以外）。只不過，TR──這是他統治了七年的國人對他的暱稱──大部分時間都窩居宮中，當然是白宮，掌理國事。

老羅斯福因為威廉・麥金萊總統遭暗殺身亡而繼任總統。1901年，麥金萊正參加水牛城的泛美博覽會 （該博覽會也有媲美聖路易的民族學展覽）一個名為里昂・卻科茲的波蘭裔移民第二代，過去曾對克里夫蘭鋼筋廠心懷不滿，懷裡揣著一把左輪，怯生生地走向總統，從此列名20世紀改變歷史的刺客榜首。聽到總統即將不治的惡耗時，時任副總統的老羅斯福正在攀登紐約西北方的艾迪榮戴克山脈，他急忙下山奔赴總統病榻與新總統宣誓就職典禮──羅斯福把自己塞在一輛四輪載貨馬車上，長驅直下，一路閃避林木與深林夜霧──驚險萬端，誠可稱為史上最怪異的就職遊行。

傳說中，趕路下山的當兒，TR的司機擔心車速太快會傷到這位國家未來的領袖，頻頻回頭問他會不會太快了？老羅斯福只是叫他再快一些，趕快趕路。這則軼事即便不是真的，也和這位美國第26任總統的一貫作風相去不遠，如此指揮若定，使他成為自亞伯拉罕・林肯（他自己也經常與之相提並論）以降最孚人望的總統，也是令20世紀民眾印象最為深刻的國家領袖之一。

TR身高只有五呎九吋，就任時年方42，成為史上最年輕的總統──

彼德，彼德，愛吃煎餅，
娶個老婆，打出毛病，
偏偏老婆贊成普選，
彼德現在住在醫院。

進步分子的時代宣傳歌

參加普選遊行：
「媽媽說我年紀太小，但是我一定要去。」

我的英格蘭族譜十分久遠。遠祖中有人搭乘五月花號渡海，有人參加獨立革命，有人在南北戰爭中堅持廢奴；而我的父母一直熱心鄉鎮會議與政治活動，所以，我是在這種高度參與公眾公義與服務的傳統下長大的。我們全家在我年紀很小的時候就搬到華盛頓特區。在我眼中，華盛頓眞是個了不起的地方。華盛頓紀念碑、潮水盆地、櫻桃樹，當然還有國會山莊與白宮，都是我流連忘返的地方。有時候，我媽媽還會幫我跟學校請假，帶我參觀國會議程。我們坐在旁聽席上看這些國會議員發表演說與辯論，我好愛國會的重要性與其行禮如儀時的氣氛，感覺非常振奮。

爸媽往往會在星期天的下午邀請朋友小聚便餐，這些人多半是政府官員、國會工作人員或是啓蒙先進人士，大夥兒的話題總離不開政治。我哥哥對這些談話心得全無，我倒是興趣頗廣，經常在客廳逗留旁聽，就在這個時候，我第一次知道普選的運動。當時的女人不但沒有投票權，也不能擁有財產，更別提子女的監護權，她們就是沒有任何權利。即使在學校也一樣，老師總是比較注意男生，問問題時，大家都舉手，老師就只會叫男生回答，我在學校參加辯論隊，校方也總是優先挑選男生出賽。雖然這些都是小事，卻說明了男生確實享受很多特權，爭取女人的投票權雖然只是個開始，卻是很大的一步。

出了家門，就沒有人在討論普選了。學校裡大概只有我的幾個女朋友知道這個字的意思，遑論其議題與運動。華盛頓在當時還是個很保守、很南方的都市，而我和其他女生的交情不過是參加派對，一道兒散步，或是星期六下午吃個小館子而已。只有在家，我們才會討論普選，因爲媽媽一直持續參與，而我又是家裡唯一的女孩，我當然對媽媽言聽計從，我非常的崇拜媽媽。

普選運動的總部設在華盛頓特區市中心，靠近最高法院大樓對面。媽媽總會在星期六帶我去幫忙寄發郵件，我幫著摺信紙、貼郵票還有打雜。普選運動主要由生活優渥的中產階級婦女組成，共和黨與民主黨都有，勞動階級的婦女忙於工作而無暇分身參與。普選分子組織的標語牌、遊行與示威活動，和英國婦女的暴力抗爭相比，眞是小兒科。在英國有人被捕、被打，還有人坐牢，在美國這些事都沒有發生。不過，也無可避免的有些騷動。

我第一次和媽媽參加遊行時，只有十歲。媽媽說我太小了，不可以去，我說，我一定要去，媽媽現在去爭取投票權，將來我長大了就可以投票，所以我一定要去。那次遊行規模不算特別大，事先也申請核准，從國會走到白宮，我們身穿白色的襯衫和裙子，胸前斜披紫色與金色的肩帶──紫色和金色是普選運動的象徵色──遊行隊伍中，每個人都比我高大，步伐也比較寬，我很努力不要落隊。我們一路走到白宮，圍牆上了鎖，我們不得而入，於是我們轉往拉法葉廣場，示威與舉牌演說。我很興奮，因爲有種即將完成什麼事情的感覺，似乎只要多遊行一次，就越接近普選的一日。但是對我、我媽媽與所有普選分子都很遺憾的是，一直要到好久好久以後，普選才告成功。不過，即使如此，我心中還是認定普選運動將要帶領女人掙脫困境，爲自己的權利奮鬥。

1917年，珍奈特·藍京成爲第一位女性國會議員時，所有的女性普選運動分子都樂翻了，她受到英雄式的歡迎。可是，革命尙未成功，當時美國還有很多婦女無權投票。西部有幾個州在聯邦政府核准之前，允許婦女在聯邦選舉時投票，藍京就是這樣進入國會的。她可以參與討論，但是無權參與表決某些州的議題。媽媽帶我去參觀她宣誓就任，到處都是新聞記者，我興奮不已，開始大聲講話，媽媽要我控制音量，否則人家會把我們攆出去。

珍奈特·藍京眞是一個傑出的女英雄，不只是因爲她是美國第一位女性國會議員，更因爲她也是第一位針對世界和平發表演說的女人。稍後，當國會表決是否應參加第一次世界大戰時，她站起來，鏗鏘有力的說：「我愛我的國家，但是我不能支持戰爭。」從小我的庭訓就強調婦女權益與世界和平，她的如上言論在我的童年生活中，留下不可抹滅的鮮明印記。

──露西·哈斯勒生於1904年，畢生致力於勞工、民權與和平運動。二次大戰期間，她協助俄軍醫療並且任職於密西根州的工業組織聯盟婦女支部。1960年代，服務於國際婦女和平自由聯盟、婦女和平運動與民主社會學生聯盟。

左圖：少女時代的露西。
右圖：哈斯勒的父母，希麗亞與查爾斯·惠特克。

即使是約翰・甘迺迪也要自嘆馬齒略長——但是TR活動力旺盛，精力無限，熱愛「全力以赴的生活」以補足他不夠年韶之處。就像半個世紀以後的小甘一樣，老羅斯福當年也狂熱的激盪了年輕人的內心，他對自己的體能狀態十分自豪，經常邀請列隊參觀白宮的小朋友在他腹肌結實的肚子上練拳。

老羅斯福與機器時代如此契合，他的朋友經常用些科技字眼來形容他，「穿著長褲的蒸氣引擎」，有個參議員說道，「奇妙的小機器，」小說家亨利・詹姆斯曾寫道，「注定要過度緊繃，緊到不能再緊」。而羅斯福這台「機器」要生產的東西，就是加緊腳步，帶領全體國民進入20世紀。

老羅斯福眞可謂其時代的代表人物而無愧，他體現了各種風靡一時的概念，縱使彼此衝突，他還是可以視爲那個時代的縮影。還有誰能像TR一樣，具體而微的體現美國人的地理觀，誠如他的傳記作者愛德蒙・摩理斯指出，他有個南方媽媽、北方爸爸，自己成長於東部，卻一心嚮往西部。他全心擁抱社會達爾文主義，在1898年美西戰爭攻上古巴的聖璜山，而贏得舉國矚目，他還宣稱聖璜山是美國人的地方，而美國人是全世界最驍勇善戰的民族。還有誰比他更能代表新興的美國血統？還有誰比他更能表達美國急遽升高的社會良知？他深信強者固然有其能力凌駕弱者，更有義務保衛弱者。這位總統在哈佛大學念大三的時候，曾寫過一篇論文〈論法律之前男女實際之平等〉，而且認爲政府應節制富者益富，保障消費者與勞工的權益。此外還有誰能代表這個追求效率的時代？他在43歲以前已經著作等身，寫了幾十本書，擔任過紐約州州議會議員、美國文職機關首長、紐約市警務署長、海軍次長、紐約州州長、副總統以及最後，美國總統……

老羅斯福貨眞價實的進步主義標誌如此深入人心：雖然人心思變，民氣可用，但是沒有人歡迎翻天覆地的改革；老羅斯福雖然提出進步的改革方案，卻是保守型的進步主義，以行動代替恫嚇，管制而非起訴，公權力多爲象徵性與說服性的順勢推舟。眞的要面對群眾時，他也毅然起訴了約翰・洛克斐勒與J.P. 摩根，兩個當時均屬美國商界呼風喚雨的要角，因爲他們在西北部壟斷鐵路運輸；1902年煤礦大罷工時，他正氣凜然的站在礦工這一邊；在他競選連任成功後兩年，1906年，TR加速改革的步伐，設定食物與藥品標準，打擊肉品工業的貪污腐敗（此舉係積極回應阿朋・辛克萊的全國暢銷書《叢林》），以及他內心最爲珍愛的一項政績：嚴格限制公有地的開發，他在任內倍增既有之國家公園數目，並另行規劃51處野鳥保護區。就像透納一樣，老羅斯福深深以大自然爲師，他相信親近大自然才能培養有德、有能、有體力的美國公民，職是之故，每個人都應該常常走進大自然。

即使老羅斯福開啓了美國走向社會良知的第一步，就如同透納的前瞻眼光已看出，在拓荒終結後，美國人將展開新的歷險一般，他也未曾忽視身爲文明大國應該擔負的世界責任。雖然這種關懷有許多都流於宣告性的空談，但是他所激發的辯論，就像當時所有時興的討論一樣，在20世紀都不斷引發針鋒相對的話題。老羅斯福一以貫之堅持盎格魯．撒克遜社會的優越性，他以進步主義的內政方針形塑美國的外交政策，以國際警察的機制維持穩定與美國的國家利益，「文明」國家有權也有責監管落後地區國家。老羅斯福深感美國人在外交政策上的愚騃，以爲隔著兩個大洋就可以高枕無憂，事實上，運輸與通訊日益便利，世界各國將越來越利害相關、福禍與共，所以，他擴大解釋門羅條款（即歐洲不得插手大西洋此岸事務），引伸爲美國有權介入加勒比海與太平洋盆地周圍事務。「慢性的廢弛公義」，他以自我正義昭告天下，「或曰文明社會間鬆緩無力的連結……迫使美國，儘管十分不情願，還是得扛起國際警察的責任。」

「你在羅斯福的跟前，感覺他的眼睛注視著你，聽他說話，回到家脫下衣服，還可以從衣服上擰出他的音容笑貌。」

作家理查．華許伯恩．柴爾德造訪白宮後描述TR。

話又說回來了，總統對國際政治的興趣倒是個人熱忱多於政治考量。就像本世紀許多接踵其後的國家領導人一樣，TR的超級自我需要寬廣如國際政治的舞台以供揮灑。1905年，他親自出馬調停終止日俄戰爭（爲他贏得一座諾貝爾和平獎），1908年，他不顧國會反彈，在全球各地部署美國艦隊，執行護衛任務，可以窺見他腦袋裡還殘留著慘綠少年時弓臂凸肌的愛秀心態。大部分的美國人壓根兒沒想到要在國際間擔任TR扔給他們的任務。

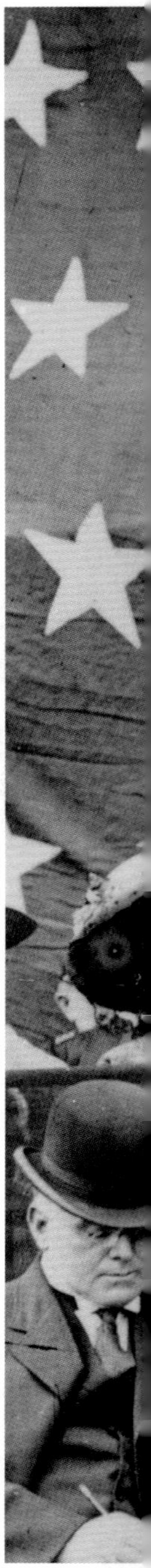

當世界因吹噓民族優勢、蔑視移民文化與西方霸權巧取豪奪落後國而黯淡無光，就是該檢討美國自己的「種性」制度——該不該繼續隔離白人與黑人。糟糕的是，種族隔離政策依然在美國社會苟延殘喘。就好比20世紀末的人很難想像19世紀末的人有多麼純真，現代人也很難想像當時美國人是多麼不以爲病的頑固偏執，當時受歡迎的雜誌都用「黑鬼」、「黑番」，「小黑」或「小黑鬼」，成年黑人總是被稱爲「小弟」，當時的漫畫——畫的是班大叔與傑咪媽大嬸——就可以管窺白人對黑人的成見有多深。「種族暴動」在20世紀的後50年，其指稱意義也未必完全相反。1901年，黑

1910年，當泰迪·羅斯福出席在李將軍墓碑紀念日時（上圖），已經下野近兩年的時間。TR的強烈意志與狂熱精神使他未曾稍離公衆的競技場。「他從山林帶來一股清新、純淨與振奮的空氣」文學評論者哈利·佘斯頓·佩克說，「一掃當時陳腐惡臭的國家資本主義氛圍」。

泰迪・羅斯福的啓發：
「我爸爸真佩服這個人，死忠到他似乎是我生活的一部分」

我的父親出生於挪威的奧斯陸，年輕時就出海旅遊，環繞世界好幾圈。有一次，他上了加州海岸並且深深的愛上了這個地方，就決定留下來了。當時，西班牙艦隊在哈瓦那港擊沉了緬因州號，美國遂對西班牙宣戰。我爸爸非常憤怒，他很氣西班牙怎麼可以砸他第二故鄉的軍艦，便自願從軍加入美國海軍。這一戰讓他非常驕傲，他尤其津津樂道某位率軍攻上聖璜山的中校，這位中校就叫作西奧多・羅斯福。

雖然爸爸深愛美國，美西戰爭結束後，他還是回到挪威，說是回家省親，其實是去看我媽媽。媽媽當時也住在奧斯陸，他們很快的就結了婚，我也在1901年出生。我媽媽想一直待在奧斯陸，離娘家比較近，爸爸則執意回美國去。就這樣，在我出生不到幾個月後，爸爸一個人跑到美國，安頓一下，就把我和媽媽一起接了過來。當時，我才一歲大呢。

我在布魯克林的玻若公園區長大，算是住在都市外圍，其實，那時候布魯克林很多地方都還蠻鄉下的。我們住的地方稍嫌落後，住家稀疏，我經常和鄰家玩伴在家門口的一大片荒地上玩。鄰居都是正在從頭打拚的移民。商店街的老闆們來自四面八方，肉店老闆是個德國人，賣雜貨的是個猶太人，有個修鞋匠是義大利人。就像個地北天南的集合，大家相互幫助，同舟一命。如果自己家裡沒有開店，就一定是木匠、電工或是在工廠上班，總之，每個人都要自立更生，貢獻國家。

爸爸當時在布魯克林的海軍碼頭的兵工署當技工。他負責把槍枝運上軍艦，也算是海軍生涯的延伸。爸爸超級愛國，他好愛美國喔，雖然我生在挪威，卻簡直是搖著美國國旗長大的。獨立紀念日是我們全家最喜歡的假日。我好愛爸爸穿著海軍制服在街上遊行，然後我們會在公園會合，和其他退伍軍人家庭一起野餐。我們是眞正的海軍家庭。

我好像一出生就知道老羅斯福總統了。我爸爸眞佩服這個人，死忠到他似乎是我生活的一部分。泰迪・羅斯福幾乎代表了爸爸所崇拜的一切。他英勇作戰；他曾任海軍次長；他既樂善合群又坦率無諱。而且他雖然出身豪門，卻盡心盡力的爲一般大眾打拚。爸爸就是尊敬泰迪・羅斯福的自然發抒的冒險精神。TR就是我爸爸心目中的完人。

我還記得爸爸一面笑，一面說TR有多麼獨立，意志如何堅決，身邊的人即使在白宮也很難跟得上他。他一大早就起床，不帶任何特勤人員或警衛，然後微服出巡，華盛頓區走透透再回來辦公。大家都以爲在麥金萊總統遇刺後，他應該要小心一點。

有一天，正當爸爸在海軍碼頭工作時，突然來了個陌生人在碼頭上逛來逛去。他應該是從什麼參觀團脫隊溜出來的，因爲那天一大早，碼頭用拒馬圍起來，不准閒雜人等出入。可是，這個戴著厚厚的眼鏡、留著一撮小鬍子的小個子就這樣大剌剌地走來，好像這是他的地盤似的。然後，他突然拿出照相機來拍照。警衛立刻跑上前去跟他說海軍碼頭不准拍照。

「喔，拍幾張照片有什麼關係，」那個人說，「我又不是間諜。」

「不，」警衛說「這裡不能拍照，否則，我得逮捕你。」

經過一番溫和的爭執，小個子終於同意不再拍照，警衛則始終不曉得這個人就是泰迪・羅斯福總統！他或許是臨時起意打算拍幾張照片，可是即使是警衛跑來阻止他的時候，他也沒有說「我就是泰迪・羅斯福」，反而裝得像個普通老百姓一樣。我想他是要測試一下這個警衛。當時並不像現在這麼常看到總統，雖然，報紙上有他的照片和漫畫，眞要認出他的臉來，還不太容易呢。更不會想到他會自己一個人揹個照相機在布魯克林晃呢！

當天誰都沒看出來那個人是羅斯福。倒是幾天以後，那個警衛收到海軍軍校的入學通知——他壓根兒沒去申請。我猜一定是泰迪有感於這個年輕人鍥而不捨的執法精神，才暗中幫忙牽線的。

我爸爸覺得美國是個年輕而充滿希望的國家，泰迪・羅斯福就是個充滿希望的人。他要將美國推向世界巓峰，他破釜沉舟的意志力驚人，不達目的絕不干休，非常符合想在美國出人頭地的年輕人的夢想。這也是我爸爸爲人處世的精神。

上圖：1903年的小傅利曼。

下圖：她的父親，卡爾・培德森身著海軍制服。

——1901年，安・傅利曼生於挪威奧斯陸，1918年她加入美國海軍，成為首批服役於第一次世界大戰的少數女性。解甲歸田後，她結婚生子，育有兩個女兒。她也參加了1997年10月華盛頓特區舉辦的服役女性紀念日活動。

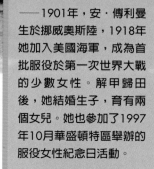

羅斯福認為，1907年的「偉大白色艦隊」長達十四個月的全球巡航，「是我對世界和平最大的貢獻」。圖為日本民衆夾道歡迎美國水手。

人領袖布克・華盛頓拜訪白宮時，還遭到公眾指責（某家報紙頭條標題：「老羅斯福跟黑鬼吃飯」），某些南方戲院還專供私刑凌遲黑人以取悅觀眾。

雖然在南北戰爭結束後不久，南方數州表面上進化到較爲寬容的社會結構，黑人似乎也可以和白人平起平坐了，但是，不出數年，白人反撲，以種種手段——主要是人頭稅與識字測驗——剝奪黑人的投票權，同時，奉行種族隔離政策的機構也逐漸被稱爲吉姆・克羅。就像一般約定俗成的民間用語一樣，吉姆・克羅的典故一直有待考據，一說因爲黑人黑得像烏鴉(克羅即crow)一樣；也有人說，吉姆・克羅源自一首走唱民謠，歌詞裡把黑人的生活描述成一齣鬧劇。不論如何，1890年時，吉姆・克羅已經成爲南方黑人與白人間生活有別的同義詞。奇怪的是，當黑人仍然是伺候主子的奴隸，不影響白人的經濟與政治優勢時，他們可以和主子住得很近——譬如和主人一塊兒住在農場上；現在黑奴解放了，他們頓時形成不能忍受的威脅，衛生上如此，性的方面更糟，遏止之道只有加以羞辱與降格，還有暴力種族分子的唯一手段——殺！殺無赦！

吉姆・克羅包括了隔離黑白的學校、電車、巴士、餐館、旅社、廁所、游泳池等等。在某些地方，連妓女接客都分黑白，黑人被告上法院要按著特別設計的「黑鬼聖經」宣誓，奧克拉荷馬州的電話亭黑白分明，佛羅里達州則隔離教科書。最差勁的是，1896年最高法院「普雷西對佛格森」判例中，明文指出只要設備相同，黑白分區並不違憲；這個判例爲種族隔離開了一條司法管道，也讓反吉姆・克羅人士投訴無門。

自由女神頭低低；
哥倫比亞皆昏迷，
美國金鷹都死去；
黑鬼旁邊坐泰迪。

這是首風行一時的兒童順口溜，諷刺1901年老羅斯福與布克・華盛頓共餐。

種族隔離讓美國黑人不知何去何從。當初，他們栓在同一條鐵鍊上一起被賣到美國，現在白人蠻橫的把他們隔離在一丈之外，即使黑人好奇的望著白人，中間還是隔了一道不可逾越的鴻溝，聖路易的人種地理學展就是前朝餘孽的展延。短程說來，種族隔離不失爲一種保護，免遭暴力種族歧視分子的攻擊。實際上，某些自許「家長派」人士就緊抓著這一點大作文章：黑人雖不如白人，然而也罪不致死，黑白隔離讓他們自個兒過自個兒的，不會被嗜血的冥頑白人傷害，也可以在他們的先

與吉姆・克羅一起生活：
我們才剛剛走過人屬於他人財產的時代

喬治亞州瑟瓦尼車站，車站出口也分「有色」與「白人」旅客有別。

有一天，在上工的途中，我走在肯塔基州法蘭克福特外圍的路上，看到路旁田間有個蠻漂亮的亭子，雖然那是白人的地方，還是忍不住走過去看看，正當我回頭要走回路上時，有個白人拿著一管來福槍頂著我的腦門。現在回想起來，我眞是嚇呆了，可是，當時我只是很鎭定地跟他說，我不過是過來看看這個漂亮亭子而已，現在我要走了，那個白人也就讓我自由離去。

我出生在白人還是以對奴隸的那一套修理我們黑人的時代。他們總是要私刑凌遲幾個黑鬼以儆效尤，教我們安份一點兒。我很小的時候就看他們私刑處死一個黑人。那個倒楣鬼被控搶劫，他們就在空地上把他給絞死了。我爸爸特別帶我去看屍體，他怕我看不見，還把我抱得高高的，囑咐我一定要看清楚。當我回過頭來時，爸爸淚濕兩頰地對我說，「喬治，答應爸爸，你長大以後一定不要再讓白人這樣對待我們黑人了」。我對爸爸用力的點頭，直到現在，我都一直在履行對爸爸的承諾。

當時，黑人與白人間的糾紛很多——極度不信任彼此。我們上不同的學校，在鎭上分區而居，種族隔離就是一切。即使在年紀很小的時候，我就交了些很好的白人朋友，大家相處的也不錯，而我所認識的最好的人也都是南方的白人。他們還是想把我們約束在我們的地方，有的人還想恢復奴隸制度。當時，有個人雇了兩個黑人沿街做廣告，一個在前打鼓，一個身上掛了塊看板，兩人在街上耍寶，像猴子一樣。是呀，只要你看起來像猴子，白人就會認可你，假如你開始變得精明、有智慧，代誌就大條了。

爺爺奶奶警告我，「聽著，別惹麻煩，永保平安」；曾奶奶以前做過女奴，她也叮嚀我，「小子，你要是惹事生非，不到20歲就得坐牢！」現在，我知道不「惹事生非」，根本就不會出現民權運動。然而，他們教我最重要的事就是：不管世事如何變化，都要學著與人相處。布克・華盛頓說的——現在我覺得很有道理——我們黑人的毛病就是妄想一個世代就能化腐朽為神奇。進步不能一蹴可及，要累積世代人的努力才能竟其功。確實如此，只要我現在多做一點兒好事，未來的世代就會過得好一些。

後來，年紀稍長，我在製冰廠找了個差事，有一天，運冰馬車人手不足，就臨時調派我去幫忙，之後，每個禮拜有幾個晚上，我都要跟著運冰車上街。那在當時算是相當不尋常，運冰車上一向只有白人同事，小孩在街上看到我都十分驚奇。他們一路追著運冰車，一路喊著，「車上有個黑鬼！誰讓黑鬼上車的！」要不就是，「黑鬼！黑鬼！黑鬼看到沒！」我的白人同事很討厭這些小鬼，不是因爲他們罵我，而是因爲這些小鬼總是會偷吃車上的冰，他老是揮著鞭子趕走這些討厭鬼。我靈機一動想到個方法，保管這些小孩不會再叫我黑鬼。雖然，他們羞辱了我，我也不會對他們的惡毒言語動怒，如果我忍不下這口氣，我就會惹禍上身。所以，我要博取他們的好感，每次我的同事下車往客戶家裡送冰的時候，我就削一點冰擱在路邊給孩子們。沒多久，他們就不再喊我黑鬼了，不再以我的膚色來評斷我，而開始把我當個人看。我自知還有很多要忍，第一步就是讓別人拿我當個人看，同時，這還只是一小步。如果，咱們黑人眞要在美國爭取應有的權利，流血在所難免。我們都要付出鮮血。

——喬治・金伯利生於1896年，一次世界大戰時於海外服役。於印地安納州蓋瑞市的煉錫廠工作17年後，金伯利晉身聯合鋼鐵工會第31區職工代表達22年，並於1976年至1979年之間，擔任印地安納州蓋瑞市資深國民議會主席，金伯利去世於1996年7月2日。

雖然我的祖父母都曾經做過奴隸，但是，事隔多年，我的世界裡已經沒有蓄奴制度的遺緒，我更不會想到奴隸的事情。黑人在本世紀初年都懷抱著錦繡前程，更好的房子，更好的社區，更好的學校與更好的工作等等。當我還是個小女孩的時候，我就夢想著快快長大，結婚，在一個大牧場上蓋一個大房子，養很多牛馬牲口，還有很多人爲我工作。其實黑人民族有很高的期望，而這一切都要靠良好的教育來實現。

我爸爸是個巡迴教師，經年旅行於村野之間給孩子們上課，有時候課堂上也有大人。他們那些人就像布克・華盛頓一樣，在農閒時間走訪鄉間，只要有人想學，隨時隨地可以開課。有時教堂就是課堂，有時是在鄉公所川堂，林中空地，只要能夠聚集村民，哪裡都可以。父母總希望孩子受教育，會讀、會寫、會算，這樣才能找到比較好的工作，日子才能過得好一點兒。

我們才剛剛走過「人屬於他人財產」的時代。現在，我們不再是白人的奴隸了，許多白人卻仍然執拗於，「我不要讓我的小孩坐在黑男孩或黑女孩的旁邊；我的小孩只要上只收白人的學校，沒有黑鬼、有色人種、印地安小孩」。就是這種偏見才導致種族隔離與歧視。當時，黑人與白人一直一起工作，黑人煮飯給白人吃，照顧他們的小孩，幫他們整理家務，怎麼說黑白兩族必須隔離才能相安無事？在南方，我們必須遵守「吉姆・克羅」的規定，白人有白人的設施，黑人有黑人的設施，連在街上都必須分道而行。當人們旅行的時候，當然啦，我是指白人旅行的時候，他們同樣不願和黑人同座或是同一節車廂，黑人只好去坐「吉姆・克羅」車廂，通常不是第一節車廂，要不正好在蒸汽引擎後面，工人鏟煤入灶時揚起的煤灰往往弄得你一頭一臉的，要不就是列車最尾節的守車。

不管這些規定如何歧視與羞辱我們，黑人同胞已經逐漸團結一致，並且深爲自己的種族感到驕傲。尤其當傑克・強生贏得全球重量級拳王錦標時，我們都以他爲榮。大家都非常尊敬這個能在白人的世界裡一較長短的人，直到他娶了個白人老婆。這種行爲實在太臭屁了，好像在說自己有多了不起，黑人女性都配不上我，非找個白人女人結婚不可。想想看，在那麼多黑人女老師、女醫師和女律師中，難道找不到一個跟那個白種女人一樣好的太太嗎？傑克・強生眞是侮辱了所有的黑人同胞。

——瑪芝麗・司徒亞特・喬納出生於1896年，世人稱之爲「黑之美」文化的教母。1926年，因爲發明了特殊燙髮機器，而成爲第一位擁有專利權的黑人女性。她去世於1994年12月27日。

羅斯福刻意選在日報截稿前一刻發布將邀請布克・華盛頓（圖左）共餐的消息。史學家艾德蒙・摩理斯描述此舉使得「整個南方的白人優勢主義者都瞠目結舌」。

天限制內繼續發展。

此情此景之下，黑人生活在兩極交戰之間，他們既是黑人也是美國人，既經解放也還是奴隸，既平等也是「次級的」。在撰寫其風雨名山之業《黑民魂》時，W.E.B. 杜玻伊斯說到「二元化」可以寫照非裔美國人的生活，「一個美國人，一個黑鬼，兩個靈魂，兩種思想，兩個不妥協的衝突，兩極交戰的觀念共存於一個黑色的身體，只有極力堅忍才不會肝膽俱裂」。值得玩味的是，杜玻伊斯和布克・華盛頓在爭取提升黑人地位上，也出現同中求異的「二元」觀點。杜玻伊斯抗議並且敦促白人政權開放更多自由與眞正的平等給黑人；華盛頓素來爲「自我改善」喉舌，並在1895年的亞特蘭大博覽會演講中，口若懸河的宣揚這個論點，這場演說也讓他成爲第一位要求非裔美國人放棄投票權，吞忍某些「吉姆・克羅」規定，建立外於美國主流白人社會的生活。

許多白人欣賞華盛頓，一則因爲他傳遞迎合了白人統治階層的訊息，二則因爲華盛頓雖然提倡教育，認爲「上學應該像芳草無邊一樣普遍；如陽光與空氣一樣利便」卻主張，眞正對黑人有好處的是職業訓練，而非所謂「啓迪心智」的自由思想，南方白人也非常擔心後者會在黑人的腦袋放進一些「思想」。華盛頓要黑人同胞們乖乖的待在農場上，根據拓荒倫理說來，只有親近土壤的生活才是道德的生活，所以，不要跟著其他族群住到城市裡，安份守己的學做農夫、技工和家庭幫傭；白人很樂意看到這種發展，如此一來，黑人將散居鄉間，想造反也無從集結暴民，更何況，黑人受到「先天限制」本來就不能適應較爲「先進」的種族

黑人即使在20世紀初期還是這麼「好用」，讓人難以相信早在一個世代之前，美國就已經廢止蓄奴了。吉姆·克羅毋須任何標誌就能區隔黑白兩族，大家就是心知肚明。圖為1910年，一戶佛羅里達州煙草農家，全家人一同站著拍照。

進化而成的生活型態。此外，華盛頓不強求公民平權，也讓白人安心；不過，關於這一點他們可看錯他了。根據史家指出，華某人用的是「漸進策略」，雖然他從來沒有在公開場合表示過，但華盛頓可不認爲黑人世世代代都得對白人畢恭畢敬的，黑人只是延緩向白人爭取眞正平權的時機而已。現在看來，在當初許多白人恨不得將黑人一舉殲滅殆盡的時空背景下，華盛頓眞是最明白民族生存之道的人了。

「在純粹社會性事務說來，我們可以像五根手指頭般的分離，但是就共同的進步而言，我們又可以像手掌般一致。」

布克・華盛頓

布克・華盛頓
1856—1915年

如果美國黑人能夠信任華盛頓並遵從他的領導，20世紀美國的種族關係史將大幅改寫，但是杜玻伊斯雖然在某些方面同意華盛頓的見解，卻還是提出另一套哲學，最後，他贏了，凡是想要與白人徹底平權的黑人都會傾向杜玻伊斯的。杜玻伊斯，戴著白手套，拿根手杖，黑白混血的精英分子；出生於自由的北方，從不識奴隸滋味，在哈佛大學受教育，認爲只有異於傳統的特異人士才能拯救「黑人民族」，脫離苦海。

華盛頓務實，杜玻伊斯則充滿理想；華盛頓以爲黑人要自立自強，杜玻伊斯則強調壓迫黑人的白人階級，爲何不先解除阻礙黑人進步的路障。華盛頓相信假以時日，美國社會將逐漸泯沒膚色的差異，全靠黑人同胞群策群力爭取較爲開化的白人文明接受即可；杜玻伊斯呼籲黑人文明不需要隨著白人起舞，黑人文明沒有任何一點比不上白人文明的，黑人命苦只是因爲白人箝制。兩人只有在反對白人自以爲是的生物優勢時口徑一致：兩人不約而同的說，黑人社會地位較低不是因爲其先天限制，只是因爲（此處兩人又出現明顯分歧）黑人發展較爲落後（華盛頓）或是受限於白人的種族壓迫（杜玻伊斯）。

1905年，兩人與其追隨者已經漸行漸遠，杜玻伊斯與其同志在加拿大尼加拉大瀑布附近集會時，發起了尼加拉運動（這個命名一則紀念集會地點，二則冀望抗議聲勢能夠有如瀑布水流一般強而有力），該運動誓將「爲有色人種爭取公平立法」以及「強力持續抗議」白人壓制，他們也的確做到了。但是，運動需要事件才能鼓動大眾群起抗議，1908年，伊利諾州春田市（一度爲林肯總統的家鄉）讓尼加拉運動找了個題目。

路易斯安那州登記黑人選民數

1896年──130,334人
1904年──1,342人

某個春田市街車車掌的太太指控（誣告）自己被一個黑人雜工給強暴了，大批白人暴民隨即湧入該市的黑人住宅區，燒殺擄掠無所不爲。「林肯解放你，」暴民一面砸，一面唱：「我們修理你！」暴動持續熾烈，總計有八名黑人被殺，兩千名以上居民逃命而去。這次事件一舉戳破了世紀交替之際的兩個刻板印象；白人領袖將暴動歸咎於黑人族群天生就傾向會犯罪，接著又色厲內荏的堅稱，如果眞的發生過任何不法情事與行爲，一定是該市越來越多的新移民幹的。但是，春田市暴動太過分了，全國各地反應強烈，過去許多發生在其他地方的反黑人暴行也紛紛提出來檢討。終於在1909年的紐約市，亞伯拉罕・林肯總統英靈不遠，美國歷史上最重要的民權組織，全國有色人種權益促進會（NAACP）於焉成立，該協會並任命杜玻伊斯編輯一份極具影響力的雜誌《危機》。現在，總算首度出現一個爲美國黑人講話的組織（即使當時大部分的幹部都是白人），而且該組織亦確盡喉舌之職，將美國黑人推進政治活躍的新時代，領導本世紀中葉的民權大躍進。

W. E. B. 杜玻伊斯
1868—1963年

「我們應該擁有和每一個自由的美國人各種同樣的權利——參政方面、民權方面與社會方面皆然，在我們得到這些權利之前絕不停止抗議，必然要讓美國震耳欲聾。」

W. E. B. 杜玻伊斯

1910年7月4日，內華達州原本暮氣沉沉的拓荒小鎮雷諾，搖身一變，變成一個轟動全美、驚動萬眾的運動賽事場地（「雷諾——宇宙的新中心」《芝加哥論壇報》頭條標題）。32歲的重量級世界拳王約翰・亞瑟・「傑克」・強生，向退休後復出的詹姆士・傑佛瑞挑戰。這場拳擊賽如此轟動，勝負預測家估計賭金已高達三百萬美金，尤其是押強生的寶，這位知名的黑人拳擊手拳速之快，可以一面用手擋拳，同一隻手還可以還擊一拳，信心滿滿的電報拍回芝加哥老家的拳迷，上面只有一句話：「當褲子也要賭我」。然而，這股狂熱與運動本身無關，種族取向才是重點；全美黑白人種之間日益相互仇視，雷諾拳賽具體而微地象徵了白人種族歧視者眼中的「爛黑鬼」與「偉大的白人希望」間的衝突對峙。

雷諾拳賽的場地開幕後的第二年，身高六呎三吋、體重200磅、自由揮拳的非裔美國人強生在澳州雪梨擊敗白人拳擊手湯米・伯恩斯，當時群情譁然，紛紛要求傑佛瑞重出江湖，爲白人父老雪恥。從那個時候開始，白人拳迷就越來越想除強生而後快之，因爲，強生不但招搖浮誇、神氣活現、揮霍無度外，最讓白種男性是可忍、孰不可忍的就是強生獨好白種女性，而且還爲數眾多。《野性的呼喚》一書作者傑克・倫敦公開呼籲說，雪梨那一戰根本不算數，只不過是一個「愛玩的衣索匹亞人」贏了「一個沒用的小個子白人」，他在《紐約前鋒報》促請傑佛瑞「暫別牧場，教傑克・強生笑不出來」，接著，他又補上一句，「傑夫！全看你的了！」。

兩萬多名觀眾湧進雷諾拳擊場，幾乎都是傑佛瑞的支持者，樂團演奏

在吉姆・克羅白人區裡長大：
「我父親從小就覺得魔鬼就是全世界最爛的，而亞伯拉罕・林肯是第二爛」

我在肯塔基州丹維爾外圍一處農場上長大，當時，我們當然沒有自來水和電，那是城裡人才有的；在我們的農場上只有瓦斯或煤油燈，水井幫浦以及戶外公共廁所，煮飯都在一座燒木炭的爐子上。每天早上，媽媽都會駕著馬車送我和姊姊上學，每一趟都要走上四哩的路。肯塔基州的冬天很冷，所幸我們的馬車在當時算是十分舒適的。這輛四輪馬車不但有蓬，而且四週都有玻璃窗圍起來，只留下兩個小孔通過韁繩，比起一般只有垂簾的馬車要暖和多了。可是，有時候天氣實在太冷了，我們得在車底墊上燒熱的磚塊，腳才不會給凍麻了。

我們如果缺什麼都得到鎮上去買，爸爸甚至得騎馬到村子裡的雜貨店取信，雜貨店後面就是郵局。當我七歲大的時候，媽媽生了場重病，丹維爾沒有醫院，最近的醫院在70哩外的路易士維爾。媽媽病得太重不能再受旅途勞頓，於是，我們的家庭醫師就在我們家裡幫媽媽動手術，爸爸在一旁掌燈，媽媽一直沒有恢復健康。住在鄉下真是非常艱苦。

我記得有一天放學回家，看到爸爸在家裡裝了一台電話。當時只有城裡有電話，在我們這個偏遠鄉下，可是罕事一樁，我高興極了，立刻撥電話給我住在丹維爾的朋友，這也是我第一次對著電話講話。雖然說那還只是公用線路，如果鄰居佔線，我們只好一直等到人家掛斷。即使如此，電話讓人感覺時代真的在進步。

我們有個廚子叫芬妮，她的先生喬治也在農場上工作，負責擠牛奶和種菜。芬妮心寬體胖，整天逗著我們開心，有時她烤些餅乾、莓子蛋糕或是一些我們愛吃得要命的點心給我們吃，我們就會跑到廚房跟她說：「芬妮，我吃了三個！我吃了三個！」芬妮那張堅定的臉就會看著我們，然後說：「妳們兩個回去再吃三個。」她人真好，我們好愛她。芬妮愛玩牌，她有一副破破爛爛的舊牌，她一個人就可以玩上個把小時，爸爸不准我們跟她玩牌，所以，只要爸爸沒盯著我們，我們就會溜進芬妮住的小屋，和她一起玩那副髒的要命的牌。

1904年，凱希（中）與兩個姊姊，依娥琳（左）與凱瑟琳（右）。

——麥娜・凱希，1901年出生於肯塔基州黎奇蒙市，科羅拉多州立大學肯塔基・魏斯理與貝理雅學院畢業後，即於肯塔基州史丹佛市教授高中英文與社會研究，一直到1962年退休為止。

我爸爸對黑人總是成見很深。主要是因為家傳，南北戰爭時，爸爸家住在維吉尼亞州費德里斯克堡，北軍把那個地方鬧得翻天覆地的，爺爺奶奶實在撐不下去了，就趕緊整理細軟，遠走他鄉。我爸爸最大的哥哥，當時也不過是個孩子，奉命和一個黑奴去把馬藏起來。結果，那個黑人不但沒有帶著我的大伯父和馬避開危險，反而在一條橋上和北軍撞個正著，北軍恐嚇要把大伯父扔進溪裡去，後來他雖然逃了出來，卻已經嚇個半死。爸爸一家都認為那個黑奴是故意帶大伯父去見敵軍的。他們後來到了喬治亞州，不料卻遇上雪曼將軍的大軍，又是劫掠一空。我父親從小就覺得魔鬼就是全世界最爛的人，而亞伯拉罕・林肯是第二爛。

可是在我的童年生活中，絲毫沒有感受到種族間的緊張，也沒聽說過誰跟誰不對頭的。我們在肯塔基當然有吉姆・克羅的規定，黑人和白人都有自己的設施，這個想法就是說，黑白可以彼此友善，但是，黑人要待在他們自己的地方。他們有自己的教堂、學校，而且，他們住在特定的「黑人區」內。吉姆・克羅只是州法，俄亥俄州以北就沒有黑白分道的事兒了。當我在辛辛那提看到黑人和白人一起搭火車時，還不住地嘖嘖稱奇呢。

我可不覺得自己對黑人有任何偏見。我經常和黑人小朋友玩在一起。芬妮有個小女兒名喚安妮，我們總是一起賽跑、玩耍，我們是哥兒們。以前我們最喜歡玩一個叫做「安妮，球過去了」的遊戲，我們會分別站在房子前面和後面，然後，我們會把球扔過房子屋頂相互傳球，嘴裡喊著：「安妮，球過去了！」，安妮就會一邊兒跑，一邊兒接球。有一次，一隻黃蜂叮了我一口，我又哭又叫的，媽媽趕緊跑出來照顧我，給我上藥，可是，我還是哭個不停，媽媽就問我是怎麼搞的？我抽抽噎噎的說：「我哭，因為黃蜂怎麼沒有咬安妮？」在我的心中，黃蜂應該把安妮和我一起咬才對呀。

安妮、芬妮和喬治就像我的家人一樣，我很愛他們。可是爸爸後來賣掉了農場，我們全家帶著芬妮和她的家人，搬到肯塔基州的一個郡裡面，那裡的有色人種比較少。芬妮他們覺得蠻不自在的，過了一陣子就打包行李搬走了。我非常非常傷心，從此，我們只雇用白人在農場幫忙。

傑佛瑞最愛的樂曲，開場前還合唱了《美國》、《迪西》與種族歧視意味甚濃的《黑鬼都長一個樣》等歌曲。可惜，白人獲勝的機會還是微乎其微，傑佛瑞比全盛時期要瘦了30餘磅，疲態畢現；而強生正值顛峰狀態，這位黑人拳手畢生征戰就為了這一刻。他從羞辱有色人種的娛樂賽打起，就像鬥雞場的雞一樣，八個黑人戴著眼罩同時對打，優勝選手可以從白人觀眾手上拿幾個小錢。

比賽當天，傑佛瑞進場的排場不小，他在拳擊短褲上穿了一件灰色的西裝外套，助理替他撐著一把五呎高的遮陽紙傘擋太陽。可是強生讓所有觀眾都喘不過氣來，根據《紐約時報》報導，當強生脫到只剩下一條拳擊短褲、近乎全裸地站在太陽下時，觀眾都情不自禁地讚歎出聲，另一個記者則以近乎敬畏的語調說：「圓潤的對稱線條，表現偉大的希臘藝術家的理想」，他頭的大小與形狀跟「一顆鴕鳥蛋」一樣，「從頭到腳，就是一尊真人大小，大師精心雕塑的青銅像」。

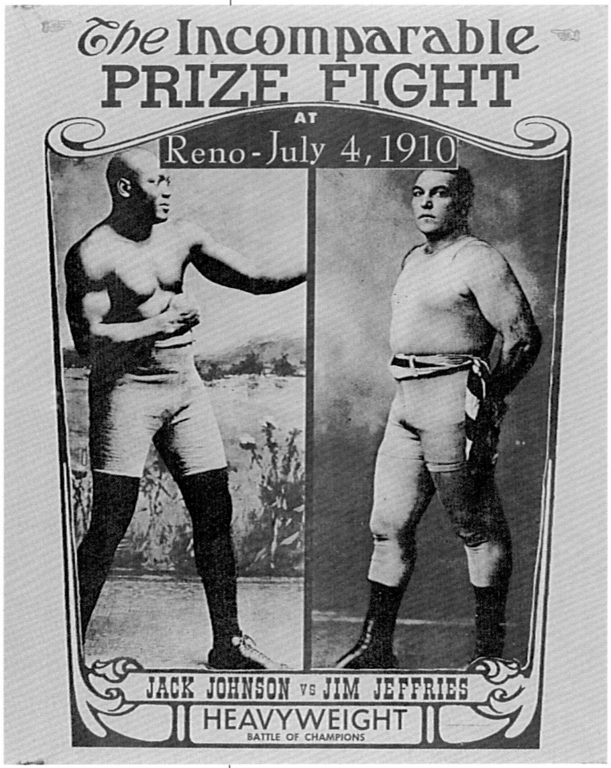

1910年，吉姆·傑佛瑞對傑克·強生的重量級拳賽宣傳海報，海報上看不出任何種族仇恨的跡象。「要是強生打贏的話，」某個受到驚嚇的白種記者寫道：「就會鼓勵美國南方的黑人去做些他們原來不敢做的事。」

傑佛瑞從角落以他特有的「蹲式」進攻，左臂威猛的直接揮向對手，強生根本不以為意，謔浪笑傲之間修理了傑佛瑞15回合，一直拖到最後才真的出拳將傑佛瑞擊倒在地，只為了讓對手受得罪夠長、夠久。現在，強生可是全國公認的重量級拳王，不僅伴隨著拳賽的熱情沸騰，因為這場拳賽正式昭告天下：黑人不單打拳可以贏過白人，其他任何事情也不見得遜色，於是全美各地暴動頻傳，總計11人死亡，數百人受傷。強生也冒犯了美國人的自我形象，還被執法單位羅織了一個罪名，蹲了一年土窯，出獄後，他繼續打拳也擔任教練，同時也在巡迴展覽中當成奇人展出。

西元1913年在美國與巴黎都是文化動盪迴旋的一年。史特拉汶斯基作曲，尼金斯基編舞的《春之祭典》首映時幾乎釀成騷動。樂評以為作曲家太過倚賴打擊樂器，樂曲聽來十分野蠻，而尼金斯基的舞步更散發異教情調。如果這算是春天，這種春天有別於作曲家以往歌頌的

強生擊敗傑佛瑞，美國黑人大多與有榮焉，但是強生的勝利卻引發全美各地的反黑暴動。「就算有幾個黑人被殺了，只要強生贏了拳賽就划得來，」某個黑人知識份子說道：「總比強生失利，所有的黑人都在精神上被宰了要好……」

春天，一點兒也不輕柔甜美，史特拉汶斯基要表現的大自然似乎只有達爾文聽過，狂暴、掠奪、毫不留情。

同一年在紐約市展出歐洲與美國新進畫家作品的畫展也收到相同的反應。觀察家以為1913年的兵工廠畫展（畫作於紐約市20街的69軍團展出），不過是為了要跟上時代的沙文心態。為了顯示美國可以和歐洲一樣「現代」，展覽策劃人特別提高分貝，像是走江湖賣藥一樣，誇口要辦個「地球上最大的展覽」，同時為了強調美方出資贊助，兵工廠地下洞穴般的展覽場地上還布置了一盆盆的松樹盆栽，因為松樹令人聯想到美國革命，不僅飄揚在麻薩諸塞州的州旗上，也是自由的象徵。其實，如果只是為了要吸引大眾的注意，主辦人大可讓藝術作品自行發酵，參觀人次超過七萬多人，依序全程飽覽兵工廠所有的展出畫作，包括畢卡索、雷傑爾、布朗庫吉、布拉克、馬蒂斯與杜象等，每一位都是現代藝術的大師。從當時的新聞披露看來，眾口紛云，而且以負面評價居多，人們問道，誰要把這種垃圾當藝術啊？

畫展名稱「國際現代藝術展」響亮，但是《紐約客》雜誌稍後指出，這個名稱裡最聳動的字眼就是「現代」二字。雖然新穎的繪畫與雕塑自稱為革命性的創作，但是許多紐約市的庸俗百姓與展覽移師波士頓與芝加哥（藝術系的學生還當眾燒燬馬蒂斯與布拉克的畫作）時，更多的凡夫俗女卻看不出一丁點兒門道。其中較為傑出的美國藝術家，肯能・卡克斯，長期以來一貫直言反對這種狀似動搖傳統形象的新藝術，就毫不客氣的批評這個展覽「大而無當，根本就是要毀掉整個繪畫藝術」，而這個展覽唯一令他欣慰的地方，就在於美國人的反應，在他眼中美國人一致抵抗「德國人與法國人的劣根性」。確實如此，許多美國人瞪著眼前的畫作，心想這就是外國人的變態幻想，並稱之爲艾利斯島藝術。而「愛國」從不落人後的泰迪・羅斯福，當時在第三黨的支持下重回白宮失利的挫敗猶新（他和自己在共和黨的接班人，不良於行的威廉・霍華・塔虎托搭擋競選失利），據說，雖然他曾經美言展出單位的普世精神，嘉許他們拒絕因循「皮笑肉不笑的、自以爲是的慣例」，可是他還是在展覽開幕時搥胸頓足的質疑爲何要展出外國人的作品。

「你將會看到不論在海上或陸地都未曾夢想過的奇異事物，聽到爲自由而戰的刺耳呼喊。」

攝影家阿弗烈德・史迪格里茲描述1913年兵工廠現代藝術展

展覽的焦點當然是杜象的《裸體下樓》（被TR講成「光屁股男人要下樓」），該畫抽象到與題目相悖的程度，這當然也是畫作要旨。誠如藝評家羅伯特・休斯爲文指出，裸體畫在西方藝術史上傳承有自，而裸女（偶見裸男）通常是幸福的半躺半臥於畫中；相對之下，杜象的裸體是動態的（的確，畫面也呈現慢速播放影片的效果），暗暗意指本畫獨領風騷，扭轉藝術創作的型態。然而，藝術圈外則不敢恭維，即使觀者大排長龍，引頸爭睹，同時不斷地嘲笑，把畫作謔稱爲「薄板工廠爆炸」、「地下鐵地震」、「**樓**體下**裸**」等等，現代藝術固然刺眼、荒謬、不自然，卻還是値得一覷。

TR說杜象的畫讓人想起自己每天站在上面刮鬍子的印地安納瓦侯族浴室地毯，誠然，在羅斯福與卡克斯等人眼中，現代抽象藝術如杜象等人的作品最多只能充當壁紙。但是，這群新銳藝術家認爲自己的作品別具新意，他們自有一套意識型態與新的「主義」，而且還要徹底解放現在這個熟爲人知的世界，主流社會當然無法消受這種狂放誇耀的態勢。雖然現代藝術標榜自己要爲藝術而藝術，可是，羅斯福等人卻因爲這些新藝術作品的政治意涵而痛斥現代藝術。畢竟，自古以來還沒有哪個理性人士能在繪畫中看出「沐猴而冠的無政府主義者瞎掰」或「全球無政府主義的馬前卒」，這類隱晦與複雜的意象。

兵工廠畫展的主辦單位已經預見參觀者的反應，還特別精心編製一本導覽畫冊，要大家「敞開心胸來迎接新藝術」。「藝術，」畫冊上寫著，「反應了生活。日子不可能一成不變，要發展就要變化。害怕改變就是害怕生命……」也許是老羅斯福不凡的男子氣概還縈繞人心，主辦單位還向當代粉飾惡劣生活水平的積習挑戰，自稱本次展覽就是要向「懦夫行徑」宣戰。

馬歇．杜象的《裸體下樓》，作品第2號，1912年。

差不多就在《紐約客》撻伐現代繪畫的同時，曼哈頓以南2,300哩處，卻有個較爲取悅當代群眾意識的工程就要完工。從16世紀西班牙人探險新大陸以來，人們就一直夢想著匯合大西洋與太平洋，在連接南、北美洲大陸之間的巴拿馬地峽上築通一條運河，這個夢縈繞不去已經有幾個世紀了。1848年，加利福尼亞發現黃金以來，促成興建巴拿馬鐵路連接靠岸汽船，運送往返淘金客前往夢想國度與衣錦而歸，美國人尤其想挖一條自己的運輸水道，俾便兩岸貨輪暢行無阻。

一個世紀接著一個世紀的過去了，興建運河似乎益發遙遙無期，1880年間，法國人原本打算鑿穿巴拿馬的哥倫比亞地峽的計畫胎死腹中，手邊又沒有其他替代方案。黃熱病與瘧疾拖垮了兩萬名職工與名建築家費迪南．雷賽的名聲。雷賽即蘇伊士運河的興建者，原本外界期望他能替法國文明於巴拿馬再下一城，沒想到出師未捷，他反而被譏爲「大殯葬員」，他的破產壯舉也被謔稱爲「雷賽墳場」。

赤道大雨則是另一個問題。工作人員在日記中毛骨悚然的記載，一半樹高都浸在水中，樹上爬滿毛茸茸的黑色大蜘蛛。由於雷賽堅持運河河面應與海平面同高，導致工程中必須挖除相當大量的土方，而當時不論是挖鑿技術或廢土處理方法都還沒出現。獲悉法國人在巴拿馬的慘痛經驗後，開鑿運河便帶有一絲禁忌的意味。畢竟，過去從來沒有人膽敢如此冒犯大自然（巴拿馬運河需要移除的土方爲蘇伊士運河的三倍）；此外，修築這條運河代表重整地表達50哩，這同樣也是史無前例的。

但是泰迪．羅斯福之冒進精神與愛好挑戰也是史無前例的，就像50年後約翰．甘迺迪總統將目光投向月球一樣；老羅斯福決定向世人展現美國站在全球頂端的科技成就——美國人自己就可以把那條「大水溝」挖好。而且當1914年8月間，運河以提前六個月的神速完工時，雖然TR早就不在白宮了，他的名字還是最常被人拿來和巴拿馬運河相提並論。剛開始TR向哥倫比亞政府施壓勒索巴拿馬運河的興建權，哥國政府不允，TR即默許巴拿馬人獨立，並且還派遣美國戰艦阻擋哥國派兵敉平叛亂，巴拿馬共和國一宣告獨立，馬上就對美國言聽計從，讓美國如願以償。TR穿著輕便的亞麻西裝，高高跨坐在重達95噸的布塞羅斯蒸氣鏟土機上，在巴拿馬運河施工期間流傳最廣的一幀相片裡搶盡鏡頭，老羅斯福似乎在對觀者吶喊，「你看！這就是新西部！這就是新拓荒！」

就像羅斯福一樣，巴拿馬運河也連接了兩個時代。構想來自18世紀——其規模極爲恢宏，工程人員血肉長城，大膽厚顏地展現帝國殖民的心態；然而，其修築完成又不能不歸功於現代科技的發達。舉例而言，若非軍醫威廉．果加斯成功地擺平熱帶疾病的糾擾，又有誰能解除運河工程師

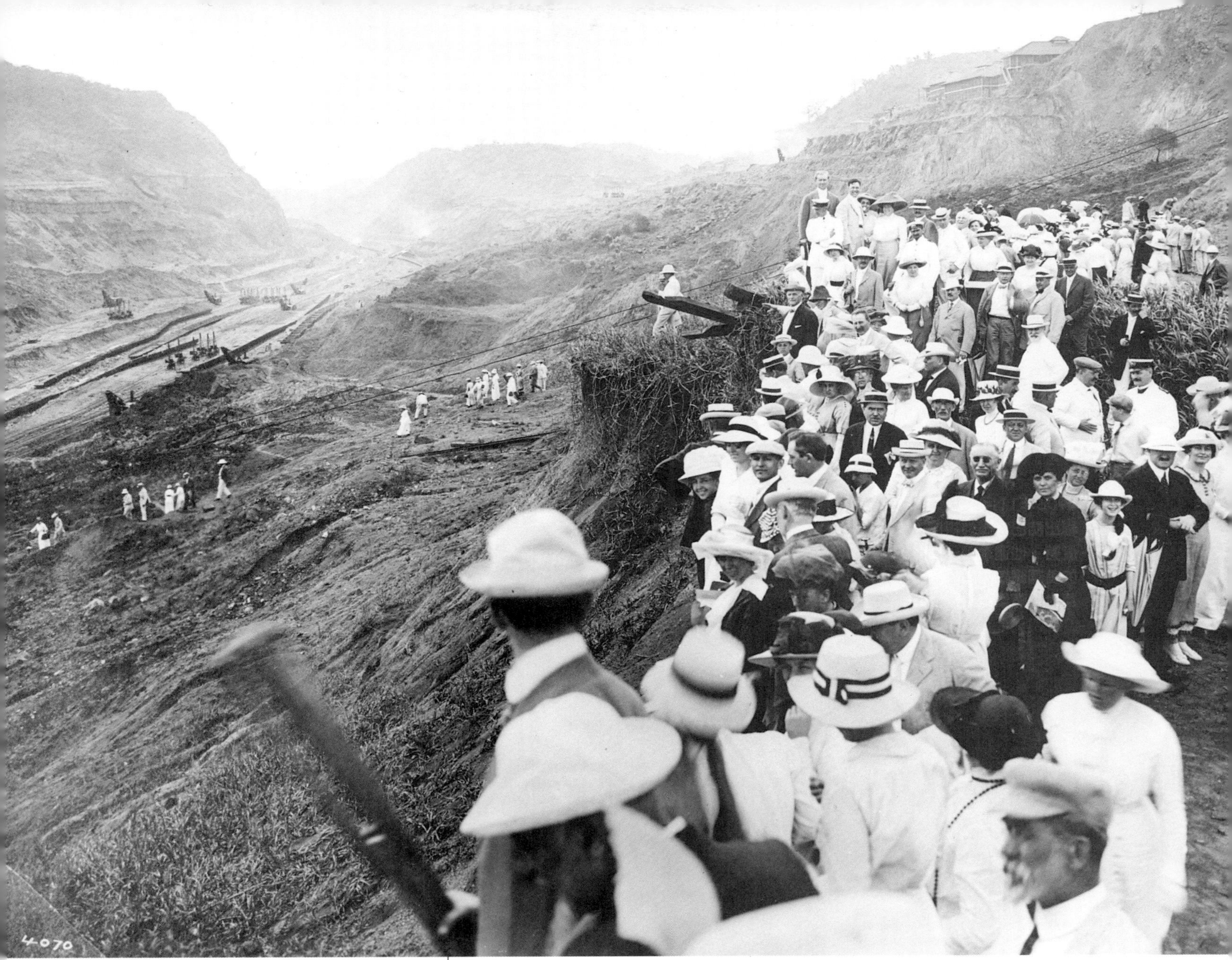

成千上萬的民衆搭乘專車到巴拿馬運河區參觀巨大的庫勒拔切口的開鑿工程，此處亦成為「運河之特異奇觀」。「沒有在工程期間到庫勒拔切口一遊的人」某位作者曰：「就是和當代最特異的奇蹟失之交臂。」

約翰・華勒斯的心腹大患。據說，在他赴巴拿馬工作之初，曾訂製的兩具極爲昂貴的棺材，一副給自己，一副留給太太。果加斯老早就懷疑瘧疾是以瘧蚊爲病媒傳播，而非先前瞎猜的「叢林瘴氣」，更非因法國人普遍缺乏「道德」以致；在他的指導之下，只要掛起蚊帳就已經大幅降低這種疾病的威脅了。

萬事起頭難，華勒斯也不例外，遠在美國家鄉的同胞已經開始澆冷水，把運河稱爲「大洞」；華勒斯隨即被換下，由約翰・史蒂芬斯接手（此人與老羅斯福氣味相投，總統暱稱他「庄腳囝仔」），史蒂芬斯雪茄不離手，綽號「煙囪」。史蒂芬斯有鑑於巴拿馬運河開挖不是問題，重點在於如何清運挖出來的廢土；之前他詳讀泰勒的《科學管理原理》，並將現代觀念應用在工程上，立刻倍增開鑿團隊的效能。他套上靴子與工作服和工人們一起站在泥巴裡，爲弟兄加油打氣。「這個地峽有三種病，」他朗聲說道（迷倒家鄉一票人）：「黃熱病、瘧疾和腳軟，其中腳軟的毛病最要命。」

史蒂芬斯斷定雷賽的致命錯誤就在於海平面計畫。美國工程師決定改採精密的閘河系統來建造運河，就邁出了成功的第一步。大閘河有上千個活動組件，不論在當地或在美國都是人們津津樂道、不可思議的奇思遐想——每一段閘河都有1,000呎長、81呎深，就像躺在地上的摩天大樓一樣，都是巨大無朋的紀念碑。可是，作家大衛·麥考勒所指甚是：「它們絕對不只是紀念碑，因爲它們不光只是站在那兒，它們是有用的。」就像杜象的《裸體下樓》一樣，它們是行動中的紀念碑。

1906年11月，當泰迪·羅斯福出訪巴拿馬巡視運河工程進度時，他還是第一位踏出國門的美國總統，圖為他坐在一架巨大的蒸氣鏟土機上面。

偏偏巴拿馬運河的用途最能夠表達現代的降臨。據說，TR在讀過一本由艾夫列·馬漢撰寫的《海權與歷史》後，深感唯有鞏固美國的海權，才能確保美國的世界領導地位，於是TR便堅持由美國監管巴拿馬運河。而對他來說，領導世界不只是以本國爲中心的目標，美國必須經過這兩大洋爲全球帶來文明與新世紀的希望。

總而言之，巴拿馬運河解決了1896年美西戰爭時，奧瑞岡艦必須航行67天繞過合恩角才能到古巴解圍的窘困。同時爲了展現航行技術上的進步，官員還在落成啓用典禮當天耍了個噱頭。在波特蘭學童的強烈要求下，伍德羅·威爾遜總統同意由奧瑞岡艦領銜，率領一列戰艦通過閘河，航向舊金山為「巴拿馬──太平洋國際博覽會」揭幕。奧瑞岡艦將由其退休艦長掌舵；總統將站在他的身邊。可惜，事與願違，第一艘首航巴拿馬運河的船只是一艘簡單的水泥船而已，啓用典禮並未造成什麼花絮。美國的科技成就已經呈現在世人眼前，昭告天下科技時代的到來，群眾的注意力已經轉向其他地方，轉向歐洲一觸即發，將全世界捲入黑暗的事件。

單是加吞閘便使得巴拿馬運河躋身世界工程奇觀。歷史學者大衛．麥考勒寫道：「從上往下看去，就是一道寬闊平坦的街道，長度跨過五個路口，整條街兩旁都以一道六層樓高的牆給圍起來；只是街上沒有窗戶，也沒有門出入，一切都超出人類的想像。」

2

烽火歐洲

1914-1919

烽火歐洲1914-1919

前頁圖：英國陸軍的蘇格蘭第10步槍突襲部隊蜷縮在靠近法國亞拉（Arras）的戰壕裡，等待進攻的信號。幾分鐘之後士兵開始往前衝，一枚他們自己的大砲沒有射遠，殺死了己方七個人。英國和加拿大的軍隊在持續六天的亞拉戰役中使德軍往後退了四哩，代價是傷亡36,000人。

左圖：1914年的聖誕節英國和德國士兵在比利時波爾史哥提的中間地帶互相寒暄，這個景象在當時整個西線隨處可見。這是最後一場臨時休戰協定。隔年英國步兵接獲命令在整個聖誕假期「持續射擊敵人戰壕」。

1914年的聖誕節前夕，距離後來舉世所知最血腥的衝突還有四個月又22天，撒克遜第133軍團的一小群德國步兵沿著他們泥濘不堪的壕溝射垛插上節慶的蠟燭。英國女王的西敏步槍團從距離中間地帶100多碼之遙的戰壕注視德軍的動靜，對於眼前的景象大爲震驚（一位受驚的英國中尉形容，「就像亨利賽船會之夜的泰晤士河一樣」）感到其中必定有詐，直到一位德國士兵大喊，「英國人，英國人，不要開槍。」然後他們一起扯開喉嚨高唱《神佑吾皇》。

一聽到這歌聲，這些受驚的英軍也開始輕聲唱起一首奧地利聖歌，但是仍然小心觀察敵方是否正在準備突襲，然而一點動靜也沒有。不久之後，兩方幾位膽大者冒險走出各自的壕溝，走上彈痕遍布的戰場，就在滿地凍僵的屍首中間互相握手，做出聖誕節臨時停戰協定，然後交換蛋糕和餅乾慶祝這特別的一刻。

1914年聖誕假期，整個西線的士兵都化敵爲友。他們互相爲對方拍快照，交換補給品，例如一罐英國果醬換來一片德國巧克力。他們高唱耶誕頌歌，互相說故事，並分析彼此打贏的勝算，就好像討論球賽誰會輸誰會贏一樣。他們自創足球賽，把一頂帶釘的德國鋼盔當成一方球門，一頂英國或法國的無邊帽當成另一方球門。然後，就如這場興奮是突如其來，它也立刻銷聲匿跡。「我知道這個說法有點難以置信，但它絕對是眞的，」砲手赫柏特．史密斯在日記寫道，「想像一位德兵熱情握著你的手，好像要把你的手指碾碎一樣；但是就在幾天之後他想要一槍斃了你。」

本世紀第二個十年的後半段受一場戰爭所左右，血腥殘酷又沒有必要，使得「荒謬」這個字冠上一層新意義。在三大洲的戰場上有將近1,000萬人死亡，2,000萬人受傷——許多人終生殘廢。不僅法國人、英國人、加拿大人、俄國人及美國人都是犧牲者，就連塞爾維亞人、義大利人、日本人、土耳其人、保加利亞人、比利時人、中國人、澳洲人、印度人、南非人以及其他十餘種國籍的人士也都遭殃。在大部分的情況中，兩方的士兵莫名其妙地僵持不下，就像遊戲場上的兩個流氓互相對峙。在它規模最大也最慘烈的戰爭中，毫無意義的小塊土地被來來回回交換了十幾次，周圍的每一吋土地都被強力砲火打得四處開花，無辜的血肉之軀遍地橫陳。

市民可以如何幫忙對付這場危機：
保持開朗。
寫信鼓勵在前線作戰的朋友。
不要散播愚蠢的閒話。
不要聆聽無聊的謠言。
不要以為你知道的比黑格（英國的指揮官）多。

第一次世界大戰期間的英國
一家報紙對英國民眾的建議

損失的還不只是人命而已。在凡爾登（法）、帕森達（比利時）、阿爾岡（法）、索姆河（法）、貝洛林（法）和加利坡里半島等地，我們在歐洲及美洲的祖先揚棄了當初他們對於現代化許諾的滿心歡喜，個個變得憤世嫉俗，這還有待我們來解除。本世紀第一個十年對於機器的興奮如今受到第二個十年的邪惡機器所挑戰。因為烽火連年，人們甚至開始懷疑他們的苦境是否正是機器年代的副產品：你可以享受善良的機器，但前提是你同意用邪惡的機器互相殺害。

世界大戰改變了藝術和科學，語言和政治，使得許多家庭分崩離析，把美國人送回古老的國家，舉槍對準那些他們不久前才離開的同一地區的人。它也使無數的孤兒寡母在戰後蕭條的經濟下勉強自食其力，並且奪走了一代無從發揮聰明才智的歐洲人。在那些死去的科學家中，是否有某位能發明癌症的解藥？我們是否失去了一位曾經能夠避免另一次世界大戰的外交家？英國是否安葬了另一位桂冠詩人華茲華斯？法國是否失去了印象派大師莫內的後繼者？這些答案都埋藏在西線的土地裡。

「祖國一定會感謝你。」

德國政府的標語

在許多方面，這是一場狂野又抽搐的生之陣痛與死亡嘎響攪和在一起的戰爭，代表老舊的逝去以及新一代的誕生。在戰爭初起時，歐洲的政治舞台是由一小撮中上層階級及貴族所宰制。奧匈帝國、俄國、德國、法國及英國這五大帝國縱橫歐洲版圖，除了法國之外，其餘四國都是由君王領導。在維也納，84歲的法蘭茲．約瑟夫以日薄西山的餘威統治著由多國組成、日益爭吵不休的領土——這個奇怪的大雜燴是由五千萬捷克人、奧地利人、馬扎兒人、斯拉夫人、克羅埃西亞人、塞爾維亞人、土耳其人、外西凡尼亞人、斯洛維尼亞人、吉普賽人、猶太人和波蘭人所組成。在德國，德皇威廉二世在寶座上統治一個野心勃勃、精力旺盛的新興國家，它擁有世界上最強大的陸軍，且正在興建一支同樣強大的海軍。在

德皇威廉二世（1859-1941）

「我是一名南斯拉夫的民族主義者。我的目標是以恐怖主義使整個南斯拉夫團結起來——不管政治體制爲何。並使他們脫離奧地利的統治。」

葛立略．普林斯普在他謀殺奧國王儲法蘭茲．斐迪南的審判庭上的辯護說詞。

普林斯普（上右者，與他的兩位同謀者合影）無法親眼看見戰爭結束。1918年他因為感染肺結核死於奧地利的一家監獄醫院。

大英帝國，英王喬治五世除了掌控英倫三島，其領土更橫跨四分之一的地球表面。至於俄國，沙皇尼古拉二世苟延殘喘，坐等那即將斬斷他家族三百年王朝統治的平民叛亂爆發。

我們今天所知的民主那時在歐洲才剛剛萌芽。當時在歐洲的主要勢力中，只有英國和法國的國會有權罷免首相。其他地方，歐洲的政治家和人民公僕幾乎清一色都是特權階級，對於民生疾苦毫無知覺，只一味地把持自己的權威。這四個帝國中有三個其實是由親戚所統治（喬治、威廉和尼古拉都是維多利亞女王的後代），而使得第一次世界大戰幾乎可說是一場大規模的家族內鬥，兄弟鬩牆的大屠殺。

但是戰前帝國堂皇的門面上已經起了小小的裂痕。歐洲的人口在那時已經大幅增加——西元1800年只有5,000萬人口，等到1914年已經擴增到三億人——工業革命大舉促進人口成長，形成一個巨大的勞工階級。雖然社會立法已有長足進步，但是大部分的歐洲人仍然生活困苦，鎮日在工廠、礦坑和血汗工廠勞動，詩人薩松將之描述成「生前鎮日掙扎於不平條件，死後只以草席裹屍」。人們不滿他們的生活情況，開始聆聽社會主義鬥士的號角。

盤據戰前歐洲人心的另一股力量，說起來有點矛盾，則是民族主義。儘管貴族階級具有世界觀，中下層階級卻興起狂熱的民族主義信仰，這是工業革命及其鼓吹的群體感的另一項副產品。在強大的國家中，這種民族主義使人民對抗少數民族；在少數民族中，則煽動獨立運動以便走向新興的民族自決「國家」，偷偷侵蝕強大國家的牆角。古老的界線正準備爆發，甚至要一場大戰來使它們掙脫自由也在所不惜。

當1914年戰爭爆發時，葛立略．普林斯普還是個19歲的學生，鎮日埋首研究倫理學、文學和政治。他生於奧地利控制的波士尼亞鄉村的農奴家庭，家境非常貧寒。他的父親在波士尼亞山丘上勉力開墾四英畝的麥田，儘管收成的穀物僅勉強夠自己一家人溫飽，每一年他還得把相當於三分之一穀物的現金繳給地主。這個家庭的九個孩子有六個在嬰兒期就夭折，他們本來以爲羸弱的葛立略也難逃這個命運，但是他卻活了下來，然而卻是個骨瘦如柴又冷淡的孩子，據說有很強的自卑感。

普林斯普在少年期浸淫書堆，夢想有朝一日能成爲教授。但是政治叛變的急迫性卻太使人分心。就像許多年輕的塞爾維亞人一樣，他也十分痛恨他的同胞長期受到奧匈帝國的苛刻統治，夢想能解放他們以加入隔鄰的塞爾維亞王國。他這個想法在當時歐洲南端的斯拉夫地區很普遍，許多塞爾維亞人都相信他們最「純種」的同胞住在波士尼亞及赫塞哥維納地區。隨著民族主義興起以及法蘭茲約瑟夫的帝國搖搖欲墜，他們覺得要掙脫

「在枷鎖中哭泣的兄弟」的時刻終於來臨了。

普林斯普選擇在1914年6月28日星期天在歷史上留下烙印。奧國皇太子，亦即奧匈帝國的王儲法蘭茲・斐迪南大公和他的太子妃蘇菲準備在那天視訪塞拉耶佛，普林斯普及其他六位「黑手」成員（塞爾維亞的種族恐怖集團）則圖謀要暗殺他。他們的計謀一點也稱不上專業，這個團體包括一名印刷工人、一名木匠、一名老師和四名學生。其中五人還不滿20歲，年紀最大的也不過27歲。他們在圖謀這項致命計畫時都沒有動過刀槍，而且對於暗殺對象所知甚少，只知道他準備繼承法蘭茲・約瑟夫的王位。（如果他們知道斐迪南企圖使帝國境內的斯拉夫人獲得有限的自主權，可能就會重新考慮了。）在這項預定拜訪的前幾個星期，這些恐怖份子弄到六個臨時湊合的手榴彈，四隻老舊的白朗寧手槍和七瓶氰化物（預備等到計謀完成後就一飲而盡自殺），然後就向塞拉耶佛出發了。

當德國居民歡送他們笑容滿面又充滿自信的士兵去打仗時，沒有幾個人能體會到戰爭將造成的悲慘後果。光是1914年底，德國就有40萬精良士兵在西線戰場捐軀。

6月28日的早晨，當法蘭茲・斐迪南和蘇菲坐進黑色敞篷轎車的後座，準備巡視波士尼亞首府時，這七位共謀者在遊行的路線上各站定位。頭兩位面對奧國王儲的暗殺者突然失去了勇氣，第三位朝轎車擲出一個手榴彈，卻沒命中，而打中斐迪南身後的車子（這還不夠，他吃的氰化物又只夠嘔吐，也把自殺搞砸了。）但是命運還是決定給這群塞爾維亞謀殺者另一個機會。

一個小時之後當斐迪南回復遊行，他的駕駛卻轉錯一個彎而停在一家食品店的門外，普林斯普剛好就站在那裡，離坐車還不到五呎之遠。這位塞爾維亞人略一遲疑，把頭轉向一邊，砰砰開了兩槍。當斐迪南和蘇菲雙雙倒下時，他口中還喃喃自語：「沒關係」但是他是錯得不能再錯了。

「到處都擠滿人群，士兵行軍走出城市，所到之處都撒滿鮮花。每張臉看起來都非常愉快：我們要打仗了！咖啡館和餐廳裡的樂隊不斷演奏〈在勝利之戰向你歡呼〉以及〈萊因河上的守衛〉，每個人一聽到這兩首歌就要起立致敬。儘管一個人的雙腳發冷，啤酒也不再冰涼，沒關係，我們要打仗了！」

德國女演員緹爾・杜瑞兒
1914年8月的日記

戰爭對於1914年剛成年的一代具有不同的意義。這部分是因為其中很少人曾經真的打過仗，部分則是那些打過仗的人所經歷的戰爭通常都很短暫，不過是殖民土地上的小衝突而已（歐洲前一場主要衝突是1870年的普法戰爭）。因此當時許多人都把戰爭看成男性氣慨和民族忠貞的考

德國的戰前驕傲：
「德意志是個帝國！」

在戰爭之前，我只是個小男孩，但是仍然隱約感到德國在世界上扮演的角色。我覺得它是一個眞正的帝國，畢竟我們有一位皇帝穿著制服，踩著閃亮的皮靴，這在在都讓一個小男孩崇拜不已。但是我也覺得德國眞的比其他國家優秀。法國共和國的總統當然是一位平民，而我總覺得在國際會議或國家首領聚會時，皇帝坐在法國平民總統的身旁一定會大放異彩。

當然我們並不叫他皇帝，我們稱呼他爲「德皇」(Kaiser)，他所統治的帝國叫做德意志帝國（Kaiserreich）。他們總是會說：「德意志是個帝國！」。只要一想到這句話，你就會振奮不已。我們非常尊敬德皇，我在日記裡尊稱他爲「德皇陛下」。他是德國政治結構的頂峰，我們把他想成是半人半神。我在那段期間看過德皇三次，那些時刻都是我生命中最寶貴的經驗。

相同的，我也把德國視爲諸國之中的強權，與英國勢力不相上下或甚至更偉大。那時的德國和英國之間互相較勁。其實英國手下有很多殖民地，德國只有幾個，因此德皇著手興建一支強大的海軍以便獲得更多的殖民地，能與他在海外的表兄弟一爭長短。因此德國上下掀起人民運動，響應德皇在這方面的努力。民間百姓，甚至小孩，都要爲這個名目捐獻。小孩被要求捐出零用錢，比如說，50分尼以便支援海軍。當你做出捐獻後，就會得到一枚小小的國旗，可以別在你外套的翻領上。我們都驕傲地戴著它，很高興能參與這場熱烈響應支援德國建造海軍的大規模全民運動。帝國的海軍，德皇的海軍。

那時整個歐洲都感受到一股國際的緊張氣氛。我還記得我們曾經到比利時海灘上一個名叫米德科克（Middelkerke）的度假勝地度假。當時人們流行在沙灘上用沙子堆成堡壘，然後插上他們的國旗。當我和兄弟姊妹插上德國的國旗時，我們覺得四周傳來許多敵意。其他國家的人民都公開表達對德國的憎惡。而對於我們，根本不需要別人強調我們要愛國，因爲我們本來就很愛國。我們相信德國歌曲所說的：「德國高於其他一切。」並不是說它應該凌駕其他國家，而是說它在我們的心目中凌駕一切。

上圖：凡艾爾伯10歲時留影

下圖：他的剪貼簿上保留住在他家士兵的照片。

——約欽．凡艾爾伯生於1902年，後來成為威瑪德國的律師和公僕。在希特勒當政時他被迫解職，因為他有個「非亞利安人」的祖母。於是他在1934年移民美國，於1941年成為美國公民。他在第二次世界大戰加入美國軍隊，戰爭結束後他在外交部門工作，曾參與協商條約允許西德加入戰後的北大西洋公約組織。他著有《戰爭目擊者：一位第三帝國難民的記憶》一書。

首先搖撼這一切的，當然就是奧國王儲斐迪南被暗殺。那時這眞是晴天霹靂的消息，一位這麼重要的人物竟然會被暗殺。每個人，甚至我們這些年輕人，都覺得這件事非同小可。在早期我們還指望外交能夠使我們度過這個難關。德皇仍舊照常去挪威旅行，看起來好像不會發生什麼嚴重後果。但是有一天我父親突然來到花園，把報紙上的新聞念給我們聽：德皇發表聲明，說極有可能發生戰爭。憲法賦予的權力都受到禁止，例如公開集會。即使自己家庭的尊嚴也不再有保障了，可怕的衝突一觸即發。

有一天，一名士兵拿著一張紙來到我家，宣布我們家有九人要徵召入伍。幾天之後他們又來到我家，身穿全套軍服，頭戴帶釘的鋼盔，手拿步槍，準備好上戰場。那是我第一次意識到我們家不再是我們所有的了，只要當權者高興隨時可以拿去，而我們根本沒有反對餘地。我們頭頂上有飛機轟轟作響，士兵行軍到火車站報到。

當然那時候大家對戰爭都很興奮，每個人都認爲這些可憐的士兵一定又餓又渴。因此急切的小鎭居民紛紛把一籃又一籃的三明治送到車站，但是三明治實在太多，後來都壞了，因爲士兵實在吃不下那麼多。當士兵上火車時還興高彩烈地高歌：「喔！我們生來就是要去打仗。喔！喔！爲祖國作戰。我們要助德皇威廉一臂之力。」在學校裡，老師告訴我們戰爭一下子就會結束，法國和英國一定會被打得落荒而逃，就像1870年普法戰爭時法國打敗仗一樣。我們從小就被灌輸法國是德國的世仇，法國和德國互相爭奪歐洲的領導權。不過平常我們就想到這裡爲止，只有政客才會關心要獲得新的領土。但是現在，打敗世仇並取得歐洲的領導權卻成了深具意義的目標。

驗。戰爭是淨化。戰爭是冒險。戰爭是榮耀。戰爭是新生。戰爭是運動。戰爭是光彩。戰爭是成年禮。戰爭是爲自己國家犧牲及體驗同志精神的方式。簡而言之，戰爭是好的。

謀殺奧國王儲挑起奧匈帝國和塞爾維亞的夙怨，促使俄國前來援助塞爾維亞人，德國趕來相助奧國；接著法國援助俄國而英國援助比利時（它在德軍襲擊法國的路上慘遭蹂躪）。當時可以爲某個名目動員任何國家的群眾。政客向人民指出那些透過小心磋商以用來保護財產和商業利益的同盟，以及仰賴他們快刀斬亂麻的軍事防禦計畫，藉此證明自己的正當性。

第一次世界大戰英國募兵海報：「行伍間還留了個位子給你／你來不來？」

左圖：1914年，100多萬名英國年輕人在像南沃克這樣的招募站報名從軍，陸軍發現年輕人極需要接受基本訓練。等到隔年，如上圖所示的招募海報強調體格強健是當兵的首要條件。

但事實上交戰國的菁英階級與其把塞拉耶佛事件看成悲劇，倒不如說是一個機會，既能互相競爭以便在世界事務上更有一席之地，又能藉此鎮壓那些威脅他們統治威權的平民運動。一開始是有一些表面上的外交談判，但是1914年8月2日早上10點鐘，當八名德國騎兵直直走向法國在邊界小鎮貝佛特的哨兵站開槍射擊時，一場爲了芝麻蒜皮小事而開打的悲劇之戰就此揭開序幕。

新與舊的衝突幾乎令人慘不忍睹。法國軍隊與德軍第一次交鋒時還騎在馬背上，穿著鮮紅色的潘達隆長褲，帽盔上插著羽毛。然後他們以當時所知的唯一方式行軍踏入戰場——刺刀拿緊，軍刀朝天——卻立刻在機關槍達達的掃射下成排成排地倒下。「那些親眼看見這些英勇戰士應著鼓聲和號角走上空地的人，永遠都不會忘懷那種悲劇性的徒勞無功。」一位意志消沈的法國將軍說，「他們還以爲戴著白手套死去是一種高雅。」

因爲每天傷亡人數高達15,000人，巴黎裁縫女工開始縫製灰色的制服來取代原有的紅白相間制服，步兵隨身攜帶鐵剷以便挖掘他們的掩蔽處。兩方都一度相信戰事會在聖誕節前結束，但現在這個期待已經落空。就連最強硬的守舊派也不得不承認，這場戰爭是一個全新的玩意。

其中的變化是從攻擊轉爲防守。許多世紀以來，人們都把戰爭視爲精神的比武，最有勇氣鬥志的一方會贏得勝利。進攻者不但能打贏戰爭，而且還贏得迅速。但是在精密複雜的戰爭機器時代中，勇氣鬥志還有什麼用？現代武器結束了徒手的肉搏戰，機關槍和重型大砲使得攻擊敵人陣線無異於自殺行動。一個士兵所能做的只是挖一個洞，等待另一端的敵人冒出頭來，長期的僵持於焉來臨。

我們很難想像一位軍人在1914年末來到西線時他所感受的震撼和失望。因爲社會上不斷宣傳這場世界大戰是宗教的善惡之戰，也是一場街角惡鬥（這是向其他弟兄證明自己的好時機），他大受鼓舞而從軍，卻發現自己降落在泥濘和惡臭的戰壕中，有時候離最近的敵兵有一哩之遙。

戰壕內老鼠和屍體遍布，因此第一次世界大戰的戰壕成爲戰爭本身最好的比喻：生者的墳墓。從比利時到法國一路上挖了好幾千哩蜿蜒曲折的戰壕。有前線戰壕、支援戰壕、後備戰壕，還有溝通戰壕，全部連結在一起形成巨大的地下城市，人們甚至以他們家鄉的街道來命名。

在裡面，士兵過著齧齒動物般的生活。小兵睡在戰壕牆上的洞裡，軍官則住在稍微大一點、埋得比較深的掩體。就像鼴鼠一樣，工程師甚至從戰壕一路鑽洞到中間地帶，在敵軍的掩體下面安置地雷，有時候竟然和彼端懷有同樣使命的鑽洞者碰個正著。

戰壕內的生活：
「想想看，當初還是我們自己想到這裡來的」

1914年法蘭西斯（前坐者）18歲時與他的哥哥亨利（20歲）即將前往法國時合影。

——愛德華·「泰德」·法蘭西斯生於1896年，第一次大戰期間身為英國陸軍小兵，他拒絕升官，認為這會使他面臨更大的危險。他幾乎參與了這場戰爭的所有重要戰役，包括法國索姆河之役、德國伊普爾和比利時帕森達等。大戰之後他成為香蕉業務員，在41年的生涯中一路做到首席業務。1994年伯明罕軍營80週年慶上他以整個單位唯一的倖存者受到表揚。他於1996年去世。

我曾經是一名童子軍，很喜歡在身前掛著一個錫鼓到處行進。因此當年輕人開始報名從軍時，我就想：「嗯，也許這會是不錯的假期。」我排在伯明罕市政廳前的隊伍中，等到報完名回家時，我媽媽問我：「你報名從軍了嗎？」我說：「是的。」她就說：「你這個傻瓜，只有小偷和流浪漢才會加入軍隊。」然後她說：「你趕快回去告訴他們你改變主意了。」但是當然我辦不到。

我們年輕小伙子一心巴望趕快變成軍人，怎麼樣也嫌不夠快。在我報名從軍的伯明罕，他們預期招募到一軍營的人數，亦即1,000人左右，但是戰爭才開打幾天他們就招募到4,500人。我們有一段受訓的好時光。我被編在一個14人的小組，大家都是來自同一地區，說著相同的語言，還帶著相似的鼻音，我們就像一個大家庭。然後我們這些年輕小伙子的偉大日子終於來臨，他們發給我們每人一把步槍，是當時最新型的李恩福德（Lee Enfield）步槍。你應該看看那些一輩子沒看過真槍的小伙子當時看著步槍的神情。我們總共經過八個月的訓練，直到我們想去法國想得心癢的不得了。當時我們一心一意想著：「我們必須在戰爭結束前趕快到法國去。」

訓練我們的是曾經打過南非戰爭的老士兵，年紀幾乎可以做我們爸爸。但是，他們從來沒有經歷過人們在戰壕內四目相對，砲彈隨時會向你飛來的戰爭。因此我們根本不知道到達戰場時會是什麼情景。等我們受完訓後，就橫渡到法國，步行15哩來到我們紮營的基地。當輪到我們走進戰壕時，那些走出來的軍團幾乎都是戰爭一開打就在那裡了。他們看著我們的眼神好像在說：「嘿！你們現在還在微笑，但是不久之後你們就笑不出來了。」我們在戰壕裡過了七天七夜，等到休息六、七天之後又再爬進戰壕。然後有一天某人激動地大喊：「傑克·史密斯！」我說：「他怎麼了？」因為我認識傑克·史密斯。「他死了，被射死了。」這句話在年輕小伙子中引起一陣騷動。他們心想：「嗯，這可不是我們來這裡的目的。」從那一天起每當我們到達戰壕時，先是有三人死亡，然後四人死亡，五人死亡，20人死亡，100人死亡。等到那時我們都成了老兵。

我們學到了關於戰壕的一切及其種種危險，也學會要如何對抗德軍。然後終於有一天早上我們得「爬上頂端」，這代表你得躍過戰壕，往敵人陣線前進300、400、500碼。當軍官吹響哨子時，我們就得從戰壕一躍而出，往德軍的戰壕移動。在那時我們會看看彼此，懷疑我們是否能夠安全過關。有些人很明顯地在發抖，有些人失聲痛哭，有些人幾乎還沒開始就得了彈震症。但是等口哨聲一響，我們還是得手忙腳亂爬出去。在你身後幾碼之處總會站著一位軍官，手上拿著一把裝滿子彈的左輪手槍。如果任何人稍有遲疑，腳邊就會挨上一槍，提醒他軍官就在那裡。

我們直到後來才明白當時的狀況。如果我們拿下我們準備擄獲的戰壕，就可以休息聊天。某人會對另一人說：「比爾某某在哪裡？」另一人則會說：「喔，他中彈了，他掛了。」然後你會看到你的朋友或是你所認識的人失蹤了——某人可能受傷，某人可能陣亡。而你可能正在戰壕裡和某人說話，就在談話時他不經意把頭伸出戰壕，幾秒之內子彈可能正好射中他的腦袋。德國的狙擊兵是世界第一，他們的步槍具有望遠能力，因此只要你把額頭伸出來幾秒，就可能意味著你將會完蛋。

我們大部分的時間都是從一個戰壕步行到另一個戰壕，如果天氣轉變下起雨來，那種慘狀幾乎無法形容。如果你曾經看過月球表面的照片，大概就像那樣子，甚至更糟——到處都被挖過，到處都泥濘不堪，根本沒有辦法走路，走個兩哩路要花七、八個小時。有時候水深及腰，而我們得走上一星期才能到達火線。而在那種情況下，他們無法帶食物或水給我們，因爲所有負責運送食物和水的人都被射殺或砲轟，所以大部分時間我們都是又餓又渴。我們在那裡待了六到八個月之後，全身上下覆滿泥巴，整天都潮濕不堪，也被跳蚤咬得體無完膚，我們常常會說：「想想看，當初還是我們自己想到這個洞裡來的。」

1916年的索姆河戰役中英國士兵在一個後備戰壕休息。

我們在那裡的第一個月可以聞到屍體的味道，但是不久之後我們就不在意了。當新兵初來乍到，戰場簡直臭不可聞，但是我們天天聞這個味道，早已不聞其臭。噪音也總是存在。如果你像我一樣在戰壕待了那麼久，只要辨識砲彈的聲音就幾乎可以肯定它會不會打在你身邊。如果你覺得它可能會打中你，那就趕快平躺在泥巴裡，不管它有多深。

放眼所及好幾哩都是坑坑洞洞，裡面充滿了污水和泥巴。這對於那些身上有小傷的人非常危險，因爲如果他們靠近一個大的砲洞，就會覺得自己正陷進洞裡。一旦充滿毒氣或天知道什麼東西的污水滲進傷口，那就注定非死不可，即使他們呼天搶地也沒有辦法，因爲我們實在愛莫能助。如果那些曾與你一起從軍的朋友或同志受傷掛彩，照理說你應當伸出援手，但是我們卻接獲指令不准援助傷兵。有一次我們從前線回去時，天已經漆黑一片，我聽到一個小伙子在一個大砲洞裡拚命喊救命。他的雙手想要抓緊洞口邊緣，一直對走過他身邊的人求助。我實在看不下去了，因此我拿起步槍，一直拉一直拉一直拉，終於使他免於溺死。但是這是違反軍令的。

每個人幾乎都得了彈震症，但是還可以分成兩種：一種是小兵的，一種是軍官的。對於軍官，只要他的嘴唇稍微輕輕一動，就會被送到醫院休養一個星期，然後回到英國療養。至於小兵呢，則會得到幾包藥，然後被送回前線。這就是其間的差別待遇。你可以輕易看出某人是否得了彈震症。他會哭，會發抖，臉色與平常截然不同。我們在戰壕中唯一能做的就是把他拉回去，有時候我們甚至得坐在他們身上，因爲一旦他們走出戰壕就準死無疑。有些人實在受不了而走出戰壕，立刻就以逃兵的名義被射殺。

在戰爭後期，我們已經習慣了周圍的屍體，只把他們視爲一截木頭而已。每件事物都有用處，我們甚至把屍體鋪在戰壕的底層，站在他們上面以保持乾爽。當然，這些屍體後來都被挖掘出來，但是如果他們放了太久就只剩下骷髏，因爲老鼠早就把他們的肉啃光了。看到一副已經沒有臉而只剩下骸骨的屍體會讓大多數人嚇得半死。我們也會搜索這些屍體，希望能找到一些食物或甚至一壺水。有些人身上帶有英國親人寄來的食物，那眞是老天恩賜，因爲如果沒有這些東西，我們根本無法忍受被迫在其中打仗的情境。

「他愛極了中間地帶，經常在晚上爬到那裡去。有一次一顆照明彈照亮他整個人，當時，他沒有平躺下來，而是直直站在曠野中央。然而他還是沒有趕快趴下來，反而高高舉起雙臂。『告訴我，我看起來像不像一棵樹？』他回頭對英國戰壕大喊。」

一位英國步兵描述一個曾經在學校教書的同袍

歷史上從來沒有一場戰爭使用過這麼多大砲。英國在法國伊塔布勒斯(Etaples)一個以殘酷聞名的訓練營中，砲彈把夜空照耀得如白晝一般光明，使新來乍到的士兵接受戰場上超現實經驗的洗禮。

無聊和突如其來的危險兩相結合，幾乎使人無法招架。在敵對兩方僵持不下的幾年之間，戰壕常常受到砲轟，也總是受到狙擊兵的槍火威脅。然而，就如歷史學家暨批評家保羅・福塞爾所指出，大部分的時間，士兵就是躺著等待而已。他們每天一早就準備待命（因為拂曉是攻擊的好時機），然後結束於早餐之時。之後，就清洗武器，整修戰壕，寫寫信件。（許多人都說，正是戰壕生活的無所事事使這場戰爭成為歷史上最具文學氣息的戰爭，激發了海明威和雷馬克等人的小說，席格菲德・薩松和威爾弗雷德・歐文等人的詩，以及成千上萬早已為人遺忘的德、法、英的詩人士兵。）最後，等到夜幕降臨，真正的工作才開始，人們爬出戰壕收拾傷亡官兵，修理保護他們免受攻擊的鐵絲網。鐵絲網是從美國西部借來的點子，在那裡人們用來防止農場動物走出疆界；但是卻成為第一次世界大戰的象徵，這麼一團糾纏不清的鐵絲使人幾乎無法徒步穿越。

戰壕的情況是如此悲慘又超乎預料，因此引發各式各樣奇怪的心理疾病，統歸在「彈震症」(shell shock)的名目下。因為要不斷處理死屍、豎起耳朵聆聽最細微的危險聲響，還不能露出害怕的神色，因為總是準備防衛而幾乎不能攻擊，開槍射擊那些在泥濘遠方的沙袋後面跳動的灰色小點，許多人都完全把自己封閉起來。1915年，當第一波盛大的徵召新兵出現在前線時，9%的戰場傷亡都被報告成「沒有生理原因」。有些人「眼瞎」，有些人「耳聾」或「喑啞」。有些士兵會突然不可抑制地發抖，失去記憶，或是出現麻痺症狀。

醫生面對這些士兵百思不得其解，想像他們承受的身體傷痛一定是小到醫療器材無法記錄的。高級軍官也同樣困惑不解，懷疑這種古怪行徑不過是懦弱的掩飾，因此命令這些人接受軍法審判為擅離職守。當戰事繼續進行幾年後，大家才明白這些人是心智受到重創，因此他們被送到新型的診所，就簡單稱為NYDN醫院（not yet diagnosed, nervous）（原因不詳，緊張）。

但同樣奇怪的是某些人擁抱前線恐怖的方式。這場戰爭經驗絕非他們當初離開倫敦、巴黎或柏林時所能想像的，但是它仍然是一場戰爭經驗，而它奇異的恐怖以及難以言喻的怪誕使他們對於彼此，甚至戰壕本身，都產生深刻的連結（許多人都覺得只有親眼看見他們之所見的人才能瞭解他們）。詩人羅伯葛瑞福茲寫道：「我們歡迎偶爾的10天休假，但是如果只受輕傷，很快就會對醫院和營本部感到厭煩，而想盡辦法回到營區，儘管傷口只復原了一半。戰壕使我們覺得自己有不死之身：只有在那裡死亡才是玩笑，而非威脅。」

戰爭持續進行，好像永遠沒完沒了，雙方都天真地以為敵軍會因為日漸消耗而坐垮。日復一日，月復一月，絕望的將軍不斷祈禱明天的突襲會

早晨的微光顯示拂曉攻擊所造成的破壞規模。澳洲士兵正嘗試度過一片曾經是青蔥樹林的燒焦荒原。

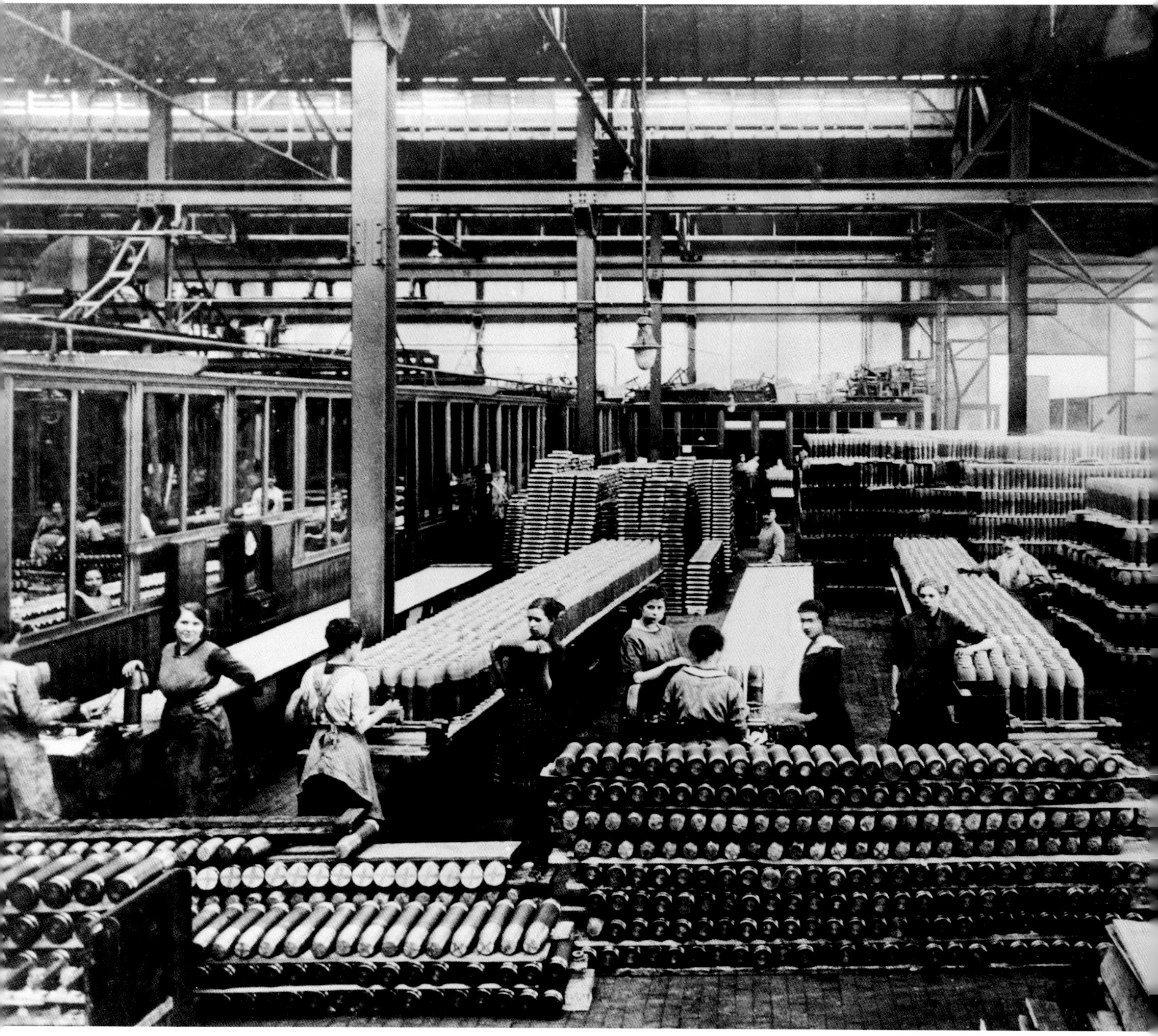

「軍需品女工」在法國一家工廠組裝砲彈。為了要趕上戰時需求，許多女子都走進原來是男人天下、需要嫻熟技術的工業勞動界，挑戰既定的性別角色。

是最後致命的一擊，但它從來不是。從1914年到1918年的春天，西線的兩方交界不過移動了10哩左右。

大後方也在交戰。第一次世界大戰牽涉了無數的軍隊，一次花上幾年橫跨廣大的戰場，因此自然需要人口總動員。主要用來從事短期戰爭的職業戰鬥單位很快就耗盡，幾個月之後，雙方都是由業餘士兵互相對峙。從18歲到40歲之間的男丁，包括醉漢、犯人和神經失常者，都被應召入伍。要讓他們穿上制服、告訴他們如何使用槍枝、把他們送上戰場，然後在戰場上餵飽他們、給他們穿衣，對於社會各層面都是困難無比的努力。

人們急切地想要順從。戰前的階級鬥爭和社會不安都因為齊心想要勝利而暫時告一段落。在戰爭開始頭幾天，就有500萬德國人、400萬法國人和100萬英國人滿腔熱血揮別百姓生活，投入戰場。那些以為人民會捨民族主義而就階級鬥爭的社會主義者都錯了，甚至有些最激進的勞工主義者也認為在國家危難時他們應該挺身而出。相同的，雇用女人和小孩取代男人空缺的工業也開始把精力放在製造戰爭必需品上面。

交戰國人民的生活完全改觀。在英國，公園和高爾夫球場變成暫時的演習場地。在戰爭最初幾個月，人們會看到曾經是牙醫、工廠工人和補鞋匠的軍人穿著破破爛爛的市民衣服在那裡行軍，看起來更像是小孩扮演士兵，而非幾個星期後在比利時大開殺戒的眞正步兵。鄉村別墅變成暫時的醫療診所，習於打掃貴族大宅的女僕現在則在軍需品工廠包裝砲彈。在學校，男童被教導如何行進，女童學習包紮的技巧，因為誰知道戰爭會維持多久，又會多深入影響國家的年輕人？巴黎的情況更為險惡，有時候它距離戰場只有50哩之遠，因此較大的區域都疏散一空。配給嚴重缺乏，失業率高達44%。這個城市與其說是受敵人襲擊，還不如說是受到戰爭本身攻擊，曾經繁忙的街道如今安靜地出奇，只有偶爾士兵大踏步走向戰場時才會劃破寧靜。著名的咖啡館和夜總會如今的顧客幾乎清一色是護士和戰爭工業的工人，偶爾也有休假的士兵光顧。因為男丁大多都上了戰場，巴黎成為一個女人城，尤其是許多年輕的寡婦。曾經展示世界最頂尖時尚的商店現在則陳列喪服和「哀悼胸針」。甚至計程車和巴士也不見蹤跡，因為他們都受雇搭載從軍的士兵來回戰場。

協約國和德國的新聞媒體都成為政府非正式（有時候是正式）的發言單位。記者不准跟隨軍隊走進戰場，他們的急電都要先送軍方審查獲得核准。因此好消息都被誇大，壞消息則被忽視。這種種扭曲如保羅福塞爾所觀察，簡直把戰爭變成一場幻想曲：對那些每天讀報的人，在前線打仗輕而易舉，勝利總是唾手可得，而敵人則是道道地地的野獸。

1914年8月德國移民在支持德皇的遊行上，扛著德國和美國國旗在紐約百老匯行進。同月，總統威爾遜宣布美國保持中立。

「俄國人、波蘭人、保加利亞人和塞爾維亞人對於人類文明做了什麼貢獻？他們從來沒有發明，沒有發展出任何政治體制，也沒有提出任何新觀念。這個種族所有的一切都是得自於別人……這就是對歐洲文明種族宣戰的既無知、半文明、野蠻又惡毒的種族。」

1914年芝加哥一家德文報紙的社論

宣傳攻勢非常凌厲。海報、詩歌、戲劇和歌曲全都是戰爭之作。英軍直到1916年之前完全是由自願軍編組而成，因此英國的宣傳大部分都鎖定在徵兵。通俗歌曲包括《我們不想失去你，但是我們認爲你該走》等小曲，海報則描繪一個年輕女孩坐在父親的膝頭問他：「爸爸，你在這場大戰中做了什麼？」（爲了確保那些沒有小孩的人一樣有罪惡感，其他的海報則顯示媽媽責怪兒子，「走吧，這是你的職責，小伙子！」）

「一旦把這個民族領向戰爭，他們就會忘記曾經有過容忍這回事……殘忍野蠻的精神就會滲進我們國家生活的核心。」

——伍德羅．威爾遜總統

在德國，〈萊茵河上的守衛〉的反覆唱段成爲戰爭歇斯底里症的國歌。士兵行軍走向火車站，並且沿路徵募路過行人時——吹笛人模式——都會齊聲高歌，走到目的地時全城市民都與之唱和。「上帝懲罰英格蘭！」這句話戳蓋在信件和明信片上，也鑲在一切東西之上，從袖扣到結婚戒指。人們甚至會在聽到這句話時行禮致敬，與一個世代後人們對於「希特勒萬歲！」這句話的反應如出一轍。

這一切的結果影響非常深遠，而且諷刺的可悲。即使傷亡士兵不斷從前線被運回來，許多年輕人仍然前仆後繼。他們受到宣傳造勢的鼓舞，又因爲無能的媒體而渾然沒有意識到戰場前線的嚴苛現實。他們義無反顧衝上戰場，只怕第一次世界大戰會在他們參與之前就鳴金收兵了。

當豪華客輪路西塔尼亞號（如圖上的紀念明信片所示）被德國潛水艇擊沈時，船上搭載了1,200名遊客，運送的船貨則包括軍火彈藥和小型武器。

幾乎在歐洲發生衝突的那一刻，美國就開始自我辯論，因爲境內的德裔美國人都爲德意志帝國皇帝辯護。在芝加哥有三分之二的人口都是晚近的中歐和東歐移民，因此德裔美國人在公共輿論上很佔優勢。再加上愛爾蘭裔美國人（與其說他們親德，倒不如說他們反英）與俄裔美國猶太人（他們自然堅決反對俄國沙皇先前對他們的迫害）的支持，他們大聲疾呼內心的感受。支持德皇的結盟在芝加哥大會堂舉行，遊行則穿過市中心。芝加哥市甚至成爲同盟國的動員之地：戰爭初期滯留在伊利諾州的德國後備軍人佔領了芝加哥的埃蒙賀斯特大學，利用它的操場從事軍事練習。

在芝加哥及美國其他具有大量德國人口的城市景象與美國其他地方形成強烈反比，協約國的支持者遠超過德國的支持者，特別是德皇的潛水艇在1915年5月7日擊沈一艘英國郵輪路西塔尼亞號，殺死1,000多人，其中有128位美國遊客正準備航行到利物浦去。但是更具意義的是美國人根本反對任何形式的戰爭。例如對日漸增長的美國社會主義者而言，歐戰代表的不過是資本家貪婪的衝突——數以百萬的年輕人在德國與英國的交戰中犧牲寶貴生命，全爲了爭取商業至上。就像許多站出來大力反戰的女性主義者一樣，他們也擔心如果美國一旦介入戰事，就會減緩自家的改革速度。

更多的美國人則完全以道德眼光來看戰爭，把它看成現代歷史的出軌插曲，是回到中世紀的野蠻主義。這也更使他們認爲舊世界既腐敗又停滯不前。他們爭辯說，如果歐洲想要自殺，我們爲什麼要幫助他們？正當舉國上下辯論不休時，威爾遜總統在1914年8月下令美國保持中立，他在1916年競選連任時更推出「是他使我們免於戰爭」的宣傳口號。

但是即使美國士兵沒有直接介入，這場戰事還是對美國社會造成巨大影響。美國的商業因爲歐洲急需食物、原料和軍需品而大發利市，而當他們廣進財源時，也使美國進入繁榮期。勞力也佔盡便宜，因爲商業市場頓失平常穩定流進的歐洲移民而短缺人手。在戰爭初期，渡海而來的移民一年高達100萬人，而美國的失業人口則高達15%；等到1918年，只有31,000人移民渡海而來，但是失業率卻跌到2%。

工會信心滿滿，他們占了上風，因此鬥志旺盛。光是1916年一年，美國就見證了2,093件罷工和閉廠，員工的薪資增加了26%。但是許多工廠的工作條件仍然很不人道：全美國三分之一到二分之一的工人一天仍然要工作12小時，而且常常一週七天都要上工，許多工人及他們的家人別無選擇，只好住在工廠小鎮的破敗小屋裡，恆常受到工頭的監視。

戰時勞工的缺乏也有助於女權提升。即使戰爭使那些贊成美國參戰者和反對者勢不兩立，但是非傳統的工作開始接納女人（這是始自於戰時，而在美國捲入戰爭後更不斷激增），卻有助於提升她們一般的權利。從1914年到1918年四年間，女性鐵路工人就增加了三倍之多。女人被雇用從事金屬加工業、軍用品工業和街車車掌。社會態度的改觀使人們日益傾向應允女性主義者的首要目標：投票權。

但是戰爭對於美國民主生活最長遠的影響是發生在非裔美國人的社群。1910年時每五名非裔美國人就有四名住在農業的南方，大部分都是移民的勞工。當美國的戰時經濟逐漸興起，成千上萬的男男女女也遷徙到工業北方的大城市，投入鋼鐵業、汽車業和礦業。這場聲勢浩大的人口轉移被稱爲「大遷徙」(Great Migration)，屬於美國脫離農村生活趨勢的一部分，它受到宣傳標語推波助瀾，規模之大簡直可以比爲當年猶太人的出埃及記。芝加哥尤其是這場遷徙的夢想終點站，南方黑人懷抱著自由及工作的遠景，想像能在那裡找到聖經的許諾之地。

南方白人察覺到他們正在失去勞動人口，憤怒地回之以暴力。也有一些北方黑人害怕他們的南方同胞因爲不諳城市世故而使他們丟臉，因此憎

大遷徙的興奮：
「我們要去芝加哥！」

當年我在密西西比州的維克斯堡長大，南方對我而言是個快樂之地。我媽媽已經北上芝加哥，因此我與生爲奴隸的外祖母一起長大。我從來沒有捱過餓，從來沒有少掉一頓飯，我媽媽總會寄給我好看又稱頭的西裝讓我在週日穿去上教堂。我當時並不知道「種族隔離」是什麼意思。我知道黑人是次等民族，他們必須做所有的骯髒工作，也不准進入某些場所。沒有人需要對我解釋這些，我就是知道。但是等到我八歲時，第一次看見有人動私刑。當時我在回家的路上看到一名黑人被吊在樹上。一群白人站在他四周，他們已經把汽油潑在他身上點火燒死他，現在又對他的屍體開槍。我並不太明白到底發生了什麼事。密西西比的傳統是如果你對一名「黑鬼」動以私刑，就要把樹砍倒，把樹樁漆成紅色。隔天早上我在上學的途中，看到那棵樹木的底端滴著紅色的油漆。

我知道當時人們紛紛離開密西西比到北方去。我們在維克斯堡所上的教堂由一位名叫愛德華．佩瑞．瓊斯的牧師所主持。他在星期天的講道中總會告訴聽眾想辦法把他們的年輕人送出去，因爲他們在密西西比沒有前途。當然那些白人勢力聽到這一點很不高興，所以把他逐出小鎮外。我媽媽曾是這所教堂的鋼琴手兼風琴手，就是在那時她決定去芝加哥，把我留給外祖母照顧。

黑人婦女離開小鎮沒有問題，但是黑人男子卻不能前往火車站買一張火車票離開密西西比，因爲白人不希望失去那些廉價又無特殊技能的勞力。1910年我出生那年，我叔叔在維克斯堡的一家白人理髮店工作。他有一些搬去北方的朋友會寫信回來，告訴他芝加哥有多棒多棒。那裡的工作很多，因爲在那個年代它大概可以說是美國的中心。在那時你如果要坐火車橫越美國，一定得停在芝加哥換軌道，所以許多生意人都會在那裡碰頭。美國當時所有的大旅館也都在芝加哥(包括帕瑪之屋、黑石旅館和國會旅館)，都需要搬行李的服務生。因此來自南方各地的黑人都會北上到那裡，想要找一份像樣的工作。

我叔叔也想搬到那裡，所以他從曼菲斯某人那裡揑造了一封信，告訴老闆他有一位嬸嬸快要死了，很想見她的姪子。他的老闆讀了信之後，把他帶到火車站，用我叔叔的錢買了一張來回車票。他說：「好了，你現在到曼菲斯去，然後再給我回來，聽見了嗎？」我叔叔說：「是的，老闆。」但是當然等他到了曼菲斯，就把回程票賣掉，然後繼續北上到芝加哥。等我出生後我媽媽去找他，那就是我家族出走的開端。從1910年到1917年，我叔叔和我媽媽從工作中存了足夠的錢租了一棟公寓，把父母和孩子都接到芝加哥來。

我們離開那年我八歲，對我而言它唯一的意義就是一場非常愉快的火車之旅。想想看：「我要去芝加哥看我媽媽！」我的外祖母也非常高興，因爲她本來生爲奴隸，而從她有生以來生活已經大有進展。現在她的孩子都遷徙到北方，賺了足夠的錢要把她接過去。我相信我的外祖母只想著未來，我們的未來。她的孩子會有更好的機會，她的孫子會有更好的生活機會，因此她非常高興。

我們沒有趕上早晨的火車，因爲當時我外祖母年紀大了，動作很慢。當我們等待傍晚的火車時，天空下起傾盆大雨，我母親買給我的那頂漂亮小帽皺成一團。等到我們上了火車，被允許乘坐的車廂就在煤炭火車頭旁邊，那些煤煙和煤灰眞是可怕極了。我外祖母在出發前煮了白煮蛋和炸雞，我們坐在那裡把炸雞上的煤灰撣開，然後津津有味享受每一口食物。我媽媽後來常愛敘述當時他們在芝加哥火車站接我們的故事，因爲我們看起來實在狼狽不堪，蓬頭垢面！他們用外套裹住我們，把我們帶回家好好洗了一頓澡，好讓我們能夠見人。

我的外祖母一輩子都住在南方，因此對芝加哥的一切都很不習慣，幾乎是兩個世界。我到現在都還記得非常清楚，因爲我實在很愛她──對我而言她幾乎是個聖人。她在準備晚餐時常常會說：「這些雞肉和密西西比的雞味道就是不一樣。」「這些芥菜吃起來和密西西比的很不一樣。」每件事物都是「跟密西西比不一樣。」但是對我這個小孩子來說，其實都是大同小異。你甚至可以參加一個「維克斯堡俱樂部」，如果你喜歡，可以在那裡與同鄉的人流連磨蹭。芝加哥的人對我而言並沒有那麼不同，因爲他們也都是從南方來的。他們的處境原來也跟我們一樣，也都是從那裡逃出來的。

──密爾特．西頓生於1910年，1930年離開西北大學，在芝加哥展開爵士貝斯手的音樂生涯。在長達65年的表演事業中，他曾經與知名樂手如路易士．阿姆斯壯、蓋博．葛洛威以及約翰．柯純同台表演，為他贏得爵士貝斯手「老前輩」的名聲。在他80歲生日時，100位貝斯手在紐約林肯中心為他獻奏。

1922年，西頓隨著外祖母搬到北方後的第四年在芝加哥留影。

RENTING OFFICE
FOR
APARTMENTS
203 TO 223 W 63 ST
TO LET
3 ROOM
APARTMENTS
No. 203 TO 223
APPLY INSIDE

等到大遷徙的尾聲，紐約哈林區成為非裔美國人文化、藝術和知性的大本營。圖為1915年，當地居民在街角的派對上跳舞。

1916年10月的傾盆大雨把飽受戰火摧殘的索姆河河谷變成一個泥濘不堪的沼澤，也幸而如此，使攻擊戰役告一段落。在長達五個月的戰役間，協約國的進攻一直沒有超過七哩。

恨這些新來者。但是這場始於戰前並持續到戰後的運動仍然銳不可當。等它在1930年代逐漸緩和時，紐約和芝加哥等大城市的黑人人口已經增加了好幾倍，永遠改變了美國的都市生活。

戰爭史上兩場最慘烈的戰役發生在1916年，而這兩場戰役都無法突破可怕的僵局。2月21日德國攻擊距巴黎東邊137哩，四周有要塞環繞的凡爾登。這個古老的村落並沒有戰略上的重要性：攻佔它並不能使德軍獲得對抗協約國的據點，失去它也不會是法國人的悲劇。但是那裡的戰役卻成爲一個象徵，或可以說是泥巴中的界線：當攻擊軍隊越想拿下它，抵抗軍隊就越想保護它。法國派遣330個步兵團中的259個來到凡爾登保衛高盧人的驕傲。運輸的車隊（有些是巴黎的計程車，有些是當地農夫的蔬菜卡車）沿著「神聖之道」(La Voie Sacree)（這是這條唯一通道後來的稱呼）蜿蜒數哩之長。當戰役終於結束時，雙方一共陣亡了70萬人。

「他們行動毫不延遲，不大驚小怪，不大聲叫喊，不跑步，每件事都是堅定又徹底——就像好男兒一樣。不時有某個大男孩向我揮手道再見，我也從擴音器大聲祝他們好運。每張臉都歡天喜地的……」

阿斯特爾營的軍官描述其步兵在索姆河準備攻擊德國戰壕的情景。

就在短短幾個月之後，英國也在索姆河谷地展開另一場血腥戰役。他們爲了突破僵局，以連環砲攻擊德國的戰壕（這場襲擊是如此激烈，甚至遠在倫敦北方的漢浦斯達德野地都聽得到槍聲），然後再發動步兵攻擊。這種策略根本就是天大的失敗。英國的大砲根本無法平息德國的機關槍掃射，這意味著成排的步兵大踏步直直走進火線中，據一位德國軍官事後形容：「他們以穩健輕鬆的步伐前進，好像以爲我們戰壕裡根本沒有任何活口。」

戰役的第一天就犧牲了22,000多人，這場傷亡是陸軍戰役在單日中數一數二最慘重的。等到戰役在五個月後結束，超過50萬的德軍、法軍和英軍橫死沙場。甚至連英國最新型的武器都不管用：47輛坦克車被送進索姆河的戰場，雖然它們的確嚇阻了德國的步兵，但是每一輛所謂最新式的「路上輪船」卻在第一天使用時就因技術困難而不支倒地。

戰爭打到那個時候已經十分悲慘，然而索姆河和凡爾登戰役卻進一步把它推進深淵。一開始法國士兵受到德國大砲的轟炸是如此慘重，以致於有人說好像敵軍「給我們每一個人一顆大砲砲彈。」如果德軍眞的如此，他們還有更致命的武器：他們在那裡大量使用毒氣，在其後的每一場戰役也幾乎都不例外。

1915年德軍在伊普爾攻擊協約國時首度使用氯氣（它幾乎使半數的加拿大軍隊陷入癱瘓），不過等到那年下半年防毒面罩發明後它就失去效力。當士兵一看到毒氣煙霧朝他們逼近，只要戴上保護裝置就可以繼續戰鬥。但是首度用於凡爾登戰役的光氣(phosgene gas)，以及1917年登場的芥子氣(mustard gas)則不然，它們隱形看不見，施放時不會提出警告，因此導致慘烈的後果。只要吸進一口芥子氣就會大打噴嚏、牙齦疼痛、喉嚨發炎，偶爾還會喪失心智。更嚴重的是，它會使人陷入麻痺，產生抗拒不了的怠惰感而無法反擊。那些已經夠倒楣吸進大量光氣的人會不斷喘氣作嘔而死，死亡來得很慢，受害者的肺部早已充滿液體。

在凡爾登地區及周圍的混亂簡直如排山倒海。強烈炸藥不斷轟炸戰場，直到它幾乎不再是可以通行的平地。人們試圖穿過這片土地，卻因爲土地崩陷而無法成行，每一次對土地的衝擊都會使人們像撒落耕地的種子一樣彈起來。因爲無法穿過灰塵和煙霧，人們只有帶著指南針盲目地踏過地上的死屍和屍塊，它們像泥土一樣不斷被翻攪。

「現在該是結束這場血腥戰爭的時候了……女人已經變得骨瘦如柴，飽受悲慘的焦慮，不斷預期災難會發生所折磨。」

法國作家路易士．德雷唐，1916年。

人們目睹其他人在瞬間被砲火支解，被爆炸物消滅，幾乎不留一絲痕跡。在某些地區腐爛屍首的臭味是如此濃烈，士兵甚至希望來一場毒氣攻擊，只要它能改變氣味就好。凡爾登最殘酷的諷刺之一就是水量一會兒太多一會兒太少，前者會導致流沙般的泥濘，後者則會逼使人舔牆上的黏液或甚至喝自己的尿。人們以黑色幽默面對自己的處境——與屍體握手，然後洗劫他們——但是玩笑卻似乎總是開在生者身上。

如果第一次世界大戰有兩幕，那麼第二幕是始於人民對於凡爾登、索姆河以及那年後來在比利時帕森達和聖母大道（Chemin des Dames）大屠殺的反應。在戰爭早期，民族主義和古老的戰爭倫理驅使人們帶著未受檢驗的忠誠走上戰場。但是等到1917年初期，顯然雙方的慘重損失都在士兵和百姓的心中播下懷疑的種子。在接下來幾個月中，成千上百的法國軍人因爲各種兵變名義被逮捕，大部分都只是因爲他們拒絕回到前線。當權者把這點怪罪到革命份子頭上，但事實上使人們忍無可忍的是戰爭，而非政治，這份挫折感不斷蔓延。

戰場前線的混亂也與家鄉的混亂遙遙相映。從前線歸來的男人不知道他們打的是什麼仗，是他們所記得的還是他們以前讀過的。日益增長的傷亡名單（索姆河戰役開打後四個星期，倫敦時報刊載了86欄死者名單），有助於揭發政府虛假的宣傳和虛構不實的記者報導。人們開始發出質疑當權者的呼聲：是誰在控制這場可怕的悲劇？我們爲什麼要奮戰到死，卻只看到他們仍舊掌握大權？

人們對於政府和媒體的信任不僅大減，也對教堂和傳統宗教起了懷疑。因爲社區內18歲到40歲的男子幾乎個個都喪命於戰場，悲戚的生者到處尋找能夠止悲療傷的安慰。招魂術大行其道，妻子和母親紛紛利用算命師和靈媒的水晶球與她們死去的丈夫和兒子「進行冥界溝通」。

貴族和俄國：
「必須被摧毀的階級」的生活

上圖：谷隆晉攝於13歲。下圖是她11歲時攝於她家的鄉間別墅。

戰爭開打那年我才10歲，但是我卻記得最初幾個月英雄主義的氣氛高漲。那年夏天我們住在鄉間，當時謠言紛起說戰爭迫在眉睫。我問我嬸嬸：「那會是一場眞正的戰爭嗎？」她很難過地回答：「是的，我想那會是一場眞正的戰爭。」

我的大哥當時剛從皇家亞歷山大書院畢業，正在接受軍事訓練。他寫了一封信告訴我們：「桑妮雅（我當時的名字）和優尼，我現在要出發去打仗，如果有什麼三長兩短，要記住這都是爲了俄國。」當時我們兩人從房間裡跑出來，對於我們自己的哥哥要加入這場了不起的冒險興奮得不得了。我們家裡有一具很原始的電話，有一天晚上十點鐘電話響起，是郵局辦公的老人打來的，他念了一封電報給我們聽，大意是說我哥哥受到輕傷，獲頒一枚聖喬治十字勳章以表彰他的英勇。然後這位老人以顫抖的聲音加上：「請接受我的道賀。」

等到俄國在往後面臨自己的困境時，這股英勇冒險的熱情就改變了。我們家屬於中上階級，在聖彼得堡有一棟房子，還有一棟鄉間別墅，家裡有12到14名僕人，因此生活相當優渥。我父親很熱中於政治，是政治家型的人物，在革命前的俄國有很多人像他這樣：思想開放、想要改革，也許希望君主立憲，但卻絕非社會主義。他是杜馬(Duma)，亦即俄國國會的一員。1916年人們開始覺得沙皇統治有點不對勁，我們聽說許多內閣大臣都被撤換，任命的都是不適當的人選，還有拉斯蒲丁在朝廷的影響力等等。我們不知道該相信什麼。我們這些孩子都有一種美化皇家的傾向，特別是對幼小的阿蕾西公主，她剛好與我同齡。然後接連發生了兩次革命。

首先是二月革命。我父親當時生病在家裡休養，突然接到國會人員打電話來說他一定得過去，不管生病與否。當時他很難進入國會建築，因爲大批群眾早已把它層層包圍。他這一去七天之後才回來，與其他的國會議員一起留在國會大廈裡，希望能阻止群眾接近，但是這些政治家卻束手無策。革命爆發後，街上到處都是可怕的群眾。他們並非你平常交談交往的友善人們，而是不具人格的。我在日後也體會過群眾的威力，總是覺得一群人在一起更不是人，你無法和群眾講理。

第一場革命的結果是由亞歷山大·克倫斯基組成臨時政府。我們很恭敬地把沙皇和他妻子及幼小阿蕾西的照片拿下來，換上克倫斯基的照片。後來克倫斯基也罩不住局面，因此我們又把他的照片拿下來。我們對於任何領導者都沒有感覺了。

那一年我們在鄉間別墅度過了一個愉快的夏天，但是我們都知道那會是最後一次。某一個夏日的傍晚我跑過草坪，往廚房花園的方向跑去，告訴我媽媽晚餐已經準備好了。突然之間我停下腳步，環顧四周，把周圍的一切美景——這玫瑰、樹木、花園和草坪，統統納進心裡，我突然明白這一切都即將消失。我害怕極了，趕快跑進屋子裡，把我最心愛的洋娃娃仔細包好，把它放在我房間櫃子的抽屜裡，心想等到一切都摧毀之後某個小孩還能找到它，與它一起玩耍。

然後，在秋天時我們來到莫斯科，我的父母親在那裡找到一間公寓。氣氛越來越消沈，克倫斯基的政府正要垮台。布爾什維克黨（激進派）在彼得格勒不費吹灰之力就佔領冬宮，但是在莫斯科的十月革命卻是一片血腥。我妹妹和我坐在我們小小的公寓裡面，聆聽外頭的呼嘯槍聲，晚上我們還會看見熊熊火光。等到五、六天之後槍聲停止，我們知道結束了，布爾什維克已經獲勝。

等到革命之後，日子變得非常難過，一切都收歸國有。等到1919年的冬天，事情開始崩潰。沒有電燈，沒有水，也沒有暖氣。我們把書架和房間的隔層拆下來燒火，只爲了取暖。因爲這是莫斯科的冬天，所有的鉛管都凍得爆裂。食物短缺也非常嚴重，一週兩天會發送一小塊非常糟糕的麵包，我們也能得到大頭菜。但是卻很難找到馬鈴薯，也沒有肉或牛奶。我們在聖彼得堡的家園早已被沒收，有個委員會走進屋子把所有的家具和東西統統搬走。然後我們在銀行的存款也被沒收。我們變得一文不名，只剩下莫斯科的小公寓。

我們的生活當然是完全改觀了。我母親和我會到莫斯科的露天市場拍賣我們的衣服，以便有食物可吃。我試著把一些舊毛衣拆開，改成嬰兒襪子來賣。我非常不自在，又很害羞，但是逐漸也就習慣了。困擾的是我們別無選擇：我們屬於一個必須被摧毀的階級，而這是有點讓人心痛。

十月革命後的幾個月，在莫斯科他們會張貼要被處決的「人民公敵」名單。我還記得第一份名單中有我哥哥當時念的私立學校校長和校長夫人。每天我們都會查看名單，看看是否還包括我們認識的人。我父親當時想爲我找一份工作，就到一個所謂的工作交換辦事處去。他走向辦事員報上自己的名字，她抬頭對他說：「你還活著啊？你還沒被處決啊？」從那之後我們就想盡辦法開始逃亡。

——蘇菲·谷隆晉生於1903年，於1920年離開俄國。她曾經住過愛沙尼亞、柏林和法國，1948年在紐約州安頓下來。1970年她回到列寧格勒探視了昔日的家宅，還有17位家人住在那裡。

СЛАВА
ЖЕНЩИНАМЪ
БОРЦАМЪ
ЗА СВОБОДУ
МАНИФЕСТАЦІЯ ЖЕНЩИНЪ

一群紡織女工高喊：「打倒飢餓！給工人麵包吃！」，把她們在彼得格勒的1917年國際婦女節遊行轉變成一場暴亂，使沙皇政府因此垮台，也為後來列寧和布爾什維克黨的奪權奠定基礎。

就在這時，也興起一股超越戰線的集體情懷。許多人開始明白看出特權階級和貧窮階級、有權者和無權者、滿足者和飢餓者、少數者和多數者之間巨大的鴻溝。與其把那些身穿制服的敵人看成他們痛苦的泉源，坐在他們自己國家寶座上的「敵人」才是罪魁禍首。

在戰爭頭幾年被擱置一邊的階級鬥爭，現在又回復充沛的活力。巴黎、柏林、杜林和其他城市都大舉罷工。在德國，反叛者特別激烈。因為協約國的海上封鎖（這點贏得「中立」的美國人尊敬）使德國的物資大為缺乏，德國領導人決定把所剩不多的物資先拿來供應他們的士兵，這使得平民階級大為震怒。接下來1916年到1917年之間產生所謂的「大頭菜之冬」：人們吃著「大頭菜麵包」，喝著「大頭菜湯」，並且憑著想像力從一成不變的蔬菜中找出任何可食之物。當隔年的物資缺乏日益嚴重時，100多萬名德國人參與了一場自戰爭開打後規模最大的抗議。

在東方情況更為悽慘。俄國士兵在戰爭初期也與他們的法國和英國同盟一樣，預料戰爭可以快快結束（沙皇的軍官在1914年初赴戰場時還想帶著他們上好的白色衣物，因為他們深信行進柏林的勝利遊行指日可待）。但是，他們的處境當然也好不到哪裡去。他們年老的戰時首相認為機關槍和其他現代武器都是懦弱的表徵，因此俄國在第一年就損失了400萬名士兵。等到1916年，沙皇尼古拉自己笨拙地統領軍隊，而軍火彈藥短缺的謠言四起，使得大軍很快喪失鬥志。

> **「毫無血色，面無表情，無數的軍團在刺骨寒風中行進……他們不再是個別的俄國人；他們不是即將為祖國捐軀的人，他們只是要去送死的人而已。」**
>
> **一位俄國士兵描述1916年東線的情景**

一來因為戰爭，二來因為那年的冬天特別嚴寒，使得老家的犧牲慘重。因為缺乏燃料，許多工廠被迫關閉。領取麵包的行列團團圍住街角，來自波蘭的難民因為戰爭輾轉東逃，擠滿莫斯科和彼得格勒（這是1914年在民族主義狂熱下所取的聖彼得堡新名，因為它聽起來更有斯拉夫味道）的街道。沙皇尼古拉因為忙於戰爭，把國家脆弱的民生交給他的妻子雅麗山卓掌管。而她又聽信一位瘋瘋癲癲的信心治療者葛瑞哥立・拉斯蒲丁，他在整個朝廷中胡作非為，大肆破壞。在這場混亂中，俄國心懷不滿的佃農早就希望能擁有自己的土地，現在則與其他人口一起要求和平。俄國革命的時機已然成熟。

反叛是起自於麵包短缺。1917年2月23日，一群紡織女工遊行慶祝國際婦女節，卻在半路爆發抗議；隔天20萬名工人發動罷工，抗議食物缺乏。接下來幾天人民的示威運動逐漸加溫，整個彼得格勒市暫時關閉。陸軍單位奉命鎮壓這場叛變，但是經過幾場零星戰鬥後，這些當初因為年輕

俄國革命軍在二月革命爆發後立刻進駐冬宮。17,000多名彼得格勒駐軍加入街頭抗爭的人民行列，而非保衛沙皇。

一名布爾什維克煽動者在1917年十月革命前夕把革命報紙發給飢渴的民衆。

新兵逐漸枯竭而被徵召的三、四十歲男子雜牌軍，開始與暴民站在同一陣線。當電車被翻覆，麵包店被洗劫一空時，士兵只在一旁注視。監獄被攻佔，犯人被釋放。軍火庫被霸佔，裡面的步槍和彈藥都分配給暴民，然後他們沿街大肆劫掠。

皇后雅麗山卓因爲與社會脫節，還以爲這些騷亂不過是小孩的遊戲罷了。但是尼古拉聽從那些親眼目睹者的建議，火速搭火車從前線趕回，卻在離首都100哩的地方被革命份子攔截下來。他用鉛筆寫下退位書，事後他說：「就好像別人記下他們該洗的衣物一樣。」數天之後，國祚長達300年之久的羅曼諾夫王朝就傾覆了。

二月革命的消息受到西方的歡迎，因爲西方國家冀望俄國新的自由派國會政府能夠支撐搖搖欲墜的俄國情勢，使他們繼續打仗。臨時政權的首相亞歷山大・克倫斯基即刻接掌沙皇的大權，建立普選制度，男女平權，給予人民基本的公民自由，在這同時並持續讓俄國士兵在前線打仗。但是這場革命也激勵了維德米爾・烏列諾夫，他結束瑞士的流亡生涯回到祖國，並帶來一份很不同的計畫。

烏列諾夫更爲人熟知的是他的革命化名列寧，他是布爾什維克黨的首領，這個小型勞工黨曾經呼籲工業無產階級反叛，卻因爲俄國落後的農村經濟沒有工業無產階級能夠反叛而宣告失敗。列寧一直幻想勞工革命會從歐洲別處發起，然後一路席捲到他的祖國，但是沙皇的倒台卻促使他抓住歷史上最詭譎的時刻之一，回到俄國準備實現他的夢想。他歸還向圖書館借的書，與瑞士女房東結清房租，然後坐上火車離開蘇黎世，將俄國推向

見證革命：

「列寧坐在第三等火車廂抵達，手上拿著一頂中產階級的圓頂硬禮帽。」

列寧在1917年4月16日抵達彼得格勒時，我在芬蘭車站迎接他。我從孩提時代就是一名革命分子，因爲我在沙皇的統治下家境貧寒，使我很早就學會剝削壓榨是怎麼回事。我父親是一名裁縫，我的童年非常悽慘，有時候我們幾乎餓得半死。我年紀很小時就去工作，然後透過朋友的幫助自我教育。1905年我聽說列寧這個人以及他想要改變生活以便使人人平等，從此不再有貧窮和剝削。這對我影響很大；我學會憎恨體制，也開始寫革命詩。

1914年我被送上戰場參加第一次世界大戰。我獲頒聖喬治十字勳章，在醫院待了一段時間後轉到彼得格勒的後備軍團。那就是爲什麼1917年彼得格勒爆發二月革命時我剛好人在那裡。當然我想更積極地參與，因此我把聖喬治十字勳章別在外套上，以便看起來更體面，然後就走進人群裡。我加入一群往聶夫斯基大道移動的群眾，哥薩克人（效忠沙皇的農民兵）被部署在茲納曼斯基（Znamenskii）廣場上。有一名警官指揮這些哥薩克人，他向群眾大喊：「往後退，不然我就開槍！」一名婦女跑向他，抓住他坐騎的馬勒，想要把他拉到一邊，他當場就斃了她。然後群眾大喊：「哥薩克人！你們爲什麼還保持沈默？一個混帳警察剛剛殺了一名俄國婦女！哥薩克人，回家去！」這些哥薩克人就騎馬走開了。

然後示威隊伍繼續沿著聶夫斯基大道前進，人們一路大喊：「打倒戰爭！打到貴族！」駐守在屋頂上的警察拿著機關槍掃射，有幾個人受了槍傷。群眾開始遲疑。然後有一位兩手都被切除的矮個子學生大喊說：「士兵們，加油！保衛革命！把他們拿下來！」一群人就衝進建築物裡，爬到屋頂上把那些機關槍拿下來。所有的警察很快都逃之夭夭以免遭到毒打。

布萊恩斯基（第二排右邊留鬍戴帽者）
站在列寧（前排右邊）身後

——亞歷山大·「沙夏」·布萊恩斯基生於1882年，在1918年成為反布爾什維克的白俄守衛處決的對象，但是他想辦法逃脫。他在史達林時代的整肅時也設法逃過處決或坐牢，即使他與蘇維埃共產黨早年有過淵源。他是一名詩人和藝術家，一生中不斷發表作品，直到1995年去世，享年113歲。

二月革命之後我們看到事情和以前並沒有兩樣，新的領導者也無法終止戰爭。在自己家裡，資產階級仍然存在，窮人的生活也沒有改善。當布爾什維克黨人被殺手集團痛毆時，人們集會抗議。但是更糟的是，連麵包都沒有！麵包店和商店都被洗劫一空以供應人們食物，到處都在鬧飢荒。

四月的某一天早上我正在克什辛斯佳亞宮（Kshesinskaia），列寧的姊姊來看我們，說列寧會在那一天抵達。波德福斯基（布爾什維克軍事組織的首領）開始手舞足蹈，然後說：「我們必須以適當的禮節歡迎他。」因爲那天正是復活節的隔天，所有的士兵都休假，所有的工人也都放假一天，所以我們趕快召集他們到火車站集合。列寧搭乘的火車遲到，波德福斯基頻頻催促我看它何時會到站。他一直對我發脾氣，好像那班火車會晚到全都怪我。最後火車終於姍姍來遲，然後我們看到列寧，他站在一節三等車廂裡，手上拿著一頂中產階級的圓頂硬禮帽，穿著一件絲絨衣領的黑色大衣。當他走出火車，就發表短短演講說：「社會革命萬歲！」

幾天之後我見到他，在我印象中他不過是個普通人。他有一個大大的禿頭，兩邊覆蓋著紅色的捲髮。他的身材中等，有一張俄國人的尋常臉孔，也許有一點蒙古血統。眼睛炯炯有神，是個開朗的人。說話時從來不用草稿，手勢很多。他的雙手會突然往前伸出，然後插進西裝背心的袖孔中。然後他會往後一靠，縱聲大笑，笑得渾身搖晃。我從來沒有看過有人笑得像列寧一樣。邪惡的人不會這樣笑，列寧是個仁慈的人。他對我而言就像一個同志，我認爲這種人並不是殘忍嗜血的人，而他並不是，他確保十月革命不流一滴血。

當時機到來時，波德福斯基安排冬宮的工作人員把僕人制服拿給100個士兵穿，然後他們從後門悄悄潛進宮裡，說服一些白俄守衛放棄對布爾什維克黨人動武。我在冬宮外面等待，當水兵把大門打開時，我一股腦衝進鋪著地毯的樓梯。在第一個房間我看見候補軍官拿著上膛的步槍站在那裡，我大喊說：「把你們的武器放下，要不然你們就完蛋了！」當他們看見我身後站著一大群士兵，就把步槍丟在地上，舉雙手投降。其中一人說：「我們聽說你們會射殺我們。」我說：「沒有人會殺死你們。我們會放你們自由，如果你們保證不對蘇維埃軍隊動武。」然後所有的士兵都離開，只剩下政府官員留在那裡。他們被逮捕時沒有受到一絲暴力，然後被平安釋放，甚至連最惡劣的人民公敵也不例外。所以事實就是如此，列寧能夠在沒有天翻地覆的情況下完成一場革命。

主和派對抗主戰派：
祖母強調：「我們家裡沒有一個人會去歐洲打仗！」

1914年世界大戰爆發時，我正在參加一個夏令營。這實在是個驚天動地的消息——報紙上天天刊出巨大的標題：「德國宣戰。」「德軍推進到比利時。」「德軍在比利時蹂躪百姓。」「俄國參戰。」這些標題橫跨整個報紙頭版，是我有生以來看過的最大標題。戰爭對於一個和平世界不啻爲一大震驚，但是並沒有人把它當眞，也沒有人相信它會維持多久。當然大家作夢也沒想到美國有一天也會捲入戰爭。對一個學校男生來說，那不過是念念報紙，興奮一下而已。

我來自一個主張和平主義的家庭。我母親和父親都是此項運動的積極分子，我祖母則強烈主張婦女要有參政權，她也堅決反對任何形式的戰爭。當歐洲戰事一爆發，她就積極參與各種反戰的會議、大會、遊行和示威。她甚至隨著亨利・福特（他當時是反戰派的領袖）參加和平使節團到斯德哥爾摩去。他盡全力號召了許多和平主義者，乘坐一艘汽輪航向歐洲，我祖母是最早響應的乘客之一。

我還記得當時爲他們送行，他們此行任務是確保大戰會在聖誕節之前結束。我猜想他們以爲從此之後世界就會回復平靜，然後戰爭會在威爾遜總統鼓吹下遭世人唾棄。當然，像那樣的使命團一事無成——他們到了那裡，然後他們回來，什麼結果也沒有，戰爭仍然打得如火如荼。

反戰人士的組織並不怎麼緊密。當時反戰分子的主題曲是〈我可不是養我的兒子去當兵〉。他們的示威規模遠比準備作戰者還小，因爲準備作戰者逐漸蔚爲當時的風潮。他們並不是窮兵黷武，大肆宣揚我們一定得打仗，而比較是我們應該爲國家安全做好準備。等到1916年，我的表兄弟和我，兩個熱血奔騰的男孩子，已經做好十足的準備。我們都興奮莫名，徹底相信美國應該做好軍事準備。我們去參加會上分送小鈕釦和國旗的聚會，愛國主義的熱潮高漲不下。

時間一久，愛國狂熱也隨之上揚，大家對於德軍犯下的殘忍暴行都憤怒不已。在報章雜誌上德國人都被描繪成最卑劣的人種，頭上戴著有釘的鋼盔，長相窮兇極惡，嘴角還滴著血。我還記得比利時孩童的雙手被砍斷的故事，這是當時最受歡迎的宣傳故事之一。大家對於德皇都憤恨不已，到處都聽得到「吊死德皇」的口號。所有這一切都是設計用來使大家熱血沸騰，而最終結果是當美國終於在1917年參戰時，大家都很滿意。

到處都看得見「我要你」、「參加空軍」、「參加海軍」、「參加陸軍」的標語。人人都有一種不可抗拒的感覺，覺得自己應該要做點什麼。大部分的學生都聽信威爾遜倡導的維持世界安全以追求民主的主張，我們分享威爾遜的理想主義，當他宣稱「這會是一場終止戰爭的戰爭」，是最後一場戰爭時，我們也深信不疑。這個觀念很有吸引力，對我當然也大有影響。我對自己說：「如果以後再也不會有戰爭，那麼這就是唯一參與的機會。」以我當時的年紀，我認爲去一個浪漫的遙遠國度拯救人命——不是打仗，而是拯救——是一件高貴的事。每個人都在談論我們要如何爲戰爭貢獻心力，以今天對戰爭的看法而言，這可能很難想像。

上圖：反戰示威者於1917年2月在紐約留影。

下圖：身穿軍服的維勒德。

——亨利・維勒德1900年生於紐約市，在第一次世界大戰期間在義大利擔任救護車司機。1918年他帶著黃疸和瘧疾離開戰場，與同是救護車司機的海明威一起在醫院療養。之後他成為一名外交官，擔任美國駐利比亞和塞內加爾的大使。維勒德在他所著的《海明威的愛與戰》中描寫他與海明威認識的經過。他於1996年去世。

我當時在哈佛念書，紅十字派遣一位徵募軍官到校徵求30人到義大利當救護車司機。大家都爭先恐後加入，但是我只能眼睜睜看著我的同學一個個離開，很想加入他們。挑選過程非常嚴格，你必須通過身體檢查，必須證明你會開車，但是對我最困難的一關在於你必須得到父母親的書面同意。一開始我父親覺得我的愛國精神應該受到認可，但是我祖母卻發揮她的影響力，說世界上她最不能容忍的事莫過於家庭中有人參加歐戰。所以，爲了獲得我家人的首肯，我說服他們到劍橋來聽聽我的論點。

我的父母親從紐約搭乘夜車趕到波士頓，然後我們開始激辯。我主要的論點是這是一個人道的使命，這並不是要把刺刀插進某人身體殺死他們，而是拯救別人的生命。這一點終於贏得他們的贊同。下一件事則是要說服我祖母。「我們家裡沒有一個人會去歐洲打仗！」她說。但是最後她還是同意了我的要求，並且祝福我此行平安。現在回想起來，那也許是我一生中做過的最重要決定。

我在救護車上運送的第一個傷兵是個雙手剛被手榴彈炸到。但是他的雙腳已經折斷，所以成了一個無手無腳的生物。我把他送進救護車，開車送他到醫院。他一路上唉唉慘叫，要我開慢一點，等到我終於到達醫院時他已經死了。這無異對我澆了一盆冷水，突然間讓我明白戰爭是怎麼一回事。但是當時並沒有時間讓我思考並且調適。最後我對這一切也都見怪不怪免疫了，因爲做爲救護車司機，我看盡一切慘相。而它也改變了我——我頓時長大了不少。這不再是新鮮人的課業，這是眞實的世界。

列寧
1870—1924年

20世紀變革最劇的社會改造工程。

列寧得以安全通過歐洲是受到德國政府的保障，後者希望他的出現能夠進一步擾亂俄國局勢，逼使他們退出戰爭。然而他卻坐在封閉的有頂貨車中（這種邱吉爾後來稱之爲「瘟疫桿菌」的火車直直穿過歐洲，深入俄國的命脈），他的同黨也不准跟任何德國人交談，以免引起別人疑心側目一名俄國革命份子的旅行竟然受到德皇的協助。

這個流亡者和他的同黨被送到瑞典後，就跳上雪車穿越芬蘭，然後搭乘火車駛向目的地彼得格勒，在那裡他受到一群仰慕者的歡迎，樂隊高聲演奏〈馬賽進行曲〉。大部分的聽眾都很驚訝於列寧及他最親近的顧問所提倡的激進改革，但是當他宣稱自己贊成俄國退出戰爭，重建食物供應體系以及耕者有其田時，他們都歡呼叫好。群眾把他扛在肩上，把他送到特別爲這個場合所準備的裝甲車上。就在這時，他車輛紛紛把車燈熄滅，俾使他們的新救世主大放光明。就在幾天前他還是個鎮日埋首瑞士咖啡館藉藉無名的知識份子，但是後來卻證明列寧深知如何把一種革命情境轉變成一場革命。

等到夏天時，列寧的主張在布爾什維克黨裡贏得熱烈的附和（2月時只有25,000人，7月時卻激增到24萬人），更加瓦解前線的士氣。幾乎清一色由渴望擁有土地的農夫所組成的小兵，熱烈響應他「耕者有其田」的保證。100多萬名士兵棄守崗位回到家園，以免搶輸他們的鄰居。等到把列寧拱上權位的十月革命一發生，這只不過是個反高潮而已（它是如此平淡乏味，以致於後繼者必須捏造事實虛張聲勢）：一場48小時的政變，只流了一點血而已。

不管最後的結果如何，這場革命在早年的確充滿理想主義，大爲激勵那些貧賤的下層人民。因爲受到列寧的鼓舞，法國、德國和英國的社會主義者也開始極力反戰，夢想哪一天當戰爭結束，勞工革命也會擴展到整個歐陸；社會主義者也啓發了激進份子。在法國，軍火工廠的罷工現在又加上破壞行動。甚至在戰爭初期因爲愛國熱潮而噤口不語的和平主義者和無政府主義者，現在也勇於發言，而他們的作品開始被送到前線，垂頭喪氣的軍隊官兵貪婪地閱讀著。

德國本身的物資缺乏很快使其眾將領考慮在外海展開一場劇烈的軍事行動。他們冀望突破對其船隻的封鎖並阻撓協約國的物資運輸，因此開始在1917年前幾個月瞄準美國的商船。德國知道它這樣做是冒著使美國捲入戰爭的風險，卻認爲値得放手一搏。但事實不然。美國在忍受幾個月德國潛水艇的攻擊，以及聽說德國外交部長拍電報給墨西哥提議兩國秘密結盟共同對抗美國之後，終於決定對德國宣戰。

這張美國徵兵海報上的野蠻景象日後還會回來糾纏美國人。納粹宣傳者在第二次世界大戰期間利用同一張海報挑起反美情緒。

這個決定一直很具爭議性。自從三年前威爾遜總統確定美國保持中立之後，美國人一直對「開拔到那裡」興趣缺缺。（1915年最流行的歌曲之一就是〈我可不是養我的兒子去當兵〉。）威爾遜自己一直強調美國應該扮演外交而非軍事的角色，應該作爲「和平談判」的催化劑，在沒有一方獲勝的情況下結束流血，達成「無勝利和平」。但是德國和協約國都沒有聽從美國的建議。相反的，殺戮繼續進行，不斷吸食世界各角落的國家和人民。土耳其幾乎在1914年最初幾發子彈一射出時，就加入同盟國的行列，整個鄂圖曼帝國都與英軍作戰。在同年，日本佔據德國在太平洋的殖民地（雖然日本當初參戰的規模很小）。等到1915年，保加利亞也與德國站在同一陣線；本來中立的義大利則加入協約國的行列。1916年羅馬尼亞成爲協約國一員，1917年希臘也跟進。因爲戰爭涉及許多帝國勢力，殖民地也被徵召參戰：塞內加爾人穿著法國軍服在西線打仗，印度則在比利時代表大英帝國作戰。在某些彰顯戰爭與帝國主義的非理性戰役中，法國和英國的殖民地居民，甚至在非洲沙漠中對著德國殖民地居民窮追猛打，代理人對抗代理人。

然而，如果不先設立一些合理的戰爭目標，很難說服美國人參戰，因此威爾遜總統開始以宗教字眼指涉這場戰爭，諸如贖罪之戰或甚至十字軍東征，然後他想出了一個引人注目的名詞：民主的未來。人們熱烈響應這個觀念，把戰爭想成是保護自由主義，反對軍事主義，擁護國家自決。新的信條現在說：如果大西洋彼端的戰爭是腐敗與野蠻文明的副產品，那麼美國必須參戰以便把歐陸從腐敗和野蠻中拯救出來。甚至有些和平主義者也得承認他們可以接受「以戰止戰」這個目標，即使它的手段仍然令人憎

為了擴充當時羸弱的士官軍力，美國在1917年5月18日發起徵兵。在短短18個月之間，陸軍就擴充到400萬人之強。

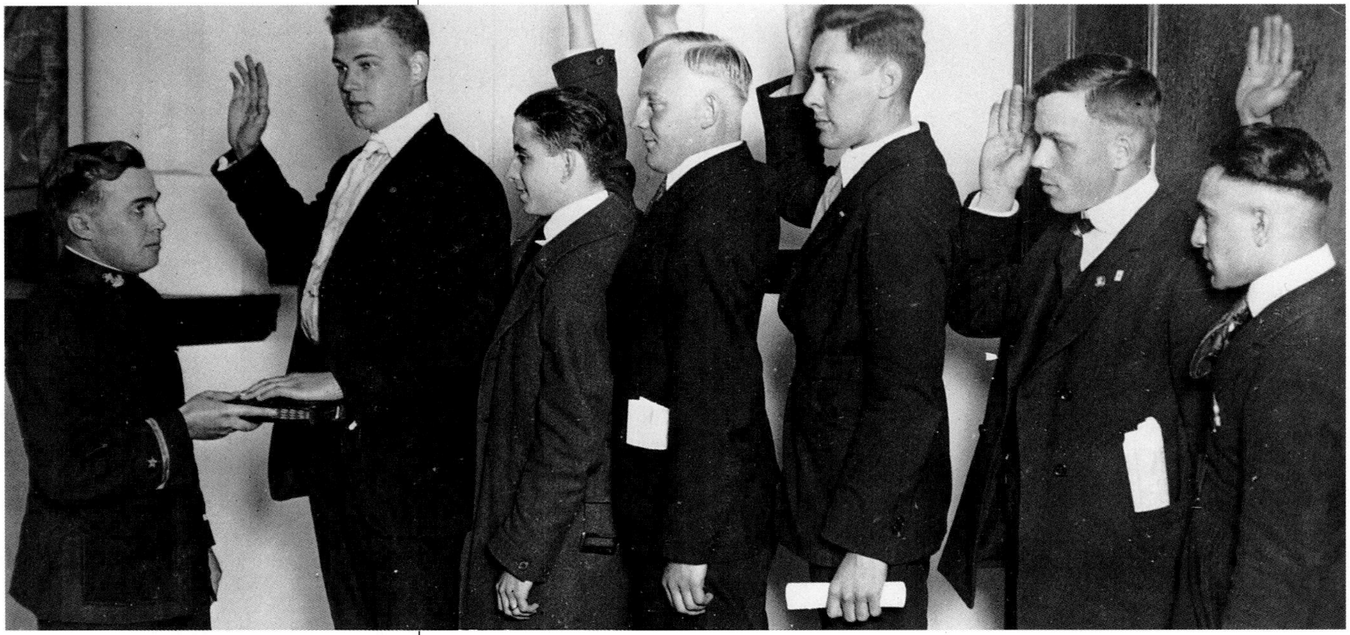

在大後方盡自己本分：
勝利菜圃、自由債券以及對可怕德國人的憎根

當美國加入戰爭那年我九歲，完全捲入當時的超級愛國狂潮之中。我甚至嘗試閱讀威爾遜的戰爭宣言，它非常難念，雖然我根本念不完，但是卻滿心相信他說得完全正確。對我而言，美國似乎已經保持耐心和中立好長一段時間，但是因爲德國人殘忍殺戮無辜百姓，並且用他們的魚雷擊沈我們的船隻，因此美國人必須加入戰爭。我覺得我們到歐洲去的士兵實在勇敢極了，但是直到戰爭結束很久以後我才知道人們在戰場上慘不忍睹的遭遇。當時對我而言那簡直就是一場光榮的插曲。

在芝加哥，人們對於戰爭的看法相當分歧。甚至我自己的家裡也壁壘分明，因爲我母親那邊的親戚是德國人。我有一位叔叔對威爾遜很沒有好感，而非常向著德國，但是其他的叔叔則支持協約國。每當星期天我們聚在我嬸嬸家和祖母家時，大家總是激烈爭辯。都是男人在那裡辯論不休，而非女人。等到晚飯上桌時他們都精疲力竭，完全耗在先前的辯論上了。

這段時期大家對於德國人深惡痛絕，並沒有感覺到戰爭是因爲長期的經濟競爭而引起之類的。它完全邪惡不堪，完全是由德皇一手引起。因爲我的家族有一半是德國人，我們在家裡早已習慣說德語，但是一等到戰爭開打我們就閉口不說了。我們對德國的一切東西，從文學、音樂到歷史都嗤之以鼻。我在學校曾經選修德語課，但是我到校長那裡請求他讓我不去上課，我認爲那是一種愛國的舉動。他非常支持我，告訴我在德語課的時間可以到圖書館去。我在圖書館待了一陣，但是五、六個星期後就覺得無聊至極，只好乖乖回去上課，但是覺得很丟臉。

在第一次世界大戰期間德國名字非常不利。俾斯麥旅館改名成魯道夫，德皇旅館也改名爲亞特蘭大。家庭也時興改名換姓，我班上一個男孩姓科許博格，結果他的家人把它改成邱吉爾。如果一個人還保有德國姓氏簡直是不愛國到了極點，改名則代表你非常愛國。人們對條頓民族的任何一切都避之唯恐不及。事實上，如果有人對德國抱持好感，就會被認爲是間諜。有一年夏天我們去某個度假勝地，那裡只有三間小屋和一家老式旅館。那裡有一位奧地利籍的助理顧問，我還記得我媽媽說那個人鐵定是個德國間諜。這位可憐的人民公僕和他家人住在一個除了一座冰屋之外根本無法窺視任何東西的地方，不過我們還是覺得他非常危險。當然對還是孩子的我來說那眞是非常興奮刺激極了。

右圖：來自紐約庫博斯城的一群男孩正在為美國步兵編織保暖的衣物。

下圖：1918年德斯普瑞斯在密西根的噴瓦特提著一天的漁獲。

右下圖：1917年與他的妹妹克萊兒合影。

——李昂·德斯普瑞斯生於1908年，一生都住在芝加哥擔任律師以及市議員。他在1960年代的民權運動非常活躍，曾經參加馬丁·路德·金恩領導的1963年華盛頓遊行。

我完全捲入了戰爭的正當性之中，用那時的話來說就是想「盡我的本分」。當時我想要使盡全力，而這並不完全是無私的行爲，因爲你要得到任何榮耀或認可的唯一方式就是盡你的本分。我寫信給前線士兵，想要爲他們編織圍巾，即使我一直沒有學好編織，所以我想我織的圍巾大概派不上用場。自由債券熱佔據我大部分的精力。我向朋友的父母或任何我能請求的人那裡獲得債券訂購單。我也有一個勝利菜圃，那眞是令人興奮，雖然當時除了紅皮小蘿蔔我根本種不出別的東西。我們還爲紅十字收集可利用的廢物。我對於收集非常認眞盡責，把報紙疊得整整齊齊，也盡力收集金屬。他們會給你贈獎券，你可以把它貼在一張卡片上，等你把卡片貼滿後就可以貼在你的窗戶上。那眞是一段令人興奮的時光，我們所做的一切——不管是編織、種菜、賣自由債券、捲繃帶或是在遊行中行進，都覺得那是打勝仗的一部分。

那時對於小男孩眞是一段美好時光。我還記得在芝加哥的湖邊觀看戰爭演習。那是一個漆黑的夜晚，四處都沒有燈光，所以你所能看見的只是這些士兵在兩邊行進，坦克車在一旁移動。他們有步槍，震耳欲聾的爆炸和閃光，我覺得那實在壯麗極了，那就是我對戰爭的看法。完全消毒後，讓我覺得我們爲戰爭所做的一切都非常值得。你知道我當時根本沒想到人們的臉被炸掉或是斷手殘足，年輕人戰死沙場。我是知道年輕人死於戰爭，但對我而言那是一種美麗的犧牲，雖然哀傷卻非常美麗。

垂死者的安慰：
第一次世界大戰的護士回憶錄

第一次世界大戰宣戰的那一天我的男朋友就跑去從軍，當時報名者大排長龍，不是每個人都能加入軍隊。1917年時我剛剛從護士學校畢業，我們才一畢業就向紅十字會登記。我們被派遣到紐約，抵達後穿著護士服在街上行進，當我們經過時每個人都揮舞國旗並鼓掌致意。當時大家對戰爭的熱誠都非常高昂。我想大家根本不知道什麼在前面等著我們，人們已經很久沒有見識過戰爭，幾乎已經忘了戰爭究竟有多麼可怕了。我們聽過很多故事，但是你並不完全相信你聽到的一切，特別是德國砍斷孩童手臂那種愚蠢的故事。我當時根本知道得不夠多，以致於不知道害怕。

我們搭船橫渡大西洋，是有一點嚇人，因爲你不知道潛水艇是否會來突襲，但是我們在船上仍然度過一段好時光。所有那些護士，還有那些棒極了的士兵和跳舞時的現場樂隊演奏，你可以想像我們玩得多麼高興！有些士兵看起來非常年輕，因爲他們謊報年齡以便入伍。但是我們必須年滿25歲才能當護士。橫渡英吉利海峽時最讓人心驚膽跳，我們都選在晚上航行，所以潛水艇看不到我們。有些人嚇得整晚都不敢睡覺，把衣服穿得整整齊齊。我則沒有睡不著的問題。

當他們把我派到巴黎一家醫院的截肢部門工作時，我才初嘗眞正戰爭的滋味。我必須幫助一位醫生切除一個年輕人的腿。當醫生把他的腿切斷時，腿上的肉震動了一下，我想是因爲那個男孩痛得不得了。那景象實在慘不忍睹，也使我知道那就是我即將要面對的。我想他們把我們派到那邊是讓我們準備好迎接前線的種種。使我難過的是那個部門的大男孩個個都很風趣，既快樂又愛開玩笑。我卻整天哭泣，告訴自己我要忘記這一切，我有意使自己對許多事都充耳不聞，因此現在要想也想不起來了。不過我仍然記得一條腿被鋸斷的聲音，那是我唯一想要忘懷的。

他們把我們派到後送醫院，那是距離前線約20里的一群帳棚。每個帳棚都有20張帆布床，那些大男孩由救護車從前線送過來。我們把他們清潔乾淨，爲他們包紮傷口，讓他們安睡，但是除此之外我們無法爲他們多做什麼。他們進來時渾身髒兮兮，身上有跳蚤之類的小蟲，有些人還得先除蝨。紅十字會給我們很好的法蘭絨睡衣讓他們穿上，他們光是能乾乾淨淨，離開那些戰壕就覺得萬幸。有時候他們一次來了太多人，我們只好讓他們躺在帳棚外的地上，因爲帳棚內實在容納不下。有一次在兩、三個星期的時間，我們在避難醫院就處理了4,000名病患。

上圖：1918年史密斯（右）與護士同事瑪莉恩．瓊斯在巴黎合影。

右圖：史密斯所屬的護士團與美國士兵於1919年返家前夕在法國的敦克爾克海港合影。

──蘿拉．史密斯生於1893年，一直在麻薩諸塞州和華盛頓州的一般醫院擔任護士，直到她於1925年退休結婚並養育孩子。在第二次世界大戰期間，她重回戰場作護士，訓練紅十字的志工。她現在住在加州的洛卡投斯。

包紮傷口時最恐怖的莫過於我們使用的技術，我想那是從美西戰爭開始的。當士兵帶傷躺在戰場時，蒼蠅就會在傷口處下蛋，然後孵化成蛆。有些人發現這些蛆會在傷口周圍繁殖，我們就得把傷口挖乾淨。這景象實在慘不忍睹，但是那是他們使傷口乾淨的方式──你們在今天絕對不會這樣做。我也曾經看過另一些我希望忘懷的恐怖景象，像是有一個人的臉龐被射中。他還能說話，也能使用他的眼睛，但是他的臉和嘴巴和鼻子幾乎都分不清了。有一天他問我：「我看起來很糟糕嗎？」你還能說什麼？我說：「喔，不。當你回家後外科醫生會把你的臉龐修好。」後來我的一個護士朋友嫁給一個臉上有可怕疤痕的人，我常常懷疑他是不是就是那個人。

當時我們努力不要對任何人動感情，但是我的朋友和我都好喜歡其中一位受傷的大男孩。他的額頭上有一個洞，他除了「玻璃」這個字外什麼也不會說。有一天一位護士唱〈在那裡〉給他聽，而他也跟著唱起來，一字不漏。不知是什麼原因這首歌引動了他腦袋的某個部分，使他在那一刻能夠唱歌。我的朋友和我都希望能讓他再度說話，所以我們把他留了兩三天，這是我們沒有對其他傷兵做過的。但是我們卻一直無法使他說話，他實在非常年輕，而且不時微笑，好像沒有任何疼痛，一想到這是因爲他的腦袋使然，實在令人心痛。

我並沒有看過很多彈震症的病例，因爲他們都由主要醫院處理。但是戰前我愛的男孩卻得了彈震症。我聽說他所屬的師那一天會搭火車前來休息調養，所以我就想辦法去見他，當我到達火車站時我看到他，但是他卻認不出我。他的確有什麼地方不對勁，他正是因爲如此前來休養，但那卻是我們的最後一面──我以後再也沒有見過他。

停戰協定簽署時我正在比利時的鄉間。在前線附近工作時，你會不斷聽到砲彈的聲音，整天整夜，就像打雷一樣。因此當11月11日那天來臨時，一切都安靜無聲。那麼寂靜，甚至讓你很不習慣。沒有牛群哞哞叫，也沒有鳥兒鳴唱──反正也沒有牛群活下來哞哞叫。一群法國音樂家到來爲我們演奏，感覺很好，這也是我們唯一的慶祝，因爲我們還有一大堆傷兵要照顧。但是等到槍砲聲都停止，聽到那股全然的寂靜反而很奇怪。

我回家時我父親來接我，其他人根本都沒有在意。他們不知道我們所經歷的一切，我猜。我一生中從來沒有這麼寂寞過，我懷念我在戰時結交的護士好友們，過了很久以後，我才不再爲這種思念所苦。我不想再看見男人或是照顧他們，我後來專接嬰兒和產婦照顧的工作。我結了婚也生了孩子，但是我和丈夫在整個結褵期間都閉口不提戰爭，也不曾對我們的孩子提起。

惡。

雖然先前美國人搖擺不定，但是大部分人還是支持協約國的主張。為了要資助戰爭，政府發行「自由債券」，募到將近170億美元。全國掀起一股反德情緒，有些學校廢除德語課，老師在課堂上教導學生區別德國政府的獨裁以及美國民主的公正（很自然省略不提美國那時結盟的國家有很多也同樣不民主）。為了要徹底驅除對德國的依戀，醃漬甘藍菜變成「自由包心菜」、臘腸狗變成「自由小狗」、漢堡則變成「自由牛排」。

藉口不但被容忍，甚至受到鼓勵。舉國上下陷入一片間諜狂熱，把焦點集中在具有德國姓氏的人身上。聯邦政府新的宣傳辦公室製作的一份海報宣稱，「德國特務無所不在，不要等到你看到一個人把炸彈放在工廠裡才醒覺。檢舉那些散播悲觀故事，洩漏或搜尋軍事機密，呼籲和平或小看我們打贏戰爭勝算的人。」辦事處還雇用75,000名「四分鐘之人」對看戲者發表簡短的愛國演說並鼓勵他們尋找間諜。

那時候三分之一以上的美國人要不是生在海外就是父母親有一人生在海外，因此大家對於強調民族身份的人特別懷疑。泰迪·羅斯福曾經領導過一次宣傳攻勢，呼籲人們除去他們名字中的「連號」，成為「百分之百的美國人」。亨利·福特為他生於外國的員工設計強制性的英語課程，甚至強迫他們穿上原來的國家服裝參加遊行，走進一個大熔爐，走出來之後人人都穿著一模一樣的西裝，快樂地揮舞美國國旗。

鎮壓非常嚴重。一位電影製作人因為在描繪美國大革命時提到英軍對美國人動粗而坐牢三年。社會主義領導者尤金·戴柏茲因為發表反戰與反徵兵演說而被關進監牢（1920年他在獄中競選總統，贏得100萬張選票）。郵局甚至拒絕把雜誌和報紙寄給那些沒有訂閱主戰言論刊物的人。

得到充分休息，吃得飽飽的，又信心十足的美國部隊在1917年8月大踏步開進倫敦市街，為已經精疲力盡的協約國軍力注入新的精力和熱情。

美國在1917年根本沒有參加大戰的準備。陸軍共有208,034人（大部分都是國民兵），「空軍」是由大約55架老舊的飛機組成，他們的重型槍械和彈藥只夠進行九小時的轟炸。徵兵很快使更多人加入軍隊，但是大部分人都花了大半年時間接受訓練，行進時在肩膀上扛著掃把充當步槍。

然而，美國參戰的象徵意義幾乎比事實更具威力。那些容光煥發又

三年之後，1917年美國人民也反映戰爭開打時的歐洲景象，在紐約市的第五大道上驕傲地向他們的士兵道再見。

一名黑人士兵為威爾遜上戰場：為「我們最珍愛的一切」而戰

1919年剛剛退役的戴維斯。

——柯尼爾·戴維斯1900年生於密西西比州的維克斯堡，曾經當過短暫的機槍手，然後在關鍵戰役——阿爾岡戰役——中擔任醫務兵。等到大戰結束後，他回到芝加哥的家（他的家人已經搬到那裡），在1919年種族暴動的那一天回到家裡。他服務於伊利諾州的衆議會長達36年，於1995年去世。

當我在密西西比讀高中的最後一年，我看到這篇伍德羅·威爾遜的偉大演說，他是當時的總統。我實在興奮得不得了，馬上把它從報紙上剪下來，坐下來背得滾瓜爛熟。他說：「國會諸公，我現在召開臨時會議，是因爲有重大的政策要做抉擇，而要我獨自承擔抉擇的責任，既不正確也不爲憲法所容……要我把一群和平的人士領向戰爭，我深感恐懼。這會是一場最恐怖也最多災多難的戰爭。因爲文明本身的成敗就繫於此。」但是有一句話最使我欣賞而振奮不已。他接著說：「權利遠比和平還可貴。我們會爲了我們最珍愛的一切而戰。爲了使權利普及世間，透過一群自由人士同心協力，將能把和平與幸福帶到整個世界。」

那就是他說的：「我們要爲我們最珍愛的一切而戰。」當我讀到時簡直爲之神魂顛倒。你難道不認爲一個非裔美國男孩讀到種演講時會感到興奮嗎？如果你不能從白人汲飲的飲水機那裡飲水，你難道不會嗎？這句話使我振奮不已，這是實情。是的，我說，那就對了，權利普及世間，每個人都能享有同樣的權利。「一群自由人士同心協力。」如果你讀過那篇演說詞，就會找到那些字句。當時我想我應該趕到那裡，把這份普及眾人的權利，這份自由人士的同心協力帶過去，因爲我生長的地方是極度不平等的。

所以那是我參加戰爭的原因之一，但是我也想要賺一點錢讀大學。我想也許我能登記入伍，得到一份待遇優厚的工作，然後如果我僥倖活下來，我就能自食其力上大學。所以我就去登記入伍，但是那時大家都在辯論是否應該爲威爾遜總統宣布加入的戰爭訓練黑人軍官。大家爲黑人是否真的應該上戰場，他們是否會被法國人所接受而爭論不休。起初一共只有10,000名非裔美國陸軍，等到戰爭結束時已經激增到55,000多名。

我當時乘坐一艘由維吉尼亞州紐波紐斯港所製的護航艦到法國。護航艦上都是黑人士兵，由一位受過高等教育並具備我們所需軍事知識的黑人上校所領導。我們在紐約市匯集了更多的船隻，運載的是被稱爲「水牛軍團」的步兵團。他們當時有一個很棒的樂團，後來變得非常有名，名氣甚至延伸到戰後。當時也有一大群來自紐奧良，會說法語的克里奧人（法國移民的後裔）。當我們的護航艦抵達法國時，潘興將軍也剛好抵達。從遠方我可以聽到他大喊：「拉法葉，拉法葉，我們在這裡！」而我說：「他在說什麼拉法葉？」然後有個人說：「拉法葉就是在美國獨立革命時到我們這裡來幫助我們保有自由的人呀。」但是因爲我的歷史書說當時也有5,000多名黑人士兵跟隨喬治·華盛頓，所以我就對他說：「還有其他士兵也協助掙得那份自由。」

我想我們博得法國人的熱烈歡迎。我猜想在老家那裡他們還以爲法國人會拒絕我們，但是我們圍住兩三位法國將軍，他們不但給我們軍需品，還給我們其他物品。有很多美國水兵不希望我們涉足巴黎的某些地方——這根本就不是「權利普及世間」，至少就水兵而言是如此。他們常常以最卑賤的口吻說我們壞話，還告訴法國婦女我們根本不是人。但是法國人並不覺得如此。我不知道法國有任何地方是黑人不能去的，如果有這種地方那就是我孤陋寡聞了。當水牛城軍團的樂團在巴黎演奏時，法國人爭先恐後地去欣賞。他們曾經有一首很棒的歌，法國婦女爲之瘋狂。這首歌是這樣唱的：

甜美的小小毛茛花，
飛舞的小小毛茛花。
擦乾你的藍眼睛。
我們會回來找你，
當這場戰爭結束。

用你的銀鈴般的歌聲歌唱，
或是從吶喊的貝殼歌唱，
讓你的愛之光照耀。
因爲上帝會引領你，
在你身旁看顧，
我甜美的小小毛茛花。

餓壞了的柏林人切開一頭死馬充飢。在1919年中，垂頭喪氣的德國老百姓在戰爭的壓力下即將崩潰。

有自信的美國大兵在1917年中葉抵達巴黎時，與疲於戰事的法國兵簡直有如天壤之別。他們執行任務時幹勁十足，這是戰爭開打後前線已經很久沒有見過的景象。巴黎人把他們視為最後的希望，也認為他們現代感十足。因為美國人不但來自於新世界，而且旗幟鮮明地為一套觀念而戰，這些觀念正巧是近來很受一般歐洲戰士和家庭所推崇的：自治、民主和自由。

不幸的是，前線的戰爭仍然非常殘酷，不管你是為什麼而戰。美國士兵潛入那曾經凌虐英軍和法軍的戰壕，也遭受同樣的虐待。但是至少僵局已經準備打破。列寧和他的布爾什維克黨員說話算話，等到他們謀殺了沙皇軍隊的總司令——羅曼諾夫王朝的最後一絲餘孽——就跟德國人協商停息東線的戰事。這場會談在距華沙東方一百哩的俄國要塞布勒斯特——李托夫斯克舉行（為了撐場面，俄國的隨行人員包括一名工人、一名農人和一名士兵）。等到協議完成，列寧同意了非常屈辱的和平條件，割讓拉脫維亞、立陶宛、波蘭、芬蘭和烏克蘭的統治權。

現在戰爭只剩下一個前線了。但是即使俄國已經撤軍，德國仍然需要快速行動。因為資源日益短缺，家園騷動不安，眼見上百萬的美國士兵抵達前線，在在都使德皇陷入困境：他現在必須奮力贏得勝利要不然就承認戰敗。1918年3月，德國發起最後一次大規模攻擊，直達巴黎東邊50哩之處。然而事實卻證明它的規模還不夠大。在7月，協約國在馬恩河的第二場戰役捲土重來，使得德皇的軍隊大亂陣腳，落荒而逃。

被德國人譏笑為雜牌陸軍的美國士兵，在短短幾個月之內成為搶眼的戰鬥力量，而他們對於戰爭的熱心投入也深具感染性，使那些早已疲憊不堪的英軍和法軍重新振作起來。等到坦克車在戰爭早期所面臨的技術問題解決後，就成為協約國寶貴的武器，它們衝破鐵絲網，爬過牆垣，輕易穿過壕溝，使士兵得以攻擊德國的戰壕軍力。德軍選擇不去建立機械化的陸軍力量是一大錯誤。因為等到第一次世界大戰末期時，它已經是非常現代化的戰爭，陸海空三軍都各有自己的新機械：坦克車、潛水艇和飛機。

德軍在撤退時一路上大肆破壞，使法國的煤礦坑積水成災，也到處剪斷電報和電話線。在整個同盟國勢力搖搖欲墜時，全歐洲也陷入一片混亂。保加利亞敗給協約國，土耳其隨之戰敗。波蘭和捷克士兵從奧地利軍隊脫隊，成為反叛協約國的戰鬥單位。10月時，叛變的捷克人宣稱他們的領土成為獨立國家；八天之後，南斯拉夫也宣布獨立。等到奧地利和匈牙利各自脫離原有的帝國時，哈布斯堡家族發現他們的統治範圍只剩下自己的城堡而已。

接下來是德國。他們在1918年1月斷然拒絕協約國的和平提議，其中包括威爾遜總統的「14點」主張，除了要求德國割讓佔據的領土外，也強調美國民主的理想。但是現在德國打了敗仗，態度也起了180度轉變。與

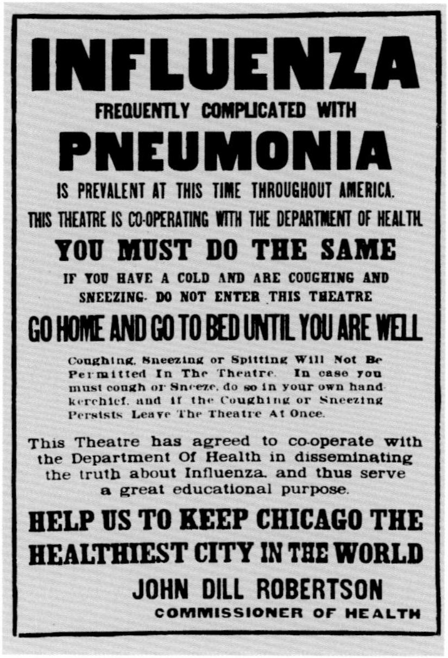

西班牙流行性感冒」(因1918年5月及6月間有800萬西班牙人病倒而得名)帶給全世界恐慌和死亡。上列的標語出現在1919年的芝加哥劇院。

協約國經過幾次外交協議後，同盟國的最高指揮官聯袂拜訪德皇威廉，建議他退位。威廉斷然拒絕。等他被告知德國的逃兵數不勝數，軍隊實在撐不下去了，他仍然拒絕。「那他們對於軍旗的誓言，對於我身為元帥的誓言呢？」德皇詰問他的將軍們。他聽到的答案是：「在今天，忠貞的誓言根本輕如鴻毛。」即使等到他終於被說服簽署必要的文件，然後搭上前往中立國荷蘭的火車時，這位年老的君王仍然不知道他的大勢已去。

當戰爭終於結束時，屍首橫陳、滿目瘡痍的景象看起來更像是天災橫掃過一樣。而就像地震一樣，等到主震早已過去，餘震仍然歷久不息。有些事件，例如潮水般的難民在整個東歐逃竄以及柏林街頭的反動暴力是與戰爭直接有關；其餘的則包括1918年猖獗的流行性感冒在短短幾個月奪走兩倍於戰爭死亡人數的人口（這包括美國的55萬以及印度的600多萬死者）。感覺上這像是上帝對於人類在西線罪惡所做的懲罰，或更糟的是，上帝也加入這場重罪惡行。1919年英國的天文學家證明愛因斯坦的相對論，使這位德國猶太裔的科學家在一夕之間揚名世界。全能上主的命運似乎岌岌可危，原本單一秩序和雄偉設計的觀念一夕之間被一個由某位波士頓主教看來「包裹在令人不寒而慄的無神論幽靈中」的等式取而代之。

即使紐約街頭對於休戰紀念日的慶祝與巴黎一樣興高采烈，但是美國人還沒有完全把戰爭精神釋放殆盡。因此他們找尋一個新的替死鬼好讓他們宣洩憤怒，而他們找到了一個共同的目標。那些原本以為戰爭結束後人們就會回復改革精神的勞工組織者及社會主義者都很失望，因為管理階層很快把勞工在戰時經濟獲得的少數優勢收回去。

因為害怕世界各地的勞工革命會一如列寧黨羽在俄國的成功，再加上戰時排斥外國人的宣傳持續不止，因此造就了本世紀的第一場「紅色恐懼」(Red Scare)。一小群顯赫的勞工組織者遭到逮捕，被遣送到俄國。在美國司法部長密契爾·帕瑪的指揮下，聯邦調查員逮捕了6000多名具有嫌疑的共產黨員，他們強迫其中一些人招供的手段非常惡劣，以致於導致美國民意對政府大為反感。

當局企圖鎮壓勞工卻反而增加他們的戰鬥力。西雅圖、紐約和匹茲堡的勞工罷工以及波士頓的警察罷工都是1919年的頭條新聞。有些勞工的行為似乎證實右翼極端份子的恐懼，就像碼頭裝卸工人大膽拒絕把武器送往在俄國攻打布爾什維克的團體（這其中包括1918年抵達俄國的五千名美國水手、士兵和鐵路機工，當時協約國本想阻止共產黨勢力而使俄國繼續參加戰爭，但卻沒有成功），或是美國少數極端的社會黨員與團體拆夥，轉入地下開始計畫革命。

勞工暴動只是美國內部新騷動的一部分而已。1919年爆發了28次種族

1919年的「紅色恐懼」：
每一個活躍的勞工都被貼上布爾什維克黨的標籤

在我成長階段，我父親在印第安納州蓋瑞城的美國鋼鐵廠工作。在那裡你每天都得做上10到14小時粗重而骯髒的工作。薪水非常微薄，但是如果你要求更多薪資，監工（工頭）就會說：「如果你不滿意，你知道大門在哪裡。」當時並沒有任何排班制度，並不保證你每天都有工作。你一週七天都要報到，只爲了得到兩三天的工作，他們利用所謂的「牛欄」把到班工作的人排成一列。焦炭工廠裡充滿化學氣體，露天的火爐邊也有很多焰管塵埃。他們並沒有今天所擁有的衛生條件。我父親工作的火車廂會把工廠裡的煤渣餘燼直接倒進密西根湖裡，照亮整個夜空。

梅瑞克攝於1919年，當年他11歲。那一年美國鋼鐵工廠的工人在印第安納州的蓋瑞城掀起罷工。

── 約翰．梅瑞克生於1908年，1936年服務於美國聯合鋼鐵工會，為工人交涉合約事宜。第二次世界大戰期間他也為戰時勞工董事會從事類似的服務。他幾乎一輩子都住在印第安納州的蓋瑞城。

蓋瑞是一個公司城，有公司的房舍以及被美國鋼鐵廠收編的地方政府。他們選舉市長，任命警長，全盤掌握警力。如果你想要在工廠覓得一職，你得說你是共和黨，但是你最好也投票給共和黨，如果不那麼做就會惹上麻煩。他們有辦法檢查所有的投票者投的票。蓋瑞市的市長是一位強硬的共和黨員，堅決反對勞方，反對工會，如果你說你想成爲工會一員，你就會立刻被烙上印。在那時候他們不會叫你共產黨，而是叫你布爾什維克黨，那你就沒有好日子過了。

蓋瑞城中有許多不同的少數族群，來自波蘭、希臘、捷克、匈牙利、義大利、德國、瑞典和羅馬尼亞。大部分人在當時都還不是美國公民，不過也沒有壓力非要馬上成爲公民不可。如果你不是公民，公司反而比較高興，因爲你就無法參加選舉。但是當時許多這種移民都是在歐洲受到壓迫的一群，他們離開自己的老家來到這裡，常常是孤家寡人，沒有別人可以依靠。他們都很強悍，決定要自己成立工會。我意識到公司知道這一點，也知道他們必須採許激烈行動來打壓這些人。

1919年，工人組織到了相當規模而發動罷工以爭取更好的工作條件和薪水。在這時整個小城的工人都屬於工會，因此公司必須引進墨西哥人和南方黑人來打破罷工的僵局。他們被召來主要是不斷爲火爐添加輪胎，使黑煙從煙囪冒出來，看起來好像在製造鋼鐵，但事實不然。這些罷工者非常強悍，因此公司方面知道他們自己也得擺出強悍姿態，好好嚇一嚇工人。而我必須承認公司是做到了這點。他們非常粗魯。公司的人走出來，開始大罵整個罷工群眾是布爾什維克黨羽。罷工者個個義憤塡膺，火冒三丈，因爲他們大都是虔誠的教徒，不喜歡別人如此污衊他們。警察也越來越強悍，公司開始募集更多的安全守衛在城裡巡邏，挑起一些暴力衝突，也就在那時他們開始把一些罷工者送進監牢。

等到監獄人滿爲患時，軍隊就來城裡用鐵絲網建了一個圍欄把罷工者關進去，讓他們任人觀看。如果你想要走近工廠大門，他們就會把你丟進圍欄內。如果你站在大街上和幾個人交談，也會被關進去，因爲那會被視爲集會或密謀舉事。軍隊把罷工者日日夜夜關在那裡，一次好幾百人。我常常跑去看他們，但是必須非常小心，因爲如果他們逮到你在圍欄附近閒晃，就會把你扔進去。我不喜歡我在鐵籠後面看到的景象，那個情景我一輩子都會牢記在心。有些罷工者會被拳打腳踢，有些人會哭泣，以爲會被驅除出境而悲痛不已。柵欄眞的把某些人嚇壞了。

他們也把裡面的人叫做布爾什維克。公司的走狗會走出來大喊：「看那裡面的布爾什維克黨！」「看看那個人！」等等。他們從來不用共產黨這個字眼，而都說「布爾什維克」，那似乎是他們用來打破罷工的字眼。因爲它使人們以爲會被驅除出境或是申請成爲公民會遭拒絕。我當時還是小孩，不知道爲什麼人們對此這麼在意，但是它的影響的確非同小可，許多人都乖乖回去上工。

一開始當地的商店都會幫助罷工者——例如捐贈食物和其它物品給罷工組織者充當罷工總部的廚房。但是天氣很快變冷，生意人無法再讓人賒帳，因此他們也催促人們趕快回去工作。甚至教堂也涉入罷工事件，告訴人們他們這樣做會冒著被驅除出境的危險，而這把罷工者嚇得不得了。他們都得養家，所以很多人都屈服了。那也是罷工者開始暴動的時候。他們會在平交道上把市區電車攔下來，騷擾要去上班的人。甚至我們有一些小孩也加入行列，對著電車丟石頭，但是卻因此挨組織的罵。「你們會被殺死。」他們說，所以我們就停止了。但是暴動卻一天比一天嚴重。罷工者繼續攔下電車，但是民兵部隊力量卻越來越強，罷工者根本比不過，他們被修理得很慘。

我父親跟其他人一樣嚇得半死。他當時也在圍欄內，盡他之力幫忙，但是他也開始憂慮。到底會發生什麼後果？他來自歐洲——他會被驅逐出境嗎？我們還得再搬一次家，尋找一份新工作嗎？當時罷工需要很大的勇氣，因爲沒有法律支持你。當我還是個孩子時，我並不怎麼贊同他所冒的風險，但是直到我長大成人才開始思考那些罷工者是如何掙到一個工會的。你必須對1919年那些人致敬。

最後罷工被破解，每個人都得回去工作。工會也崩潰了——徹底打敗。沒有會議、沒有活動，什麼都沒有。但是紅色恐怖卻仍揮之不去，甚至等到12年後我們組織工會時它仍然存在。那次罷工使我們的小鎮分裂了好多年。有些人互相仇視，告訴別人是他們太快投降。其他人則反對工會。很快的他們也開始互相指責對方是布爾什維克黨羽，而這正是公司一直希望達到的目的。

當美國總統威爾遜抵達法國參加國際和平會議時，整個巴黎街頭擠滿人群，無數花朵從窗口飄撒下來，樂隊之聲響徹雲霄。

「人們對於布爾什維克主義感到戰慄不已，他們對於列寧的懼怕遠甚於當年懼怕沙皇。我們似乎是舉世所見一群最膽顫心驚的勝利者。」

——華特·李普曼

暴動，包括華盛頓特區和內布拉斯加州的歐瑪哈在內。那一年最嚴重的暴行莫過於一群白人泳者合力用石頭把一名黑人泳者砸死，只因爲他漂游到他們在芝加哥的海灘範圍，這使得黑人和移居美國的白人在街頭連幹了五天的架，導致38人死亡。這個事件也引發芝加哥的房屋和就業張力，因爲許多白人都因南方黑人不斷往北遷徙而受攪亂，而那些在白人員工出國打仗時塡補遺缺的黑人如今都被解雇，也大爲憤恨不平。

芝加哥的暴動者不論黑白雙方大都是由剛從歐洲戰場解甲歸田的退伍軍人所領導，這個事實進一步強調了那時的重大主題：那些在海外爲民主和正義而戰的人回到美國後，也要在自己家園爭取相同的權利，對彼此都感到氣憤。畢竟，他們不是像法國農民一樣爲了自己的家園而戰，而是爲了抽象的原則，如世界民主以及弱小國家的自決。等他們一回到家，發現這些觀念儘管聽起來很高貴，卻與更好的待遇、更多的保障、更低的納稅或是法律之前人人平等都沒有關係。

當威爾遜總統的14點原則在凡爾賽簽署的和平條約協商中大部分都被否決時（甚至勝利的協約國也不同意美國總統主張的「海上自由」、解除所有的貿易障礙以及被殖民國家的自決），許多美國人都覺得他們被耍了一道。威爾遜在巴黎街頭是人人歡迎的英雄，但是在自己國內，曾經那麼不願意參戰的人民如今把戰後令人失望的和平怪罪到他頭上。美國參議院在一次準確表達民意的行動中，拒絕爲條約背書，使總統最看重的條款慘遭失敗，那就是設立一個致力和平解決國際爭端的國際聯盟（League of Nations）。美國人已經厭煩了世界警察的生活，發現自己寧願把這份工作讓給別人。等到1930年代，一項民意調查將顯示超過70%的美國人都認爲「美國參與第一次世界大戰是一個錯誤」。

「當我跌跌撞撞退回營房，把我疼痛的頭埋進毯子和枕頭之間，我的眼前一片黑暗……接下來的日子幾乎可怕得無法忍受，而晚上更爲恐怖……在這些夜晚我的仇恨不斷增加，憎恨這場懦弱罪惡的肇始者。」

——德國下士阿道夫·希特勒如此評論簽署停戰協定時的德皇

在普林斯普射殺奧國王儲整整五年之後——一天也不差——簽署了結束第一次世界大戰的條約。對德國人來說，這是非常屈辱的挫敗，例如他們甚至不准參與起草投降的條件。最後當他們拿到長達230頁、詳列結束戰爭的種種條件的文件時，他們發現裡面的內容是毫不留情的懲罰。最顯著的莫過於要求德國接受戰爭的一切罪愆，而且必須補償協約國在戰爭中的一切損失，從農田破壞的賠償到退伍軍人支領的撫卹金等等。這份條約不但沒有代表戰爭的終止，反倒像是持續原有的敵意，只是換個方式而已。

法國的態度也許是其中最強硬的，因爲超過150萬的法國人死於他們境內開打的諸戰役。但是協約國一致擺出懲罰的姿態，部分原因是他們國家中的人民是不會滿意更少的賠償條件的。相反的，德國人則目瞪口呆。既然停戰協定是簽訂於協約國攻佔德國邊界之前，因此他們不認爲自己的

這些德國士兵看起來像是打敗的陸軍，而他們正是。在五年的戰爭期間，有180萬德國人戰死沙場——幾乎每六名士兵就有一名戰死。

「你們陸軍對於（你們的兒子）為國捐軀所承受的傷痛，國王和王后都深表遺憾。陛下真心與你們同悲。」

——拍給英國戰爭捐軀者家庭的電報

陸軍已經打敗。相反的，他們憤怒地堅持他們的首領只是因壓力大而累垮。等到他們一聽到協約國提出的種種條件，人們立刻走上街頭抗議示威，甚至傳出要重新開戰的言論。

德國在凡爾賽的四位代表不甘示弱，送回一份長達443頁的駁斥之論（幾乎是協議的兩倍之長），但卻沒有贏得他們敵人的同情。等到他們的大限只剩下一小時就要作廢時，只好勉強簽署協議。但是人們的痛苦卻流連不去。原來應該是長篇恐怖故事的最後一章，怎料到卻成爲另一個大戰故事的開端，因爲德國人在往後20年想盡辦法要復仇，而不幸的是他們找到了復仇的方法。歷史學家在探索本世紀下一場煉獄大火的根源時，總是會追溯到這裡埋下的肇因。

然而，這場歐洲大屠殺還是有許多正面的結果。這場戰爭推翻了殘酷的奧匈帝國、德意志帝國以及帝俄，也有助於鄂圖曼帝國的傾覆。許多新興國家都依循美國模式制訂民主憲法，並附有基本人權的法案。

這場戰爭也幫助許多社會走向民主化，貴族當政的年代已經過去。整個歐陸興起一股平等主義的精神。女性獲得新的權力，在英國和美國還包括獲得投票權。社會階級的區分減少，菁英的特權不再。但諷刺的是，當個人更能參與決定自己的命運時，卻也參與得更少。當戰爭的死亡喪鐘敲個不停時，也向現代文化引介了集體經驗的觀念，使越來越多人不再認爲他們是獨立的個體，而只是龐大多頭機器的一小部分而已。歷史上從來沒有這麼多人同時被一次事件所影響。甚至我們這一代習慣於地球村電子溝通的敏銳迅捷，也很難想像第一次世界大戰時人們普遍經歷的殘酷、悲傷和絕望的程度有多大。

例如，想像在1916年尾當電報傳來索姆河戰役的千百名陣亡名單時，英國鄉間有多少心痛欲絕的妻子、母親和小孩；再想想德國在同一時刻的景象。然後想想英國殖民地的孟買家園是什麼光景，再想想在凡爾登痛失親人的法國家庭（因爲該戰役與索姆河戰役同時開打），與之敵對的德軍家人，還有與法軍並肩作戰的摩洛哥軍人的家庭。那些對於1916年大屠殺感到心酸的人一定覺得整個世界與之同悲，而就某種方式面而言事實也是如此。

大後方所經歷的集體經驗也反映了戰爭的集體本質。因爲戰爭不再是單打獨鬥，因此士兵瞄準的不再是個別士兵，而是「他們」——這種模糊的敵人種類更容易打發，因爲它是如此模糊，如此不成人形。戰爭的「同志愛」現在罩上一層恐怖陰森的扭曲：因爲機關槍和炸藥一次可以殺死大量人口，因此成千上萬人不只分享戰爭的經驗，而且還在同一時刻同歸於盡。

戰後的歐洲雖然熱中於民族自決與階級意識的崇高理想，但是人們卻

「這並非和平。
這是一個20年的停戰協定。」

法國元帥佛許對於
凡爾賽和約的反應

普遍憤世嫉俗。怎麼能不這樣呢？從前線歸來的人不是斷手殘足就是罹患慢性傳染病，且腦海裡揮之不去戰場上目睹的種種慘狀，而許多人更像精神錯亂的上癮者，偷偷希望再來一次戰爭。女人們把她們親愛的亡夫或亡子照片裱裝起來，口中不斷喃喃覆誦聖經般的字句：「他戰死，因此我們得以自由」，部分是爲了使她們能長久記憶她們的男人，部分也是因爲要說服自己世界上還有理性存在。石匠開始把成千上萬的逝者名字雕刻在紀念碑上，但是名單如此之長，甚至等到20年後另一次大戰爆發時他們還沒有刻完。歷史學家開始著手進行研究，會計師也開始統計。卡內基國際和平基金會在1920年公布這場戰爭一共耗費3,379億8,057萬9,560美元，這是他們由計算每條人命具備的生產能力等項目而得的。繁榮的美國經濟使一條北方佬人命値4,720美元，俄國的人命則只有一半價値而已。

歐洲完蛋了，至少暫時如此。美國商業的生產力超過整個歐洲的總和，德國和英國的勞工階級還要等上很久才能迎頭趕上。古老的歐洲——曾經是國王、皇后和君權神授雲集的大陸——是永遠消失了，現在人們熱中的是民主和社會主義兩套體系，兩者都宣揚奪走特權菁英階級的權力。世界大戰正是如此：摧毀一個世界的戰爭。生還者的挑戰在於創建一個更好的世界取而代之。

1918年8月一個加拿大運輸隊勉強經過法國瓦礫充斥的鄉間。經過連續幾年的砲彈轟炸和毫無理性的殺戮，整個歐洲滿目瘡痍，幾成廢墟。

3

從繁榮到蕭條

1920-1929

從繁榮到蕭條1920-1929

前跨頁：在1920年代，像聖路易市森林公園這樣的大塞車越來越普遍。
在這十年初期，美國公路上奔馳的汽車近800萬輛；等到1930年，已經超過2,600萬輛。

右圖：為了響應憲法第18條修正案，聯邦政府官員把成桶的威士忌倒進下水道。

1920年1月16日午夜前夕，聚集在華盛頓特區第一集會堂的群眾莫不翹首盼望一個新世代的來臨。隨著禁酒令即將在鐘響12聲後實施，美國各地的教堂和市政廳也擠滿了成千上百的群眾，準備把罪惡深重的過去趕走，迎接「一個新國家」的來臨。演說者魚貫走上講台，譴責那可怕的惡魔——蘭姆酒，如今在上帝的協助下終將「長眠不醒」。當演說者慷慨陳詞時，台下的聽眾個個目瞪口呆，夢想一個新世界即將誕生，監獄都將變成工廠，貧民窟則成為歷史遺蹟。「人們現在會走上正道，」傳道者比利・桑戴對維吉尼亞州的群眾宣稱，「女人會微笑，小孩會歡笑，地獄將成空。」

在那個寒冷的1月夜晚，喜形於色的德州參議員莫理斯・雪柏也在群眾之列，他起草修正憲法將美國變成一個「禁酒」國家。雪柏和其他群眾一起聆聽海軍部長約瑟夫斯・丹尼爾說明這場全世界有史以來最偉大的改革運動用意何在；當那晚的首席演說者威廉・詹寧斯・布萊恩在午夜12點整走上講台宣布：「那些向小孩子索命的人全都嗚呼哀哉」，他也跟著歡呼叫好。但是這位參議員很快就發現宣揚新道德遠比遵行容易。就在幾個月之後，在雪柏的奧斯汀牧場外圍的灌木林地下找到一個威士忌蒸餾器，違法的德州佬一天可以粗製濫造130加侖酒精供應飢渴的選民。

1920年代充滿了痛苦的矛盾。人們還沒有擺脫第一次世界大戰的陰影以及戰後的幻滅狂潮；突然唾手可得的科技結晶如收音機、電影、汽車和飛機，讓人眼花撩亂又意亂情迷；他們夾在標榜單純鄉村美德的傳統生活與從城市街角發出召喚，誘人從事性實驗又不需負責的爵士年代之間，想盡辦法了解自己的生活。

那就好像人們從戰場歸來之後，發現自己住在另一個星球，一個人造勝於天造的世界，到處充斥霓虹燈和摩天大樓，大量製造的新產品透過新興的大眾媒體強力推銷，新的道德規範挑戰維多利亞時代對於合宜有教養的看法。就在20年代，現代社會誕生，日後縱橫本世紀的複雜都市文化也在此奠下根基。活在這個年代的人所目睹的變遷，其數量之多與速度之快，遠非後來任何年代所能相比。

> 「自從神學教導人緬懷伊甸園之後，人類有史以來對於過往的追憶從來沒有像1920年大衆懷念1914年的世界那麼強烈……（華倫・哈定）在（1920年總統大選期間）所做的演說中，最為稱道的一句話就是『回復常態』。」
>
> 馬克・蘇立文《我們的時代》

即使大眾機構也不能倖免。教堂——以及人們對於宗教的看法——開始改觀。畢竟在知道歐洲有1,000萬人死於非命後，誰還能保持虔誠的信仰？商業也改變了，更擅長利用現代廣告的技術，慫恿大家衝向物質主義的祭壇。娛樂也改頭換面，有聲電影首度問世，其後出現了最早的現代名人如貝比・魯斯和魯道夫・范倫鐵諾，以及最早的小報，滿版的小道消息和花邊新聞進一步助長大眾名人的傳奇。性別角色也起了轉變，許多女人因爲剛剛獲得的投票權而展現抖擻的獨立精神。甚至男女交往也與以往不同，便宜的福特汽車使年輕情侶得以逃離褓姆不以爲然的監視。人們爲了迎頭趕上，開始以賒帳方式購買家用品，以投機心態買進股票，有時候他們更在意擁有一部汽車以及通往新世代的許可證，而不管自己家人的溫飽。

歐洲也經歷了一場天翻地覆的轉變，社會和政治都動盪不安，要等到1930年代才得以解決，而解決之道卻是如此駭人。但是這十年的精神絕對是屬於美國人的——美國與其大眾文化，美國與其瘋狂生產的商業，美國與其對於「新穎」的飢渴。這簡直使許多人頭暈目眩、無法自己，最好的例證莫過於城裡每家咖啡館和夜總會震天價響的快節奏爵士樂，一種「掐我一把，我一定是在作夢」的心態，還有一種態度則是即使我不了解、不確定周遭的新事物，也不容許自外於種種享樂之外。對這些人來說，1920年代最佳的比喻莫過於禁酒令本身以及默許違反禁令的犯行。在20年代，所有的法律（以及原則、常規和傳統）都重新洗牌。

但是對於他人，尤其是美國小城的白種居民而言，這個騷亂時代的種種發展都使他們大爲警戒，準備迎戰。他們深信世界道德已經淪喪，堅持要撥亂反正。他們許多人都絲毫沒有沾到這十年的繁榮氣息（例如農業在20年代初期一蹶不振，低迷的景氣要一直延伸到下個十年），更要緊的是，他們並不贊同此時的道德觀。這些人對於未來的展望並不包括唯物主義、新技術或是個人自由的過分表現。相反的，他們夢想世界能重新建立老式的基礎價值，基本教義的信條，以及同質一致的文化。新與舊、鄉村與城市、清教徒與享樂主義之間的勢力衝突，將會使這個生氣蓬勃的十年，熱鬧非凡。

亨利・福特
1863—1947年

**「我非常謹慎也非常節儉，
至少在我開車以前是如此。」**

威廉・阿許當，一位汽車駕駛的自白

汽車在當時早已問世。亨利・福特在1893年就造出他的第一部汽車，而他的首部T型車則在1908年完成。1920年，已經有800萬「無馬馬車」在美國鄉間規劃拙劣的「道路」上，嘎嘎而行，其中大部分都是以300美元的超低價購得。但是要等到這十年，大眾搶購汽車的熱潮才會造成巨大的衝擊。1929年，半數以上的美國家庭都成了有車階級；而在1930年，光是在紐約市滿街跑的汽車就超過整個歐洲汽車數量的總和。

這場改變來得既突然也充滿戲劇性，但是怎能不如此呢？畢竟，汽車是繼腳踏車之後，自導式運輸工具中首度的重大革新（腳踏車於1839年出現在蘇格蘭時也引起類似的戲劇性轉變）。等到人人只要花個幾百元就可以擁有一部汽車，汽車已經開始重新界定生活的各個層面。

蓬勃發展的汽車年代建立了新的自由感和個體感：人們不再得根據火車時刻表排定旅行計畫，不再與幾百個陌生人一起旅行，而是獨自一人或與家人及朋友出遊。同時，社區感也擴大了：本來孤伶伶與世隔絕的小鎮和鄉村現在都能以道路彼此往來，原本離群索居的人們有機會享受最新的醫療、高品質的教育，以及「沿路」興起的種種玩意兒。

新道路的修建根本趕不上汽車受歡迎的程度。當時鄉間幾乎沒有幾條馬路，城市之間的交通勉強能通就很萬幸了。圖中一位汽車駕駛在俄亥俄州的亞當郡思索他面臨的困境。

多虧汽車，成千上百的市郊社區如雨後春筍般興起，人們住得起綠草如茵的家園，即使他們得通勤到大城市上班。汽車也使美國人首度大規模開闢旅遊業，迫使一個「地域林立」的國家融合一氣，打破了原本不僅東西和南北各有明顯差異，甚至每個鄰近小鎮也都截然不同的區別。

工業化世界的景觀也以嶄新的面貌因應汽車的出現。受到汽車擁有者的大力驅策，道路修築成為政府數一數二的重要活動（在美國僅次於教育，是第二大公共花費）。隨著每一哩道路的鋪展，新事物也隨之興起。第一家「汽車旅館」（加州的聖路易斯歐比斯伯，1925年），第一組交通號誌（紐約市，1922年），第一所購物中心（堪薩斯市，1924年），第一份全國道路圖（潤德麥藍立出版，1924年）以及第一家公有停車場（底特律，1929年）。

1920年代的開車上班族從事的工作也與汽車有關。汽車工業主宰美國社會，每八名勞工就有一人受雇於汽車相關的產業（包括石油、橡膠和鋼鐵工業）。汽車產業是驅使股市衝向高點的

當美國的公路系統逐漸改善之後，「汽車露營」蔚為1920年代的風潮。圖中兩家人正在明尼蘇達的斯渡爾河畔享受一頓午後野餐，1922年。

1920年的兜風逍遙遊：旅客庭院、石子路和（一大堆）拋錨

——貝蒂．布洛斯生於1919年，就讀波爾州立大學，之後教導中學生家政。她於1983年退休，一直住在印第安納州的蓋瑞城。

布洛斯攝於她的紐約汽車之旅前，1928年。

在汽車和收音機發明之前，我們會找方式娛樂自己。我一直都愛閱讀，那是非常重要的娛樂，特別是在冬天時。在夏天，紐約州施卡渥湖畔的暑期夏令營講習是我們的生活重心。在我小時候，我們常常走去那裡參加活動。還記得好幾次我都在餘興活動時打瞌睡，還得煩勞祖母把我背回家，那幾乎要走一哩路。

然後，當我年紀還小時，我阿姨買了她的第一部汽車，那可是一件大事。它是一部Studebaker，喔不，是道奇。她的第一部車是兩噸重的棕色道奇。推銷員還教她如何開車，當時我坐在後座，眞是興奮死了，因爲我學的和她一樣多。我從後座注視他教她的一切，就是那樣學會開車的。那時我們不需要駕照就可以上路，所以等我13歲時就已經開了不少車，而且沒出什麼問題。

等到夏天時，我們就可以開車兜風。我表哥住在印第安那州的漢亭頓，離我們住的蓋瑞城大約40哩，開到那裡並不是什麼大問題。我們也可以開到韋恩碉堡。等我阿姨有了車之後，我們玩了幾趟很棒的旅行，例如，頭一兩年我們幾乎跑遍了印第安那的州立公園，開車眞是好玩極了！

我阿姨喜歡在天黑之前停下來。所以在下午4點左右我們就會開始尋找旅客庭院或旅客之家。在當時並沒有提供食宿的旅館，但是許多人都會把家裡的房間出租給旅客。他們會在庭院裡打出客房的招牌，通常一塊錢一晚。當時也有很多旅客庭院出租，它們強調的是一間間分開的小木屋。有時候它們很花俏，譬如建成八角型之類的，有時候則像是印地安人的帳篷小屋，空地上有八到20個不等的單位，一個晚上大概會租到兩三塊錢。

有時候道路出奇的好。我們從華沙到韋恩碉堡會沿著30號公路開，那是一條水泥路。當然，它不像現在這麼寬，只有兩線道。如果你的汽車拋錨——當時汽車拋錨的一大堆——你就希望趕快找到加油站。但是即使找不到，也有很多人樂意幫忙。當我開始在俄亥俄州教書時，我有一輛Studebaker小轎車，是我花了285元買來的，我想在華沙和俄亥俄之間的每一位卡車司機大概都會提防我。如果我的車子拋錨，我就會開到路邊等待下一部卡車經過，我知道我一定會得到幫助。那時並不會顧慮被搶劫或襲擊，大家都覺得很安全。

在20年代晚期，我父親被調到南卡羅萊納州查爾斯敦的海軍部。所以我們三個人——我阿姨、祖母和我——決定開車到那裡看他。我們花了幾天才抵達。我還記得開進大煙山山脈(Smoky Mountains)一帶，是沿著石子路從凱林堡開到大煙山山脈。一條石子路！但是我們還是平安抵達查爾斯敦。當時我父親十分生氣，因爲我們沿路沒有打電話給他。他說，「你們跑到哪裡去了？我實在擔心死了。」但是我們並沒事。在那次旅行中，等我們離開查爾斯敦之後，就開到華盛頓特區。我記得當我們接近華盛頓特區時，阿姨病倒了，所以就由我掌握方向盤。老天，我現在說什麼也不敢了。但是我們還是平安抵達那裡，再繼續開到紐約。

紐約實在很嚇人。我想我父親很擔心這一點，想想看三個女人在紐約市開車！但是如果我們對路況一有遲疑，就會停下來問路。我還記得行經荷蘭隧道的情景。我以前從來沒有走過這麼大的隧道。而且還是從河底下穿過，簡直不可思議。那些燈光也使我十分著迷，還記得我當時非常激動。我們在紐約市玩得很愉快。我們住在一位親戚家，她是一個音樂姊妹會的女舍監，她們的總部就在中央公園西邊。她知道紐約哪裡好玩，我們去了中央公園，然後她帶著我們南下去看輪船「歐羅巴號」，當時我們還走上甲板，去看那些觀光客準備在那天晚上前往歐洲。我們很喜歡紐約，在那裡待了幾天，然後打道回府，一路上借宿在小小的旅客庭院。

「對喬治·F·白璧德，乃至於全盛時期的有錢人來說，他的汽車既是詩篇也是悲劇，既是愛情也是英雄氣概。辦公室是他的海盜船，但汽車則是他在岸上的冒險遠征。」

美國小說家
辛克萊·路易士《白璧德》1922年

主力，也徹底改變了工作條件，不管是更好或更壞。汽車產業導向一周工作五天40小時等被稱之爲「社會福利資本主義」的工作型態，但是也引進了單調乏味的裝配線工作模式。

然而汽車帶來的歡樂並不是工作或汽車旅館或車庫，而是汽車本身，以及遨遊四方的自由。不管你是從一個小鎮開到大鎮，還是從一個大鎮開到城市，汽車在實際與比喻兩方面，都是供人逃逸的交通工具。從來沒有去過比鄉村雜貨店還遠的地方的農場居民，現在可以開車到路邊收費五分錢的戲院，一窺電影裡的浮華世界。城市居民則可以反其道而行，在慵懶的星期天午後與大自然做心靈溝通。如果你在1920年代擁有一部車，世界似乎在一夕之間變得無遠弗屆。

群眾聚集在肯德基州路易士維爾一家剛開幕的灣區加油站，1925年。每家石油公司都發展出自己獨特的加油站建築風貌和公司標誌。德士古(Texaco)的星形以及美孚(Mobil)的飛馬是1920年代最歷久不衰的兩個標誌。灣區加油站的標誌是一個削尖的塔狀入口。

汽車是如此引人入勝，甚至改變了人們對金錢的看法。當人們還把汽車看成實用的交通工具時，便宜的T型車多年來一直獨佔鰲頭。但是當20年代中期的消費者越來越重視休閒和舒適，他們更看上了由艾爾菲·史隆生產，豪華又昂貴的通用汽車。

這個改變顯示消費者的想法爲之一變。福特汽車代表其創造者的夢想：一部簡單、耐用的機械，鄉下人能夠開著它到處兜風，而更重要的是他們買得起（T型引擎的設計是如果它不拿來開動汽車，可以用來發動農場設備）。

但是通用汽車剛好相反，他們的客戶是另一類非常摩登的消費者，他們講求的不是實用性，而是速度、舒適和風格。這家公司生產不同顏色的汽車（T型總是一成不變的黑色），並挑戰顧客每年改換汽車款式以便跟上時代。當福特固守T型車時，通用汽車則添加新的特性：水力發動的煞車、鉻合金電鍍、六個汽缸以及上漆的車身。這家公司說服大眾支付通用汽車昂貴車價的方式，正是福特視之爲不道德的分期付款。

窮人早就以賒帳購買各種物品，但是分期付款購物對於龐大的中產階級來說，卻是一個陌生而引以爲恥的觀念。房子是以貸款買的沒錯，但是因爲房地產被視爲穩固可靠的投資，很少有人把房屋貸款視爲眞正的負

玩弄無線電：「史都本維爾以西有人能聽到我嗎？」

——亞伯特·席林格1907年生於俄亥俄州的塔斯可羅斯。他於1928年畢業於俄亥俄大學電機系。在他長年的通訊生涯中，曾經經營過電影院，供應新聞影片，主持蓋洛普研究調查，並發明一種衡量收聽率的方法，廣用於1940年代。他目前主持一家研究公司，於1946年創立於賓州的華凌福。

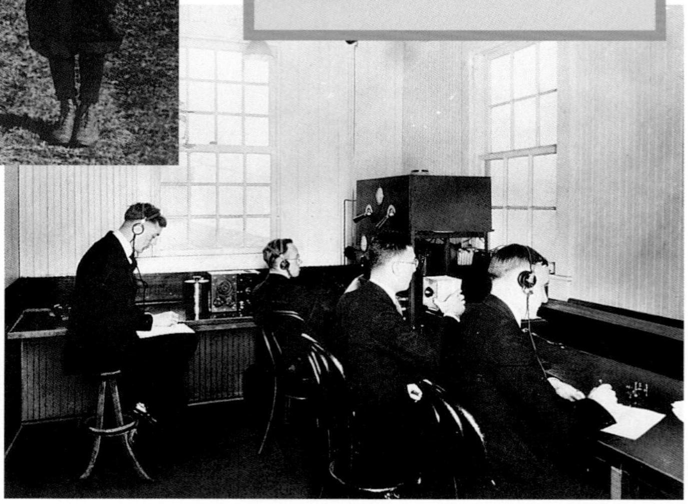

上圖：席林格（右）與哥哥瓦特和小狗蹓皮攝於他們俄亥俄州的家門外。

右圖：1920年11月2日，匹茲堡KDKA的播音員正在報導哈定與寇克斯的總統大選選情。

1913年我七歲的時候，我叔叔在聖誕節送我幾本書當禮物。其中一本是《愛迪生的童年時代》，我在那一天就連看了三遍，另一本是馬可尼（譯按：1874-1937，義大利電機學家，無線電報發明者）所寫的製造無線電收音機的方法。這兩本書我一直保存到現在。當時我對愛迪生的生活十分著迷，受到很大啓發。馬可尼的書則促使我用一個福特引擎建造我的第一台收音機。如果你把T型福特汽車的火星塞(spark)裝置拆下來，就可以建造一個無線電的火星塞發話器。我有一位表哥住在離我五哩的地方，我們常常會用火星塞收音機互相通話。

幾年之後，我讀到眞空管的發明，發現在俄亥俄州馬利翁有人想要出售眞空管。我想當時的價錢大概是53美元，那可是一大筆數目。但是我靠著送報紙逐漸存了一筆錢。等到1920年夏天，我叔叔開車帶我到馬利翁去。我想那40哩路大概花了我們五個小時，因爲當時沒有多少馬路。剛好那天總統候選人華倫·哈定在前往紐約的火車上經過馬利翁（他的家鄉），因此我有機會見到他以及赫伯特·胡佛，後者對我的眞空管很感興趣。隔天我們才開車回家，因爲當時的車燈在黑暗中不夠亮，我們得在當地過夜。

等到我把眞空管接好四、五天之後，我聽到音樂從電線中傳出來。音樂！然後在音樂中間我可以聽到某人說話。五、六個晚上以後我才把那些話拼湊起來，確定他說的是：「我是康瑞德博士。我正在實驗收音機電台8XK。如果有人能在俄亥俄州史都本維爾以西的地方聽到，請打長途電話給我。」然後他報出自己的電話號碼。

好了，在我們鎭上只有三具電話。我父親身爲學校督學有一具，市長有一具，牧師也有一具，但是沒有人打過長途電話。於是我跑過對街，敲我們當地電話接線生的大門，告訴她我想要打電話到匹茲堡，離我們這裡大約100哩。她花了45分鐘瀏覽手冊，終於找到打長途電話的方法。等到電話終於接通時，我不知道是誰比較興奮，是康瑞德還是我？他的訊號竟然可以傳到100哩那麼遠！接下來的三個星期他會廣播，然後我會打長途電話告訴他訊號清不清楚。

不久之後我接到他的信，說他準備在1920年總統大選之夜廣播選情，這會是有史以來第一次正式的電台廣播，因此他希望我能到電台跟他一起慶祝。當時他並沒有電台呼號，不過很快就會被稱爲KDKA，它是全美國第一家廣播電台。我家人和我一起到匹茲堡，當康瑞德見到我父親時，還以爲他才是這幾個月來交談的對象，而不是他身旁那個13歲的小伙子！

發話電台位於一棟高樓的頂端，我走進去搭電梯直達頂端。那是我生平第一次搭電梯，我實在很佩服一棟大樓裡竟然有那麼多電梯。後來我才知道那棟大樓是西屋公司的K大樓，正是他們測試電梯的地方，所以它本來就是一棟電梯大樓。在頂樓他們建了這個小小的無線電收發室，大約12呎長，16呎寬。有兩個人在那裡發訊，我對於他們的設備很著迷。他們有兩具麥克風，其中一具用橡皮筋綁在一個桂格燕麥片的盒子上，這個盒子靠在一個留聲機的擴音器前面，這是他們傳送音樂的麥克風。另一個麥克風則是用來傳送聲音。

那天晚上，收發室的一名先生守在電話線上，聽著《匹茲堡郵報》傳來的選情結果，然後再透過無線電波傳到一百多個有設備能聽到我們的人。但是因爲這是禁酒時期，所以播報員不斷從口袋裡掏出酒瓶喝上兩口。不久之後他就醉得無法繼續播報，所以決定走出去呼吸一點新鮮空氣。當他出去時就把麥克風交給我，接下來的45分鐘，我就把1920年總統大選的結果唸給全國人聽。

等到1921年1月，我決定建立自己的廣播電台。我設了100伏特的電台，然後申請實驗電台的執照。3月時我收到一封信，信上說，「我身爲商務部長的職責之一就是把這個執照發給你。你是不是那個我在俄亥俄馬利翁車站月台碰到，身上帶著眞空管的年輕人？一個14歲的小伙子要設廣播電台做什麼？」——赫伯特·胡佛。

債。

但是汽車可是眞正的債務。從汽車買到手的那一刻起，就逐漸折舊，而貸款計畫使許多人爲了今天駕駛的汽車而把自己的未來抵押進去。然而，熱情奔放的20年代卻等不了這麼久。許多消費者滿腦子念念不忘的就是「及時行樂」，躍躍欲試。許多人受不了鋼鐵與輪胎的誘惑，一個接著一個走進「先購買，後付款」的紀元。在1927年，美國四分之三以上的汽車都是分期付款；一年之後，即使福特也不得不向壓力屈服，很不情願地爲其不以實用爲取向的新款A型汽車提供貸款計畫。

一旦隨著汽車跨過心理門檻，大眾就隨心所欲地以賒帳方式購買其他東西。等到1920年代末期，60%以上的縫紉機、洗衣機、吸塵器、電冰箱和家具都是以購物計畫成交。而整整三分之一用來購買家具的錢，則被花在那另一項重要的玩意兒：收音機。

業餘愛好者早在本世紀初就開始把玩臨時湊合的收音機了。敲敲弄弄的人年紀大多很輕，他們坐在灰塵遍布的閣樓、牛舍和工具間裡，頭上戴著耳機，在旋扭間探進無線電波的奇蹟之中（或如他們常說的「以太」，這個詞更增添了幾分神奇性）。他們把電線纏在球棒和桂格燕麥片的盒子上充當接收器；發話機是由錫箔紙、玻璃和電線組成；「擴音器」則由報紙捲成筒狀——準備從遠方接收訊號時那股興奮勁兒，這種事情在當時非比尋常，甚至會登上地方報紙。

早在1911年，製造收音機的說明就收錄在美國童子軍手冊中，男孩的冒險精神與收音機實驗息息相關，特別是截取海軍電台的訊號。第一次世界大戰期間，所有非軍方的收音機廣播員都被命令暫停使用無線電波，以保持軍方能夠清晰通話。不過即使大眾收音機在1919年復甦，大部分人還是把廣播（實際上這是個農場術語，意指「散播種子的行爲或過程」）看成一個怪里怪氣的嗜好。

等到1920年代初期第一批電台取得執照後（匹茲堡的KDKA於1920年11月正式開播），一切都幡然改觀。現在除了「哈囉，那裡的人！」的電波干擾之外還有別的東西可聽，即使每戶人家還得建立自己的接收機，還會全家人聚在一起，側耳傾聽從一個狀似麥片粥空碗的共同耳機裡傳出來的「聲音」。

尼可來旅館WCCO電台的播音員和樂手，即使收音機前的聽衆無緣一睹廬山真面目，也穿上正式的無尾晚禮服，反映出一個頗有紳士派頭的表演傳統。

突然間，似乎每個行業、每所學校和每個公共事業都上了廣播。在俄當媒體越受歡迎，收音機的設計也從原本麵包板裝上按鈕和開關的簡單裝置，演進到桃花心木做成的豪華設備，成為客廳裡最搶眼的家具。等到1926年，每六戶美國家庭就有一家擁有收音機。

亥俄州的新黎巴嫩區，努沙格家禽農場也有自己的電台；西維吉尼亞州克拉克斯堡的羅伯茲五金行也有一個；底特律的警察在命名諧音的KOP電台播放他們的新聞。當時的「節目設計」還很簡陋：先是一段台呼，然後一段氣象報告，再加上幾段通常是現場演奏的音樂，但是仍舊是節目設計沒錯，至少鼓舞了幾個人夢想新媒體對於國家未來可能具有的意義。

商務部長赫伯特．胡佛本行是工程師，在那個爲科技瘋狂的十年中這是個受人尊敬的行業，他把收音機看成「美麗與學習的工具」；紐約州施能塔地一家電台的經理則沈思「能使說話音量大到讓數千人聽到」的能力，應該能「使人興起說出有價值言語的渴望」；《科學美國人》還預測我們將會以收音機母親來養育孩子，它能「低聲輕唱歌曲，並訴說床邊故事」。但是至少在目前，收音機純粹以新奇取勝，是人們看到幾根電線和玻璃管亮起，從半空中發出聲音時那種顫慄。收音機之於天空就像汽車之於土地，同樣是通往與想像同寬天地的傳輸媒介。

在1922年，這個媒體眞正起飛。那一年初只有27家電台，等到年底已經激增到570家，還有數以百計的公司製造的時髦收音機，取名格瑞比（Grebe）、愛瑞歐拉（Aeriola）和拉機歐拉（Radiola）等等。因爲所有電台都擠在兩個頻率播放，造成廣播的混亂，空中大塞車，使聽眾無法好好享受他們最喜歡的消遣：從遠方聆聽廣播。等到大眾群起攻之，許多電台開始在每周舉行一次「寂靜之夜」，亦即取消廣播，而如一家廣播電台所形容，好讓一位舊金山的男子說，「昨天晚上我在晶體收音機聽到波特蘭的貓頭鷹咕咕鳴叫。」

等到20年代中葉，頻率數量擴展，廣播的清晰度提高，NBC和CBS兩個廣播網也應運而生，提供當時人們急需的廣播節目（麥斯威爾時間、通用汽車家庭派對，伊盼那〔牙膏名〕吟遊詩人）。但是收音機管制的課題卻像邪惡的後母般揮之不去。有些人主張應該由政府管理無線電波，就像英國一樣。他們亟力爭辯收音機潛在的重要性實在不容爲商業的奇思怪想左右。但是另一派聲音最後蔚爲風潮，認爲管制會大幅悖離美國的言論自由與自由企業傳統。

另一個更激烈的爭辯則是商業廣告的內容。胡佛強調商業廣告會違背收音機原有的崇高理想，而且究竟有誰會守在晶體收音機旁邊了解某種牌子的肥皀比另一種品牌還好？他主張這個行業應該對於廣告採取自我管束，因爲他憂心一場總統演說可能被利用爲「專利醫藥廣告的好材料」。但是廣播電台個個忙著垂涎廣告提供的新收入，根本無暇顧及內容恰不恰當。1926年一個NBC綜藝節目被打斷，插入道奇汽車的促銷廣告，並沒有引起多少聽眾反對。從此以後，由廣告主贊助的節目就成爲主流常態。

「匹茲堡有人說那裡在下雪……紐約市有人在唱歌……芝加哥有人撥弄五絃琴……亞特蘭大則下著雨雪。」

體育播報員瑞德。巴伯描述
他在1924年首度聽到的收音機內容

早期的贊助者還擔心人們對他們的推銷手段會起反感，因此選擇有品味又謹愼的語言（播音員：今天早上，史威特公司的威廉・瓊斯先生對於如何減低你的肉類開銷有一些實用的建議……）。然而，一旦他們發現1920年代熱中消費的民眾，對於收音機裡的廣告趨之若鶩，就像他們擁抱別的廣告一樣，這一切也很快改觀。

在1920年代之前，大部分的廣告都登在報紙上，對於一項產品提供最簡要的資訊，讀起來像一則宣告（寶鹼公司的肥皀：包在藍色包裝紙內的潔白肥皀）。但是當人們進入新年代，新的廣告形式也應運而生。不管是出現在廣播中，在某本新出刊的全國性雜誌中，還是豎立在鄉間小路旁的告示牌也好，當時的廣告內容都更像宣揚現代化新守則的福音。以戲劇性的方式告訴人們現在需要什麼新東西，需要培養什麼嗜好（例如每天刷牙，使用腋下除臭劑以及漱口水），才不會浪費大好人生，或更糟的是，剝奪了自己跨進「未來」的權利。

新的廣告強調對人的描繪，而非產品本身；通常訴諸消費者潛在的情感特質，而非以冷硬的事實說服他們購買某項產品。性是一個有力的銷售工具，恐懼也是（那個年代數一數二的頂尖廣告人愛德華・柏內茲，在他知名的叔父佛洛伊德膝下學到這些技巧，這絕非巧合而已）。棕欖香皀的訴求是「獲得女學生般的紅潤臉色」；喬丹汽車會穿越「狂野與馴服」之地；李斯德林漱口水則直指消費者的自卑心態，當時一則超人氣的廣告中，老婦人回想起自己多年前的愛人，因爲她有「口臭」遂棄她而去；李斯德林的宣傳標語是「吾日三省吾身」。

人們不但沒有對這些廣告惱羞成怒，甚至還想要聽到這些訊息，即使只是爲了趕上最新技術、最當紅的潮流以及最前進的行爲觀念，濫用的無以復加。如果你相信20年代的廣告說詞，你就會相信把衣服泡在林連特洗衣漿會使你變得更漂亮；多吃糖果可以保持身材苗條；選擇「淡而無味的賤價麵包」而非神奇牌的膨鬆麵包，丈夫將迷途不返；以某種搶眼的扭轉動作扭腰擺臀，可以「治癒」便秘。

然而，我們並不難看出爲什麼當時人們深信不疑一些更荒腔走板的訴求，尤其是廣告主聰明地把他的訊息配上一位身穿白衣，剛剛從實驗室走出來的科學家。畢竟，人們對於一個世代前還認爲不可思議的科學進展早已瞠目結舌，他們聽到的新聞也使他們深感敬畏，以致於如羅伯·李普萊慶祝可驚可嘆之事的報紙專欄「信不信由你！」，成爲大眾新聞的台柱。

廣告不但在整個1920年代大受青睞，也捧紅了廣告界人士。他們常把自己捧成英雄般的人物：敏捷、年輕、樂觀，能夠洞察「即將來臨的趨勢」。他們不把自己看成操縱者，而是幫助大眾緩和過渡到新時代的陣痛；他們也把自己看成最仁慈的革命分子，幫助廣大群眾看出科學的進步可以如何整合到日常生活之中。

爲了幫助人們調適，1920年代的廣告常常會把未來的興奮及過去的穩定兩相結合。工廠製造的產品受到傳統技術的美化；罐頭食品被說成「跟家裡煮的」一樣好吃。在《無人知曉者》一書中，廣告人布魯斯·巴東宣稱「現代商業的創始者」並不亞於拿撒勒的耶穌，他還把星星稱爲「最初及最偉大的電訊」，拿天界的星光與紐約市閃爍生輝的大不夜城霓虹燈相比。這些觀念在今天看來可能愚不可及，但是在當時都是要幫助人們熟悉新事物，並非揚棄過去，反而建基於過去之上。

「購買原因」的推銷策略提供讀者為什麼要使用一項產品的誘因——通常都虛構不實，改變了1920年代的廣告面貌。這幅廣告刊登於1928年6月30日的《星期六晚報》。

當然，廣告業主所做的遠不只如此。他們也塑造了一套全新的生活方式：都市化，狂熱發燒，受科技驅使，仰賴賒帳，鼓勵表達個人自由，深信機器絕無謬誤。

除了汽車和收音機以外，還有十餘種新機器進入20年代的日常生活，有些機器，特別是新發明的家用機器，更大幅改變美國婦女的生活。電熨斗在戰後不久問世，等到20年代末期，老式熨斗已經乏人問津。電動洗衣機取代了傳統的手工洗衣；電冰箱使售冰人關門大吉；瓦斯爐取代以往要加火添柴的煤爐。中央空調系統如今司空見慣，室內浴室也是，導向了20年代對於衛生習慣的狂熱。

家庭環境煥然一新，不再動輒受到大自然的風吹草動；家庭主婦的負擔也在一夕之間減輕不少：她們不再需要辛苦生火或搬水，也不需要鎮日埋首木頭、火爐或洗衣板之中。做爲勞動者的家庭主婦已經搖身變爲持家者、美化者和女性化者。既然她現在從事的許多活動都需要她上市場與上街購物——很多物品——因此廣告商也抓住這個機會爲她重新界定自己的角色。洗衣服不再是一件苦差事，而是愛的表現——忠實的妻子怎麼會讓

布魯斯・巴東
1886——1967年

Bromodosis（因腳汗引起的臭味）
Homotosis（缺乏好家具）
Acidosis（胃不舒服）
運動鞋味道
油門大腳趾
辦公室之臀
Coalitosis（使用煤熱而非油熱）
腋下的異味（即狐臭）
1920年代廣告帶給你的新型「疾病」

丈夫穿著灰樸樸的襯衫去上班？光可鑑人的浴室不只是方便，也能保護家人不受疾病侵擾。妥善調理的食物能確保一家人相親相愛，而誰不想要家庭和樂呢？但即使女人現在的生活已經不再那麼操勞，許多人仍然受到罪惡感驅使，花費和以前一樣多的時間打掃房子、照顧小孩。

對某些人而言——特別是那些生活優渥者——新的家務還包括對於婚姻的全新了解。19世紀的丈夫和妻子活在各自的天地，主要透過經濟依賴維繫，這個典範早已過時。取而代之的是1920年代的「伴侶式婚姻」，更看重維繫男女之間的關係。愛情——而非孩子或工作——才是結合家庭的黏著劑。丈夫和妻子會一起社交，一起運動，一起聊天。

就像這個十年的其他事物一樣，新式婚姻也聽從「專家」的意見。大學開設「現代婚姻」等課程，這種婚姻有別於傳統的婚姻模式，主要是從社會學研究獲得資訊。「自助」書籍上市，諄諄告誡女人婚姻的成功端賴她們以魅力和肉體的吸引力「贏回」丈夫。20年代一個不幸的統計數字證實了籠罩在婚姻上的不確定之感——不管是現代還是傳統。這段期間，每六對婚姻中就有一對以離婚收場（相較於1890年時，每17對婚姻有一對離婚），而其中三分之二都是由妻子提出。

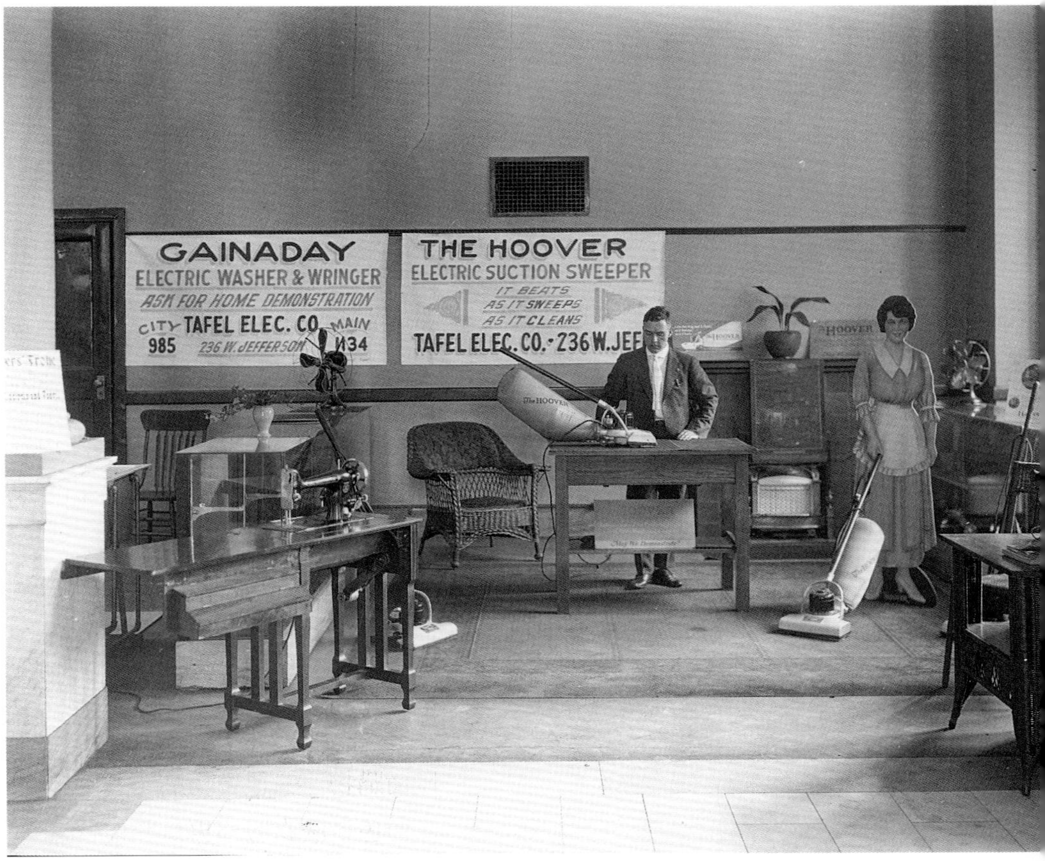

一位推銷員在路易斯維爾瓦斯暨電氣公司的展示間示範胡佛真空吸塵器的神奇設計。隨著現代化的設備和機器推陳出新，1920年代的「超級推銷員」也應運而生。這種人就如作家辛克萊・路易士筆下嘲諷的觀察，致力於「推銷的天命——並非為特定人士推銷、向特定人士推銷、也非推銷特定產品，而單純為了推銷而推銷。」

因為我家裡一直非常拮据，所以我很早就開始工作。我很幸運能夠到一家出版公司工作，我非常喜歡。我進入業界一個星期後，就徹底愛上了公司組織的結構。但是那時候女人很難往上爬，也不被鼓勵多做事。等我在公司做了兩年後，我得到升遷，成為經銷部門的特派員。但是他們叮嚀我：「寫信時，不要在信上署名莉蓮恩·賀爾·M，而必須寫『L.M.賀爾』，因為我們不希望報紙經銷商知道和他們打交道的對象是女人。」但是沒關係，因為我實在太高興他們讓我成為特派員了，當時我是那個階層的唯一女性。當然還有兩個男人跟我做一樣的工作，他們一周賺35塊，而我一周只賺22塊半。但是那次升遷之後，我實在太興奮了，我就想，「喔老天，我可以看到自己成為這裡的發行主任。」所以我問老闆應該怎麼辦。他說，「什麼，賀爾小姐，你不可能成為發行主任，你是女人。你能夠做的最好工作就是訓練自己成為一位好秘書。」我實在失望極了。

——莉蓮恩·賀爾·歌賓1913年生於布魯克林區。她於1941年結婚，一輩子從事秘書工作，直到80歲退休為止。

我還記得有一天我和媽媽上理髮廳。當別人幫她做頭髮時，我就坐在角落的椅子等待。等她做好頭髮，簡直讓人認不出來。她的頭髮不再是腦後挽一個髻，而是一頭短髮，在她走路時還會一搖一晃的。這是一位生於古老國家的女人，在那裡她們從一出生就留著長髮。我總是把她想成一個悲慘的老婦人，但是突然間她不是了——她變成一個年輕女人，有一頭飄飄的短髮，還有一臉的微笑！突然間她把自己看成一個女孩。那時候我絕對不超過六歲，但是連我都感覺到了。那天傍晚，我爸爸回家以後，看到她做的好事，簡直又驚又氣，說不出話來。「你？？？」他說，「別的女人那樣做沒關係，但是你？？？……」…不過後來他也就習慣了。而我媽媽從此再也沒有留過長髮。

兩名女警在加州的巴爾波海灘上質問四名女性泳者，因為她們違反禁止穿著暴露服飾的禁令，1922年。

——克拉拉·韓考克斯，1918年生於布朗克斯區，她的雙親在第一次世界大戰期間由烏克蘭移居美國。

第一次世界大戰之後，男女之間的事情有一些鬆綁。我們大部分人還是照規矩約會，但是也有很多人超過那個界線。我還記得有一次我們在英國接到一通朋友電話說他們要結婚了。好了，在當時可是很難從美國大老遠打電話到英國，但是他們實在太興奮，忍不住要告訴我們。我們也假裝非常激動，但是因為他們早已同居了兩年，所以我們覺得那些興奮實在有點多餘。我記得當時的《紐約客》雜誌有一則漫畫——一對男女躺在床上，然後女的搖醒男的說，「醒醒吧！你這個呆瓜，我們今天要結婚。」它在現在可不怎麼好笑，但是當時絕對是。我也記得我媽媽第一次投票的情景。那時是艾爾·史密斯對抗赫伯特·胡佛。結果發現我爸爸投給其中一人，我媽媽卻投給另一人。我爸爸就說，「你難道不知道你這樣做會把我的一票抵銷嗎？」我媽媽當然知道，但是這卻阻止不了她。

——愛彌麗·漢恩生於1905年，是第一位畢業於威斯康辛大學機械系的女學生。她從1926年起就是《紐約客》雜誌的特派員。

我媽媽並不怎麼現代。她非常僵化，所以我姊姊和我在成長過程中都受到一套非常嚴格的教養。我們不准和任何人打情罵俏，也不准擦太多化妝品。我們的穿著必須樸實，絕不可出入不屬於女人的場所，而那幾乎等於一切地方。大家對於懷孕都避而不談。我只會聽到某人說，嗯，那樣子。「她那樣子了，你曉得。」而避孕更是提都不能提。但是我姊姊卻反抗這一切。她是一位摩登女郎，在電話公司上班，穿著美麗的短女裝、毛皮大衣、馬車式的帽子，像回教頭巾蓋住她的頭，而且當然——還有橡膠套鞋，永遠都不扣上。那就是「摩登女郎」一詞的由來，因為這些鞋子走起路來啪嗒啪嗒響。當我姊姊頂著一頭短髮回家的那一天，我媽媽看了她一眼，就拿著她的「芬芳劑」——使她免於昏倒的嗅鹽，退到沙發上。當我姊姊決定要擁有自己的小公寓時，你可以想像我媽媽有什麼反應。她拒絕我姊姊搬出去，除非等到她結婚。所以我姊姊就一直住在家裡，直到她41歲為止！

——佛羅倫思·阿諾德生於1918年，在芝加哥長大。在她結婚成家並把三個孩子養大之後，重回學校唸書，1973年從波爾州立大學畢業。

在我成長時，我的家庭非常支持我，使我以為可以追求我渴望的事業生涯。但事實上那時候的女人並沒有多少選擇。你可以進護士學校、秘書學校或是老師學院，就是這樣了。我祖母是一名老師，我媽媽和我兩個阿姨也是老師，因此我也成為一名老師。在那個時代工作機會實在很少，如果丈夫已經有一份工作，做妻子的也去工作，別人就會皺眉頭。每個家庭由一個人負擔生計——就是這樣。因為我的兩位阿姨，我差點無法在學校體系工作。如果我已婚，丈夫有一份工作，學校體系更不可能雇用我。丈夫應該養太太，事情就是這樣。

——貝蒂·布洛斯生於1919年，1983年從教書崗位退休，目前住在印第安納州的蓋瑞城。

20年代的女人啪搭——特別是年輕女子——受到大眾對於實驗的日益包容，也開始大膽走出家門，享受禁忌的冶樂。許多少女開始喝酒、抽煙、穿著引人遐思的服裝、享受婚前性行為，並故做成熟世故打扮。頂著一頭仔細修剪的短髮，胸部弄得平平的，這些「摩登女郎」（flappers）（因她們穿著不扣上搭扣的橡膠鞋聲音為名），不男不女的形象顛覆了傳統對女性的觀念。而她們花費大把時間與人調情玩樂，也激怒了女性主義者。但是這些新女性最冒犯眾人，或最引人遐思的還是在她們對於「性」毫不在乎。

也許是因為汽車之旅帶來的自由開放，或是戰後侵蝕人心的絕望；也許是渴望與維多利亞時期一刀兩斷，或是因為日漸以城市而非小鎮為中心所產生的無名之感；不論如何，性這回事似乎盤據在20年代每個人的心中。不只是廣告，書籍、電影和戲劇也充滿性的描寫（有時候劇院甚至因為放映猥褻電影而被關閉，郵局也保有一份500本禁書名單）。人們的談話也不例外。雖然佛洛伊德極具影響力的研究，早在20年代之前就已完成（而且是在維也納），但是他本人及其性慾的理論卻成為20年代的顯學。「佛洛伊德式」這個字剛剛被收錄在韋氏大字典中，心理分析的術語如「本我」、「超我」和「伊底帕斯情結」也常被人掛在嘴邊。如果大部分的美國人過於簡化佛洛伊德劃時代的研究，只把性壓抑看成神經病的根源（而他們的確如此），那也只是進一步顯示那個年代亟欲為享樂主義找到理由。

20年代甚至發明一個新名詞「性感」，以描述每個女人走進美容院時希望達到的理想。1922年，紐約市有750家美容院，主顧群大都是富豪階級；等到1927年已經增加到3,500家，為那些趕赴周末夜晚約會的年輕女店員燙頭髮、修指甲。卡路里的計算使全國為之瘋狂；每天都要在浴室的磅秤（這又是另一項20年代的發明）上量體重。只有20年代才會製造出瑪格麗特·高曼這號人物，她在1921年從八位競賽者中脫穎而出加冕為美國小姐，這個頭銜一點也不需要「才藝」競賽加分。短短幾年內，選美成為一項美國機制。

但是這時候的性不僅是擺擺姿態或賣弄風情而已。部分要感謝避孕觀念普及，中產階級似乎真的較能從容享受魚水之歡——不管是婚姻內或婚姻外——也比較能夠接受——即使仍然有點遲疑——為性而性，而不是為了生兒育女。1916年瑪格麗特·桑吉在紐約市布魯克林區的診所因為散播避孕資訊而被逮捕（避孕一

兩位女子坐在賓州火車新成立的女子吸煙車廂裡，分享一根香菸。男子抽煙室陳設皮製座椅，女子抽煙室則擺設籐製家具和梳妝鏡。

詞正是她發明的），當時她正在遊說進步黨員相信避孕能幫助窮苦的婦女不再為多子多孫所累。風水輪流轉，等到20年代中葉，保險套可以在理髮院、藥局和加油站的廁所取得，桑吉則撰寫《樂在婚姻》一書，教人如何達到性愛滿足。

如果在20年代有什麼態度可以與新事物的興奮相提並論，那就是懷舊心態，緬懷一個眞理絕無二致，每個人的世界觀都一樣的

「（婚姻制度）不但透風，漏水，屋頂塌陷，木材搖晃，也沒有現代抽水馬桶，沒有硬木地板，沒有暖氣。我們一點也不舒服，我們已經超出了這棟建築。」

1920年代的小說家芬妮．賀斯特

過去。在美國，這種懷舊形式是想念一個與19世紀美國畫上等號的單純農村景象；想念當美國還是一個農業國，大部分是白種人，盎格魯－撒克遜人，以及清教徒的年代。

就像大部分的懷舊情緒都傾向理想化，懷念一個根本就不存在的完美過去。但是因爲人們的周遭實在變遷太快，傳統主義者至少可以從他們的反方界定自己的主張，而他們也如此激烈地照辦。如果新世界不斷地往前衝，舊世界則緩慢而穩健；如果新世界以四海爲家，舊世界則安土重遷；如果新世界是從科學中迸發，舊世界則是由宗教所孕育。這時期大部分的人都有一點矛盾：他們喜歡新世界帶來的許多事物，但是也懷念一些舊有的生活之道。對於另一些人來說，那簡直忍無可忍，幾乎到達開戰邊緣。

在這十年初，大部分的人都把三K黨視爲19世紀美國歷史上一段尷尬的註腳。然而，一個新的三K黨早就在第一次世界大戰前成立，1921年自稱會員超過100多萬（1924年更高達400萬人），遍布南北兩方。新三K黨不僅致力騷擾非裔美國人，還有許多不同的主張。

三K黨以本世紀初興起的本土主義爲根基，進一步鼓動人們仇恨加州的亞洲人、德州的墨西哥人、紐約的猶太人、大南方的天主教徒，以及在本世紀初年落腳美國城市的地中海移民。三K黨爲許多擔心新移民會取代他們工作和家園的老派清教徒發言，爲害怕全國性連鎖商店會使他們關門大吉的小商店主人的喉舌，也爲那些被20年代蓬勃的工業經濟遠遠落在身後的農夫發言。

但是重要的是，三K黨是反對新興國家文化者的反擊方式。人們害怕

以農業為主的南方和中西部，幾乎都沒有接觸到大都市所享受的美國經濟起飛。對這些明尼蘇達州普林斯頓的馬鈴薯農人來說，他們的20年代跟爵士、摩登女郎、麻將和釀私酒一點都沾不上邊。

私刑雖然已經非常少見，但是像圖中喬治亞州勞倫斯維爾法庭廣場的這樁私刑，在20年代仍然不罕見，即使社會立法努力要廢止這種野蠻的行徑。

城市裡既狂野又目中無神的生活方式，因此加入三K黨倒不是眞想穿上白袍參與私刑，而是想重建一個道德互享的團體。而他們指望三K黨的，並不只是把「外國人」趕出去（他們懷疑正是這些人把這一切瘋狂帶到美國來），而毋寧更是回復舊時的道德觀。

在美國各地的小鎮，三K黨的道德警察小組，或是某些地方所謂的「偵察偷馬賊協會」，會以警長民兵隊的身分騎馬走進小鎮，揪出吃喝嫖賭或干犯其他「不法犯刑」的罪犯。但是三K黨的警察在除去社會毒瘤時，其手段卻往往比他們所謂的罪行更嚴重。他們巡行小巷搜索難捨難分的年輕情侶，一旦被他們找到，就威脅要鞭打一番。在德州，他們至少打過一人，只因爲他與妻子分居；另一人是因爲騷擾女孩；另一個人則是因爲說德語。

許多人都支持三K黨，也把他們拱上更高的權位。等到1924年，這個組織力量已經非同小可，至少在六個州政府中佔有舉足輕重的地位（特別是印第安納州，又被稱爲「罩床單的坦慕尼協會」）。三K黨幾乎成爲社會主流。未來的最高法院大法官雨果・布雷克曾經是其中會員；未來的總統哈利・杜魯門也幾乎成爲其中一員：杜魯門禁不住三K黨在保守的密蘇里州可能賦予他的政治優勢，定期繳交10元會費給組織，直到三K黨堅持如果杜魯門當選（當時他正在競選相當於郡長的職位），必須同意不雇用任何天主教徒，杜魯門收回了他的10元會費。

走私者、老鴇和嘍囉，
要是不改邪歸正，就滾出去。

毆妻者、拋妻別子者、破壞家庭者，
此地沒有容身處。

和你自己的妻子一起駕車逍遙。

三K黨在阿肯色州德薩肯納的遊行標語

第18條修正案使牧師與三K黨結合在一起。禁止販賣及經銷含酒精飲料的運動本來是由進步黨所領導，他們引用研究數據顯示酗酒對身體的傷害，以及酒精對於婚姻和家庭的破壞。但是等到禁酒令實施後，其眞正的驅動力則是清教徒——他們希望禁酒能重整現代道德，以及打垮本土主義者——順便排除愛喝酒的南歐移民。當然，這兩個目標都沒有達成。

如果說禁酒有什麼成果，就是讓社會更加隨心所欲、無法無天。雖然現在喝酒多少有點兒不方便，但卻也鼓勵犯罪走上史無前例的規模，不只是私售私釀者和走私者，一般百姓也會帶著扁酒瓶到街坊鄰居的私酒店買酒，花個六塊錢在當地五金行買一個自製的製酒機器在自家釀酒。對某些人來說，禁酒時期反而使酒精變得更刺激，因爲即使最普通的雞尾酒也增添一份犯罪的快感。

這項憲法修正案把不法之徒變成罪犯，眞正的罪犯反而變成民間英雄。國會議員費爾維羅・拉瓜地亞（未來的紐約市長），故做姿態拿著一杯「近啤酒」（這是在整個禁酒時期釀酒者所調製的不含酒精飲料）混合

「他們」相對於「我們」：三K黨的復甦

三K黨在印第安那州安德森的遊行，1922年。

——卡爾·利爵1913年生於祖父母在印第安納鄉間的農場。1913年畢業於波爾州立大學化學系。他在第二次世界大戰利用所學的知識在美國駐撒哈拉陸軍擔任瘧疾病學家。他於1945年結婚，育有一個孩子，六個孫子女，以及一位曾孫。

有很多人把三K黨想成一個仇恨的組織，而它正是。仇恨也許是最容易教導的情緒，很容易把「我們」和「他們」對立，而那的確就是三K黨的重心所在。我的父母親都屬於三K黨，我姊姊和我也是。當我長到夠大時，就成爲男童三K黨的幹部，我最記得的就是我有一頂漂亮的藍色絲緞斗篷，可以穿在其他制服的外面。那就是它對我的意義。

但是三K黨也是那個時代非常自然的副產品，像那樣的運動幾乎全世界都有。我們正從農業社會過渡到製造業社會，而三K黨就是對它的反動。印第安那州的居民世代務農，土地就在那裡，那就是你的生活，它非常穩定又可以年年更新。但是突然間，在20年代農業行不通了，我們已經轉變到製造社會。不幸的是，工廠並不像大地那樣可靠。一間工廠可能一天24小時不停運轉，一連工作了三、四個月之後就關閉了，使許多人失業。工作非常珍貴。而即使我知道的三K黨在很多方面都不好，但是你在家裡或是與其他黨員談話時，談的大都不是仇恨，而是我們應該如何阻止這些外來者侵佔我們的工作。

任何可以抵抗變遷世界的事物都受到歡迎，三K黨正是如此，即使它想要保存的是一個已經保不住的社會。三K黨教導家庭的神聖。他們希望在學校裡禱告。他們希望你能遵循聖經的指引，只要你不承認它和猶太人有任何瓜葛。還有就是你絕對不可以喝酒或勾搭淫蕩的女人，即使大部分的三K黨員在談到這些事情時都會彼此眨眨眼睛。

遊行和集會都非常好玩。當你是個孩子時，沒有比遊行更壯觀的景象了。我父親有一輛卡車，它當然被漆成白色，我會站在卡車的引擎蓋上面。我會穿上好看的白色制服，戴上尖尖的高帽，把面具甩在後面，然後扯開喉嚨唱歌。高唱像「基督士兵向前進」一類的聖歌實在非常過癮。

他們也會有一些非常美麗的十字架燃燒，那是個盛大的信仰復興佈道會，每個人都會大喊大叫，變得非常虔誠。任何像樣的人都會參加。任何不是猶太人的商人都屬於三K黨，倒不一定是他們相信三K黨的話，而是爲了生意著眼。大部分的牧師也屬於三K黨。許多老師也屬於三K黨。在我們這一州，甚至州長也屬於三K黨，他後來遭到彈劾。

仇恨非常強烈。所有的新移民，不管他們來自哪裡，都是壞人。如果他們剛好來自英格蘭，大體還會被接受。有些來自德國的移民也會被接納。但是愛爾蘭移民就是「他們」，而非「我們」，因爲他們通常是天主教徒，而天主教徒當然是屬於「他們」那一邊。至於猶太人，當然想要控制所有的財富，那是三K黨說的。猶太人四海爲家，而任何國際性的東西都有嫌疑。而黑人當然不被接納，因爲大家都知道黑人男子的夢想就是強暴白人婦女，那也是三K黨教的。甚至中國人也是拒絕往來戶，不過我們那裡中國人不多，所以我們並不怎麼恨他們。你只能憎恨你所有的。我們覺得自己好像被非我族類的人海吞沒，所以我們必須打回去。

在我小時候，我是「打破沙鍋問到底」的那一型，總是問個不停。三K黨人會揮舞美國國旗，告訴你應該憎恨別人，而我總是會問，「爲什麼？」我認識一打的黑人，他們全都是好人，沒有哪裡不對勁，我很喜歡他們。你也應該厭惡猶太人，而我們附近雜貨店的老闆就是一名猶太教士。我很喜歡到那裡找他聊天，因爲他實在博學多聞。你總是被不實的資訊轟炸。如果你聽從三K黨的話，當你仔細打量一個義大利人，你可能會看到他有一條四分叉的尾巴和兩隻角。

然後一切都垮台了。在幾次醜聞之後人們對它失去信心。當權力開始瓦解，整個組織也崩潰了。人們開始覺醒，我能說的就是這樣。我們猛然明白這些人，我們曾經把他們抬到英雄地位的人，不但是軟腳蝦，而且根本站不住腳。從此滾蛋最好。

在任何雜貨店都買得到的含酒精麥芽滋補劑，藉以調侃改革主義者。「好喝極了！」他宣稱。芝加哥市長威廉・黑爾「大比爾營造商」湯普森，則微笑宣布他「就和大西洋公海區一樣濕透。」在此同時，許多所謂的執法者都因爲收賄而荷包滿滿，控制大部分非法交易的組織犯罪也快速滋生。

小報上充斥著大城市幫派如艾爾・「刀疤」・卡朋、「機關槍」・傑克・麥耿以及喬治・「臭蟲」・莫仁的「豐功偉蹟」。雖然卡朋手下的幫派據說犯下300件以上的謀殺案，但是他和其他殘酷的幫派份子卻引起人們滿心敬畏，這不僅是因爲他們具有呼風喚雨的權力，更因爲他們投射出「逍遙法外」的形象。卡朋的故事似乎暗示你可以偷、搶、耍流氓，卻不必付出任何代價。事實上，在汽車年代中，他開著可謂第一特獎的汽車到處逍遙——價值30,000美金、裝有鋼板、重達七噸的凱迪拉克，車身具有防彈玻璃，車座後還有專門存放槍械的空間——使得數百萬人夢想有朝一日也有機會像艾爾一樣風光。

在20年代末期，光是紐約市一地就有32,000家私酒店，幾乎比禁酒前增加了一倍。在全國其他地方，人們就在警察看得到的地方明目張膽地賣

聯邦政府官員把成桶的私酒倒進排水溝之後，鄰家小孩紛紛想要搶救剩餘的私酒，1926年。

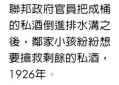

當喝酒成爲罪惡：「我們最捧場的一些顧客正是條子」

顧客在地方上的私酒店享受非法的釀酒。

我母親是愛爾蘭人，來自史利格郡，對她而言，釀酒是個家庭傳統。在愛爾蘭，每個人都會自己釀酒。所以當她搬到紐約市，就和我爸爸買了一些寬敞的房子，當禁酒令一實行，她就開始在廚房釀造私酒，從一樓賣出去。我媽媽是一個道地的生意人，我想我得到她的眞傳。我在青少年時期就開著納許敞篷車到處送貨，還經營了四家私酒店。

我們經營的方法是自己釀一些酒，其他的則從蘇格蘭和加拿大進口。我們的私酒店就跟你今天看到的一般酒吧沒有兩樣，只是門口有一個窺視孔。我們必須很小心進來的人是誰，我們都叫得出顧客的名字——他們就像我們一家人。如果有陌生人進來，結果發現他是政府官員，而你又賣東西給他，你就完蛋了。當你開口跟他要錢的那一刻，他就會亮出證件，然後乖乖！他們會在你的大門銬上一個大鎖，把你的酒店關閉。

我們也要小心條子們，但是我們認識不少。我們最捧場的一些顧客正是條子。有時候他們會付酒錢，但是大部分都是我們請客，如果他們正在巡邏，你了解吧！當我們把啤酒桶抬出來時，我們會給値勤的警察一桶一元的小費，如果他在旁邊監視。這碼事每個層級都有。如果禁酒官員要來突襲，警察隊長通常都會事先從辦公室打電話通報我們。我們就趕緊把所有東西搬到隔壁，然後看看四周是否清潔溜溜。在當時每個人都會伺機收賄，一直到市長吉米．沃克都一樣。事實上我們每週都會送酒到他家裡。

但不是每一次我們都知道他們什麼時候會來。我15歲那年，有一次禁酒官員到我們這裡，用斧頭把我們的門打破。我趕緊抓起一隻掃把假裝我在掃酒店。那些人一走進來就對我說，「趕快滾出去，你年紀還小，不可以在這種地方工作。」但是那時我正在經營酒店！所以他們把酒保關起來，等到我把他保釋出獄，乖乖，看他們有多驚訝！不過這種事並不太常發生，因爲我們經營的是正派酒店。只要你的酒店正派經營，通常就會沒事。

——約翰．摩洛翰生於1915年，就讀於布朗克斯區的福德翰大學。1950年代他在曼哈頓開了無數家音樂及娛樂俱樂部，二次世界大戰時他服役美國陸軍，在日本作戰，從那時起一直活躍於美國退伍軍人協會。他在1965年離開紐約市，現在住在新澤西州。

我在紐約市只住了一個月，就搬到新澤西州的伊利莎白市，並在那裡長大。我們的房子後面有一片60英畝的牧牛草原——當時伊利莎白的鄉間就是如此。在那裡的每一個人都在走私私酒，城裡每一個角落都有酒吧。當然，你知道，他們從來不會被警察臨檢，因爲警察也是大主顧。那些販賣私酒的人，可以對任何人隱瞞酒藏在哪裡，獨獨瞞不過小孩。小孩可以到處鑽動。如果你把私酒藏在車庫裡，小孩總是有辦法跑到那裡，找到一箱一箱的私酒。所以我們都知道誰在買酒，誰在賣酒，它會流到哪裡去。

當我還是個毛頭小孩時，寫過一篇應該是關於我們學校的文章。但是我寫的全都是走私酒的人——誰在開業，他們在哪裡賣這些東西。可是根本沒有人在意一個小學男生寫的東西——那篇作文非常幼稚簡單，但是我卻揭發伊利莎白市所有的私酒走私者。然後他們發現眞相，我想有好一陣子我都在他們的報復名單上。

我以前常常會到紐約的微風點(Breezy Point)去，那裡有一艘船叫做「風馳電掣號」。這是一艘很美麗的船，看起來像是一艘快艇，其實是運送私酒的船。有一天晚上我坐在岸邊，看到「風馳電掣號」慢慢駛向岸邊，小引擎發出噗哧噗哧的聲音。其實這艘船上有三個巨大的自由牌引擎，是從第一次世界大戰留下來的。然後在另一邊我看到探照燈大放光明，海岸巡邏隊轟的一聲衝出去攔截「風馳電掣號」。照理說他們不該如此，因爲船上的傢伙都會拿錢孝敬他們，但是那天晚上某人一定忘了賄賂，所以來了這艘海岸巡邏隊的大船。突然間「風馳電掣號」停下來，噗哧噗哧的噪音也停止了。然後，轟！轟！轟！船上三具自由牌引擎同時發動，砰的一聲逃之夭夭，他們根本抓不到。最後海岸巡邏隊終於逮到它，後來還把它改裝成一艘緝私船。不過等到他們改裝好了，走私者早已換上另一艘速度更快的船。那實在是一個精彩的追逐遊戲。

——米奇．史畢藍生於1918年，以神秘懸疑小說著稱，包括《我、陪審團》、《漫長等待》以及《吻我，致命的》。1984年他以廣爲人知的同名小說人物爲藍本，製作了電視影集《邁克．漢默》(*Mike Hammer*)。

艾爾・卡朋
1899-1947年

興高采烈
像軟木塞般吸飽（爛醉如泥）
濕透了（痛快淋漓）
不省人事
灌飽了
一水槽酒精
燒到最高點
眼睛滾圓
一肚子餿水
大放光明（滿臉通紅）
全身油水

禁酒時期描述酒醉的狀態

酒。1926年，紐約時報刊登製造琴酒的方法。白宮發言人有一個私人蒸餾器。沒錯，第18條修正案是改變了美國文化，但可不是起草者當初設想的方式。

1920年代，傳統主義者也把希望放在教會身上。宗教信仰在戰爭結束的頭幾年遭到強硬競爭，特別是來自心理分析、科學和星期天開車出遊兜風。它也無法對戰爭揮之不去的問題提出滿意的答案。想想看人怎麼可能崇拜一個容忍人間這麼大規模苦難的上帝？無神論受到歡迎，在知識份子之間尤然。不少密教觀念也大爲風行，包括天體營、瑜珈、碟仙，還有一位奇特的法國自助大師認爲只要在早晨覆誦：「每一天，我都會越活越好」，就可以心想事成。

然而，美國四分之一以上的人口，尤其是南方人，卻決定在這個時刻以字面意義了解聖經，從中尋求心靈安慰。他們的偶像是一群滿口硫磺煉獄的牧師，如愛咪・山普・麥福遜和比利・桑戴，他們在教堂中口沫橫飛地講道，淋漓盡致描述地獄的景象。

就像三K黨會議一樣，福音聚會也爲許多害怕自己單純而鄉下的生活方式瀕臨危機的人提供一個宣洩出口。如果說信仰復興的佈道大會是人們的社交中心，這也是他們的劇院。在親自傳教之餘也會透過收音機傳播福音的麥福遜，身穿一襲白緞的長袍講道，身邊有三個樂團、兩個樂隊、三個唱詩班和六個四重奏助陣。到1920年代已經講道40餘年的比利，則以運動員風格著稱，他會在講台上來回踱步、跺腳、跳躍並滑壘成功（事實上他曾經是一名職棒選手）。傳說比利在一場講道中，在講台上來來回回總計走了一哩多。

對於基本教義派群眾（甚至「基本教義派者」這個字也是20年代的發明）固守的主題之一就是進化。他們費盡心思想要透過幾個州的議會把教導進化論視爲有罪。在田納西州，他們成功達成心願，導致1925年一場轟轟烈烈的審判，爲田納西州政府辯護的威廉・詹寧斯・布萊恩與爲田州戴頓市中學生物老師約翰・史寇普斯辯護的克倫斯・戴柔在審判上針鋒相對。

這場審判透過收音機在全國轉播（這是第一場被廣播的審判），參與的民眾之多，甚至站到法庭外的草坪上（人們在那裡用繪有某牙膏廣告的扇子搧風納涼），仔細閱讀全國每一份小報的內容。這場後來所謂的「猴子審判」著實是一樁現代事件。戴頓市甚至還與其他城市競爭主辦權，深信它會帶來白花花的觀光客鈔票，而它果然不負眾望。

但是各地群眾之所以追蹤這場審判，倒不是因爲他們有多關心進化論或是田納西的教育，而是因爲它把1920年代的兩股衝突勢力帶進法庭，準

福音傳教士比利・桑戴在一場巡迴的信仰復興佈道大會上使觀眾如癡如狂。比利對於自由派的神學家特別不屑，把他們說成具有「豬的下顎垂肉、鼬鼠眼睛、膽小如鼠、軟腳蝦、猶豫不決、海綿蛋糕般無骨氣」的基督徒。

「有些鄉親胼手胝足賣命工作送小孩上學，結果卻把送小孩送進地獄。」

喬樂福牧師在1925年史寇普斯審判時期，對戴頓城的聖輪會（Holy Rollers）傳教。

備拚個你死我活。年長而大腹便便，曾經以「草原激進派」聞名的布萊恩，站在傳統主義這邊，宣揚他對於「聖經的一切」都深信不疑；敏捷活潑的戴柔則爲現代主義者說話，得意洋洋地宣稱他的目標在於防止「盲信者和無知者控制美國的教育。」

史寇普斯最後因教導天演論被判有罪（只罰了區區100美元），但是布萊恩在戴柔手下所受的嘲謔，卻在全國聽眾心中留下更難抹滅的印象。在一個崇拜科學眞理的年代，基本教義派只顯得過時落伍。布萊恩在審判結束之後五天過世，死因是糖尿病，但是卻很難不讓人相信他之所以一病不起，所受的羞辱更勝於生理原因。不論如何他所代表的一部分傳統世界也隨之長眠地下。

對許多人而言，摩登時代簡直無法抗拒，至少在面對神奇的娛樂如電影時，難以招架。從20年代中葉起，大大小小的城市中已

在田納西州戴普市的史寇普斯審判案中，學生正在宣誓成為證人。

在1925年初期，一小群人開始討論要做一件事引起話題，吸引大眾來戴頓城。當時我們似乎有點枯竭，沒有任何觀光生意，沒有人來旅遊。因此一群人聚在羅賓遜的藥房，決定試一試史寇普斯法案。當然，那個時候它還不叫史寇普斯法案。所以他們就四處尋找一位願意測試這個法案的老師。當時我們高中的教練約翰・史寇普斯就說，「嗯，我願意試試看。我會成爲一名老師，讓他們說我違法教導學生進化論。」然後他們又開始尋找，看看是否有律師有興趣參加辯論。其中有一人說，「嗯，我會寫信給威廉・詹寧斯・布萊恩，看看他有沒有興趣過來，驗明這條法律的合憲性。」所以他聯絡到布萊恩，也找上克倫斯・戴柔，他們兩個都答應過來測試這個法案。

就如後來顯示的，掀起史寇普斯審判的幕後動機主要是經濟考量。但是我也認爲戴頓區的男女老少都相信聖經裡上帝造人的那一套，不相信人是從較低等的生物演化來的。當他們聽到有一位老師告訴他們的孩子聖經故事不是眞的，當然人心惶惶。當時我大概17歲左右，我父親是一名副警長。因爲我們預期會有大批民眾會湧進小城看審判，而當時的氣溫幾乎高達華氏100度，法庭一定會成爲大烤箱，所以法官同意幾個男孩帶可樂進來分給媒體記者、陪審團以及律師們，而我就是其中之一。法庭裡面擠滿了人，是原來容量的三倍，他們都爲布萊恩加油助陣，因爲布萊恩爲上帝的話辯護。等到審判進行到一半，法官說，「因爲人數這麼多，我們無法再留在這個法庭的烤箱。我准許審判移師戶外，在庭院的樹蔭下繼續進行。」然後他帶著陪審團，把他們的椅子搬到戶外，也把他的講台搬到那裡，以便繼續主持審判。當他這麼做時，正好輪到布萊恩作證，戴柔咄咄逼人，問的都是非常粗魯的問題。群眾都對戴柔越來越惱怒。當然這也打擾了法官。最後他說，「我在樹蔭下也無法控制這些群眾。我們必須回到法庭去。」結果在兩小時之內我們又回到法庭，而他終於宣布，「如果誰再吵鬧不休，我就要清場。」

——吉爾斯・雷恩，生於1907年，審判那年他17歲，就讀雷中央中學，約翰・史寇普斯在那裡任教。

戴頓城大部分的居民都是基本教義派基督徒，但是當然也有不少人不以爲然。我父親在史寇普斯審判時是一位鄉村藥劑師。他從1898年開業，1925年時成爲學校董事會的主席。他站在戴柔和進化主義者這一邊，因爲他認爲州政府或聯邦政府沒有權利告訴一個地方學校的董事會該不該教導進化論。我爸爸跟大部分的藥劑師一樣也是教科書的承包商，因此我想他跟史寇普斯一樣有罪，因爲是他聘任史寇普斯到學校任教，也在販賣有問題的教科書。然而他眞的很喜歡那場審判和其中一切聳動，也看到那是一個推銷藥房生意的好機會。從1940年起，我想他沒有再開過任何處方。他就在那裡和人談論那場審判，人們走進藥房想看當時的照片之類的。

我們住的地方離法庭不到100碼，他們在前方的草坪裝上擴音機，把審判內容大聲向群眾廣播。矮林（Underwood）工會暨矮林攝影團體的經理和我坐在前方門廊的鞦韆上，我跟著他走來走去，看到有什麼風吹草動，就會通知他的攝影師們。那場審判眞是熱鬧極了，到處都有小販兜售錶鍊和手製洋娃娃。等我死後，希望我能上天堂，然後我想問上帝，這到底是怎麼一回事？

——華勒斯・「小子」・羅賓遜生於1920年，繼承他父親的藥房，直到他於1980年代中期退休爲止。

當時許多來這裡採訪的報社媒體都很瞧不起當地人，把他們看成鄉巴佬。當時反對派大將是H.L.孟肯，他眞的很嘲弄我們的生活方式。但是我們對於自己住的地方可是驕傲得很。我父親的藥房是全城人的社交中心，也是史寇普斯討論的發源地。在早上，男人會到店裡來聊天，每個人都會在櫃台買一根雪茄，然後開始閒扯。我還記得某個人一進店裡就會拿出五分錢在櫃臺上輕輕一敲，代表他要一根雪茄。女人在早上把家事做完，午餐後把碗盤洗好，就到城裡來採購。她們會到店裡喝一罐可口可樂或是吃一盤冰淇淋。小孩放學之後也會進來，從書架上拿幾本漫畫書，看完之後再放回原位。報紙也是一樣，人們會走進店裡拿起一份報紙，看完之後再疊好，把它放回架子上。那時候沒有人在意看二手報紙。布萊恩實在很喜歡我們小鎮，在審判完之後又待了幾天。當布萊恩剛來時笑容滿面，精神飽滿；但是在審判途中他卻越來越憔悴，好像洩了氣的皮球。戴柔連珠砲似的逼問他如何相信聖經，例如他問：「這一切怎麼可能在一天之內發生？」然後布萊恩犯了一個錯，他不該說他認爲那時候一天不只有24小時。然後戴柔就抓住這一點緊咬不放，拿它大作文章，你可以看到布萊恩多多少少被打敗了。

——法蘭西思・嘉柏特生於1916年，審判那年她就讀小學三年級，1938年起在史寇普斯曾經任教的中學教書。

HOLLYWOOD
REVUE
25
STARS
CHORUS
OF
200
MIDNIGHT SHOW
OLLYWOO
TONIGHT
REVUE
LUCKY STRIKE
LUCKY STRIKE
"IT'S TOASTED"
HOLLYWOOD REVUE
ASTOR
25 STARS

經有20,000家戲院，既放映默片又有現場舞台秀，只要區區50分錢。任何像樣的地方都有戲院，任何像樣的人每周至少在戲院消磨一天。

比起汽車或甚至收音機，電影經驗更是逃脫現實的極致，尤其是大都市的戲院建築個個媲美世界上最華麗的王宮，就像你把泰姬瑪哈陵和凡爾賽宮相加，再加上一個電影銀幕：精雕細琢、金碧輝煌的劇院就像電影本身一樣立意釋放每一吋想像（事實上，據說即使電影不好看，人們還是會看，只因爲戲院的經驗就已值回票價）。電影院裡有身穿制服的接待員，廁所裡有服務員；管風琴和樂隊現場爲電影情節伴奏；有時候戲院甚至故意設計讓觀眾大排長龍才能到達觀眾席，使他們覺得根本不是在等一場電影，而是漫步於某位王侯的宮殿，一心讚賞豐富華麗的裝飾。

當然，電影如果好看，仍然是主要的吸引焦點，早在首部有聲劇情長片（1927年的《爵士歌手》）問世之前，這十年的電影就相當好看。這幾年的電影至少拱出了一位有名的電影導演西席地密爾（他的作品煽動了這10年間沉迷情色的文化），也捧紅了幾位明星。卓別林紅透半邊天，全世界的百姓都深深認同他所扮演的可愛「流浪漢」。但是電影迷也蜂擁觀賞范朋克、克拉拉寶、瓊克勞馥以及明星中的明星：范倫鐵諾。光看他那充滿異國情調的拉丁臉孔和性感的探戈舞步，就足以解釋爲什麼1920年代的電影觀眾有60%都是女性。

就像人們看重廣告能指引他們如何在爵士年代「爵士」一番，他們也從電影中學習如何穿衣、說話、抽煙及賣弄性感。女孩們模仿尤物如席達・芭拉，並模仿克拉拉寶的性感姿勢，瓊克勞馥則煽起摩登女郎的風潮。等到范倫鐵諾透過《酋長》一片成爲家喻戶曉的明星，大學年紀的男生紛紛穿上范倫鐵諾式的寬鬆長褲，自稱「酋長」，而他們的女朋友則是「希芭女王」。

就在不久以前，人們認同的還只是農舍窗戶舉目所見的方圓之地，但是現在全國共享的文化卻脫穎而出。緬因州的人觀賞的電影和收聽的收音機秀跟加州人沒有兩樣。愛荷華青少年分頭髮的方式和北卡羅萊納州的青少年一模一樣。似乎每個地方都在打麻將，唱著「是呀！我們沒有香蕉。」對於美國大眾文化的迷戀還不限於美國本土而已。20年代中葉，法國人和英國人觀賞的許多影片，乃至世界各地放映的電影中，有四分之三都是由

上圖：《酋長》一片（1921年）奠定了魯道夫・范倫鐵諾1920年代性感男人的地位。H.L.孟肯曾經把范倫鐵諾形容成「讓女人如癡如狂（的貓薄荷）」。

左圖：在20年代，戲院本身就是秀的一部份。圖中紐約市一座電影院的「真人告示牌」，招牌上有活生生的歌舞女郎，以此招徠觀眾欣賞《好萊塢群星會》（*Hollywood Revue*）的首映（1929年）。

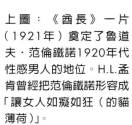

新的消遣娛樂：電影、跳舞，以及「走吧，讓我們看貝比去！」

當我還是個孩子時，哈林東區有一大堆電影王宮，像是「宇宙」、「布蒙特」（Beaumont）、「王宮」和「體育場」等等。然後我們有了自由戲院，可是規模比較小，專放老電影。我們常常去自由戲院，因爲那裡比較容易溜進去。星期天可是一個大日子，一大群人都會把食物裝在提桶來看電影。他們坐在戲院裡，一邊看電影一邊吃晚餐。然後戲院老闆娘可倫布女士就會走出來說話，內容總是千篇一律：「好了，每個人都安靜下來，如果你想要上廁所，就趕快站起來去上那該死的廁所。不要撒在地板上。」然後每個人都會鼓掌叫好，不過這還是阻止不了他們，整個電影院亂成一團。你還得注意你坐在哪裡，因爲坐在包廂吃晚餐的人會把他們的提桶放在欄杆上，然後忘得一乾二淨，結果一些通心粉可能會掉在你頭上。我們小孩子都會眼睜睜看著它發生，然後笑得東倒西歪。那實在很瘋狂，可是我們都玩得很樂。

當時許多攝影棚都在紐約，我們就會去那裡看人家拍電影，就這樣看到許多我們最喜歡的明星，包括哈洛．羅伊德(Harold Lloyd)、范朋克(Douglas Fairbanks)、湯姆．密克斯(Tom Mix)等等。我們曾經跳上一輛巴士，攀在窗戶外邊看哈洛．羅伊德在116街拍電影。我們也會去127街的攝影棚看瑪麗畢克馥（Mary Pickford Day）。然後等到「爵士歌手」一上片，每個人都在談它：「你看了那部有聲電影嗎？你看了那部有聲電影嗎？」在當時那實在是一個轟動話題，是電影工業的一大步。因爲當時電影是我們最主要的娛樂，從一家電影院看到另一家電影院，然後在看了這麼多年默片後我們突然有了聲音！

——皮特．巴斯克1914年生於哈林東區，大半輩子都住在那裡。他從1931年起就在當地的社區中心「拉瓜地亞之屋」服務。

在20年代早期，人們發現如果你蓋了一棟電影王宮，建築本身的壯觀就會和電影銀幕一樣吸引人潮。所以城市裡到處都是巨無霸的電影院。但是我住在一個小城，離最近的電影王宮也有20哩。所以當我12、3歲時，我就想到在當地的高中體育館裡放電影。既然我有一個小電台，我就在收音機裡廣播電影消息。這爲我帶來一批固定的觀眾，雖然那時候也不過只有12個人收聽我的電台。不論如何每個人或多或少都會聽到消息，因爲每週三和週六放映電影時體育館都會擠滿4、5百人，門票是一人25分錢。所以我就這樣一個月賺進75元，比我爸爸還多，他可是學校的督學！學校過了幾年才發現，等到他們一算出我賺的錢有多少，他們就接手自己來賺了。

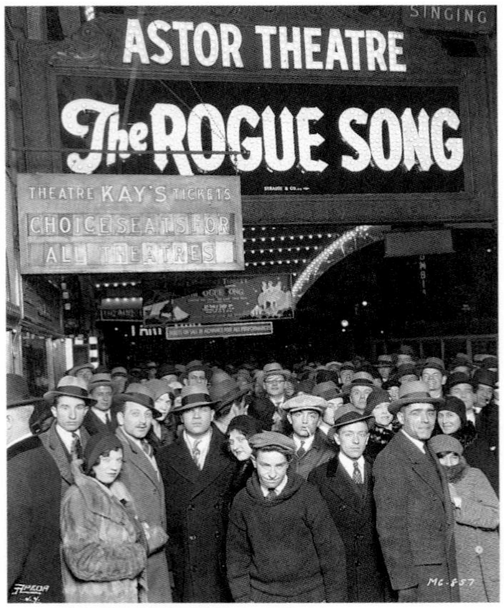

紐約市艾斯特戲院前的觀衆，1929年。

——亞伯特．席林格1907年生於俄亥州的塔斯可羅斯。1930年代他在中西部開了好幾家電影院。

在我小時候並沒有常進電影院，因爲它很花錢。而且即使我們有10分錢可以去看週六的電影，我媽媽也不希望我去。她總是會說：「你最好到戶外曬曬陽光，呼吸新鮮空氣。」但是如果我是和爸爸媽媽一起去看電影，那就不同了——那叫做「家庭出遊」。我永遠也忘不了我們第一次在銀幕上聽到聲音。那是一部卓別林的電影，還是默片，但是在某一段他唱了一首歌，然後還跳起舞來。實在讓人興奮死了。

那時候大家也很喜歡跳舞。在我小時候，我常常看到大人跳查爾斯敦舞。還有一種叫做「黑底」的舞蹈也大概在同時興起。它看起來蠻性感的，有很多扭腰擺臀的動作。不過它的名稱來源並不是你想像的，其實是源自於女人穿的一種絲襪，它們是肉色的，但是在腳跟部分有一片黑底。我現在才知道這些都是最早的「爵士風格」舞蹈。當然我這個做孩子的很喜歡模仿他們。可是我的父母親從來沒有跳過這些舞。如果你要跳那種舞，就得把你的尊嚴擺在一邊，可是我的父母都是有尊嚴的人，所以他們就跳華爾滋和狐步舞。

——克拉拉．韓考克斯1918年生於布朗克斯區。她的父母親在第一次世界大戰期間由烏克蘭移民美國。

在當時我們有好多英雄，而且對於每位英雄都如數家珍。我們幾乎覺得自己與他們沾親帶故。我們會寫信給他們，索取簽名或照片。甚至當地的大學橄欖球隊也不放過！我想直到今天我還叫得出1928年整個選手陣容的名字，因爲實在太投入了。我想會有這種感覺，是因爲他們是從收音機傳出來的。坐在收音機旁邊收聽這些球賽的廣播，使我們覺得和這些球員很親近，比今天的球員還親。那時的球賽英雄和今天很不一樣。我們相信他們都是正直又正派的人，但是更重要的是我們把他們看成正常人。我的意思是貝比．魯斯會喝酒等等的，但是他當然沒有犯罪。他們大部分都過著正常人的生活，並不會獅子大開口的漫天要價或其它之類的。我常常想也許他們在星期天也跟我一樣上教堂，你知道嗎？而你可以信賴那樣的人。

——華勒斯．「小子」．羅賓遜，1920年生於田納西的戴頓市。他的父親開設一家藥房，在1925年的史寇普斯審判時成爲有名的聚會場所。

以前我們去洋基棒球場時我們不會說，「我們要去洋基棒球場。」而會說，「走吧！咱們看貝比去。」我們都是去看貝比的。我們都會坐在外野的露天席，因爲它們只要50分錢。然後我們會想盡辦法靠近貝比，然後大喊，「嘿，貝比，你好嗎？」你曉得，就是想辦法跟他搭訕。然後他會對我們揮揮手之類的。但是一位眞正的洋基球迷，就是到那裡看貝比打球，就是這樣。當然，即使你沒有去洋基棒球場，你也會想辦法得知貝比打得如何。我們常常去117街和116街之間第三大道的彈子房。那裡有一個人帶著耳機收聽收音機裡的球賽，他會畫一個鑽石型的棒球場，上面有一壘、二壘、三壘和本壘板。如果有個傢伙打了一壘安打，他就會畫出那個人上了一壘。我們什麼也聽不到，因爲他戴了耳機。不過你可以邊打撞球邊抬起頭來，看看貝比的表現如何。如果洋基隊慘敗，我們就會走人。但是如果比數非常接近，我們就會留到比賽結束後才走。

——皮特．巴斯克

美國生產。

這個新興的國家文化最大的推銷員莫過於平面記者。因爲識字率大幅提升，閱讀報章雜誌成爲20年代的嗜好。小報第一次出現在大都市中，大幅使用照片，配上輕鬆的筆調，專找陰森恐怖的題材。人們競相購買這些小報以及許多新出爐的雜誌：亨利・魯斯的《時代雜誌》新聞周刊以活潑的版面摘要一周的新聞大事，從東岸到西岸各個地方都買得到（就某種方式而言，這是美國的第一份全國性報紙），迪威特・華勒斯的《讀者文摘》摘錄其它刊物精彩的文章和奇珍軼聞，濃縮成一卷好讀的份量，使訂閱者省下翻閱雜誌的時間。（文摘的構想在20年代廣爲流行，如果不爲別的，至少使閱讀和其它事物一樣快速省事）。

「（從電影中）我們學會了網球和高爾夫球要怎麼打，游泳池是什麼樣子……當然我們也學到愛情，學到非常遙遠的國家，例如中國或是康乃迪克州。」

作家凱特・西門回憶1920年代的電影刺激

電影明星和醜聞所占據的報導版面遠遠超過他們應得的份量，運動也是。足球選手瑞德・葛蘭基是首位登上《時代雜誌》封面的運動員，與他共享這份殊榮的還包括佛洛伊德、托洛斯基、愛因斯坦和英國公主伊莉莎白。在這10年的尾聲，拳擊手傑克・戴普熙和約翰・湯尼也加入他的行列。但是20年代最令人肅然起敬的運動明星恐怕非人們簡稱「貝比」的人物莫屬。

從他踏進棒球場的那一刻，喬治・赫曼・「貝比」・魯斯就改變了整個球賽，加快原本鄉間慵懶午後娛樂的老式運動的節奏，改爲更適合都市球迷的比賽。在貝比出現前，棒球一直都是由投手當家，看重防守，因此比數越低越讓人滿意；等到他出現之後，就成爲攻擊的天下，一改爲打擊者的比賽，當某人（通常是貝比）木棒一揮擊中皮球，一棒打出紀念品送給坐在外野柵欄邊的球迷，最讓人激動不已。

在1920年代看過「強棒蘇丹」擊出全壘打的人，感覺就像幾個世代後注視火箭升空的心情一樣（棒球脫離競技場的宰制一飛沖天，和飛彈從地球表面發射的影像都是當時新生自由的最佳寫照）。貝比也是前無古人的一尊人物。他是個巴爾的摩的孤兒，卻成爲舉世最耀眼的名人，而且雖然對自己的新地位有些迷惑，舉止卻仍一派自然，簡直讓人難以抗拒。

貝比也是頭號的享樂主義者，對於生活的胃口簡直沒有止境。他大吃大喝，走進球場時爛醉如泥。雖然已婚，但是身邊總有好幾打女朋友，與她們出入公眾場合，左摟右抱。一位運動作家把他稱爲「我們國家的誇張」。就像卡朋一樣，魯斯似乎也活出20年代的夢想——逍遙法外，但是他還有另一種魅力：他是許多人眼中那種只要他們有機會，也可以「有爲

小嬰兒
長打王
張牙舞爪柱牙象
強打巨獸
猛擊長毛象
火藥王子
強打君王
喇叭槍
敲擊土王
轟天王
小報為貝比·魯斯創造的綽號

即使20年代豐沛的想像力也裝不下喬治·赫曼·「貝比」魯斯的巨大形象。他的知名度大到報紙每天闢專欄刊載「今天貝比做了什麼」，商人則把他變成那個年代最搶手的廣告明星，從雪茄到內衣無所不代言。

者亦若是」的名人——毫不完美、未受教育，什麼都有就是沒有一張明星面孔；並不太清楚他是怎麼成功的，但是誰管他那麼多？

爵士是新文化的音樂。爵士樂在上個世紀發源於紐奧良，隨著非裔美國人的大遷徙傳到北方，在芝加哥落腳，也在芝加哥產生新調。原來廣受紐奧良樂團喜愛的複雜節奏和重複旋律不見了，取而代之的是能「搖擺」，更抒情，更能隨之起舞的音樂，顯示出白人音樂傳統的影響。一言以蔽之，爵士成為美國的音樂。

整個10年間，人們都隨著爵士的切分旋律起舞。爵士激發了詩歌和舞蹈如查爾斯敦舞；塑造了非裔美國人的樂團首席明星，如艾靈頓公爵、路易士・阿姆斯壯；也捧紅了喬治・葛希文，一位俄裔猶太移民之子，他所寫下的數10首歌曲以及一首交響樂傑作堪稱20年代的代表之作——美國之音。當我們一想到這個年代，腦海中就會浮現葛希文的音樂，不是高亢豎笛吹奏的〈藍色狂想曲〉，就是羅曼蒂克的抒情歌曲〈我所愛的人〉。

喬治・葛希文
1898—1937年

夜復一夜，爵士樂點亮了咖啡館和俱樂部，特別是紐約市的哈林區。直到本世紀之交它還是一個白人社區，如今卻成為黑人新生活的代表。許多非裔美國人遷出南方後，就住進少數民族區（這又是20年代的新發明），成為都市居民。從1920年到1929年，紐約市的黑人社區成長了六倍有餘。等到20年代中葉，哈林區已經成為全黑人的社區，也是娛樂界的麥加聖地。

對許多白人贊助者（以及只為白人開放的大型俱樂部）來說，哈林區的魅力在於「原始」。人們急切想要擺脫維多利亞的生活方式，就到那裡沐浴在肉感的黑人文化之中，享受一種毫不扭捏慶祝歡樂的音樂（「爵士」一詞據說是來自黑人對於性的俗稱）。然而爵士樂遠非如此而已，它是一種發展中的藝術，能夠表達各式各樣的人類情緒，這種種特質都因為大部分的俱樂部常客急切想看到具有異國情調的世界而被放在一邊。甚至白人的樂團指揮如保羅・懷特曼的「樂隊式」爵士把西方音樂傳統加入較粗糙的街頭和聲，在錄製的曲目也冠上「剛果之歌」一類的標題。

對於「黑色」的狂熱還不止於音樂。1920年代，古銅色的身體在一夕之間變成時髦風尚（《時尚》雜誌在1923年刊出第一則太陽燈的廣告），而美國人對於原始文化也一直深感著迷。美國人類學家瑪格麗特・米德在1928年報告太平洋薩摩亞島的居民把性當成休閒娛樂，毫無罪惡感，使得她的研究報告搖身成爲全國暢銷書。對於一個瘋狂好奇任何情

馬可士・葛維「全球黑人促進協會」的追隨者聚在一起參加哈林區舉行的「新黑人」遊行，1920年。這位分離主義領袖想要建立一條黑人船運線，把非裔黑人送回他們的非洲老家，但是這項事業很快因為經營不善而瓦解，1923年他因為莫須有的信件揑造罪名被起訴，鋃鐺入獄。

藍思頓・休斯
1902—1967年

色事物的10年來說，這個消息不啻爲一劑強心針。

正當美國白人把黑人生活的刻板印象（滑稽歌舞表演者）換成另外一種（天生就有節奏感，著迷於性的哈林表演者）時，美國黑人則更強調自我的發現。馬可士・葛維宣揚泛非洲主義的精神，描述一個新的非裔美國人認同，其中的非洲屬性多過美國屬性；他對於黑人在白種多數人手下忍受的不平等也失去耐心。10,000多人加入葛維的「全球黑人促進協會」（UNIA），其與歷史較悠久的「全國有色人種權益促進會」性質截然不同。而在每一位加入UNIA的會員背後，還有好幾百人在精神上支持葛維。

葛維反對種族通婚，鄙視膚色較淡的黑人爲劣等民族。在他的報紙《黑人世界》中，提倡種族隔離，並拒絕刊登漂白膚色以及拉直頭髮的廣告。葛維宣稱耶穌基督是黑人，其實全世界的文明都是發源自北非的黑人。很少有哈林人會眞的貫徹他的信仰，但是隨著三K黨的復甦以及1919年的種族暴動餘悸猶存，黑色驕傲的主題對他們深具吸引力。

美國富裕又有影響力的黑人，被W.E.B.杜玻伊斯稱之爲「有才華的十分之一」，選擇在這個時機推動哈林區眾多詩人、散文家、史學家、劇作家以及有教養音樂家的覺醒。他們的想法是，雖然美國黑人在投票處、辦公室和工會中仍然受到百般刁難，但是隨著大眾對於哈林區的娛樂趨之若鶩，也許黑人的藝術和文學也能吸引更廣大的群眾。也許在書籍和戲劇，藝廊和音樂廳之間，他們能夠爲世人打造一個「新黑人」的形象。

這場運動後來被稱爲「哈林文藝復興」，擴展了人們對於美國黑人經驗的了解。詩人如康提・卡倫和藍思頓・休斯淋漓盡致描繪種族主義的痛苦（休斯寫道：「我，也高唱美國。／我是膚色較深的兄弟。他們送我到廚房吃飯／當公司到來時，／但是我歡笑，／吃得飽飽的，／也長得身強力壯。」）史學家亞瑟・施柏格駁斥19世紀反奴役宣傳時黑人被動的迷思，他收集的黑人史書籍和論文成爲哈林區最新的社交中心，以及紐約公共圖書館135街分館的鎭館之寶。黑人靈歌以音樂會的形式發表，其規模就像演唱舒伯特藝術歌曲一樣正式而堂皇。

如果著重美國黑人的傳統和認同有助於他們在白人世界中占有一席之地，它也幫助他們應付大遷徙產生的決裂。雖然黑人在現代都市中的確更有自由，也有更規律的工作，但是他們也懷念遺留在南方的社區歸屬感。當時的流行歌曲常常提到寂寞的感覺，如〈前進阿拉巴馬〉、〈甜蜜的家庭〉等等；哈林區和芝加哥的電影院也常在放映好萊塢最新電影之餘，來一段三角洲藍調的現場演奏，好使那冰冷黑暗的北方城市有一點家的感覺。

當我在新澤西州的橘城長大時，我有機會見到威利·「獅子」·史密斯和J.P.詹森，當時兩位傑出的鋼琴手，他們剛好是我媽媽的朋友。他們會從哈林區通車到橘城，在當地一家音樂錄音室灌錄自動鋼琴彈奏曲。等到一天的工作結束，他們就會和我媽媽、她妹妹以及表兄弟聚會，成爲社區裡的派對。橘城在當時可說是一個新興城市。因爲有黑手黨撐腰，在禁酒時期沒有一家私酒店被勒令關門，私酒到處流通。透過接觸這些音樂家才使我去閱讀並欣賞當時所謂的「哈林文藝復興」，在那裡，藝術家、音樂家和作家都挺身而出。

文藝復興是始於「新黑人」這個觀念，這是由馬可士·葛維、W.E.B.杜玻伊斯和後來的亞當·可雷頓·鮑威爾等人所提倡。我是從我爸爸最要好的朋友，綽號「周轉靈」(Ready Money)那裡聽到關於葛維的種種。「周轉靈」在橘城山胡桃街上開了一家二手店，飄揚著紅藍綠相間的葛維運動旗幟。他總是在社區到處宣揚葛維的主張，閱讀並分送葛維所辦的《黑人世界報》。在那時我對他的說法只有一知半解，因爲他實在說得太多，有些人還把他看成瘋子。但是也有很多人會專心聆聽，如果不是聽「周轉靈」，就是聽葛維本人。葛維運動的整個重點在於清除白人種族主義在社區內製造的自我仇恨。爲了要成功，黑人必須對自己的種族引以爲榮。像「周轉靈」那樣的人可能有點瘋狂，但是想想看他在新澤西州橘城的小商店外飛揚著運動旗幟，就可以看到這個運動的確很有影響力。

在當時，文藝復興的時機的確成熟。德皇被打敗以後，整個哈林區都懷著樂觀又積極的期待。協約國打勝了民主之戰，所以現在美國該改變種族隔離和私刑的體制了。在歐洲，黑人軍隊被當成解放者歡迎；所以等到他們回到美國後，也決心在老家創造一個符合他們打仗口號的環境。他們希望在美國的家園中也有民主，這個觀念有助於「文藝復興」的興起。

嗯，我對文藝復興的第一個印象是哈林籃球隊，文藝復興的五巨頭，包括「肥仔」堅肯斯、「老爸」雷克斯以及「泰山」柯柏。當我父親跟他們一起打球時，就被稱爲「斯巴達五巨頭」。等到文藝復興的觀念席捲整個哈林區，他們也改名了。當那支隊伍比賽時，整個黑人社區都會扶老攜幼去看球。我做孩子時最深刻的經驗就是爸爸帶我去練球。當時我們站在旁邊看「肥仔」堅肯斯和「老爸」雷克斯射籃板，然後爸爸說我可以走進場內跟他們一起練球。他們其中一人把籃球丟給我，然後我把它丟回去。自從那次經驗之後，我就成了籃球迷。那些選手對我們而言都是世界冠軍。他們曾經對抗過一些有名的白人職業球隊，把他們打得落花流水。所以在我小時候，從來不覺得黑人運動員有什麼不如人的地方。可是當時我還太年輕，對政治不夠敏感，所以不會對我父親無法打入白人隊伍感到憤恨不平。

詹森在棉花俱樂部的舞台上表演。

——霍華·「長人」·詹森生於1915年。這個高大瘦長的詹森先生因為年少時在新澤西州橘城的「泰坦少年」打籃球而贏得「長人」的綽號。詹森在一生中組織過紐約市的共產黨；在二次世界大戰自願擔任「水牛兵」；他還創辦並編輯《非洲－夏威夷新聞》，這是夏威夷的第一份非裔美國人報紙。

很多人都懷疑，一個受到種族隔離和歧視的社區怎麼可能歡笑又樂觀。但是黑人社區有兩股很重要的力量使它能能夠生存並成長。一個是教堂，在那裡你有聖歌和黑人靈歌，它們的基本內容都深具啓發性。另一個則是娛樂界，在那裡你可以找到俗世的音樂，透過爵士樂表達出來。

我第一次被爵士樂牢牢抓住是在1927年，當我聽到艾靈頓公爵在棉花俱樂部的廣播。不知道是諾曼·布魯克謝還是泰德·胡辛說，「你現在收聽的是艾靈頓公爵在哈林區棉花俱樂部所演奏的叢林音樂，哈林區是集百老匯、好萊塢和巴黎的大成。」當我一聽到艾靈頓公爵所創造的聲音，整個人都呆住了，它直直穿透我的靈魂。大約一個禮拜之後，我也和一群好友如歐文·歐佛比和魯比·班傑明，組了一個樂團。我們玩小笛、用一些小掃帚充當刷子，想要模仿艾靈頓公爵的聲音。啦…啦…達…度姆…巴…我到今天都還愛死了那個音樂。

我從來沒有想過有朝一日我也會在棉花俱樂部工作；畢竟我只是來自橘城的小人物而已。是我姊姊溫妮幫我弄到這份工作。當她14歲時就在那裡擔任歌舞女郎，等我參加招考時，她已經在那裡工作了兩年。我姊姊溫妮說，「長人，你跟我到地下室來，我會教你一些舞步，也許你可以過關。」所以我們就走到地下室，像他們說的，開始「踩地板」。我學了幾種舞步，我姊姊就認爲我準備好了。她說，「你在表演時一定要面帶微笑，動作做大一點。」所以我照辦，然後我就被錄取了。因爲我姊姊已經在那裡擔任歌舞女郎，因此我實在覺得自己沒有光明正大通過競爭；我很清楚自己是什麼樣的踢躂舞者，而那實在不怎麼樣。

好了，棉花俱樂部雖然演的是全黑人的秀，卻不准黑人光顧。那並不是明文規定，但是黑人都知道他們在那裡並不受歡迎。他們並沒有貼出告示說，「有色人種不准進入」，但是社區的人就是曉得它只做白人觀光客的生意。在棉花俱樂部，從下城來的白人會在哈林區中心看到黑人娛樂的精華——包括埃索·瓦特斯、艾靈頓公爵、凱柏·葛洛威、吉米·倫斯福等所有偉大的黑人樂手——而不必擔心和真正住在社區裡的人擠來擠去的。

在星期天棉花俱樂部會推出一場名人之夜，所有頂尖的白人表演者如蘇菲·塔克、艾爾·喬森和莫理斯·舒法里爾與喬治·塔福特都會出場，在黑人秀結束之後上場表演。所以從那些木頭舞台我有機會目睹世界上最偉大的表演者，不管是黑人還是白人。我得說棉花俱樂部在某些方面具體而微表現了文學和文化行家所謂的爵士年代。就像那些文人說的，如果你晚上不到哈林區一遊，以此結束一天，就算不上時髦的大眾或鑑賞家。人們總是要在一天結束前到哈林一遊才能得到道地的好料。

但是在這段時期，對於黑人歷史最有力的召喚並非來自哈林區或芝加哥，而是傑若・肯恩和奧斯卡・漢姆斯坦在1927年推出的百老匯歌舞劇《畫舫璇宮》。當時製作人福洛・齊格飛很詭異地把它宣傳爲「一齣代表全美國的音樂喜劇」，在今天則可以視爲一個戲劇史上的轉捩點。在此之前從來沒有白人和黑人在一齣轟動的百老匯歌舞劇中同台表演。從來沒有人在音樂劇（雖然貼上「喜劇」的標籤）中處理種族壓迫和婚姻不睦這麼嚴肅的題材。從來沒有白人觀眾看過刻畫這麼深入而有人性的黑人角色（雖然從今天的角度看來仍然是相當刻板的印象）。

> 「黑人都在密西西比打拚，白人遊戲時黑人都在工作，把船上裝滿一捆一捆的棉花，在審判日之前都沒得休息。」
>
> 1927年百老匯歌熱門舞劇《演藝船》的開場白

齊格飛本來以爲1920年代的觀眾只想看裝腔作勢和緊張刺激的消遣，因此很不情願把票房押寶在《畫舫璇宮》上面。但是他錯了，《畫舫璇宮》幾乎連演兩年，觀眾趨之若鶩，主打歌〈老人河〉不知賺人多少熱淚。這首民謠由一位黑人船工唱來，在一個既不永恆也不自然的年代中喚起一股大自然的永恆特質，因而風靡大街小巷。但是這些智慧之言由一位黑人唱來，歌詞中提及壓迫的痛苦等事實也沒有受到大眾忽視。

20年代生氣蓬勃的美國文化還受到另一種魔術機器——飛機——所帶動。自從1903年萊特兄弟在奇地霍克駕駛他們簡陋的「飛行機器」升空後，航空的技術進展非常緩慢。雖然飛機在第一次世界大戰大出風頭，但是客機的夢想卻一直只是個夢想，大多數人都開始認命天空是鳥群和戰鬥金屬飛行器的專屬之地，此外無他。

等到1920年代中葉，飛機似乎更是馬戲團的雜耍表演，而非載人的運輸工具。嘉年華會和鄉村市集總會打出膽大的飛行員表演空中漫步和跳降落傘等特技，觀賞者也可以花個五塊錢享受搭乘的刺激。在鄉間巡迴的飛行員是航空未來的鼓吹者，他們從一個機場跳到另一個機場，毫無地圖的漫飛，全憑機艙的汽油把他們載到哪裡，在降落時總會聚集一票好奇的群眾。但即使各地民眾都覺得飛行機器很有趣，一般都認爲「你永遠也別想把我弄進那個玩意兒。」然後林白出現了。

1927年5月20日早上7點42分，查爾斯・歐古斯特・林白爬進單引擎的「聖路易精神號」，從長島的羅斯福機場跑道盡頭升空時僅僅比電話線高出20呎，就此展開一場歷史之旅。在他之前已經有66人橫渡大洋。但是林白的目標是從紐約飛到巴黎，這段全長400哩的旅程將打破先前的紀錄，而更重要的是，他打算單飛。

沒有人認爲他有多少勝算。還不到一個月之前，兩位法國飛行員嘗試同樣的旅途，卻在到達目的地之前機毀人亡。不過當時25歲的林白，一位

早期的飛行員（和女飛行員）：「每個人都認為我們膽大妄為」

我第一次搭飛機是我七歲時。那時候第一次世界大戰剛結束不久，在長島有一個人以他自製的飛機載客飛行。他會坐在這片馬鈴薯田中央，身旁擺著一個大大的招牌：「飛行一次五元或十元。」我當時被安全帶扣在我爸爸的膝上，我哥哥則坐在飛行員腿上。然後我們就飛上青天環繞長島，當白雲飄開時，我們可以往下看到一望無際的田野，那簡直就像人間仙境。一束束的陽光灑在我們身上，不斷變換顏色。從那一刻起，我就知道我想要開飛機。

當別人看到我們這麼小的孩子也願意坐飛機，就想它一定很安全，所以大排長龍等著搭飛機。我們實在爲他招徠不少生意，所以他開始讓我們免費搭飛機，一週接著一週。等到12歲時我覺得自己已經知道飛機的一切，但是我父親說我得等到18歲才能獨自駕駛飛機。我伏在母親肩頭哭泣，不斷央求，直到我15歲時，她終於讓我去上飛行課。兩個半小時的課程結束後我的教練說我可以單飛了。我實在嚇壞了，但是我告訴自己，「你不是一直想要飛嗎？現在你就得去飛。」一旦我飛到一千呎左右的高度，感覺好像回到家一樣，那是我唯一能夠形容的。

我15歲時就開始飛行，和世界上最頂尖的一些飛行員打交道。我們坐在那些原始的飛機裡飛來飛去實在太好玩了。而它們可眞是原始！如果你的引擎沒有停擺，那就算是難得的飛行日。我們必須成爲迫降高手，因爲你可能正飛得好好的，引擎卻突然熄火。你得往下找一個空曠的地方，然後想，「嗯，也許我可以降落在那裡。」然後就立刻著陸。當然，農夫看到我們並不怎麼高興。事實上他們都很生氣，因爲據說牛群不喜歡飛機，當飛機在他們四周飛行時，他們就擠不出多少牛奶。

當時還沒有雷達，所以我們一旦飛上天就沒有辦法和地面聯絡，因爲當時的收音機還十分笨重。我們大都是靠鐵軌或地標來導航。當你陷在厚厚的雲層之間什麼都看不見是最恐怖的。有時候我得在雲層中挑一個地方，在其中來來回回地飛，直到排氣管排出的熱氣使得雲層逐漸稀薄。有時候我得硬著頭皮盲目著陸，因爲我在雲端上飛了太久，燃料已經快用完了。有時候的確很嚇人。

當我17歲時，我做了生平第一次特技表演——爲了向其他男性飛行員證明我自己。當時有一名飛行員嘗試從東河上的地獄門大橋底下飛過去，結果摔機而被吊銷執照。他就到處晃來晃去，發牢騷說他得留在地上，而那些「小女孩」卻被准許飛行。所以我決定嘗試這個特技向他顯顯威風。當我告訴家人時，我父親說，「嗯，我不喜歡你這樣做，可是如果你能順利從四座東河大橋底下飛過去，他們一定會永誌不忘。」所以我就去做了。因爲我的年紀不足，照說應該保持機密，可是當天卻湧來一大群報社記者和新聞攝影記者。結果布魯克林大橋是特技中唯一棘手的部分——我必須側著飛機飛過去，以避開一艘溯流而上的驅逐艦。這就是他們在全國戲院播放的短片。商務部寫了一封信譴責我，但是信封裡卻附了一位秘書向我索取簽名的紙條！

史密斯攝於長島的羅斯福機場，在她準備出發打破女子世界飛行耐力紀錄之前，1929年4月28日。

——伊蓮娜·史密斯·蘇利文生於1911年，1930年曾經獲得年度最佳女飛行員獎。在經濟大蕭條年代，她曾與查爾斯·林白一起做空中表演，為失業人士募款。她後來結婚成家，育有四個孩子。等到她退休幾近20年後，1959年美國空軍徵召她訓練飛行員戰鬥。1960年她駕駛生平第一架噴射機，然後從此封翼。

等我一滿18歲，就靠著飛行表演、載客飛行，以及爲設計師測試飛機來維生。設計師需要我們這些飛行員，因爲如果我們坐他們的飛機打破世界紀錄，就會打響他們飛機的知名度，好像贏得奧斯卡金像獎之類的。我在這些飛行中很有名氣，因爲我比其他飛行員嬌小許多，所以打破很多紀錄，特別是在高度方面。我載著攝影師到處飛行也賺了不少錢。我曾經搭載一個人拍攝偷運私酒的走私船——他們載著滿船的私酒運到城裡的夜總會。我們當時飛得很低，非常靠近其中一艘船的甲板，船上的人甚至對我們開槍。

每個人都認爲我們膽大妄爲。我們是鳥人和女鳥人，有些人幾乎把我們看成像上帝一樣，但是也有不少人認爲我們頭殼壞去。我還保留一些信件，人們把我們當成外星人之類的。但是等到查爾斯·林白的壯舉之後，我們就沒有問題了。很難描述林白當時對人心的影響，即使後來第一次的月球漫步也望塵莫及。20年代是如此純眞，人們仍然很虔誠，我想他們可能以爲這個人是上帝派來完成這個任務的。我很懷疑那種大眾崇拜在今天還會發生。它也永遠改變了飛行，因爲突然之間華爾街投資人都一窩蜂急著要找飛機投資。我們之前絞盡腦汁要吸引大眾注意，但是等到林白之後，突然間每個人都想飛，而飛機根本不夠。

在20年代飛行的女人並不多，所以我算是異數。但是我很幸運當時並沒有人刁難我或是糾纏我。不過奇怪的是，當我對女性團體演講時，總有人會說，「嗯，她實在應該待在家裡。像她那種年紀的女孩應該結婚，她有什麼權利在那裡穿長褲跑來跑去？」

「（飛機）不再是起飛時那個難以駕馭的機械裝置⋯⋯；相反的，它成為我身體的延伸，準備追隨我的想法，就像雙手追隨大腦的渴望一樣──非常本能，不需要指揮⋯⋯（它）更像跟我一起冒險的活生生同伴，而不是帆布和鋼鐵之軀。」

查爾斯．林白

1927年5月20日，查爾斯．林白及聖路易精神號從長島的羅斯福機場起飛，準備飛往巴黎。這架飛機是為林白量身訂做，由密蘇里的商人以及林白自掏腰包2,000元湊齊資金。

懷疑者把林白稱為「飛行傻瓜」，但是當他完成英雄式的飛行回到紐約後，卻獲頒榮譽勳章，沿著百老匯大街遊行，吸引的群眾估計有450萬之譜。

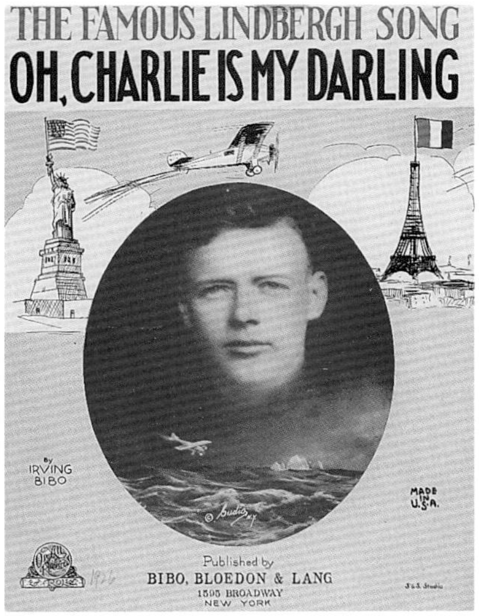

好幾百首歌曲都是為查爾斯．林白而作，但是他本人很快就受不了這些溢美。他在聖路易市接受民衆的瘋狂歡迎後，對他的公關人員吐露，「我實在受夠了這些英雄鬼扯，簡直要破口大叫了。」

徹頭徹尾的中西部小伙子，卻決心要一舉成功。他帶了5個三明治和一些水，沒有攜帶換洗衣物。一開始他以102公里的時速飛行，卻在途中遇到大雨和險惡的亂流，不過他在離海平面僅有10呎的高度繼續勇往直前。

等到林白飛行了14小時之後，在洋基棒球場觀看職業拳賽的40,000名觀眾起立靜默一分鐘。他們還沒有聽到消息，但是都做了最壞的打算。17個小時後，飛行員幾乎精疲力竭，甚至連眼睛都快睜不開了。當他發現自己正一點一滴滑入幻覺，就猛打自己耳光，把窗戶打開呼吸新鮮空氣，然後勉力恢復意志。等到他飛行26小時之後，他看到一隻鳥，這是陸地的第一個徵兆，之後又看到一艘漁船。他呼叫那些釣魚的人，「愛爾蘭是在哪個方向？」——他們全都狐疑地看著他。然後愛爾蘭在望，急切的村民對他揮手致意。現在只看飛機燃料夠不夠；夠。

等到林白飛了3,500哩，他吃了第一個三明治，喝了一點水，期待光明之都——巴黎——就在前頭。當他一抵達，先繞了艾菲爾鐵塔一圈，然後降落在樂布傑機場。當他降落時已經有10萬餘名法國男女在那裡等著歡迎他，這時距離他離開紐約已經33個小時半。接下來的歇斯底里才更嚇人。

林白還沒從走下飛機，急切的民眾就把飛機團團圍住，開始拆除機身當做紀念品。群眾如此難以駕馭，他們把林白抬在肩上足足有半小時之久，使這位飛行員無法接近早已聚在那裡的歡迎委員會。結果他被兩名法國飛行員迅速帶進車裡，然後抄小路把他送到美國大使館。等到歡迎委員會終於在幾小時後見到他時，林白正穿著大使的睡衣喝牛奶。當他終於上床睡覺時，已經整整不眠不休63個小時。

在林白完成創舉的那一天下午，整個地球似乎閃閃發光。布魯塞爾市市長把這位美國飛行員當成上天派來救贖人類的使者。「我向你致敬，親愛的林白機長，」他說，「你是你偉大國家的高貴子民，它在文明瀕臨危險的時刻前來相助，與我們一同征服。」

在美國，讚美也同樣堂皇，而且沒完沒了。《華盛頓郵報》把他比爲美國朝聖者祖先；《聖路易之星》則把他稱爲另一位喬治．華盛頓。在他歸來的遊行上，紐約百老匯大街一共灑落了1,750噸的彩色紙片。超過5,000首詩和250首歌（包括喬治．科漢的〈當林白歸來時〉）都是爲他而做。林白舞成爲舞廳的熱門舞蹈。林白回家後的一個月之間，就收到350萬封信，大部分都是女人想知道他是否還是單身。

英俊、清新、正派，林白是很容易讓人喜歡的英雄。但是他的魅力在那憤世嫉俗又濃妝豔抹的20年代似乎有一種特別的吸引力。還有誰比他更能平衡這10年互相衝突的勢力？林白是一個單純的鄉村男孩，卻征服了最

投機熱：「你放進10%的資金，其他的全由股票經紀人包了」

1929年夏天，我正在大學研究財政，所以跑去巴爾的摩一家股票經紀公司打工，盡我所能學習股票。我的主要任務是擔任「布告牌男孩」。每當股價從行情報表一出現，我就得跑過去，把它們記載在一個像這個大房間牆壁那麼大的布告牌上。那年夏天我瘦了不少，因為我得跑來跑去紀錄每一筆交易的股票漲跌。

當時人們在股票市場賺翻了——當你去拜訪客戶或是跑腿時隱約可以感受到這點。每個人都非常非常忙碌，也對自己很滿意。大約就在這時大眾對於股票的興趣比以往都大。股價一直穩定上漲，即使大部分都是有錢人在投資，但是一般百姓也開始聽說有朋友在一夕之間賺了兩萬元或三萬元。當時投機非常猖獗，如果你想要參一腳，你只要放進10%的資金，其他的全由經紀人包了。

當時的市場受到高度的操縱。你可能在出去吃午餐時聽到一個謠言，趕快衝出去打電話給你的經紀人，想要進場分一塊大餅。股票就會一直上漲，但是你不知道這其實是一票投資者散佈謠言，等到股價上漲到他們滿意的程度，就會立刻把股票脫手。他們當然會大撈一筆，但是股價因此下跌，你就被套牢了。甚至有人不惜搞垮整個市場只為了大賺一筆。那個時候行情非常紊亂，因為根本沒有管制。有些人看出這一切都會崩盤，但是大部分的人仍然大玩投機遊戲。

當人們有錢以後，他們就想大肆慶祝！我還記得我們到紐約市參加的那些精彩派對。如果你是一名大學生，又有恰當的人脈，就會應邀參加這些少女的首度派對，除了美酒四溢，還可能有兩個大樂團在現場演奏。這些年輕女孩的父親都不知道從股市賺進多少錢，因此一擲千金，根本不在乎派對要花多少錢。那是一段令人興奮的時光，因為你只需要一套無尾晚禮服和燕尾服就可以通行無阻，每個晚上都可以出席像這樣的宴會。

1929年夏天股市拉出長紅，但是等到秋天股市卻開始暴跌。人們本來還不相信這種事會發生，但是它眞的發生了。幾年後我遇到通用汽車的威爾．杜藍，他告訴我1929年秋天他曾經跑去見胡佛總統，警告他股票市場會崩盤。但是杜藍卻急著想多撈一票，所以仍然留在股市沒有抽身。

柏翰攝於馬里蘭州派克斯維爾的自家花園中，1927年。

一I.W.「矮胖」．柏翰生於1909年，1931年從華騰經濟學院畢業，雖然學校在1929年之後廢除了股票經紀課程。他畢業於經濟大蕭條的熱頭上，80%同學都找不到工作。柏翰於1931年到華爾街上班，在那裡待了65年。

這實在讓人瞠目結舌。這個人知道內幕，跑去告訴美國的總統股市會如何如何，可是自己卻一點也沒有憂患意識。這也是許多人的處境，他們在股市待得太久，來不及賣出，結果全部都虧進去了。

我父親就是其中之一。我第一次聽到大崩盤是我父親打電話到學校給我。他說他虧了錢，不過沒關係，我們會平安無事，因為他是醫生，總會有工作可做。我當時還在念大學，不知道事態到底有多嚴重。我的意思是，那時候我生活裡最重要的事情就是買一件狸皮大衣——當時人人都有一件，我所能夢想的就是一件大衣。所以即使我父親告訴我股票崩盤，我還一直纏著他要買一件大衣。最後他終於投降說，「好了，現在你買到這件大衣，可是我們卻破產了，我已經徹頭徹尾破產了。」他虧了20萬，那是我們所有的積蓄。直到那時我才了解事情的嚴重性。

現代、最具爵士風格的機器。當生活團團轉得失去控制，還有比它更有效的解毒劑嗎？林白爲自己賦予一項使命，然後圓滿達成。在紙醉金迷、目無法紀的社會中，還有比他更好的正面典範嗎？他有機會大撈一筆（在上千件提案中包括一家電影公司提議只要他願意在他們的攝影機前結婚，就送給他100萬美元），但是林白卻統統敬謝不敏，只加入古根漢基金會展開一連串的慈善巡迴。至少有那麼一刻，人們對自己以及他們的時代覺得好過一點。「（他們）在鄉村俱樂部和私酒店中把酒杯放下來，重溫他們舊時的美夢，」史考特・費茲傑羅寫道，「也許透過飛翔有一個出路，也許我們蠢蠢欲動的血液能在無邊無際的大氣中找到邊境。」

也許，但是尚未。儘管查爾斯・林白的故事如此震撼，儘管它對於摩登世界的想法和夢想影響深遠，卻需要別的什麼才能搖醒這個年代的迷醉不省人事。在林白之後，人們又回到酒吧再喝一巡，甚至當1929年10月股票市場跌到歷史最低點時，還很少人明白那等在前頭毫不留情的覺醒。

1929年10月24日黑色星期四股票市場大崩盤之後，一群神情肅穆的群眾聚集在紐約市的證券交易所外面。

4

風雨飄搖

1929-1936

前跨頁：因為亟欲找到工作，解決問題，失業群衆於1934年2月到波士頓的市政廳遊行。

左圖：就像經濟大蕭條時期隨處可見的景象，一戶人家從布魯克林的公寓被趕到街上。無家可歸的人四處為家：哪怕是門口、橋座、包裝箱、報廢的汽車或是用廢棄木板和厚紙板搭成的違章小屋。

1931年1上旬，46歲的佃農荷馬・康尼讓一則阿肯色鄉間的小新聞受到全國矚目。康尼在每英畝八元租來的農地上開墾棉花和玉米，但是去年夏天一場來勢洶洶的乾旱造成阿肯色州大部分的農民都歉收，因此沒有錢好過冬。當失業率攀升到史無前例的紀錄，許多居民都吃盡苦頭。康尼以25元賤價出售他的卡車，卻乏人問津。他們一家人只好擠在只有一個房間的簡陋小屋裡，牆壁上糊滿報紙以抵擋風寒，壁爐上擺著一本聖經和一幅「最後晚餐」的廉價版畫，想辦法以紅十字會一個月發給的12元救濟金過活。

整個冬天，康尼、他太太和五個兒子都只能吃豆子摻一點「加味」的豬油，但事實上，他們的情況還不是最糟的。1月上旬某一天，一個年輕的媽媽跑到他家，說她的孩子已經整整兩天沒有吃東西了。這個訊息激發他採取行動。根據當時一則花了不少功夫記錄這個農民滿口鄉音的報導，康尼對這位媽媽說：「女士，你在這裡等著。咱會去弄一點吃的來。咱去發動你看到停在那邊的卡車，跟咱老婆開到貝爾家去。貝爾那傢伙就是紅十字他們選來做救濟的，可他老兄什麼都不給。」

等這位農民到了那裡，發現一群飢餓的民眾無法領到配給，只因爲辦事處的表格用完了。「所以咱就大喊說，『你們那些還有種的人，爬上咱的卡車。』」50多人聞言立刻攀到他的卡車四周，一行人浩浩蕩蕩駛向鄰近的英格蘭小鎮。他們沿途吸引了500多人一起參加請願，然後與市長和警長面對面。「我們不是乞丐，」其中一人對官員大喊，「我們願意接受一天50分的工資，但是我們不能讓家人挨餓。」當時謠傳這些農民身上有帶槍（其實沒有），著急的商人都很擔心商店會被洗劫。但是紅十字會很

因為土地管理不善，再加上連續三年大旱，使得表土完全乾枯，隨風吹走，摧毀了美國整個大草原的農業。因為有太多奧克拉荷馬州農民決定搬到加州，使得「奧克」成為「移居」的代名詞。圖中一戶人家正從奧克拉荷馬的匹茲堡郡出發上路。

「我們國家現在需要的就是開懷大笑。社會似乎有一種歇斯底里的症狀。如果有人每十天能想出一個好笑話，我想我們的煩惱就會過去。」

胡佛總統於1931年

快從隔鄰的小鎮派一群工作人員來解困。於是農民們安靜地排隊等待價值1500元的緊急配給，一場衝突就此平息。

全美國各地的人都讀到這群勇敢的傢伙衝進阿肯色某個小鎮索取食物的報導。有些人懷疑這場事件可能受到共產黨教唆，但是當別人指出這些暴動者幾乎都沒有聽說俄國發生革命，更遑論自己來一場革命，這個想法也就不了了之。但是當這個故事的細節逐一浮現，康尼這個人也浮出檯面時，大多數人都對這些抗議者寄予同情而非怨恨，甚至在其中看到自己的處境。「你讓國家人民餓肚子，但是他們要吃東西，」民粹主義者威爾．羅傑斯在報紙專欄寫道，「不管國家預算、所得稅和華爾街股價怎麼樣。在最後關頭，華府絕不可忘記是誰在當家。」

1930年的南方大旱是一場大災難，毫無疑問。但是和全世界在接下來十年所面臨的災難相比，它導致的慘狀還只是小巫見大巫。當喘著大氣、歇斯底里的20年代過渡到悲慘又絕望的30年代，人類史上還很少有接連的兩個十年像這樣截然不同，好像一個人從光明走進黑暗，從自由自在的暑風走進一月的天寒地凍。每件事都起了180度轉變。你可以選擇一串形容詞描述上一個十年：豐盛、自私自利、信心滿滿、冒險犯難、繁榮富庶，只要把它們反過來就可以形容下一個十年：拮据貧乏、以團體為重、畏卻退縮、保護防範、一貧如洗。如果20年代是昂首闊步、神氣活現，30年代則連匍匐而行都很勉強。

1929年10月股市崩盤，將近300億美金在短短幾天內化為烏有，全美國只有一小撮人直接受到影響。但是即使那些人也有理由相信情勢很快就會改觀，特別是其後的股價走勢到年底都相當穩定。但是到了1930年年初，衰退的卻不只是股票而已。企業一家家關門，工作機會非常有限，掌握富人和窮人存款的銀行也紛紛關閉。直到今天，人們對於為什麼當時的美國，乃至整個西方世界，會淪落到後來所謂的「經濟大蕭條」，而股市大崩盤到底是否扮演了推波助瀾的角色，仍然莫衷一是。但是當時人們所知道以及他們對後代加油添醋道來的一切，就是現代歷史中最悲慘的痛苦和災難。

1930年，26,000家美國企業倒閉；1931年，又有28,000家企業也步入後塵。等到1932年初，將近3,500家、握有數10億美元沒有存款保險的銀行，也宣告破產。1,200萬人失業，相當於就業人口的四分之一；至於那些僥倖保住飯碗的人，實質收入則下跌了三分之一。有些城市的災情還更慘重：芝加哥有半數人口失業，俄亥俄州的托利多更高達80%。然而，即使統計數字已經這麼嚇人，還是無法充分表達整個工業世界的潦倒沒落。要體會那種荒涼之感，必須在腦海中想像當時的景象：排隊等候清湯的隊

韓考克斯與她的父母所羅門和莎拉全家福，攝於1923年。

我父母在1916年從烏克蘭搬到紐約。當時我還是個小女孩，我們住在下東城的貧民窟。1920年代時我們並不知道即將會發生經濟蕭條——我們正忙著辛苦打拚。我們住在窮人區，但是從來不絕望。我爸爸開始從事地板生意，當建築業起飛時，他眞的開始賺錢。我們因此搬到上城的布朗克斯，那幾乎像是住在鄉下。我們的公寓有四個房間，我父母開始用手工製的家具裝潢家裡，窗簾還有金色的鬚鬚。我爸爸想要讓家裡的擺設看起來很值錢，好彌補我們以前過的苦日子。家裡的地板本來空空的，直到有一天我爸爸帶了一條地毯回家。當他把地毯打開時，簡直就像一塊櫻桃派！這是一條紅色的東方地毯，手織的。當你走在上面仔細打量時，眞是高興極了。我媽媽總是盯住價錢的那一位，所以她問：「你花了多少錢？」我爸爸說，「250元。」「退回去。」但是他不肯。

我爸爸的生意蒸蒸日上，接到一筆很棒的訂單，爲一棟當時可以稱爲摩天大樓的建築鋪地板。他就到銀行借了一大筆錢買材料，正當他要開始工作時，市場卻崩盤了。我們當時甚至沒有注意股市，不知道發生什麼事。但是就在一夜之間它像一個炸彈從天而降。突然間每個人都苦著一張臉，人們在我們這棟建築走廊和街上走動時，都以眼神互相詢問，「發生到你頭上了嗎？」實在糟糕極了。它就像骨牌效應，一個人的遭遇也會牽連到其他相關的人，直到一切都關門大吉。給我爸爸訂單的人虧了所有的錢，而我爸爸又已經借了一大筆錢，因此也宣告破產，心理上他一直沒有回復過來。

我們聽說有人從剛剛建好的華盛頓大橋跳下去。我們認識一些與華爾街有關的人，還有用融資保證金買股票的人——「保證金」這個可笑的字眼突然成爲我們的日常用語——因爲還不出債務，實在沒臉見人，就選擇自殺，好讓他們的家人有保險金可拿。那幾年的情況簡直難以置信也非常恐怖。有頭有臉的商人會捧著一盤鮮紅的蘋果在曼哈頓下城走來走去，希望你拿五分錢買一個。儘管這已經夠難堪了，更難堪的是我們甚至連五分錢都沒有！

大約有五年時間，我一直把零用錢存在小豬撲滿，不管是一分、五分還是10分。如果你要把錢拿出來，要不是把它打破，就是一直搖晃讓零錢一個一個掉出來。即使在那段悲慘的日子，如果我還有一分兩分，也會存進小豬撲滿。我也很喜歡搖晃它，感覺它的重量。但是結果發現我竟然是家裡唯一有錢的人。有一天我回家以後，拿起小豬撲滿準備好好搖一搖，卻發現裡面什麼也沒有，撲滿完全淘空了！

我媽媽站在房間門口，看著我說，「你爸爸把錢借走了。他必須出去找工作，需要錢到市中心。」我問，「裡面有多少錢？」我媽媽說，「大概有10塊錢。」10塊錢！我爸爸把所有的錢都拿走了！但是她對我說，「你爸爸回來以後，什麼都不要說，因爲那樣對他不好。」所以等他回來以後我什麼也沒說，但是我的臉都哭腫了。爸爸把我攬進懷裡說：「我很抱歉，我實在沒錢了。但是這是借用，我以後一定會還給你。」他一直沒有還。但是即使當時我還小，看到我爸爸淪落到這種地步，心裡實在很難堪又很痛苦，那才是最糟糕的。我難過的並不是小豬撲滿，而是看到這種事發生在我認爲沒有做錯事的人頭上。

我爸爸每天都在街上走動，找事情來做。我媽媽也去工作，甚至我也去工作，在星期六早上爲一門舞蹈課彈鋼琴，一小時50分錢。我媽媽會找出幾分錢，我們就會走到果菜店，等店家把開始發爛的青菜水果丟出來。我們會從發爛的馬鈴薯、綠色蔬菜，和已經變軟的紅蘿蔔中挑些最好的。然後我們會到肉販那邊乞求一塊帶髓的骨頭，再用幾分錢買一盒大麥，就可以熬湯喝個三、四天。我記得媽媽有時候會對我說，「你去找吃的吧，我實在沒臉見鄰居。」

然後有一天我放學回家，看到人行道上擺著一些很眼熟的家具，原來我們被趕出來了。最讓我痛心的是我爸媽臉上的痛苦表情，我實在不忍心看他們丟人現眼。我們後來找到另一個地方，比原來的公寓小很多。往後幾年我常常會問我父母，「我們那張桌子呢？」「那個中國壁櫥到哪裡去了？」而他們總是會說：「哦，我們被趕出公寓時有人把它偷走了。」我們得不斷搬家，最後搬進另一戶人家的公寓，他們住在其中一個房間，我們住在客廳——我爸爸、媽媽和我，還有全部的家具都擠在一起，那條地毯仍然鋪在地上，那條上好的中國地毯！

——克拉拉·韓考克斯
1918年生於布朗克斯區，於1939年畢業於愛荷華大學。當她回到紐約後，成為一本全國性男飾雜誌《每日新聞紀錄》的專欄作家。她為這本雜誌工作了50年，於75歲退休，然後開始撰寫小說。

伍一眼望去萬頭鑽動；有身份的人勉爲其難敲著鄰居的後門（因爲在前門實在太丟臉），問他們是否有什麼零工可以交換一片麵包；數十人搶著餐廳後面的一桶垃圾，如果搶到一塊上頭帶肉的發臭骨頭就算走運；當一家人被趕出他們的房子後，帶著家當坐在人行道上，垂頭喪氣，眼睛看著地上覺得顏面盡失。

不論如何，一如往常，總還有一點時間說教。許多美國人深信這場災難是一個貪得無厭的文化應得的報應，因此把矛頭指向商人和政客（還有歐洲，因爲他們的戰爭債務尚未還清），譴責他們是這場災禍的罪魁禍首。在美國各地，貧民窟都被冠上「胡佛村」的稱號，把責任怪到白宮主人赫伯特·胡佛的頭上。他對於這場危機的第一個反應是耐心等它結束，就像美國之前也耐心熬過許多經濟衰退一樣。甚至資本主義也受到檢討，有許多人質疑自由市場體制的可行性，而把希望轉向非常「非美國」式的觀念如社會主義和共產主義，希望尋找出路。革命的氣氛蠢蠢欲動。

在維吉尼亞州的史帕凡尼亞郡，一群垂頭喪氣的農夫看著他們的田地在公共拍賣會上被賣掉。當時農作物的價格大幅滑落，使農民付不起他們抵押農地的高額貸款。1933年，史帕凡尼亞郡四分之一的農地都將遭拍賣，最低價格一英畝僅售30分。

「一名婦女和她16歲的女兒在森林中的簡陋帆布小屋被人發現，幾乎快要餓死……五天以來她們僅靠野莓和蘋果果腹。今天她們在警方協助下，吃飽穿暖之後，被安置在一家市立救濟院。這名婦女是約翰・摩爾太太，33歲，和女兒海倫來自紐約州的白原。1931年7月摩爾太太的丈夫不告而別後，她們就在城市之間到處尋找工作。當警察發現她們時，她們正蜷縮在一片從一塊大石頭拉到地面的帆布之下……」

1932年9月6日的《紐約時報》

然而，很少人能擺脫咎由自取的感覺。畢竟，20年代最受仰慕的就是白手起家的人。那些相信白手起家觀念的人，也不難推論如果成功可以不請自來，失敗當然也可以。雖然許多人對於胡佛和商人都一肚子氣，對於資本主義的優點爭論不休，也想把玩左派的思想，但是他們仍然把這場危機看成自家的災難。不僅整個文化貪得無厭，他們自己也是貪得無厭。

他們緬懷已逝的20年代，發現自己現在站在擁護過去價值的傳統主義者這一邊，而非剛被大崩盤證明大錯特錯的現代主義宣揚者。現在是城市有罪，鄉村純潔。20年代走向全盛的自我中心與拜金主義社會，似乎變得冷面無情；小鎮則溫馨而充滿人情味。

最要緊的是，這時候的群眾需要一位領導者，能夠從一團混亂中指引出路，而這條出路最好不費吹灰之力。對於美國人，這位領導者是來自哈德遜河畔，精力旺盛的貴族之後；但是對於歐洲，經濟蕭條之餘還伴隨著殘存的民族驕傲和復仇之心，而使一位煽動政治家浮出檯面，他虎視眈眈一個宏偉堂皇的前景，最終將會挑戰文明自身的本質。

在經濟大蕭條開始之際，當權者大都相信放任式的經濟，認爲市場會自我調節，外人不應該插手。就像他們深信這種哲學使20年代的工業社會欣欣向榮，他們也主張它必須忍受一段如眼前遭遇的困境。這些人看待市場就跟天氣沒有兩樣：如果時局不佳，我們束手無策，只能等待它轉好。然而經濟大蕭條不僅是壞天氣，更是威力強過500倍的颶風，所到之處災情慘重，使人更看清經濟舊有的基礎已經搖搖欲墜，新的基礎必須儘快建立——也就是說，如果人們還想安然度過的話。

對於當時經濟危機最盛行的解釋是，1920年代工業生產不斷增加，但是工資卻沒有跟著調漲；工廠在短時間內製造出更多的物品（在美國，工廠每人每小時的產量多了43%），但是大部分的利潤都賺進工業鉅子的口袋，越來越少人買得起工廠製造的產品。1920年代的分期付款熱暫時掩飾了經濟的致命缺陷。但即使是先享受後付款，消費者還是得付款。當物價越來越高，他們的第一個反應就是停止買車、買烤麵包機、收音機和家具。結果市場存貨過剩，工廠也不得不停工。當裁員展開時（這早在股市崩盤前就已開始），這場危機就變成惡性循環：因爲找不到工作，更少有消費者買得起東西。

人們普遍覺得被騙。他們以無比的熱情擁抱發燒的20年代，渾然不顧最後將爲瘋狂消費付出代價。更重要的是，他們還以爲產生如此富裕的體制永遠也不會失敗，或至少不會敗得這麼慘。他們還沒有成爲百萬富翁，但是卻夢想有朝一日成爲富翁，那種奢華的生活有時候似乎就在眼前，伸手可及。現在，雖然眞正的有錢人沒有受到這場危機衝擊，甚至還因此大發利市，但是中產階級的上層者都把婚事、教育和養育小孩往後延；等而下之者則手忙腳亂勉強餬口。

當領導者彼此學舌，宣稱危機已經過去，整個體制卻滲進一股乖張之氣。失業的伐木工人變成縱火者，好當個消防隊員賺幾塊錢，把他們自己縱的火撲滅；即使城市裡有好幾百萬人挨餓，農民們卻因爲農作物市場不好，寧願讓水果和蔬菜在飢餓者眼睜睜的注視下腐爛。當牛隻的價格跌到比送到市場的運費還低，有些飼養者甚至開始殺宰自己的牲畜。

美國曾經一度遍地是黃金，現在卻成爲絕望之國。1931年春天，西非喀麥隆的人民送給紐約佬一張3.77美元的支票，以援助「飢民」；美國各大港口擠滿搭載移民的客輪，但是目的地不是美國，而是回到歐洲老家，乘客都希望那裡的情況沒有這麼糟，畢竟事情不可能更糟了。

大規模的遷徙隨之而起，以某種古怪的方式呼應自由市場的邏輯。如果資本主義經濟眞的像天氣一樣，那麼飽受暴風雨襲擊的人認爲只要搬到較乾燥的地方就沒事了。他們把所有家當塞進生鏽的福特或雪佛蘭或是跳上貨運列車，一路開過鄉間，但是往往還沒找到落腳地，新的苦難就隨之而來。

「就在這裡，在密西西比，有些人已經準備要暴動……事實上，我自己也有點忍無可忍了（氣得面紅耳赤了）。」

州長迪奧多．比爾柏

在許多地方，即使最普遍的紓困行動也都有弊端。胡佛擔心形成全國性的賑濟，因此堅持由紅十字會，而非政府，來援助那些受苦最深者。但是紅十字會雖然在處理緊急事故時得心應手（1927年於密西西比河洪患的處置就廣受稱道），但是對於由制度缺失引起的長期危機卻束手無策。就如荷馬．康尼居住的阿肯色小鎭一樣，地方上的紅十字分會通常由大老控制，他們對於貧窮人家毫無惻隱之心，只擔心提供太多人援助可能會助長人民的惰性，憂心到經濟大蕭條結束，經濟重新起飛時工人的生產力會大不如前。

人們滿懷憤怒，開始團結起來予以反擊。農民的膽子特別大，當銀行把鄰居的農田流當時，他們會出現在拍賣會場，在樹上掛一個絞刑活結，警告拍賣者如果拍賣成功（當然，在那時這種情況很少發生），那就是他的下場。城市裡也興起好鬥的精神，房客組織常常會把剛遭驅逐的鄰居家具再搬回屋內，向房東挑釁。1932年春，3,000名工人遊行到福特汽車位於密西根州迪爾彭的紅河(River Rouge)車廠，與福特汽車的警衛發生肢體衝突，造成四位遊行者死亡，60人受傷。那年稍後，發生了經濟大蕭條時期最慘不忍睹的一幕：兩萬名退伍軍人抵達華府，要求提前支領他們在第一次世界大戰期間服役的獎金。

這個獎金是以服役一天一美元計算，從20年代中葉起算，預計一直累積利息到1945年爲止，屆時每位退伍軍人可以領到約1,000美元。但是最

「1917年受到歡呼，1932年遭到揶揄。」

第一次世界大戰退伍軍人在華盛頓遊行的口號。

近一位德州眾議員體認到自己轄區人民的急迫需要，提出一條立即償付獎金的議案，這筆金額會花去政府40億美元，卻僅夠每位支領者換得五個月的食宿。這群為數龐大的退伍軍人口中高唱戰歌，手拿標語，浩浩蕩蕩前往華府為他們的主張一壯聲勢，就像其他遊說團體定期前往支援大企業一樣。

這群退伍軍人自稱「獎金遠征軍」，搭乘卡車、汽車或徒步前往華府。他們抵達當地後，就沿著阿納科夏河邊並在廢棄的政府建築裡搭起帳棚。胡佛同情他們，還私下吩咐特區警察留意他們是否受到良好待遇，甚至還提供帳棚和野地大鍋飯使他們不致挨餓受凍。這些爭取獎金者團結一心，對於他們的主張樂觀其成，尤其是眾議院通過這項法案之後更是信心滿滿。但是幾天之後，參議院卻打了回票。因此成千上百的退伍軍人站在國會山莊的台階上，以葬禮調子哀唱〈美國〉一歌。

「獎金遠征軍」，一般通稱為「獎金軍」，在華府四周的違章建築內落腳。政府官員擔心這些心懷不滿的退伍軍人會引發暴亂，下令白宮大門以鐵鍊深鎖，並在四周設置路障。

之後，大部分人都收拾行李打道回府。但是將近8,000名垂頭喪氣的人卻在華府附近流連不去，有人甚至揚言必要時會「等到1945年」以領到那筆錢。胡佛對這些退伍軍人發出最後通牒，因為他們流落首都已經對他造成難堪，他甚至批准國庫以10萬美金打發他們，卻又不客氣地宣稱這筆錢最後會從總獎金中扣除。等到他訂定的期限一過，遊行者仍然紮營不去，總統決定採取更激烈的手段，首先命令警察，其次動用軍隊把這些退伍軍人趕出華府。

1932年7月28日的下午，麥克阿瑟將軍與艾森豪少校肩並肩，率領一群步兵、騎兵和坦克大踏步走上賓夕法尼亞大道，把佔據者從空屋趕走，然後沿著河岸濕地一路驅趕紮營者，放火燒掉他們的小屋。稍早已有兩位退伍軍人死於與警方的流血衝突。現在一個嬰兒受不了催淚瓦斯的攻擊，也一命嗚呼。胡佛是驅逐了這些抗爭的退伍軍人沒錯，但是他卻得為自己的戰術付出昂貴的代價。

人民的抗議如排山倒海而來。在隨後幾天看到照片以及讀到報導的美國人，一致認為政府的行動罪不可赦。他們對於華府僅存的一絲信心都蕩然無存，尤其是胡佛和麥克阿瑟還想自圓其說，把遊行者說成罪犯和共產黨。但是在一般人的眼中，這些退伍軍人根本不是反動分子，而是和其他

在這場事件的醜陋高潮中，聯邦軍隊走向「獎金軍」，用催淚瓦斯逼迫抗議者回到他們在華盛頓第11街大橋的營本部，引起一場大規模的暴動。

百姓沒什麼兩樣：他們沒有工作可做，但仍然要餵飽家人。人民受到四面八方的壓迫，亟需有人幫忙，而他們終於在1932年民主黨總統候選人身上，找到了這樣的希望。

在今天很難想像當年富蘭克林．羅斯福（小羅斯福）從千夫所指的胡佛手中接掌政權時，人們對他寄予的厚望有多大。這位50歲的貴族是第26屆總統的遠親，才剛剛結束四年的紐約州長任期。他的雙腿因爲小兒麻痺症不良於行，必須綁在不雅觀的夾板上才能勉強站立。但是等在他面前的，卻是除了華盛頓及林肯之外，美國總統歷來面臨的最艱鉅挑戰。羅斯福上任才幾天，就至少有50萬封信如雪花般湧向白宮，爲他加油打氣。其中一人寫道，「你是有史以來有機會在不朽的殿堂中，把大名與耶穌並列的第一人。」另一人則說，「人們仰望你就如仰望上帝一樣。」

「無業遊民」的生活：有頂貨車、牢獄生活和工作的謠言

貝利（右）擔任碼頭工人時與兩位朋友合影。

──比爾．貝利生於1910年代，在西班牙內戰中加入亞伯拉罕林肯軍團。他回到美國之後成為工運人士和碼頭裝卸工人，1975年退休後開始寫小說、演講，並在劇情片上露面。他在1995年去世。

我曾經當過水手，所以等到紐約的日子實在混不下去時，有一位同行告訴我應該南下到佛羅里達，因為那裡正缺水手。他說：「那裡的油輪都停在岸邊，因為人手不夠，都拋著錨不能動。」好了，對於一個找不到頭路的水手，這個描述簡直就是烏托邦。所以我就搭上一艘輪船，偷渡到佛羅里達，但是當我一到那裡，警察就登上甲板，把我找出來關進監牢。隔天我被帶到法官面前，我告訴他來這裡是想找工作。法官就說了，「你以為我們會用一個紐約小伙子，而不是佛羅里達自己人嗎？你簡直瘋了。」所以他們把我和一群囚犯用鐵鏈鎖在一起，關了30天。等我出獄時，我才發現佛羅里達根本也沒有工作。那只是紐約某個聰明的傢伙想辦法讓我滾出紐約，如此一來，他可以減少一些競爭壓力。

我一路搭便車到其它的港口城市，但是經濟蕭條越來越嚴重，情況也越來越糟。雖然別人想要幫助你，給你一條麵包、一個三明治或什麼的，但是他們也得開始選擇：是應該給一個35歲的男人呢，還是給一個帶著兩個小孩的女人？所以一點一點地你受到的照顧越來越少。當時全美國有一條差勁透頂的法律叫做「流浪法」。條子會走到你面前說：「嘿，你有工作嗎？」「沒有。」「你住在哪裡？」「喔，我是從別州來的。」「你身上有錢嗎？」「沒有。」然後他們就把你當成流浪漢逮捕。所以我儘量少管閒事，一直遊走以避免麻煩。

我很快就發現旅行的最好方式就是搭乘火車的有頂貨車。當然，鐵路公司一開始很反對這個主意。但是如果某些小鎮的情況越來越糟，人們就會求見警長說，「你得想想辦法對付這些街頭的無業遊民。」然後警長就會打電話給鐵路公司說，「我們希望你的火車經過這個小鎮時有時候減速一下，讓這些流浪漢上車。」因為警長的施壓，這些火車只好減速，我們就會跳上去。其實情況並不壞，當天氣好的時候，你還可以在車廂的屋頂上曬太陽。

我們一路往西到加州去，加入一大票人的行列，因為每個人都以為那裡可以找到工作。做這種火車之旅的大多是窮苦的農夫或採收者，想要沿路追隨農作物季節，但是即使某種農作物正在盛產，也沒有什麼工作機會。如果柳丁根本沒有市場，誰還會發瘋雇用一百個傢伙摘柳丁？那種景況實在令人心酸。但是我要強調：雖然時機歹歹，但是卻沒有暴力行為，你從來沒聽說有女人被攻擊或被揍。攜家帶眷的母親在貨車廂裡都受到禮讓。當你看準一節貨車廂準備跳上去時，某個傢伙可能站在門邊說，「抱歉，老兄，這是家庭車廂。」那就是說裡面已經有一大家子，你會買帳，離它遠遠的。情況就是這樣。當時運越來越不濟，越來越多的家庭也上了火車。實在很悲哀，但是當時整個國家都是如此。

當時謠言滿天飛。你會聽說，「帝王谷那裡需要一萬名人手！」每個人都爭先恐後跑到那裡，只發現一大群人在那裡謠傳別的地方會有工作。所以，你就得想辦法學會生存──想辦法。我會走到修鞋匠那裡問，「有沒有人留下的皮鞋剛好是我的尺寸？」也許真的有。我也會走去葬儀社問，「有沒有人留下一件好外套？」因為他們常會把死人身上的衣服脫下來，換上星期天的西裝。葬儀社通常人都蠻好的，就會說，「當然啦。他已經不需要這些了，拿去吧。」如果躺在那裡的屍體剛好是你的尺寸，你就走運了。

無業遊民的生活對我並不難，因為我還年輕，而且長得一副學生臉孔，我總是會說「女士」或「先生」，「我願意工作，如果你能給我一頓飯吃。」我想這種話總比說「嘿，你口袋有零錢嗎？」之類的更能打動人。有時候人們會說，「年輕人，沒問題。」或是「你在路上飄泊多久了？」或是「你打哪裡來的？」或是「你媽媽對你這副德行做何感想？」但是通常我都吃得開。最要緊的就是去嘗試，並且保持乾淨，記得你要在什麼地方藏一個三明治可以啃一啃，因為不是每一天都有工作做，或是討得到一頓飯。有時候我在一戶人家前門乞討，正想引起他們注意時，卻聽到後門傳出敲門聲，原來是另一個傢伙也想討飯。有些人甚至會在門上貼出告示說，「請不要敲門，因為我們自己也一無所有。」不過你也要小心，不要因為討飯而被關進監牢。

不要被關進監牢的最好辦法就是走進監牢。有時候我走進一個小鎮，如果碼頭上沒有工作可做，我就會直接走到警長面前說：「我想知道你有沒有地方讓我過夜。」他會說：「走進那裡，到第四號牢房，就睡在那裡。」所以你就安全了，而他也很感激，因為這表示他不需要到外頭找個像你這樣的人關起來。隔天早上他可能還會端一壺咖啡給你，你可能還有機會把自己打理一下，然後繼續上路，所以大部分的時間我都待在這些小小的警長監獄。事實證明這的確是個好主意，因為如果某人被搶，就會說，「是某個走進小鎮髒兮兮的無業遊民幹的。」他們絕對不會怪到我頭上，因為我已經被關起來了。

小羅斯福將會在聯邦政府主政12年，等到他的任期屆滿，人們很難記得有哪一天他不是他們的領袖，當他們在危難時有哪一刻不期待聽到他安撫人心的聲音。羅斯福善加利用收音機的親切感，更要緊的是他堅決主張政府應該積極援助百姓，因此成爲本世紀最偉大的總統。他徹底改變了總統一職，以致於日後的歷史學家都會以他的卓越成就做標竿，衡量他的後繼者。

羅斯福在競選總統期間，甚至在他當選之後，心中並沒有什麼偉大的計畫能使群眾脫離苦海。甚至「新政」一詞也只是他在接受提名演說中信手拈來的說法，當它成爲朗朗上口的名詞時，還讓他驚訝不已。1932年民主黨的政綱和胡佛時代並無二致，不外是平衡預算與撙節政府花費。但是對於在那個3月早晨冒著狂風暴雨聆聽他就職演說的近10萬民眾，以及同一時刻守在收音機旁的數百萬人民來說，羅斯福卻提供了一顆強力定心丸。也許他並沒有解藥，但是就像老羅斯福總統一樣，他有的是精力——一種神采奕奕，天不怕地不怕的精神，充滿使人折服的信心——他向選民保證會以那股精力快速爲他們謀福利。

「他很誠實，很強壯，很穩健。和我們的泰迪老總統是同一個模子造出來的。」

1932年競選歌曲中的合唱歌詞

針對當時瀰漫社會的情緒，他套用亨利．大衛．梭羅的名言「最令人畏懼的莫過於畏懼本身」，宣稱「我們唯一懼怕的就是懼怕本身」。但是羅斯福最讓人拍手叫好的則是他宣稱要從國會尋求「廣泛的行政權以向緊急情況宣戰，這股權力不亞於若眞有敵人入侵時我被賦予的權力」。

報社主筆在隔天的報紙寫道，他們在那句話中聽到總統想要行獨裁之實。而事實上羅斯福掌握的大權，受到追隨者的敬畏而壯大，的確招人批評說他想要扶植美國的獨裁政權。如果羅斯福是美國最受愛戴的總統，他也是最遭人忌恨的一位。但是當時國家的危急情勢讓許多人顧不得其他。即使連強硬的共和黨員如堪薩斯州州長阿菲德．藍登也宣稱，「即使一國獨裁者的鐵腕也勝過使人動彈不得的中風」。賓州參議員大衛．瑞德甚至更進一步說，「如果本國眞的需要一位墨索里尼，那就是現在」。

1932年美國總統大選結果：
羅斯福：2,280萬選票
胡　佛：1,570萬選票

羅斯福上任後，第一件事就是宣佈銀行「放假」。這項措施美其名是新總統的金字招牌（悲觀主義在羅斯福任內的白宮或多或少被摒棄），但是其行動卻非同小可：銀行準備金現在只剩60億，債務卻高達410億，而著急的存款者因爲害怕銀行拖欠，爭先恐後把存款提出。在胡佛任內的最後一週，嚇壞的投資者就領走了2億5,000萬美元。至少38州的州政府在總統敕令之前就把銀行關閉，現在其他州也紛紛效尤，使整個國家的運轉幾乎停擺。

支票紛紛跳票，薪水發不出來。當家庭主婦乞求雜貨店老闆讓她們賒帳買食物，公司以貨易貨或是發行私人的臨時紙幣（例如道氏化學公司用

「世界上最偉大的人」
「班尼迪克・阿諾再世」（譯按：叛國間諜）
「我的朋友」
「上帝賜予美國的禮物」
「頭號異想天開者」

寄給羅斯福總統信件上的一些稱謂

熱情的支持者歡迎紐約州長暨總統候選人富蘭克林．羅斯福到匹茲堡訪問，1932年。羅斯福與聽眾的交心簡直是傳奇，他的魅力與當時在任總統胡佛的乏味比起來，令人耳目一新。

他們所謂的道氏幣來支付員工薪水）時，羅斯福的財政顧問徹夜加班研擬紓困方案，以聯邦貸款來支撐銀行。隔天早上當國會召開特別會議時，這條法令先送到眾議院，在一片「支持！支持！」聲中無異議通過，再送到參議院，同樣快速過關，然後在晚上8點36分整送達羅斯福的辦公桌。不說別的，這位新政實施者的效率就足以使美國人肅然起敬：總統在那天晚上簽署的法案是政府的唯一版本，上面還保留最後一刻鉛筆的塗改痕跡。

當時全美國有6,000萬百姓守在收音機旁，羅斯福總統對全民開講他的「爐邊談話」。他以「我的朋友」開頭，接著說明政府最新的措施，向人民擔保把存款放回隔天早上重新開張的銀行絕對安全（「各位必須要有信心，您絕對不能受謠言影響…」）。當民眾眞的把錢存回銀行，一週之後就回流六億現金，一個月之後則將近10億，很顯然總統的保證遠比新出爐的法案更能扭轉乾坤。在短短幾天內，不，其實在幾小時之內，羅斯福就開風氣之先，把總統一職個人化，也首開政府積極介入國家經濟運作的先例。

在羅斯福總統上任充滿傳奇的「第一個百日」，政府設立了15條新法案援助農民，提供聯邦紓困計畫，開發田納西河谷，強制要求設定最低工資，管制華爾街，使製造與販賣啤酒合法化，爲銀行存款投保，並雇用數百萬失業人口——這無疑是美國史上最偉大的改革時期。這些聰明又趾高氣揚的新政執行者其野心與理想成正比，把原來死氣沈沈的華盛頓特區變得生機盎然。他們既是知識分子也是社會工作者，使政府煥然一新，成爲社會工程師，貫徹羅斯福認爲公營事業不但有權限涉足經濟，還要大力滿足人民的社會需求。

羅斯福的NRA（復興總署）要求工業界配合標價及薪資政策；他的AAA（農業調整署）則監控農場生產，付錢給農民銷毀農作物以把過剩減到最低；規模浩大的公共建設計畫則讓人民參與築路、建造學校、公園和水壩的工作。在羅斯福主政之前，人們談到「政府」指的通常都是市政廳；但是現在當他們提到政府，指的全是華府。

有些新計畫牴觸了行之經年的美國傳統。開放市場是自由企業的本質，羅斯福則以政府管理取而代之。失業救濟雖然受到歡迎，但是想到這是政府的「施捨」，許多人的自尊心都受到打擊，這是繼丟掉工作之後，再一次挫敗。他們之所以接受幫助，實在是因爲處境太壞，別無選擇。但是民眾倒願意接受提供他們工作的新政措施，不管工作多麼低賤，待遇多麼微薄，也勝過靠「失業救濟金」過活。因爲把這種情愫放在心上，某項新政計畫就雇用人們從事「非常必要」的工作，例如開槍把燕八哥從政府大樓嚇走。

保守的政客擔心政府如此介入人民的生活，將會走向社會主義。他們

懷念小羅斯福：

果敢的領導還有「那個聲音……那個聰明、響亮、令人精神振奮的聲音！」

羅斯福的秘書長恐怕是有史以來最聰明的，因爲每當羅斯福一有麻煩，他們就會安排一場爐邊談話。他們會從接到的信件和電話揣摩大眾的反應，然後決定該做什麼，不該做什麼。好傢伙，羅斯福有多迷人！我常常會小聲地說，「巴南(Barnum，譯按：本世紀之交最知名的馬戲團班主)還活著而且活得很好」，因爲他實在很有一套。他的優點在於他的聲音和眞誠，這是電視無法傳達的，因爲依我之見，羅斯福的魅力在於當他說話時你腦海中的想像。做爲戲院老闆，我告訴你，如果當天羅斯福有一場爐邊談話，你就在報紙上登廣告說你的戲院照例會廣播。如果你不中斷電影插播他的談話，你就沒有生意。羅斯福實在神奇。

——亞伯特席・林格生於1907年，是一位發明家，曾經在蓋洛普機構擔任聽眾研究員。

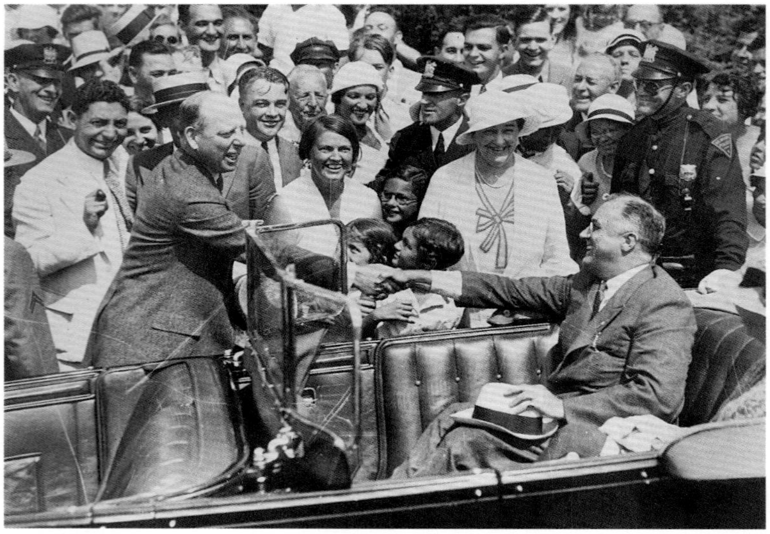

羅斯福在前往民主黨於新澤西州海園市（Sea Girt)集會的途中，向新澤西市的市長法蘭克・黑格致意。

當羅斯福在1933年當政時，人們的態度幾乎立刻爲之一變。在那時赫伯特・胡佛是失敗的總統，非常沮喪，很少微笑。當羅斯福掌權時，我們從收音機聽到的那個聲音…那個聰明、響亮、令人精神振奮的聲音，簡直使人的態度徹底改變。我們覺得局勢會好轉，我們會勝利，我們會成功，我們會從經濟蕭條中走出來。這種感覺當然反映在我周遭大人的活動上。即使我這個小孩也感受得到。我很喜歡羅斯福，我喜歡他的微笑。胡佛很冷峻，但是羅斯福，他那個時髦的雪茄煙斗，他的微笑和他振奮人心的聲音，他是領袖，是眞正的領袖。也許是我們有史以來最偉大的領袖。

——馬弟・克利門生於1917年，是1936年奧運的美國田徑代表隊一員。

我想，唯一深得羅斯福演講三昧的方法，就得像我這樣。當時政府很擔心全國的人心，所以他們雇我四處旅行，探聽民情。我搭火車，睡在橋下，和無業遊民住在一起，沿街乞討食物。有一天晚上，某人把收音機打開，我們都聽到那個美妙的共鳴聲音傳出來，說著「我們唯一懼怕的就是懼怕本身」。他說「我的朋友」的說話方式，我可以看到這些無業遊民看著彼此，點頭說，「沒錯，他是我的朋友，我也是他的朋友，而他是我們共同的朋友」。我當時只希望他能在現場看看他得到的回應。他說過很多次，而且沒錯，他們是他的朋友。他們是投票給一位朋友，而非投給美國的總統。當我投票給他時，他是我的朋友。

——梅爾文・貝利生於1907年，卒於1996年。在傑克・盧比謀殺李・哈維・奧斯華（譯按：刺殺甘迺迪的兇手）一案的審判上擔任傑克的辯護律師，因此聲名大噪。

在傳統的黑人文化中，教會的牧師是上帝派來的說書人，爲人們的生存賦予意義。所以對1930年代的黑人族群來說，利用聲音打動人心的伎倆早就不是新鮮事。只是在我所聽過的備受尊敬、愛戴的聲音中，羅斯福是最了不起的。他可以打動每一個人，把我們凝聚在一起。他使我們覺得解決問題的唯一方法就是大家聚在一起，擬出一個計畫，然後去實行。而我，遠在喬治亞的黑人小男孩，聽到收音機傳出來的聲音，我可以感受它！那不是他告訴爸爸，然後爸爸再告訴我，他是對著坐在那裡聆聽廣播的小歐西說話。他得到我的支持和同情。那也是我們美國人沒有眞正陷入絕望的主要原因，他總是在那裡激勵人心。「來吧，同胞們！再試一次，你就會完成！明天會更好。」而你知道，你會覺得好過一點。

富蘭克林一直留在白宮，說出這些了不起的好話。但是伊蓮娜走出去讓它們成眞。伊蓮娜・羅斯福會做那些小事，效果比羅斯福的話還大。她去塔克基，他們在那裡訓練黑人飛行員，當然沒有人相信那會成功。「黑人開飛機？哦老天！每一次他們飛上天就一定會摔機。」但是伊蓮娜沒有發表演說，她只是到塔克基，坐進其中一架飛機。一位黑人飛行員走進駕駛艙，然後他們就起飛了。他們到處飛翔，然後安全著陸。還有什麼比這更有說服力？沒有演講，沒有宣言，只是去做那些小事使新政能夠推行，那就是她。我們都把她當成黑人的特別朋友，因爲她所做的，而且是默默耕耘。

——歐西・戴維斯生於1917年，是一位舞台及銀幕演員。在羅斯福主政時期，就讀於華盛頓特區的霍華德大學。

我還記得收聽爐邊談話時，邊看著收音機，看著指針暗暗發光，覺得羅斯福向我們伸出手說，「我在這裡當家，你們不要擔心，我會照顧你們。不要聽信那些把我說成是『白宮那傢伙』的人，因爲我會爲你對抗有錢人。」他讓你覺得你有一位有魄力的朋友。有一位喬治叔叔或查理叔叔沒事塞個10塊錢給你當然很好，但是喬治叔叔或查理叔叔卻不能爲你找工作。富蘭克林・羅斯福卻會幫你找到工作。那幾乎就像是你有一位有錢的叔叔，富蘭克林叔叔，能使工廠雇用你，因爲那正是他的工廠，就是這個國家。我從來不覺得他對人們頤指氣使，反而覺得他知道目前的情勢，即使他自己並沒有親身經歷。

極右派把羅斯福說成「白宮那傢伙」，應該越早下台越好，以免危害國家。極左派的人則說白宮這個人和他太太的確竭盡所能，但是他們應該更努力一點。中間派的人則說，「查理，謝天謝地，我們有你在這裡。」但是選舉顯示，認爲他做得不錯的人遠勝過覺得他很差勁的人。他有選票，他有錢，而且他有魅力。他是圖畫書那一型的領袖。你很難討厭他。喔，也許鄉村俱樂部的雞尾酒會上有人會說他壞話，但是想一想，他們也同樣會說鄉村俱樂部的壞話。

——比爾·威肯森1915年生於舊金山，就讀加州大學柏克萊分校，一生都爲慈善機構作公關，直到1995年辭世爲止。

我爸爸認爲出了個羅斯福是美國的大不幸。他在1932年投票給他，但是他說從此之後一直很懊悔。在晚餐時他會用一切難聽的話辱罵他，而我這個小男孩坐在餐桌邊，看到我爸爸竟然這樣說美國總統，感覺實在糟透了。但是坐在他左邊的是我祖母，她的看法剛好相反。她認爲羅斯福是最偉大的人，日出日落都是以富蘭克林·羅斯福爲中心。他們的辯論如此令人難忘，因爲他們兩個都有重聽，所以分貝越來越高。但是他們直到死都沒有改變自己的想法。

像我父親這樣擔心羅斯福的人，認爲他僭越太多的權力，扭曲我們平衡的政府制度，以及白宮獲得太多的恭維和赤裸的權力。其他人則覺得他是僞君子，他的口音，他的表演天份，他的披肩和雪茄煙斗，那些東西不是人人都喜歡。但是喔，乖乖，當他的聲音從收音機傳出來時，不管你喜不喜歡他，你都會聽。

——大衛·麥考洛1933年生於匹茲堡，1955在《運動畫報》(*Sports Illustrated*)雜誌展開寫作生涯。然後轉而寫作歷史書籍，包括得獎的《杜魯門傳》及西奥多·羅斯福的傳記《馬背上的早晨》。

北卡羅萊納州史密斯田市，一位「重新安居會」（RA）的客戶拜訪他的貸款辦事員，1936年。RA是農業安全署（FSA）的先驅，也是新政實施初期試圖改善農村貧窮問題的措施。

預測，一旦政府直接提供人民援助，人們早晚就會期待政府的幫助，不管是在非常時期還是平常生活，因此依賴的人民會造就一個巨無霸的聯邦官僚制度。他們的憂慮也得到有錢人的呼應，許多富人都把羅斯福看成階級叛徒。但是羅斯福很快還要應付來自平民百姓的一個緊迫問題：即使他的政策立刻使全國士氣爲之一振，也稍微提升了本年代最糟糕的統計數字，卻仍然無法終止經濟大蕭條的痛苦。到了1935年，人們開始失去耐心。

兩個深具群眾魅力的人，一位是政客，一位是牧師，成爲民間批評羅斯福的代言人。尤伊·龍恩曾經擔任路易斯安納州州長、然後轉任路易斯安納州參議員，這位草根性濃厚的人物素以俠盜羅賓漢式的單純風格受人愛戴：壓榨有錢人以使「人人成爲國王」。查爾斯·考夫林神父則是底特律的天主教神父，他以一口流暢而煽動人心的聲音，透過CBS廣播把經濟大蕭條怪罪於大企業的冷面無情，並爲小人物尋求社會正義。

這兩人都是奇人。考夫林擅長表演作秀，煽惑人們的多愁善感、憤怒及愛國熱忱，鼓動了全世界規模最大的收音機聽眾（大約4,000萬人），先是支持羅斯福（他把新政稱爲「基督之政」），

尤伊．龍恩的傳奇遠遠超過其本人。圖中，1936年剛上任的路易斯安納州長，本身是龍恩的堅決擁護者李察．來舒，在前一年遭到暗殺的霸王魚(Kingfish)巨幅形象下矮了半截。

然後反對他，把他說成「叛徒」和「大騙子」，淪爲一手製造經濟大蕭條的有錢階級幫傭，而不是站在民眾這一邊。龍恩則非常瞧不起路易斯安納的民主機制，把全州搖身變成他的私人領地。他在1928年當選州長，一手獨攬立法大權，等到他轉戰參議院，則在州長官邸扶植了一票黨羽，在在震驚了南方人。「我只在意來自河流分支處的男孩（編按：指出身於哈德遜河谷的小羅斯福總統）怎麼看我，」他桀驁不馴地說。因爲他牢牢控制州政府，所以能夠履行許多承諾，例如造橋修路、免費贈送教科書給大學生，因此人們都非常愛戴他。

龍恩有意問鼎白宮寶座，當他抵達華府時野心十足，立刻在參議院以及他廣受歡迎的廣播節目中大加奚落羅斯福和他手下那群城市風格、彬彬有禮的新政改革者。爲了確保他的知名度，他還雇用不下60位辦事員發送傳單和小冊子宣揚他的勝利。這位人稱「霸王魚」(Kingfish)的參議員推廣「分享財產俱樂部」，提議凡是價值超過100萬美元的地產都要沒收充公，然後重新分配財富使全美國人人有屋可住、有車可開、有收音機可聽，還保證有2,500美元的年收入。

就像龍恩一樣，考夫林把經濟大蕭條的種種謎團簡化成簡單的答案，呈現在「我們對抗他們」的講道中。由華爾街「獰笑惡魔」領導的陰謀應該受到撻伐，這批人正是當時欺瞞美國民眾走向那場被稱爲第一次世界大戰的「商業至上大競賽」。考夫林的團體「全國社會正義聯盟」，也跟龍恩的組織同聲譴責羅斯福做得太多也做得太少：前者是創造了一個干涉正直美國人私生活的聯邦官僚體系，後者則是無法做到財富均分。

龍恩本來已經蓄勢待發要在隔年的總統大選上與羅斯福一決勝負，但是1935年9月他卻在路易斯安納州議會的長廊上，被當地一位著名醫生一槍斃命，因爲他冤枉了醫生的家人。據一位目擊者形容，「就像一隻鹿應聲倒下」。在那時，羅斯福已經展開第二波更爲自由的新政，主打勞工改革、象徵意義大過實質意義的「敲詐有錢人」稅法，以及後來行之經年的「社會福利」，收買了不少民心。

考夫林想要再接再厲，但是民粹運動需要像霸王魚的磅礡氣勢才能維持下去。

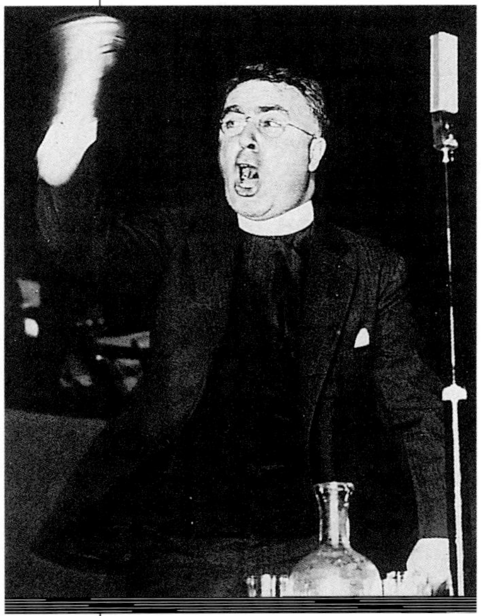

查爾斯．考夫林神父
1891—1979年

等待晉見霸王魚(Kingfish)：「我只是個鄉下小伙子，而且緊張得不得了……」

左圖：雷孟就讀路易斯安納州立大學的照片，攝於1932年。

上圖：龍恩在路易斯安納州議會的委員會議上演說，1930年。

——裴西．雷孟生於1909年的聖誕節，第二次世界大戰期間在太平洋擔任美國輪船「約客城號」的通訊官。戰爭結束後，他回到路易斯安納州，成為美國退伍軍人協會的州指揮。其後路易斯安納州長愛德溫．愛德華聘他擔任退伍軍人事務主任。

尤伊．龍恩在大部分人心中只是個無賴。但是對一些人來說，他卻是救星，甚至可以比做基督再世。人們會穿著連身工作服，甚至打著赤腳來聽他演講。他實在讓人心悅誠服。他可以在幾分鐘之內告訴你他做了什麼，他想要做什麼，而你知道他辦得到。他會說，「我要為你做這個，不管對錯。」然後他會克服難關。人們會歡呼叫好，然後回家說，「從現在起我要投那傢伙一票。」當選舉時間一到，他們就會全部投給他和他的競選伙伴。當時我們不知道還有什麼更好。那時正是經濟蕭條的高峰，龍恩出來領導，使人人有機會過得更好。他希望社區能翻新，道路也鋪好。他還提供免費的教科書。當我唸書時，一年要花40美元買課本，然後突然之間我不用再付那40美元，那實在意義重大。

我第一次看到霸王魚，我們都這麼叫他，是在我讀高中時。當時我和一些朋友到馬克斯維爾小鎮參加一場政治集會，龍恩為一位候選人助選，小鎮鎮長則為另一位候選人助選。在那個時候從政有點像集結黨派。龍恩的支持者聚集在法庭的一端，龍恩的反對者，亦即鎮長的支持者，則聚在法庭的另一端。那是唯一一次我看到龍恩為錯誤的一方，亦即為反方說話。他說話時不帶小抄，一直滔滔不絕，透過擴音系統把音量提高。當他正講到一半時，市長出動救火車包圍整個廣場，警鈴大作，把龍恩的聲音蓋掉。龍恩實在氣極了，我從來沒有看過他這麼生氣。他的臉上青筋畢露，揮舞手臂大嚷，「我發誓這位鎮長絕對不會再當鎮長。」在下一屆選舉時，龍恩派自己的人馬選鎮長，然後你瞧，他的朋友當選了。

我和他最直接的接觸是在幾年後，我想要進路易斯安納州立大學，決定直接找州長本人幫忙。我把所有家當放進一個「老天保佑不要下雨」的旅行箱（一個不堪一擊的有把手厚紙箱），旅行到巴頓魯治（Baton Rouge，譯按：路州首府）。當我抵達州長辦公室，有個高大的警衛傢伙站在門外。他問，「你要做什麼？」我回答說，「有人告訴我到這裡來見州長」。憑這句話他們就讓我進去。信不信由你，我只是個鄉下的小伙子，而且緊張得不得了。龍恩州長一如往常穿著非常優雅，西裝筆挺，把雙腳翹在桌子上。我說：「州長？」他說：「我是，小伙子，你有什麼要求？」我回答：「我想要進路州州立大學。」但因為我要是沒有工作，也讀不起大學，所以我又問他是否也可以幫我找個工作。龍恩沒有立即回答，只是在那裡轉著椅子，然後抓起電話筒，打電話給某人。

「我現在把這個年輕人交給你，」他對話筒另一端的人說，「要保證他進入路州州立大學，如果你願意，今天晚上就可以給他找個工作。」就憑著一通電話，我不但上了大學，隔天一早還得到一份工作，徒手為13隻荷士敦乳牛擠奶，一天三次，一小時25分。有時候我會懷疑為什麼他這麼快就願意幫助一個素昧平生的人，但是我想那是因為龍恩關心。畢竟我只是個窮農夫的孩子，而他總是照顧下層階級的需要。而且，他也盤算如果他幫我一把，以後我也會幫他。事實並沒有錯，從此以後龍恩一直和我保持聯繫，知道我在做什麼，而我也一直支持他。

當龍恩被暗殺時，我實在難過極了。龍恩出殯的那一天，我從來沒有看過巴頓魯治有這麼多人聚在一起。路易斯安納州能夠趕到首府的人都到齊了，任何重要的政治人物和社會各階層的男女老少，不管黑人還是白人，都聚在那裡。有些人穿著西裝或洋裝，而其他人，尤其是窮哈哈的農夫則穿著補丁的工作服。直到今天我還記得其中一些人。我家人和我跟朋友開了一百多哩的車來參加葬禮。祭文是由傑若．史密斯牧師宣讀，他曾經與龍恩一起推展「財產重新分配計畫」，把有錢人的錢重新分配給窮人。那實在是一個政治意味濃厚的葬禮，但是等到牧師講完，人們大排長龍，排了四個街區那麼長，只為了到他的靈柩旁瞻仰遺容。每個人都哭了，說這麼好的人被暗殺實在太可惜。他就長眠在州議會附近，到今天他的墳墓還在那裡。

這位收音機神父協助建立了第三個政黨，勉強角逐1936年的大選，可悲的是，後來他的論調只淪爲反猶太主義的口號。

龍恩和考夫林都利用收音機鼓吹他們的主張，在大眾文化興起之際建立了煽動性的政治風格。但是這兩人鎖定的選民並不是口沫橫飛的空談就可以打動。經濟大蕭條凸顯了人民對於20世紀最戲劇性的發展束手無策：在日益強大的工業國家中個人不再具有自主性。推銷員、店員、理髮師、農夫及其他追隨龍恩和考夫林的中產階級，都對現代世界的不斷進攻感到驚惶失措。而就像1920年代的傳統主義者，他們也準備反攻。

羅斯福上台的那年冬天，歐洲另一位領袖也掌握國家大權。這個時間上的巧合實在深具諷刺性。因爲在接下來的12年，小羅斯福和阿道夫・希特勒的生活會日益糾結，在本世紀最怪誕的衝突高潮中互爲大敵，直到他們在1945年兩周之內相繼去世爲止。

即使在60年後的今天，希特勒當年的崛起仍然令人參不透。他對於德國百姓的誘惑如此突然又徹底，他掌握的權力如此全面，他的目光如此毀滅性又誇大，人類有史以來再也找不出比他更邪惡的征服者。因爲他的存在，4,000萬人因此喪命，大部分人都死於殘酷的凌虐；因爲他挑起一場空前殘酷的戰爭，因此本世紀後半葉的地緣政治一團扭曲，像一個飽含猜疑和恐懼的鹹脆捲餅。根據一位德國哲學家的說法，希特勒是一個歷史的「錯誤」，就好像命運之神在擬定計畫時，一個不小心分了神，使一個致命的突變病毒有機可乘。

「莫斯科的大手在背後支持美國的共產黨領袖……（並且）立意支持小羅斯福……我要求你們整肅這個自稱是民主黨黨員的人，我指的是富蘭克林『欺騙出賣』羅斯福。」

查爾斯・考夫林神父，1936年

就如羅斯福一樣，希特勒的權力之路也是建築在世界性的經濟垮台。德國也像美國和歐洲其他國家一樣，飽受經濟蕭條的痛苦，失業率最高達到25%。但是如果人民只是受到飢餓驅使，他們絕對會跟隨截然不同的領袖。希特勒之所以廣受愛戴，甚至連高級知識分子也對他崇拜有加，都說明了德國揮之不去的報復慾望。

儘管德國在1918年投降（這份停戰協定是由德國國會安排，而非軍方），卻很少有德國人認爲他們打輸了第一次世界大戰，更不用提這位先前逃過西線毒氣攻擊，而後在1920年代初期擔任納粹黨首席宣傳官的奧地利下士。希特勒在右翼民族主義分子避難所的巴伐利亞省，譴責猶太人和共產主義要爲祖國的崩潰負責，他並嘲弄於威瑪建立的脆弱共和政府是「11月事件的罪魁禍首」，因爲第一次世界大戰的停戰協定訂於11月。

一開始，這場運動的主力分子都是和他一樣的仁兄：要不是被社會驅逐就是來自社會邊緣。據一位觀察家回憶，早期的聚會中「人們直直盯著演說者，嘴巴大張歪成一邊……他們壯碩的身體塞滿整排座位，厚實的大手緊握著啤酒杯，好像它們是什麼聖物。」但是等到1930年經濟全盤崩潰

得意洋洋的希特勒抵達柏林的一個青年集會現場，攝於1934年。「他從戰敗的深淵，在歐洲為數最衆、最受人操縱、最無情、最矛盾、最倒楣的種族心中，喚起潛在的殘酷仇恨。」

邱吉爾

後，怨恨和復仇的聲音逐漸提高，從低下階級擴展到大學生、教授和商人。希特勒的反猶太主張呼應了德國人對於放高利貸的人根深蒂固的猜疑，而他的民族主義觀念自然連上德國人普遍的心聲，認爲目前的金融危機都是肇因於凡爾賽和約對他們的懲罰。這場宣傳一旦受到鼓舞，就像瘟疫一樣一發不可收拾。直至1928年，演員在酒吧裡模仿希特勒誇張的手勢還會引起全場觀眾爆笑；但是五年之後，這位留著八字鬍，額前晃動一撮頭髮的挑撥者，成爲毫無異議的一國之首。

納粹的聖經是希特勒上下兩冊的《我的奮鬥》，是他參與1923年納粹黨企圖在巴伐利亞政府奪權失敗後，入獄服刑期間動筆寫就。在書中他闡述種族主義的觀念，強調社會達爾文主義的觀念，認爲人必須奮鬥，否則將遭淘汰。他宣稱，既然一個種族的衝勁與純粹性成正比，如果它包容「外來污漬」，生存就會受到威脅。猶太人因爲四海爲家又是和平主義者，因此是深具嫌疑，是威瑪時期感染德國文化和政治各層面的「細菌」。只有共黨分子會遭到同樣的蔑視，因爲他們阻擋了德國與生俱來的往東擴張領土的權利。

德國納粹黨黨員人數

1926	17,000
1929	120,000
1930	210,000
1931	1,000,000

當這場運動越來越受歡迎，《我的奮鬥》也大賣特賣，成爲頗受歡迎的婚禮及畢業禮物，雖然很少人會眞的花時間閱讀，其熱賣現象卻使希特勒更加理直氣壯。對許多人而言，它證明這位激動的奧地利人絕不只有一兩場義憤塡膺的演說，他的確有話要說，這也使納粹主義搖身成爲一種意識型態，或更糟，成爲奉希特勒爲眞主的宗教，其實它的原貌是：一場因爲權力薰心而建立在痴人狂喊的運動。

然而，是希特勒的聲音，而非他的文筆，更貼近德國的民心；是納粹運動的情感訴求，而非政治議題，才使它獲得超人氣的支持。希特勒在靈光一閃中，明白德國人在此時所受的痛苦遠勝過西方其他國家。他們是經濟大蕭條的受害者沒錯，但是這只是最後的致命一擊。它先前飽受戰火摧殘，又在凡爾賽和約中受盡屈辱；先經過一段革命時期，再來則是慢性的通貨膨脹，在20年代好不容易過了幾年好日子，現在卻深受整個西方經濟崩潰的打擊。因此他們的精神想當然爾萎靡不振，跌到恐懼、怨恨和震驚的深淵。他們現在寄望於領導者的並非一套可能解困的理性政策，而需要更基本的東西：亦即重新擔保他們還是一個優秀的民族，其實是個偉大的民族；他們不該受這樣的苦，他們的生活會改善，那些使他們受苦的人都會得到懲罰。

就像一位演員準備上場好好亮相，希特勒在1920年代擺姿勢拍下這一系列的攝影棚快照。他分析這些照片，希望能從中掌握一套引人注目的演講姿勢。

「他把下巴往前一抬。他的聲音抑揚頓挫，充滿無比的精力，變得既沙啞又尖銳…他整張臉都是汗珠；儘管他不斷撥弄，一小撮油膩的頭髮還是不斷掉到前額。他說話時板著一張臉，把雙臂交叉在胸前…但是一分鐘之後一股力量卻由內迸發，使雙臂向空中打開，懇求、威脅、控訴、詛咒，並輔以雙手和拳頭。之後，他…開始在講台上來來回回踱步，好像一頭獅子困在籠中…」

希特勒在政治生涯的早期就發現，他有一種卓越不凡的演說才能，能夠直接訴諸這些情感，一旦時機到了，他就將這份才能發揮到淋漓盡致。在超過兩小時的演說中，他能使50萬人意亂情迷。他會先好整以暇來一段暖身，感受聽眾的情緒，然後再專心一意施展魔力。他會汗流浹背，憤怒地發抖，使他的聽眾如癡如狂。他玩弄各種不同的技巧，使他們先發笑，然後哭泣，最後則怒火高漲。

到了最後他說了什麼並不重要，重要的是他如何表達。很少人在離開希特勒的集會後能夠描述他的政策，然而他們還是深深爲他傾倒。德國人相信德國會再興起，只是因爲希特勒如是說。而那正是他魅力的金字招牌：這場運動絕對無法和此人分開。

不管希特勒舉止看起來多麼自然，不管那些滔滔話語好像都是脫口而出，其實他老謀深算，一切表達都經過深思熟慮。這位德國領袖帶給本世紀諸多曖昧不明的「貢獻」之一，就是把政治變成精彩絕倫的劇場。在他的職業生涯中，第一次想當藝術家未成，第二次想當建築師也告失敗，但是最後當他落腳政治界時，卻巧妙地運用視覺和戲劇技巧，發揮無比的力量。

納粹運動的一切都和操縱脫不了干係，哪怕是遊行、歌唱、旗幟、燈光或演說。早在1920年代，希特勒就會在鏡子前準備他的演講，並研究照片中的手勢和表情，以便爲他造勢。在同時，他也收集一組象徵符號，在往後20年擄獲全國的想像力。其中最持久的要數一面紅旗中白圓圈裡的帶鉤十字。「在紅色中我們看到這場運動的社會理念，」他如此解釋，「在白色中則看到民族觀念，至於帶鉤十字，是日爾曼人爲勝利奮鬥的使命。」納粹黨員以「希特勒萬歲！」和伸直手臂的敬禮手勢互相問好，這個手勢在早期看來非常可笑，但是等到30年代初期，它簡直就像德國糖醋烤牛肉一樣，深入百姓生活。

希特勒對於編劇的熱愛促使他巧妙運用音效和燈光。他研究音響學，提高或降低他的音調以適應不同的大廳。他會仔細計算進入會場的時間，以便營造人們的期待，他總是晚到，但不會晚到「引起公憤」。他甚至親自挑選納粹民兵的空襲隊員制服。他一被加冕爲元首，就擬定計謀準備把他的戲劇推展到更大的規模，一方面是納粹黨員在紐倫堡（譯按：巴伐利亞省中北部的城市）一年一度的狂歡集會，另一方面則是準備把柏林重建成世界的首都，並建造他的紀念碑，其中包括比聖彼得大教堂大七倍的圓頂，雖然這兩者都沒有實現。

所有這一切的效果就是把政治推進一個新領域，亦即潛意識之處。要了解20世紀，其中一個關鍵問題就是：爲什麼德國人會追隨希特勒，而他

「我叫他道夫叔叔」：小時候邂逅希特勒

當我是個小男孩時，最喜歡希特勒到我家來找我爸爸。我覺得他是最迷人也最有想像力的玩伴。我最喜歡的遊戲是扮火車，他會四肢跪在地上假裝自己是隧道，我就從他底下爬過去，我是火車頭，後面有一節假想的火車。他會發出各種聲音，對我說，「你現在要從火車站出發了」，然後他就會做出蒸汽火車頭的聲音。然後他會發揮想像力當運牛車，然後模仿牛、羊、雞和豬的聲音。最後我們終於進站，他就會模仿許多人的談話。他實在是一位很有天分的演員，很擅長做各種音效。

漢姆史坦爾在波蘭度假時留影，攝於1926年。

——伊貢．漢姆史坦爾生於1921年。他父親是早期的納粹黨員，也是希特勒的密友。等到他們的關係逐漸緊張，伊貢的父親相信家人會遭殃，就在1937年舉家逃到英國和美國。伊貢在第二次世界大戰期間服役於美國駐太平洋陸軍，最後回到慕尼黑，現在是一名退休教師。

我當時實在高興極了，我對他的著迷有一部份是因爲他的誠實，他有一種坦率。許多大人來家裡拜訪你父母，看到你在那裡就會拍拍你的頭說，「老天，你長得這麼大了。你在學校怎麼樣呀？」他們說話的那種方式，做小孩的很清楚他們只是虛應故事，其實內心想要甩掉你。好了，希特勒可不一樣。他會走進來，親切地招呼我，非常熱絡。有時候他會說，「抱歉，小傢伙，今天我完全沒空陪你玩。」而這是誠實的表現。但是如果他決定要好好陪你玩，他就會蹲下來到你的高度，完全在那裡陪你。這種魅力實在沒有小孩可以抵擋。

希特勒對成人則不好辯，他總是耐心聆聽。我曾經在我爸爸的書房目睹他們幾次會議，計畫下一場選舉宣傳之類的。他會安靜坐在那裡，讓他的副官陳述意見，提出建議。他通常不發一言，除非副官們的辯論越來越乏味，然後他就丟出一句話，或是提出一個問題使討論又活潑起來。這樣會議進行很久，他一直很仔細很安靜地聆聽各種意見，習慣坐在那裡邊聽講邊咬他的指甲。等他做好決定，就會拍拍屁股站起來，告訴戈林將軍做這個，戈培爾做那個，希姆萊做那個。從那一刻起就沒有討論的餘地，他已經做好決定，每個人都必須服從，他不會再聽任何反對意見。我爸爸有時候想要反對，但是都被大喊閉嘴。人們對希特勒著迷，就是因爲他散發出的自信。對於沒有安全感而猶豫不決的人，有人能夠登高一呼說，「往那邊，我們走吧」，實在鬆了一口氣。那就是他的一大秘訣。

我並沒有參加過紐倫堡的集會。但是有一次我在慕尼黑城外參加了一個幾千人的盛大集會。我站在一個藏在樹後的大台子，放眼望去都是密密麻麻的聽眾。每當希特勒演講時，人們總得耐心等待，因此他可以做出戲劇性十足的進場。軍樂聲響起，他從中間的走道大步前進，兩旁伴隨著天知道有多少穿著炫麗制服的隨從。他能夠站在那裡安靜等待，直到全場爲之一凜。一個人需要多少意志力才能使廣大的聽眾等那麼久，但是他就有這個能耐。當他開講以後，會慢慢加快速度，直到他的音調變得慷慨激昂。那一天我四處打量時，看到學校的一位體育老師坐在前排，和同校的兩位清潔女工坐在一起。當時老師和清潔女工是兩個非常不同的階級，他們顯然也覺得很難爲情。但是當希特勒越講越投入時，這三個人也跟著忘情喊叫，可以說幾乎融合在一起了。那實在是個驚人的景象，也可以爲希特勒的演說效果做一個註腳。

大約1934年左右，我媽媽和我成爲柏特斯加登鎮的座上客。我那時已經長大了一些，不再叫希特勒道夫叔叔。我稱呼他希特勒先生，因爲我父母說他不喜歡跟大一點的人那麼親密。如果是小孩子這麼叫沒關係，但是如果成人也那樣他就會覺得不舒服。他在那裡有一個陽台——並不是後來建的那個誇飾的大陽台——天氣好的時候可以從那裡遠眺薩爾斯堡。有一個晴朗的早晨我們在那裡，他指給我看說：「小伙子，你看到那裡嗎？那就是薩爾斯堡，在我的家鄉奧地利境內。早晚有一天我要看它投入德國的懷抱。」我當時覺得那實在言之成理。

清潔女工把一批納粹旗幟掛起來晾乾。當希特勒一掌權，帶鉤十字就無所不在，出現在旗幟、匾額、臂章、別針和錦旗上面，甚至有一段時間還出現在非官方的商品如梳子、打火機、玩具號角、紙杯和人造花。1933年宣傳部制訂反庸俗法，禁止把納粹象徵商品化。

一張1935年的海報寫著：「年輕人效忠元首！所有10歲孩子都加入希特勒青年軍。」

們助紂爲虐的程度有多大。然而，在不爲他們脫罪的情況下，我們可以持平地說，希特勒的欺騙是如此拐彎抹角，不只見諸他利用戲劇，更因爲他以無比的敏銳碰觸到德國人心中的原始深處，使他們似乎憑著本能回應，而非經過深思熟慮。

這些矛盾簡直多不勝數。人們毫不吝惜投票給希特勒使他擔任公職，但投給他的票數又不夠多，迫使納粹黨得與其他右派政黨結盟。因爲他們知道一旦他大權在握，就會瓦解民主共和制度，獨攬政權。而他們在幫希特勒建立體制的過程中，卻如此曲意順從，把整個社會徹底改造，交出所有的個人權利而服從一個新秩序。

市長和其他民選的公職人員現在都由納粹黨羽取而代之；希特勒潛在的對手都被槍殺；在天主教學校中，「希特勒萬歲！」取代了「讚美天主」；當希特勒明目張膽違背凡爾賽和約，命令軍火工業全面生產，以爲他知道自己必須發動的戰爭做準備時，工廠勞工都本著合作的新精神，願意接受低廉的待遇，不只高興有工作可做，而且還是爲了德意志帝國工作。受到最大懲罰的團體非猶太人莫屬。希特勒執政不到數週，就禁止他們擔任公務員；等到1933年底，他們更被逐出大學和專業領域。

每當希特勒似乎走火入魔，當他必須向自己以外的人辯解自己的行動，就會訴諸一個無可辯駁的論點：他的職務是服務一個神秘族群——德國Volk。Volk一詞很難準確翻譯，直譯就是「百姓」；但是聽在德國人的耳裡，這個字還有種族、聚落、血緣、國家和家庭的弦外之音。1930年代希特勒崛起的氣候中，德國人覺得自己受到外來勢力的圍攻，因此希特勒對這個字含糊其詞，簡直就像對大眾下了迷藥。當他們爲了強盛德國鋪造

「救星」希特勒：「這個人不但受到仰慕，而且大受歡迎，受人渴望。」

費雪（左起第二位，綁髮辮者）會見希特勒的情景，攝於1936年。

——瑪格麗特．費雪生於1918年，在幼稚園擔任老師。1942年第三帝國的一個組織提拔她做教師訓練員。雖然她被迫加入納粹黨，但她一直不肯屈從。1941年她和歷史學家福立茲．費雪結婚，他因為主張第一次世界大戰主要應該歸咎德國，而成為爭議性人物。

我在第一次世界大戰最後一年出生，打從嬰兒期就意識到德國人對於凡爾賽和約的憎恨。我記得很清楚我媽媽如何哀悼她戰死的兄弟和表兄弟，我家人都有很強烈的反戰情緒。戰後發生的通貨膨脹更加深這些情緒，當時我雖然年僅五歲也記得很清楚。然後我們過了幾年太平日子，但是1930年代早期，德國卻是一片愁雲慘霧。在我成長的布萊曼地區，職業介紹所大排長龍，食物分發中心也大排長龍，每一天隊伍都越來越長。共產黨員和社會民主黨員會敲鑼打鼓遊行示威，這些示威並不是每一次都和平落幕：每天晚上都有肢體衝突，我們就住在勞工區的旁邊，常常會聽到槍聲，到處都很不安定。所以當這個古怪的希特勒冒出頭來，提出的口號正合德國民族主義分子的心意，即使連孩子也很清楚情勢很快就會改觀。

整個國家的情緒一觸即發，希特勒喊出的口號在1931年之後越來越深入公共場合，引發人民的共鳴。那時他絕口不提戰爭，只向我們保證失業很快就會結束，德國會再一次在世界上揚眉吐氣，受人尊敬。我想那可能就是其中關鍵，因爲凡爾賽和約切斷了德國自尊心的根源，而一個民族如果沒有自尊心是不可能長久的。所以這個人不只受人仰慕，更受到歡迎，受人渴望。當權力一移轉，整個街道都突然回復祥和又乾淨，不再有人打架滋事——然後我們大家即使本來不一定支持希特勒的，也都鬆了一口大氣。

我第一次看見他時應該是14歲左右。當時不斷出現在新聞影片和報紙上的一張照片十分吸引人，就是希特勒和（總統）興登堡互相寒暄，興登堡和身爲總理的希特勒握手。當時我這個少女把所有的希望都放在這個新人身上——希望現在一切都會改觀。我到現在都還記得1933年1月30日希特勒出任總理那一天，記得一清二楚。那並不算是眞正的革命，而更是一場和平的政權轉移。突然之間身穿棕色制服的軍團會到處行軍，非常有秩序又有朝氣。人行道兩旁擠滿人群，有好聽的軍樂隊，到處喜氣洋洋。人們都很驚訝，很好奇，但是也很高興。還沒有到歡天喜地的地步，但是卻充滿期待。

歡天喜地要等到兩年後，等到失業問題眞的被解決，街道也乾乾淨淨。直到那時仍然沒有談到戰爭，也沒有提到迫害猶太人，至少沒有公開談論。現在最要緊的莫過於人們眞的有參與感。在最初四年一切都進展得很快：一開始是創造工作機會，建立各式各樣的組織機構。民間組織如童子軍和宗教團體等，都逐漸納入希特勒的少年軍。並不是每個人都得加入希特勒少年軍，例如，一開始我就沒有參加，因爲我被教導成個人主義者，很厭煩盛大的集會。但是在中學時代，我有一位很棒的老師具體表現了國家社會主義(譯按：即納粹主義)的理想，而她就是我的偶像。

那種群眾魅力很難用言語形容。當時我正在爬山，遇到一群BDM（德國少女聯盟）的女孩子正準備去拜訪希特勒。當時我穿著德國傳統的民俗服裝，光是跟這個團體一起等待就充滿一股緊張氣氛，但是等到門一打開，希特勒走向我們，一副理所當然的樣子，那股緊張就消失無蹤了。他跟我們握手寒暄，一起散步——並不怎麼像父親，而更像是同志。他對於年輕人的了解非常深刻，也很能和年輕人交談。他跟我們開玩笑，問我們從哪裡來，爲什麼來，那個半小時非常輕鬆自然。但是他整個個性和舉止，都深深打動我們內心深處很少人能觸及的角落。那時我們心裡充滿著熱情和讚許，完全不經大腦，完全沒有，但是卻使我們深深陶醉，把站在那裡的每個人緊緊結合在一起。然後我們走下山，覺得好像漫步在雲端。我們手挽著手，興奮地訴說能經歷那半個小時實在太幸運了——那個經驗在我們有生之年都不會忘懷。

那時候我們沒有電視，只有收音機和新聞影片，當然我們看到和聽到的一切都是一面倒。在收音機播報新聞之前，政府會放一段優美的號角樂，我想是李斯特的，直達你的內心深處。當你一聽到號角樂，就會跑到收音機旁邊，心裡想著，「現在又怎麼了？」那個作法實在巧妙，而且令人興奮。每當希特勒的聲音從廣播中傳出來，你就會全神貫注。他說話的方式很難讓耳朵聽很久，但是久而久之，我們也就習慣了，而且不知何故聽他說話總是十分特別。當然我們一天到晚都得聽希特勒說話，終於開始覺得無聊，但是在最初幾年他運用聲音的方式實在很驚人。

我們不准閱讀任何有損希特勒或領導形象的東西。當然我們並不覺得一切都很正面，例如我們就很不喜歡和希特勒共事的那些傢伙。但是我們不能公開反抗政府。那就是我們付出的代價，我們會對彼此說：「好了，我們的生活眞的好轉，我們已經走了這麼遠。」大體上人們都還算滿意。至於我們必須閉嘴，必須小心不要太過苛評，並不完全自由等等，都是爲了國家著想所付出的代價。

在柏林奧運時，有一位英國朋友到布萊曼看我們。他認爲德國簡直了不起，對我們說：「這個國家社會主義使德國徹底脫胎換骨，我眞希望英國也能這樣。」所以在那時德國人又可以抬頭挺胸，在世界上揚眉吐氣，再一次和其他國家並駕齊驅。我們受到世人大大的讚美，希特勒統治的第三帝國再也沒有比1936年受到更多讚美了。

蹣跚學步的小孩拿著納粹旗幟在柏林的椴樹大道遊行，攝於1934年。希特勒一心想著亞利安種族的未來，鼓勵熱切的納粹黨員增產報國，並在孩子年紀還小時就對他們傳授納粹福音。

高速公路，在裝配線上建造飛機、坦克和戰艦，一個接一個帶著材料大踏步搭建集中營時，他們想著，就是在這裡，我們屬於這裡。

20世紀出現一個希特勒已經是人類的一大懲罰，但是這位德國領袖可能只是30年代最惡劣的暴君而已——雖然對於這一點大家仍然爭辯不休。義大利的墨索里尼幾乎可說是希特勒的導師，他在這段時期鞏固自己的統治權，以「大統領」之名建立國家形象，它的發展幾乎像讓德國人瘋狂的「元首神話」一樣淋漓盡致，雖然謝天謝地沒有那麼惡劣。在蘇聯，俄國革命的理想主義在史達林凶殘的眼神下已經消失無蹤，他濫殺無辜的程度遠甚於先前的任何沙皇。

幾十年後人們知道史達林嗜血，歷史學家會說其實史達林與希特勒一樣邪惡（只有在發明了大眾文化的世紀，人們才會爭辯要如何區別這兩個人，他們各自屠殺了數百萬人）。但是如果他們的殘暴有什麼不同，那就是：希特勒殺人是為了建立一個種族純正的國家，史達林殺人則是為了完成社會及政治的大轉變。而史達林先展開他的工作。

約瑟夫・杜加西維利是一名喬治亞鞋匠之子，從列寧手中和平接掌蘇聯的領導權，但是其後卻發動類似第二次革命，在許多方面都更為顯著的革命。一場血腥的內戰鞏固了布爾什維克黨人的地位，卻使1,500萬人死於非命；1921年的飢荒奪走的人命更超過俄國在第一次世界大戰的傷亡。蘇聯的領袖現在面臨一個兩難處境。他們的抗爭一直都以都市和工業為主，然而俄國80%以上的人口都是鄉村農民，這群難以穿透的龐大人口自外於城市，幾乎像是另一個文化，甚至可以說來自另一個世紀。

1917年革命期間，農民急著從坐擁大批田產的地主手中奪取農地，但是他們對於共產黨的忠誠也僅於此。當國家的新旗幟飄揚著一把鐵鎚和一柄鐮刀，使用鐮刀者對於要他們把剛從地主手中奪來的土地歸還國有，而到集體農場工作的意識型態根本不買帳。1920年代中期，列寧採用過渡政策，在達到社會主義之前允許小規模的自由企業，藉以化解他進退兩難的窘境。這位蘇聯領袖很不情願地承認，可能要等20年才能把他的觀念成功帶進農場。在讓農民耕者有其田並從中獲利之時，他可以籌得資金把蘇聯工業帶入現代化。但是等到列寧的繼位者上台，在1928年展開他的第一個五年計畫，這個「過渡」的時間表就大幅縮短。「悄悄發展」的資本主義已告結束，俄國史上最慘絕人寰的時代就此展開。

在接下來幾年之中，政府強迫農民加入集體農場，否則就流放西伯利亞，1,400多萬人要不是死於飢饉，就是被政府槍殺。整個村莊被夷為平地，數百萬孩童成為孤兒，在鄉間遊蕩，像走失的動物一樣搜尋殘羹剩菜。如果人民激烈抵抗——而他們的確如此：人們寧願宰殺自己的牲畜，

印有列寧和史達林肖像的旗幟妝點著莫斯科的各個廣場，攝於1931年。史達林把自己的形象和列寧連在一起，甚至還在照片上動手腳，並改寫歷史教科書，好像是列寧欽點他為接班人，但事實不然。

史達林與一群代表在第16屆黨員大會擺姿勢合照，攝於1930年。站在他右邊的兩位幹部都在蘇聯領袖發動的整肅行動中被殺。

破壞農場的機械，也不願意把它們繳給國家——那麼警察則更強悍。一開始他們還只把目標鎖定在富農，這些農民比其他人優渥，但在蘇聯宣傳者的眼中是農地的剝削資本家，然而被扣上這頂帽子的農民，所謂的企業活動不過是擁有一頭山羊，或是雇用一位親戚幫忙收割而已。然後，爲了達到中央當局設定的配額，警察就擴大打擊面，隨意逮捕人民，管他是不是富農。

這場對於農民階級的攻擊，其實是蘇聯政府對抗自己的人民，是城市的意識型態活躍分子對抗他們視之爲俄國「落後」根源的農村文化。這場對抗既深刻又悲慘，就像當時的許多分裂一樣，它代表未來與過去，本世紀與上世紀，以及新蘇俄與舊蘇俄的衝突。

既然只有一方擁有武器，勝負立見分曉，但是農民打的卻是一場狡猾的戰爭。光是1930一年，他們就宰殺了全國四分之一的牛隻、綿羊和山羊以及三分之一的豬隻大快朵頤，以此表達強烈的反抗，也確定讓蘇聯的農業表現在日後好多年不及過去。即使政府加以鎮壓，強迫農民加入集體農場，他們還是想出聰明的辦法如減少土地的開墾，減慢工作速度，以破壞體制，刁難奴役他們的人。當農民再一次受到「地主」約束，就把集體農場形容成「二次農奴制度」，而事實正是如此。鄉村人民對於這個封建社會絕不比上一個更滿意。

在一個又一個村莊中，教堂要不是被關閉就是被摧毀，因爲共黨把它

一位共黨活躍分子（穿黑色襯衫者）正在教導楚瓦士自治共和國的農民關於蘇聯的農業「技術」。透過把私有農田變為集體共有，史達林希望能把農村景觀轉變成一系列的「穀物工廠」和「社會主義農業城」。

「凡是不加入集體農場的人就是蘇聯勢力的敵人。」

共產黨標語，1930年

視爲集體化的障礙、俄國的歷史陳跡，以及可能試圖與莫斯科當局一爭長短的權力中心。不切實際的活躍分子取而代之，宣揚新宗教——馬克斯主義——但是卻沒收到多少新信徒。這些官僚剛剛完成爲期兩周的農作物管理課程，已經準備好管理新農田，但是他們翻遍馬克思教條也找不到處理灌溉或農作物損害的問題。不幸的是，政府早就確保他們沒有機會求援：最優秀的農民是集體農場之前的發達者，現在他們要不是在遙遠的古拉格揮舞鐵鎚，就是與其他「人民公敵」躺在萬人塚，準備爲來年拙劣的開墾添加肥料。

蘇聯全境內集體化最難施行，農民待遇最悲慘的地方要屬烏克蘭。這項計畫喚醒烏克蘭人民強悍的民族主義意識，更讓史達林下定決心除之而後快。他訂定越來越嚴苛的採收配額，把烏克蘭的農民逼到極限，當他們未達目標，就堅稱他們一定是私藏穀物。其實，烏克蘭人民都瀕臨飢餓邊緣，因爲被強迫收成這麼多農作物，根本連自己都沒得吃。然而，史達林仍然堅持不放手。他派遣數千名黨工到烏克蘭監視農民，其中包括「少年

在一個蘇聯的中亞共和國，農民因為私藏穀物而遭受審判，攝於1931年。共黨活躍分子利用莫須有的指控、階級仇恨和恐嚇，企圖瓦解富農階級。

先鋒者」的孩子站在瞭望台上，監視農田裡有沒有「小偷」。他還簽署諭令，下令私藏穀物者格殺勿論。不到六個月，就有近六萬人被判有罪，有些人的最高罪刑不過是「偷撿」，亦即在收成時偷拿一兩顆玉蜀黍，這並不構成死刑，只是要坐牢10年。

等到1933年，死亡的人數開始擴增，500萬農民活活餓死，而史達林甚至又把配額往上扳了一級。街上、田地裡或家裡，到處屍首橫陳。幾百萬人設法逃亡，卻不准進入火車站；如果他們徒步逃亡，則會被逮捕。因爲史達林對於烏克蘭的民族情緒有一種幾近瘋狂的懼怕，因此更決心要牢牢掌控，把整個國家變成一個600哩寬的龐大勞改營，以最殘酷的凌虐貫徹他的意志。

人民喝著蒲公英做成的湯，一聽到火車的聲音就跑到鐵軌旁，乞求旅客把麵包皮從窗口丟給他們。這場酷刑持續進行，因爲有太多的農民胃部都鼓起來，出現飢餓和垂死的徵兆，以致於還有一副「健康」身體的人，都變成揮舞鐵棒的活躍分子的箭靶。這些警衛心想：這些人一定有私藏食物，要不然爲什麼他們沒有像其他人一樣餓得奄奄一息呢？

「我聽到小孩⋯嗆到、一邊尖叫，一邊咳嗽。我看到人們臉上寫滿受驚、乞求、憎惡⋯（其中一人說），『拿走吧，全部都拿走。爐子上還有一鍋羅宋湯。它是清湯，沒有肉，但是裡面還有甜菜、馬鈴薯和包心菜。而且還有加鹽！最好把它拿走，同志！這裡，等一下。我要把鞋子脫掉，它們已經補了又補，可是也許對無產階級還有點用，爲了我們親愛的蘇聯勢力！⋯』」

共黨活躍分子描述他的工作，
監督蘇俄強制農場集體化，於1930年。

由始至終，史達林始終板著一張臉，好像他的計畫都照原訂目標進行，堅稱任何與計畫相反的資訊在骨子裡都是顛覆。因此報紙上對集體農場制度造成的大量死亡絕口不提，整版都是對集體化奇蹟的頌揚，這種否認正是蘇聯領袖迂迴的運作方法。如果希特勒是以他在紐倫堡體育場創造的戲劇感建立個人神話，史達林的神話則是建立在「大謊言」以及對於膽敢反抗者的恐怖威脅。

不管蘇維埃共產主義一開始有什麼理想性格，現在都完全演進成鐵腕的獨裁統治，就像希特勒的德國一樣，整個社會都圍繞著獨夫的宰制運轉。個體都被納入政府之下，其生存完全看他能否在牽一髮而動全身的龐大國家機器中貢獻心力。現在社會的運行不是依照自然法則，而是根據史達林的法則：他說的一切就是「眞理」，僅因爲他這麼說。

史達林宣稱，如果收成出了問題，爲什麼只有一個地方可以怪罪：富農仍然必須連根剷除；烏克蘭的飢荒都是莫須有，只是讓人發笑的笑話而已。收成進展異常順利；大煉鋼也是。再大的挑戰也難不倒布爾什維克社會。當然許多人都知道事實正好相反，但是他們只能自己心中有數，腦海

烏克蘭的毀滅：「他們全都餓死了」，小女孩說：「我也快要死了……」

飢荒發生時我正在蘇聯礦業學校讀書，政府決定派一些學生幫助集體農場的農民收割——當然，是那些還活著的農夫。所以1933年我們一群學生被派到烏克蘭。在那時飢荒已經遍布所有的黑土地帶，也就是從波蘭邊界一直延伸到烏克蘭，直達蘇俄。當我們一抵達，就注意到整個村莊幾乎一個人都沒有，人們要不是被驅逐出境，就是已經活活餓死，都是因爲集體農場制度。有時候我們來到一個地圖上說是村莊的地方，但是那裡卻空空的什麼也沒有，只剩下磚瓦和雜草。

當我們抵達預定工作的烏曼村，來到我們準備落腳的住家，卻發現裡面只有一個大約13歲的小女孩。她家的牆壁貼滿了照片，上面的人個個俊美又健康。他們是她的祖父母、父母和姊妹，總共大約有12到15人。我們問她：「這些人是誰？他們到哪裡去了？」她回答說，「他們都餓死了，我是唯一活下來的人，但是我也快死了，因爲我已經過了水腫的階段。」這就是說她現在正在脫水階段，已經無可救藥了。

我們都覺得很沮喪，所以就走到另一戶人家，裡面住著一位寡婦和女兒。她又收養了一個女孩子，因爲這女孩的生母已經餓得發狂——當時這並不稀奇——準備要割斷她女兒的喉嚨。但是這女孩想辦法逃出來，這位寡婦收留了她。這位女士烤了一些綠糊糊的煎餅，味道很難聞，也很難吃，幾乎像是水肥。她說，「這是甜菜葉和櫻桃葉做成的，我把葉子曬乾磨成粉，然後加一些水。我們就是吃這個東西。」

跟村人住在一起，我逐漸了解集體農作是怎麼回事。這些農民必須把所有的穀物繳給政府，但是政府卻認爲他們抗命不從，私藏穀物。有些人的確會把穀物藏在屋頂下或地板下，或是挖一個三公尺深的洞，把裝滿穀物的帆布袋埋進去。但是共產黨員會帶著長長的鋼製探針，如果發現土地有鬆動的痕跡，就開始挖掘。當他們把穀物拿走，這家人就什麼也沒有了。如果一戶人家有一頭牛或一隻豬，也會把它們宰了。在村莊裡你看不到一條狗、一隻貓或一隻雞，每樣東西都被拿來充飢。

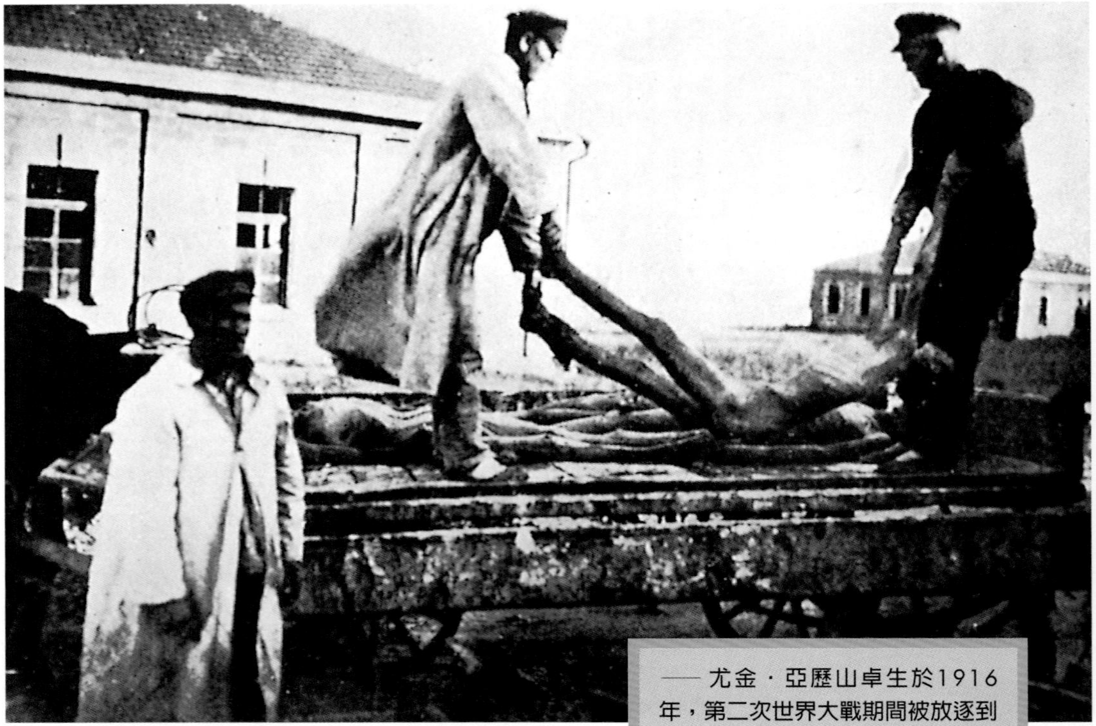

工人們正在清理飢荒受難者的屍體，攝於1932年烏克蘭。

——尤金・亞歷山卓生於1916年，第二次世界大戰期間被放逐到德國的集中營。1950年他移民美國，獲得哥倫比亞大學博士學位。他一直在紐約市立大學的皇后學院教授地質學，直到1987年以名譽教授的身份退休。他是俄裔美國人企業協會的共同創始者，這個組織為俄國移民的利益發言。

在烏曼有一個可釣魚的小池塘。有一天一群還算強壯的男人在那裡釣魚，他們把漁網撈上來時，發現一個像包裹的東西。結果發現那是一顆人頭，是他們認識的一個女人，事實上她之前宣告失蹤。有關當局前來調查時，循線追蹤到她的鄰居。原來是鄰居殺了她，吃她的肉過活，當然他被槍斃了。我也在靠近基輔的火車站看到兩個人被逮捕，他們是一對夫妻，從北方森林區來的農民。我問局長他們怎麼了，他說：「他們吃人肉，一定要被槍斃。」事實上他們已經神智不清了，因爲當飢餓開始時，會經過幾個階段。第一個階段是強烈想要吃東西的渴望，然後就會神智不清，然後弱點就會畢露。被逮捕的這兩個人已經進入脆弱階段。他們不停顫抖，幾乎站不穩，很快就會腫脹、脫水，所以不管怎樣都是死路一條。

人類是很能幹的動物，能夠捱過各種貧困，適應環境。集體農場一直持續下去，而人們也想辦法熬過來了。大飢荒之後很多年，我遇到一個來自烏曼的人，得知那個想要手刃女兒的女人下落。她不知怎的活了下來，那女孩也回到媽媽身邊。

中卻浮現一個兩頭怪獸：一端是屍體上一個已經腐爛的頭，另一端則是強裝笑臉，臉上帶著這位「天縱英明領袖」鋼絲般的鬍鬚。

即使西方人也受騙上當。希特勒、史達林和墨索里尼崛起之時，獨裁暴政還沒有在第二次世界大戰時那麼聲名狼籍。剛好相反，大膽的領袖配上簡單明瞭的解答，許多人都覺得那是他們潰爛傷口的最好消炎藥。希特勒重建德國的戰爭機器，幫助他的國家脫離經濟大蕭條；墨索里尼使火車準時開動；史達林正把一個行之久遠的腐敗社會轉變成現代的烏托邦。

只要眞理被否認，只要人們相信「大謊言」，五年計畫的「成功」的確與西方世界的經濟不景氣成強烈對比（雖然蘇聯的農業慘敗，但是工業化卻有顯著進展）。如果史達林一路上得過關斬將，鎭壓阻力，那就是革命的代價。蕭伯納在1932年訪問蘇聯，向世人宣稱飢荒和強迫集體化的報導都是「一派胡言」。日後曾因報導而獲得普立茲獎的《紐約時報》駐莫斯科特派員瓦特·度倫提，在同一年寫說蘇聯境內「沒有飢荒或是眞正餓死」。數以百計的美國人對自己家園的失業忍無可忍，紛紛到國外找尋新生活。爲什麼不呢？如果民主眞的那麼偉大，爲什麼使好人近來這麼悲慘？如果羅斯福這麼完美，爲什麼他的新政仍舊無法解決失業問題？

兩支清一色由流亡美國人組成的棒球隊，在莫斯科的球賽後慶功合影，於1932年。雖然這些人和其他數十位美國人都是自願搬到蘇聯，史達林卻很快對他們產生猜疑。等到1938年，許多人都被蘇聯政府逮捕，冠上間諜罪名，要不是被殺，就是被遣送到西伯利亞的勞改營。

夢想破滅：一位美國共產黨員在史達林恐怖國度的悲慘之旅

你簡直可以說我是生在革命運動，因為我爸爸在1917年成為共產黨員，當時我才一歲。他從義大利移民到美國，但是很快就被卡爾・馬克思好聽的言論吸引，當然還有他聽到為蘇聯所做的宣傳：沒有失業，沒有不同的社會階級，沒有種族偏見等等。當我慢慢長大時，我成為美國少年先鋒隊的一員，這是為共產黨員的孩子設立的。我們的任務就是支持黨。我們甚至有自己的啦啦隊隊長，他們會念，「二、四、六、八，我們最恨誰？資本主義者，資本主義者，啦啦啦！」我父親告訴我絕對不要對國旗敬禮，也不要念主禱文。但是我實在很害怕學校的朋友會嘲笑我，所以我還是會對國旗敬禮，但是我在背後把手指交叉，而且一直很擔心會被我爸爸發現。

——湯姆・史柯維生於1916年，直到1954年才從蘇聯勞改營獲釋。他在義大利待了七年，在那裡結婚成家，於1963年回到美國。他在紐約水牛城的通用汽車工作，1982年退休後搬到亞利桑那州。多年來他一直為國務院宣導要正視數百名在史達林時期遭囚禁的美國人的痛苦處境。

左圖：史柯維在「蘇聯勞工之友」的集會上演說，1933年，攝於紐約水牛城。

上圖：史柯維在第二次遭逮捕後於佛來第未監獄拍的通緝犯照片。

我們這些年輕共產黨人會穿上共產黨員的短上衣參加示威，我們的座右銘是「隨時準備上陣」。我12歲時就因為在鋼鐵工廠前發送傳單被逮捕。當我15歲時，參加一場抗議時警察開始逮捕示威者，我就跳到講台上大喊說：「工人同胞們！你們在這裡看到的就是資本主義的正義，差勁的條子，法西斯警察正在逮捕這些無辜的人！」話一說完警察就把我逮捕，我在少年感化院待了一段時間，但是我爸爸深以我為榮。

等我17歲時，我爸爸在一場示威中被捕，關進監牢，然後準備被驅逐到義大利。當時墨索里尼掌權，我父親身為共產黨鐵定會有苦頭吃，所以美國公民自由聯盟就安排他自願避難到蘇聯去。這時候的美國，威廉・魯道夫・赫斯特的報紙充斥蘇聯種種可怕的報導，包括強迫勞改和嚴重的飢荒。但是我並不相信，因為西方這麼多自由派人士如蕭伯納都到那裡旅行，受到隆重的接待，然後回來宣揚他們看到的美好事物。當我父親搬到莫斯科以後，他寫信告訴我那裡的種種好處，主要是我可以接受免費教育，而那是最吸引我的一點。所以當我發現家人可以加入我爸爸時，一想到我能進入藝術學院唸書就非常興奮，因為當時那對一名美國勞工階級的孩子，簡直是天方夜譚。

我媽媽、我妹妹和我在1935年8月抵達列寧格勒。我們的旅費全由共產黨支付，所有的事宜也由他們安排。當我走在列寧格勒的街道上，實在無法不注意大部分的人看起來並不怎麼快樂，那完全不是我在美國所想像的。帶我們四處參觀的嚮導把我們帶進一間啤酒屋，我的老天，我的心陡然下沈！我一生中從來沒有看過這麼骯髒的地方，這麼多人喝醉！嚮導點了一些食物，實在難吃極了，我根本吞不下去。然後我們到達莫斯科，我爸爸以「政治移民」的身份住在那裡，這代表我們會受到特別待遇。其實也沒有什麼特別，不過，特別的是我們住在旅館。我們四個人擠在一個房間，裡面有四張行軍床和一間共用的浴室。但是我們都準備一開始要吃苦，所以並沒有抱怨。

我在蘇聯的頭兩年半，我們就像是住在另一個國度的人民，這是因為我們的政治移民身份。我找到商業畫家的工作，也在一間藝術工作室學畫。我們吃飯是在一間房子裡，跟來自世界各地的共產黨員一起吃。一開始我爸爸興致很高，我們甚至常常去不同的機構演講，說美國的日子有多糟糕，告訴他們能在社會主義的環境生活真是福氣。但是真相卻慢慢顯露出來。

我對於看到的一切惡劣現象通常都能找理由自圓其說，但是有些事情真的很困擾我，我實在不能裝作沒看到。例如對史達林和列寧的歌功頌德。我從小就被教育成無神論者，所以對於蘇聯在這些人之上建立一個新宗教感到很厭惡。整天聽到的都是史達林，所有的歌曲都是關於史達林。就好像列寧是人民的上帝，史達林則是聖人，但事實上他們甚至超越了神的地位。他們在報紙上被人神化，到處都是他們的肖像。我開始討厭史達林，因為我實在不明白他怎麼可能站在群眾面前，沈浸在鼓掌聲中整整10到15分鐘，就靜靜在那裡等待。

我領悟到這並不是無產階級專政，其實階級分明。他們是推翻了舊有的中產階級沒錯，可是卻形成新的階級——蘇聯中產階級。換句話說，有錢的將軍和他們的太太穿著皮衣到處走動，擁有漂亮的公寓。然而，我並沒有全盤放棄共產主義，我想也許那只是蘇聯式的共產主義而已。如果共產主義移植美國，一定會截然不同。

我第一次受到真正的震撼，是和一位俄國朋友來到莫斯科一個工廠林立、非常破敗的郊區。我們走進一家餐廳，看到牆邊站滿了乞丐：男女老少都有，都沒有鞋子穿。他們就站在那裡，只要一有人離開餐廳，就一擁而上搶食盤中剩餘的食物。我實在嚇壞了，我仔細研究他們的臉，因爲嚮導總是告訴我們那些乞丐只是俄國中產階級的人渣，但是那些人的臉卻不是貴族的臉，而是農夫的臉。

然後我們的情況很快有了轉變。政府告訴我們這些外國人，他們無法再資助我們，我們必須搬出旅館，自謀生路。每一天宣傳機器都會在收音機宣揚人民公敵的故事以及破壞分子遭到逮捕。整肅好幾百萬無辜人民的行動才剛剛展開，突然間外國人也跟著遭到逮捕。

隨著逮捕行動變本加厲，越來越多的朋友宣告失蹤，我認爲自己受夠了蘇聯，想要回美國去。然後有一天有人拍了一下我的肩膀，要看我的文件。然後他把我帶到一個房間，裡面擠滿了像我這樣身份的人。他問了我的姓名，就把我帶到監獄。我告訴自己：「等著瞧，如果家鄉的共產黨曉得，就會寫信給史達林，然後放了我。」有一天晚上他們把我們其中1,000人帶到火車站，告訴我們被發配到古拉格，也就是蘇聯勞改營，勞改5到10年。

他們把我們送上運牛車，我們在那裡等了兩天都沒有開動。我們仍然抱著最後一絲希望，認爲我們會被釋放。但是等到火車一開動，發生了一件怪事：所有以爲他們會被釋放的人突然都掩面啜泣，尖叫，放聲大哭。我們越往東駛，我就越想起赫斯特說過的話。我告訴自己，也許他說的是眞的。我們的火車連續開了28天，直到我們來到海參崴的過境營區，加入當地8萬名囚犯。在那裡斑疹傷寒和痢疾猖獗，我們都睡在地上。有一天晚上我被派去挖洞，他們說那是化糞池。但是我想那是一個集體墳場，因爲我們在工作時，一直有一排小貨車來來去去，把屍體載來掩埋。

最後我落腳在科力馬的勞改營。有一個人告訴我，「不管事情有多糟，如果你眞的有心，總是會找到一些光明面。這樣看吧，你到蘇聯是想受教育，是吧？如果你活下來，就是從古拉格學院畢業。你在這裡學到的會比牛津或劍橋多得多。」那是眞的。我學到人可以墜落到多深的深淵。我學到共產主義並不管用。我也學到爲什麼它永遠不管用，因爲如果它要成功，你必須先改變人性。

經過好幾個月的激辯，奧林匹克運動會終於在1936年8月1日於柏林揭幕。這是繼紐倫堡種族法之後的大事，這些法律是一連串屈辱的諭令，包括剝奪猶太人的公民權、禁止猶太人與他族通婚、也不准猶太人雇用亞利安女傭。接下來的幾年中，規定的範圍不斷擴大，直到最後目標是把猶太人徹底從整個德國社會殲滅。即使法律還不夠嚴苛，有些德國小鎭早就進一步推展納粹恐怖：許多藥局都拒絕賣藥給猶太人；旅館貼出告示說「猶太人不准入內」；食品店也拒絕猶太人經手他們的用具，更不要說買東西了。

世人大聲抗議，但是卻無濟於事。因爲等到柏林奧運開幕時，希特勒已經把德國首都轉變成價值3,000萬美金的公關奇蹟。他怎麼能拒絕呢？1916年的奧運本來預定在柏林舉行，但是戰爭卻把整場比賽一筆勾消。德國在這場大戰所受到的懲罰還包括在1928年以前禁足任何國際運動比賽。現在好了，一場嶄新的柏林奧運可以讓希特勒炫耀德國已東山再起。

希特勒檢視原來爲1916年奧運建造的體育場，宣布它不合適，堅持要重建一個容得下10萬人的競技場。然後他下令拓寬從舊皇宮通向新奧林匹克競技場的八哩道路，以便容納數千名的運動員，在拓寬過程中摧毀了不少柏林爲人稱道的椴樹。巨大的旗桿沿著大道聳立，飄揚著納粹旗幟。反猶太的標誌都被塗掉或除去；集中營的大門也被打開；對於基督教教堂的鎭壓也告暫停。透過舉世第一場收音機轉播的奧運，德國將會向世人顯示一個充滿驕傲的「模範」社會。他們甚至重塑一個1932年洛杉磯奧運的簡陋小木屋，把它擺在德國奧運雄偉的選手村旁邊，這完全是衝著美國代表隊來的。

在運動場中央聳立著一個高達10呎、重達16噸半的奧林匹克大鋼鐘。在四年前，當威瑪政府還穩固不搖時，這口大鐘被視爲德國奧運的標誌，鐘口邊緣刻著「柏林，1936年」的字樣，後面則是德國詩人席勒一句氣勢澎湃又無傷大雅的名言，「我召喚世界的青年」。然而不管威瑪當權者當時的想法爲何，納粹的崛起卻賦予這句話一層新義。在奧運的所有文宣中，希特勒的形象都被疊在這口大鐘上，看起來好像他是在召喚世人。當這口大鐘在奧運比賽開始前幾個月巡迴德國時，群眾都爭先恐後瞻仰它，象徵（又一個象徵）新德國的意志力。

柏林奧運吸引的運動員人數比四年前的洛杉磯奧運還多兩倍，大部分都拜倒在德國的壯觀盛會之下，數以千計的記者、商人、外交家和觀光客也不例外。希特勒統治下的德國遠非他們想像的恐怖國度，而是一個快樂又富饒的國家。許多人都想，也許壓迫的傳聞終究只是傳聞而已。也許希特勒式的群眾政治應該受到表揚，而非詛咒。只有一位非洲裔美國籍的短跑選手破壞了日爾曼民族至上的完美形象。

柏林奧運是至今規模最大、耗資最多，也最廣為宣傳的運動會。這個官方的奧運海報被印成19種語言，在34個國家散發。

詹姆士．克利福蘭．「傑西」．歐文斯生於阿拉巴馬州的佃農之家，家中共有11個孩子。他在1920年代大遷徙時期隨著家人搬到俄亥俄州，在那裡的徑賽場上大放異彩。據傑西歐文斯的一位教練說，他不是跑步，而是「愛撫」腳下的土地。1935年他帶著背痛到芝加哥參加運動會，竟然在45分鐘之內連破三項世界記錄。儘管那項成就實在非比尋常，它還只是柏林奧運的暖身而已。歐文斯在柏林縱橫田徑場，贏得四項金牌（跳遠、100公尺和200公尺短跑，以及400公尺接力），德國觀眾無不拜倒在他的腳下，也揭發希特勒的種族理論虛假不實。

傳說希特勒在頒獎典禮上輕慢歐文斯及其它「黑人外籍兵團」（他對於非洲裔美籍運動員的謔稱），其實是隨著時間被誇大。事實上，希特勒一開始曾經親自向第一批德國的勝利得主道賀，後來接受奧運官員的要求，不再接見獲獎得主。但是這位美國短跑者的優異表現仍然被當成政治勝利解讀，它是一個不同的象徵，蓋過每天在街上遊行的希特勒青年軍的聲音。歐文斯形容頒獎典禮：「站在那裡，感覺實在棒透了。」但是他私下向朋友表白，不需直接面對他深惡痛絕的希特勒，著實使他鬆了一口氣。

歐文斯的獎牌當然不可能轉移橫掃德國的黑色宣傳狂潮（令人難過的是他的國家仍然把非洲裔美國人侷限在巴士後座）。然而，以一位運動選手神準的時機感，正當舉世似乎準備選擇組織而非自由，選擇民族主義而非國際主義，選擇高度編制、單一目的國家而非個人自由的原則之時，他的傑出表現似乎大力擁護民主，而與它對立的勢力正迅速擴張，即將展開一場比前次戰爭更恐怖的大戰。

忠心耿耿的德國民眾伸直手臂的敬禮方式，是柏林奧運最常見的景象，也暗示著納粹德國即將向世界發動的恐怖挑戰。

5

劇變邊緣

1936-1941

劇變邊緣1936-1941

前頁圖：西班牙內戰期間（1937年5月），飽受驚嚇的老百姓聽到飛機的聲音，不由得抬頭仰望天空。希特勒當時以德國空軍的優勢全力支持西班牙法西斯黨領袖佛朗哥將軍所領導的部隊，以致西班牙許多城市蒙上恐怖統治的氣氛。

1930年代中期，美國最受歡迎的廣播節目是國家廣播公司（NBC）的《蔡斯和山朋秀》。這個綜藝節目的主角是腹語師艾加・柏根和他的傀儡查理・麥卡西，他們搭檔做嬉笑怒罵的表演。每星期有超過5,000萬人打開這個頻道聽麥卡西罵柏根（此事證明，腹語師的魅力和觀眾是否親眼目睹他的動作無關。）在1938年之前，《蔡斯和山朋秀》變成星期天晚上最強勢的節目，對手哥倫比亞公司（CBS）找不到廣告商願意贊助和《蔡斯和山朋秀》打對台的節目。

眼見喚不回中低階層聽眾的心，CBS廣播網乾脆改走高文化路線，委請奧森・威爾斯製作新節目。威爾斯是一個年僅23歲的導演，因執導的莎士比亞名劇《馬克白》（全部使用黑人演員，故事背景改在海地），與眾不同而震撼劇評界，他的新節目每週播出一小時，不插播廣告，直接卯上柏根，那年10月30日的晚上，威爾斯的「信使劇團」播出由H.G.威爾斯小說改編的廣播劇《星際戰爭》（The War of the Worlds）。

由於對原先準備好的腳本不滿意，這位青年導演和他的班底在最後一刻決定充份利用廣播「報導眞相的媒體」的特質，盡可能把節目做得跟報導眞實事件一樣。節目一開始，他們先假裝介紹一間飯店舞廳的音樂晚會，接著突然中斷樂隊演奏而插播火星人降落在紐澤西古樂佛磨坊附近農場的新聞快報。接下來，他們更模仿重大事件的新聞處理方式，由廣播記者在現場以接力的方式報導整個故事。

「各位先生、各位女士：這是記者所目擊最恐怖的事件……」，威爾斯的「記者」哽咽地說著，彷彿正面遭遇天外來客一般。「在那裡，我看得到那個東西的軀體」。「它的個頭有熊那麼大，表面像潮濕的毛皮般閃閃

1938年颶風猛烈襲捲長島海岸，並迅速向北掃過新英格蘭之後進入加拿大，颶風所到之處盡是滿目瘡痍的景象，包括羅德島（上圖）在內的大部份地區都被淹沒在六英呎高的巨浪之下。

發光……眼睛黑漆漆的，像蛇一般閃爍著光芒。嘴巴成V字形，口水從那沒有嘴唇的開口不斷流出來……」

威爾斯原本打算在節目一開始就發表聲明，向聽眾保證他們即將聽到的故事都是虛構的，想必「信使劇團」的忠實聽眾一定也會毫無保留地就戲論戲才對。威爾斯萬萬沒有料到，節目播出後竟大受歡迎，一直要等到節目播完，上廣告了，才有人轉台聽《蔡斯和山朋秀》，許多聽眾還依依不捨地不時轉回CBS頻道，想聽聽有沒有再插播火星人入侵的新聞快報。

在這一個小時的節目中，威爾斯創造的火星人登陸了地球、製造出會發射死亡熱線的武器、擊敗了美國軍隊、破壞了廣播網路、並且佔領了一大片美國領土。值得注意的是，成千上萬的美國人對於廣播內容隻字不疑。驚慌恐懼的觀眾的詢問電話如排山倒海般湧入廣播電台，車站月台擠滿攜家帶眷的民眾，他們只求買到離開的車票，不管逃到那裡都好。在紐約市，恐慌使得戲院空無一人，而北方的紐澤西，也就是火星人登陸的地點，所有聯外道路都因為居民開車載著貴重細軟準備逃離外星人魔掌而大塞車。

當威爾斯的廣播在晚上九點結束時，有一群紐約市的警察找上了他，準備以他的廣播劇引起民心恐慌為由而拘捕他，但，事實上，他並沒有違法。相反的，聯邦傳播委員會只對他施予薄懲，接下來的兩天，CBS電台在播放台呼之後都刻意加上一句話：「整個故事和所有事件都是虛構的」。

「（這些年）的時光好像都花在候診室裡等候一般，多年來，只是斷斷續續接觸過一些舊雜誌，心裡的疑慮始終得不到解答。在此之前的幾年，也只有潮濕的手掌和優柔寡斷的心腸。」

——美國散文作家懷特

在1930年代末期，人們隨時幻想著生活中能夠發生超現實的末世現象。這種心理其來有自。因為舉目四望，所有現象都讓人們深信，生活只會愈來愈糟。美國經濟不景氣依舊，較諸羅斯福總統於1933年初上任時毫無改善。羅斯福總統於1936年以壓倒性勝利當選連任，他發現自己所統御的國家還在原地踏步，套句他自己的話，全國有三分之一的人口——「住不好、穿不好」、還「營養不良」。一千萬人（將近美國有能力就業人口的15%）找不到工作（以當時各國政府慣有的做法來推測，這個數字很有可能是被刻意低估的結果）。到了1938年春天，500萬名熬過經濟大蕭條時期最黑暗的日子而找到工作的人們再度面臨失業的困境。許多人開始思索：或許苦難還沒有真正結束，或許我們在向前踏出一步之後，會被迫再退回兩步。

大自然彷彿也是人類的敵人。就在《星際戰爭》廣播劇播出的一個月之前，美國東海岸地區剛經歷過一次威力無與倫比的暴風雨侵襲，災後滿目瘡痍的景象，宛如外星人入侵過一般。1938年颶風對長島帶來的破壞，比芝加哥大火還要嚴重，因此而死亡的人數，也比1906年舊金山大地震那

在全歐洲，人們對法西斯主義的抬頭以及爆發戰爭的威脅日益關切，圖為法國街頭張貼的海報，上面寫著：「如果希特勒發動攻擊，鴿派人士做何反應？」

一次還多。大雨傾盆而下，雨量遠超過氣象局事前的估計，總計有700多人死亡、63,000多棟房屋全毀。40呎高的巨浪一波波襲捲長島，連遠在北方的佛蒙特州也沒能倖免於難。

就在人們努力養家糊口並重建家園的時候，世界各地卻陸續爆發戰爭，讓人們的精神更爲之緊繃。1936年，義大利搶先佔領衣索匹亞；同一年，西班牙一群陸軍軍官和他們的黨羽與自由黨政府爆發激烈內戰，結果造成法西斯黨的佛朗哥將軍當政。1937年，兩支日本戰鬥機隊在中國境內攻擊美國砲艇，造成三個美國人死亡。美國政府明快地將此事件淡化處

收音機的即時特性：
「每天早上人們見面時都會互問：『昨夜你聽廣播了沒？』」

1930年，美國兩大廣播網——NBC及CBS都尚未成立新聞部，它們每天數次播報由廣播新聞局所提供的五分鐘新聞。但到了30年代末期，全國開始依賴廣播爲新聞來源。

當時一般人家在晚間幾乎都要經歷如下的標準過程：新聞開始播報前，家人紛紛圍坐在體積相當龐大的收音機旁，一直到新聞播畢，大家聚精會神聆聽、很少交談。他們收聽記者卡特伯恩在西班牙採訪的內戰新聞，其間並可聽到遠方傳來的陣陣槍聲，我們可以肯定的說，以往從來不曾有人在廣播節目中聽到槍聲。收音機把新聞事件立即傳入民眾家中，人們對世界情勢發展的看法也因此受到影響。所以當歐洲發生重大事件時，全美民眾有興趣收聽。美國人對歐洲局勢始終抱持相當濃厚的興趣，但是他們起初並不覺得歐洲局勢對自己的生活有任何影響。如今，他們著迷了。

當希特勒併吞奧地利時，我們派駐巴黎、柏林、華府、倫敦各地的記者以及在紐約的本人共同做了一次歷時半小時的連線報導，我所擔任的角色就是現在通稱的主播。1939年又發生捷克危機，它是廣播史上的重大事件，美國人的注意力完全被這條新聞吸引住了。他們饑渴般地收聽所有相關報導，新聞取代了其他廣播節目，我們每一分鐘都在持續報新聞，全國收音機只聽得到這種聲音。在當時，能夠聽到希特勒的演說，或聽到由慕尼黑返國的張伯倫揮舞著協定說：「這象徵時代和平的來臨。」實在是件很新奇的事，能親耳聽到這些大人物講的話，實在令人耳目一新。

如果說，廣播將全國人民凝聚在一起，在相同的時刻、聽著相同的聲音，這種形容一點也不誇張。全國人民因此緊密相繫。每天早上，人們都會互問：「昨晚你聽到了沒？你有沒有再聽一次希特勒的演說？他在說些什麼？你聽到納粹在歡呼『勝利』嗎？你感覺如何？」人們常把這些話擺在嘴邊，只是他們當時並不清楚，那些發生在異域的事會對自己的日常生活造成何種影響？但這是他們有生以來聽過最棒的節目。

——包柏特・勞德撰。他生於1908年，1930年開始從事廣播，雖然他後來投身電視，然而在他60年的廣播生涯中，廣播一直是他最愛的媒體。

一群來自美國、英國、加拿大的廣播記者聯合主持《夜襲倫敦》節目，報導1940年納粹閃電攻擊倫敦的部份戰況。圖中坐在落地燈左邊的就是艾德華・穆羅。

收音機在1930年代的重要性無可比擬。我們無論早晨、中午、晚上都要收聽廣播。當時每個家庭都只有一台收音機，那種體積龐大、擺在客廳的機種。每當學校放學、工廠下班或是天色暗下來之後，人們都會聚在收音機旁。這並非週日晚餐後的正式家庭聚會，而是非常隨興的。廣播使得我們像國際村的居民，而且我認爲這更有助於美國這個民族大熔爐的運作。

我本人來自一個有趣的家庭，我的母親和父親都是專業喜劇演員，所以家人都無可避免的喜歡喜劇節目。我們收聽傑克・班尼、伯恩斯與愛倫、鮑伯・霍伯、費柏・麥吉、以及所有受歡迎的節目。我對連續劇一點興趣也沒有，卻喜歡新聞及體育。

1930年代廣播最重要的體育節目就是拳擊比賽。在芝加哥南區的夏季，你只要沿著街道走，絕計不會錯過任何一分鐘的拳賽報導，因爲沿途人家的窗戶都是敞開的，每家人都在收聽拳賽廣播。若想進一步體驗拳賽的過程，只須將報紙或雜誌上有關喬・路易斯或麥克斯・史坎墨林等拳擊手的照片記在腦海中，再配上廣播的聲音，保證你有身歷其境看比賽的感受。

《星際戰爭》廣播劇第一次因「新聞插播」而中斷時，我正坐在姑媽身旁寫作業，由於那一陣子，廣播節目被中斷的情形頻頻發生，每天至少有14次，所以我起先一點也不感興趣。可是這次這個播音員的聲音聽起來就像典型的新聞從業人員在告訴我們火星人登陸地球一般，所以人們根本就不疑有他。

「新聞插播」反覆出現數次後，母親和姑媽抓狂了，她們開始搶帽子、外套等物品，跟著我們穿過走廊跑向電梯，像瘋子一般大聲尖叫。當我們闖進大廳時，我原以爲會看到一幕慌張的景象，然而那裡卻是平靜安詳的。接著我發現，執勤職員桌上的收音機正播著其他節目。於是我想道，如果地球當眞遭到外星人攻擊，所有電台應該會同時報導這項消息才對。我們知道自己上當了，於是開始歇斯底里的大笑。

——史提夫艾倫，一個喜劇演員，生於1921年，他是娛樂業的先驅，在1953年製作「今夜」節目，並且一直主持到1957年。

廣播有即時性格，你不須等到報紙出來才能知道世界發生了哪些事。廣播還有一種其他傳媒所沒有的特質：它讓人充分發揮想像力。這是很難得的事。此外，任何人都能輕易擁有廣播，因爲幾乎沒有人買不起收音機。人們只要站在收音機旁邊，便能夠聽到來自華府、當地電台、以及任何其他地方的報導。有史以來第一次，人們可輕易得知本地、本州、甚至世界各地發生的事情。

就在這個時候，預兆出現了。戰爭的鳥雲在歐洲逐漸漫延。我們開始收聽英國廣播網BBC的廣播，我們聽到了邱吉爾的演說。當他發表那些著名的廣播演說時，他是眞的在對我們美國人講話。理論上他是在向大英國協的人民發表演說，但他也是眞的在對我們講話。我們有資源、有人力、有設備、而且有能力幫他們解決困難。我們很關心，因爲他告訴我們，世界的前途堪憂。此外，聽到美國記者艾德華・穆羅在歐洲爲我們所做的採訪報導，他的聲音很好聽，又能有條不紊地說明事件一他讓人有身歷其境的感覺。當倫敦遭到納粹大轟炸時，美國人聽得到英國消防車的警笛聲，接下來是牆壁倒塌聲，最後是嗶嗶啵啵的火焰聲。穆羅就在當地報導，他的敘述戲劇張力十足。這一切讓我們告訴自己：「這是一場眞實的戰爭。歐洲的遭遇何等恐怖？」由於穆羅將戰爭的訊息帶入每個人家中，讓大家都深感不安。越來有越多的人相信，總有一天，我們也會被捲入戰爭。

——史蒂夫・麥柯米克，1914年生，曾經擔任某電台白宮特派員多年，歷經四任內閣。二次世界大戰期間，他官拜陸軍中校，因爲在塞班島戰役時表現傑出而獲頒青銅勳章。

理，日本軍隊則繼續在中國的南京地區發動猛烈攻勢，日軍大肆凌虐並屠殺了20萬名南京百姓，隨即與中國軍隊展開持久戰，這也使得日本與美國的關係極度緊張。最後，已經併吞萊茵河流域並入侵奧地利的希特勒又迫使英國首相張伯倫與他密集談判捷克斯洛伐克的未來，年事已高的張伯倫爲之苦惱不已。世人恐懼良久、本世紀最無情的一場世界大戰也終於在1938年9月噩夢成真。

如果是在早幾年，美國人獲知消息的來源是客觀公正而不帶情緒的報刊，而且消息往往在事發後數天才會見報。然而到了1930年代末期，國際事件顯得更爲迫切緊急，部份原因正是新聞傳遞的管道不同所致。在1930年代早期，廣播節目多爲喜劇或綜藝節目，但到了30年代末期，廣播也成爲新聞報導的重要媒體（委託廣播播報彩票開獎的情形甚至比報紙還普遍），新聞快報已經成爲現代生活主流，奧森・威爾斯「掛新聞頭賣虛構故事肉」的廣播劇只不過是因緣際會下的產品罷了。

右上角窗口站的是英國首相張伯倫伉儷。張伯倫由慕尼黑返國後，受到群衆熱情的歡迎。對慕尼黑協定持反對態度的邱吉爾稍後形容張伯倫說：「他滿腦子幻想著成為史上最偉大的和平締造者……」

如今，人們打開收音機不再只是收聽特定節目，他們每天長時間開機，只爲了收聽突發性的新聞事件（收音機已成爲汽車或甚至於農耕用曳引機的標準配備）。僅就1938年這一年來說，常態節目遭突發新聞打斷的次數不下千萬次，這種對新聞的激情像流行病般傳遍全美，當新聞以現場實況報導方式播出時，聽眾的情緒當場爲之沸騰不已。

在西班牙戰爭期間，CBS電台記者H.V.卡特伯恩從西班牙邊境一處人去屋空的農家做報導，炸彈爆炸聲隨著他的聲音一起傳入聽眾耳中。1938年春天，CBS實況報導了德國軍隊踢正步開入維也納街頭的過程。同年9月，NBC及CBS也實況報導希特勒在紐倫堡發表演說，希望鼓舞納粹黨徒精神的歷史事件。

在這些報導的整個過程中，所有美國家庭都全神貫注地坐在收音機旁，豎起耳朵聆聽來自浩瀚的大西洋彼端、奇特的歷史之聲。他們以全副

「影像已成為當代至尊無上的資產。人們不再以獲知消息為滿足，我們還要進一步目睹眞相。」

——出版家費恩·普洛弗斯特

攝影家桃樂西·藍芝的經典作品《移民的母親》，她解釋這張照片的拍攝情形：「我不曾再走近其他拾豆者的帳棚或避難所，那根本沒有必要；我知道自己已經找到這趟任務所要追尋的精髓。」

心神收聽由措辭明快的艾德華·穆羅為首的採訪團所做的報導（「這裡是倫敦……」），聽記者報導德軍在歐洲各國邊境集結，準備發動攻勢的情形。英國首相於9月30日結束在慕尼黑的外交談判返國，宣布割讓捷克給希特勒的協議，同時發表了一份極其天眞的聲明指出：「和平已經到來」，人們不禁慨然長嘆。在1930年代，只要留心新聞的人不難發現，全球的脈動已經緊緊相連。

美國人民饑渴般地吸取所有來自國外的報導，唯恐歐洲第二次大戰會使自己的生活受到影響。當時幾乎沒有美國人樂意見到祖國捲入戰爭。這是因為，國內的問題已經夠令人頭痛的了，全國各地主張安內重於攘外的聲音更是高漲。一群30年代的攝影師、製片家、劇作家、以及社會學家更積極拍攝各種紀錄片，呼籲美國人先了解自己的國家和民族，歐洲事務可以稍後再去考量。

攝影也為新聞報導注入新活力。廣播新聞讓人獲知最新消息，照片則讓讀者有身歷其境的感受，使人宛如親眼目睹事件發生一般。在經濟大蕭條的最高峰時期，由於人浮於事，所有經濟統計數字令人覺得不足採信、甚至誇張，照片是唯一能夠忠實反映美國人民苦難的東西（而且是知識程度不高者唯一可接受的方式）。在新政推行委員會的委託下，攝影小組前往全美各地為國人的苦難做見證，他們所拍攝的照片經過雜誌及報紙披露後，深深喚起觀眾的同情心（羅斯福總統的經濟紓困計畫便因此而獲得

1930年代，美國農業安全署（FSA）為了執行援農計畫，委託藍芝及瑪莉·昂柏斯特瓦科特（右）等攝影師到美國鄉間記錄人民生活的情形。

《生活》周刊創辦人亨利．魯斯如此界定這本雜誌的使命：要使讀者「目睹生命；縱觀全球；見證重大歷史事件；觀察貧窮的真面目與尊榮的姿態；看遍奇人異事……看到人們工作的情形……除了看到，還要從中獲得樂趣……」

充份的民意支持）。其中最特別的是一張女性移民帶著稚齡子女做工的照片，由於畫面實在太感人，那張照片遂被公認爲當代苦難的象徵。

在新政委員會公佈照片的媒體中，有一本名爲《生活》（*Life*）的新攝影雜誌。這本雜誌係於1936年由亨利．魯斯創辦，他也是《時代》（*Time*）的創辦人。《生活》一上市就廣受歡迎。對30年代的讀者來說，以照片做雜誌實在是一個令人興奮的點子，大約有25萬的讀者在雜誌創刊號發行前就預約購買。等到雜誌眞正出刊，廣受歡迎的程度更急速竄升，而由於廣告費率的調整趕不上發行量的上升速度，魯斯差點捨不得讓雜誌出門上架呢！

「從高山、草原、到海洋，
到處是一片銀白色……天佑美國」

——美國作曲家艾文．柏林

人們喜愛《生活》雜誌，不單單因爲裡面刊登重大新聞照片，更因爲這本雜誌連日常事件也「用圖說故事」（舉例來說，該雜誌早年曾登過一篇圖文並茂的報導叫做「嬰兒的誕生」）。這本雜誌猶如社區定期刊物，

鬥志昂揚的勞工：

「妳想妳可以照預定計畫再昏倒一次嗎？」

1930年代中期，我樂見的事就是產業工會意識的抬頭及「產業工會聯合會」（CIO）的成立。我所謂的產業工會意識，是指一種勞工自覺的觀念，將技術工人、半技工、以及非技術工人納入同一個工會中。這種做法和「美國勞工聯合會」（AFL）只結合技術菁英的傳統形成強烈對比。在AFL的做法中，非技術工人的工作所得已經遠超過他們的實質貢獻，所以何必再勞師動眾加入工會？相反的，「產業工會聯合會」成立宗旨就在於爲勞工爭取基本工資的保障，同時也可以做爲各個種族工人之間溝通的橋樑。因爲除了白人外，黑人同樣在煤礦坑、鋼鐵廠、汽車廠和橡膠廠工作。

CIO的成立，是美國、甚至全球勞工運動史上最戲劇化的一幕。這一幕，讓所謂的勞工史學者跌破眼鏡，因爲學者們遲至20年代末、甚至30年代初期都還在大談「勞資新夥伴關係」。這種論調當然是個神話，因爲經濟長期蕭條的結果，絕大多數勞工僅有的微薄積蓄都被榨乾了，他們的生活條件愈來愈不堪。在那段時期，勞動大眾心中累積了相當程度的不滿，CIO的領袖如約翰．路易斯等人才能順勢崛起。眞正令史學家（及路易斯本人）驚訝的是，煤礦、鋼鐵、橡膠、汽車等工業的工人對組織工會的主張迅速回應。至少我和哥哥華特．路瑟在底特律籌組工會時，就因工人的熱烈反應而大吃一驚。

我最好以1936年秋我所任職工廠所發生的故事爲例，說明勞工意識的快速成長。我在底特律西區一家工廠擔任衝孔機操作員，這家工廠專門爲「三大汽車公司（特別是福特）」生產車輪和煞車鼓。底特律西區這類的工廠有兩間，僱用的工人約5,000名。簽名加入工會者才78人。5,000名勞工中只有78名是工會會員，我們怎麼有膽量發動罷工？特別是當我們知道，福特汽車的哈利．貝涅特和他的手下對工人施壓，恐嚇他們不得公開和工會串聯或參加工會的會議。

在我工作的部門，工會會員雖然不多，但佔員工總數的比例卻比其他部門來得高。在我隔壁操作衝孔機的女工是波蘭人，她家裡有兩個稚齡小孩，我知道她隨時操心小孩的安危。那個時期，生產線的速度之快和每名工人所承受壓力之大十分驚人，有一天，她在工作時昏倒了，這個事件引爆了5,000名員工共同的心理緊張，每名工人臉上滿是懼怕與惶恐的神色，他們甚至大發脾氣。回家後，我把那天發生的事情告訴哥哥。他對我說：「我希望見見這個女人。」

我們到了她家，華特對她說：「該是我們採取激烈行動以克服工人們對組織工會一事的恐懼的時候了。妳想妳可以再昏倒一次嗎？這次要照計畫來。」她有點手足無措地看著他，華特說：「不是星期一，而是星期二。給我一天的時間安排。我們會讓輪第二班的人在星期二那天提早到達，我希望你在交班前一刻再昏倒一次。」她答應了。星期一，我們傳話給值得信任的工會成員，希望他們之中沒有間諜會將計畫洩露出去。到了星期二，她眞的又昏倒在地。我走過去，關掉總開關，一部部巨大的衝孔機突然停止運轉，現場陷入一片驚人的死寂。由於工人們從來不曾處身如此安靜的工廠中，那種寂靜的氣氛格外駭人。突然，他們領悟到自己手中掌握的力量無比巨大，他們可以讓這個該死的地方關門大吉。於是他們付諸行動，罷工開始了。

工廠廠長腳步沈重的走進我們這個部門，對著我們又叫又罵。當時我站在一個零件箱上告訴工人，要團結起來組織工會，爭取改善自己的工作條件。廠長看到我，吼著說：「你快滾回去工作，否則要被炒魷魚。」我說：「現在只有一個人能叫我們回去工作。」我把哥哥的名字及電話號碼告訴他，我說：「他是本地工會的會長，是唯一能夠命令我們回去工作的人。」廠長打電話給正在等電話的華特，華特說：「我在我的小辦公室裡，你在那邊，派部車來接我吧！」他們派了一部車去接他，當華特來到工廠時，我將他介紹給大家認識。他把我剛才說的話又說了一遍，廠長扯著他的褲管說：「路瑟，你該叫他們回去工作。」華特說：「我會的，但我得先把工會組織起來。」

我們罷工了10天。這場第一次的罷工是因爲女工昏倒而引發的，可惜我們的速度不夠快，還來不及組成工會。然而工人的恐懼感已經因爲這次激烈的行動而煙消雲散。不久後，工會人數成長超過3,000名，資方數度企圖成立假工會來破壞我們的行動，但都沒有能夠得逞。由於策略運用得宜，加上攻其不備，所以我們佔盡上風。而由於福特汽車急需我們製造的零件，工廠終於俯首稱臣，接受工會提出的條件。我們罷工的時間雖然短暫，卻贏得了勝利。我們一戰成功，把每人每小時工資由原先的美金22.33元調高到最低不得少於美金22.75元，而且無論黑人或女性工作者，同工就必須同酬。我們正邁向成功之路。

——維克．路瑟，1912年生，畢生致力美國國內外勞工地位的提升。1949年遭一名身份不明的槍手射瞎了他的右眼，他仍不改其志。他將CIO及「美國飛車、飛機、農業機械工人聯合會」（UAW）經營得十分成功，並且在跨國性汽車公司成立全球談判委員會時扮演吃重角色。著有，《路瑟兄弟》及《UAW的故事》兩本書。

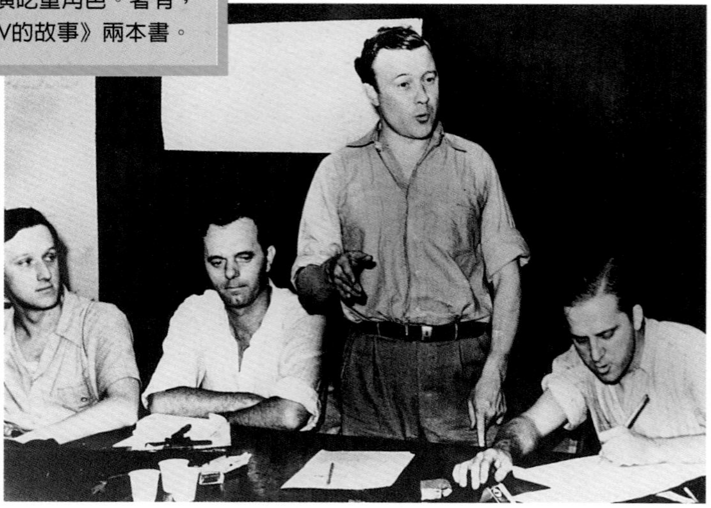

維克．路瑟（左一）出席其兄華特（站立者）發起的罷工會議。

人們每週在雜誌上讀到的故事就像一般人日常生活的遭遇一樣平凡。《生活》在發行的第一年內，陸續報導有關女性購買束腹的習慣、嬰兒第一次理髮、以及紐約哈林區的男孩與女孩等主題。後來雖然該雜誌改變做法，集中焦點報導當代重大事件，人們仍然習慣性覺得這本雜誌與自己週遭的生活息息相關，（魯斯本人就曾經針對讀者這種習慣成自然的心理做了如下的形容 ：「今天我或許沒有心情去閱讀一篇有關首相的精采報導，可是我隨時願意爲了看他脫掉鞋子的照片而停下手邊的工作。」）。

《生活》也和其他媒體一樣，汲汲於剖析美國人民的心靈，人們急切地閱讀雜誌上的短文和照片，想要從中找到清楚的民族認同。當時文章中常用的字眼是「我們」而不是「我」，英雄則是普通人。無論身處何處，美國人總渴望弄清楚：美國人看起來是什麼模樣？實際上又是什麼樣的民族？在攝影技術的帶領下，新聞工作者不斷搜集美國的眞面貌，小說家也開始創作新的文學作品（如約翰．史坦貝克1939年的暢銷小說《憤怒的葡萄》），期望文字也能像照相機鏡頭一般具有精準而敏銳的觀察力，能夠忠實呈現世間的萬事萬物。

有「企業工會救世主」美譽的約翰．路易斯說：「人類的工作權遠超過他的私人財產權。」

民俗音樂學者漫遊全國各地蒐羅民謠，爲公共事業振興署（WPA）工作的畫家們則把抽象畫撇在一邊，專心描繪美國光輝面的眞實狀況。而喬治．蓋洛普及埃爾默．洛普等民意調查機構出版了大量資料，他們的調查不再侷限於選民對總統候選人的偏好（大多數受訪者仍然支持羅斯福），舉凡性病防治（獲得多數人支持）、根除重大犯罪行爲（支持者多）、離婚法規的鬆綁（反對者多）等許多議題，均是民調常見的題材。

一旦美國人民對自己的鄰居了解愈多，一種善意的國粹主義心理就油然而生。人們所引以爲傲的，不僅是美國的政府體制，更包括人民不屈不撓的精神、鄉間美麗的景色、以及（套句當時最流行的用語）「美國人的生活方式」。美國國旗的銷售量居高不下，這是1918年以來僅見的現象。艾文．柏林主唱的〈天佑美國〉也是基於人們這種心理而大受歡迎。許多地方不約而同興起倡導認同美國文化的新熱情，提出這種觀念的人認爲，美國本身就是一個文化體，所有美國人的信仰和風俗習慣都是相同的。

「我們要和平，通用卻選擇戰爭，那就給他們戰爭吧！」

——1937年發動通用汽車公司工廠罷工的工會領袖如是說

「我們」這個觀念也爲勞工階級注入新活力。從1920年代初到1930年代初期，勞工組織的薄弱令人印象深刻。30年代一開始，總計只有350萬名勞工加入工會組織，在經濟大蕭條的風暴襲捲下，工會會員人數更是急速下降。由於就業機會寥寥無幾，勞工必須完全仰賴資方的鼻息。所幸國會於1935年通過「華格納法案」，這個事件是政府支持工會的歷史里程碑，潮流於是開始逆轉。

美國礦工聯合會主席約翰．路易斯有著寬寬的下巴，藍色的眼珠流露

The Flint Auto Worker

右圖：1937年的美國陣亡將士紀念日，芝加哥「共和鋼鐵廠」的工人和家屬發動罷工，他們在工廠前示威並高呼「產業工會聯合會！加油！」，警方揮舞著棍棒驅散示威者而造成不少傷亡，這場為期兩個月的罷工雖未達到預期的成果，勞工們最後仍然獲得精神上的勝利。

左圖：美國「汽車工會聯合會」（UAW）在前後幾次號召數家製造汽車零件的小工廠員工罷工後聲勢大漲，於是開始轉移目標、向美國「三大汽車公司」下手。1937年，通用汽車公司密西根州弗林特廠的員工在UAW發動下舉行靜坐抗議。

出不畏橫逆的堅毅神情，他的長相堪稱1930年代末期鬥志昂揚勞工的典型。路易斯是威爾斯地區一個煤礦工人的兒子，他堅持以同一個企業內部的工人爲主體組織工會，而不贊成組織同業工會（把技術人員和非技術人員混爲一談），因而改寫了工會的歷史。在與「美國勞工聯合會」（AFL）決裂後，路易斯立即率領一批支持者成立一個與AFL對抗的團體——「產業工會聯合會」（CIO），全國加入工會的工人人數（以及工會的力量）從此大幅增加。

勞工們雖然取得新力量，他們的前途仍然橫逆重重。即使國會和總統對工會持同情態度，企業經營者還是無意讓步。生產線仍然由資方掌握的工頭管理，其他工作條件也依然落後於文明的程度（例如強迫勞工在缺乏基本安全設備的環境下工作，每年有兩萬多名煉鋼廠工人因爲職場意外而受重傷），資方對工會爭取勞工權益的努力採取報復性的抗拒手段，他們動員反罷工小組，以機關槍、催淚瓦斯對付工人，派人到工會臥底、隨時掌握工會動態。

爲了反擊，工會採用「靜坐罷工」的非常手段。這種策略在1930年代末期被廣泛使用，其中最有名的案例是通用汽車公司17個廠的14萬名員工靜坐抗議，這項行動導致這個美國數一數二的大公司幾近停擺。這批勞工隨後決定加入路易斯的產業工會聯合會（CIO），加上羅斯福總統在1936年以壓倒性多數當選連任，通用汽車公司的資方被迫坐上議事桌與勞工談判。由於這次罷工事件的成功，「汽車工會聯合會」（UAW）的聲勢也迅速壯大起來（1936年秋之前，只有三萬名汽車工人加入此工會，一年後，會員人數已超過40萬人）。

「產業工業聯合會」持續運作，在許多礦工及汽車工人的工作條件和待遇獲得改善後，路易斯將注意力轉向鋼鐵業，其工作環境之差著實嚇人。不但工作場所充滿危險，煉鋼工人年平均工資不到400美元（可是他們平均每人要扶養一個六口之家）。平均每星期都有人不幸被火紋身（每年約250名工人死亡），僥倖未被烈焰吞噬者好不容易康復卻還要自掏腰包買新的工作服。

由於鋼鐵廠工作的危險性實在太高，所以部份經營者在面對勞工發威時總算不敢明目張膽地批其逆鱗。「美國鋼鐵公司」（全美國最大鋼鐵公司，同時也是全美洲最大的一家）總裁私下會見路易斯，而且幾乎未經爭執即全盤接受路易斯的要求，同意提高工資、給薪休假、按資歷晉升等。然而一些規模較小的鋼鐵廠就沒有這麼好說話，全美鋼鐵業除了「美國鋼鐵公司」外，均屬小型公司（大約六家，其實他們的規模只比「美國鋼鐵公司」小一點），業者的強烈反彈讓罷工行動無法收到立竿見影的效果。

1937年美國陣亡將士紀念日當天，全美17,000名鋼鐵工人集體罷工，數千名員工和眷屬聚集在芝加哥市南區「共和鋼鐵廠」總公司外面野餐、遊行，市府動員500多名警察圍堵。一場衝突下來，10名示威者喪生、100多人受傷。報紙社論雖然抨擊示威者的攻擊行爲，但是這種譴責並未持久，「紀念日大屠殺事件」消息傳開之後，美國參議院召開聽證會（參議員們審閱紀錄片和照片，依據紀念日的精神決定罪責歸屬），結果證實是警察挑釁觸怒工人，民眾轉而同情勞方並接受工會的說法。這一年成爲工會豐收年，新增會員人數達770萬，「汽車工會聯合會」的規模擴大不只10倍。鋼鐵業之外，橡膠、紡織、電子業也都成功地督促管理階層接受工會議決事項。

畢卡索名畫「1937年的格爾尼卡」，這是當代藝術品中對戰爭行為之野蠻所做的最嚴厲控訴。這幅畫在紐約市立美術館現代藝廊展示了43年之久，1981年被送往西班牙，這是因為畢卡索生前有交代，這幅畫應該在他的母國西班牙恢復民主政體之後返回故鄉。

希特勒曾事先警告奧地利總理：「我將如春天的暴風雨般突然夜襲維也納。」他隨即派兵進入奧地利，達到「德奧合併」的目的，又稱為「德奧同盟」。事實上，奧軍並未多加反抗。在某些地區，例如維也納（上圖），群眾夾道歡呼、迎接德軍的到來。

在此同時，歐洲局勢卻一日壞過一日。美國人在重視人本精神並且努力爭取較好的工作條件之餘，很難不去注意到大西洋彼岸的同業處境之堪憐，歐洲大陸的人民在野心家爪牙下委屈求生，世界大戰有著一觸即發的趨勢。

1937年4月26日，德國一支亨克爾51型機隊的戰機嗡嗡飛過西班牙格爾尼卡小鎮。那天剛好是市集日，鎮上人口數暴增到10,000餘名，包括農夫和來自附近村莊的平民成群在廣場上穿梭。格爾尼卡鎮上唯一具有戰略價值的設施是一間軍需廠和一座橋樑，實在構不成重要軍事目標。然而從那天下午4時40分開始，在希特勒一聲令下，德軍戰機大舉出動，以支援佛朗哥將軍的政黨爲名對這個城市展開三個小時的猛烈轟炸，無論是抱著嬰兒的婦女、載運貨物的商家、或是在田地裡找掩護的農民，統統遭到無情的屠殺。塵埃落定之後，總計1,600多人死亡、800多人受傷。諷刺的是，格爾尼卡鎮上未遭砲火破壞的赫然只有軍需廠及橋樑等少數地點。

格爾尼卡鎮民的恐怖遭遇震驚了全世界，西班牙內戰因此在某種程度上變成國際事件。數以萬計的外國人自願協助對抗佛朗哥，保護西班牙自由政權（包括由2,800名熱心的美國人組成的「亞伯拉罕・林肯軍團」）。

看德奧合併：

「當納粹攻入維也納時，對我來說，不啻世界末日。」

納粹德國併吞奧地利之前的那個冬天，是一段美好的時光。我們的生活很快樂，可以通宵跳舞，可以計畫未來。可是我們萬萬沒想到，身爲猶太人，竟要遭遇如此的不幸。奧地利向來反猶太，但在某種意義上，身處維也納的我們從來不曾被虧待過。我們以爲，這裡是我們出生的地方，這是我們的國家。我們生活得無拘無束，生活是平靜而美好的。每當我們聽到希特勒在德國的所作所爲，我們總是說：「喔！悲劇不可能持續下去，他們一定可以除掉那個瘋子。」我們以此爲信念，卻沒想到，那正是我們的悲哀。

我過著被呵護備至的生活，父親收入甚豐，能夠供應我們一切所需。我們來往的對象十有八九是猶太人。我甚至不記得父母曾經結交猶太裔以外的朋友。我們曾在歌劇院或奧皇的城堡裡參加過很棒的派對和舞會，有些宴會的來賓人數不下於2,000人。我當時在上大學，有一個男朋友，可以說前途一片光明。我原本過著快樂的生活，可是在1938年3月11日星期五，德軍突然攻入奧地利，人們卻張開雙臂歡迎他們，對我來說，不啻世界末日。

在德奧合併前數週，奧地利總理去見希特勒，他返國後在電台發表演說，告訴大家，一切不會有改變，奧地利永遠是奧地利。我們信以爲眞地以爲，一切都會好好的。所以當收音機上播報德軍已經越過邊界進入奧地利，而且有一大群人民手持鮮花列隊歡迎的消息時，我們是如此的震驚。奧軍沒有任何截擊希特勒軍隊的舉動，只是張開雙臂表示歡迎。德軍很快從邊境到達維也納，時間是兩天後的星期日。據說，第二天有30萬人聚集在舊皇居前廣場上聆聽希特勒演說。到處都看得到納粹標誌。許多男子身穿土黃色軍服，黑衫軍當然穿著黑衫，戴著卐字臂章。所有政府機構外也必然掛著卐字旗。

稍後我們發現，很多瑣碎細節都是事先安排好的。許多奧地利人表現出一副希望被德國統治的樣子，尤其是那些親納粹人士。他們早知道會發生什麼事，他們以爲自己將從此飛黃騰達。德國人早在納粹尚未成爲合法政黨前偷偷進入奧地利，將一些想變成德國人的奧地利人訓練成納粹黨員。一般百姓對這些事情渾然不覺，絲毫沒有察覺到，周遭竟有這許多納粹。辨別納粹支持者的方法就是：他們永遠穿著白色及膝長襪。先前在街上卻看不到納粹軍服，政府亦不曾提醒民眾發生了什麼事，他們只會說：絕對沒事。所有準備工作都在人民不知情的狀況下進行，今天我可以很肯定地說，納粹訓練了數以萬計的黨羽。不僅如此，他們還供應軍服及各種納粹標幟，一切早已暗渡陳倉、準備就緒。

於是，奧地利在一個小時內「納粹化」了。一切快得令人難以置信。接著，到處電話鈴聲大作，居住在市內看著事件發展的人紛紛會打電話通知親友：「別出門，留在家裡，以防不測。」我們在電話上互問：「一切好嗎？你在做什麼？出了什麼事？」因爲我們無法確定事態發展到何種地步。

星期六早上，在德軍越界進入奧地利之後24小時，身穿土黃色和黑色制服的人開始對付維也納市內的猶太人。他們強迫猶太男男女女雙膝跪下把人行道上的塗鴉刷洗乾淨。猶太人一邊刷地，一邊被旁觀者用腳踹。這些壞心眼的人將清潔劑等物質加在水裡，那些物質都具有腐蝕性，猶太人的手邊刷邊流血。再看看圍觀者，那是多麼可怕的臉孔呀！他們一副高興的表情，彷彿因這些猶太人不幸的遭遇而引以爲樂。

這一切都讓我們感到震驚，因爲我們不曾聽說德國境內發生過類似事件。後來我們發現，這些事確實不曾在德國發生過。這是奧地利的「特產」。納粹在德國花了五年才做到的事，在奧地利只用了24小時就完成了。大家要切記，納粹在德國要用掉五年的時間，是因爲他們必須循序漸進。可是在奧地利，他們只要花一天的時間。因爲德國的反猶太情結是學來的，奧地利卻始終反猶太。奧地利人的憤怒想必已經壓抑了好幾百年。現在，一夕之間，他們可以自由表達這種憤怒了。

史黛柏攝於德國併吞奧地利前一年。

──卡拉·史黛柏，生於1918年，1938年8月7日和雙親與幼弟一起逃離維也納，在義大利藏匿數月，她獲得阿根廷簽證，往後定居阿根廷20年。1960年，她移居紐約市，並開始她成功的出版事業，這使得她得以返回拉丁美洲、墨西哥和加勒比海地區。

這個小鎮遭到法西斯主義野蠻分子無情屠殺的可怕故事，在畢卡索的彩筆描繪下成為本世紀最傑出的畫作之一，並且是1937年巴黎世界油畫展中最受矚目的一幅作品。這幅畫之所以強烈撼動人心，最主要的原因在於它傳達出現代戰爭的新面貌：統治者肆無忌憚地殘殺無辜的生命，踐踏人民財產，目的竟然只是為了嚇阻反對勢力！人們不禁懷疑：從今而後，戰爭難道只是為了實現這個唯一目標？甚至到了不惜將炸彈如雨點般投擲在兒童身上的地步？

起初，人們的恐懼和猜疑並未獲得證實。但到了1938年春天，納粹德國突然吞併奧地利，情勢明顯得再也無人可以佯裝沒事，配戴納粹德國標幟的軍隊到處入侵，各國軍隊、政府、甚至平民都同感威脅。希特勒計畫讓全球都像德國一樣臣服在他的瘋狂統治下。

1938年3月，奧地利群眾旁觀猶太人被迫清洗街道上的親奧地利標語，口中一邊高呼：「猶太人有工作了！猶太人有工作了！感謝元首（指希特勒）為猶太人找到工作！」

奧地利總理不堪希特勒的威嚇而宣告投降，數小時之後，這個國家完全變成德國領土的延伸。維也納警察紛紛從口袋裡掏出繡著納粹卐黨徽的臂章別在袖子上，卐字旗在每棟民宅及商店窗口飄揚，咖啡店的顧客必須在德意志帝國的國歌前奏響起時立即起立唱和。只要有任何人敢公然支持奧地利獨立，馬上會有成群親納粹分子上前加以圍毆，他們當然更不會放過任何一個猶太人。

猶太人經營的商店一一遭到洗劫，猶太教會堂也被納粹黑衫軍佔領。群眾不但辱罵猶太人，逼迫他們在自己商店門前寫上反猶太口號，甚至要他們跪在地上擦洗支持奧地利反抗軍分子所留下的標語。警察還強迫猶太教徒用他們視若珍寶的祈禱布當拖把，去打掃黑衫軍總部的廁所。

維也納長久以來便是反猶太思想的中心，但在德奧合併之後，猶太人在此間的生活迅速惡化。圖中，一群猶太人被公然羞辱，納粹還語帶諷刺地說這是一場「刷地派對」。

奧地利不再是奧地利，現在它是德屬奧地利，與其說它是個國家，不如說它是個行政區。在納粹執政之前在位者都變成嫌疑犯，除了曾經在公家機構任職者外，舉凡教授、報紙編輯、戲院經營者都被迫辭職。被圍捕的「不良分子」超過79,000人，任何擁有財物者都必須適時輸誠，以迎接由希特勒率領的佔領軍到來。根據1938年3月12日公布的一則命令：「在往後的一個星期內，維也納市區每一間房子、每一扇窗子都必須爲全體市民奉行國家社會主義政策做見證。」

幾天後，希特勒得意洋洋的回國（他站在全新閃亮的賓士車後座，手臂筆直向上做出敬禮的姿勢），街道上滿是納粹旗幟及高喊著希特勒名字的歡迎人潮，跟在他身後的士兵都獲得民眾熱情獻花，他們的座騎也飽嚐蘋果和麵包的美味。25年前的這一天，希特勒只是一個汲汲營營的藝術家，他在這個城市的大小街道中穿梭，住的是廉價出租公寓，以畫明信片維生。現在，他卻以勝利者的姿態返鄉，不費吹灰之力就征服故鄉同胞，成功的果實雖美，卻也是莫大的諷刺。

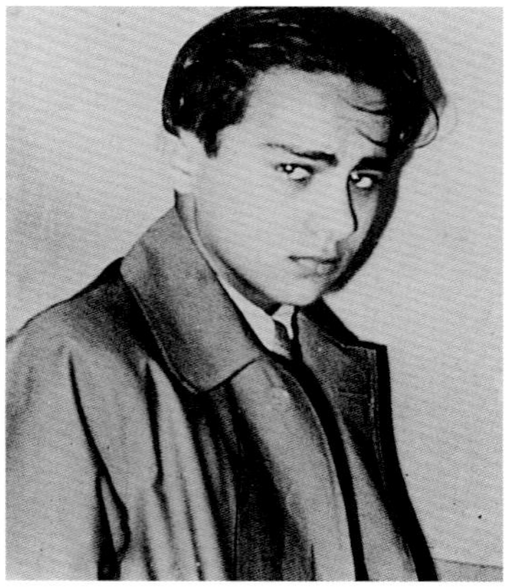

赫謝・葛萊斯班
1921—1942年

在遙遠的大西洋彼岸，美國人民以詫異的心情觀察歐洲情勢的發展，他們的感覺中攙雜著恐懼與好奇。德國人民如此信奉一個說謊的暴君，眞令許多美國人不敢信以爲眞。有人懷疑，德國人民爲何如此輕易上當？其實大家都忽略了一點：這名獨裁者其實是一名能夠操縱人心的天才，他能夠輕易喚起同胞的情感，進而博取他們的無限忠誠。在其他世人的眼中，希特勒這個人或許看來很滑稽——他常常在低聲咆哮間忽而慷慨激昂，忽而瘋狂謾罵，他那塗抹大量髮油的頭髮隨著他忿怒的辭句擺動，那一雙充滿緊張情緒的眼睛彷彿隨時凝視在未來某一個扭曲的畫面上。然而一旦希特勒開始演說，他的講詞中蘊藏著許許多多德國人對未來的美夢，宛如華格納歌劇中描寫的景象活生生地呈現在世人面前。他愈是形容得天花亂墜，愈是能夠博得德國人民信任，讓人民把他當救世主般看待。（當美國還深陷在經濟大蕭條的困境時，德國國內的失業率卻急速下降，其中部份因素必須歸功於納粹的窮兵黷武政策）。

「生爲猶太人並沒有罪，我不是條狗，我有生存的權利。猶太人有權在地球上佔有一席之地。」

——17歲青年赫謝・葛萊斯班留言於槍殺一名德國駐巴黎外交官後。

這位德國領袖在1930年代前期將全副精神都擺在內政事務上，一方面鞏固自己的權力，一方面設法讓德國經濟免於再下滑。然後他轉而對付猶太人，並且把勢力的觸角向歐洲延伸。在他的努力下，工廠開工了，工人的薪資也提高，沒有人覺得有必要和他作對。

1935年德國政府制定紐倫堡種族法，希特勒更進一步宣布，猶太人不得開業當醫師及律師，不得從事商業行爲，不得進入某些特定商店——雜貨店和藥房門口都豎起「禁止猶太人進入」的招牌——凡是猶太人，其名字中間都必須加上「莎拉」或「以色列」，如此一來，人們只要看到他們

瘋狂而邪惡的「水晶之夜」：
「我覺得，痛毆猶太人是很棒的事！」

在猶太青年赫謝．葛萊斯班於巴黎槍殺德國外交官凡雷斯之後，報紙紛紛用頭條大標題譴責猶太人，如「猶太人已經摘下假面具。他們用行動說明，他們打算如何對付我們。」那時的局勢很緊張，凡雷斯並未當場死亡，他受傷很重，大家都不知道他會不會死。所以，猶太人只要見了面，都會互相說一句：「希望這個人大難不死。」然而，他畢竟還是死了。於是爆發了所謂「水晶之夜」的大屠殺事件。那天，我們不曾邁出家門。我們只能從朋友的來電中得知事件的梗概。有人看到猶太教會堂被焚、商店被砸。翌日上午，母親、父親和我出門一探究竟。我們看到部份猶太會堂還在燃燒當中。有人在瓦礫堆中尋找銀器之類的貴重物品，把這些地方洗劫一空。消防隊出動了，但他們除了不讓火勢波及鄰房外，不得插手管任何事。沒有人敢出面阻止趁火打劫猶太教會堂的人。我們看到猶太商店的玻璃窗被打碎，到處都是玻璃碎片和灰燼。由於當時每家店都必須標明經營者的身份，所以趁火打劫者很容易分辨出來那些是猶太人開的商店。那時的景象很可怕，而我卻連自保的能力也沒有，所以感覺格外憤怒。我所受的教育是，人必須反擊社會不公。然而此刻我氣餒了，一點也無能為力。我無法反擊。這對我這個從小被教導要奮戰到底的人來說，實在太難過了。

——英吉．杜克朗，生於1922年，著有《我戴著一顆金星》一書以及劇本《從現在起，你的名字是猶太人》。

「水晶之夜」一詞其實未能具體說明事件的面貌，最合適的說法莫過於「帝國大屠殺之夜」。那一夜是個徹底的轉捩點，一個重要的分水嶺、一個新紀元的開始，不只對猶太人如此，對全世界亦然。那晚我家並未受到騷擾。第二天早上上學時，一切變得非常怪異，氣氛完全不一樣。任何人都可以明顯感覺到，人們的情緒在騷動，一件全新的事情發生了。到了學校，我終於知道事情眞相。班上有一些納粹黨徒，他們很快樂，聚在一起磨拳擦掌說：「猶太人要倒大楣了，這一刻終於來臨了。」放學後，我到漢堡市中心，看到所有破壞的景象。那種變態的情景讓人難以置信，彷彿一場可怕的夢魘。窗戶被打爛了、東西散落滿地。到處是濃煙和烈焰，商品被棄置街頭。人們行經其間，卻像毫無知覺似的，他們一副事不關己的神態，卻讓人一眼看出來，他們就是共犯。也有人困擾之情明顯流露，他們不敢把臉抬高，彷彿眼前的景象讓他們極度不安。從那一刻起，事態再清楚也不過，納粹可以為所欲為。我突然有一種感覺，好像隨時會慘遭橫死。這不是因為我們做了什麼違背制度、違背政府的事，而是因為我們生為猶太人，是我們與生俱來的原罪。從那一刻起，那種感覺是如此實在、如此觸手可及。

——雷夫．喬達諾，生於1923年，曾經三度遭納粹嚴酷拷問，卻都僥倖逃生，在大戰的最後一年半期間，他到處逃亡。他一生共寫了九本書，包括家族自傳《柏帝尼一族》。

「水晶之夜」後，德國艾柏斯瓦爾德市內一座猶太會堂的廢墟。

我是在「水晶之夜」的隔天才聽說這件事。猶太人被打、被殺、被丟入河中淹死。在我居住的小鎮上，只有一間猶太商店，我前去看到它被打爛了，貨物被洗劫一空。當時我心裡想：「好啊！他們活該。」因為我參加了希特勒的青年軍，所以必須這麼做。我拿了一個水桶裝石灰水，在商店的窗戶漆上「打倒猶太豬」等字，又在人行道上畫了一枝箭頭。父親很生氣，開始說明事件始末。我們激烈爭辯良久，他對我說：「你懂嗎？你看不出來嗎？納粹都是壞蛋。無論在那種社會，人們都沒有權利搗爛別人家窗戶或殺人的行為。」納粹宣傳部長戈培爾聲稱那是「一時的衝動」，一個猶太人居然敢射殺德國人，這件事激怒了德國人。針對這點，父親說：「天啊，一時的衝動？柏林、慕尼黑、杜塞道夫、德國每一個城市在同一個晚上都發生一時的衝動？這是有計畫的屠殺行動。」當然，大家都知道那是有計畫的行動。父親告訴我，所有衝鋒陷陣的人在一夕之間都擁有了昂貴的照相機，他們的太太也有了毛皮大衣。父親跟著對我說：「你以為那些東西怎麼來的？」然而我還是不覺得有什麼不對。我現在坐在這裡，很慚愧自己曾經那麼淺薄。可是在當年，我認為毆打猶太人並打爛他們的窗戶是好事，因為「他們傷害我們那麼深，應該得到一些報應。」那是我年輕時的想法。

——亨利．梅特曼，生於1922年，曾經加入希特勒的青年軍，在德軍服役期間曾奉派赴東部戰線。

在凡雷斯被葛萊斯班射殺的那個晚上，我的父親在半夜被幾個蓋世太保特務帶走。他們還看了我一眼，但我只有12歲，顯然不符合被捕的條件。第二天媽媽要我去上學，我當然不想去，我已經嗅出不尋常的氣氛。然而母親很堅持，我只好遵命。我到達學校後第一眼看到的是一個同學在告訴其他同學，他的父親昨天整夜在放火燒猶太教會堂，當時所有衝鋒隊員圍在一起，對著燃燒中的會堂尿尿，他們覺得有趣極了。當時我馬上想到，父親被捕絕非偶發事件。放學後，我立刻騎上腳踏車趕到猶太會堂。會堂當眞被夷為平地了，警察還在那裡驅散人群。由於沒辦法靠近，我只好打道回府。媽媽說：「我知道你父親在哪裡。」他和另外十幾個人在警察局，她做了一大包三明治叫我送去給父親。我好不容易找到警察局，趁警衛到另一邊去時衝了進去，把三明治交給父親。父親說：「趁現在，離開這兒，快走！」我照著父親的話做。警衛在後面追，我還是跑掉了。我穿越巷道跑回家，經過許多玻璃窗被打碎的商店。

——漢斯．費邊，1926年生於東普魯士。他在1941年逃離家鄉，取道柏林及巴黎抵達紐約。

1938年11月，奧地利格拉茨地區一座猶太教會堂在「水晶之夜」事件後遭人焚燬。以暴行對付猶太人，在希特勒統治下的地區並不新鮮，但這卻是第一次有計畫的大屠殺，並且是由政府動手執行。在這次史無前例的屈辱事件中，德國猶太人被集體處以100萬馬克的罰款，納粹幫凶赫爾曼．喬林說：「他們的罪名是：莫須有。」

慕尼黑協定簽訂後，捷克駐英國公使馬沙瑞克說：「如果犧牲我的國家可以拯救世界和平，我會搶先讚美你們。但是諸位，如果世界和平仍然不保，願上帝保佑你們墮落的靈魂。」

1938年《財星》雜誌的民意測驗中有一道題目如下：「如果你是一名國會議員，針對『美國是否應揚棄現行移民配額而對歐洲難民敞開大門？』的問題，你要答『應該』或『不應該』？」結果，

「不應該」的佔83%，
「應該」的佔8.7%，
另外有8.3%的受訪者「不知道」。

的身份證件便能知悉他們出身的種族。

到了1938年11月，希特勒的猶太政策出現大逆轉，由於家人遭到納粹控制而不勝其擾的猶太青年赫謝・葛萊斯班走進巴黎的德國大使館，要求晉見大使。他的身高不到5呎，神情緊張，接待他的警衛稍後回憶說：「他看起來就像一個飽受驚嚇的小學生。」因爲大使不在館內，接見葛萊斯班的是三等秘書歐尼斯・凡雷斯，當時凡雷斯正好處理完早上的信件，當他轉身要問葛萊斯班的來意時，後者從口袋中掏出一把左輪手槍，對著凡雷斯的頭部開了五槍。

這樁意外的消息傳到德國，納粹領導階層隨即大發雷霆。凡雷斯並非納粹忠誠黨員，甚至曾因抗議政府凌虐猶太人而被調查，德國政府卻以悼亡爲藉口發動報復，以致德國境內的猶太人社區在一夜之間遭到史無前例的猛烈攻擊。希特勒的宣傳部長約瑟夫・戈培爾一聲令下，數以百計的納粹黑衫軍喬裝成平民、趁著夜色掩護到處唆使暴民打架、放火、掠奪。

從柏林、斯圖加特、維也納、到其他幾個城市，群眾砸毀猶太商店的窗戶，還有人闖入猶太民宅。暴民們毀損傢俱及繪畫，有些人並趁亂強姦猶太婦女。在這個被後人稱爲「水晶之夜」（Kristallnacht，形容玻璃被打破的情形）的晚上，總計111名猶太人被殺，100座猶太教會堂被毀。30,000名猶太人被關進集中營，人數多得連布痕瓦爾德集中營當局都因人滿爲患而叫苦連天。希特勒的親信以「人們有壓力需要紓解」來解釋這場暴力事件。對納粹而言，還有什麼方法比痛毆猶太人更能讓他們發洩壓力呢？

「水晶之夜」難免破壞了國際間祥和寧靜的氣氛。就在凡雷斯遇害的前一個月，由於希特勒聲稱德國擁有捷克主權，國際緊張氣氛急遽升高。希特勒進一步挑起邊境蘇台德山區德語系居民的親納粹情緒，他語帶不平地表示，蘇台德山區的德國人被迫喪失加入德意志帝國的機會。事實上，希特勒關心的不是蘇台德山區的居民，而是這個地區的眾多工業廠房。此外，如果蘇台德區脫離德國而與法國、英國、俄羅斯結盟，將對希特勒擴大版圖的野心造成阻礙。

爲捷克危機挑起談判大任者是英國首相張伯倫，他就像其他許多經歷過第一次世界大戰浩劫的人一般，深知全球性衝突隨時可能一觸即發，所以決心盡一切力量化解戰爭危機。張伯倫對捷克民族的了解不多（他形容他們「不是非常傑出，甚至還不到中等的程度」），更不相信該付出英國男子的生命代價去保護別的國家，在他的觀念裡，捷克只不過是一個由於凡爾賽和約的簽定而匆促拼湊出來的國度。

9月底，倫敦居民都備妥了防毒面具。地鐵站的建築被強化來當做防

1939年2月24日，露絲·安德烈斯—弗瑞德雷在日記上寫道：「11月10日那天讓最愛家鄉的猶太人都開了眼界，有辦法的人都想盡一切力量逃出去。」

空洞使用，兒童也在安全的考量下紛紛被送往鄉下避難。張伯倫首相卻冒險前往慕尼黑與希特勒談判，不久後，他帶著與希特勒簽定的一紙協定返國，他在協定上不但完全背棄捷克，並且答應德國所有的要求。然而，他依舊因為達成了「讓世界遠離戰爭」的目的而受到讚許。英國為了紀念他的光榮事蹟而以他的名字為街道之名；在里斯本，一群「心存感激的葡萄牙母親」為他塑了一尊雕像；還有傳言指出，他十拿九穩可以得到那一年的諾貝爾和平獎。

然而，「水晶之夜」事件卻粉碎了張伯倫的英雄形象。（張伯倫聽到事件的消息後說：「喔！日耳曼人是多麼令人厭惡的民族啊！」）由於慕尼黑談判而帶來的愉悅氣氛更是迅速消退。大屠殺的消息令全球各地的人們都毛骨悚然，事件本質的醜陋和德國領導階層視法律如無物的形象從此深植人心。人們開始懷疑，或許張伯倫做錯了，儘管有了慕尼黑協定，另一場世界大戰終究還是躲不掉（有人甚至會想，就是有了慕尼黑協定才更加壞事）。

在美國，有人呼籲對德國採取嚴厲制裁，部分國會議員試圖放寬移民配額，以便讓德國猶太難民安全入境。然而卻有更多人陶醉在所謂的「美國新魅力」中而自矜自是，對外國人抱持冷漠和嚴苛的態度。許多人認為，擴大接納歐洲移民並非悲天憫人的表現，反而是一種懦弱的作為，這類人秉持「歐洲事務，歐洲人自己解決」的理念（同理可證，美洲白人、新教徒、盎格魯—撒克遜人問題的解決方式亦然），成功地在整個20年代及30年代初期將各國人士移民美國的規定做了最嚴格限制，而由於經濟大蕭條造成工作機會的缺乏，嚴格的移民政策就益發顯得有迫切的需要。

1939年初，在「水晶之夜」的效應下，紐約州參議員羅伯特·華格納提出一項法案，建議美國政府在正規配額外再容許10,000名德裔猶太兒童入境。這項法案獲得共和、民主兩黨許多議員大力支持，成千上萬的美國家庭更熱心地表示自願收養這些兒童，可是法案未能過關。一名持反對立場的遊說人士說：「如果我們想維持美國的既有風貌，防止我們的人民喪失自由，則我們不僅不能讓這些兒童入境，更必須將整個歐洲大陸的人民摒拒於門外。」

1930年代末期，讓人們心跳加速的不僅限於廣播中的新聞快報。每週六下午，天主教神父查爾斯·考夫林都會以一個小時的時間在廣播中聲嘶力竭地批判猶太人佔領全世界的陰謀。考夫林早年以抨擊羅斯福總統新政的缺失而聞名，他並曾於30年代初期與參議員休伊·龍恩聯手打擊羅斯福。此時，他最愛的攻擊目標變成「猶太人支持的共產主義」，而他最重要的職志就是要將歐洲人擋在美國大門外。

「美國優先論」者說：
歐洲問題「基本上不關我們的事」。

我成長於1930年代，父母師長們對美國加入第一次世界大戰的事均抱持強烈的不滿。所以我們那一代的共同想法就是：千萬別再重蹈歷史的覆轍，尤其我們好不容易才稍稍脫離大蕭條困境不久。1937年，我正在讀大學，我到歐洲各國旅行，看遍了歐洲的一切，法國的政治動亂、德國的軍人當政、英國溫莎

1941年，難以計數的人聚集在紐約市麥迪遜花園廣場召開「美國優先」大會。

公爵的愛美人不愛江山——當我倦遊歸來，不禁要想：如果歐洲的問題變成美國的問題，該如何是好？我還年輕，對事情很少思考太多，所以我只能粗淺地想道：「當美國人眞好！」

第二年，我結婚並搬到紐哈芬就讀法學院，我發覺周遭的人都很有意思。當時戰雲已經籠罩歐洲上空，我在好友之間談起這件事，我們開始思考，美國如何才能避免被捲入另一場歐洲戰爭。歐洲那邊像煉獄一般混亂——法國眼看著就要被打垮了，英國的軍力看來也撐不了多久，然而我們基本上覺得，那些都與美國不相干。當時美國的軍事規模還很小。第一次世界大戰中的經驗告訴我們，爲了維護民主精神而出手捍衛世界安全的代價太高，我們寧可自掃門前雪，盡量別和歐洲有任何瓜葛。

現在回想起來，當年歐洲有些事態的發展，如「水晶之夜」，很明顯地並未得到應有的充分報導。我們的警覺不夠高。舉例來說，桃樂絲·湯普森時常寫專欄報導歐洲難民的處境，但是我相信，美國人仍然不了解事情的嚴重性。如果我們當眞有所了解，一定會感到毛骨悚然。大家應該都還記得，我們都曾經因第一次世界大戰的故事而深受感動，協約國的宣傳故事支持我們渡過難關，迎向挑戰。那些駭人聽聞的故事包括嬰兒被德國人砍頭等等，後來卻證實只是宣傳材料罷了，這也難怪我們對於眼前聽到的故事先行存疑。

1940年春天，我們一群朋友們開始擔心羅斯福總統的作爲，因爲我們都看出來，他急欲插手幫助英、法兩國。儘管他信誓旦旦，例如在1940年競選時一再說：「美國的母親們，我保證，不會把你們的兒子送去外國打仗。」然而從他的所作所爲看來，他是愈來愈傾向於援歐及加入戰局。我們強烈的感覺到，美國國內仍有許多應興應革的事待做，我們討論得愈多，就益發覺得該辦次民意測驗來弄清楚耶魯大學的學生心中做如何想。我們發現，85%的學生反對美國涉入歐洲戰爭。耶魯大學新聞報報導了這項民調結果，學生間並且很快組成一個名爲「美國優先社」的組織。有趣的是，這個組織有不少創辦元老後來都成爲知名人士，如後來的第卅八屆總統福特、曾代表民主黨角逐副總統的施賴弗、以及後來當選科羅拉多州參議員的彼德·杜米尼。

（右上徽章）
讓美國　遠離戰爭　保持　中立

我們計畫廣邀各大學學生加入「美國優先社」。我們發出一封公開信，得到相當大的迴響。那年夏天，共和黨大會在費城召開，我們認爲應當前去遊說共和黨，請他們在黨綱中加上「以保護美洲大陸和重建美國社會爲優先要務」的條款。由於我們還沒有正式的社團名稱，只好以「保家衛國的大學青年」名義出席黨綱修正委員會作證。

接著，我們到首都華盛頓宣揚理念。我們決定找觀念相近的羅伯·伍德將軍深談，他是全球最大零售商西爾斯柔巴克公司的總裁。由於我們的組織名氣不大，所以我對伍德將軍說：「我們成立了一個超黨派團體，代表了所有黨派的意見，如果由你來帶領，我們就能發揮影響力。」他答應當我們的社長，從那一刻起，我們由一個純法律學生社團變成擁有眾多跨黨派重量級會員的社會運動組織，我們的成員涵蓋共和、民主兩黨、有教育工作者、作家及工會領袖，我們是超越黨派的，我們不表任何特定意識型態，我們基於一個共同的觀念而團結在一起：我們反對介入歐洲戰爭。

我們這個團體並非和平主義者的結合，我們盡量避免任何的「主義」。我們很謹愼，避免招惹如考夫林和反猶太的狂熱份子。我們爲了徹底與狂人劃清界線，甚至邀請一些身分地位不凡的猶太人加入，然而我們仍然受到不少批評。反對者給我們貼上各種「標籤」，如和平主義者、納粹同路人、法西斯走狗等。我們之中被抨擊得最慘的，卻是林白。

有關林白的傳說很多，只要他公開講話，總會有不少人將他的話奉若聖旨。他是個傳奇人物，外表看起來年輕、生氣蓬勃、魄力十足，能親耳聽到這位奇人頭頭是道地發表談話，是多麼令人興奮的事。我感覺，群眾當眞感受到他的誠懇，他無意競選公職，所說的完全是自己的眞心話。他並非爲了任何好處而站在我們這邊，更不喜歡成爲媒體追逐的目標，但同意擔任我們的發言人，讓所有攻擊的箭頭集中在他身上。羅斯福總統卻暗示林白爲納粹所利用，以此打擊林白的聲望，這件事令我永遠無法原諒羅斯福。

1940年底，我們的勢力擴展到國會。當時每項民意測驗的結果都顯示，有高達83%的美國民眾拒絕捲入歐洲戰爭。然而到了第二年，一切都變了。

——包伯·史都華，生於1916年，珍珠港事變後，他解散「美國優先社」，並加入陸軍服役。第二次大戰期間，他隨陸軍赴歐洲作戰，戰後就讀耶魯大學法學院。他在桂格燕麥公司當了15年總經理，1984到89年出任駐挪威大使，並歷任許多基金會、企業、慈善組織的董事會成員。

考夫林的的聽眾人數多達4,000萬，其中固然有人是因爲厭惡他狹隘的觀點而故意邊聽邊罵，但難免有同樣多的人認同這位神父的論調。他開啓了美國人的反猶太情緒，最受他的支持者肯定的話題便是孤立主義。

在這些美國人的想法中，他們曾經爲了幫歐洲國家解決困難而付出不小代價（單單英國積欠美國的債務就高達50億美元，倫敦當局卻對償債事務意興闌珊）。更糟的是，第一次世界大戰結束後的繁榮假象助長了美國的經濟蕭條現象，忍受惡果的卻是美國人。若再接受歐洲難民，美國人原本就寥寥無幾的工作機會極可能被難民搶走，難民更可能只是想到美國來坐享其成而不事生產。在這種觀念的影響下，美國人心中想道：上一代的歐洲人因第一次世界大戰而死傷慘重，他們的後代如何才能免於重蹈覆轍而葬身沙場，那是他們家的事，美國何必去淌這渾水？

在此同時，尋求安全庇護的歐洲難民人數的已經增加到幾乎失控的程

在古巴政府宣佈猶太難民不得離開美國海軍聖路易號後，一支古巴小船組成的船隊將停泊在哈瓦那港內的聖路易號團團圍住，以防有人跳海自殺。

度。在「水晶之夜」後，無數德裔和奧地利裔猶太人在外國領事館外大排長龍，焦急地申請政治庇護。大多數人被斷然賞了閉門羹。不只美國，幾乎所有西方民主國家都同樣拒絕進一步敞開大門。

何處才是猶太人的棲息處？各國爭議不休，有些建議可笑至極。不少人屬意法國殖民地馬達加斯加島（這個建議最早是由希特勒提出），但因法國政府擔心猶太人挑起當地革命而作罷。美國一名國務次卿提議葡萄牙殖民地安哥拉，葡萄牙人也不肯，理由大致和法國差不多。羅斯福總統提議衣索匹亞（當時被義大利佔領），他甚至派遣大使去徵求墨索里尼的同意，可惜無功而返。紐約市一名國會議員堅持將猶太人送往人口稀少的阿拉斯加。各方意見分歧、爭執不下，納粹領導階層索性以看笑話的心情袖手旁觀。他們說，看吧！沒人願意收留猶太人，連以猶太人守護者自居的國家也不例外。

1939年世界博覽會會場，所有建築——包括樓塔、拱門、裝飾、圓頂、以及螺旋屋頂——都在先進科技的協助下訴說著人們對未來的興奮與渴望。下圖為世博會主題中心展覽場所——正圓球體展覽館。

1939年5月13日，美國海軍所屬的聖路易號載著936名乘客由德國漢堡啓航，開往古巴首都哈瓦那。船上大部分乘客是德裔猶太人，持有美國移民局簽發的文件，保證順利抵達美國。他們先到古巴等候美國批准移民申請。可是這段候補的時間就長達好幾個月。船上的人們難掩興奮之情，很多人用畢生積蓄買了這張船票。在他們來說，能夠到美國展開新生，意味著眼前的苦難折磨即將結束。不幸的是，事情沒有這麼簡單。

聖路易號抵達哈瓦那後，眾多親友都聚集在碼頭上迎接，古巴政府卻拒絕讓旅客上岸，理由是他們的古巴簽證不合法。接下來這段折騰人的日子裡，古巴移民官員和一群律師爭論不休，聖路易號宛如一座海上監獄。警方定期在碼頭巡邏，嚴防有人跳船游水上岸；到了晚上，探照燈上下照射，不讓乘客有摸黑溜下船的機會。船上乘客呆立欄杆邊啜泣，家屬們則僱用小船划到聖路易號旁邊，對著船上親人大喊。船上一名婦女努力將兩名子女高舉到窗旁，想讓划著獨木舟而來的父親看孩子一面，可惜徒勞無功。還有人試著用手勢傳達心聲，結果依舊是失望的。

1939年世界博覽會：
電動洗衣機、電視機、以及「一部會自動結冰的冰箱」。

左圖：史諾的父親威廉（前排右起第四人）和同事攝於未完工的球體前。

右圖：史諾（左）和母親莉莉安於世博會拍照留念。

右圖下方文字：紐約世界博覽會，1940年

——姬達．史諾，1929年出生於紐約市皇后區。高中畢業後任職於「尊重生命保險公司」，1951年結婚。1953年為了專心照顧家庭而辭職，1964年她帶著兩個小孩參觀世界博覽會，那個場地正是她幼時博覽會的舉辦地點。現在她有五個孫子，定居紐約市馬薩佩夸區。

我的父親是個電氣技師，在我八、九歲時，他想讓我參觀他的作品，因此他帶我到他上班的地方，那就是後來的紐約世界博覽會會場。我們到達會場時，那裡還只是一片沼澤，許多土地尚未被利用到。父親帶我參觀所有的建築以及將要展出的設備，他說：「孩子，這就是我的工作，就是它！有一天這個地方會充滿光明。」他希望我親眼看到這個地方，希望我能了解，此地終將舉行一場壯麗的世界博覽會。

世博會正式開幕後，造成相當的轟動，參觀的人潮很踴躍。我曾經事先看過世博會興建的過程，沒想到這個地方竟在一瞬間散發出生命的光采。我相信，由於美國經濟已經緩步復甦，所以才會有這麼多人來參觀世博會。大家熬過多年大蕭條的困境，世博會正好讓人們獲得重燃生命之火的契機。參觀世博會，有如以飛鳥之姿鳥瞰未來，人們愛死世博會了，生活不該就是這麼美好嗎？我的意思是說，人們始終在放眼未來，希望早日窺見未來世界和現在的異同。世博會爲人們打開新世界的窗口，我想大家都已經做好迎向新世界的準備。

會場正中央是噴水池中一顆巨大的白球和一座三角錐形的高塔。人們一眼就會看到它們的存在。到了晚上，噴水池裡亮起美麗的五彩燈光，景色十分壯觀。會場裡有各式各樣的展覽——「神奇麵包」會發給你一小塊麵包；「漢斯食品」則給你一支泡菜造型的綠色小別針；全國收銀機公司則負責統計與會人數，每當有人走過入口的旋轉門，門上看板就會跳出新數字。

世博會的正式名稱是「明日世界」，其中最有趣的是「未來生活館」。在公路方面推出高速公路的概念，由於當時用車人還不是很多，所以人們很難接受高速公路的觀念。我還記得，自己坐在漆黑的房間，看著旋轉舞台上先展示舊事物再展示新的。我們看到舊式洗衣機、冰箱、汽車等等，接著，舞台慢慢轉動，新世界就展示在我們面前，有電視機、電動洗衣機、電氣烘乾機等，每樣東西都是電動的。一切就像神話，像完全不同的人生。生活變得好輕鬆，以冰箱爲例，它會自動結冰，使用者只要動手開門、關門，其他一切自動。冰箱內甚至有一盞小燈呢！電視機則示範拍照的過程，能夠在螢幕上看到自己的照片，眞是神奇得令人難以置信。這一切的原理，我們並不了解，我連問也不敢問，只是以敬畏的心情看著所有新事物。我必須承認，由於剛度過經濟大蕭條，這些事物我們當眞沒有見過，所以難免有如夢似幻的感覺。當時我年紀還小，自然見識不多，可是我想即使是大人，也很難接受這些事物的眞實性。

我的感想無法代表所有參觀過世博會的人的心聲，因爲每個人都有他獨特的感受。然而我相信，看過未來館展示的人都滿懷豐富的心得回家。展覽已經在人的內心造成影響，它讓人長了不少見識，例如「我也可以那麼做」，某個青年在看過某項展覽後會說：「那個點子眞是不賴。再過幾年，也許我也該那麼做。」世博會爲我們打開許多未來之門，將來有一天，我們或許能登堂入室。世博會更爲我們帶來新希望：盛會雖過，還有很多事可以做，大家應該積極投入。

我不禁回想起當年參觀波蘭館的舊事。我們走上那條寬大、美麗、四周綴滿鮮花的通道。我們走到館前時，燈突然熄了。父親猜想是電線短路，因爲會場內其他地方的燈都還亮著。然後我們聽到擴音器傳來的聲音：德國剛剛攻佔波蘭，所以波蘭館被迫提早關閉。當然，那就是大戰爭的開端。我記得當時自己心想：「戰爭？在哪裡呀？」那時我根本不知道波蘭在地球的哪一個角落。由於館裡沒東西可看，我們也不得其門而入，所以只好離開。

岸上的家屬焦急如焚，一心只想讓親人早日脫離苦難，然而古巴政府的腐敗官僚卻遲遲無法決定要訛詐多少金錢，官方於是下令聖路易號開回德國，差點引發一場暴動。兩個人自殺未遂，另外數十人揚言要跟進，古巴當局只好緊急聯絡其他國家，希望找到肯收留移民的人。求救電報也發給了羅斯福總統，許多人呼籲他向猶太人伸出援手，然而由於多數美國人民對猶太人的處境漠不關心，有人甚至公開表達反猶太思想，所以即使是羅斯福也愛莫難助。聖路易號漂流過整個大西洋，不知何去何從，象徵猶太人苦難。

終於，在聖路易號從漢堡啓航的一個月之後，比利時允許靠岸了，多數旅客得以依本身意願選擇留在當地或是前往英國、法國、荷蘭等國家。他們總算自由了，即使是一時的自由也罷。可是在經歷過這許多磨難之後，美國這個號稱由移民組成的國家，卻除了官方說辭外，未曾提供任何協助。

在看了電影《亂世佳人》於亞特蘭大的首映之後，電影原著《飄》的作者瑪格麗特·米契爾說：「對喬治亞州人民來說，能再次見到昔日的南方邦聯是多麼美妙的事。」

1939年春天是歐洲獨裁三巨頭的凱旋季。佛朗哥完成他在西班牙的霸業，卻害死了100萬名百姓；墨索里尼佔領阿爾巴尼亞；希特勒則長驅直入布拉格，並進一步宣稱擁有捷克其他地方的主權（害得張伯倫和慕尼黑協定成爲國際笑柄）。少數地方傳出戰爭危機紓解的好消息，但是全球多數地區仍然緊張萬分，人們企盼局勢有所轉寰而不可得。理性的人認爲前途依舊堪憂，可是不理性的人卻故意視若無睹。在當時，不理性的人佔多數。

在美國，人們企圖從娛樂中尋求解脫，紐約舉辦了一場世界博覽會讓人們偷窺「明日世界」。33個美國各州展覽館、58個外國館（不包括納粹德國），總計1,300個企業的攤位提供了包括電視機、尼龍絲襪、機器人、以及人造閃電在內的「現代奇蹟」，完全滿足人們的好奇心。

最受歡迎的通用汽車「未來世界展」每天吸引28,000人次的民眾參觀，這個攤位向人們預告1960年代的生活風貌，根據預測，屆時人們崇尚健美的體格和晒得黝黑的皮膚，每年休假兩個月，住在可折疊的房子裡，開著以「液態空氣」爲動力的汽車（當然是通用汽車）。所有參觀過通用汽車館的遊客在離去時都會領到一枚寫著「我見識了未來」的徽章，每天有數萬名別著這種徽章的遊客睜大眼睛在廣達1,200畝的博覽會會場來來去去，彷彿在親身見證一場神蹟。

這個博覽會也有怪異和諷刺的地方。例如在眞實世界中怒目相向的國家在此比鄰設館，宛如大草原上相親相愛的好鄰居。這種景象可有一比：瀕臨破裂邊緣的家庭裡，正在鬧離婚的父母爲了子女而強裝笑臉，子女們雖然心知肚明，卻不敢拆穿眞相而繼續裝聾作啞。

德國裝甲部隊在布拉厄河畔擊敗波蘭軍隊後，朝華沙前進。一旦前線被攻破，波蘭人唯一的希望就是英、法能由西部戰線反攻德國。然而，同盟國的軍隊還來不及動員，波蘭就已經淪陷了。

「當個德國人，感覺眞美妙……一眼望去盡是德軍坦克，在15分鐘之內，眼中所見就只有坦克。」

——摘自一名德軍的日記，敘述德軍入侵波蘭的情形

這年6月，英國國王喬治六世和王后攜手走訪美國（希望戰爭爆發時能得到美國支援），數百萬美國人民爭睹王室夫妻的風采，他們在紐約遊街時吸引了超過300萬的人潮圍觀（其轟動程度僅次於駕機横越大西洋的林白）。國王和王后在華盛頓也吸引了超過60萬的人潮，有一名德州參議員因折服於王室風範而表示：「伊莉莎白王后若願意留在美國，國會將考慮把英國的戰時負債一筆勾銷。」

當然，電影院賣的就是想像力。1937年華德・迪士尼推出第一部卡通長片《白雪公主和七個小矮人》，他接著努力要把古典音樂《幻想曲》也製作成動畫。1939年，美國最具票房實力的明星是一臉雀斑的青少年米蓋隆尼，他在電影中扮演純眞無邪的安迪・哈代，觀眾看後莫不爲美國小鎮生活的純樸之美而嚮往不已。幾個月後，美國電影史上最令人期待的電影《亂世佳人》首映，《亂》片改編自30年代暢銷小說《飄》，將美國南北戰爭時期一段發生在喬治亞州的史詩般愛情故事搬上大銀幕。

人們沈醉在神話故事、動畫、科幻和懷舊電影裡，完全無法忍受不祥

黑衫軍馬上開始迫害波蘭境內的猶太人。在奧克斯市一名德國警察被殺後，凡是介於14到55歲之間的猶太男子都被抓起來，他們的雙手被反綁，臉朝下趴在地上，然後連續被痛毆數小時。

的訊息。8月間，還有許多人參加世界博覽會的徵文比賽，參加者只要以「我為什麼想去波蘭」為題寫下1,000字的文章，就有機會免費出國。正當美國的參賽者手持粗短的鉛筆，端坐家中懷想波蘭燻腸的美味和馬厝卡舞曲的樂聲時，將近2,000輛德國裝甲坦克已經在波、德邊境待命，準備併吞波蘭並挑起一場世界大戰。

正如整個1930年代的情形一樣，收音機仍然扮演大家的眼睛和耳朵的角色。1939年的8月底，在暴風雨前的寧靜中突然傳來德蘇簽署協議的意外消息。這項引起舉世憤怒的合約將波蘭瓜分成兩個勢力範圍，在全球共產主義的忠實信徒心中，史達林應該是對抗希特勒的最後一道長城。所以消息傳出後，最感震驚者莫過於共產黨人。事實上，這兩位領袖在握手言和時仍然各懷鬼胎，他們暫時滿足對方的邪念而相互利用——蘇聯爭取到時間；德國則免於左右受敵，得以盡全力進攻歐洲其他地區。

此時，德國又搬出另一個入侵鄰國的理由（德國人在波蘭遭到「迫害」）。德國當局率先在柏林實施戒嚴，並下令部隊各就攻擊位置。1939年9月1日破曉時分，殺戮開始了。希特勒的手下先捏造波蘭入侵的假消息（其中一例為利用一個波蘭無線電台，在廣播中以波蘭語高呼：「波蘭即將全面進攻德國。」）於是，德軍開始「反擊」，150萬德國大軍向波蘭挺進，隨後為一支有史以來威力最強大的戰鬥機器所組成的部隊。

當時年紀大一點的人還對1914年的西線大屠殺記憶猶新，眼前的情形和當年有一點類似。然而似乎只有德國人從上次的戰爭中記取教訓。在北方但澤港附近，波蘭騎兵揮舞著軍刀，縱馬迎向敵軍，當他們發現德國步兵後面的，是黑壓壓的一片裝甲部隊時，那種震驚的程度實在不是言語所能形容。波蘭騎兵雖然繼續前進，卻不堪戰車碰撞與德軍強大的火力而紛紛落馬。波蘭前線在幾天內完全淪陷了。

在華沙，人們懷著恐懼的心情迎接戰爭的消息。這個城市有40萬猶太居民，佔全市人口總數的三分之一，他們連忙請求神明幫助。然而上帝的動作卻沒有德軍快，罕見的晴朗天氣讓德國坦克長驅直入華沙。那年9月3日，星期天，英國及法國放棄姑息政策，斷然對希特勒宣戰，但是為時已晚，戰事像決堤的洪水逼近眉睫。

9月4日，波蘭政府由華沙遷移到安全地點。成千上萬的德軍由柏林搭上火車，車廂上畫著鷹鉤鼻的卡通人物並寫著「我們要到波蘭去打扁猶太人」的標語，他們稍後換乘坦克及裝甲運兵車進入波蘭首都華沙。跟在他們後面的是德製斯圖卡俯衝轟炸機群，這種轟炸機能夠在俯衝時瞄準、投彈，專門摧毀道路和鐵軌。收音機中播放著蕭邦的樂曲（這是一種信號，意味著波蘭人民並未放棄反抗），波蘭的狙擊手減緩了德軍的速度，但德

對納粹入侵波蘭的回憶：
「巨大的飛機機身上漆著象徵邪惡的黑色十字。」

在德軍入侵波蘭前，希特勒派遣陸軍第三裝甲師穿過柏林，當地百姓的反應令他大感意外。他原以爲，德軍坦克經過柏林時，民眾應該像1914年一次大戰開始時德國加入戰局一般歡欣鼓舞。然而柏林人只是靜靜站在街頭，冷眼看著坦克經過，什麼話也不說。市面上沒有活動、沒有反應、什麼都沒有。我以爲，這說明了當時一般民眾的想法，特別是像我一樣穿軍服、遲早有一天要扛起武器上戰場的年輕人。

不久之後，我所屬的部隊開入捷克，並在波蘭邊境紮營。由於對戰爭感到陌生，我們都很害怕。我們只曾聽父執輩說過，戰爭是可怕的。我們希望並祈禱自己能夠死裡逃生。事實上，當戰爭爆發前不久墨索里尼介入爲希特勒調停時，我們非常高興，以爲戰爭不會來了。然後我們接獲命令要就戰鬥位置。我們奉命於1939年9月1日凌晨4時45分越過邊界。對一個年輕人來說，戰爭意味著第一次聽到槍聲，然後突然聞到奇怪的味道：房子燒焦、牛隻燒焦、狗燒焦、甚至屍體燒焦的味道。戰爭意味著第一次看到殺人現場，在波蘭，被殺的是平民。然後又看到和自己一樣的年輕人、身著外國制服，被殺死或殺傷。

我隸屬於一支坦克裝甲師，當然我們一直在前進。我們是德軍先鋒部隊，波蘭人很強悍，他們猛烈而拚命地抵抗。但是對軍備現代化的德軍來說，要打敗他們易如反掌。我們坐在坦克裡任由波蘭騎兵攻打，你能想像嗎？波蘭士兵騎在馬上，用長矛對抗坦克。我們可以輕易殺了他們的座騎，馬兒一旦被殺，馬上的士兵就只有坐以待斃。

——彼特・派屈爾，1920年生於柏林，在二次大戰期循序晉升到上尉，後來成爲電視台記者。

1944年派屈爾身穿納粹軍服。

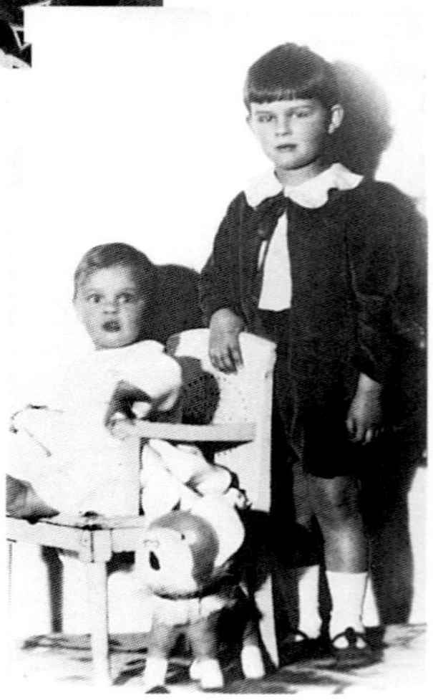

庫斯基（立者）和妹妹婉妲攝於1934年。

1939年夏天，我那擔任華沙市長的父親在波蘭鄉下租了一棟房子，因爲他知道戰爭就快爆發了。有一天，我和朋友在樹林中玩耍，我們在撿蘑菇，這是波蘭人最喜愛的活動。我們聽到巨大的引擎聲，看到樹木彎腰。機身上漆有象徵邪惡的黑色十字的大飛機從我們頭上飛過，差點就撞到樹梢。飛機向北飛，朝向華沙的方向，這一定是德國空軍的先發部隊。這個時候，我知道戰爭開始了，這眞是個可怕的經驗。

幾天後，附近一座中世紀小鎭遭到空襲，因爲沒有反抗能力，納粹很快將它拿下。我在市場附近第一次看到德軍，他們騎著機車或坐在卡車上進城，和我想像中騎馬的士兵形像相去甚遠。他們寬大的外套上滿是灰塵，臉上的護目鏡和灰色頭盔看起來有點嚇人。我總以爲，侵略者的衣著應該更光鮮點，他們卻是一副精疲力竭而邋遢的模樣。這是因爲波蘭軍隊在邊境強烈抵抗，讓他們每天都必須作戰。他們在大教堂附近的廣場架起一座野戰炮，然後用擴音器宣佈這個鎭被解放了，從現在起我們就是偉大的德意志帝國的領土，再也不須擔心任何事情。他們帶來一支很大的軍樂隊，開始吹奏〈德意志萬歲〉等軍歌。

在此同時，德軍放火燒猶太教會堂，卻把拉比（猶太教士）綁在裡面，讓一些老人跑進去救人。當時我並未聽過但丁《神曲》的第一部〈地獄〉，我的第一個感覺是：這一切是如此的不眞實。而且恐怖到了極點。在音樂和德國國旗（美麗的紅色卍字旗）的襯托下，廣場變成戲院。德軍向大家保證，叫大家不必擔心。那種景象卻極端恐怖。我在小鎭上沒有待多久，但我記得在我離開前，有一個九歲的農家男孩跑上去摸德軍的摩托車把手。一個德國士兵從啡咖店跑出來，就在我眼前開槍把男孩射死。我慶幸自己不是那個男孩，其實我差點和男孩做了一樣的事。從那件事以後，我儘量離德國人遠遠的，絕不多接觸。

——富連・庫斯基，1929年生於華沙，他的父親在納粹佔領期間擔任華沙市長。少年時代的富連是波蘭地下軍成員，並曾參與1944年華沙起義。

1939年9月1日是我的生日，但是我收到一份很不美麗的禮物—戰爭。那一天，我的人生完全改觀，出現了整整180度的大轉變。在華沙，戰爭持續了好幾週。最後我們投降了，這個城市落入德軍手中。德軍進城時，我鬆了一口氣。我是個年輕女孩，在我來說，德軍進城代表著空襲的日子不會再來。事實上，因爲炸彈從四面八方（飛機、閃電攻擊等等，我們已經四個星期沒有睡好覺了）不斷丟下來的感覺太恐怖，我偷偷祈禱德軍趕快進城。當時人們都快餓死了，整個華沙陷入火海。火實在太大，我若走過街上，頭髮便會著火。

德軍進城後，藏身地下室許久的百姓都出來排隊領取食物和飲水。這時，我對波蘭人失望透頂，因爲每當有德國警察走過，波蘭人就會指著隊伍中的猶太人說：「看！猶太豬，猶太豬。」希望把猶太人趕出隊伍。如此一來，他們自己就可以前進快一些，好一種令人反感的行爲！德國人是我們共同的敵人，但是德軍一進城，我們的同胞突然開始排擠猶太人。很快的，我們連家門都不敢踏出一步。

——蘇珊・布魯曼，1922年生於華沙。1939年和家人逃到立陶宛的維爾拿，獲當地日本領事館簽證而得以出境。

1940年巴黎戲院張貼公告：「在空襲警報時，觀衆請保留票根，以便空襲結束後再進場。」

軍空中火力太強，轟炸機發出刺耳的噪音，所經之處都籠罩在一片恐怖陰影中，地面上則是火力更爲強大的大砲。凡亨克爾111型重轟炸機隊掃過之處，許多華沙市民引以爲傲的中世紀建築物立刻變成一片廢墟。

在坦克車和轟炸機的相互配合下，德國發動閃電攻擊，以快速猛烈的攻勢取代防守的戰略，攻勢由空中和地面兩邊同時進行，下手又重又狠，把軍隊和百姓都當做攻擊目標。希特勒研究這種戰略多年，以避免重蹈1915年第一次世界大戰時德軍被困蘇聯的歷史覆轍。現在，幾天的仗打下來，他看到閃電戰略奏效了，其他人卻看到格爾尼卡鎮大屠殺悲劇重演了，炸彈，成千上萬的炸彈像雨點般落在兒童的身上。

9月17日，蘇聯從波蘭東邊夾擊，他們也來瓜分這塊土地，波蘭亡國了。收音機不再播放蕭邦的音樂，取而代之的是「德意志萬歲」的口號。不過短短幾個星期的時間，這個偌大的國家就從地圖上消失了。華沙三分之一的建築付之一炬，食物沒有了，到處都是發臭的屍體，人們割下死馬肉充饑，所有馬匹都被黑衫軍徵收運輸。接下來的幾個星期，德軍進行地毯式搜索，平均每天都殺害200個波蘭人，其中有教師、知識分子、醫師、牧師、當然還有希特勒最痛恨的猶太人。

邱吉爾接替張伯倫擔任英國首相後在下議院表示：「除了鮮血、勞力、眼淚和汗水，我無法貢獻什麼。」他保證：「我們要勝利。不計一切代價只求打勝戰。儘管害怕也要打勝戰。不管路多長、多難，仗打不贏就無法生存。」

1939年秋天，美國人拚命搶購地圖。如果歐洲再啓戰端，美國人則希望見證他們的苦難。人們將地圖貼在牆上，收聽廣播，一邊用彩色圖釘記錄軍隊的行進路線。就在美國國內介入和孤立兩派爭論不休當中，歐洲戰事彷彿幫某些人上了一堂詳盡的地理課。

在歐洲，戰況首度變得陰森而寂靜，德國開始改採「膠著戰」以及其他的欺敵戰術，德軍稱之爲「虛假的戰爭」，然而這只是暴風雨前的寧靜。1940年春天，德軍輕取了丹麥（雙方的傷亡人數總計只有56人）。挪威的戰況較爲激烈，但是在英國敗事有餘的協助下，也很快地失守了。

接下來，希特勒將攻擊箭頭指向法國，法國在30年代建設了馬其諾防線。這條防線係根據戰爭攻防原理興建在法國西部邊境的地下，總長87哩，以機關槍、帶刺鐵絲網及10呎厚的混凝土牆作屏障。法國人在興建防線時顯然認定了會再發生一場凡爾登大屠殺，因此當馬其諾防線完工時，

英軍在「發電機行動」——也就是敦克爾克大撤退之役時集結在海灘上。由於希特勒擔心貿然追殺會讓德軍疲於奔命而吃敗仗，他命令裝甲師指揮官暫停追擊撤退中的英、法部隊，讓同盟國爭取到數天的寶貴時間，得以從容越過英倫海峽逃逸。

在敦克爾克海灘上：

「在空襲稍停的空檔，我們在死人堆裡尋找父親。」

左：羅格林攝於1943年。

上：敦克爾克海灘上的英、法軍隊。

──寶麗．羅格林，生於1930年，她的父親被德軍俘虜，所以在敦克爾克海灘上找不到他的行蹤。戰後，德軍釋放了他，一家人終於在凡爾賽團聚。1946年，寶麗嫁給一名美國士兵並移居美國。她育有2子，定居在紐澤西州，並在當地教授新移民英文達15年。

戰爭開始前，我和母親住在敦克爾克。父親已經被征召入伍，基地就在住家附近。由於法國軍艦在敦克爾克進出頻繁，我們常常看到許多士兵，知道很快會有不幸的事情發生。我們就像抱著炸藥過生活一般，小孩子每天攜帶防毒面具、書包和毛毯上學，這是因爲能源短缺、教室沒有暖氣。每人領到一個防毒面具，是因爲德國可能會採取第一次世界大戰時施放毒氣的故技。我領到一個老式防毒面具，上面附有一條管子以及一個濾毒罐，我頑固的不想戴上它。

有一天晚上，我和母親去敦克爾克港探望一些住在接駁船上的朋友。我們開始聽到巨大的爆炸聲，但空襲警報沒響，我們不知道出了什麼事。突然間，四周竄出火苗。停在港口的大船全都著火了，男人慌忙跳船，有人一身的火。我們非常驚慌，但平安跑出平底船而躲進附近的防空壕。炸彈不停掉下來，防空壕不久就開始倒塌。落塵累積的高度到了我的鼻子，我險遭活埋，母親想拉我出來，但她的手也無法動彈。三個年輕人拉住我的雙手（我不知道他們是怎麼做到的），把我從泥土中拉了出來。

我們跑向敦克爾克鎮，但鎮上到處是炸彈爆炸的痕跡，情況非常淒慘。我永遠也忘不了那一幕，房屋倒塌造成水管破裂，地下室滿是積水，困在裡面的人們害怕被淹死而驚聲尖叫。我們繼續跑，爲了跑快一點，兩名年輕人分別握住我的雙手拖著我跑，我差點足不沾地，我們似乎整夜跑個不停。

到了早上，空襲暫停了，我們開始走回家。房子還在，走近後才看到窗簾飛出窗外，有一顆炸彈在房子裡爆炸過。我們沒有別的去處，只好在破房裡待了幾天。整個敦克爾克市全毀了，只有一尊塑像到如今屹立不倒。我們不斷聽到德軍進城，最恐怖的故事是第一次世界大戰期間傳下來的──德軍會強暴民婦、斬斷兒童雙手……

我不記得自己見過的第一個德國人是誰，但卻記得他們的馬靴聲及多喉音的說話聲。我最怕的就是這個，他們進入我們已經半倒的家，問母親說：「屋裡的男人哪去了？」他們認爲我們把好東西藏起來。母親說，父親在法國部隊服役。我猜他們想俘虜他。我不是個記仇的人，但卻憎恨德國人。我感覺自己不再是法國人，這些人侵略我們的國家，他們帶來那麼多的破壞和殺戮，相信有一天他們也會被殺，果眞如此，我一點也不會在乎。

幾天後，我們背著很少的東西離開家。我們走到大馬路上時，發現很多人跟我們採取一樣的行動。我們想找朋友，但沒看到認識的人。沿路上有很多屍體，老人被炸得只剩半顆頭，兒童身體嚴重殘缺。我還記得有一個人手握方向盤被燒死在自己的卡車裡。雖然我們這群人都是老弱婦孺，敵機仍然俯衝下來對著我們掃射。我們必須跑下山坡，躲進運河，才不會被打死。

我們看到法國士兵不知所措地躲在壕溝內，他們和我們一樣無助，在群龍無首的情形下，他們四處逃竄，生怕被德軍逮到。我還只是個小女孩，希望父親能像英雄一般將我們從壞人手裡拯救出來。父親終於找到我們時，他卻和其他士兵一樣徬徨。由於沒有武器可以作戰，他離開了部隊。找到我們時他差點哭出來，他說：「我們不能打仗，我們什麼也沒有。」

我們和父親在運河上的接駁船裡住了幾天，一邊思考對策。我們認爲父親該設法去英國，因此他潛回敦克爾克海灘，我們和他失去聯絡。後來我們聽說很多士兵在海灘上喪生，母親希望親自證實父親的遭遇，由於她一向帶著我出門，怕我一個人會出事，所以她帶著我到了敦克爾克。海灘上到處是炮坑，士兵們急著爬上船，情況一片混亂。因爲水流很急、風浪又大，有些士兵掉到海裡差點淹死。

我們趁著空襲停止的空檔在海灘上的死屍堆裡尋找父親，那景象好恐怖，所有死亡官兵躺在那兒，只要我看到沒有闔眼的士兵，就告訴母親：「他還醒著，他沒死，或許我們可以救他。」母親也知道這種事對我來說太殘酷，幸運的是我們並沒有在沙灘找到父親。我們離開了海邊，我還記得自己這麼想：「這一切何時才會結束？」我常用這個問題問母親，差點把她逼瘋掉。「媽媽，這一切什麼時候會結束？什麼時候？明天嗎？也許就是明天嗎？」她會說：「對，也許就是明天。」

「我從一條沒有止境的黑色河流上飛過……這條河要流到哪裡去？沒有人知道。他們正流向一個鬼魅般的終點，一個不再是綠洲的地方。」

——法國飛行員兼作家安東尼・聖—埃克蘇佩里從座機上俯視難民潮時如是說

他們以爲自己已經隨時可以和德國人打一仗。但是，現在是閃電戰的時代，這道防線是一點用也沒有。當三分之二的法軍在防線內舒服地休息時，法國便成了一個「軟柿子」般容易得手的目標。

德國陸軍一路向西挺進，先是攻下荷蘭，幾乎把鹿特丹市給毀了。鹿特丹市民風聞德軍逼近而恐懼失色，成千上萬的市民想趕在德軍進城前逃離，出城的道路擠滿了人潮。比利時是德軍的下一個目標（美國一些紙上談兵的戰略家還狂熱地跟隨德軍的腳步在地圖上移動他們的圖釘），同盟國的軍隊（主要是英軍）在比利時迎戰德軍，卻不幸掉入一個死亡的陷阱中。

由於法軍還有大隊人馬留在馬其諾，而英國大軍則困守比利時，老謀深算的希特勒認爲，他大可派遣戰力最強大的陸軍軍團穿過德法邊界的亞耳丁森林，輕鬆進入法國。他果然沒算錯。隆美爾指揮德國陸軍第七裝甲師擊潰法軍，他的部隊在森林另一邊突然現身，而且其炮火射程可以直達巴黎與飛越英倫海峽，他發現「法國平民及軍隊，他們的臉孔因害怕而扭曲，壕溝中、障礙物的兩旁、以及路旁的每一個坑洞都躺滿了人。槍、坦克、各式各樣的軍事車輛和難民的馬車糾纏在一起。」

在這場形同現代「出埃及記」的事件中，法國北部及東部的人民一聽到德軍逼近的風聲就驚恐的逃走。整村整村的難民往南越過羅瓦河進入波爾多等城市，以致當地人口在短短數週內暴增三倍。

英國人民此時認定，張伯倫錯誤的外交策略讓英國走上滅絕邊緣，所以這時首相早已下台，由邱吉爾取而代之。邱吉爾是一個傑出但脾氣暴躁的領袖，以救亡圖存爲己任。雖然他是個無可救藥的樂觀派，卻對盟軍的處境樂觀不起來，尤其在法國總理雷諾打電話告訴他：「我們毀了。我們被打敗了。我們輸了這場戰爭。」之後。德軍勢如破竹，（套句邱吉爾的話：「就像被鋒銳的大刀一路掃過。」）從法國一路北上直達海邊，在11天內就達成他們在第一次世界大戰中花了四年時間沒達成的目的。

在比利時的同盟國部隊此時幾乎陷入德軍的包圍中，只有撤退一途。邱吉爾很不情願的下令部隊撤退到法國境內碩果僅存的港口——敦克爾克，並派遣165艘英國海軍船艦負責撤軍行動。然而由於那裡的水深不夠，海軍進不了港，倫敦方面只好緊急征召任何可以載運部隊出港的交通工具再上軍艦。當時應召馳援的各式船隻共約850艘，有快艇、沿岸貿易船、漁船、汽船、消防船等等。

沒想到，德國空軍竟然用機關槍掃射海灘並且向海中投彈轟炸，盟軍被迫涉水出海。當海水深度到達頸部時，他們又連忙想攀上任何一艘汽船或渡輪俾免滅頂。這支臨時船隊載運了25,000人到安全地點後又匆忙折返去接運其他人。從5月底到6月初，經過奇蹟般的九天時間，這支「雜牌軍」一般的船隊救出了20萬以上的英軍及14萬法軍。

許多法國人視敦克爾克撤退為一次大挫敗，邱吉爾向信心動搖的國會宣布：「光靠撤退不足以贏得戰爭。」他又說，盟軍其實完成了一件很了不起的事，就是讓成千上萬的軍人免於傷亡；由於撤軍的成功，英國得以重整軍容並發動反擊。這位本來就能言善道的英國首相此時將演說技巧發揮得淋漓盡致，他下面這番講詞堪稱有史以來，最鼓舞人心的話語，他說：「我們不該舉白旗投降」，他的聲音堅定而有磁性，「我們應該堅持到底，我們將在法國決戰，我們將在海上作戰……我們絕不投降。」

年老又疲憊的英國政客們一致起立喝采，他們的眼中綻放新的活力光采，他們終於找到一個能夠帶領他們走出黑暗的領袖，而他也選擇了英國人最愛的武器──語言，至少他在口頭上絕不示弱。在整個戰爭期間，邱吉爾振聾發聵的聲音透過收音機無遠弗屆的傳出，無論是伯明罕的男女工人、倫敦的皇親貴族、以及在黑潭渡假的遊客都聽得到他的演說。在他的激勵下，英國人的臉上又重新出現希望的光采，人民重新體認到國家的重要，也更堅定了求勝的信念。一列列擠滿形容憔悴、軍服破爛的士兵的火車不斷駛入牛津車站。日子一天天過去，當這些載運兵員的火車駛過鄉間時，人們紛紛帶著蛋糕、鬆餅、張開雙臂前來致意，把阿兵哥們當成勝利者看待。

美國也發生了類似的情形。人們都聽說了敦克爾克事件，畢竟，這是一個踏破鐵鞋無覓處的最佳廣播劇題材。由於長期與力量驚人的納粹作戰，英國幾乎耗盡所有的兵力和資源，其困境實在令美國人動容。邱吉爾的談話更讓美國人民感動落淚。在敦克爾克危機到達最緊張的時刻，一項民意測驗結果顯示，只有47%的美國人贊成賣軍機給英、法兩國；而在邱吉爾首相發表演說後，贊成的人數比例暴增到80%。美國孤立主義的寒冰開始解凍了。

幾天後，法國陷落了，新一波難民潮湧向歐洲各國街頭。放眼望去，所有歐陸國家都成了第二個波蘭。男女百姓都像被追捕的「獵物」。單單巴黎就有200萬人（佔巴黎總人口的三分之二）逃離家園，有人搭乘汽車、有人騎腳踏車、甚至有人徒步推著嬰兒車就走了。總的來說，法國有1,000萬人流離失所，他們毫無目標地在鄉間流浪，不知道下一步要到哪裡去。他們倉皇辭家，不知道何處才是棲身所在。

一次空襲後的早晨，英國普利茅斯居民查看官方公佈的死亡名單。在不列顛戰役期間，觀看罹難者名單變成英國百姓每天例行的活動之一。

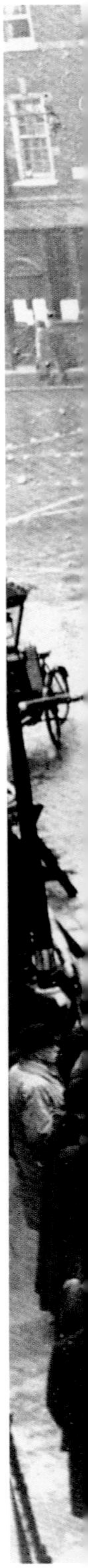

一架德國空軍梅瑟施米特110分
隊戰鬥轟炸機被擊落後一直擺在
倫敦街頭示眾，做為提振英國士
氣的最佳物證，此事也證明了英
國空軍已經在德軍的空襲下穩住
了陣腳。

閃電攻擊：
「倫敦失火了，船塢在燃燒。那一夜，我產下一女。」

當你年輕、正在享受生命時，實在很難認眞看待政治的事。你總以爲，最壞的情況不至於發生。1938年時，我對戰爭的態度正是如此。張伯倫由慕尼黑歸來，我們都爲他叫好。卻有很多人提出警告說：「戰爭會爆發，我們要做好準備。」說這種話的人當然少不了邱吉爾。一般來說，人們還是希望奇蹟出現，張伯倫似乎就是製造奇蹟的人。1939年初，局勢轉變。人們知道戰爭躲不掉了。企業界擔心倫敦成爲攻擊目標，於是開始把生意、工廠、所有的東西移到鄉下，不安的感覺在四周瀰漫。

大部份的人是在聽到廣播的報導後才知道戰爭已經發生。戰爭爆發前後，一切都很平靜，至少就我記憶所及是如此。政府突然宣告：「我們跟德國開戰了。」然而，戰爭是什麼？當士兵被運走並走過戰壕，企圖殲滅敵人時，這就是戰爭了嗎？這場戰爭會像第一次世界大戰一樣嗎？在當時，我們完全沒有概念，一點也不知道，自己生存的地方是否會直接捲入戰爭？

首先，男性被征召入伍。然後，防空避難所開始一一設置。花園地底下的叫「安德森」避難所，屋裡由不鏽鋼桌子拼湊的叫「莫里森」避難所，只要碰到空襲，我們就趕緊躲到桌子底下。房子的窗簾必須用黑布條貼起來，以免走光。男性同胞組成一支「家戶防衛隊」，負責警戒是否有炸彈或敵人來襲。我們時刻不敢放鬆，隨時提防德軍突然空降在我們中間。大人們教導我們要認清德國人的模樣，以便適時檢舉、逮捕他們。當然，這些情形並未眞的發生，但我們就是不敢掉以輕心。國人齊心一志備戰，大夥兒忙得團團轉、隨時緊張萬分。

每個人都領到防毒面具，那東西外觀很討人厭，兩片可以穿透目光的鏡片，一條長長、可以呼吸的管子。更可笑的是嬰兒專用的新款式──一只可以裝進一個嬰兒的大箱子，一邊用還必須一邊把新鮮空氣打進去，否則嬰兒就給悶死了。老天，那種討厭的東西大概是讓人感覺到戰爭氣息最濃厚的東西吧。正在學走路的小孩也有專用的防毒面具，一種暱稱「米老鼠」的東西，樣子和成人用的沒兩樣，只是多了米老鼠的圖案，特別的很。其實，圖案是多餘的，因爲小孩很迷防毒面具，就像他們迷很多東西一樣。小孩子是天不怕地不怕的。

──席拉·布萊克，生於1920年，戰前她是個演員。戰爭爆發後，她到電機工廠上班。1950年代中期開始，她擔任記者，替倫敦《泰晤士報》、《笨拙周刊》等刊物撰稿。

左：布萊克攝於1939年。

右：倫敦居民在空襲後的早晨漫步街頭。

在「假戰爭」期間（宣戰之後，出人意料地沒有明顯作戰行動的時期），我們最初所產生的恐慌感消失了。這是千眞萬確的事。人們手邊彷彿恢復了正常的工作，實際卻與往昔不能同日而語。大家都在爲戰爭作準備。人們心裡有一種自滿，也有一股強烈的同志情誼。感覺上大家都在同一條船上，每個人各自做著不一樣的事情、不一樣的工作。到了1940年，戰況轉趨激烈，而且終於蔓延到我們附近的海邊。英國上空惡鬥連連，男性同胞死傷慘重，我們終於目睹戰的面貌。

在戰鬥眞正展開之際，我結婚了。而在肯特郡和倫敦上空惡鬥開始時，我懷了第一胎。接著空襲開始了。1940年9月14日晚上，倫敦陷入火海、碼頭火光明亮，那一晚，我正好臨盆。我們的家位於一處停車場盡頭，停車場上架著一座高射炮。一旦開戰，震耳欲聾的噪音不斷傳入屋內。助產士在半夜踩著腳踏車來看我，因爲路上不安全，她留在我家過夜。女兒在那天凌晨3點出世，助產士將窗簾拉開，從倫敦傳來的火光比我屋裡的燈光還亮。那就是有名的「不列顛戰役」，對我們來說，也就是戰爭的開端。

閃電攻擊時還有什麼故事可說？有的，有空襲，我們每天躲空襲。每天早上醒來，總是又有地方被炸了，但是我們習以爲常。有一天，我推著娃娃車去看醫生，車裡躺著大女兒，我的肚子裡懷著老二。我經過一片樹林，那裡不久前才被炸過，屍體還沒完全清乾淨。一個女人的屍體掛在樹梢，她的手腳殘缺不全，頭顱還掛在脖子上，臉朝下垂著，她有一頭金髮，分線的地方卻是黑色的。兩名婦女站在那裡看熱鬧，其中一名說：「天啊！她的髮根需要重染了，不是嗎？」這種對話現在回想起來或許令人覺得恐怖，卻足以證明我們的感覺已經因空襲而麻木了。這兩個女人只注意到死者的髮根需要再染色，卻不去談她已經死了、旁邊還躺著一大堆屍體的事。這是我們忍受苦難的例證之一，有人死了，有人還要活下去。

日子總要過下去。晚上，大家拿著草蓆、躲到自家的「莫里森」避難所下面，還可能要抱著孩子入睡。有人甚至必須帶著毯子和草蓆到地鐵站避難。每天早晨醒來，睜開眼睛總會看到又有人死了。讀者或許會認爲我們太誇大其詞，但這就是我們習慣的生活方式。人是很有韌性的，可以習慣任何環境，幾乎任何情形都難不倒他。

法國傀儡政權設在維琪，元首是高齡84歲、一次世界大戰時的法國英雄——陸軍元帥貝當。在希特勒的堅持下，法國僞政權和納粹簽署停戰協議的地點就選在巴黎附近貢比涅的一節火車車廂內，此處是第一次世界大戰時德國投降的地方。美國哥倫比亞廣播網（CBS）的記者在近處報導，他形容說，希特勒「因輕蔑、憤怒、憎恨、報復、勝利等情緒交纏而激動不已。」這一切都是爲了貶抑法國，自從德國軍隊在一次大戰中挫敗後，他這22年來的努力總算值回票價了。

第一次世界大戰德國戰敗投降遺址上，刻有「德意志帝國自大罪愆紀念」字樣的石碑被德軍炸毀了，那節火車車廂也被運回柏林。如今，法國成了德國的一「省」，在納粹鐵蹄蹂躪下的非德國人數量增加到4,000萬人。然而希特勒的狼子野心尚未滿足。墨索里尼也起而效尤，從利比亞揮

在德軍大轟炸期間，許多倫敦地鐵站被當成臨時避難所，列車卻仍然照常開出。到了夜間，為了安全起見，不少倫敦市民就睡在車站內的鐵軌上。

東部戰線的故事：

「她很快地親我一下，然後跑開了……我心裡想：『好一個次等人類，劣等人』。」

梅特曼攝於1942年服役時。

——亨利．梅特曼，生於1922年，因駕駛德軍裝甲坦克表現優良而榮獲「克里米亞勳章」。1945年，他在萊茵河谷被美軍俘虜，輾轉被送往美、英等地的俘虜營。他獲釋返家後發現父母雙亡、家園被毀，於是決定永久移居英格蘭。後來他娶了瑞士女子為妻，定居英格蘭的奧爾頓，在鐵道公司擔任平交道看守員，1990年發表回憶錄《為希特勒走過地獄》。

戰爭爆發時，我年紀還太輕，不能加入國防軍。我很失望，因爲我敢說，在我有資格效命疆場前，戰爭就會結束掉。然而不久後，我滿18歲，而且被征召入伍，奉命在1941年冬天隨軍前往俄羅斯，去對付這個位於東方的共產主義野蠻國家。文明程度不高和奉行共產主義是蘇聯的兩大罪狀，希特勒在那年夏天發動「俄羅斯之役」，攻打這「紅鬍子海盜」，所以德國部隊早已深入蘇聯領土。

我們搭乘軍用火車，緩緩經過波蘭向東行。深入東方後，我們發現此間的生活水準低落，村莊看起來很老舊，到處都是老朽的茅草農舍。我們知道自己到了世界上最貧窮落後的地區，我們的傲氣升了上來。大家心裡都想：「天啊！看看這裡，這些人簡直就是豬嘛！」德國可是比這裡井井有條而且整潔多了。

我們的列車在波蘭一個車站裡暫停時，車站內有另一列火車上加掛了一節密閉式的載貨車廂。裡面的人向窗外看，車廂所有的開口都圍上有刺鐵絲網，以防裡面的人伸出手來。一名婦人看著我們，用德語說：「麵包、麵包。」我們不想太無情，所以等一名黑衫軍走過來時就問他：「可以給她一點麵包嗎？」他回答說：「不行。他們是該死的猶太豬，而且他們在幾天前才吃過東西。」我們很難過。上戰場是好事、殺死敵軍也沒錯，但這裡不是戰場，她只是個老百姓。

我們愈深入蘇聯領土，眼前貧窮的景象愈甚。加上時序入冬了，天氣很冷，愈向東走愈冷。有一天，我們經過一處滿地坦克橫陳、車體上銹蝕斑斑的地方。有些坦克「腳朝天」躺著，看得出曾經被火燒的痕跡。我們這個師的坦克都擺在這列火車的後面幾節車廂，我還記得，從窗戶看出去，有一部腳朝天的德製坦克，就像地雷一樣炸得開花。這時我腦海裡第一次閃過一個念頭：天啊，駕駛是怎麼逃出來的？恐懼征服了我的心靈。談戰鬥、稱英雄、以偉大的德國軍人自居，打遍世界無敵手，滋味確實不錯。可是看到這部德國坦克，我想起父親說的：「天下事沒有容易的事。」我終於要面對戰爭了，可是我還年輕，而且我不想死。

我們到達克里米亞半島後，首先映入眼簾的是一個貧窮的村莊，村裡每間農舍都只有一個房間，都是泥土地面。我們進了一間農舍，裡面有一個年輕的母親帶著三個小孩，生活看起來很貧苦。我們的班長叫那女人滾出去，她說：「這是我家，我們還能去哪裡？」孩子們哭了起來，我想道，我們不辭千里來到這裡，就是爲了來搶這些人僅有的一點財物嗎？那個女人把她所有的東西打包好，幫小孩穿上衣服，然後走了出去。我站在房子裡——裡面升了火，舒適又溫暖——向窗外望去，我看到他們站在雪地裡，母親帶著三個小孩，包袱頂在頭上。我想，如果這就是戰爭，我實在不能理解它所爲何來。

我們在蘇聯的第一個冬天非常寒冷——我記得最低的溫度是華氏零下54度，冷得人不能用皮膚去碰金屬，否則金屬就會黏在皮膚上。這麼冷的天，根本沒有人還能在乎自己的死活。很多德軍凍死了，若有人在雪地上倒下，我們就用腳踢他，把他叫醒，因爲只要你在零下54度的氣候下躺上半個小時，必死無疑。

拿破崙在1812年率領67萬大軍進攻俄羅斯，半年後他返回巴黎，大軍只剩下數千人。1941年，德軍死傷的人數雖然不比1812年多，但卻和拿破崙一樣吃了敗仗。我們丟了所有軍用車輛和卡車，原因不外是被槍砲打成碎片或引擎結冰無法發動。大軍被迫步行，我必須很慚愧的承認，只有當我在雪地裡跌了個狗吃屎時，我才終於放下自己的傲氣而開始替別人著想，我捫心自問：我們在這裡做了什麼？

在俄羅斯期間，我的態度慢慢改變，這種轉變是從看到克里米亞半島上那個可憐的母親和三個小孩時開始的。後來我又住進半島上另一個村莊的農舍，村裡有一個名叫安娜的女孩，我愛上了她。有一天，她帶我到附近的河邊，她說：「你們爲什樣要侵略我國？我愛我的國家，你以一個侵略者、一個德國士兵的身分來到這裡，由於你的身分，我們不可能做朋友或有進一步的關係。」她很快親了我一下，然後跑開．我跟在她後面，腦海裡突然閃過一個老念頭：「劣等人」，安娜是俄國人，所以她應該是個劣等人。然而在我眼裡，安娜不只人長得漂亮，還很可愛，我愛她。到底是怎麼了？我是上等人，我是來打安娜的同胞的，我該和安娜作戰並搶走她的家。我們應摧毀一切，以便做她們的主人。我的心中一片迷惘，下意識裡，我相信自己做了很可怕的事。

此時我仍然保有自傲的心理，只要德軍繼續打勝仗，我就不會喪失自信，而且也仍然相信攻打蘇聯是對的，一時迷惘只是人之常情！我還記得自己第一次與俄軍交手的經驗，當時我開著坦克來到一條河邊，河上有一道尚未被炸毀的狹橋。透過潛望鏡，我看到到處都是俄軍坦克和士兵。基於戰車部隊的受訓原則，我們非過橋不可。訓練告訴我們，作戰時，絕不能停下來——不進則退。橋上有三名俄羅斯阿兵哥，兩個好手好腳的扶著一個傷兵。那兩個沒受傷的兵看見我的坦克，連忙丟下傷兵跑掉。我想過橋，傷兵卻躺在橋上，我停了下來，指揮官大叫：「不要停，繼續走！」我說：「那裡躺了一個人，我過不去。」指揮官說：「我命令你開過去。」最後，我把坦克開了過去，傷兵用不能置信的眼神看著我。這件事一直縈繞在我心頭，對我造成很沈重的壓力。我竟然做了那種事。我只知道，如果有人躺在地上，即使是一頭大象也會繞道而行，而我卻從他身上輾了過去。

軍進入埃及，和英國爭奪蘇伊士運河的控制權；正在侵略中國的日本也心有戚戚焉，視希特勒爲志同道合的夥伴。幾個星期後，義、德、日三國簽署軸心國協議，全球唯一繼續與軸心國對抗的國家，只剩下窮得把博物館裡的古董大炮拉出來濫竽充數的英國而已。

邱吉爾則繼續他的心戰喊話，他說：「希特勒知道，除非他能夠打敗我們這個蕞爾島國，否則他不可能贏得這場戰爭。只有我們堅定地與他奮戰，歐洲才可能重獲自由，全世界才會有更寬廣、更光明的出路。如果我們失敗了，整個世界，包括美國以及所有我們知道並關心的國家，都將淪入黑暗時代的無底深淵中。更多罪愆將呈現世人面前，再加上誤用科學，世局更將險象環生。」

「把這個國家（指美國）推向戰爭的三個主要族群分別是英國人、猶太人、以及羅斯福政府。」

——林白上校於1941年

7月，英國的天空出現異象：大白天裡煙火表演？原來納粹的德國空軍開始炮轟英國，準備進攻。可是，英國空軍勇敢反擊。英國空軍噴火式戰鬥機及颶風式戰鬥機在多佛峭壁上空多次與德國梅瑟施密特機群交手，英國戰機數量雖少，卻接二連三打了勝仗。這場「不列顛戰役」的戲劇效果十足，彷彿中世紀戰爭搬上25,000呎高空，勝利令許多傑出飛行員變成民族英雄。然而平民百姓卻更遭威脅：納粹開始攻擊倫敦市中心區。

空襲倫敦事件的肇禍者是一架迷路的德國戰鬥機，這架飛機在1940年執行轟炸倫敦郊區飛機工廠任務時迷路而錯把市中心當目標。邱吉爾以轟炸柏林市中心回敬，希特勒於是出動一波接一波的轟炸機全面轟炸倫敦東區（他揚言，只要英軍在柏林投下一顆炸彈，他將百倍奉還倫敦）。於是，倫敦成爲古往今來，全球挨炸彈最多的地方。

從9月到11月，德國每夜出動將近250架轟炸機空襲倫敦，倫敦市民被迫躲入漆黑、擁擠的防空洞內。整排房屋夷爲平地，工廠也毀了，剩下的只是斷垣殘壁。市區內到處可見堆積如山的玻璃碎片和巨大的彈坑，工人急忙清除碎片，不過他們的工夫至多只能維持一天，等到第二天晚上敵機再度光臨，一切景象又會重演一遍。倫敦百姓把空襲警報當成警車的笛聲，樹木燒焦的味道也和煤油燈沒有兩樣。

人們的生活模式變了。上個班像歷險，誰能擔保辦公室能躲過昨夜的空襲？回家的路也一樣變數重重：若不巧碰到警方正在拆除未爆彈，許多人即使有家也歸不得。每天晚上，露宿倫敦地鐵站的人數超過177,000人。這些人很早就來占位置，自備床墊和毛毯，各自躺在潮濕的地上和混凝土月台上，或是市政府臨時搭建的三層舖位上。這裡的生活毫無隱私可言，人們用桶子裝水梳洗，或供全家食用和飲用；母親們當眾袒胸餵哺嬰兒。英國雕刻巨匠亨利・摩爾曾以這些避難場所爲藍本創作出他個人最知名的雕塑作品，他的作品猛一看彷彿奴隸船上掙扎糾纏的人群，再一看卻

蘇聯部隊奮勇抵禦入侵的德軍。希特勒以「野蠻行動」為代號執行突襲蘇聯的任務，在剛開始的幾個月，有100萬餘名蘇聯士兵被俘，其中包括史達林的親生兒子。

又像穴居時代地底世界的景象。

防空避難所的環境雖差，卻能讓人們在其中安渡劫難。倫敦人相約在地道某個轉角處玩牌、說笑、碰面，簡直把地道當成街角小酒吧。即使是在轟炸過後，許多人還是覺得，睡在地底下比較舒服。從地下道刺眼得像地面街燈般的燈光中，人們找到同胞愛和自由。地鐵站好像倫敦人的窩，邱吉爾說過：「希特勒會將人類帶入黑暗時代」，這番話從某個角度來看，也是一語成讖。

此時，美國民眾支持同盟國的情緒開始高漲，可是尚未達成共識。在倫敦慘遭納粹轟炸後，美國總統提案援助英國（他到此刻尚不認為有出兵的必要），卻有人（包括CIO領袖路易斯和單人飛越大西洋的英雄林白）堅決反對。法國淪陷的消息總算拉了介入派一把。到了12月，羅斯福三度連任總統，他終於想到一計兩全其美的妙招。

羅斯福表示，他不會直接拿錢給英國，他要出借軍事設備給英國，戰後再收回來。事實上，俄亥俄州參議員羅伯特．塔虎托為此事打電話給羅斯福說：「借武器好比借口香糖，沒有人會想討回來。」，羅斯福只不過藉此強調人道關懷罷了。稍後羅斯福在收音機上發表「爐邊談話」，宛如慈父諄諄告誡子女，把複雜難解的道德課題變成人人能懂的白話，當他結束談話後，支持的信件和電報不斷湧入白宮，於是羅斯福的「租借法案」在國會以100票贊成、一票反對的懸殊比數輕騎過關。

這個時候，美國已經因為許多現實因素的考量而站在同盟國這邊。人們以金錢援助英國，不到1941年夏天就籌得5,000萬美金。雖然「租借法案」的效果還沒出現，不過邱吉爾已經獲得精神上的勝利。美國軍需部門傾其所有，美軍自己演習時只好使用棍棒代替槍枝、用卡車取代坦克。同時，希特勒的攻勢並未有絲毫的緩和。

1941年春天，希特勒久攻英國不下，卻又抽調軍隊攻打蘇聯（這是德國在兩年內侵略的第16個國家）。雖然曾經簽署了互不侵犯條約，事實卻證明這只是希特勒開出的另一張「芭樂票」，他一生中最想要摧毀的國家就是蘇聯，此時，夙願即將得償。這一次，德國的殘酷戰術更甚以往，他們不只屠殺百姓，更要讓城市因斷糧而成為鬼域，希特勒更要徹底摧毀莫斯科。

不到一個月時間，德軍就深入蘇聯境內300哩。希特勒決定暫緩推進大軍，改而占領烏克蘭。結果是一次致命失策。10月底前，德軍再度進攻，蘇聯境內開始下雪，德軍紛紛因凍傷而不良於行。100年前，嚴寒的天氣是拿破崙敗亡的主因；現在，氣候同樣讓希特勒慘遭滑鐵盧。到了11月底，德軍死了162,000人，這個數字是他們在整個二次大戰中死亡人數

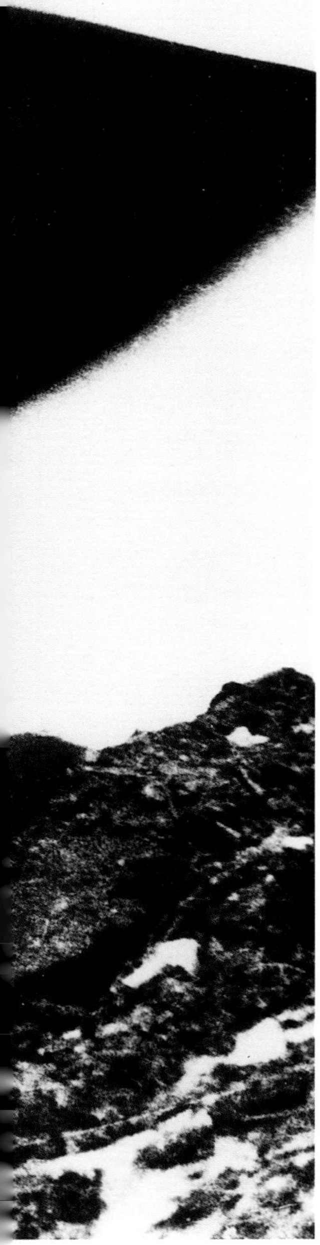

「這一年，俄羅斯有2,000萬到3,000萬個人死於饑餓……或許這反而省事，反正某些國家是注定要被消滅的。」

——納粹重要領導人之一赫曼．戈林，於1941年

的五倍。12月6日，蘇聯部隊打得德軍後退了50哩。這場戰役，加上隔天從另一個戰場傳來的消息，讓大戰局勢出現了決定性的大逆轉。

「該死，那可能只是一隻腳上綁著金屬環的鴿子。」

——珍珠港事變前夕，美國海軍雷達上出現有飛行物逼近的訊號，海軍卻做如上的解讀。

美國人一直認定，他們最終參戰的地點一定在歐洲。在1941年以前，美國人始終不太掛意日本。然而就在1941年12月7日星期天早晨，一切全改變了。這一天淩晨，由189架日本轟炸機組成的攻擊大隊從一艘停泊於太平洋上的航空母艦升空執行一樁歷史性的任務。太平洋歐胡島的珍珠港內，一支美國海軍樂隊在內華達號軍艦的甲板上正準備要爲早晨的升旗典禮演奏〈國旗歌〉。

日軍轟炸珍珠港任務的領航員是藤田尙德（他很崇拜希特勒，甚至留了撮希特勒式的小鬍子），飛機接近夏威夷附近時，他打開收音機，收聽火奴魯魯KGMB電台所播放的輕音樂，確定自己離目標不遠。當雲層散開露出美麗的藍天時，這名39歲的飛行員看見珍珠港裡一列列的軍艦，激動得喃喃自語：「多麼壯觀的基地呀！」就像劊子手在行刑前讚美他要砍的人頭一般。然後，他發射了兩枚照明彈，指示轟炸機群發動攻擊。

日軍投下第一顆炸彈時，內華達號上的海軍正要唱完國歌。數秒後，日軍投下第二顆炸彈，多年後擔任長老教會傳教士的藤田回憶說：「暗紅色的火燄竄到1,000呎的高空，一股可怕而醜陋的紅色火焰……眞是令人毛骨悚然。」美軍艦隊陷入火海後，日本轟炸機轉而攻擊補給船、驅逐艦、以及巡洋艦，俯衝而下的轟炸機發出低鳴聲，血紅的烈焰和濃煙也愈來愈濃密了。

日本偷襲珍珠港事件傳出後，美國輿情一片譁然，現在的美國人就像倫敦被納粹轟炸得最慘的那段時日一樣恐懼。一群鷹派分子聚集在日本駐華盛頓大使館外急欲尋仇，人們紛紛尋找掩蔽，擔心空襲珍珠港只是日本入侵美國本土的前兆。藤田尙德所率領的轟炸機隊只在珍珠港肆虐不到兩個小時就返航了，美方有2,433人死亡，1,178人受傷，18艘戰艦沈沒，以及188架飛機被毀。這是美國海軍史上傷亡最慘重的一天。

美國的立場終於確定了， 孤立主義的論調迅速隱沒，政府決心出兵參戰。珍珠港事件後數小時，美國人民在復仇的信念鼓舞下，募兵工作迅速完成。翌日上午，羅斯福總統親赴國會發表演說，他開門見山指出：「昨天，1941年12月7日，是世界歷史上永誌不忘的一天……」他在結論時更加重語氣，發出一段足以激發美國人鬥志，勇敢作戰的吶喊，他說：「這一天，是美國歷史上的奇恥大辱。」珍珠港事件確實讓美國人顏面盡失，受創戰艦的名單洋洋灑灑一大串，即使敵軍並未登陸，美國仍然視這次事件爲侵略行爲，他們決心立刻討回公道。

日本炸毀了美軍太平洋艦隊的許多船艦，美國終於被拖下水而加入戰爭。上圖為珍珠港事變後第四天的情形，當時希特勒也公開向美國宣戰。

6 全球夢魘 1941-1945

全球夢魘1941-1945

前頁圖：在「最後解決方案」的第四階段，納粹機動行刑小組將東歐各地的猶太人消滅一空。在拉脫維亞共和國利帕加市，猶太婦女被迫站在壕溝邊拍照，稍後那裡就成為她們的墳墓。

盟軍部隊深入德國內地後，他們看見德國城市被飛機及大砲毫不留情地轟炸破壞的慘狀。圖中，美國士兵在一度是納粹總部的瓦礫中搜索，時為1945年4月的德國。

1939年德國入侵波蘭時，柴門・倫高斯基是個63歲的鰥夫。他是猶太人、也是猶太復國主義者，在工業城羅茲市開設孤兒院，是當地希伯來議會成員，希伯來議會專門處理戰前波蘭境內猶太社區的行政事務。當納粹入侵的消息傳出後，議會多數成員慌忙逃離，因爲他們很清楚德、奧兩國境內猶太同胞所受到的非人道待遇。倫高斯基卻沒有走，所以德軍抵達羅茲並闖入希伯來議會總部時，挺身與納粹周旋的猶太人領袖就是他。

倫高斯基和納粹黨徒刻板印象中的猶太人很不一樣，他的身材高挺、眼珠湛藍、一頭濃密的銀白色長髮，納粹當場決定由他出任羅茲市「猶太居民自治會」（德國佔領波蘭後所成立、用以統治猶太人的組織）主席的安排毋寧是有些突兀的。當時華沙擁有全波蘭最大的「猶太居民社區」，共有40萬猶太居民，每七個人住一間房間。羅茲次之，有20萬猶太居民，但總居住面積不到兩平方哩。

羅茲市的猶太居民社區共有48,100個房間，大部份沒有自來水及下水道管線，糧食缺乏、疾病蔓延（一名居民在1941年寫的日記中記載：「最新研究發現，紅蘿蔔葉及嫩莖經過煮熟即可食用……（男人的衣領）尺寸都變大一到兩號」）。社區四周佈滿有刺鐵絲網，負責巡邏的德國警察奉命可以當場射殺任何接近他們的猶太人。然而在這裡，因爲飢餓、斑疹傷寒、或自殺死亡的人口卻比被警察殺死的多。

爲了不讓社區居民的生活進一步惡化，也爲了避開猶太人被驅逐出境的宿命，倫高斯基和德軍訂下一項協議。他願意合作，甚至協助納粹，使羅茲市的猶太人成爲德國在戰爭中不可或缺的助力。倫高斯基開給德軍一份清單，上面列了1,500名技術工人和70種猶太居民所能製造的各式產品。沒多久，100多間工廠開工了，替德軍製造軍服、鋼盔、軍帽等等。

許多猶太區居民討厭這位「柴門王」（他們給倫高斯基的綽號），因爲他逼迫大家爲德軍效命，還擺出一副不可一世的蠻橫態度（他一度想以自己的肖像做爲猶太居民社區的郵票圖案，卻未獲納粹許可）。倫高斯基一口咬定，他的一切計畫都是爲了保全猶太居民的生計。大體上來說，猶太人的文化風貌確實因爲倫高斯基的計畫而得以苟延了一陣子。羅茲市的物質條件雖然貧乏，卻擁有45所學校，還能每周欣賞一次管弦樂演奏。此外，當地有戲院、藝展、以及朝氣蓬勃的政治辯論等。雖然猶太教會堂都被毀了，宗教活動卻能夠公開在教徒家中舉行。最後，到了1941年底，放逐猶太人的行動終於展開了。

「經過漫長的旅程，我們到達了那個地方。其入口處標示著『浴室』。我們在浴室外領到肥皂和毛巾，誰知道將來會怎樣？」

一名身在德國某處集中營內，不知道自己大限將盡的俘虜如是說

倫高斯基聽到風聲，說德軍將驅逐20,000名猶太人，他再次與納粹斡旋，說服納粹將人數減半，至於哪些人該走，哪些人該留，則由倫高斯基而不是納粹來決定。爲了維持工廠的生產力，倫高斯基提報納粹一批被他認定爲「猶太人渣」的小偷、混混、以及他們的家屬。兩個月不到，納粹要求驅逐更多猶太人，倫高斯基只好將無工作能力者列入名單中。1942年5月，將近50,000名猶太人被逐出波蘭。

被驅逐者不知自己將被送往何方，目送他們離去的人也不曉得他們的去處。傳說有一種「死亡集中營」，但是納粹詭計多端，事前強迫被驅逐者簽署了印有「我很好，也很健康」的明信片，再把明信片寄回去給他們的親友。那年9月，納粹又要求送走65歲以上的老人及10歲以下的小孩。倫高斯基同意了，他說：「兄弟姊妹們，把他們交給我。爲人父母者，將子女交給我吧。」

倫高斯基知道，被送走的人只有死路一條，但他說這是「棄卒保帥」的不得已做法。到最後，猶太人都難逃一死。羅茲市四分之一猶太人死在當地的猶太區，另外四分之三被送進東部的海烏姆諾及奧許維茲集中營毒氣室，柴門．倫高斯基就是坐上最後一班東行列車的被害者之一。

從1941到1945年是人類現代史上最悲喜交集的年代，悲的是全球最大規模的戰爭一發不可收拾，喜的是人們不惜血流成河也要抗拒強權入侵。在歐洲戰事持續了兩年之後，眞正的世界大戰於焉爆發，美國在太平洋上與日本發生衝突後加入同盟國陣線，並在大西洋、北非、最後是歐洲陸地與德軍對決。在此同時，東部前線的戰火持續激烈地進行著，希特勒回師加緊攻打列寧格勒，以致這個歷史之都的居民在槍林彈雨封鎖下紛

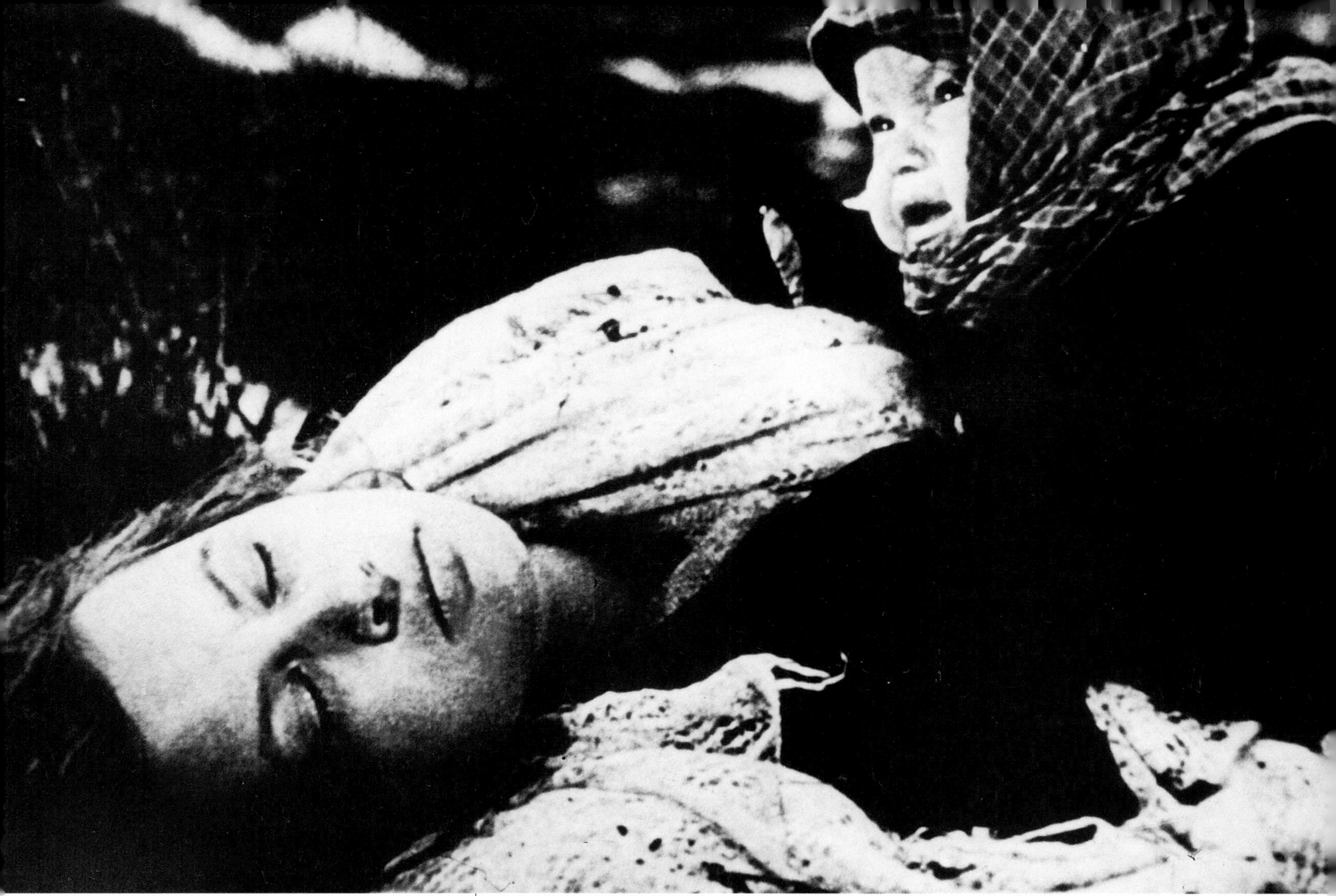

一個俄羅斯小女孩趴在死去的母親身上哭泣。單單蘇聯境內，就有將近700萬人民死於戰爭的暴力下。

紛餓死，他並一步步向著史達林格勒進逼。

戰爭的賭注愈來愈高，所有人都知道，作戰的目的不再只是爲了制止敵國入侵，更重要的是要預防世界和平受到破壞，因此，戰鬥是無止境的。平民成爲敵國攻擊目標的恐懼愈來愈深，事實上，數百萬無辜百姓和有著數百年文明的城鎮在戰爭一開始就同時遭到攻擊而一起被摧毀的事件時有所聞。幸運的是，也有數以百萬計的人開始反擊，他們不但決心「活下去」，更要同時保存國家民族的歷史文明。列寧格勒便是其中的翹楚，該市成千上萬市民窮得要靠煮皮夾和鄰人糊牆用的膠裹腹，卻都自願挖戰壕、設路障、佈置有刺鐵絲圍籬、構築機槍掩體，驅策他們賣命工作的動力，不是個人對史達林或共產主義的信仰，而是他們對這塊光榮的國土、這塊被全體俄羅斯人視爲文化要素的故土的熱愛。

和列寧格勒一樣蒙上被轟炸陰影的城市，陸續還有漢堡、史達林格

「當地球上的生物全部死亡，到處一片死寂；獨自冷酷而迷惑地置身戰場，因爲一種超然的……美麗的力量而憂鬱，死神是何等尊榮而唯美的惡魔……

摘自第二次世界大戰退役老兵詹姆士．狄克《燃燒之彈》一書

上面是一張美國募兵海報，然而即使海報上沒有「莫忘12月7日」這句話，珍珠港事件所帶來的震撼也已經深深刻劃在人們腦海中。

勒、德勒斯登、東京等地，最後則是廣島。城市陷入一片烈焰、燃燒的建築物的慘況，猶如一次大戰時滿是泥土的壕溝的畫面，已經成爲第二次世界大戰的典型象徵。廣島的大火燒出了前線士兵和後方百姓的共同憤怒，人們開始體認到，所謂「以戰止戰」的理論根本不可能實現。戰爭似乎要成爲世人生活的常態了，戰火雖曾數度降溫，但並未曾當眞熄滅，全球的民族幼苗都爲了瘋狂的第二次世界大戰而面臨被扼殺的命運。

在這種情形下，人們很難，甚至不可能保持樂觀。生存在戰爭的夾縫中，人們唯有把握眼前、盡情享受僅存的一切。人與人之間基於禍福、生死與共的革命情感和相同的作戰目標，善惡分際也益發鮮明。如果說，第一次世界大戰是一場由「爲了不特定目標而進行的無意義的暴力行動」所譜成的史詩，則第二次世界大戰堪稱「有目的的暴力行爲」。

所有交戰國幾乎都動員全民投入戰爭，女性在軍備廠工作，男人爲了執行戰鬥任務而孤獨地遨翔天際，不顧死活地在高射炮織成的火網中衝鋒陷陣。人們習於以「全面戰爭」來形容第二次世界大戰，這個名詞傳神地描寫出某些統治者不惜以整個社會做代價（卻不論其所謂的戰爭大業是否符合正義的原則）的窮兵黷武心態。「全面戰爭」的意義更在於：戰爭讓所有人都幾乎抓狂。以羅茲猶太社區的故事爲例，倫高斯基爲了從希特勒手中救出猶太同胞，以個人標準來決定犧牲哪些「小他」去完成「大我」，他自己卻變成另一個獨裁者。美國堪薩斯州農家子弟第一次欣賞到古歐洲優美景色的時機，竟是他們坐在B-17型轟炸機座位上，對著過去在明信片上見到的風景據點投下具有5,000磅炸藥威力的炸彈之時。再者，納粹在布痕瓦爾德等集中營的毒氣室裡有計畫地屠殺了600萬猶太人民，此事於1942年見諸美國媒體，美國人的反應至爲分歧，有人絲毫不爲所動，有人則是不敢置信。尤有甚者，在倫敦遭遇第二次空襲時（1944年的「小空襲」事件），德軍以火箭及無人飛機入侵，這證明了納粹打的不是人員戰，而是瘋狂的科學戰。到了最後，美軍在日本廣島投下原子彈，讓該市毀於一旦，此事讓世人以顫抖的心情知曉核子武器的高度毀滅能力。1945年5月及8月，軸心國投降、戰爭宣告結束，人們在欣喜慶祝之餘不免存疑：希特勒所代表的黑暗勢力是否獲得局部勝利？同盟國是戰勝了，但世人是否已掉入地獄深淵，人性的黑暗面宛如惡性腫瘤一般長留世人腦中？

珍珠港事變之後，美國參戰已成定局。孤立主義者走下講台，與主戰派攜手合作，國會討論「對日宣戰案」時，鴿派眾議員珍奈．藍京女士投下反對票後忍不住潸然淚下。數天後，國會再表決「對德宣戰案」，她雖仍然百般不願，卻被迫出席會議，以便讓國會以「無異議一致

完成作戰訓練的美國部隊。1940年，國會批准美國承平時期第一次徵兵案。到大戰結束前，有將近1,600萬名美國人入伍服役。

通過」的結果決定出兵攻打希特勒。各地募兵站很快擠滿熱血青年，人們也迫不及待搶購國防公債。1942年2月，超過500萬人自願投入國民衛隊，全國總動員，工廠動力全開，製造出無數坦克、飛機、槍枝和船隻等，他們努力的結果刺激了各行各業的景氣復甦，連聖昆丁監獄的受刑人也加入軍備生產行列，他們與國民衛隊簽訂合約，負責生產海底警戒網及夜勤警棍。

「每當碰上假警報，父親便戴上白色的頭盔到黑暗的街上巡邏，其他的家人則蹲縮在樓梯間，以免被飛來的玻璃碎片傷到。學校操場上，每天都出現刺眼的黑色標語、堆積如山的白鐵罐頭和金屬碎片。鄰居家的窗口掛起藍星小旗，這代表他們家中那些比我大不了幾歲的男孩入伍了。」

作家約翰．厄普戴克描寫珍珠港事件後數週，美國民間緊張的氣氛

珍珠港事件是美國近代史上極其特別的一頁，敵人的武力侵入美國領土，國家遭遇攻擊、如同民宅遭到強盜闖入，人民的安全感盡失。這個意外一方面肇因於錯覺（雙方領袖都預期要交戰，而且認定轟炸珍珠港的情節早在日本軍方編寫的腳本中），在一般民眾眼裡，如此重大的新聞事件確實具有刺

菲律賓的科雷希多島上，13,000名美軍士兵在苦撐一個月後，終於彈盡援絕而被迫投降。他們被迫在日軍面前遊行，更進一步的受到羞辱。

激神經的效果，讓人誤以為當真看到敵機在天空盤旋，更讓美國政府做出監禁所有美籍日本人的違憲決定（一則流傳甚久的不實傳言指出，日裔美國農人在夏威夷的甘蔗田裡犁出許多巨大的箭頭，指引日軍轟炸機找到攻擊目標）。美日戰爭的另一個起因在於許多美國人的「抓女巫意識」（這種思想甚至延伸到日後而引發東西冷戰），美國人只是不想再受騙上當而已。

美國各地普遍存有被日本迫害的妄想。全國廣播協會下令禁止電台接受聽眾點播，以免日軍利用點播歌曲傳遞密碼。收音機不再播報氣象預報，以防止敵機根據預報對美國各個城市進行轟炸。街頭民調更不能做了，否則有人可能在無意間洩露國家機密。為了辨識敵人，1941年發行的《時代周刊》甚至教導國人如何分辨「中國友人」及「可惡的日本鬼」。報導中指出，日本人經常鬼鬼祟祟的，中國人「髮量比較少、比較親切、也比較大方」，日本人卻「猶豫不決、比較神經質、常常很突兀地放聲大笑。」

美國人對戰爭的熱情是為了報仇。在珍珠港事件後數周，打仗的理由更充份了。威克島、關島、婆羅洲、新加坡、以及菲律賓相繼落入日軍手中，日皇統治的土地面積佔全球七分之一，美軍駐太平洋部隊一再被日軍打得丟盔棄甲、灰頭土臉。在關島，美軍上尉喬治．麥米林和部屬被強迫

躲過日本人的屠殺：
一個水手充滿勇氣的故事

當我駐防在停泊於菲律賓伊羅伊羅港的美國旗艦休士頓號時，就聽說了珍珠港事變。就在我們要出航馳援的時候，日軍也開始轟炸伊羅伊羅港，而且還大放厥辭，說他們已經擊沉了休士頓號——小羅斯福總統最鍾愛的軍艦。還好，他們沒有眞的擊沉我們，我們躲在一座山的陰影下，沒有被日本人發現。可是因爲日本人在後來的幾個月裡一再宣稱我們被擊沉了，後來我們就給封了個綽號「爪哇海岸的狂奔幽靈船」，這個綽號一直跟著我們，一直到我們眞的被擊沉爲止。

1942年2月，休士頓號與其他13條軍艦在爪哇海上和日軍纏鬥了八個小時，我方有12條船沉了，只剩下我們和另外一條船還勉強可以應戰。因爲我們已經就戰鬥位置長達數周，身心狀態都已經到達極限，我們連續幾個禮拜都不曾吃到熱食，睡得也很少，再加上海戰時嚴重受創，休士頓號被擊中兩次，船現在也是步履蹣跚，走得搖搖晃晃的。可是我們仍然很有信心而且準備轉進澳洲，到時候方圓250海哩之內都不會有日本人。當然啦，身爲年輕的美國海軍，我們滿腦子想的都是快馬加鞭到澳大利亞，女人、啤酒、舞廳等等，基本上，就是一幅幅美好醉人的影像。偏偏，美夢沒有成眞，因爲還不到幾個小時的時間，我們就被一列總共有65艘船的日本艦隊給堵上了。我們只有往他們的艦隊衝過去，一路火力全開的掃射，根本不必瞄準敵人在何處，因爲到處都有敵人。

這一仗打得就像拳擊賽一樣，因爲兩造如此接近，簡直就像兩個人在肉搏戰一樣，近到我們甲板上的人可以看到他們甲板上的人。我的戰鬥位置在彈藥庫，這也就是說，我得一直待在軍艦最底層一個銅牆鐵壁的小房間。我們的工作就是要將一袋袋的彈藥裝進起降機裡，往上送到砲台準備發射。當時，我們在底下忙得要命，軍艦則全速前進，我們連站都站不穩。每次只要是砲彈爆炸或是魚雷擊中船身，我們就會聽到鋼鐵重擊船壁的巨大聲響。

我們的船被魚雷擊中四次以後終告不支，開始下沉而且船上處處著火。引擎艙與射擊艙都被魚雷擊中了，彈藥庫也開始進水，我們頓時沒有火力了。休士頓號只有在水裡半沉半浮的，因爲日本艦隊在我們周圍圍成個半圓形，然後用探照燈照著我們，開始猛烈而密集的砲轟，一定要把我們打到體無完膚。當艦長下令棄船的時候，我們得想辦法離開彈藥庫再找路上到甲板。我們決定排成一列縱隊，一隻手搭在前面那個人的肩膀上，一隻手摀著口鼻，因爲到處都是濃煙烈焰。彈藥庫位於船身的最底層，所以我們還要往上走個三、四層甲板，走到某個地方的時候，突然一聲巨響，我被爆炸的威力震得不省人事。當我醒過來的時候，才發現周遭只剩下我一個，我再也沒有看到那12個弟兄。接下來，我只好自己跌跌撞撞的找路出去，從一個艙房走到另一個艙房，不知道前面會有嗆鼻濃煙還是噬人烈焰。

當我好不容易爬到最上層甲板，甲板上的景象看來眞教人迷惑，探照燈把夜空照得恍若白晝，砲彈從四面八方飛來，當然啦，也沒有人能待在甲板上看太久。艦長已經殉職，代理艦長再度下令棄船。每個人都像熱鍋上的螞蟻一樣急著逃命。我看到有幾個弟兄爬上高出水面很多的船首往下跳，一入水就沒了身影，因爲，休士頓號雖然已經失去動力了，卻還因爲慣性作用而持續前進。我決定不要跟進，於是，我跑去找我的救生衣，可是我的救生衣已經被炸破了，還好旁邊有個弟兄分了一件救生衣給我。我穿上救生衣爬到船側一艘小艇的下桁，然後就跳入海中，游將起來。

我估算自己在海裡待了14個小時，我游了一整個晚上，都沒有碰到任何一個弟兄或是救生筏，或是小艇等諸如此類的東西。有的時候，我會聽到機關槍掃射，還有人中彈尖叫的聲音，我心下盤算原來日本人正用機關槍在海面上堅壁清野。很快的，有一艘日本魚雷艇向我駛近——而我，一個18歲大的男孩子，隻身在一片汪洋大海中，我眞不知道該怎辦才好。急中生智之下，我靈機一動，我們的救生衣的領子很高，我就把領子拆下來，做成一個氣囊，我可以在裡面呼吸，我把臉轉向氣囊，然後在水中漂浮裝死。我一直在等著挨子彈——我心想他們一定會開槍的，可是，我只聽到有人在魚雷艇的甲板上用日本話交談，然後他們拿了根棍子戳戳我，把探照燈關掉，就走了。我不懂他們爲什麼沒有再回頭確定一下，他們就這樣走了，所以我就趕快再游下去。

早上的時候，我在海上碰到一個弟兄，我們一塊兒游了一會兒，可是我的腿開始抽筋，我沒游多久就得停下來按摩我的腿。那個弟兄就開始對我不耐煩了，他說：「喂！你這樣會害死我們兩個的。」我跟他說，太平洋一望無際，游太快反而會迷路的。他後來也眞的迷路了。我一個人繼續游了一整天，下午，一艘日軍的接駁船往我這邊靠近，那條船負責補給最近登陸附近某處海灘的日軍。他們把我從海裡撈了上船，押到爪哇島東端的一處海灘基地。從那個時候開始，我就淪爲一名戰俘，官方說法爲日本天皇的客人，至少，我還是活了下來，休士頓號全體船員計1,100人中，只有368人活了下來。

——奧圖．史瓦茲，出生於1923年，大戰期間於美國海軍擔任二等水兵。他遭日本軍方俘虜長達四年，輾轉囚禁於東南亞各地之戰俘營，並曾一度參與修築惡名昭彰的泰緬鐵路。當他在1945年獲釋的時候，全身體重只比100磅多一點。退伍後，他定居於紐澤西州的聯合鎮，創立了「休士頓號生還者協會」，並且定期為500餘名生還者與其眷屬發行通訊。

上圖：1941年，史瓦茲於「新兵營」時期的留影。

右圖：休士頓號全體船員於出航太平洋前合影

一個男孩的戰爭：

「使底特律『免於』敵機轟炸。」

1941年我和父母及兩個弟弟住在底特律的一間兩樓公寓。某個星期天的下午，我在「廣場戲院」看完西部片後，回到幽靜的家中。我從收音機得知，日軍空襲珍珠港。隔日，我一整天都興奮地和其他孩子談論這場戰爭及其意義。我當時只有11歲，根本不了解戰爭會帶來死亡的可怕。對我們來說，這是一件令人興奮的事。當從薩福瑞基菲爾德空軍基地起飛的飛機，咻咻地飛過城市上空，天阿！當時我們還認為帥呆了。

我的父母親知道戰爭代表什麼。我父親是第一次世界大戰的退伍軍人，他生於愛爾蘭但因為在法國與美軍聯手作戰的緣故，取得了美國公民權。他將軍旅生涯的家當帶回家中，使我們這些孩子能一嘗戴頭盔，裹綁腿，及攜帶軍用水壺的滋味。我們常常會問父親關於軍旅生涯的種種，但他卻談得不多。有一次我看完一部名叫《第69次戰役》的電影，在回家的路上我問父親：「到底是我們殺的德國人多，還是德國人殺的美國人多？」他並未立刻回答，在沉默良久後我依稀記得他說：「這很難回答，因為陣亡的軍人其實都屬於同一邊。」當時我並不知道這是什麼意思。

對我們小孩子來說，西部牛仔與印地安人的衝突，好人與壞人的對抗，第一次世界大戰的有關電影，以及從亞瑟王到基督山的各種戰爭故事，使我們覺得戰鬥是一種生活型態。而突然間，這種正邪勢力的對抗眞的發生在我們面前，我們是正義的一方，所以正義必勝。我們常玩模擬戰爭的遊戲，我們將來福槍自木板架取下，將手槍從盒子拿出，將刺刀從刀鞘拔出。對街一位名叫理查的男孩，他的父親是第一次世界大戰的傷殘老兵。他常常戴著父親的鋼盔，使得大家既羨慕又妒忌。如果理查願意，他會把鋼盔借你戴上一陣子，而這時其他小朋友便會拿掃帚柄打你頭上的鋼盔，測試鋼盔保護頭部的功能如何。即使覺得痛，我們也會裝得若無其事地說：「沒感覺……沒感覺。」我們也常常跑到住家附近空地玩戰爭遊戲，例如突擊廢棄空屋，以及模擬發射迫擊砲。但是沒有人要當日本人或德國人，我們全都是好人。

我們當時看到的新聞影片，是好萊塢版的第二次世界大戰，新聞中盡是我軍告捷的畫面。事後我們才知道當時的新聞控制有多嚴重，因為當時沒有人願意讓大家知道戰況是多麼慘烈。電視畫面若出現屍體，那一定是日本人。然而，好萊塢版的戰爭實錄對孩子來說，倒也不壞。我們小孩子在「東方終點戲院」、「廣場戲院」、「來克物德戲院」裡體會戰爭。隨著影片，我們被帶到瓜德羅普島，也在電影《東京三十秒》中身歷其境。我記得一部名叫《來自史達林格勒的男孩》的樣板宣傳片，劇情是有關一位以一擋百、成功阻擋德國軍隊的男孩。我們認同那位男孩，因為他是男孩，我們也是，而且若情況相同我們也會像他一樣挺身而出。我們還假想若德軍集結在底特律東方邊界，我們要以市場街作為前線保衛家園，就像那位來自史達林格勒的男孩一樣。

施恩 (後排中央) 12歲時與兄弟及鄰居小孩合照。

——尼爾·施恩生於1930年，1950年於底特律大學畢業後，旋即在《底特律自由報》擔任送稿員。他在《底特律自由報》一直服務了46年，退休時已是該報的發行人暨社長。雖然他沒有親歷戰場，但他在1953年到1955年的這段時間，服務於奧地利薩爾斯堡的軍醫團。目前已婚並育有六子。

我們有時對電影劇情大為光火。事實上，有一次電影本身反倒「火了起來」。記得在一部名為《巴丹半島》的電影放映中，我們恨透了片中的日本人，於是一位名叫萊福地·布洛斯南的鄰居小孩便起身向銀幕丟擲一顆高爾夫球，想要破壞日軍的猛烈攻擊。但他只破壞了銀幕，使得後來的電影畫面上總有一塊補丁。最後，由於新聞影片廣受歡迎，底特律的市中心還開了一家專門播放新聞影片的戲院。當時，似乎到處都是火燄噴射器、炸彈、以及砲彈，而我們便活在這種混亂之中。

根據宣傳片，你必須恨敵人。德國人是卑劣的，而日本人是不容置疑地殘忍可怕，因為他們會割下敵人的舌頭，折磨人，以及殺害無辜的百姓。所以我們討厭日本人，也連帶討厭常常出現在日本電影中，飾演壞蛋的華裔演員范班森。宣傳片中亦有一段是教我們如何分辨日本人與中國人，如此一來我們才不至錯失準頭。一般的方法包括如「因為穿日式涼鞋的緣故，日本人的前兩根腳趾是分開的」，以及「中國人的臉較平滑柔順」等等。我們不論在餐廳或洗衣店，都花很多時間觀察東方人的臉孔，以確保敵人沒有混入我方陣地，這使我們還眞有點忙。

我們經常留意有無來自「第五縱隊」的間諜，所以凡是有外國口音的人便成了懷疑的目標。在現今的移民社會，我們當時的行為眞是太可笑了，況且，我的父親也有濃濃的外國口音。但在當時，我們只管揪出想像中的可疑間諜，例如，身穿長大衣及頭戴垂邊軟帽的人。住在哈特大街的一位老人，他家屋頂上裝有一個好似短波天線的設備。其實我們這些孩子那裡知道短波天線長什麼樣子，但是我們不管，只要我們認為是，那就是了。所以我們神祕兮兮地跟蹤他到哈特燒烤餐廳，我們躲在窗邊偷看他吃飯。後來我們才發現他並非間諜，而只是一名餐廳廚師，而且他很可能是希臘人。但由於他曬得黝黑又看來可疑，符合我們的懷疑條件，才會被我們盯上。

當時我們都覺得底特律，和其他地方一樣，也已經岌岌可危了。大寫的「敵人」字樣在城中隨處可見，宣傳海報中的敵軍虎視眈眈地睨視我們，他們的利齒和沾血的刺刀，使我們知道若不警戒則會被敵軍消滅。我們要保護國家免於敵人的威脅。我們學會辨識飛機的外型，並花很多時間躺在運動場上望著天空，搜尋有無梅塞施米特式戰鬥機、斯圖卡式俯衝轟炸機、三菱製戰機、或零式戰鬥機。但我們所看到的都是從當地空軍基地起降的飛機。如果敵機斗膽飛到底特律商上空，不用說，鄰近的小孩一定會發現而放聲大叫。

我的父親是空襲警戒員，並曾爲艾森豪將軍的侍從武官，這使我感到非常驕傲。他有一頂印有徽章的白色頭盔，一只臂章，一個軍用手電筒，以及一個口哨。每當我父親用他濃濃的愛爾蘭口音說「開燈」時，強光便照射到整個鄰近地區。每次空襲警報試放時，父親大步走在街上，叫民眾把窗帘關上並關掉燈光，這使我們兄弟深深地以他爲榮。在學校，我們也有防空演習，我們會躲到地下室的桌子下面。我們也會大聲唱歌，因爲理論上如果大聲唱歌，砲彈聲音便不會振破耳膜。

當時有個名詞「戰爭總動員」，意即每個人都要多少爲國家付出一些心力。小孩子會被問到他們的父親爲「戰爭總動員」做了些什麼。母親也不例外。有一天，我的母親穿了一身運動服，戴上帽子將頭髮全束到後面，並帶了一盒午餐，到工廠上班去了。如果要說全北美最不可能的工人，那一定非我母親莫屬。她一直在家料理家事，照顧孩子，而突然間她在一座飛機後勤工廠操作機器。那三年來，她每天走到「大陸馬達公司」上班，操作機器，但我想她樂在其中。

我記得小時後，因爲我是長子而有點嫉妒。其他有遠在異鄉服役哥哥的孩子在學校可眞風光，他們有自國外帶回的紀念品，從家書得知的第一手戰況，還有其他種種。我覺得自己很窮，因爲我沒有哥哥送我一頂德軍頭盔。但過了不久，我上的天主教學校舉行了一場祭悼亡者的宗教儀式，當有人宣布：「傑克．卡拉翰於戰場英勇身亡」，我們起身批上外套，走到隔壁的教堂祈禱，然後回家。我們班上50人中，有兩位同學的哥哥不幸戰死沙場。我開始慶幸我沒有哥哥，因爲我不必和哭泣的母親坐在教堂，在葬禮樂聲中，將旗子摺好交給母親。當鄰居孩子開始因戰爭而陣亡時，我才了解到戰爭不是件好玩的事。

我朋友賴利．奇根的哥哥麥克被徵召到空軍報到，負責駕駛B-17戰鬥機。他在德國執行過很多次的空襲任務，當他回來時我們七嘴八舌地問他有關戰事的種種，但他總是避而不談，沒有英雄事蹟，也沒有投彈將高樓大廈夷爲平地的故事。我想戰爭改變了人們。確實如此，若沒有親身經歷戰爭的毀滅，沒有做些過去從不以爲自己做的出來的事情。我很慶幸，慶幸自己從來不曾面對這樣的考驗。

脫得只剩下內衣褲，眼睜睜地看著日本國旗取代美國國旗在空中飄揚。在馬尼拉近郊的克拉克空軍基地，日軍轟炸機抵達時，美國戰機卻還文風不動地停在停機坪上，一副任敵人宰割的模樣。一名日本飛官回憶說：「他們像鴨子般蹲在那兒。」美軍太平洋艦隊幾乎半數被毀，菲律賓巴丹島一役，75,000名美國及菲律賓士兵被俘，並且被迫在酷熱的天氣下徒步走了65哩的路，一旁監視的日軍不時揮舞皮鞭或以步槍毆打他們，沿路死亡的戰俘高達15,000人。這是美國軍事史上最重大的一次挫敗。

曾經耳聞上述太平洋島嶼名稱的美國人原本不多，知道其戰略重要性者更是寥寥無幾。可是，人們聽到這些島嶼被佔領的消息時都驚怒跳腳，宛如美國心臟地帶被擊中了一般（從南北戰爭以後，幾乎沒有美國人打過仗），許多人相信自己的生命即將受到嚴重威脅，他們更以爲，德國及日本的轟炸機很快就要拿出對付倫敦、多佛、以及科芬特里的手段來轟炸美國各個大小城鎮。原本如世外桃源般的美國今後將無法再置身國際爭端之外，而必須面臨淪入暴政統治之下的危機。

這一次，再沒有人高唱民族主義大業的高調，也沒有人再在集會時高歌第一次世界大戰時名藝人喬治．科漢的名曲〈在那裡〉(這首歌感動了無數美國熱血青年，使得他們積極參與1918年的歐洲戰事)。向日本復仇的念頭（而且是非常強烈的）戰勝了經驗所累積的智慧：除非所有軍人和家屬都能夠更清楚地掌握戰爭的意義，否則美國絕不再輕率上戰場。軍方的宣傳海報強調，美軍的任務性質除了是工作外，更是一種義務，雖然令人不悅，卻非做不可。流行音樂歌頌的不是戰爭的崇高目的，而是士兵們揮別平靜生活投向喧嘩戰爭後所感受到與家人生離死別的痛楚與孤獨感。當時聯邦政府最期待聽到的是能夠鼓舞全國民心士氣的軍事進行曲，然而1942年最流行的一首歌——也是整個戰爭期間最流行的卻是艾文．伯林的〈白色耶誕〉，這首感傷的歌曲由平．克勞斯貝口中唱出，成爲思鄉的士兵以及在故鄉窗前望眼欲穿，等待他們平安歸來的愛人之最流行的聖歌。

〈我相信〉
〈我會撐過去〉
〈我要回家過耶誕節〉
〈除了我以外，
不要跟任何人坐在蘋果樹下〉
〈我將獨行〉
〈我將再見到妳〉
〈再見了，媽媽，我要飛往橫濱〉
〈媽咪呀！我想念妳的蘋果派〉

幾首抒發人們離愁的戰爭歌曲

「我想同你們談談橡膠，談談橡膠與戰爭的關係，橡膠與美國人民的關係。」

1942年6月，羅斯福總統的「爐邊談話」

「今天我把我的舊橡膠皮帶剪成碎片寄給你……我希望有幸成爲第一個爲了崇高志業而將個人衣物捐贈出來的人。」

加州聖安納郡梅塔．科克蘭德太太回應總統的呼籲

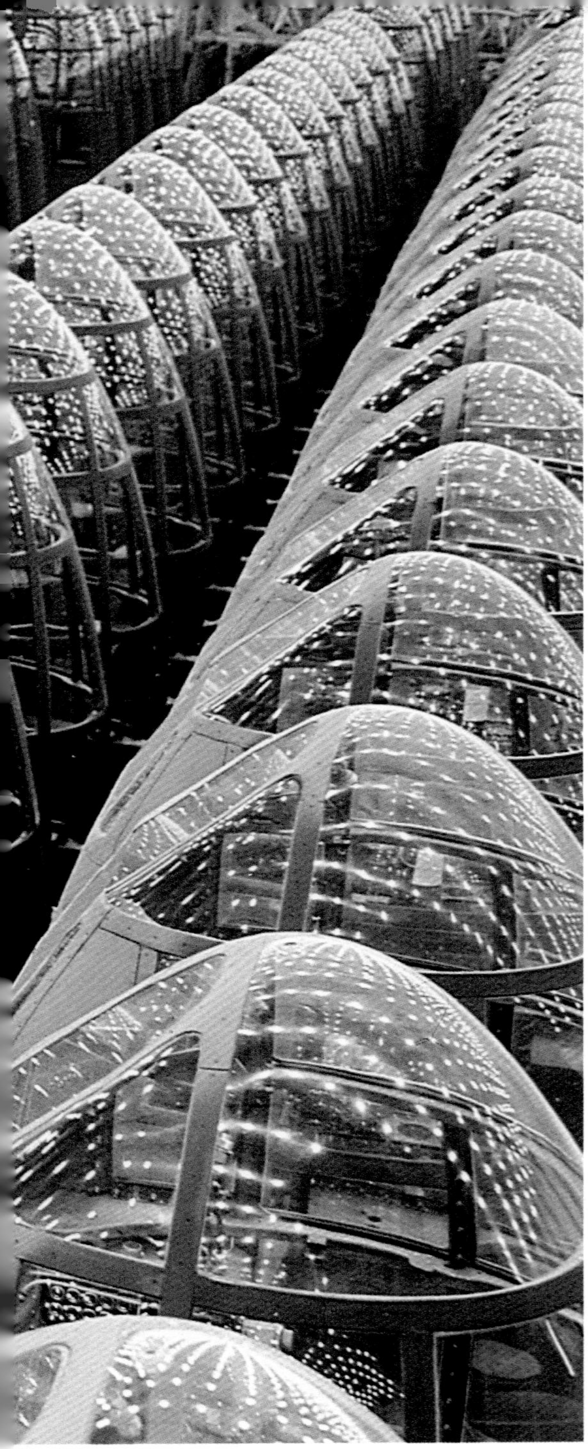

因為多數男性都從軍去了，女人們變成美國軍事工業的生產主力，就像圖中在加州長堤道格拉斯飛機廠的女工一般。在產量最高峰期，美國工廠每天製造出價值600萬美元的戰備物品。即使是俄羅斯總理史達林都舉杯致敬說：「敬美國製造業者，若沒有他們，我們會輸掉這場戰爭。」

當時全美國人民普遍存有特種部隊般的心情：雖千萬人，吾往也。到了二月，羅斯福總統向全國發表了名垂千古的「爐邊談話」，在此之前，他建議人民先買地圖，以便了解各交戰國的地理關係。他以美軍統帥身分致辭，一邊引領上千萬聽眾查看地圖，協助他們更進一步了解第二次世界大戰與前一次的異同，讓民眾知道，長久以來、海洋在國家安全中所扮演的屏障角色如何被製作精良的現代武器給腐蝕掉。

最後，羅斯福總統為美國參與這次戰爭做了一番詮釋，他對戰爭的定義和23年前一次大戰期間威爾遜總統所提出的一樣：這是一場抗拒極權、爭取民主的戰爭；人民爭取的是免於匱乏、免於恐懼、宗教信仰、以及言論自由等四大自由權。即使是在戰爭期間，美國本身的自由程度大減（1940年實施徵兵法、1942年實施物價管制，以及在宣戰前已經實施的配給制度），政府卻進一步號召人民自動自發地分擔更多戰爭的責任。

這是一場人民的戰爭，平民當兵打仗，部份資金來自公民購買國防公債的錢，在首都華府指揮戰爭者是由人民自由選舉產生的代議士和政府官員。學生自治政府在社區事務中擔當更多任務，好萊塢名導演法蘭克・卡普拉受命拍攝一系列「我們為何而戰」的軍教片。美國國歌降了一個音階、改唱成A調，根據音樂教師的解釋，新曲調音域更廣、適合更多人唱。民主政治的價值在此不證自明，部份廣告商形容戰爭比較像是一種對消費意識的威脅，例如皇家牌打字機的廣告詞說：「戰爭所為何來？為的是爭取買所欲買的權利。」

有些人雖然醒悟到愛國主義的號召力，卻不認為這是一股舉國共同的情緒。許多美國人在投身戰爭事業的同時，並無意過度強調戰爭的意義，因為單憑珍珠港事件已經足以令多數美國人肯定這場戰爭的必要性，許多人在憂心戰爭之餘，寧可面對個人的生活危機。由於戰爭工業的蓬勃，連帶使得全國經濟快速成長，但對工作繁忙的勞動大眾和現役軍人而言（這些人多半出生並成長於30年代，對於經濟的認知僅止於大蕭條時期），他們害怕國家終究擺脫不了饑餓與失業的恐懼，更擔心自己戰前所經歷的困頓會在戰後捲土重來。

如果說，英國人憑勇氣和決心抗敵，俄羅斯靠人海戰術及惡劣的地理環境與氣候取勝，那麼美國之所以打勝仗，靠的就是工業奇蹟。當時正是美國工廠產能的巔峰期，造一艘貨船只需17天（戰前要一年）、造一架轟炸機只要13,000個工時（比承平時期快了15倍）。打字機工廠可以生產機關槍，內衣工廠做手榴彈腰帶，汽車廠造轟炸機。女工人數大量膨脹，她們身穿藍色工作服、頭上包著大手帕，取代了全國緊急應召入伍的年輕男子的職位。超大型工廠紛紛成立（福特汽車公司在密西根州楊柳莊

WE SERVE

的工廠就僱用了42,000名員工），有些城鎮本身就是一個工業城。

全民努力的結果是驚人的生產速度。光靠美國一國所生產坦克、軍艦、飛機等軍用物資的數量，就遠超過所有軸心國產能的總和。1942年6月，美國將日軍逼到死角，首先，美軍少尉杜立德率軍突襲東京（快得讓學校來不及疏散，學童甚至在敵軍轟炸機飛過頭頂時毫無警覺地對它們揮手致意），美國終於報了珍珠港事件的一箭之仇。稍後，美軍又在中途島擊敗日軍。經過三年漫長的苦戰，美國太平洋艦隊勇往直前，連番擊敗日軍，迫使日本投降。

在多數人眼裡，美國工業的成功似乎讓人重拾對資本主義的信心，人民總收入增加了，自由派人士也看到商人慈善的一面。然而再度當道的資本主義精神是經過適度修正的，政府因此更積極干預市場運作。戰爭至少證實了英國經濟學家凱恩斯的理論：解決經濟蕭條問題的不二法門是政府大量增加公共支出而不是經費緊縮。1942年，美國有三分之一的經濟活動與戰爭有關；1943年，聯邦政府的歲出遠超過1933年國民經濟總產值。此外，美國人民的生活水準也迅速提升。戰爭令羅斯福總統「新政」中的經濟復甦措施功效卓著（剛好讓羅斯福的聲望止跌回升），此後美國即進入一段長達30年的不間斷成長期。

美國家庭年平均所得（單位：美元）

	1938	*1942*
華盛頓特區	$2,227	$5,316
哈特福市，康州	$2,207	$5,208
紐約市	$2,760	$4,044

經濟的復甦讓人們有錢看電影、上館子、大採購（以致有人私下許願，希望戰爭一直打下去，至少撐到他們買了新冰箱爲止）。但是在同時，社會問題卻應運而生。在珍珠港事變後的三年半，有1,200萬名男子離家上戰場，另外有1,530萬戶舉家遷移，他們搬家，多半是爲了到兵工廠找工作。在30年代的經濟黑暗期，許多家庭的父親無法負起養家活口和保護妻兒的責任，現在錢雖然有了，卻要忍受骨肉分離及居無定所的代價。許多兒童不僅要忍受父親長年征戰不在家的遺憾，現在又要承受母親因爲到工廠上班而經常在他們生活中缺席的打擊。

基於對第一次世界大戰的了解，士兵們對第二次世界大戰的熱情淡了，但並未完全冷卻。戰爭有趣的地方在於，人們心中的恐懼會消失，記憶沈澱成爲冒險犯難的故事，說故事者生動的描述也會製造出英雄事蹟。第一次世界大戰時，許多人在戰場上生還，對他們來說，戰爭只是經濟蕭條時期的事件之一；對他們的子女而言，則是父親口中的悲慘往事，經過年復一年的叨唸後，這些經歷聽起來彷彿比他們眞實的人生還要精采。戰爭的確恐怖，但是經歷過戰爭的人更可怕。

有一首名為〈掌摑日本人〉的歌曲，這是美國國民兵總署發動全民參與資源回收運動的主題曲，回收的目的在募集戰爭所需的物資及提振後方士氣。

第二次世界大戰中，由於武器的精良，使得坦克車指揮官飛行員在第一次大戰西線無法施展的戰技，得以發揮淋漓盡致。第一次世界大戰時，只有步兵必須死守戰壕；然而到了二次大戰，無論是不列顛戰役時與德軍

即使是最完善的訓練，也無法讓美國士兵以萬全的準備面對太平洋上的殘暴戰爭。一名士兵稍後寫道：「感覺上好像我獨自一個人站在沙場上，處身猛烈的砲火中而孤立無援。」上圖為一名登陸帛琉的美國海軍陸戰隊員。

斯圖卡俯衝式戰鬥機在空中格鬥的英軍噴火式戰鬥機，或是非洲沙漠裡的坦克部隊，都可能遭遇足以決定雙方勝負的危險。但對此次大戰中所有戰鬥人員來說，不管他是英國、美國、俄羅斯、加拿大、德國、日本、或其他任何15個參戰國家的人民，這場戰爭的悲慘與血腥程度，都比上一次有過之而無不及。二次大戰流的血更多，手段更卑劣，對人心的傷害更嚴重。事實上，兩次大戰的參戰國家數量相當，交戰的時間也大致相同，但是二次大戰的死亡人數卻是第一次的兩倍以上。

兩次世界大戰最大不同之處（單就士兵的性命安全來看），就是二次大戰倚重機器的地方更多。二次大戰大量使用坦克、飛機（二次大戰堪稱轟炸機的戰爭）以及具備快速連發功能的現代步槍（準確性稍差）。然而愈多的新式先進武器正足以說明：現代戰爭已經沒有前線與後方的區分。戰鬥技巧或許仍有其必要，但重要性已經銳減，以不列顛戰役爲例，由於目標就在下方，轟炸機只要趨前一陣掃射，也就是俗稱的「地毯式轟炸」，根本不必考慮有沒有瞄準目標。也因此，平民百姓無端遭殃的情形也愈來愈常見。

對步兵來說（即使是在機器大行其道的二次大戰，步兵仍是人數最多的兵種），儘管國際間對戰俘的處置已有明確道德規範，戰俘仍須面臨不人道待遇。評論家兼歷史學者保羅．福梭曾經寫道，戰時食物很少，最常吃的是罐頭豬肉、蛋粉、以及脫水蔬菜。這些食物容易造成胃部不適，使

在塔拉瓦島的海軍陸戰隊員：

「我看著一個年輕人死了，突然無法自抑地大笑起來。」

戰爭爆發時，我剛從專校畢業而到紐約唸藝術學校。我回到奧勒岡州波特蘭市的家鄉參加入伍登記，一口氣接受了海軍、陸軍、及海軍陸戰隊的體格檢查。海軍征兵處的人認爲我可能夠格接受飛行訓練，但是我的牙齒參差不齊，必須北上西雅圖找一名牙醫拿份合格證明。到了西雅圖後，我找的那位年輕牙醫看了我一眼說：「我今天已經放了一個跟你有同樣毛病的人過關，一天之內實在不應該連放兩次水。」我短暫的飛官夢就此破滅，這也是微不足道的小事卻影響人的一生的最好例證。

後來我加入海軍陸戰隊第二師第六團。新兵訓練根本不是人過的日子：上面每天一大早就叫我們起床，動輒辱罵、威脅，還恫嚇我們說，若不能捨摒除七情六慾及克服性格上的弱點，就要被歷史所淘汰。新兵訓練的主要目的之一，就是教士兵服從上級的命令。這和民主政治完全背道而馳，上面只是簡單告訴我們要做什麼，如果我們沒有照著做，就要被處罰或關禁閉。

當兵期間，我們不能看報紙或聽新聞報導。因此阿兵哥的工作基本上跟道德、政治扯不上關係。但是我們在受訓期間還是聽到了一些有關日軍酷行的傳言。在瓜達爾卡納爾島上，隊上曾經短暫擁有一部收音機，每天晚上，我們都會收聽舊金山電台的廣播。新聞會告訴我們，在這一天當中，我們這支部隊做了那些事，例如「海軍陸戰隊向前推進了兩哩，又……」而我們會說：「有嗎？」新聞中講的事，有些我們做了，有些沒有做。大致來說，我們對本身部隊的行動是沒有什麼具體概念的。

瓜達爾卡納爾是我們第一項實戰任務，我們奉命駐守該島，並且肅清島上日軍餘孽。其實，那個島上即使還有日軍，也都餓得半死了。在我們抵達時，可以殺的敵人已經不多，但我目睹的慘狀卻比比皆是，例如死了好幾個月而腐爛得差不多的屍體，這裡掉一隻胳臂，那裡掉一截斷腿。從那時起，我學會以超然的態度面對眼前的事物。有一次，我在一個大彈坑中找到一顆日軍頭骨，於是把它保存了一陣子。或許有些人一講到死人頭就毛骨悚然，我卻認爲那是個素描用的好素材。有一天我漫步在屍體和彈坑間，突然聽到有人說：「有沒有人想要金牙？」我走過去，拿出獵刀撬開一名死亡日軍的嘴，把他的牙整個拔下來。當時我還順手把那名日軍的狗牌給扯下來，因爲我覺得，這些是很好的紀念品。

第二天，部隊被派到吉爾伯特群島的塔拉瓦小島。島上一處面積不到一平方哩的小沙洲上，美、日兩軍正在交戰。我們抵達的時間是交戰開始後的第三天。那裡的氣候異常炎熱，到處屍體橫陳，每一具都被太陽晒得腫脹而黝黑。我的職務是通訊兵，不管部隊走到哪裡，我都必須立即架好和師部聯繫的線路。

我們前進了大約200碼，在黃昏時遭遇敵人攻擊。在那場戰鬥中，我有一小段時間是完全孤單地一個人守著電話。突然，電話那邊問我們需不需要砲火支援？我說要。然後就聽到數響炸彈爆炸聲。我趕緊叫：「瞄低一點」，因爲聽起來日軍的位置比炮彈著陸點還要更接近我們。第二次爆炸點卻跑到我後面去了，我趕緊又喊「停火」。接下來的數小時裡，我就在戰場上跑前跑後，努力維持電話線暢通。由於弟兄們有四分之三傷亡，我聽到上尉要求增援，可是指揮總部不但拒絕派兵支援、也不准我們撤退。

我的身邊不斷有炸彈爆炸。當你第一次碰到轟炸，會覺得衝擊很大，因爲那股強大的力量來得如此突然，一點也無法通融。炸彈的威力像一部超級巨大的機器，彷彿世上沒有任何事物能加以抵擋。一會兒過後，你會覺得自己好像置身一部失事的汽車裡，由於過分的震驚，以致不能理解自己出了什麼事。人類即使再怎麼努力爲戰爭做心理準備，也不可能免於這種驚嚇。

當我由前線向後方撤退時，每隔50呎就會被在彈坑裡荷槍警戒的士兵攔下來。他們總是問：「什麼人？」我回答：「海軍陸戰隊。」他們再問：「口號？」我就回答：「奧勒岡。」他們又叫：「覆述一遍。」直到他們確定我不是敵人爲止。我很快發現，這些彈坑中躲滿了海軍陸戰隊員，他們不是受傷，就是因爲太害怕而躲在裡面不敢出來戰鬥。然而日後有關這次的戰爭報導中，絕對不會提到我們這些被恐懼心理所癱瘓，不能或不願戰鬥的士兵。

突然，一顆炸彈在我身旁爆炸，我被炸得跌倒在地。當我坐起身後，還要自己動手把臉上的珊瑚礁碎片拿掉。這是我戰鬥經驗的最高潮，使我產生炮彈恐懼症。我向上尉報告說，我需要休息，然後在彈坑中挖出一小片平地躺下來、很快就睡著了。幾個小時後，我又被一個巨大的聲音吵醒，我抬起頭來，看到一架美國戰鬥機咆哮著直向我飛過來。我一點也不吃驚或害怕，就像醉酒後看電視一樣──周遭發生再多的事，我也無動於衷。飛機開火時，我可以感覺機關槍發出的強風拂過我的臉，但我卻沒被擊中。我爬出彈坑，發現戰場上變得很安靜。我很快得出一個結論：交戰的前線換地方了，我睡覺的地方變成無人之地。由於戰鬥已經結束，所以我生命無虞。

一陣叫喊聲將我帶回了現實，那是一名前來尋找受傷弟兄的醫護兵。他發現一具屍體，叫我幫忙把屍體湊起來。我看到那個死人的臉，原來是個熟人。他的兩隻眼睛都睜開著，眼神卻毫無生氣，早已經氣絕多時了。我又發現他整條右腿都不見了。這種荒唐的景氣突然攫獲了我的心靈，我無法自抑地大笑出聲。當害怕與恐懼感消失後，我只覺得一陣解脫。突然間，我清醒了過來。我看著一個人死亡，暴力的感覺是如此眞實地伴隨著我。我滿腦子只有一個念頭：「這一切太瘋狂了，太過分了。沒有人能夠逼我再來一次。」經歷過塔拉瓦島戰爭，讓我永遠喪失對人性的信心。

──厄爾．寇蒂斯，一等兵，生於1918年，在塔拉瓦島之役表現英勇而獲表揚，然而他卻因轟炸而心理受創過劇，於1944年自海軍陸戰隊退役。他後來定居舊金山。儘管他一直宣稱已克服砲彈恐懼症的心理障礙，卻極少談及自己的戰爭經驗，顯示「他的內心始終被戰爭的陰影所糾纏著」。

上：25歲的厄爾．寇蒂斯。

左：1943年，美軍驅逐艦轟炸過後，海軍陸戰隊官兵登陸了塔拉瓦島。

元朝元世祖曾經出兵日本，卻受阻於一場「神風」，日本遂解除一場兵災。為了紀念這段歷史，日軍敢死隊便以「神風」為名。神風特攻隊由一群年輕的飛行員組成，他們誓死效忠天皇，甚至願意針對敵人目標進行自殺性的攻擊任務。圖為一群神風特攻隊員，在上機執行死亡任務前最後一次向日本天皇敬禮。

「不得將敵人身上任何一個部分當成紀念品……」

1941年美國太平洋艦隊指揮官下達的指令

太平洋上，交戰的雙方都做出無數殘暴行為，因此益發助長了雙方之間劍拔弩張的仇恨。圖為美軍奪下敵人坦克車後，把一名日軍的頭顱掛在車前方示衆。

他們經常嘔吐，再加上對戰鬥的恐懼感，士兵經常鬧肚子。另外，環境也是問題，例如非洲沙漠的焚風、太平洋裡的珊瑚暗礁、或是義大利北方凍人的寒雨及泥漿等，一次大戰時，泥漿也曾造成部隊行進緩慢。

讓步兵處境更艱難的是機器，由於新式戰鬥機器的出現，步兵罹難人數之多達到前所未有的程度。挨子彈喪生，對可憐的士兵而言反而是最仁慈的處決方式，因爲如果不幸喪生坦克車輪下或是威力猛烈的爆炸中，就要落得屍骨無存了。僥倖生還的人目睹同袍的慘狀，不禁害怕哪一天自己也會遭遇類似命運。他們站在死者墳上（把令人毛骨悚然的殘骸收集在一起埋葬之處），憑弔這些人爲國捐軀的「光榮」。

二次大戰的士兵也和他們參加過一次大戰的父執輩一樣，面臨道德衝突及精神創傷。當他們出征時，家鄉的親友揮舞著國旗鼓勵他們，部隊指揮官偶爾會來上一、兩次精神訓話以提振士氣，訓話內容不外乎同盟國是正義之師等等。然而士兵唯一的念頭卻是求生存，而不在辨別戰爭的好與壞。在戰爭中，精神崩潰的士兵比比皆是，甚至超過肉體受創者的人數。以1945年琉球大屠殺爲例，美軍死亡人數爲8,000人，卻有26,000人驚嚇過度，報告上以委婉的語氣形容他們「眼光直楞楞地瞪著遠方」。

在一次大戰中，士兵偶爾會與敵軍產生友誼，甚至還能互相欣賞彼此的手藝。比較起來，二次大戰最大的特色就是士兵侵略心理的無限擴展，他們心狠手辣而且脾氣乖張，往往以凌虐敵人，殘害敵人肉體爲樂，甚至對無辜百姓也毫不留情。日軍在太平洋上的侵略行爲便是典型代表。日本突襲香港及新加坡時，日軍用刺刀活活刺死百姓，又對傷者趕盡殺絕。他們將戰俘鎖在大箱子中好幾年，殺了人之後還要依慣例把死者陰莖割下來塞在嘴裡。歷史學家對日軍的殘酷行徑至今未能研究透徹（他們對納粹大屠殺的行爲也同樣無法理解），可以肯定的是，這種暴行背後的文化因素也造就出了駭人的神風特攻隊。

對日本軍人而言，天皇是他們效忠的最高精神領袖。日本天皇有如西方的上帝，雖然天皇本身對臣民奉他的名而倒行逆施感到深惡痛絕，甚至公開表明心聲，但是日本飛行員奉爲金科玉律的宗旨卻是：軍人的行爲愈殘暴，愈能證明自己對天皇的忠誠。

死亡是崇高的，投降則是令人不齒的畏縮行徑，無論是自己苟且偷生或阻止他人自殺，都是懦弱的表現。根據統計，在同盟國，如果有一名士兵降敵，爲此而蒙羞尋死的同袍只有三個，然而在日軍中，只要有一人降敵，就有120名同袍羞愧而自戕。在這種倫理觀念下，日軍當然極盡所能地羞辱降敵，被俘者更是飽受輕視和侮蔑。

日本人的行爲也是導因於偏激的種族主義，他們視其他民族爲次等人種，偷襲珍珠港的事不但震驚美國，也令世人普遍將日本視爲未開化民族、一種瘋狂的動物。比起日本來，美國也好不到那裡去。早在1942年，同盟國士兵就多次在殺死敵軍後將死者身上的東西帶回家，例如把日軍頭部的肌肉燒掉、割下其耳朵、手掌、其至於性器官當戰利品，甚至把這些東西當名片一般與同袍交換。美軍有時會在殲滅敵軍後撒尿在屍體口中。曾經參與過太平洋戰役的尤金・史雷吉回憶說，他目睹海軍陸戰隊一名隊友拚命要從一名日本傷兵嘴裡拔出金牙，傷兵死命搖頭抗拒，那名隊友火大用刀從他的左耳劃到右耳，好方便拔取「戰利品」。史雷吉不忍，懇求隊友放過傷兵，卻沒人理他。最後，另一名隊友跑過來在傷兵頭上開了一槍，而那個兀鷹般的隊友仍不爲所動繼續「拔牙」。

由於貯水池遭到破壞，列寧格勒居民只好敲開結冰的水溝、尼瓦河、及街道汲取飲用水。當時生病的人很多，所幸那年冬天的天氣特別寒冷，傳染病沒有爆發大流行。

二次大戰帶給人類無比的、全球性的苦難，承受最多苦難者，則是希特勒和史達林這兩位暴君獨夫統治下的人民。在美國人忙著開工廠，以「民主兵工廠」美譽而沾沾自喜，並集中全力與日本交戰時，中歐和西方的俄羅斯也每天都在打戰，這些地方的城市街頭正進行著一場生與死的搏鬥。

從1941年冬天開始，總計約900個日子裡，列寧格勒的居民承受莫大的苦難。希特勒擔心全面攻打該市會造成德軍慘烈的傷亡，於是下令封鎖列寧格勒。他計畫活活餓死該市300萬人民而達到打擊俄軍士氣的目的。列寧格勒西臨波羅的海，東邊是80哩寬的拉多加湖，北方有芬蘭駐軍（芬蘭爲了領土問題長年與蘇聯交戰），所以德軍只須守住南邊，便可以讓這座帝俄時代的首都與世隔絕。但儘管德軍封鎖了該市、甚至炮轟倉庫及補給道路以斷絕糧食供應，列寧格勒居民仍流露出不輕易被征服的決心。百姓自願工作，建造了數以千計的防空避難所，堅固的機槍掩體，並將路上樹木砍倒以阻礙德軍前進。

1941年12月底，列寧格勒只剩兩天的麵粉存糧，人民將纖維、鋸屑、以及從倉

第一次穿越拉多加湖結冰湖面上的「冰路」，是一趟艱難而緩慢的旅程。先前運到的食物已經無法應付列寧格勒居民的所需。經過一整個冬天，湖面的冰愈結愈厚，總計19,000人加入這場「求生之旅」的工作，運輸的數量及次數都因此而增加。

「桑妮亞死於12月28日……
巴布斯卡死於1月25日……
雷卡死於3月17日……
瓦斯亞爺爺死於4月13日……
蕾夏奶奶死於5月10日……
媽媽死於5月13日……
他們全死了，只有坦雅還活著。」

11歲的坦雅．沙維其瓦的日記，她依序記錄列寧格勒被圍攻期間，家人陸續死亡的慘痛過程。
1943年，她也死了。

庫裡掃出來的麵粉混在一起做麵包。動物口糧變成人類的食物。野草被拿來煮湯。街頭隨時有人餓得倒地，屍體靜靜地躺在結了冰的手推車旁。若有人死在家裡，家人便趕緊把屍體藏起來，以便繼續領取每天250公克的糧食配給。單是那個月就有53,000人死亡，翌年2月又有20萬人死亡。但是這個城市仍然繼續苦撐著。

科學家研究在拉多加湖面上開闢通路的可能性，他們計算出來，只要四吋厚的冰就可以支撐一匹馬；一匹馬加上一噸重的貨物需要七吋冰；而一部卡車至少要八吋厚的冰才撐得住。當冬天變得更嚴寒時，列寧格勒市民開始小心翼翼地展開「求生之旅」。頭七天，40部卡車沈入湖底，但其他數十人卻到了西岸，他們很快冒著納粹掃射的危險、從對岸帶著寶貴的食物回來。

出路有了，婦女和兒童全部被撤離，列寧格勒市在黑暗中繼續默默掙扎求生，點燈的油沒了，唱歌的小鳥也沒了，所有生物（無論死活）都被飢餓的人帶走，連倒斃在溝渠裡的人類也不例外。列寧格勒電台由一艘凍

一名母親拚死逃離列寧格勒的心路歷程：

「人們說，時間可以令人淡忘一切，但眼前這一切？我永遠也忘不了！」

1941年6月21日，我非常快樂。我懷有六個月身孕，當晚，丈夫邀我到公園散步。一切都是這麼美妙，夜晚如此寧靜，草木欣欣向榮。第二天早上，我們上內福斯基街買報紙，走入商店時，我們看到一群人圍在收音機旁。大家都嚇壞了，我先生問，是怎麼一回事時，眾人答道：「戰爭。」德軍已經對基輔及蘇聯邊境幾個小城市展開轟炸，大家都很震驚，因爲我們過去只聽過「我們的國家非常強盛」以及「希特勒尊敬俄國人」的說法。希特勒曾經告訴我們，他永遠、永遠也不會攻擊我們。然而，他欺騙了我們。

人們不約而同湧入商店搶購糧食，我對先生說：「我們也買些吃的吧！如果戰爭來了，我們可能會挨餓。」他說：「傻女孩。列寧格勒的存糧充裕，如果我們的房子被炸毀，所有的財物都沒了，只要到商店去再買齊就好了。」但是列寧格勒的糧食全部貯存在一個地方，如果炸彈丟中那座倉庫，這個城市就要斷糧了。

我先生叫我離開這裡到別的地方去，但是我怎麼走？自己一個人，挺著一個大肚子嗎？我根本不想離開他。他幫我把衣物收拾到皮箱裡，那天晚上，我把行李全扔了，並且告訴他：「我不要走。我們要一起待在列寧格勒。」空襲開始後，每隔15到20分鐘就有警報響起，我因爲懷孕，不方便跑動，很難逃到安全的地方避難。因此空襲時我都只能躺在床上，床則隨著爆炸的震動而跳來跳去。我先生是複合科技研究所的研究生，我們於是搬離公寓住到研究所裡去。那裡的實驗室底下有一座非常大的地下室，據說是沙皇時代所建，地下室的牆壁有一公尺厚，所以我們在裡頭感到很安全。報紙上說，我們可以在兩個月內收拾希特勒。所以俄羅斯人民都以爲，空襲不久就會停止，甚至戰爭也不會拖延太久。但是不久後，收音機裡卻傳出德軍逼近列寧格勒的消息。許多小城鎮的居民爲了逃出德軍鐵蹄，紛紛湧向列寧格勒。列寧格勒的人口差點大爆滿，很多人因此又往西伯利亞或其他地方撤退。然後，德軍包圍了列寧格勒，四面八方的出路都給堵死了。

我的預產期在10月1日。那一年整個九月，德軍都持續轟炸列寧格勒。我們和另外19個人住在那個地下室裡，我希望等戰爭一結束，就能帶著嬰兒回到自己的公寓。10月1日，我被送進產房，由於分娩過程十分艱難，產後我繼續在那裡住了好多天。當我在10月19日出院時，時序已經入冬，天氣非常、非常地寒冷。丈夫來接我時說：「席娜，我不知道該怎麼辦，我們家的窗戶沒有玻璃。」

於是我們又回到了地下室，住在那個沒有燈、沒有水、沒有暖氣的地方。那個冬天日子很難捱，外人根本無從想像。我是地下室中唯一帶著那麼小一個嬰兒的女性。女兒剛出生的時候，長得健康而漂亮。我先生一直就想要個女兒，因此我們非常快樂。可是丈夫也知道，這個漂亮的女娃兒將會餓死，因爲我根本就擠不出半滴奶水來。小女兒全部的食物，就是我們從糧食配給中幫她保留下來的四小瓶牛奶。先生也因爲飢餓而變得臉色蒼白到幾乎發青的地步，他餓得都不能動了。一名婦人對我說：「你們搞什麼？你的孩子一定熬不過去，你應該把食物給你先生，如果他能活下來，你們還可以再生一個。」我給丈夫喝了一瓶牛奶，可是女兒開始哭泣，我下定決心，該她的食物就該給她吃。因此我告訴丈夫：「躺在床上，照顧好寶寶，其他的事交給我。」

到了早上，我趕到公園，把雪花收集起來，等它們溶化再給女兒喝。根據當時政府的配給，我們每個月可以領到125公克麵包和一磅豬肉，再加上每天一大匙的麥片及一茶匙的油。這麼一點東西怎夠過活？人們變得愈來愈虛弱，往往一跌倒就再也爬不起來。我也是一樣，愈來愈虛弱。有一次在回家的路上，我絕望已極，決定找個地方躲起來、坐著休息。我沒有力量再走下去，我快要死了。突然間，我耳中傳來女兒的哭聲。噢！我跳了起來，用跑的回到家裡。兩分鐘前，我根本沒想到自己竟然能跑這麼快。女兒救了我的命。

一月底，人們開始傳說，很快會有一條逃出列寧格勒的路。大家可以橫越拉多加湖，因爲湖面已經結冰，這是唯一一條逃出德軍封鎖的道路。丈夫第一次與我談起這事時，我說，我們死定了。我們憑什麼走？外面的氣溫低到零下41度，我們沒有保暖的衣物，孩子又該怎麼辦？但他說：「如果留在這裡，肯定餓死。」於是我們搭乘一列掛著舒適的乘客車廂的火車到了拉多加湖邊，車廂裡很溫暖，每個人都看著我說：「你的孩子這麼小！你怎麼養活她的？」到達湖邊後，因爲有德軍在看守，所以必須等到晚上才能過湖。而由於德軍的砲轟，許多載滿人的卡車從冰上的洞口沈入湖底。我們在岸邊等了一整天，我不知道自己是怎麼捱過來的，反正天黑後，我們安全過了湖。

丈夫因爲臉色發青、又在生病，就和女兒一起坐在司機旁邊。女兒始終沒有哭，她的體重比出生時還要輕。我們一到達湖的對岸，就領到熱騰騰的食物：一整條的黑麵包。大夥兒餓得狼吞虎嚥，其實那是很危險的事，餓過頭的人是不應該一下子吃那麼多的。小朋友們也都領到巧克力，我的女兒太小了，沒辦法吃。然後我們被送上一節很糟的車廂，有點像載運牲口的火車。我一上車後就知道女兒活不下去了。第四天，她果然死了。大約又過了幾星期，有人來敲門問這節車廂中有沒有人死亡。我把女兒的屍體包起來交給他們，他們說：「這位媽媽，請把毛毯留下來，只要把屍體交給我們。」我照著他們的指示，把女兒放在一堆屍體上面。人們說，時間可以令人淡忘一切。但眼前這一切，我永遠也忘不了。

我們過湖後不久，丈夫對我說：「席娜，送我到醫院。我快死了。」於是人們將他送到了醫院。我爲什麼沒有跳下那節悲慘的火車、跟在他的後面跑？因爲我自己也非常非常的虛弱。我又虛弱又疲憊，因此決定搭到終點站，一個叫皮亞提高斯克的小鎮，等到身體恢復健康後，再回來接他。但是我還是未能如願，因爲他早已死在醫院裡，我在世上只剩孤零零一個人。

一名悲傷的母親將嬰兒的屍體放入棺材中。在列寧格勒圍城期間，每天有數千人餓死，這名嬰兒只是其中一人。

——席娜．珍娜羅洛娃，1915年生於海參崴港。她的丈夫和女兒在德軍圍攻列寧格勒期間慘遭餓死，之後她繼續遠離納粹，到達烏茲別克的塔什干，在那裡住到戰爭結束。她再婚後，丈夫因公被調往北極圈，她一同前往，在那裡住了將近45年。1991年，她移民美國，目前定居麻薩諸塞州。

「爲了一間房子，我們奮戰了15天，房子『前方』原本是兩間已經燒毀了的房間中間的走廊；兩層樓之間是一層薄薄的天花板……我們一層樓一層樓地打，污濁的臉上滿是汗水，在爆炸間歇時，我們互丟手榴彈攻擊，雲霧般的塵土與濃煙、大量的灰泥、大量的鮮血、傢具與人體的碎片到處都是……」

1942年，一名德國軍官描述史達林格勒的戰況

在對蘇聯軍隊的作戰中，德軍士兵的使命感全部消失於無形。圖為史達林格勒街頭的廢墟。一名26歲的步兵在家書中承認，自己原本懷有立功受勛並高呼「希特勒萬歲」的夢想，如今全都消失了。他寫著：「現在，如果不是像條狗般死掉，就是要流放到西伯利亞。」

結在河面的船上的發電機供應電力，廣播斷斷續續，讓人們知道這裡尚未成爲鬼域。1944年1月，這個城市終於重獲自由，死亡的平民人數將近100萬，遠超過歷史上任何一場戰爭、任何一個城市。

當列寧格勒的圍勢已定後，德軍轉而對付史達林格勒市。這是一個有50萬人口的城市，位處伏爾加河西岸。長久以來，希特勒一直懷有法西斯主義戰勝共產主義的夢想，史達林格勒攻防戰剛好圓了他的夢。從戰略考量來說，如果德軍占領了這個地理位置居中的工業城市，就能切斷北邊俄軍的補給，打通納粹控制高加索山區油田的通路。

希特勒急於佔領史達林格勒的另一個理由是：史達林格勒是俄羅斯第三大城，1925年史達林打贏了俄羅斯內戰後，厚顏無恥地以自己的名字做爲市名。如能佔領史達林格勒，象徵著德國亦將擊敗俄羅斯。後來的事實證明，史達林格勒對俄、德兩國都很重要，以致在接下來的五個月內，雙方在此全力博鬥，總計造成100萬條人命的損失。

德軍從史達林格勒北邊的住宅區開始進攻，他們遭遇到俄軍零星砲火攻擊，奇怪的是，俄軍老是打不準。當德軍到達砲台時才發現，發砲的根本不是俄軍，而是一群百姓，其中有許多還是身穿居家服的婦女。

當晚，史達林格勒傳出震耳欲聾的巨響，原來是600架德國轟炸機駕臨了。德機投下的是燒夷彈，這個城市燃燒發出的火光，使40哩外的德軍後翼部隊都可以清楚地看報紙。在這第一波的空襲中，死亡平民超過40,000，但最壞的情況還沒有發生呢！

大街小巷、燒毀的建築物內、街道的轉角、甚至民宅裡面都有戰鬥發生，史達林格勒之役變成第二次世界大戰的凡爾登戰役：一場殘暴程度遠超過其戰略重要性的戰役。史達林格勒市是蘇聯軍備大本營、擁有許多兵工廠，坦克車在這裡組裝完成後直接可以開上戰場。然而，短兵相接的肉搏戰卻是史達林格勒戰役的主要戰鬥方式。在凡爾登戰役中，德軍前四天的進攻如入無人之地。但在史達林格勒，士兵卻必須面對面、一槍一彈地戰鬥。攻防戰況異常激烈，建築物、街道、屋頂等據點往往在一天之中數度易守。奇怪的是，即便是一堆堆的瓦礫也都成了兩軍對陣時攻守的據點、甚至保護的目標。狙擊手在每個屋頂埋伏，每個轉角都設有陷阱。手榴彈更從士兵的四面八方飛來。

這場戰事的荒謬程度，使得指揮官都深感無力（士兵散佈在全市各街頭，指揮官如何帶隊？）。然而兩位獨裁者仍然分別從設在莫斯科及烏克蘭佔領區的總部運籌帷幄（希特勒一度將指揮中心遷到烏克蘭，並且用無線電親自指揮大局），兩軍因此繼續打下去。10月，德軍仍然佔上風，他們將俄軍困在伏爾加河邊，俄軍據點僅存三座工廠以及一處4,000碼深的橋頭堡。希特勒卻因為不聽從參謀的意見而失去側翼。一個月後，增援的俄軍包圍了史達林格勒，德軍反而被困在裡面。現在，被包圍的是納粹，他們飢寒交迫的等待永遠不曾出現的援軍。1943年1月，戰鬥結束，80,000多名德軍投降，他們被遣往蘇聯集中營，其中絕大多數不幸喪生營內。

史達林格勒戰役是歐陸戰爭的轉捩點。經過此役，德軍的攻防地位迅速轉變，全世界都把槍口對準德國。希特勒並未準備打持久戰，德國工廠的汽油和瓦斯等原料都不足，無法供應前線所需。其他問題也接踵而來。德國人不再唯希特勒馬首是瞻，不同的聲音開始浮現。而當德國政府還在粉飾太平，虛報東部前線戰果以隱瞞德國慘敗的事實時，盟軍戰機開始轟炸，德國人只得忙著找掩護。

德國第一個被空襲的城市是科隆，空襲行動整整持續了90分鐘。當一切終於結束時，盟軍出動的1,080架轟炸機共計投下2,000噸炸藥。這次空襲堪稱二次大戰開始以來最成功的一次，死亡人數將近500人，但全市有600英畝的土地被毀，45,000人無家可歸。風水輪流轉，現在換德國難民到處尋求庇護了。

對此，希特勒竟然呼籲全民更積極應戰。德國境內蓋了防空避難所，凡是介於16到64歲的男子或17到50歲之間的女性都要向政府報到服義務勞役。但是後方被轟炸事件卻使士氣大受打擊。希特勒向來小心翼翼維持「前方戰鬥、後方民生一切照舊」的原則，一旦德國人民為戰爭吃了苦（英、俄、波蘭人民早就經歷了），他們對戰爭的支持度肯定大打折扣。

1943年1月13日，一名納粹領導人在慕尼黑大學對學生發表演說，在說明了史達林格勒戰役的挫敗後，他斷然將德軍的失利歸咎在德國青年身上。他指出，部分青年為了避免當兵，便藉口要上大學讀書，他們的表現簡直是病夫，即使不能從軍，青年也應該到兵工廠服務以表彰自己對納粹的忠心。他最後還說，至於女性，更應該努力「生產報國」，上大學一年生一個小孩才對。

學生們的反應是怒不可抑。他們衝上演講台，把這名軍官及他所率的黑衫軍趕出禮堂，隨後跑到街上開始進行反納粹遊行。慕尼黑的鎮暴警察抵達現場後，剛好及時鎮壓住暴動的群眾（帶頭鬧事者被處死）。但在魯爾區、法蘭克福、以及斯圖加特，卻有小規模的抗議活動跟進。

納粹企圖增加糧食配給來提升士氣（脾氣古怪的戈培爾卻辦了一場市民「禮貌運動」，依照侍者、運輸業人員、店員等各行各業服務人員對顧客的態度好壞而給予獎勵）。到了1943年仲夏，盟軍轟炸頻率更加密集，柏林市民的生活變成一場街頭求生戰。港口城市漢堡的建築有70%以上被毀，80萬人無家可歸。柏林、德勒斯登等地方也遲早要崩潰。

每天，避難所外都大排長龍，柏林街道彷彿1940年的倫敦街頭，當時德軍每天轟炸倫敦（只不過頻率比較不密集）。柏林市民也和倫敦（還有考文垂、華沙、列寧格勒等地）的人民一樣，因爲空襲而滋生同志愛，對國家的向心力益發凝聚。人們往往爲了躲避空襲而在夜晚匆忙離家，到了白天，他們又忙著重建破損的家園，他們現在把希望全寄託在德軍身上，祈禱德軍能夠擊敗盟軍，而且愈快愈好。

1944年春天，德國被破壞的程度非常嚴重，速度也快得驚人，納粹宣傳部派遣德國最好的攝影師、將尚未被毀掉的藝術品及建築物拍照留念。畢竟，世人可能永遠也無法再看到這些藝術傑作。這是極少數由官方出面保存文化資產的行動之一，比起來，人類政權對文化的破壞卻多得多。接著，德軍奉命從東部前線撤退並沿路摧毀一切事物，連德國本身的事物也不能倖免。在希特勒的想法中，他即使死了，也不讓德國落入敵人手中。所有家畜、糧食、農具、農民全都要跟著他撤退，東歐大半地區因此變成不毛之地。

德軍在東部實施屠殺策略，其中有一部分是早在計畫當中的事。在1941年德國入侵俄羅斯之後沒幾天，希特勒和手下曾就如何處置德國「新領土」上眾多猶太人之事而大傷腦筋。在戰前，德國及奧地利的猶太人被迫移民他往。留下來的猶太人則被集中到猶太人社區及奴隸營去從事亞利安人不屑的低下工作。德軍佔領波蘭及捷克之後，這兩個地方的眾多猶太人又納入他們治下，由於戰況吃緊，想要驅逐他們並非易事。希特勒的黨羽趁機將他們的戰略需要及種族意識結合，針對猶太「問題」採行「最終解決方案」。他們要一舉消滅猶太人。

事實上，早在1942年1月20日，交戰15國政府高層官員在柏林市郊的萬塞集會時，殺戮猶太人行動就已經展開，納粹並秘密宣布此爲政府的政策。1941年底，德軍對俄羅斯展開殘酷的「討伐野蠻人之役」，納粹黑衫軍尾隨在後，集體殺害猶太人。他們強迫被害者行進到邊境、自掘墳墓、然後當場槍斃。這種不人道的處決方式，即使納粹軍官都於心不忍，於是納粹改而使用活動式毒氣車，他們謊稱車內有滅蝨藥劑而把猶太人集中在車廂中，再灌入致命的一氧化碳，最後把屍體丟出車外，繼續屠殺下一批猶太人。

在1944年德軍戰敗而自俄羅斯撤退前，這種惡魔的行徑已經造成100萬名猶太人死亡。烏克蘭及立陶宛的人民幫了納粹很大的忙，這兩地人民原本就擁有反猶太思想，願意不擇手段取悅德國佔領軍。德軍的活動毒氣車隊行事極爲低調，爲了消滅大屠殺的證據，往往有特遣小組尾隨前來將

「在脫光衣服後，這些人並沒有驚叫或哭泣，他們一家人站在一起，互相親吻（並）互道再見……一個滿頭銀髮的婦人對著手中一歲大的孩子唱歌並且呵他癢，小孩高興的咯咯笑。孩子的父母熱淚盈眶的看著他們。」

德國工程師格雷伯描述烏克蘭一處死刑墳場上的情景

一名行刑隊員近距離瞄準一個母親及她的小孩。德國執刑人員常命令婦女以這種姿勢抱著小孩受刑，以便達到一槍兩命的目的。

「真正讓我吃驚的是，現場只聽得到工具碰撞石頭的聲音。這些人一句話也不說，他們的眼神暗淡無光，一切都讓人覺得他們不是人，而是來自別的世界——一個可怕的、死亡的國度的生物。」

德國實業家戴克曼如此形容1942年的奧許維茲集中營之旅

屍體焚化，若還有剩餘的骨頭，則以特殊機器磨碎。然而天算不如人算。1942年，美國猶太人救援委員會首席代表由東歐訪問歸國後報告指出，他聽說基輔附近有一個大坑洞，裡面掩埋了7,000名猶太人（有些遭到活埋，有些已經死了），蓋在他們身上的只有薄薄一層泥土，看起來「猶如一片活生生的海洋」。

「最終解決方案」的第二階段比第一階段更邪惡、更沒人性。由於戰事陷入膠著，希特勒的黨羽著手籌劃並執行一項計畫，將柏林、維也納、布拉格、以及德國其他地方的數百萬猶太人永遠逐出歐洲。納粹謊稱要將猶太人「安頓」在東部，財物被剝削一空的猶太人像擠沙丁魚般的被塞進車廂、分別送往數個死亡集中營。經過初步檢查，有工作能力者與沒有工作能力者被分開處置，但是由於過度操勞及環境惡劣所致，所有猶太人最後都走上相同的命運：他們被強迫除去所有衣物及貴重物品，進入由持槍士兵守衛的「浴室」，室內接著釋出毒殺老鼠用的煤氣。等到尖叫聲平靜後，德軍打開浴室門，裡面的人一個個都是站著死的（這是因爲他們在驚嚇之餘都擠在一起了），屍體隨後被拖進焚化爐燒毀。

殺人最多的6個集中營都設在波蘭（希特勒不希望德國人民目睹慘狀），但隨著戰爭接近尾聲，慕尼黑附近的達豪及漢堡附近的卑爾根集中營也開始設置焚化爐。集中營內的殺戮工業甚至發展到一種新境界。這裡不只是製造武器，還兼殺人工廠，附近地區同蒙其「惠」，例如花床內的

躲避恐怖：
「上面有藏人嗎？如果被我找到的話，你就死定了。」

里昂．金斯伯格於戰後13歲時留影。

——里昂．金斯伯格生於1932年，於戰後與一群孤兒被送到美國。他半工半讀完成大學學業，並成為一名發明家與製造商，專事生產高科技牙醫器具。他娶了另一名大屠殺的倖存者，她在戰時也是以兒童身份躲過浩劫，金斯伯格夫妻育有三子，住在紐約州的洛克蘭郡。

德蘇之戰於1941年6月爆發。我們住的小鎮馬溪喬本是波蘭領土，戰端一起，就遭蘇俄佔據。許多商店被迫關門，居民對於蘇俄心懷不滿。德國佔領軍剛到時，許多居民私下認爲，情況本已夠糟，應該不至於更糟，說不定還會好轉。

當德國人看到猶太教士坐在放著麵包和食鹽的桌前，以傳統的方式歡迎他們時，一個軍官居然推翻桌子，並且用德語大吼：「嘿！猶太人，滾出去」。當年我才九歲，不能完全了解這件事情的含意。可是情況不會好轉的跡象，已經顯現。

德軍控制了小鎮之後，下令所有16歲到60歲之間的猶太男性向有關單位報到，以便換發護照。報到當天上午，我碰巧就在鎮公所前的廣場，看到猶太人排隊。德軍把他們帶到鎮外一哩處的指揮部。後來我聽到那個地方傳出槍聲，同時有一群烏克蘭人帶著圓鍬，也朝同樣的方向前進。結果有些在德軍佔領區受過訓的人，都獲得釋放；但是約有400名猶太人卻從此一去不回。

後來德軍傳出消息，這些人都在勞動營工作。這明明是謊言，這些人都死了。德軍甚至於逼迫一個小男孩，捏造有這些死者簽名的信件。信中報告他們仍然健在，但是人在他處，無法回家。德軍把信件送達他們的家人。許多妻子、母親、姊妹都寧可相信他們眞的在外地工作，終有回來的一天。把清白無辜的人，隨便抓來槍斃，實在令人難以想像。

情況會繼續惡化的謠言滿天飛，大家只好躲藏起來。家母、兄姊和我，都躲到猶太社區之外的祖父母家裡。家中的女性都躲在閣樓，而男性都留在樓下。因爲我們兄弟年紀太小，而祖父年紀又太大，都是當時德軍不會騷擾的對象。一天夜裡，我聽到街上有人說德語，然後有人敲門並用德語大叫：「開門！開門！」我開門讓兩位禁衛軍進來。他們查問姊姊在什麼地方。我說：「我不知道啊。都被你們帶走了。說不定你還可以告訴我，她們現在在哪裡。」他們搜查了房子，還問我閣樓有沒有藏人。我說沒有。這時其中一人掏出手槍(對當時的我而言，簡直是大砲)，對準我的頭部，然後對我說：「上面有藏人嗎？如果被我找到的話，你就死定了。」他們果然上樓搜查，幸好家人躲藏的地方相當隱密，沒被發現。他們走了以後，我的牙齒開始顫抖。上床時，哥哥緊抱著我，免得我繼續顫抖。

烏克蘭人佔了小鎮人口的一大部分，他們視德軍爲解放者，原因是德軍佔領之後，就把政府交給他們掌管。他們組成民防隊，配合德軍，搜捕猶太人加以處死，甚至幫忙執行死刑。後來他們對於尋找猶太人藏身之處，變得非常在行。找到一個猶太人，可以獲得德國馬克500元的獎金，加上被捕者的衣服。重賞之下，他們都是勇夫。許多人樂此不疲。

有一段時間，他們停止殺戮，並且聲明一切回歸正常。躲藏的人都再現身，恢復工作。但是1942年5月消息傳來，鄰鎮的猶太人又遭屠殺，大家只好再藏起來。每晚都可以聽到兩個德軍一齊巡邏的腳步聲。一天晚上，從門縫中偷看出去的時候，我看到他們拖出一位猶太少女，就在人行道上把她槍斃。

一天晚上，他們以步槍比著我們藏身之處的大門，喝令大家出來。母親發現地下室有塊木板圍起來的地方，她撬一片木板，叫我躲進去。然後放回木板，我用雙手把它頂著。母親躲在一些寢具下面。兩個烏克蘭警察槍上掛著刺刀，進來搜查房間，用刺刀在寢具上面亂戳，母親終於忍受不住，大叫：「不要！不要！我出來了。」他們於是把母親帶走。經過的時候非常靠近我藏身的地方，我嚇得不敢呼吸。他們終於離去，只剩下我一個人。

當晚我哥哥逃進樹林，然而還是被抓到關猶太人的地方。一旦進入這種地方，就等於開始了死亡的旅程。我哥哥在這裡看到了所有被捕者的名字，因爲他們都把自己的名字寫在牆上。他也看到了我姊姊的名字，旁邊寫著：親愛的兄弟，替我報仇！姊姊稟性善良溫和，居然說出這種話，她所目睹和遭受的獸行，實在不難想像。哥哥決心逃走，和一位少年從煙囪爬出。烏克蘭人發現了這位少年，當場格殺；哥哥幸而安全逃出，當晚就離開鎮上。

家破人亡之後，我孑然一身，眞的茫然不知所措。從一個地方躲到另一個地方，幸而都能保住生命。最後，我逃到一個波蘭基督徒的農莊，獲得收留，因爲他們認識我叔父；對外則隱瞞了我的猶太身分。農莊離梭比柏集中營只有10哩之遙，開往集中營的火車都從近旁經過。火車門窗緊閉，秘密警察架著機槍，坐在車頂。有一次，最後一節車廂有個窗戶沒有關閉。一對14、15歲左右的男女孩子，正望著窗外。他們的表情驚慌，雖然看到我了，我只能硬著心腸裝得若無其事。但是眼睜睜的看著自己同胞被帶往死亡地點，卻又裝得若無其事，令我心中泣血。我永遠無法忘記這兩個臉龐；因爲他們很可能在一兩天後就已魂歸離恨天了。

猶太人長期處在恐懼中，半夜敲門聲或是窗外閃過的光線都令他們心驚膽跳。圖為德國維斯巴登開始驅逐猶太人出境。

土壤更肥沃了，而爲了趕上「生產額度」，當地「巧手工匠」的工作機會也增加了。波蘭集中營裡最惡名昭彰的一個是奧許維茲，其負責人驕傲地宣稱，他們每天可以「消化」12,000名猶太人。

納粹迫害的對象並不限於猶太人，吉普賽人、斯拉夫人、天主教徒、同性戀者、甚至智力稍差的人也都被送上死亡之路。當有關集中營的殘酷消息在1942年及1943年傳遍西方後，迅速引發數場抗議活動，美國猶太人領袖和國務院也深入探討因應對策（美國政府初期對猶太人信口承諾卻又漠不關心，美軍未奉命轟炸奧許維茲等過失，不少人視之爲羅斯福總統任內最大的敗筆）。但是對大多數美國人來說，報紙把這類的新聞擺在內頁極不顯著的位置，顯示這些故事是荒謬而不值得重視的。一次大戰期間，協約國宣傳部門曾散佈不少謠言，例如德軍強暴修女，砍掉嬰兒的頭等，人們對此記憶猶新，所以傾向於把集中營的故事認定爲又一次的不實宣傳。

一處不知名的集中營內的俘虜。一名倖存者回憶說：「每次點名，就會有很多人被殺，理由很簡單，不外乎褲子髒了、制服不乾淨……痢疾四處蔓延。在奧許維茲兩周，你會雙眼浮腫……雙腿也會因為營養不良及衛生太差而水腫。然後，人就餓得像具骷髏。」

奧許維茲集中營：

「第二天早上，我們的頭髮都被剪短，紋上編號。從此我就是104995號。」

左圖：米契爾於1939年留影。

下圖：麥克的姊姊，洛娣（最右）與其父母攝於1939年，洛娣在拍完此照後隨即赴法，她也從戰爭中生還，目前住在以色列。他們的父母不幸死於奧許維茲集中營。

——厄尼斯特·米契爾，生於1923年，於1944年逃過奧許維茲的「死亡行軍」，戰後定居於聯軍佔領的德國地區，並以記者身份為一家德國報紙報導紐倫堡大審。他於1946年移民美國，並服務於「紐約市猶太人請願聯盟」，最後一直做到執行副總裁。1981年間，他實現了畢生的夢想，在耶路撒冷組織全球猶裔大屠殺生還者大會。他著有《遵守承諾》一書。

當時我在德國北部的巴德伯恩勞動集中營工作，日常工作就是清掃街道和清理陰溝。我們由警察嚴密看守，但是至少還有食物，也沒人遭受殺害或槍殺。1943年2月我們奉命收拾，全營遷移到東部。我們在夜裡走過一年來都在負責清掃的街道，前往火車站，然後被趕上裝運牲畜的車廂。火車走了五天五夜，途中沒吃沒喝，對於目的地何在，也茫然無知。車廂擁擠，連坐下都有困難，更遑論躺下睡覺了。忍受不了而死在車廂裡的，就堆在車廂的角落裡。終於到達目的地時，有人大叫：「奧許維茲！」

空氣中瀰漫著一股奇怪的甜味。混雜著排泄物、尿液、死亡、飢餓和塵埃的味道。這是煤氣室的味道，但是當時我們一無所知。我們突然聽到吵鬧的狗吠聲，然後趨於微弱。車門打開，有人大叫：「行李留在車上，大家都出來。」到處都是叫聲，「兒子、爸爸，你在哪裡？」的叫聲，此起彼落。這時我才發現，列車掛了30、40節車廂，擠滿了囚犯，男女老少都有。

我們奉命排成兩列，男的一列，女的排在另一列。這時母親們焦急的尋找兒女、拚命想要抱住自己的小孩，尖叫、哭喊的聲音繼續不絕。行列後面站著秘密警察，身上穿著昂貴的皮大衣。我們走過時，他就問：「幾歲？」如果年齡在16歲到30歲之間，他的大拇指往上一比，你就走向一邊。超過30歲的，他的拇指往下一比，你就站到另外一邊。尖叫聲、皮鞭聲、狗吠聲，加上目前的一切，構成一幅令我永生難忘的景象。輪到我時，他問：「幾歲？」我說19歲，他的拇指往上一比。

然後我們又擠上卡車，一個衛兵對我說：「你的運氣眞好。」我不懂，問他：「什麼意思？」他說：「其他人都要送到煙囪去。」這時我們才知道，這是個什麼樣地方。所有的女孩，都在當天送進煤氣室。由於這個地方需要勞力，所以拇指往上一比，我和兩個朋友獲得活命的機會。然後被帶到一個地方，奉命脫光衣服。這時因爲心中怕死怕得要命，根本忘了飢餓的感覺，也不知道到站了多久。「其餘的都要送到煙囪去。」原來，那個味道就是這麼來的。

第二天早上，我們的頭髮都被剪短，紋上編號。從此我是104995號。然後我被送到專屬法邊（Farben）化工廠的奴工營，這家工廠正在試造人造橡膠。我們成了奴工，但是不同於來自非洲的美洲奴隸。他們的待遇不好，但至少還是商品，所以有飯吃。我們的情況卻截然不同：歐洲的猶太人有好幾百萬，供應不虞缺乏。所以奧許維茲的食物配給量，經過他們科學化的計算，大概只要半年，奴工們的身體就會油盡燈枯，瀕於死亡。然後就是「送到煙囪」。只要體重降到80磅，就會被送進煤氣室。

我們不是在生活，只是掙扎求生而已。集中營周圍圍了兩道通電的鐵絲網。一碰就會遭到電殛死亡。我看過數百個囚犯跑進鐵絲網，當場死亡。我從來就沒有這個企圖。從小，雙親就灌輸了我的責任感，縱然在最艱難的時刻，也不可以放棄責任。所以，我一直警告自己和身邊的朋友，必須堅持活下去，才會有機會把我們的經歷告訴世人。儘管身處恐怖、飢餓和死亡的陰影之中，我們還是絕不放棄，希望有一天，這個夢魘會成爲過去。我相信，我們的遭遇是人類歷史上空前絕後的暴行。

要在這種環境之下苟活，固然需要堅忍不拔的毅力和強烈的求生慾望，可是謀事在人，成事在天，如果沒有幸運之神的眷顧，照樣會功敗垂成。當時，我已瘦弱不堪，體重大概只剩85磅左右，瘦骨嶙峋。可是好運終於降臨。我的頭部受傷，到監獄醫院求治。我不想在醫院過夜，因爲一在那裡過夜，第二天早上一定會被送上卡車，運到煤氣室去。僥倖之至，竟然有一個醫院人員過來徵求字體清秀的人。1939年，家父送我去上書法課，當時我問他：「學這個有什麼用？」他說：「難說啊，有時候就會派上用場。」沒想到結果竟然救了我的命。他們讓我專寫些「身體衰弱」或「心臟病發作」。德國人的紀錄，乾淨純潔而且毫無瑕疵。死者不是身體衰弱就是心臟病發作，從沒有一個是死於煤氣室的。由於字體清秀，我成了正式的紀錄員。

我的另外一項職務，就是協助醫療區的孟傑勒醫師作實驗。他對婦女施以電擊，試驗人體承受壓力的極限。然後我們用毯子把她們裹好，送到卡車上運走。她們沒有一個撐得過這種試驗。屍體一個接著一個的搬出去；不久，死亡對我就像呼吸一樣自然了。

醫院的工作，讓我目睹了一場我在奧許維茲最難忘的事情。三個年輕人，人緣很好又是我的朋友，企圖逃亡被抓了回來。他們先是飽經折磨，然後被帶到點名的廣場。當著一萬囚犯的面前，他們被帶到絞架之前。這時現場寂靜無聲，秘密警察帶著機關槍在旁警戒，準備鎮壓可能的騷動。臨刑前，其中一個大叫：「別忘了我們！」然後三個都被吊死。因爲身爲醫院助理，我和旁人把屍體從吊架上取下來，搬到停屍間去。我在奧許維茲搬運的屍體，多得無法記憶。但是這三個不同：他們都是我的朋友。他們的死亡，帶給我無限的衝擊；也讓我的求生意志更加堅強。看著他們的屍體躺在地上，我默默的告訴他們：「我永遠不會忘記你們。」

1944年6月5日晚間，美國總統羅斯福在廣播中宣布，義大利法西斯政權已經在盟軍武力逼迫之下下台。在二次大戰中，義大利與非洲諸國的戰爭雖然不比歐洲及俄羅斯的戰事受重視，但是義大利的投降有其象徵性的意義，這是軸心國中第一個投降的。墨索里尼曾經在羅馬廣場讓群眾如痴如醉，如今，民眾也在這裡盛大慶祝他的敗降。

羅斯福本人也對義大利的投降至感興奮（他說：「勝利會一個接著一個」），但是他還有別的擔憂。就在他談話的同時，正有175,000名年輕的盟軍士兵（多數是從未見識戰爭眞面目的十來歲青少年）由英國海岸向法國出發，要去執行一場戰爭史上最大規模的海陸兩棲作戰行動。

這項行動的代號是「霸王」，其對後勤部隊的考驗也是史上僅見。除了人數眾多的武裝戰鬥部隊（預定最後總動員人數將高達250萬），還將50,000部摩托車、坦克車、推土機運過60哩寬的英倫海峽，並動用5,333艘戰艦及11,000架戰機。總而言之，這一天被稱爲登陸日——D－日（D沒有特別意義，只是加強「日」的語氣）。歷史學家史帝芬・安博思在其著作中寫道，人類史上，和D－日的規模相較，只有威斯康辛州綠灣、拉辛、基諾沙等市的遷移行動差堪比擬，當時這些城市的所有男女老少、汽車、和卡車，在一夜之間全部搬到密西根湖對岸去了。

然而，這場戰爭的致勝因素中，戰略要比後勤來得重要。兩棲作戰的戰法原本就具有高度爭議性，因爲歷史上極少發現成功的先例。地面部隊登陸的地點是防守嚴密的海岸，背後是無路可退的海洋，在成功搶建灘頭堡，讓卡車及大炮上岸之前，先發部隊必須徒步前進，這種種不利的客觀因素，鮮少有部隊能夠克服。在「霸王行動」中，盟軍所面臨的都是類似的狀況，更糟的是，數萬名士兵都是剛剛結訓，毫無作戰經驗的新兵。在1944年6月6日清晨以前，無人知道他們能否勝任這項任務。

盟軍最高統帥艾森豪將軍在行動開始前先到天氣晴朗的基地上空巡視（一場傾盆大雨將D－日行動延後了24小時），然後到英國普茲茅斯碼頭爲英國部隊送行。接著他又到紐伯里向23,000名盟軍傘兵道別，他有預感，這些傘兵中將有70%陣亡。他手中握著自己在進攻北非及西西里島行動中的幸運錢幣，對101空降師發表了簡短的演說。機隊升空前往法國執行任務，艾森豪舉手敬禮，此時這位面容嚴肅，後來入主白宮的堪薩斯州人終於忍不住轉身掉下眼淚。

「你是否意識到，當你明晨醒來時，可能已經有20,000人被殺了嗎？」

英國首相邱吉爾在D日前一晚臨睡前與夫人克莉曼婷的對話

艾森豪將軍在諾曼第登陸前向101空降師宣布這項計畫說：「我已經盡我所能……」一名士兵回答說：「將軍請不要擔心，我們會替你完成任務。」

對大數美國人而言，D－日是二次大戰的高潮。美國已經完全投入這場戰爭，盟軍使用的卡車、坦克、裝甲運兵車都是密西根州及伊利諾州工廠所生產的；轟炸機、戰鬥機是俄亥俄、奧勒岡、以及加州等地的產品；戰艦、巡洋艦、驅逐艦則出自東西兩岸的造船廠。人們聽到期待已

諾曼第登陸：

「一個弟兄大叫：『我下不去！克列亞，我下不去。』……我說：『你一定得下去，一定要下去』」

就在我所屬的步兵第90師渡海赴歐之前，我們得到10天休假，可以回家探望妻子兒女。因爲我尚未結婚，所以回家和雙親共渡這10天假期。雖然心中充滿離愁，我還是強作歡顏，讓雙親認爲我會平安無事。爲了讓他們寬心，我沒告訴他們，即將開拔投入戰場的事。當年流行的一首歌，讓我印象深刻：「親愛的媽咪，今天陰雨不停。您寄的包裹，掉了一張郵票。號音剛響，明天將是忙碌的大日子。媽咪，我喜歡這裡，但是我愛您，所以有點想家，親愛的媽咪。」這首歌有點像是我們即將在登陸日（D-Day）開往諾曼地的序曲。

我們在紐約搭上英國的豪華郵輪「富裕碉堡號」。船上搭載4,500名官兵，爲了安全起見，一上船就必須立刻進入下面船艙。我相信德國一定派人監視一切活動。船在海上航行了14天，我也暈船暈了14天。有時眞是苦不欲生。我們的活動區是三層的吊床，大部分時間，我都留在下面。可是每天上甲板作柔軟體操的時候，望著大西洋洶湧的海浪，就趕快衝到欄杆邊去嘔吐。

抵達英國之後，我們駐紮在丹佛夏郊區帳棚搭成的營區。1944年3月到達之後，還在當地進行訓練。到了5月，對於來此的任務，仍然一無所知。6月1日，一切通訊全遭禁止，這是風雨欲來的前兆。第二天，我們獲悉登陸日就訂在6月5日。

第三天，所有部隊全部集合，眞是人山人海：人員上船、卡車和坦克也在裝船。看著這一切，我心裡說：「老天！看看這一切。我們怎麼會輸！」這時心中興奮之情，油然而生。登上自由型船隻時，才獲知目的地所在。除了一些個人的準備工作之外，這時簡直無事可做。體能上，爲了應付未來的情況，大家都有良好的訓練。可是情緒上，各人的情況迥異。想到即將面對敵人，你可能會自問：「我還能活多久？能夠凱旋榮歸嗎？」同時還希望能有最好的心理準備，以便面對造物主。我心想：「好吧，我信任上帝，接受祂的安排。」

船上有300名同袍，船隻在港口枯等了三天。有的躺在甲板上；有的玩牌；有的擲骰子；避免想起即將發生的一切。進港的船隻越來越多，看到它們，感覺有了同伴，心裡覺得好過一點。這段期間，天氣惡劣，烏雲籠罩，風高浪急。獲悉任務延期一天的時候，有的大爲開心，可是我有點失望。因爲又多出了24小時胡思亂想的時間。

左圖：賈東尼克於大戰將盡時留影。

右圖：美國士兵搭乘登陸艇離開法國奧馬哈海灘。

——克列亞．賈東尼克生於1919年，戰後於德州工作數年。1954年，他返回家鄉，並於一處煉油廠工作長達32年。他於1957年結婚並育有三子。賈東尼克一直十分活躍於退伍軍人組織，且為附近一所退伍軍人醫院義工。1984年，他也出席了諾曼第登陸40周年紀念。

第6天上午，我們渡過英法海峽。然後還要搭乘登陸艇，由它們運送上岸。船身周圍掛著攀緣用的網梯，因爲登陸艇低於船身20到30呎。我們身上帶著全副裝備，不知道怎麼跨過船身。防毒衣非常累贅，礙手礙腳。還有步槍和裝了96個彈夾的子彈帶、水壺、防毒面具、救生衣、數包K號（一日份）口糧。這些笨重的裝備，幾乎壓垮我們。當時我有些奇怪可怕的想法，疑幻似眞，分不出是夢境還是事實。接著就是排隊點名，然後走到船邊。雖然波濤洶湧，我還是爬下繩網。至於怎麼下來的，卻是忘得一乾二淨，無法回想。不過，這時我一點都不暈船。

我們抵達岸邊的時候，戰艦已經開始砲轟岸上敵軍。艦上砲口噴出橘紅色的火花，相當壯觀。接著82和101空降師也開始空降。勇敢的傘兵從天而降，景象神奇迷人。想到以如此壯大的兵力，說不定可以輕易登陸，心中寬慰不少。可是不久岸上就冒出一團一團的黑煙，德國砲兵已經瞄準我們即將前進的海灘開火了。

這時登陸艇放下出口梯，一個弟兄大叫：「我下不去！克列亞，我下不去。」我說：「你一定得下去。」然後一手抓著他，將救生衣充氣之後，就把他推進海中。我跟著跳下去，想要扶他一把，誰知道他緊張得發狂。這時另外一位士兵走到他的另一邊。我說：「我們要快點離開這裡；我們要快點離開這裡。」因爲待得越久，越容易被德軍的炮火擊中，隨時可能喪命。我們挾著他不知走了多遠，可是炮火越來越猛，他嚇得掙扎離開我們。我對他說：「儘快衝上岸！儘快衝上岸！」這時砲彈飛來，還好落在我們背後。那個傢伙終於平安上岸，可是以後如何，就不得而知了。

我們把步槍頂在頭上，身體盡量浸在水中，直往岸邊衝去。第二陣排炮之後，我已經完全忘了恐懼。我精疲力竭，裝備又重，突然破口大罵，然後又告訴自己：「什麼都不能阻止我上岸。」我幸運的平安上岸，躲在遮蔽物的後面，把能脫的全部脫掉。然後尋求掩蔽，等待重新編組。

第一次看到同袍陣亡，令我沮喪之至。看到幾個鐘頭之前還是生龍活虎的弟兄，突然在身邊陣亡；看到他的生命突然終結；「我還能活多久」的疑問，油然而生。在那種場合，對於捱過戰爭然後勝利凱歸，根本不敢抱太大的希望。有的凱歸了；有的陣亡了。願上帝使這些葬身異域的英靈，早日安息。

「我決定在此時此地發動攻擊，是根據我所能得到的最詳實資訊。如果這次行動有任何的閃失，我願意獨自承擔責任。」

盟軍發動諾曼第登陸戰的D日早晨，最高指揮官艾森豪將軍將這張便條放入自己的皮夾內。

美軍第一波登陸奧馬哈海灘的士兵中有一名電工，他的助手後來回憶說：「為了攻打那道土堤，我軍降落在斜坡上，然後敵人的砲火如排山倒海般地掩蓋了我們。」

久的反登陸消息時，都忍不住歡呼雀躍。教堂的鐘聲響了、工廠的汽笛聲也大作，可是，人們同時也爲年輕的美國子弟兵的命運感到擔心，因爲他們的生死全在一線之間。6月6日晚上，羅斯福（他因爲病重未能到英國參與D－日行動的計畫）只能透過廣播爲美軍祈禱，這也是所有美國人當時唯一能做的事。但是他們的心情並未因此而獲得寬慰，因爲他們所信仰的上帝，同時也是在歐洲及太平洋中展開大屠殺的凶手們所信奉的神明。

由12國數萬名步兵組成的盟軍渡過英倫海峽，乘著平底登陸艇登上了諾曼第海灘，由於旅途勞頓，很多人連早餐都吐了出來。這次行動的登陸地點代號分別是剌刀、朱諾、奧馬哈、黃金、及猶他海灘。隨著海岸線的逼近，士兵們逐漸看清灰濛濛的晨霧後面的海灘。每名士兵揹著70磅的裝備跳進深及頸部的海裡，然後涉水上岸。從現在起，不論輸贏，他們都必須承擔一切後果。第一批部隊趁德軍不備（德軍預估盟軍會由英倫海峽最窄的加來海峽登陸，因此並未加強諾曼第的防禦）迅速搶進黃金、朱諾、以及剌刀海邊的農地。但是在奧馬哈登陸的美軍就沒有這麼幸運了。這批士兵不偏不倚闖進德軍火網，死傷至爲慘重。在一口德軍埋伏的假井上，2,000多名美國大兵不幸傷亡。一直到了黃昏，美軍才攻下這處據點，並與其他156,000名盟軍會合，一齊朝光復法國之路前進。

諾曼第登陸雖然成功，盟軍卻死傷慘重。德軍水雷（俗稱「大話貝蒂」）詭異莫測，盟軍的鮮血因而染紅海面。在無數士兵陳屍海灘後，盟軍終於登上諾曼第，海灘後方是迷宮般的灌木林，德軍在裡面佈署了許多機關槍陣，除非親身遭遇，根本不知道其中玄機，盟軍因此防不勝防。所幸英、美兩軍的傷亡人數未如事前的預估，第一天行動中，總傷亡人數將近五千，遠低於計畫中的75,000人。

7月初，盟軍將100萬人的部隊、566,000噸補給、以及171,000部車輛運上岸。8月份，他們光復巴黎並朝東推進，此時德軍完全沒有投降的意圖，他們在比利時對盟軍發出最後一擊，這就是歷史上知名的「突圍之役」（盟軍被迫向後撤退45哩）。最後，艾森豪率軍攻破德軍封鎖線，盟軍前進萊茵河之路才順暢許多。

1945年初，納粹的戰略變得古怪異常。爲了提高德軍士氣，高層下令開拍一部電影，故事敘述1807年德國一個小鎮抵抗拿破崙入侵的過程。在戈培爾的堅持下，這部影片深具好萊塢特質。前線187,000名士兵被借調來充當臨時演員，在鐵路被盟軍包圍的困境下，數百輛軍車被征調去載運鹽巴，爲的是在拍片現場製造冬雪的景象。連導演都被納粹的大手筆嚇到了，他說：「希特勒和戈培爾一定是瘋了，他們以爲這樣的一部電影會比在俄羅斯打勝仗來得有用。」

1944年8月25日，法國首都巴黎在被德軍佔領四年後，終於由法軍收復。儘管希特勒曾下令將巴黎變成「黑暗的廢墟」，但為了避免無謂的破壞，德軍指揮官還是決定投降。

希特勒身陷重圍，他的國家迅速瓦解。在東部，俄羅斯部隊經由波蘭（俄軍趁勢在華沙附近停留，以便在戰爭結束、德軍退出後從容接管這個地方）前往柏林。在西邊，盟軍部隊更深入德國各地，他們的目標是易北河。德國各地都變成一片廢墟，德勒斯登、埃森、杜塞道夫、紐倫堡、法蘭克福、漢堡，無一倖免。希特勒躲進德國首都中心一座鋼筋混凝土建造的地底碉堡，他的生死之謎至今仍封存在裡面，有待後人去發掘相關的奇蹟。

希特勒原先還奢望將德國青少年和老兵所組成一支軍隊，這是德國僅剩的兵源。當羅斯福於4月12日逝世時，希特勒猶如聽到最後的好消息。他心想，或許自己開始轉運了，1762年德國腓特烈大帝就是因爲對手——俄國女沙皇伊莉莎白的逝世而獲得反攻布蘭登堡宮的契機。但是美國政權順利移轉到繼任的杜魯門總統手裡，盟軍團結依舊。

4月30日，希特勒無可救藥的樂觀想法還是破滅了。這位獨裁者與愛

在德國那默林鎮，盟國軍政府挖掘出不少被德國黑衫軍處死的受害者屍體，這是德軍暴行的具體證據。鎮民們列隊參觀，稍後奉命將受害者再度掩埋。

娃・布勞恩（他長年的情婦，兩天前，他終於娶了她）安靜的享用義大利式午餐後雙雙走進地底套房，他們關上房門，吞下致命的氰酸鉀。一名助理依照希特勒事前的指示，等到藥力發作之後在他頭部補了一槍（以確定他真的死了），然後將兩人的屍體抬上樓，併肩擺在花園裡，淋上汽油後點火焚燒。當一小群送喪者站在屍身旁向希特勒行最後敬禮時，俄軍突然闖了進來，持槍一陣掃射。數天後，德國投降了。

紅場、時報廣場、皮卡迪利廣場與香榭里榭大道前的民眾為此大事慶祝。但是地球另一邊，太平洋上殘暴的戰爭卻不曾因此而緩和，反而有更加激烈的趨勢。

1944年，美國海軍登陸塞班島（美軍B-29轟炸機可以由這個小島直攻東京，因此其戰略地位十分重要），他們與日本敢死隊展開激戰，折損人員高達16,000名，最令盟軍吃驚的是，連日本百姓都前仆後繼地採取自殺行動。獲勝的美軍以擴音器保證會善待投降的民眾，日本的媽媽們卻帶著子女跳崖自殺，其他人則抱著已經拉掉保險栓的手榴彈自殺。

關島在同年被收復，美國海軍同樣遭遇到不顧死活的敵人攻擊，這些敵人所持的武器竟然只有乾草叉、棒球棒、玻璃瓶、短棍。有些人在棍棒末端綁上刀子，不顧一切朝美軍衝過來。甚至在關島已經完全被美軍掌控

SHOWING
THE PECOS
MITCHUM
G DRAMA
WEST OF THE PECOS
BALLROOM
RIALTO
DANCING
COOL
WEST OF THE PECOS
OPEN 4 A.M.
THE PECOS

1945年5月，紐約時代廣場前群眾熱烈慶祝歐洲戰爭結束的好消息。太平洋上的戰況雖愈趨激烈，空氣中卻瀰漫著一股戰爭即將結束的氣息。這場歷史上最慘烈的戰爭將要結束了。

後，成千上萬的日本人拒絕投降，反而躲進山區當了好幾個月游擊隊。

發生在帛琉的戰事才是最怪異、悲慘的。這個島被認爲是收復菲律賓的墊腳石，而且也是很容易攻下的地方。海軍上將尼米茲估計海軍可以在三、四天內攻下這個小島，傷亡人數也可以控制在最低的程度。事實卻不然，戰鬥拖延了兩個多月，總計造成1,262名美軍及將近10,000名日本人死亡。

「我們的國家和文化都重視生命與個人，這種視個人生命的意義與價值輕如鴻毛的情形令我們若有所『失』。這是一種令人喪氣的經驗，大部分經歷瓜達爾卡納爾及格洛斯特之役的老兵都曾領悟到這一點，但帛琉島上不重視人命的情況更使我目瞪口呆。」

海軍陸戰隊隊員尤金·史雷吉
對帛琉之役的描述

美軍在攻擊前先進行轟炸行動，希望清除帛琉島上的大部分敵軍，但是當美軍在1944年9月15日登陸時，卻發現島上數千名日軍都躲在一連串的山洞內而逃過一劫。由於躲在山洞內不怕被攻擊，日軍便利用地形之便展開捉迷藏式的戰鬥方式，他們突然由山洞的暗門中出來，朝美軍射擊，然後又迅速消失在地下。島上的地質就是一種天然的障礙，美軍曾試圖用鐵劇挖掘防禦工事，卻鑿不穿珊瑚礁表層，只好乖乖地暴露在日軍迫擊砲及大砲精準的火力下，再不然就蜷縮在已死袍澤的屍體後面。最後，美軍耗時兩個月後終於將敵軍連根剷除。美國到很久後才赫然發現：這場仗其實是沒有必要的；不管有沒有攻下帛琉，要打菲律賓很容易。

在歐洲戰事結束的消息傳到東方時，琉球的戰鬥已經開始了。琉球離日本四大島中最南邊的九州只有350哩，被美軍認定爲進攻日本的重要踏板，也是日軍南下侵略的重要台階。數千架日本轟炸機的自殺性攻勢卻讓美軍吃盡苦頭。神風特攻隊自琉球海岸起飛，直接撲向美國邦克山號航空母艦的甲板。30秒後，又一架飛機又從天空落下，在邦克山號側舷撞出一個40呎寬的大洞。美軍雖然攻佔琉球（代價是50,000人傷亡），卻也見識到日本人絕不輕易放棄的決心。

1945年初夏，日軍只剩800架戰機，美國卻還有22,000架。美軍飛機在東京、大阪、名古屋、神戶、川崎以及橫濱各地進行了數百次轟炸，摧毀了所有軍事目標，也殺死好幾十萬名日本平民。然而對天皇的忠誠支持日軍繼續奮戰。一般估計，攻打日本的戰役絕對會比諾曼第登陸更加慘烈（盟軍稱這項計畫爲「奧林匹克行動」，預計將出動海軍15支航空部隊，比盟軍橫越英倫海峽登陸諾曼第時的九支部隊多得多）。日本各主要島嶼的居民也集體動員，用他們手邊僅有的武器，如石頭、棍子、竹桿等來禦敵。在整個太平洋戰事中，接下來的幾個星期是眞正令美軍感到害怕的，因爲他們見識了日本人頑強抵抗的狠勁，擔心如果對日本主要島嶼發動攻勢，將遭遇一場如同史達林格勒戰役般的戰鬥，不戰至最後一兵一卒不能決出勝負。

沖繩島上的生存與投降：

「我跟著螞蟻走，在一個死掉的士兵背包裡找到東西吃。」

當年沖繩島戰爭開打的時候，我只有六歲大，和家人一起住在沖繩古代的首府──首里。我父親是個農民，母親則在一年前過世。我會知道有這場戰爭是因爲我的哥哥被徵召作戰，可是，我並不曉得我們就要輸了。然後，戰火延燒到沖繩島，他們在我家附近駐紮了一個通訊單位，許多士兵成天進進出出的。情況開始吃緊的時候，糧食就不夠了，我們把田裡面大的馬鈴薯送給軍隊吃，小的才留給自己。很快地，我們宰了所有的牲口，東西也都吃光了，父親只有離家去找東西吃，他出門之前跟我們說：「要是我沒有回來，妳們就趕快逃命。」

後來，轟炸越來越厲害，很多人都逃命去了，我姊姊當時就決定我們也該走了。我們就往南走，晝伏夜行，姊姊兩手都是從家裡拿出來的東西，我則和大我三歲的哥哥牽著手。我們即使在夜裡也可以看的很清楚，因爲爆炸的火花把夜晚照耀的有如白天一般。我看到好多好多死人，一路上都碰到屍體，有一次我還看到一個小寶寶還要試著吸他媽媽的奶，可是，他媽媽已經死了。有一天，我們正準備要在一個叫做小雌的海邊睡覺，四周都是槍聲與爆炸聲。我們挖了個只能把屁股坐進去的小洞，就睡在裡頭。後來，有個軍人過來跟我們說這個地方的戰爭會非常厲害，要我們趕快離開，當時，我正睡在哥哥旁邊，於是，我搖搖哥哥想叫他起來，他沒有醒過來，可是他的眼睛睜的開開的，他還是沒有醒過來，後來，我才看到他的後腦勺都是血。可是，他的手還是暖暖的，我不相信他眞的死了，所以不肯把他埋起來，但是，我的姊姊非常堅持。

沒有哥哥的手可以牽，走路時，我只好拉著姊姊的衣角。可是，那天晚上，當月光照在那個人的臉上，我才猛然發現自己牽著一個陌生人的衣角。我一遍又一遍地喊著姊姊的名字，可是沒有人回答。姊姊到哪兒去了？我好怕她們也死了，所以每次一看到屍體，我就檢查看看他們的面貌與髮型，跟姊姊的一不一樣。姊姊背著所有的東西，包括吃的也在裡面，我現在落單了，而且沒有東西吃。

幸好，我還記得父親曾經教過我一些求生技巧，所以，我還可以找到一些食物。有時候，我跟著螞蟻走，在死掉的士兵背包找到吃的東西。我覺得很難過，可是，我想他們已經死了，就會爲他們祈禱，然後說：「謝謝你的食物。」我還記得父親說，不要一窩蜂跟著人家走，所以，我沒有跟著一大堆人逃命，反而一個人留下來，躲在沒有人找得到我的地方。有一回我遇到一家人，這家人有一個跟我一樣大的小女兒，他們住在山洞裡，我和他們在一塊兒待了一會兒。直到有一天，他們的媽媽跟我說：「妳要跟我們一起死嗎？如果你不想死，就趕快走，因爲我們現在要把洞口堵起來，然後引爆炸彈全家自殺。」我不想死，所以我拔腿就跑，還聽到身後一陣猛烈的爆炸聲。

幾個禮拜後的某一天，那時我非常口渴，已經失去生存的意志了。我找到了一個小洞，還以爲是股泉水，後來才知道是一個小山洞。我把頭伸進去，聞到一股味噌湯的味道，就像媽媽以前煮的一樣。我聽到一個老人對我說：「下來呀。」還聽到一個女人說：「是誰在那兒呀？」我看到她的眼睛，才知道她已經瞎了。他們說：「妳一定很餓了，妳是打哪兒來的？」我跟他們講了我姊姊、哥哥的事，還告訴他們現在我落單了。那個老人就說了：「留下來吧。」我非常感謝他，因爲，別的大人都只會叫我滾開，可是，他卻給我水喝和東西吃，還要我留下來幫忙照料他們的傷勢，我漸漸地愛上他們，還有那個美麗的山洞，一點兒也不想走。

後來，美國部隊終於登陸了，我們聽到擴音器裡傳出怪腔怪調的日語說，現在大家可以出來了──沖繩島的戰事已經結束了。幾天以前，我才跟他們說，我想永遠和他們一起待在山洞裡。他們卻哭了起來，告訴我說他們是注定要在這個山洞裡過一輩子，老人跟我說：「生命是寶貴的，妳要勇敢的活下去。」所以到了美國人來的那一天，老夫婦就幫我做了一面白旗子綁在樹枝上，然後就把我送出山洞。我一走出山洞只覺得四下靜的出奇──沒有槍聲，也沒有爆炸。我開始跑，沒跑多久就看到一個美國人拿著一個黑色的盒子對著我。我以爲那一定是什麼新型的武器，他們要殺我，腦海響起爸爸說過的話：「如果妳馬上就要被敵人殺死，千萬別哭，要面帶微笑的迎向死亡，還要跟敵人揮手告別。」於是，我向美國人揮手，還試著在臉上擠出微笑。我看著美國人的臉孔，突然覺得他們看起來好善良。他們也在對我微笑，也沒有要殺我。我就跟著他們走，跟著擴音器的聲音走。

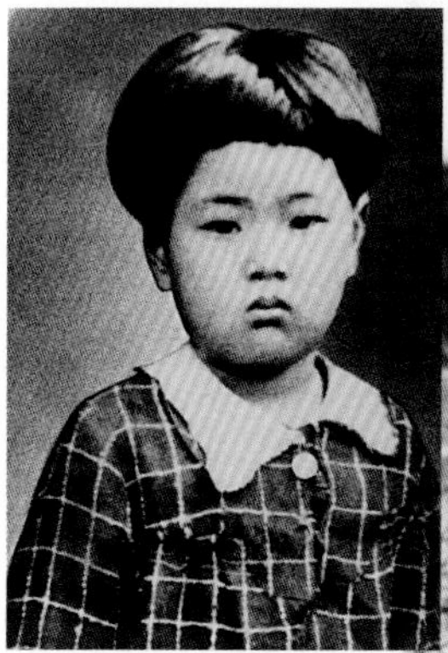

上圖：日賀攝於五歲時。

右圖：日賀手持白旗向美軍走去。

──日賀登美子，生於1938年，她和她的兩個姊姊在同一天會合並向美國投降，隨即被帶到同一個海灘。她後來在美國運通公司工作長達27年，其間還完成了大學教育，接著又進入法學院深造。美國通信部隊於1984年播放有關她的影片，使她在日本頓時成為名人，稍後，她還和當年拍下她手持白旗的攝影師重逢。

1945年夏天，美國正在測試一種新的秘密武器，少數有幸知道此事的人萬萬沒想到，那竟是一種威力強大無比的炸彈。對不同人而言，這種武器有不同的代號，田納西州橡樹嶺裝配廠的員工稱之爲S－Y計畫；聯軍指揮官稱它爲S－1；作戰部以X稱之（史廷森部長在日記中曾提及「那東西」以及「可怕的」等字眼）；在新墨西哥阿拉摩測試地點的科學家對這種新武器驚人的威力和破壞潛力最了解，他們稱它做「小玩意兒」、「瘦子」、「肥仔」。這顆全球首見的原子彈就籠罩在如此低調而特殊的氛圍裡，以致愈接近它具體誕生的時刻，週遭的工作人員給它取的名字愈孩子氣。

1945年8月5日，被命名爲「小男孩」的第一枚原子彈被裝進空軍中校保羅．提比特的B—29轟炸機機艙中。這支由75名一流飛行員組成的小組等候這一刻已經有好幾個月，他們都是自願出這趟任務，可是對任務內容唯一的認知是：要做點不一樣的事。在訓練期間，他們奉命戴上電焊用的護目鏡，而且不准回頭看轟炸的目標（實在有夠奇怪）。尤其當他們獲知此行只爲了投下一顆炸彈時，他們唯一的感受是困惑和沒面子。

8月5日晚間，一個歷史性日期的前一天，第509混編小組的成員才被

日本雖然瀕臨戰敗邊緣，卻還不打算投降。為了迎戰盟軍直接攻擊日本本土，天皇下令平民百姓也要接受軍事訓練。圖為一名日軍軍官指導家庭主婦如何善用竹竿製成的標槍抗敵。

廣島：
一陣威力強大的火光之後，「整個城市都呼天搶地」

那一天天氣很好，我剛剛吃完早餐，家母還要我去前院澆水。我走出大門，看到一個朋友，就向前去跟她寒暄聊了起來，接著就聽到B-29轟炸機的聲音。我們對那個聲音已經很熟了，我都管它叫「天使」，因爲，轟炸機從來沒有扔炸彈在廣島過。轟炸機像個芭蕾伶娜一樣，在美麗的天空盤旋，我和我的朋友一道兒向空中揮手，轟炸機就不見了。只是，這次它在空中留下一個白色的點，我還以爲有美軍要降落在日本。突然間，一道橘黃色的強光──就像是拍照時用的閃光燈一樣，只是比閃光燈要強烈幾千倍。

強光一閃而逝，沒有超過一秒鐘，我就昏倒了。醒過來的時候，我就感到有些不對勁，我想動，可是動不了，原來對街的房子垮在我的身上。我試著爬回剛才看到轟炸機的位置，只見到處都是灰色的濃煙，到處都是一片紅色──血的顏色。

我聽到的第一個聲音是家父在喊著：「救命啊！救命啊！」鄰居逐漸都趕到街上，大家議論紛紛：「到底發生了什麼事？」家母最令我吃驚，早上她還把頭髮打理得整整齊齊的，現在她的頭髮都站了起來，一副蓬頭垢面的樣子。我們猜想可能是我們的房子和鄰居的房子都分別挨了顆炸彈，我知道在其它城市是這個樣子的。可是這種事情從來沒有發生在廣島過。以前B-29轟炸機每天都會來繞一下，可是從來沒有轟炸過我們，從來沒有傷害過我們。

──末石和子生於1927年，雖然廣島損傷慘重，她和家人卻都大難不死，1958年她嫁到美國，隨即持續對大眾宣導核子武器的可怕。

1945年那年夏天，我16歲，還在念初中。8月6日不是什麼大日子。我和同學都在一家軍需品工廠工作，從我們一入學以來一直都是這樣子的。我那時剛好走出工廠，站在一座二層樓高建築物後面，就看到那個巨大的橘紅色火球。整個建築物──還有地球──都好像在左右搖晃，然後所有的東西都掉到我的身上來了。我馬上就被擊倒在地上，等到一切都平靜了，才發現自己身上都是玻璃碎片、瓦礫、磚塊還有木板。

我走到護士那裡去，打算找些繃帶、醫藥與支架，就像我們受訓的時候教的一樣。可是，我發現護士自己都沒辦法講話了，因爲她的嘴裡插了一塊大玻璃。我趕忙過去幫她把玻璃碎片從嘴裡拿出來。然後，我用根棒子打破醫藥箱，拿了些急救用品去找我的朋友。

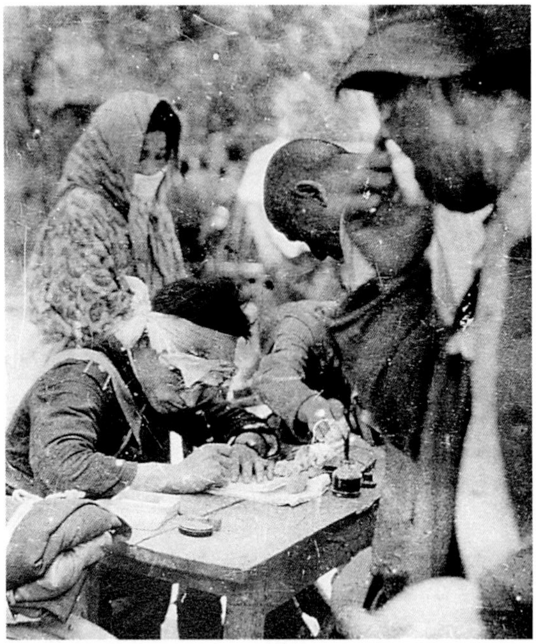

轟炸廣島當天只留下五幀著名照片，上圖為其中之一，一名頭上裹著繃帶的警員正振筆疾書確認接受急救的傷患。

過了不久，我們跑到街上一看，才發現整個廣島都陷入一片火海。我們還可以看見著名的蕈狀雲冒出的濃煙，整個天空都暗了下來。我們開始往0.25哩外的橋樑走去，可是過不了橋，因爲橋上都是人，都是受傷、燒傷或是死掉的人。橋下有很多人浮在水上，有些人在游泳，有些人則已經死了，屍首隨水流向下游。他們的皮膚發紅，身上衣服被燒成一條條披披掛掛的布條。我們老師當下決定要回工廠過夜，我們整夜都看著廣島市付之一炬。

8月7日早晨，我們又離開工廠，打算走回中學。由於城裡火還沒滅，走路要非常小心，不然就會踩到死人。當我們到達學校的時候，發現300個學生死了285個。我試著把幾個學生從游泳池裡救出來，可是他們馬上就縮回池中，他們的皮膚不堪拉扯紛紛脫落。我只有走回宿舍，在裡面待了兩天。人們開始擔心感染傷寒，想要著手焚化屍體。這種事總要有人做的，所以，我也幫著燒掉幾個同學的屍體。

第三天晚上，我回鄉探訪家母，火車上滿載傷患。當我好不容易回到家的時候，母親不敢相信我居然還活著。我還記得她緊緊地抱著我，讓我幾乎不能呼吸。這幾天所經歷的一切都像一場夢魘，我彷彿走過地獄一遭又重回人間。

──更科淳二，1929年出生於夏威夷，於1937年赴日本就學、定居直到大戰結束。他曾於韓戰服役兩年，然後遷居加州橘郡，在諾斯拉普公司工作直到1987年退休。

那天早上8點15分，炸彈來了，當時我正在宿舍的廚房裡，只見一道紫色強光衝著房子過來，我正想要奪門而逃，門卻倒了下來，我也跟著摔了下去。天上這堆烏雲越聚越大，好像要把人吞下去一樣。烏雲一直往上竄，光是這一幕就可以把人逼瘋。這朵雲遠遠地就可以看到，很怪又很嚇人，我知道這一定是顆不一樣的炸彈。

因爲宿舍就在震央附近，我趕快離開宿舍，打算趕到城裡去。當我步行到廣島車站，才發現整個廣島市都被包圍在焚風烈焰之中，到處都是氣流急速迴旋的咻咻聲。城裡的火燄高過人頭，根本不能走過去。廣島市現在看起來就像一處堆滿木頭的建築工地，到處都是死人，呻吟的聲音迴盪在四周，聽起來就像動物庇護所一樣。當我聽說我們學校裡有八個同學死了，我眞感到肝腸寸斷。不應該這樣子的，不該這樣子的，我對自己說：「爲什麼要轟炸廣島？爲什麼要這樣對我們？」

──依蘭・奈良川，1925年生於加州弗雷斯諾，經濟大蕭條時期赴日，二次大戰期間都在日本度過。1947年她遷居洛杉磯，如今她會定期回到日本接受專爲廣島原爆生還者提供的身體檢查。

告知，他們要投下的「一顆炸彈」威力相當於20,000噸的黃色炸藥。他們這才了解到，自己手上的那樣東西眞是很不尋常。所有高階將領都齊集島上，還有一組攝影師及拍片人員準備拍下這趟任務的啓航畫面。當時跑道上燈火輝煌，一名科學家靈機一動將之比擬爲「好萊塢大藥房」的開幕典禮。提比特站在以母親之名命名的飛機「艾娜拉．蓋伊」號旁邊留影；副駕駛路易斯及其他八名組員也依樣畫葫蘆。護航機待命要在他們出發之後起飛，當時唯一沒有出現在官方圖片裡的反而是那個「小玩意兒」。

6日凌晨2時45分，總載重65噸的B－29轟炸機隆隆的滑進跑道，航向黑暗的蒼穹。這次任務旨在儘速結束太平洋戰爭。如果成功了，將是日本版的珍珠港事變，提比特就是美國的「藤田尚德」。飛機後艙充斥著各式符咒及護身符：絲質內褲、猶他州溫多佛訓練基地所有弟兄都認識的女子的裸照、六只醫藥箱。機鼻上則蓋了一個唇印，旁邊的簽名是「桃蒂」。這群美國大兵此時還不知道，二次大戰將終結在他們這趟任務手裡。起飛後七分鐘，炮手帕森斯起身到彈艙去準備「小男孩」，提比特則趁機對機上弟兄公布任務內容。提比特先問，是否有人知道機上載了什麼？尾艙機槍手卡隆說：「一個化學家的噩夢。」提比特要他再猜一次。卡隆說：「一個物理學家的噩夢。」然後他恍然大悟問道：「上校，我們今天要投擲原子彈了嗎？」

飛機繼續往前飛，直到黎明，他們都很少交談。副駕駛路易斯在飛航日誌中指出，負責拉下引爆器，將世界帶入核子時代的投彈手費勒比一路上「十分安靜」，彷彿「正在神遊美國古代的中西部」。帕森斯在經過本州上空時完成了「小男孩」引爆器的組裝。路易斯寫道：「知道自己正在做一件大事，是一種很有趣的感覺。」清晨8時15分，轟炸瞄準器的準心對準目標太田河，費勒比拉下開關，將「小男孩」投向廣島市。

原子彈在43秒內直直下墜，如預期般於落地前在廣島上方2,000呎高空爆炸，隨即產生一股圓柱形的火焰和一朵巨大的烏雲，宛如一朵巨大無比的蘑菇。機員中最先回頭看的是卡隆，由於他忘了戴護目鏡，所以在最初的一瞬間什麼也看不到，等到視力回復之後，他看到「像火山熔岩」「又像糖漿」的景物，有如一團沸騰的紅色及紫色火球。「艾娜拉．蓋伊」號和它的護航機斜飛讓組員拍照，然後準備飛離，這就是歷史上戲劇性的打帶跑策略。但是提比特又一次將B－29調頭讓大伙兒目睹那個被夷爲平地的城市，那種劫後的景象令所有人都目瞪口呆。路易斯寫道：「天哪！我們幹了什麼好事？」

圖為被美軍投下原子彈之後的廣島。三天後，日本工業城長崎市也吃了一顆原子彈。這兩次空襲行動為歷史上破壞最巨的二次大戰畫上句點。

7

脆弱的和平
1946-1952

脆弱的和平1946-1952

前跨頁：1951年美國政府開始在內華達州沙漠進行一連串核子試爆，拉斯維加斯的天空經常出現蕈狀雲。政府知道大衆對原子彈感到好奇，遂讓試爆廣為周知，有一次還在地方電視台實況轉播爆炸過程。46年後，政府才承認，內華達州歷來核子試爆的輻射落塵，可能導致75,000人罹患甲狀腺癌。

1946年耶誕假期最受歡迎的一部電影，是描述三名士兵戰後返鄉的故事。這部帶有嘲諷意味的名片《黃金時代》(*The Best of Our Lives*)，靈感來自1944年《時代》雜誌上一幀照片：圖上顯示一群海軍陸戰隊員休假離營，坐在火車上向後眺望。影片中有人在列車車身上寫著「回家囉！」然而，情緒可眞複雜，喜悅夾雜著茫然。有一名下士說，他整晚都睡不著（「我躺在床上只一勁兒傻笑著」）。另一名士兵在一處小站跳下車，從路過的貨車上抓了一塊冰（「嘿，要在南太平洋的瓜達爾卡納爾島弄個冰塊可眞不容易」）。不過，大部分人都靜靜坐著，望著四周的田野和飽經風霜的建築物，想像返鄉的感覺。

這部影片中三名退伍軍人返回中西部家鄉。弗烈德・狄利是B-17轟炸機的投彈手，由唐納安德魯飾演；艾爾・史蒂芬森是步兵中士，由弗利德瑞馬奇飾演；霍默・帕利奚在戰爭中喪失雙手，而以鉤狀義肢代手，他是一名海軍士兵，由哈洛盧素飾演。爲了盡力傳達返鄉士兵的眞實狀況，導演威廉惠勒特地去百貨公司買現成的服裝，還要求所有演員在電影開拍前幾周就開始穿，才不會在開拍時看起來像是新的。導演惠勒甚至找來眞實的截肢者飾演霍默的角色（盧素以前並非演員，他在軍事訓練中出了意外失去雙手）。盧素的角色極具象徵意義，惠勒的重點是：返鄉，對退伍軍人來說，是既溫暖又殘酷的一幕，「家」既非戰前所熟知的地方，亦非海外寒夜魂縈夢牽之所在，而這些人也都覺得自己一無是處。

這幾個人慢慢適應戰後的生活，艾爾・史蒂芬森找到一份銀行放款部辦事員的差事，卻因爲違反銀行的規定，私下通融一個老兵貸款，而被上臉上洋溢幸福光采的退伍軍人搭乘伊莉莎白女王號返抵紐約。戰爭結束後，美國軍方以每月一百萬人的進度，載送士兵返國。每名退伍軍人都拿到一份體檢表、50美元現金和一紙退伍令。在新澤西州狄克斯堡的軍中牧師建議他們說：「放輕鬆，要對上帝有信心，共同建造更美好的美國。」

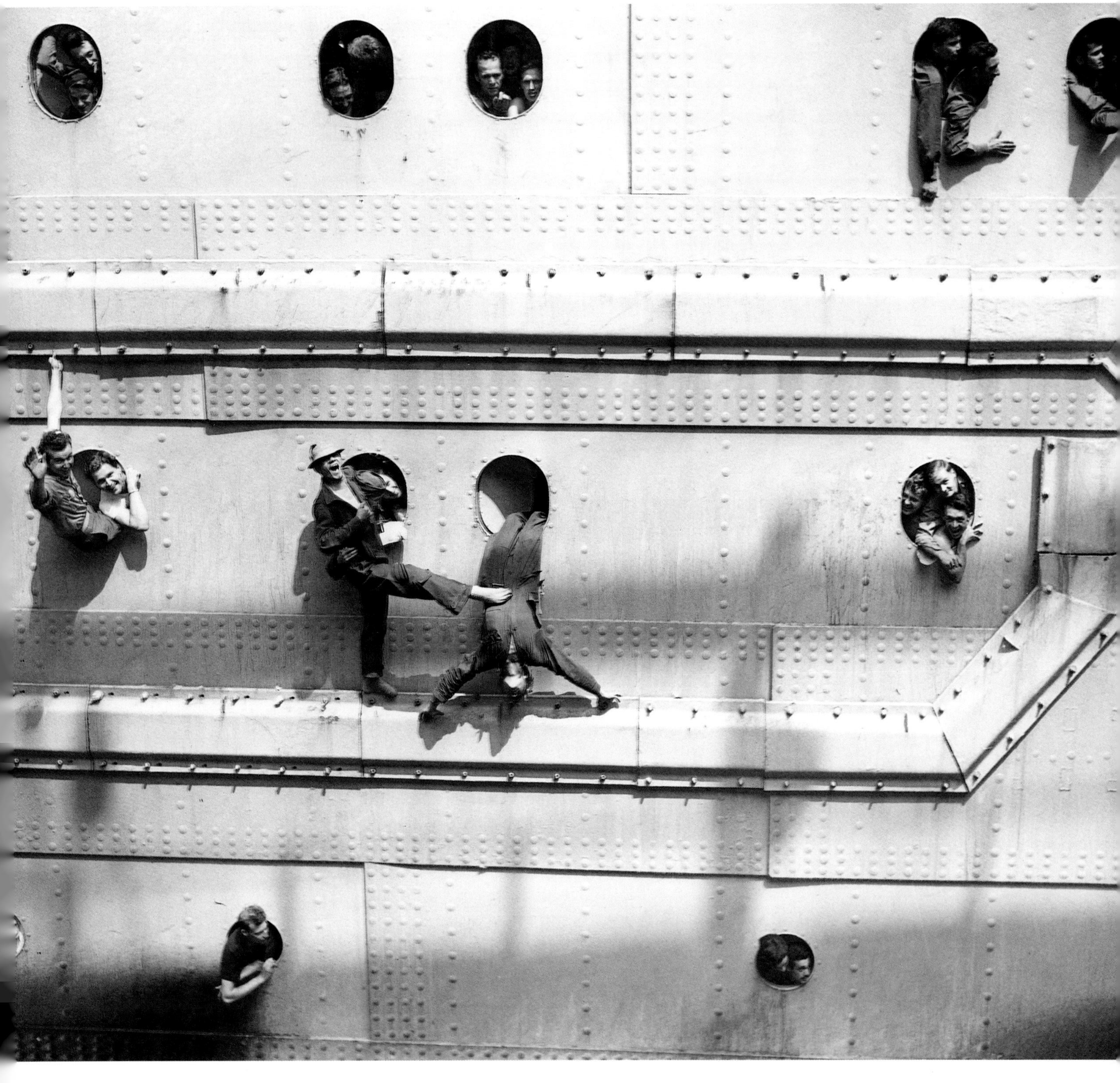

級罵了一頓。弗烈德・狄利回家後發現，戰前奉兒女之命結合的婚姻，已因爲戰時與妻子分隔兩地而破裂，他在一家連鎖商店當個小店員，和一名批評戰爭沒有意義的顧客發生口角，結果被老闆解雇了。狄利只好去撿解體的軍機外殼，轉賣給他人蓋鐵皮屋。霍默・帕利奚是整部電影中最令人感動的角色。帕利奚深信，女友不會想要嫁給殘廢的他，所以起初他不願意回家，要朋友陪他到酒館「小酌兩杯」，最後和她碰面的時候，他說：「你想像不到的，薇瑪，你不會知道和我在一起生活將是什麼樣子，你必須每天、每晚的面對它。」

「養兒育女，照顧家庭」

西雅圖一名海軍士官被問到未來有何計畫時如此回答

導演惠勒曾拒絕拍攝更轟動的戰爭故事，亦即這場戰爭中最偉大的英雄——艾森豪將軍的傳奇。他也拒絕山繆爾・高德溫想找卡萊葛倫拍一部耶誕節應景笑鬧片，讓人們輕鬆一下忘卻戰爭的點子。 然而，《黃金時代》一推出便大爲轟動，感人至深又兼具娛樂效果。這部電影一共贏得九座奧斯卡金像獎（其中兩座獎項由業餘演員盧素獨得），吸引了數百萬人觀賞，深深扣住他們的心弦。片中當史蒂芬森初抵家門，飾演他妻子的瑪莉娜蘿依喜出望外，兩人深情相擁的那一幕，尤爲感人。在歷經15年經濟大蕭條和戰爭後，再也沒有比回家更美好的事了，然而，家的風貌似乎已變了許多。

從二次世界大戰戰火灰燼中贏得的勝利，好壞參半。可不是嗎？戰爭的創傷既深且鉅，單靠消除敵意是不可能療傷止痛的。勝利時刻常見的景象是：醉醺醺的軍人、在倫敦和巴黎街頭狂舞的百姓紐約時報廣場擁吻的情侶、各地民眾狂喜的表情，這些都是真實的，但他們並未觸及附著在戰事之下那股罪孽深重的沉重感。舉例來說，對這場造成6,000萬人喪命的戰爭，該歡慶其終於結束呢？或是該對戰爭的爆發感到絕望？當勝利之果是以如此恐怖的武器（原子彈）所取得，那還算是勝利嗎？難道人類已經麻木到，甚至不排除再度使用這種武器的可能性？集中營的俘虜在解放後將何去何從？逃出希特勒殺戮機器的少之又少的幸運者感到歡欣（如果他們還有力氣感到歡欣的話），但是他們能再坦然擁抱這個曾經造就納粹嗜血禽獸的世界嗎？無怪乎一名歐洲生還者在被問及勝利對他的意義時，長嘆一口氣說：「沒死就算是好的。」

美國在第二次世界大戰結束後數年，其國力和雄心大振，這股興奮之情持續越久，越覺得信心十足：美國不只贏得第一次世界大戰，現在已經贏得兩次世界大戰，美國參戰是終結兩次大戰的決定性因素，在戰爭期間，美國也克服了開國170年以來最嚴重的經濟危機。美國不僅保住了資本主義和民主政治，並且隨著戰火平息，國家的未來似乎突然變得不可限

二次大戰後歐洲與美國的命運形成強烈對比，這一點無可否認。無家可歸的德國人擠在同盟國部隊提供的半圓錐形活動房屋中（右圖）；美國郊區則不斷在蓋新房子，以因應住宅需求（左圖）。美國的新屋從1944年的11萬4,000戶，躍升到1950年的170萬戶。

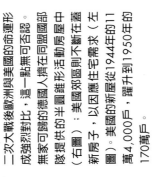

「一下子都散了」：
和平，繁榮，和退伍軍人返鄉的失望。

原子彈落下的時候，我當時是日軍的戰俘，在西貢北部幾百哩外的小鎮多瓦做工。我體重只有85磅，好幾個禮拜以來，我們都在夜間被派去修同一座橋，只見隔天就被炸毀。不過有一天，日軍對我們的態度有180度大轉變，他們不再因爲我們做錯一點小事就鞭打我們。我們知道情況有變，但不知道是什麼事，我們也不敢太興奮，唯恐日軍又開始整我們。然後有一天，他們告訴我們不用再做工了，有一名當地人騎腳踏車來，他高呼：「戰爭結束了！戰爭結束了！」營區裡並沒有歡欣鼓舞，我們只是覺得：「感謝上帝，結束了。」歷經三年半的飢饉、毆打和凌虐，我們已經變得麻木不仁。不過，感謝上帝，戰爭「眞的」結束了，我們可以回家了。

當年跟現在不一樣。美國政府也不怎麼知道如何安頓歸來的戰俘。就所謂的輔導計畫而言，我被輔導的情況是：離開戰俘營兩周後，某晚11點30分抵達華盛頓，打個電話回家報平安後，便被安置就寢，隔天6點拿到一套新的軍服。他們草草爲我做體檢，發給我回家津貼，下午3點，坐上火車，返回新澤西州紐瓦克老家。這就是我被輔導的經過。

返鄉是我一生中最傷痛的經歷，儘管是回家和家人團聚，但是我卻離開了眞正的家人——在集中營胼手胝足、共同熬過疾病、鞭打以及所有一切的弟兄。那天晚上當我走進紐瓦克車站，一個人坐在空空蕩蕩的候車室，那是我五、六年來第一次落單——感覺眞的很孤單。我站在那裡，不知所措。我心裡一團亂，一下子都散了，散得太快了。

我沮喪地四處張望，看見一個軍人坐在板凳上，我走過去和他聊了起來。他要回新澤西州努特利家鄉，但沒有錢坐計程車，公車也收班了。我說：「別擔心，我送你回家。」我叫了一部計程車，一路送他回努特利，我甚至沒想到自己回家的事。我揮不去孤單的陌生感，我整個人都呆住了。

一名從太平洋戰場返家的退伍軍人，他的母親和未婚妻在旁服侍。這名陸戰隊員是在硫磺島升起美國國旗的六戰士之一。

最後，我在隔天凌晨1點回到家，我的姐妹和母親都在等我，因爲，我跟他們說過我會在當天晚上到家。全家團圓很高興，但我鬆弛不下來，無法成眠，所以我走到繼父上班的郵局，排遣睡不著覺的時間。接下來120天是我的「輔導假」，我大多泡在酒館裡。我可以在紐瓦克的酒館待到半夜2點打烊，然後到紐約的酒館續攤，我就是不知道該拿自己怎麼辦。

——奧圖・史瓦茲，生於1923年，「休士頓號」在太平洋上遭魚雷襲擊的時候，他是海軍二等兵。他被日軍俘虜，在戰俘營度過三年，回美國後在郵局工作，服務32年後自勞工關係部門退休，目前住在新澤西州優寧。

我不是戰爭英雄，我在服役期間很幸運，從未眞正直接從事戰鬥，不過，在沿著鐵軌行軍時，我親眼看見，走在我前後方的弟兄被地雷炸死。即使戰爭已經十分接近尾聲了，戰爭的殘餘還在，我們只能每天自求多福。我很高興能活著回家。戰爭結束後，我從歐洲退伍，搭機返國，他們把我送回伯班克老家，我妻子在機場接我。她還是像往常一樣漂亮，她平常不太化粧，不過，那一天她化了濃粧，眼淚卻把她的粧都糊了，我只好叫她不要哭。我也看到女兒，那是她一歲多之後我第一次看到她，她都快四歲了。我妻子告訴我，在戰爭期間，女兒只要看到照片或電影中穿軍服的人，就會說：「那是我爹地。」回家眞是快樂的事，儘管淚流滿面，卻是如此快樂。

當時南加州欣欣向榮，有許多工作機會，待遇也比美國其他地區要好。這裡的一切似乎都比我離開前發展更快速。城市蓬勃發展，到處都建有高速公路，似乎連汽車也跑的更快。我覺得很興奮，決心要出人頭地、闖出一番事業。頓時之間，我對自己的未來充滿信心。戰爭爆發之時，我在西方聯盟公司擔任運輸部副理，退伍後，他們給我的時薪多加了25美分，我深覺意氣風發。我心想：「天哪！我有地方住，我能夠養家，但願還能多有幾個小孩。」

我太太在我服役期間，在北好萊塢買了一間樓中樓的公寓，可是房子小了點。所以，我向退輔會申請貸款，在街底買了一棟較大的房子。那是別人買下的草莓園，分割成建地，蓋成42棟房子。房子外觀看起來有一點不同，不過，內部平面圖完全一樣。我們付了850美元頭期款，總價是12,000美元，我必須加班工作才夠付房貸。社區年輕夫婦家庭經常烤肉，開派對，打高爾夫，小孩也玩在一起。在我妻子懷第二胎的時候，社區裡也有10到12名婦女同時懷孕。

戰爭剛結束的那段時間，我們的日子很苦，不過，眞的是一段美妙的時光。我們和其他年輕家族一樣白手起家，彌補那幾年家人分離的日子，每個人都感到快樂，那是一段非常快樂的時候。

——華特・吉拉丁，生於1919年，曾任美國陸軍士官長，1976年成爲西方聯盟公司董事長，1981年退休後，與結褵56年的妻子住在南加州。

在整場戰爭中，我們在兩條戰線上作戰：一是在歐洲對抗希特勒，一是在美國對抗種族歧視。許多人以爲，我們在戰爭中努力的成果，將終結黑人的二等公民地位和種族歧視。我當時第92師，同個師部還有10,000或12,000名黑人弟兄。

92師在歐洲被視爲英雄，我們光復了義大利許多城鎮，包括盧卡和比薩。義大利民眾看到這支黑褐色的部隊進入社區，都叫我們是戰爭英雄，所以當我們回到美國時，我們期待所受的待遇如同我們所作的貢獻。我來自紐約最大的黑人社區，所以回國後倍受禮遇，然而，大多數黑人弟兄並非如此。92師的弟兄大多來自南方，諷刺的是，他們爲國家出生入死，但仍只能坐在巴士後排，不能坐戲院樓下的座位，除非得到雇主的許可，不能離開農場。

我們一群人聚會決定，籌組黑人退伍軍人組織，以爭取福利，首要之務就是爭取退伍金。美國陸軍每名士兵均可領到100到300美元的退伍金，南方的農場主人故意不讓退伍的黑人工人到鎮上申領退伍金。黑人只有在周六中午到周日才被許可外出，平常工作時間不能離開農場。退伍金申請表放在郵局，但郵局周六中午已不辦公，黑人退伍軍人根本無法領取申請表。所以我們的團體到戰爭部，要求代領退伍金申請表，然後我們透過浸信教會、NAACP、黑人厄爾克斯會等宗教慈善團體，分發給黑人退伍軍人。部分黑人弟兄則穿著藍領工作服，進入農場發送申請表，整個過程幾乎都是地下作業。我們協助了整個南方的黑人退伍軍人領到退伍金。

我們也動員早班巴士罷駛，並號召黑人退伍軍人遊行到郡政府，要求投票權，黑人在第二次世界大戰前是沒有投票權的。我們也組織糾察隊檢舉種族歧視，並團結溫斯頓—薩林地區的白人和黑人菸草工人，首度合組工會。所有行動爲50年代末期和60年代的民權運動奠定基礎。這是第二次世界大戰目標的直接成果和效益，就此項意義而言，這場戰爭仍在戰鬥中。

——霍華·「長人」·詹森，生於1915年，在第92師作戰時受傷，獲頒兩枚紫心勳章。

量。對許多人而言，1940年代末期在諸多方面是一個獨特的轉捩點——一個民族雄霸整個世界。出版巨擘亨利·魯斯曾經預言，在戰爭結束後，「美國的世紀」即將到來，足以媲美歷史上任何偉大的王朝。1946年，世界見證了它的到來。

美國的時代自然而然降臨了，主要的原因是，戰後的美國比戰前更強大、更有信心爲其他交戰國所不及。其實若從民生樂利和經濟富裕的觀點來看，這場戰爭對美國人而言是天賜恩典，戰後美國經濟在製造業方面占有全球之半，國人收入則占全球百分之40以上，新鮮消費品源源而出，而失業率僅有百分之四。在歐洲淪爲廢墟的同時，美國在40年代末期則是個富裕國度，一個安居樂業的社會，退伍軍人及其家眷終於安定下來，開創美好生活，也生了許多小孩。歷史學家威廉·曼徹斯特引用性學專家艾弗德·金賽的統計數字計算出，戰後大約每七秒就有一名婦女懷孕，美國每年增加了一個洛杉磯市的人口。

以美國的資源和腦力，沒有解決不了的問題。若說美國製造業在戰時贏得世人尊敬和羨慕，那麼研發出原子彈的美國科技亦傲視全球。全世界最大望遠鏡在加州帕洛馬山啓用，而盤尼西林和其他藥效強大的抗生素亦廣泛應用，彷彿可治療所有傳染病。美國飛行員查克·楊格突破音障。貝爾實驗室科學家發明電晶體。賓州大學科學家組裝出全世界第一部電腦，這部30噸重的龐然大物運算能力和速度相當於80年代的手提電腦。在社會事務方面也有進步；1947年，賈奇·羅斯福·羅賓森代表布魯克林道奇隊，首次上場打擊，象徵美國黑白種族在棒球界已經融合。一年後，杜魯門總統簽署行政命令，在軍隊中黑白種族正式合而爲一。

「這是美國人的孩子，這是美國人的家，幸運的美國年輕人，世界上沒有其他國家的小孩未來如此光明。」

伊盼那牙膏廣告

生活變得美好，經過物質匱乏的經濟大蕭條時代，以及戰爭時期的精神緊繃，這一代人終於可以享受居家溫飽愜意的生活。戰爭結束時，點播率最高的歌曲是平克勞斯貝的歌。那不是情歌，也不是振奮人心的進行曲，而是大戰末期頻頻巡迴美軍基地作勞軍表演的平克勞斯貝演唱的流行歌曲，是由布拉姆斯所譜的催眠曲填上歌詞改編而成的。回家的感覺眞棒，可以躺在吊床上享受午后的陽光。身爲美國人眞的太好了，可以在成功與富裕的巔峰睥睨一切，而且對正義戰勝邪惡滿懷信心。

當賈奇加入棒球聯盟：
突然間「凡事變得都有可能。」

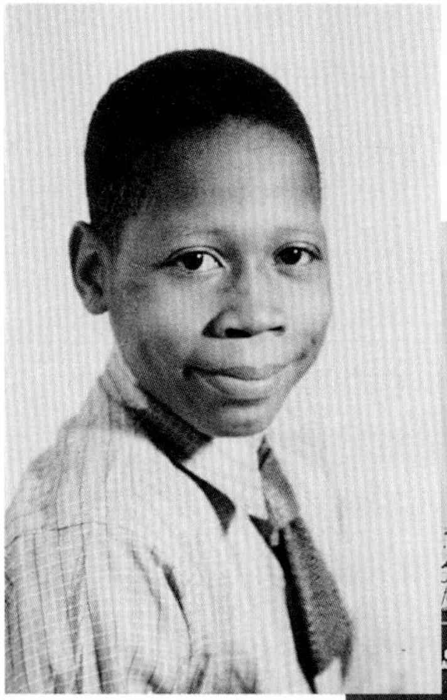

夏波・詹姆士12歲的照片。

賈奇・羅賓森1947年加入布魯克林道奇隊。

我生於南方，母親和我受不了繼父虐待，1944年，我們逃到北方，搬進紐瓦克愛爾蘭裔社區的愛密特街43號。當時紐瓦克黑人和白人社區的區隔分明，如果跑到對方社區，準會挨揍。可是，我媽當時在那裡買了間房子，左鄰右舍都是些「麥金尼家」或「奚利家」的（編按：二者皆為愛爾蘭姓氏），我們是社區裡唯一的黑人家庭，起初小朋友都不理我，我只好坐在門前台階上看他們玩，最後他們讓我加入，和他們一起打棒球。

由於，我是玩伴中唯一的黑人小孩，所以常聽他們說：「咱們把黑人趕出去。」之類的話。但是他們總是會加一句話說：「我們可不是在指你，夏波。」對他們而言，和他們住在同一個社區、跟他們玩在一道兒的是「好黑人」，住在別的社區的是「壞黑人」，而我當然是「好黑人」。

夏波・詹姆士，生於1936年，為一公立學校老師兼體育教練，然後任職學院教授18年。1970年投身地方政壇，1986年當選紐瓦克市長。目前是他第四任市長任內，和妻子、三個兒子住在紐瓦克南區。

人在窮困的時候，需要有一種信念，或者說是夢想。對我們那條街的玩伴來說，打棒球是我們的信念。我們都夢想長大後成為棒球聯盟的球員，我們脫離貧民窟的關鍵不是當電影明星或足球球員。棒球是我們的遊戲，我們起床後到街上就可以開始玩，這不是籃球或足球所能企及的。

我去魯波體育館看黑人聯盟棒球賽，看到黑人棒球史上最好的球隊，例如紐瓦克熊隊和鷹隊，以及最好的球員，例如蒙特・艾文和沙奇・沛基。我覺得，如果能夠加入高中棒球隊，也許有朝一日可以加入黑人聯盟，我的人生可能從此改觀。然而，在1947年之前，只有白人才能加入大聯盟，對於和我一樣的黑人小孩來說，就算球技再好，也不敢奢望能獲得和白人球員一樣的肯定。我是黑人小孩，沒有和白人小孩同等的機會，為此我感到沮喪。

直到賈奇・羅賓森加入布魯克林道奇隊的消息傳到黑人社區，我還記得，大夥兒坐在一塊兒玩牌，一邊說：「你聽說了嗎？布蘭奇・里奇（布魯克林道奇隊總經理）要找賈奇進大聯盟。」不論走到哪裡，都有人拿著報紙熱烈討論，此事成了黑人社區的盛事，因為它帶給貧民窟希望和鼓舞。傑克打破了膚色藩籬，打入了白人的棒球世界，凡事都變得有可能。有人會說：「這個有色人種成功了！」突然間，每個人都編出故事來說明他們和賈奇是親戚。

不過，在我們社區，無論黑人或白人，都視賈奇・羅賓森為英雄。他是我們的偶像，大家都說自己跑壘像賈奇一樣快，接球像賈奇一樣準，連白人小孩都這麼說。我們常去虎伯太太家看賈奇的球賽，因為她家有台彩色電視。你知道當時的彩色電視長甚麼樣嗎？其實只不過是一台黑白電視，再將螢幕上放一張彩色透明紙罷了。賈奇真是一位偉大的運動員，他的球技和活力改寫了棒球史，他是第一位攻、守俱佳的球員，他精彩的盜壘和製造得分機會的本領，至今無人出其右。

賈奇的成功鼓舞了我的自尊心，朋友們開始對我的球技另眼相看，他們注意到我可以佔一席之地，在此之前，我只是可以讓他們接受的黑人。在有色人種打入白人棒球聯盟之後，他們開始注意到，在他們的社區裡也有一名棒球好手，可能是另一個賈奇。他們鼓勵我，因此，我比以前更勤加練球，打棒球成為我每天的功課。他們在我的高中畢業紀念冊上留言，祝福我的棒球生涯鴻圖大展，他們相信，我將是下一個賈奇。

基瓦尼斯國際公司於1947年發行一系列標榜「美國生活方式」的海報。

催眠曲，道晚安，湛藍眼睛閉起來，
光明天使接近了，快快睡，別害怕，
他們護你不受傷，在甜蜜的夢土裡。

節錄自1940年代末期最受喜愛的催眠曲，係以布拉姆斯所譜的曲填詞而成。

但是，美國自滿的形象很快便在現實當頭消褪。因為這場戰爭如果像許多人所認為的是齣道德劇，而同盟國代表正義的一方（自從納粹集中營被公開，以及猶太人境遇廣為世人所知後，這個觀點似乎更進一步得到確認），那麼同盟國中受創最輕的美國，現在更責無旁貸。美國在戰後無異是全世界的希望，這項重責大任尤甚於擁有原子彈所應負的責任。尤其當和平所遭遇的挑戰是來自於新的敵人——而這個敵國在數月前還是擊敗納粹的重要夥伴，或可能是最重要的夥伴——一段長期國際緊張局勢，東方與西方的對峙，於焉開始。

美國人回想過去那些日子，毋須收聽來自倫敦或柏林的廣播，毋須徵召全國子弟飛赴世界各地，也毋須擔心原子彈恐將落在堪薩斯州玉米田的日子後，美國人希望美國保持孤立，歐陸問題由歐洲人自己去解決。但事與願違，且無可避免。美國必須重建遭戰爭蹂躪的世界，並且捍衛文明不受另一個極權威脅，這股極權威脅的興起可能是受意識型態優越感驅使，欲摧毀西方資本主義。如果說西方世界對蘇聯懷有難以去除的恐懼感，那麼蘇聯人也對西方國家懷有同樣的恐懼。然而，自從「冷戰」開始，百姓在自家後院建原子彈防空洞，對鄰居老是投以懷疑的眼光，人們便不得不承認，國際事務攸關自身利益。

1945年日本投降，時年38歲的威廉．李維正在美國海軍駐太平洋的部隊服役。李維原是一名建築承包商，承攬過美國政府的工程，在維吉尼亞州諾弗克建造了2,000棟房子，作為國防工業員工的宿舍。李維發現這種工程對他的品味（和企圖心）來講都不夠看。他研究出建築房屋的步驟可以分成27個環節後，突發奇想，決定把建築工人分為27個小組，仿照福特汽車公司建造設備簡單且價格低廉汽車的模式來蓋房子。當然，造汽車和蓋房子最主要的差別在於，汽車可以在滑動的輸送帶上進行組裝，房子則是在固定場地上建造的。不過，李維想出了個妙計——在一大片場地上蓋連棟的房子，把工人分批輪流載送到各個工地，第一天先送打地基的工人到工地打好地基，第二天再送下一批工人去做水泥模板。

「你是幸運兒，退伍軍人先生」，這是1949年李維鎮的廣告詞。威廉．李維蓋的房子大受歡迎，他曾在一日之內，賣出1,400棟房子。

李維一點也不擔心房子賣不出去。他想擁有自己的房子，與他一起當過兵的海軍士兵人人都做著同樣的美夢。而且經過經濟大蕭條，營建業嚴重停滯不展，只要房價合理，1,300萬名美國退伍軍人返國後對房子的需求將非常可觀。李維和他的哥哥艾菲德在距離紐約市以東30哩的長島，買下1,200英畝的土地（這

李維鎮吸引了許多渴望享有天倫之樂的首次購屋者，他們絕大多數是35歲以下、已婚且有不到7歲的小孩。

筆交易是在他服役期間敲定的），然後由艾菲德作初步設計，他們便開始建造每幢面積750平方呎，式樣完全相同的住宅。這種房子呈長方形，有著山形屋頂，每幢有兩間臥房。參觀者都覺得這樣的設計和尺寸「小巧可愛」。在大蕭條期間，建商每年只蓋兩棟房子就感到心滿意足了，到了1948年，李維一天建造30間房子。

第一期的「李維鎮」(Levittown)，包括17,000戶房子，每戶售價僅7,990美元，幾乎一完工便賣出去，蓋一幢賣一幢。全國其他業者爭相效尤，營建業因應住房短缺的情況，就像其他工業在戰時因應船艦、坦克和槍砲的需求一樣成果斐然。新式住宅大幅改變了美國的生活方式。在戰

「華盛頓廣場內的遊樂場上多年來響著的是孩子們發出的機槍聲和高速砲火聲。上周六早晨，我們看到一名七、八歲的「軍人」登上翹翹板，把七、八名同僚召喚到他身邊，向他們解釋情勢已經改觀：「瞧，我是原子彈，我只要『迸』一下，就像這樣……」

《紐約客》雜誌報導廣島被原子彈轟炸後，在華盛頓廣場玩耍的孩童所說的話。

美國企業不會錯失拿原子彈賺錢的良機。在40年代末期，有將近75萬名孩童郵寄15美分和麥片盒子截角，兌換「原子彈戒指」。

前，市郊一直是有錢人的地盤，現在李維和其他建商，爲數以百萬計的低收入階層達成擁有自宅的夢想。不過，人口遷移也有其代價：李維鎮和其他中產階級郊區只爲白人而建（李維拒絕賣屋給黑人），而且李維蓋的房子有嚴格的限定（甚至種樹也須整齊劃一，每株間隔爲28呎），對於居家有許多規定。例如，清洗的衣物只能在周一至周五晾曬，草坪要定期整理（均在房契中載明），而且禁止設圍籬。社會評論家路易斯・蒙福即批判說，李維鎮模式意圖消除個人特質，將使心靈遲鈍枯萎，人的外在和內在都受到同一個模子所拘束；更糟的是，這種新興郊區模式最後將影響到城市，一旦被中產階級所拒，全美最大的一些市郊將告式微，而難以復原。

李維鎮的設計是模仿軍中模式（甚至房子看起來像半圓錐型的營房），不過它滿足了人們嚮往回到戰前庭園生活的渴望，提供了一片綠草如茵的天堂，把戰爭的憂慮排除在外。人們看過的戰爭片已經夠多了，現在他們想要離開戲院，享受美好的生活——烤烤肉、組組少棒隊，聽法蘭克・辛納屈的歌。

不幸的是，本世紀第二場大戰火帶著特異的恐怖糾纏著他們。爭論點在於以原子彈結束戰爭的方式、原子科學的問世以及文明已避無可避地進入恐怖新紀元的事實。起初，大多數人認爲，在廣島投下原子彈是正當的（數日後在長崎投下第二枚原子彈），他們同意原子彈加速戰爭結束，也唯有如此才保住更多美國子弟兵的性命。大多數人和杜魯門總統以及國防工業界一樣，視原子彈爲現代武器科技合理的進展。有人甚至對原子時代的來臨感到興奮（在廣島事件後，華府記者俱樂部的吧台推出「原子雞尾酒」，密爾斯麥片公司打出只要剪下盒子截角即可兌換「原子戒指」的廣告；珠寶商以原子彈爆炸形成的蕈狀雲爲造形，推出「原子耳環」）。然而，這類笑話掩飾了在整個文化蔓延開來的極度焦慮。在原子彈終結戰爭數月後，它也引起了另類的哲學思辯，從而激起深沈的罪惡感和恐慌。

1946年8月31日出刊的《紐約客》，全本只有一篇約翰・賀西撰寫的三萬字鴻文，題名爲〈廣島〉，文中作者描述六個生還者在原子彈轟炸前、轟炸中、轟炸後的生活，這六人中有一人是年輕秘書，有一個是裁縫師的妻子，還有一位德國籍耶穌會傳教士、兩個醫生（一老、一少）和一位日籍的衛理公會牧師。賀西這篇報導的威力（並非戲劇式寫法，而是平舖直敘），把人們引入無法想像的悲劇，所得到的反響猶如排山倒海，一時洛陽紙貴，當期雜誌搶購一空。單行本推出後立即成爲最暢銷書籍，艾伯特・愛因斯坦自己買了一千本分送給友人。數百萬名聽眾把收音機調到美國廣播公司（ABC）的廣播網頻道，收聽全文誦讀的廣播。賀西的文章中對原子彈的恐怖有巨細靡遺的描述（「他們的臉部全被灼燒，眼窩空洞，熔化的眼睛中流出的液體沾滿了整個臉頰」)，使得人們再也不可能跟以往一樣只把原子彈當成另一種武器。廣島事件把人類的過去和未來從中間狠狠一切，宛如人類的歷史結束一章，另啓新頁。

美國現在大可放心了，只有美國擁有這項可怕的科學秘密，然而，這門知識終將傳開來，屆時國家之間很有可能進行原子彈大戰，這只是時間早晚的問題（五年後？或十年後？）。在分享和平用途的原子研究之餘，後續將如何眞令人不敢想像。想一想第三次世界大戰爆發的可能性（鑑於世界在25年間發生兩次大戰，可能再發生大戰的假設是滿合理的），以及原子武器的破壞威力，世人將首度面臨人類滅絕的危機。他們了解，下次世界大戰的確有可能如威爾遜總統所期望於第一次世界大戰者，是「場終結所有戰爭的戰爭」，不過它也很可能會終結人類本身。

如果最終的悲劇即將來臨（許多人也相信它會來臨），那麼很少美國人會不明白是哪個國家將視美國爲主要敵人。往昔爲了一同擊敗希特勒這個勁敵，美國和蘇聯把歧見降到最低。的確，從易北河大會師的照片觀之，美國士兵和蘇聯士兵互相祝賀，一邊來自東方，一邊來自西方，形成戰爭即將落幕之際一幅最鮮明的勝利景象。然而，一旦勝利的光環褪去（其實褪得很快，因爲俄國士兵以「解放者」的角色，在戰敗的德國横行蹂躪），東西雙方的溝通反倒變成國際相互猜忌的戲碼。

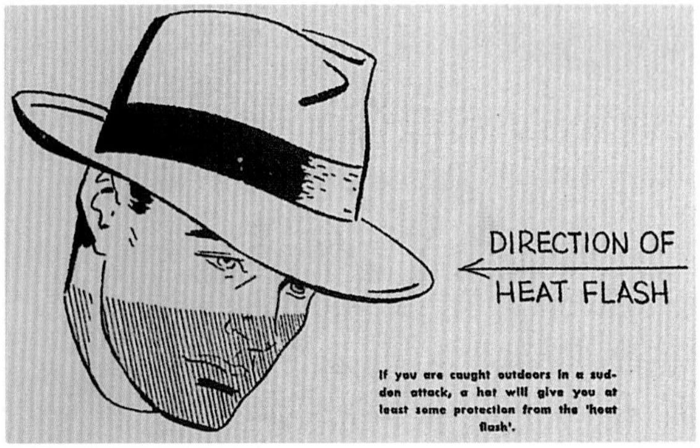
DIRECTION OF
HEAT FLASH
If you are caught outdoors in a sudden attack, a hat will give you at least some protection from the 'heat flash'.

當年的美國政府雖然已經逐漸了解到原子彈史無前例的威力，然而對民衆宣導如何防範原子彈空襲時，仍然因認知不足而貽笑大方。一張民防海報上建議民衆「就近跳入壕溝或坑洞裡……臥倒，雙手抱肘，並以雙肘內側遮住眼睛」。政府贊助印行之《原子彈求生手冊》建議，民衆可以戴寬邊帽子以遮蔽「熱光」(上圖)。

站在美國這一邊來看，情況是很清楚的：蘇聯在使壞作惡，意圖把無神論的意識型態散播到全世界，尤其是凋敝的歐洲、土耳其和蘊藏豐富石油的伊朗。從莫斯科方面來看，美國是新的帝國主義者，硬是不肯把戰利品給俄國；俄國人民爲這場戰爭付出了慘重的代價，美國卻阻撓俄國爭取西疆的緩衝區以防他國再度來犯，更何況這條西邊疆界曾經灑下許多俄國人的鮮血。

近代史中對雙方的情況均有詳述。正如美國不願批准一次大戰結束後的巴黎和約一樣，美國對於二次大戰的戰後處理極爲不滿，列強仍然如同在牌桌上分牌那般瓜分戰利品。美國談判代表呼籲以民主原則重建破敗的歐洲國家，但是俄國堅決不讓出紅軍所佔之地，還不斷擴大俄軍地盤。許多美國人指責本國談判代表1945年簽定雅爾達密約，才會造成當下的困境。當時爲了爭取蘇聯奧援，以結束太平洋戰事，對蘇聯做了太多讓步，而今得付出代價。美國領袖唯恐另一次慕尼黑協定式的姑息會釀成另一場希特勒式的歐洲戰爭，因而決定必須當下制止史達林，也了解此時美國人民無意再打仗，故希望以原子彈的威脅作爲籌碼。

另一方面，俄國則覺得他們爲了戰爭耗盡了人力和工業，已淪爲殘破的國家，卻得面對一個充滿敵意的世界。他們對美國拒絕在二次大戰初期

在史達林緊控東歐的同時，一位英國外交官宣稱：「我們與俄國的關係…… 將淪為和我們與希特勒的關係同樣情況。」圖為蘇聯部隊於1952年5 月1日勞動節的傳統慶典上，在紅場舉行分列式的軍容。

「狼來的時候，即使牧羊人自己並不愛吃羊排，也必須保護他的羊群。」

溫斯頓．邱吉爾為美國加入歐洲戰場所作的辯護

開闢第二戰線，非常不以爲然（史達林曾提議於1942年某日發動攻擊，以減輕俄軍負擔，但羅斯福認爲爲時過早，他這個判斷是正確的）。而且，蘇聯對於美國不願讓其分享原子彈的秘密，甚至也不透露美國將使用原子彈而深爲不滿（雖然史達林知道美國已擁有原子彈，還派了俄諜在「曼哈頓計畫」臥底）。此外，俄國人也擔心德國的未來。如果德國是由和蘇聯不睦的國家協助重建，蘇聯恐將遭逢本世紀的第三次普魯士民族入侵？因此，蘇聯認爲戰後那幾年是爲其被包圍的領土建立起固若金湯的外圍的歷史良機，如同在城堡之外有護城河保護著一般。

美蘇雙方各自懷抱著崇高的價值，這個世界彷彿瀕臨另一場自殺式的聖戰。1946年2月，史達林宣稱，導致第二次大戰爆發的罪魁禍首是比希特勒爲禍更烈的「獨占式資本主義」，應該由共產主義取代之。對於這番形同宣戰的演說，連主張對蘇聯採取安撫懷柔政策的美國自由派人士都大爲震驚。繼而在1946年3月5日，溫斯頓．邱吉爾在美國總統杜魯門陪同下，登上密蘇里州富爾頓市的西敏斯特學院的講壇，發表可能是戰爭結束以來最重要的一篇演講。邱吉爾左手握著衣領，抑揚頓挫的說，「鐵幕」已經籠罩著歐洲（「從波羅的海的斯德丁以迄亞得里亞海的得里雅斯

在維也納佔領區的間諜活動：
「我們獲得資訊……全靠破解密碼、竊聽電話，當然還有秘密幹員。」

一次大戰期間，我在中央情報局（CIA）的前身戰略情報局（OSS）工作，有些情報人員把這行當成生意在做，尤其是間諜更像傭兵一樣。可是，我相信自己的工作和西方民主政治，我在道德上堅決反對希特勒，我也認爲蘇聯打從一開始就沒安好心眼。蘇聯戰後並未解除武裝，也不打算放棄戰時所佔領的土地。一時之間，情報工作和德國都無關了，轉而專注於昔日盟友蘇聯身上，戰爭顯然尚未結束。

1947年CIA成立，我和其他OSS工作人員一起歸建。成立中央情報局是受珍珠港事變的影響。在珍珠港受襲後不久，政府和軍方都體認到，他們早就掌握足夠預測日本將發動突擊的資料了。由於政府組織沒有一個統籌、彙整、和分析情報的單位，於是成立CIA，以避免發生另一次珍珠港事變，再加上原子武器日益普及，這種防範措施就更形重要了。

1951年，我派駐維也納，主管CIA於奧地利的一切活動，負責諜報與反諜報活動。維也納當時是情報活動的溫床，維也納位於布拉格東方，奧地利位居進入東歐要道。奧地利當時被劃分爲法、英、美、蘇四區，維也納深入蘇聯佔領區內，本身又被分成五區，除了四個佔領國各佔一區外，其中一區名爲「內街」爲國際區，維也納市區內沒有圍牆，只要進入維也納，就可以暢行無阻。

名義上，我是大使館一等秘書，表面上過著非常普通的生活，實際上在監測蘇聯在奧地利、蘇聯本國，以及蘇聯駐匈牙利部隊總部的活動。蘇聯在東歐衛星國有龐大的軍事利益。我們可以從多項管道獲得資訊，包括破解密碼及暗號，監測開放的電台廣播，竊聽電話線，跟蹤外交官，當然也靠秘密幹員。有時候很幸運，消息從天而降。

有一天，我接到同事太太電話，不過，她先生不在辦公室，她則壓低聲音告訴我說，她從後窗看到有四個看起來像俄國人的傢伙在她家後面的樹林裡埋置炸彈，然後穿入林間離去。我本來以爲她是緊張過度，不過，還是派人過去瞧一瞧，結果挖出蘇聯幹員用的無線電，我們把它送回華盛頓。原來那是個俄國新型無線電，我們過去從未見過。我猜想，這些俄國人可能是清早想買伏特加當早餐，結果在林子裡迷了路。我本來建議總部用「哈麗葉」，也就是發現這個無線電的同事太太的芳名，做爲這款新型無線電的代碼，關於這一點，上級一直沒有給我回音。

我們竭盡可能密切注意在維也納的蘇聯情報人員。我們最大突破的是有一次，在一位美國外交官座車上，發現一只彌封的信封。這位外交官和妻子、幼子到市區逛街，坐在後座的小男孩回程想要坐前座，便和母親換座位，結果這位外交官發現一封給美國駐維也納大使館官員的信。

胡德1945年在戰略情報處任職期間留影。

——威廉·胡德1920年生於緬因州，1941年入伍，在軍事情報處服役，然後調至戰略情報處任職。戰後他在中情局工作，1975年退休。胡德現為作家，住在緬因州和紐約兩地。他的著作包括非小說類《雙面間諜》和三本小說《間諜之泣》、《星期三間諜》和《周日間諜》。

如果小男孩一直坐後座，這封信可能擺在那兒一兩個星期也不會被人發現。

這封信立刻交到我們手中，雖然信起頭以很差勁的德文書寫，其餘部分則是非常流暢的俄文。寄信人指定於某晚、某時，在「內街」某地碰面，我認爲地點很安全，因此派了一名操俄語的幹員前去接頭，並在附近部署兩部追擊車，以防中圈套。果不其然，那裡果然有個穿便服的俄國人在等著我們。

這名俄國人叫彼德·普波夫，是格勒烏（GRU，蘇聯軍方總參謀部情報總局，與KGB爲平行單位）少校，他想賣情報給我們。這眞是一大突破，中情局從未吸收過俄國情報人員。普波夫和我們接頭有兩點理由，第一項理由是因爲他挪用公款到維也納夜總會玩樂，急於籌錢補空，不然他就得吃不完兜著走了。第二項理由則基於意識型態動機，普波夫厭惡史達林。普波夫出身俄羅斯最窮困地區的貧農家庭，當他初抵維也納時，簡直不敢相信眼前所見。西方國家的農家，即便在被佔領的奧地利，都比俄國農家好得多，這和他過去被灌輸的完全相反。史達林一再保證，要讓俄國農家生活更好，不過，普波夫發現，沒有一項承諾兌現過。

接下來的八年，普波夫先後在奧地利和柏林，從內部提供我們有關俄軍實力的有力觀點，以及有關俄國間諜在美國活動的資訊。五角大廈官員曾告訴我們說，普波夫提供的情報讓他們省下五億美元。但是，普波夫最後不小心洩了底，蘇聯將他逮捕、拷問、最後處決。在我和普波夫接洽的那些年間，儘管我從未和他打過照面，但我覺得和他很熟，他死於非命令我很難過。普波夫是個英雄，也是個非常、非常勇敢的人，他隨時都可以向美國輸誠，但他說，他不會離開俄國。那裡是他的家，而且，他不想被史達林那幫人趕出去，他說：「我生爲俄羅斯人，死爲俄羅斯鬼，永遠都屬於俄羅斯。」

特」)，這道藩籬唯有靠英美聯盟之力才能除去。邱吉爾進一步宣稱，上帝賦予美國肩負原子彈的重任。史達林則駁斥這項聲明說，英美兩國所抱持的種族主義和希特勒無異。

史達林進一步強化俄國對東歐的控制，將異議分子驅逐出境，或施以恐嚇，或以公然收買等手段，意圖在波蘭、匈牙利、保加利亞、羅馬尼亞、東德和捷克建立完全效忠蘇聯的「人民民主」政權。當時捷克溫和派的外長馬沙伊克，寧死也不願意當蘇聯佞臣，遂跳樓自殺（或被共黨職業殺手推下樓？）尤爲悲慘，此外，蘇聯征服了波蘭，納之爲附庸國，創傷更劇。爲了維護波蘭，西方國家曾有一度準備不惜一戰。

喬治・肯楠
1904—

蘇聯的耀武揚威遮蔽了美國人的視野，美國人努力要弄清楚此一威脅的本質爲何。俄國共產主義是否爲一股單獨的國際勢力，美國必須在全球各地加以抵抗？它是否像希特勒的法西斯主義一般惡毒，意圖摧毀美國所珍視的一切？或者，史達林其實就像另一個沙皇，只是名字不同，他只想抵抗覬覦其領土的入侵者，而對無關國土安全的西方地區無意染指？戰後歐洲版圖該如何劃分，才能達成同盟國奮戰的目標，同時也滿足俄國對國家安全的需求？如果無法做到，又有何堂皇理由，足以讓美國再度投入戰爭，以捍衛美國的利益？或者，更糟的情況——再使用原子彈？

美國知識分子則大抵從兩種角度提出質疑。美國駐莫斯科大使館的外交官喬治・肯楠認爲蘇聯正沈溺在意識型態的魔力中，和獻身宗教信仰的狂熱無異，他們不僅把意識型態當成信仰一般尊之奉之，更不計一切代價加以捍衛。肯楠認爲，蘇聯無法和美國達成協議，因爲他們認爲西方資本主義的民主政治和他們的世界觀大相逕庭。但另一方面，蘇聯也不可能輕舉妄動，簡言之，可以將蘇聯限制在現有的勢力範圍內，他們一有新的侵略舉動即予遏阻，以「圍堵」其擴張野心。

華特・李普曼
1889—1974年

專欄作家華特・李普曼的看法則不同。他認爲，肯楠的想法是一種「戰略怪物」，如果美國採取「圍堵」理論，很快就會發現美國必須在全球各地疲於奔命防堵共產主義的顛覆活動，並扶植腐敗的非共產主義政權，而濫用國家軍事資源，最後將使美國淪爲蘇聯指稱的帝國主義入侵者。對李普曼而言，蘇聯並非國際共產主義陰謀的頭頭，而是驚恐不安的民族主義者（史達林只不過是現代版的沙皇「恐怖伊凡」)，懷有敵意主要是爲了自衛。李普曼建議，不要「圍堵」俄國，美國應該建議美俄一起自歐洲撤軍並解除德國武裝，藉此消除他們的恐懼。

後來，事實證明李普曼確有先見之明（美國的越南經驗足以證明）；肯楠本人後來則堅稱，杜魯門政府把他的論點詮釋爲他主張進行全球軍事防禦，曲解了他的說法（他說他贊成溫和的圍堵，主要是針對西歐和日

本）。不過，同盟國軍隊在全球進行軍事抵禦的確是當時的主流理論，故圍堵成爲美國接下來40年的外交政策。國務院根據肯楠最初自莫斯科大使館拍發的「長電報」，建立所謂的「杜魯門主義」，作爲美國支持「自由民族」抵抗「武裝的少數民族或外來勢力」顛覆活動的依據。短短幾個月內，美國通過「國家安全法」，成立中央情報局，並接替英國對希臘施以援助，以打擊共產主義。

幾乎同時，史達林也對西方國家展開新的宣傳攻勢。這位蘇聯領導人唯恐民主思想可能污染蘇聯人民，已把數以千計戰時曾在自由社會待過的人關到古拉格勞改營（包括曾是納粹戰俘，見過希特勒統治下「較自由」世界的人）。現在他開始對歷史學者、音樂家、經濟學家、詩人和作家施壓，要他們拒絕西方的墮落，致力於建立蘇聯至上的神話。

在新蘇聯的批判砲口下，一切都重新評價。凡是能弘揚俄羅斯的都是好的，凡外國的都是不好的。當局查禁了一些當代西方作家的作品，蘇聯的某些同類作品亦遭到相同命運。在蘇聯境外頗受景仰的作曲家普羅高菲夫和蕭士塔科維奇，所作的曲子被譴責爲「資產階級」音樂，說是對工人而言太深奧。嘔心瀝血撰成《齊瓦哥醫生》的作家巴斯特納克眼看著當局把身懷六甲的妻子押送勞改營，以懲罰他的作品對革命有不敬之言(其妻因驚嚇過度而流產)。一切都不惜再作檢討，甚至連列寧格勒守城戰役中俄人英勇抵抗、國人一直引以爲傲的事蹟都不准再提，「列寧格勒保衛戰」博物館也被關閉，疑心病重的史達林似乎認爲列寧格勒市太過獨立了。

如果說戰後的世界有一股共同的感受，打破了語言和意識型態的藩籬，把富裕的美國人、赤貧的蘇俄人，以及困苦的歐洲人聯繫在一起，那必定是恐懼感了。俄國人不僅害怕他們的統治者，也對統治者所灌輸的外來侵略者的可怖形象感到恐懼。美國人也飽受驚嚇，他們深信野蠻的蘇聯部隊簡直是魔鬼的化身。夾在美蘇之間的歐洲人則嚇得渾身顫慄。

雖然如何處置歐洲未來的事宜，已被提到大會議桌上熱烈討論，兩大敵對陣營的密使也爲此一問題全力應對，但歐洲人依然處於戰爭創傷的恐懼中。第二次世界大戰把第一次大戰後倖免於難者摧毀殆盡，類似1916年凡爾登戰役的悲劇又一次在歐陸全境重演。歐洲城市陷入混亂，橋樑斷裂、道路毀壞、經濟衰敝。整個歐陸已非那曾激發人類最優質創意的泉源，而淪爲最乖張荒謬的明證。夢魘方起，曙光尚遠。

歐洲成爲美、俄兩國爭執的場地，兩國都深信飽受戰禍荼毒的歐洲現在一窮二白，原有的政治傳統又已傾圮，正是共產主義者進行顛覆活動的空前良機。貧窮確實在蔓延，歐洲的農產品的產量遠比戰前爲少，工業生產更少得可憐。許多工廠已在戰時被毀，即使逃過一劫，也已過度使用，

儘管美國緊急運補糧食，1億2,500萬歐洲人仍然吃不飽。圖為1948年一批希臘兒童一面等候奶粉配給，一面唱歌。

曾經是納粹權力中心的柏林，戰後竟成一片廢墟，面黃肌瘦的柏林人在同盟國佔領區聯軍棄置的垃圾堆當中，翻尋殘羹剩飯、菸屁股，及其他可以和人交換的東西。

亟待修復。歐洲領導人一方面呼籲民眾奉獻心力齊心重建家園，另一方面則須從美國輸入最重要的基本物資，所以根本沒有多少現金得以償付外債。

1946年至47年那個冬季，是本世紀最難熬的冬天，猶如喪鐘響起。由於天候酷寒、燃料短缺，歐陸許多飽經戰火洗禮的工廠亦被迫關閉，火車軌道積雪盈尺，根本無法通車。既不能生產也無法運送物資，人力閒置，失業率攀升到經濟大蕭條時期那麼高。配給原本就已緊縮，又進一步減少，苦難似乎看不到盡頭。美國已經提供數十億美元的援助，但歐洲飢餓的孩童仍哭喊索食，他們越是哭喊，似乎越可能發生革命。共黨分子在法國、義大利、比利時和希臘的勢力已經壯大，離莫斯科介入幫助他們推翻當地政權的時間，還會有多久？

1947年6月5日，喬治・馬歇爾將軍出席哈佛大學畢業典禮，在「紀念教堂」發表演講。曾爲二次大戰美軍參謀首長的馬歇爾聲望如日中天。他被任命爲國務卿之後，選在一個周日的下午於劍橋市發表他宏大的計畫，後來這項計畫使他的名字成爲美國的善行的同義詞。馬歇爾宣佈，美國將在接下來四年內斥資數十億美元重建歐洲。美國將直接提供燃料和食物以及其他必要物資，以協助歐洲人民度過此一歷來最迫切的危機。不過，總額達130億美元的馬歇爾計畫的大部分，將用來重整歐洲工業，使之恢復競爭力。

馬歇爾說，他提出這項援助計畫，「並非要對抗任何國家或主義，而是要對抗飢餓、貧窮、絕望和混亂」，任何國家只要願意接受此計畫之條件，都會受到援助（西班牙的法西斯政權例外），最重要的是，援助金的提供並非是透過一張空白支票，而是透過各方所同意的共同計畫來進行援助。根據他的構想，即使蘇聯也可以參與（馬歇爾國務卿所定義的歐洲爲烏拉山以西所有地區），不過，馬歇爾及其顧問盤算此一計畫，部分是爲了將蘇聯解除武裝。

馬歇爾深知，以前在太平時期，美國從未對外國作過如此重大的承諾，所以他從哈佛大學的榆林綠道爲起點，開始向美國民眾宣導他的理念。正式名稱爲「歐洲復興計畫」的「馬歇爾計畫」，代表著美國思維的大轉變，爲了使之運作，必須說服美國人民拋棄孤立主義的傳統。在眾議院辯論此項計畫的同時，馬歇爾多方拜訪各商會和婦女團體，與種棉花、菸草的農民和報紙編輯人員溝通。馬歇爾不只要因應民眾對美國涉入歐洲爛攤子的質疑，也必須顧及美國人謹慎節省的金錢觀。美國已經爲歐洲付出太多了——兩次大戰已經犧牲數十萬美國年輕人的性命，戰後賑濟又花了數十億美元——爲何現在還要再付出呢？

馬歇爾面對這項質問一直難以回應，直到馬里蘭州貝西達第232隊幼

在一片破敗的德國撐下去：
「如果妳要寶寶活命，妳就去偷。」

當我第一次看到戰後眾人在街上歡舞的照片時，我大感驚訝，心想：「他們怎麼還有心情跳舞呢？」不過，那張照片是在另一塊大陸上拍的。在德國，我們可沒這麼好過。第一，如果沒有電力及廣播，又從何得知戰爭已經結束了呢？我是這麼知道的。有一天早上醒來，感覺很奇怪，原來我睡了一整夜──半夜居然沒有被空襲或炸彈爆炸聲吵醒。我這才恍然大悟，戰爭結束了，感覺如釋重負，殺戮總算停止了，可是，另一項憂慮馬上爬上心頭：我可是個身無長物的難民呀。

我位於波羅的海岸邊的家鄉──但澤幾乎全毀。我們聽說，俄軍入侵波蘭和東普魯士後，殺人放火、強暴婦女，連八歲的小女孩都不放過。我猜想，這就是他們的思維模式──女人只是戰利品的一部分。我先生是海軍工兵，當時在船上服役，家裡只有我和寶寶，如果留下來，後果將不堪設想。於是，1945年1月，我帶著寶寶逃往西方。在冬天逃難極不容易，況且俄軍佔據了許多道路，儘管通行不易，許多人仍然步行走到西方，尋求庇護，甚至沿路上融一些冰雪餵小孩，年紀太小的寶寶往往捱不住，死於道中。若要活著逃出去，只有搭船一途。所以我們和另外200萬名婦孺在但澤港口等船，我父母得留下來，因為他們當時已經62歲了，恐怕撐不過逃生的路程。

我和幾百名婦孺搭上一艘小渡輪，但是，兩三天後仍無動靜，船隻仍未駛離港口。我不想等了，便帶著寶寶下船，遇到一名和我先生穿相同海軍工兵制服的年輕水手，我就跑上前去說：「我是依娃·克魯汀，請問您認識我先生嗎？」他果然知道我先生，當時正巧有一艘小汽船來接他，我向水兵大喊：「帶我和寶寶一起走。」他們以為我是那名水手的眷屬，所以就讓我上船。我沒有通行證，衛兵來檢查的時候，每人都拿出他們的通行證，而我就假裝絆倒受傷喊痛。我就這樣混上了這條大船，載客量為1,600人，卻擠了6,000人在船上。

我在船靠岸的第一站，德國的波羅的海港口都市基爾港下船，這裡是石勒蘇益格─荷爾斯泰因省區，距離漢堡不遠，除了寶寶以外，我什麼東西也沒帶，所幸這裡還歸納粹管，我可以拜託人家讓我借宿。因為很多建築物被炸毀，民眾只能將就擠在一室，兩間臥房的房子擠進五、六戶人家。我們最大問題還是沒有東西吃，幸好，我逃出來的時候在身上套了三件洋裝、三組內衣褲，所以看起來很臃腫，可是，我還能拿點兒東西去換食物吃。雖然也只撐了一下子而已。

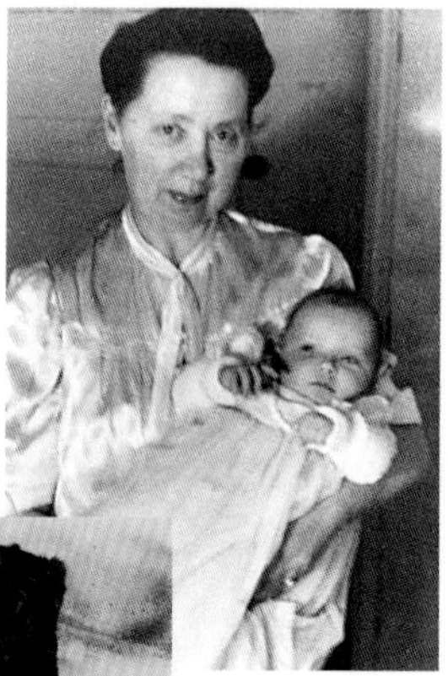

右圖：依娃母親愛瑪·連諾特攝於1944年，懷中抱著依娃的第一個孩子里羅。

左圖：依娃·克魯汀攝於1942年。

──依娃·克魯汀生於1921年，於1951年偕同夫婿與孩子移民到智利。依娃一家人曾經重回格旦斯克與基爾，並曾招待幾位來自格旦斯克的學生，其中有一名學生，亞歷山大·科瓦斯紐斯基，後來還當選了波蘭總統。

饑餓是最嚴重的問題，因為你擺脫不了饑餓。我的寶寶生病好長一段時間，醫生說：「這是營養不良，妳得給寶寶補充蛋白質。」我說：「你可以跟我說究竟要上哪兒去弄蛋白質，我就去弄來餵我小孩。」醫生說：「去偷啊！如果妳要寶寶活命，妳就去偷。」我到黑市去以物易物，一名婦人給我10粒雞蛋，交換我的小羊皮手套和披肩。

我們也得用偷的，有一次我在德國空軍基地的倉庫偷了一大堆襯衫，換了一大袋馬鈴薯。當時我非常得意，心想可以活下去了，不過，一名警察把我攔下，把東西沒收。我們一直處於飢餓狀態，漸漸也就習慣了，可是，當你的小孩對你說：「媽，我肚子餓──」時，心裡難受極了，但是，真的沒有東西吃，連麵包屑也沒有。

我先生在戰後很快找到我和女兒，不過，我們一直找不到父母的下落，所以最初六個月我們只能等候他們的音訊。直到有一天，我遇到一名來自但澤的鄉親，他告訴我有關父母的事。在我離開但澤後不久，俄軍進入家鄉。我母親和鄰居躲在地下室，一名藥劑師到地下室告訴所有婦女說，如果撐不了、不想活下去，可以吞氰酸鉀，一下子就會過去，而且不會覺得痛苦。我母親和其他婦女都被俄軍輪暴，可是只有我母親吞下氰酸鉀，便立即死去。其他人沒有為她立墳，也沒有葬禮。

後來俄國把但澤交還波蘭，然後改名為格旦斯克，波蘭人卻要每個德國人都離開波蘭。所有的德國人都被趕上一列載運牲畜的火車，展開為期五天返回柏林，沒有食物也沒有飲水的旅程。強盜還闖入車廂打劫這些「放逐者」微薄的衣物，我父親全身衣物幾乎都被剝光，只剩一條內褲。我父親因而病倒送醫，他自己到醫院就醫，因為傷寒過世。幾個月後，醫生告訴我，父親生前在內褲裡藏了一筆錢，說要留給他的女兒和家人重建新生活。

那段尋找父母下落的日子是我最難熬的，他們命不該絕，卻死於非命，我一想起他們的遭遇就極不忍。德國人遭到非常、非常嚴厲的懲罰，真正的罪人卻很少受罰，但我們都無能為力。事實就是如此。

童軍的七名小童軍到他華府辦公室拜訪，他才找到最佳答案。這群穿著乾淨、筆挺幼童軍服的小朋友，向他提出「小型馬歇爾計畫」的構想。九歲大的小隊長指出，他們將自行籌款，捐贈給大西洋對岸受苦的同齡小朋友。這名幼童軍說：「國務卿先生，我們願意盡最大努力幫助歐洲的小朋友。」深受感動的馬歇爾知道這是他推動計畫的絕佳機會。這位將軍在秘書振筆記錄他的談話和攝影記者在旁拍照下，向這群幼童軍致敬，讚揚他們所表現的寬大慷慨是時代精神的象徵。馬歇爾說，他小時候小孩子沒有這麼懂事，只從學校課本學到一些外界事物，他是在大學念到一半時，才對這個世界有較多的認識。現在，受到交流更廣泛和兩次大戰的影響，世界改變了，美國對世界的責任也應該隨之改變。

喬治·馬歇爾
1880—1959年

馬歇爾計畫自1948年6月開始運作，一股由活力幹勁和承諾形成的旋風，就像「新政」時代力量的重現，只不過從華府易地為巴黎，傾力挽救歐洲大陸。美國的經濟學家、銀行家、企業界和外交官，紛紛湧入為推動這項計畫而設的臨時辦公室（這些設施甚至還包括一家小吃店，供應熱狗和漢堡給數千名不願嘗試法國食物的美國工作人員）。馬歇爾計畫已經從理論化為行動，從主義化為實務。

幾個月下來，歐洲呈現復甦跡象，人們營養不良的情況已見緩和，工廠也重新開工，新運來的燃料確保民眾有暖氣可用。在計畫全面推動時期，每天有150艘船隻載貨到歐洲，或在歐洲的港口卸貨。1950年2月，記者泰迪·懷特在法國海岸觀察發現，一艘三周前從巴爾的摩出港的美國船隻戈倫麥司克號，於橫越大西洋後進入英倫海峽，即將抵達魯昂以卸下馬歇爾計畫提供的曳引機、化學品、合成樹脂、醋酸纖維素等物品。在60哩外下游，有一艘凱普瑞司號載著一般貨物剛入港；在南方500哩外的馬賽港，有一艘吉比斯萊克斯號載來3,500噸的硫磺。懷特寫道，在接下來三天內，還有十餘艘美國船隻將駛抵法國，帶來輪胎、硼砂、飛機組件、鑽探配備、農業機具、化學品、石油及棉花。單是運來的棉花即足以保住17,000名法國紡織工人的工作。

令人有些遺憾的是，美國有點認為自己是正義化身的傾向，投入救援行列的官員認為，重建歐洲使之從壞轉好、從生病轉為健康、從軟弱變成堅強，都應該由美國來主導。不過，由向來以充滿理想和渾身幹勁著稱的美國人所推動的馬歇爾計畫，其效果絕對是超強，而且無可否定的。正如「新政」挽救了美國的資本主義，馬歇爾計畫保住了歐洲的民主政治。

馬歇爾計畫運出的第一批貨物是糧食補給，接下來的補給包括原料和資本財貨，以重建歐洲經濟。美國國會要求馬歇爾計畫的每一批貨物均須標明捐助者。

蘇聯的確解除了武裝，他們拒絕接受馬歇爾計畫的援助，以免讓計畫主事者知道太多蘇聯內政事務（這對馬歇爾計畫反倒好，因爲如果蘇聯參與了，此項計畫可能就無法獲得美國國會通過）。蘇聯傳喚新成立的附庸國的領袖到莫斯科，並告誡他們馬歇爾計畫是「美國的特洛伊木馬」，意圖滲透歐洲，堅持要他們不得加入此項計畫。

就某些方面而言，蘇聯是對的。美國挹注大筆經費是寬宏大量的人道表現（邱吉爾說這是「歷史上最慷慨的行爲」），但是其動機也不是完全無私的。如果這項計畫成功，將對美國在冷戰中的處境帶來兩大顯著的利益：一是健全而不採行共產主義的歐洲，可以保住美國最大外銷市場；二是結合了美國與歐洲的經濟利益，使歐美政治和軍事同盟更爲融和自然。馬歇爾若能拯救歐洲，將有利於肯楠提出的「圍堵」共產主義的主張，歐陸亦可以更明顯區分爲效忠美國和效忠蘇聯兩大陣營。

泰迪．懷特指出，正如以前美國人覺得，只因爲奧國皇儲斐迪南大公遇害，美國子弟就必須賠上性命是非常荒謬的；歐洲人也覺得，只因為世界舞台上兩大新強權之間關係緊張，歐洲人就必須冒著被殲滅的風險，這是同樣荒謬的。然而，歐洲人的處境已沒有其他選擇，只能選擇向西方或東方靠攏，這個世界不再是他們的天下。

德國仍是歐洲最脆弱的地區，同盟國部隊在二次大戰結束前已同意把德國劃分成四個軍事佔領區，分別由英、美、法、蘇統治。雖然柏林在蘇聯統治轄區內，但因位居首都重要地位，故又被劃分為四區。德國及柏林就是在四強領袖對於如何解決德國問題爭議不休的情況下，受到如此難堪的安排。

在會議桌上， 蘇聯並不掩飾其覬覦德國的意圖，他們打算等英美兩國師老兵疲從德國撤軍後，去佔領德國，就像先前他們佔領波蘭、羅馬尼亞、匈牙利和捷克斯洛伐克一樣。重建後的德國與西方結盟是蘇聯最擔心的事。因此，為了削弱德國國力同時把德國高科技知識占為己有，史達林早已下令拆解東德地區無數工廠和兵工廠的設備，運回蘇俄本土重新組裝。馬歇爾計畫對歐洲所作的重大承諾日漸實現，加上西德經濟開始復甦（東德則和其他蘇聯控制地區一樣，都拒絕接受美援），史達林因之採取更激烈的立場。

冷戰攤牌的第一回合發生在柏林。當初對柏林分區佔領的安排過於草率，造成西方國家必須仰賴蘇聯開放對外通道，才能提供住在同盟國佔領區內的軍人和250萬德國人的補給。1948年6月，馬歇爾計畫生效之際，史達林即以必須緊急「修復」高速公路為由，逕自切斷西方進入柏林的通道。

美國對此採取審慎的回應。史達林判斷杜魯門不想為柏林冒開戰的風險，這一點他是對的。不過，西方對歐洲的策略是要穩住歐洲民心，亦即西方必須挺身而出對抗俄國威脅。美軍駐德司令官路西斯·克雷將軍力促調派一支裝甲縱隊直驅邊界，與俄軍對壘看看誰怕誰。然而較冷靜的高階領袖則認為此一挑釁舉動可能真的挑起戰端。再說，蘇聯紅軍數目遠超過美國在歐洲的駐軍，就美國考量，一旦開戰，極有可能要訴諸原子彈。說來實在夠諷刺的，兩個新超級強權既然瞭解原子彈大戰的後果（雖然只有一方確實擁有原子彈），卻又像貓追老鼠般競相研製原子彈，不斷進行原子彈試爆，卻從來不敢發動攻擊。一方面把全世界推向全面戰爭的邊緣，卻又在想像到其恐怖後果後怯步不前。

杜魯門決定採取較平和的因應方式。他根本不理會史達林封鎖柏林的舉動，改採空投物資到柏林的救援行動。為了讓史達林猜不透美國葫蘆裡賣什麼藥，杜魯門下令一隊B－29轟炸機飛往英國，讓史達林以為美國已

PAR LE PLAN MARSHALL
COOPERATION INTEREUROPEENNE
POUR UN NIVEAU DE VIE PLUS ELEVE
歐洲人就像這幅海報的設計師一樣，很感激馬歇爾計畫的援助，他們認為這項計畫不是施捨，而是協助他們邁向光明的前程。

戰後的柏林：
「死亡的氣味瀰漫全城，到處都可聞到屍臭味。」

——傑克．班內特，生於1914年，1937年獲洛克斐勒獎學金，赴柏林科技大學攻讀航空工程。班內特的經歷引起納粹德國元帥赫曼．戈林的疑心，指控他意圖竊取納粹的航空科技，並於1938年遣送回美國。他在航空工業各個層面都曾經任職一段時間，並經常在德國與美國之間旅行。1958年，赫魯雪夫威脅要把西柏林併入東德，班內特就在當地蓋房子以示抗議。他的著作《天際4000小時》在德國獲得極高評價。

傑克．班內特攝於戰後首批飛抵柏林航機之一的駕駛艙內。

我在大戰前幾年拿飛行員獎學金到柏林攻讀航空工程，戰後我在美國航空公司服務，董事長指示以八個月時間籌備柏林航線，我認爲當天即可動身，基於天時地利人和，我成爲美國航空公司首航柏林的機長。當天我駕駛DC-4從紐約機場啓程，但是當我飛抵柏林上空時，竟然找不到曾經熟悉的城市，當時沒有任何導航協助，我差一點飛進了北海。好不容易安全降落，我實在不敢相信，這座城市竟變成一座垃圾堆。

當時柏林被瓜分爲美、英、法、蘇四區，我和同行的海軍部長吉米．弗利斯托在一片混亂中著陸，當我們著陸於譚波賀夫機場時，映入眼簾的第一幕竟是一名婦女抱著娃娃坐在飛機殘骸堆上。然後俄軍發射火箭筒，越過我們頭頂，攻擊飛機。我想，一定是他們看到機尾上的美國國旗，所以發動攻擊。幾名俄軍手持機槍衝向前來，要求我們下機，但我沒有照做。我看到俄軍以砲火掃射機場建築物窗戶，覺得非常納悶，心想：「他們幹什麼要這樣破壞這個美侖美奐的機場呢？」。後來我才明白，機場即將劃歸美國佔領區，所以俄軍才極其破壞之能事，什麼都不要留給美國。

我找美國軍官借吉普車當交通工具，他們說：「沒問題，不過你可不能到市區去，因爲所有的橋都炸垮了。」不過，我信心十足地告訴他們：「我是老柏林了，放心好了。」結果我開著吉普車離開機場不到1,000公尺就無法再前進，我完全失去方向感，只好再回頭，惹得大夥兒都笑我。隔天，美國軍官派了一名德國司機載我進城。

第二天，我的德國司機來載我的時候說：「我在戰前就聽說過你的名字。」我說：「是啊，戰前我住在柏林。」他載我到大街上轉了一圈，放眼所及，全是斷垣殘壁，傾圮的瓦礫以及毀損的坦克和飛機堆起來有五層樓高。我們開車回到我以前住的地方，公寓房子全被摧毀，我不禁流下淚來，我的司機也是。我對他說：「他們不會再重建這座城市。」他也說：「永遠都不會了。」

我們的車子開進市區時，有民眾故意跑過街，彷彿想被車子撞上，一死了之。我把他們稱作死亡症狀。世間眞再無任何事物值得留戀。住屋廢墟上到處都貼著告示，上面寫著諸如：「施密特先生已遷居至某某地方」等等字樣。死亡的氣味瀰漫全城，到處都可以聞到屍臭味。我告訴司機說：「我們趕快離開這個鬼地方。」便打道回府。

城裡危險性最高的人不是德國人，而是波蘭、斯拉夫和吉普賽難民，他們會爲了一片麵包而要了你的命。如果沒有佩槍，千萬不要走出柏林機場10呎以外；除非會講德文，否則晚上不要在街頭逗留。俄軍也是行爲不檢，我不只一次看到滿載俄國士兵的卡車駛過柏林市，俄軍就在車上輪暴十來個德國女孩。俄國的確送了不少壞胚子到柏林。

戰爭結束後幾天內，柏林一條香菸值1,000美元，然後又跌到100美元。德國禁止民眾持有美金，即使我們是美國人也不能持有美金，我們都是用軍幣，大部分物品都是以物易物交流，香菸是主要貨幣，有些外國人因此發了筆小財。有個上尉被大家封爲「開麥拉．丹」，因爲，他以一包香煙換一台萊卡相機，再把數千台照相機運回美國家鄉，我想他一定賺了不少錢。

大戰期間，德國是我們的敵人，美國的戰時宣傳與規章都要求我們和德國人保持距離，也不准和德國女孩交往。柏林機場軍需補給站外貼著大海報，上面寫著「不要和德國女孩拍拖」，還畫了一名裸體的德國小姐，全身爬滿了蛆。令我意外的是，德國人看到美軍進城很高興，我原本以爲他們會對我們懷有很大的敵意，事實則不然。我問他們：「納粹在哪裡？」他們說：「再也沒有納粹了。」我在戰前認識的一名年輕女性告訴我說：「傑克……他們騙了我們。希特勒騙了我們。」大多數德國人也認爲如此，他們感覺希特勒把國家弄垮了，這一點毫無疑問。失敗總是很難接受，沒有人喜歡失敗，尤其是德國人。

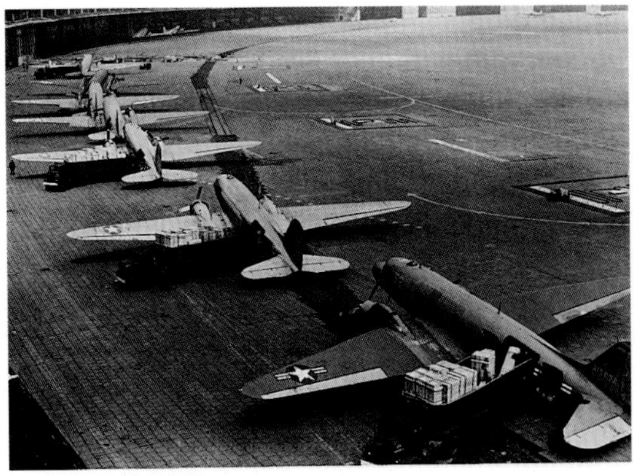

為了讓運輸流程盡可能平順，執行柏林空投任務的飛行員奉命在起降時留在飛機上，也在機上進食；同時工作人員利用卸貨時間為飛機加油和維修。

準備要對莫斯科投下原子彈（其實飛機上是空的）。

這是一場豪賭。若要讓柏林繼續如常運作，西方官員估計美國的C－47運輸機每天至少要載運8,000噸補給物資，每趟降落卸貨時間只能有48秒鐘。若是只求讓這座城市居民維持性命，那麼必須每天運去4,000噸物資，亦即每三分半鐘須有一架飛機完成卸貨。無論如何，還是值得一試。美英空軍在蒙大拿州飛行訓練基地仿建的柏林空中走廊飛行路線受完訓練後，便展開24小時全天候空運物資行動。

這項計畫起初遭遇很大挫折，整個初夏載運到柏林的物資還不到1,000噸。所幸後來有所突破，駐太平洋地區的大型軍機也加入空運柏林行列。雖然美、英飛行員睡得很少，飛機因超載飛得不高，未達安全標準，但飛行員的技術愈來愈熟練。最重要的是，柏林人自己克服危機，兩萬名志工展現出驚人的意志力，趕工建造了第三座機場。

接下來幾個月，柏林人終於可以在夜裡安然入睡，然後在翌晨英美飛機嗡嗚聲中甦醒。載運補給的行程表極爲緊湊，飛行員抵達、卸貨、同時加油，再起飛回去運貨，鬥志越來越高昂。僅僅數年前，美國人和德國人還是仇家，現在則肩並肩、心連心，在柏林圍城中，一起打擊共同的敵人。

到了12月，每天已有4,500噸補給運抵柏林，到了隔年春天，增至8,000噸，然後又增加到13,000噸。美國飛行員飛抵柏林時，也空投糖果包在民家屋頂上，德國小朋友高興的跑出來迎接他們。洋溢勝利氣氛的柏林，開始像西歐其他城市一樣，充滿馬歇爾計畫帶來的活力。到了五月中旬，蘇聯解除封鎖，史達林深知已無法攔阻空運行動而罷手。

空投柏林的行動吸引了全世界的注意。當任務完成時，對於西方世界與蘇聯之間的較勁，顯然世人大多站在西方這邊。然而，一場以故作姿態和放話爲之，或藉由情報網絡和陰謀，或以強調象徵符號和說服他人來進行的冷戰於焉展開，這場戰爭不會很快結束，也不像熱戰那樣乾脆明確。冷戰的戰況不容易理解，交戰界線也不易劃清。美國也許贏得了柏林這一仗，但是戰後全世界都在轉型調整之中，東西方的對立衝突在全球數十個地區持續發生。

第二次大戰影響最深遠的一個結果是，殖民主義戛然而終。一方面這是拜美國積極促成之賜，美國長久以來質疑殖民帝國的本質，認爲有違民主政治的信念；另一方面這也是歐洲各殖民帝國，尤其是幾世紀以來掌控世界上大塊土地的英國，在戰後國力削弱的情勢下所付出的代價。然而這項轉變是無可避免的，就算美國與歐洲沒有任何動作，本世紀的兩場世界大戰也已經證明，不符民意的舊秩序和奴役大眾的不正當性（即使沒有發

「史達林薄肉片」

柏林人為烤熱的土司取的名字

柏林小朋友稱美國空投飛機為「巧克力轟炸機」，因為飛行員在飛進柏林上空時，會將繫有小降落傘的糖果包空投下來。

生大戰，世界人口暴增也可能將殖民主義推翻）。何況，以莫斯科爲首的共產集團，儘管奪取政權之舉只獲得少數人的支持，也都還要假惺惺擺出民主的門面。

在參與馬歇爾計畫的船艦不斷橫越大西洋，以及空運補給的飛機頻頻在西柏林機場起降的同時，猶太難民紛紛回到曾是英國殖民地的巴勒斯坦；儘管新到的猶太人和被趕走的阿拉伯人之間敵意甚深，聯合國還是讓猶太人在此建立以色列國（這是美、蘇雙方均同意的決定）。遠東方面，法國士兵爲了繼續控制法國在中南半島的屬地而與胡志明領導的共產黨作戰。世界上兩個人口最多的國家，中國和印度則都在掙扎求變；印度擺脫了英國的殖民統治卻陷入血腥內戰，回教徒和印度教與錫克教徒爆發激烈衝突。同時，由毛澤東率領的中國共產黨擊敗了美國支持的蔣介石的國民黨，奪權在望。

三名年輕的納粹布痕瓦爾德集中營生還者，於1945年6月前往英國殖民地巴勒斯坦。

毛澤東的勝利令美國震驚，幾乎抵消了美國在柏林的勝利之感。美國人心目中的中國是賽珍珠筆下《大地》描寫的中國，以及改信基督教、由支持美國的蔣介石所領導的中國。美國和蘇聯咸認爲，由蔣介石領導的一個穩定的中國，對於世界秩序至關重要，他們也已同意中國得列「五強」之內，出任聯合國安全理事會的常任理事國。善良友善的盟國中國突然換成由一個矮胖粗壯、圓臉厚頰，舉止從容安詳得有點怪異，邪惡且令人畏懼的湖南人來掌權。當毛澤東乘勝訪問莫斯科兩個月，簽下中蘇友好同盟條約時，加重了西方國家對其畏懼最甚的共產主義世界革命的恐懼。隨著中國淪爲赤色集團，共產國家掌控了全世界40％的人口，以及全球20％的版圖。

其實中國共產黨人和蘇聯共產黨員大不相同，領導中國共產黨的頭頭也和蘇聯的領導者截然不同。姑且不論雙方已簽的中蘇友好條約，毛澤東對史達林的觀感是懷疑多於好感。追隨毛澤東的群眾來自純樸落後的鄉下，他們不太可能知道有蘇聯這個國家，更遑論想和蘇聯結盟、稱霸世界。這批人餓著肚子但意志堅定，鮮少嘗過美食與自由的滋味，之所以受共產主義所吸引，是因他們相信追隨共產黨後可能略有一點機會（雖然機會很小）獲得食物和自由。那時候中國有半數人口活不到30歲。

蔣介石也許一直是美國的友人，不過他主政下的中國社會烏煙瘴氣，在被日本佔領十年和毛澤東羽翼漸豐後，簡直無法治理。通貨膨脹飆漲、饑荒蔓延；蔣介石動用他的警力鎮壓反對派，無論是共產黨與否，美國就此向蔣介石施壓也無功而返（1946年，馬歇爾曾極力撮合蔣介石與毛澤東

上海，1949：
「我同情共產黨，因為我知道中國已陷入混亂。」

1948年，外子應蔣介石之請，到上海的國民黨政府任職，因此，我們全家從澳洲返回中國大陸。當時中國已經非常不穩定了，共產黨在長江岸邊紮營，準備接收上海。整座城市已經陷入混亂，顯然蔣介石的國民政府即將崩潰。舉例來說，10月份已經進入深秋，警察卻還穿著夏季制服，一面指揮交通一面發抖，因爲國府沒有發給他們冬季制服。更糟的是，受傷的士兵從前線歸來，倒臥在路旁痛苦呻吟，傷口一直流血，但無人照顧。

全市秩序完全瓦解，通貨膨脹造成民生窮困，一般人微薄的工資一、兩天後就形同廢紙。因戰亂流離失所的普通百姓，轉而充當盜匪打家劫舍。我們的汽車停下來等紅燈的時候，司機回過頭來叫我：「趕快把車窗搖起來，搖起車窗來！」我還來不及關車窗，有個難民便把手伸進車內向我討錢。我也給了。我們住進飯店的第一天晚上，就得先付房錢。飯店人員立刻拿著現鈔去黑市換美元，否則隔天錢就大幅貶值了。爲了做幾套中國式衣服，我得背一大袋鈔票去買，店家數鈔票不是一張張地數，而是一捆捆地數。

我們對共產主義充滿好奇。國共戰爭期間，國民黨政府禁止出版毛澤東的著作，不過，到了共產黨大勢即將底定的時候，大家都很好奇毛澤東是何許人也，我們在上海當教授的老同學透過共產黨的地下組織，給了我們一些毛澤東的文章。外子和我讀過之後被文中所言嚴重地誤導，因爲共產黨故意只節錄像我們這般秉持自由主義思想的人士可以接受的故事，例如，他們的士兵紀律嚴格，並幫助農民收割，而且從不掠奪民家。很自然地，我並不害怕由中共來接收，我被這些文宣品給洗腦了。

國府很快就要丟掉上海了，晚上都可以聽到國共交火的炮聲此起彼落於上海市外圍。可是，1949年5月某個夜裡，槍砲聲非常接近，隔天清晨6點，廚師把我喚醒說：「八路軍來了。」我下樓到前門一看，一大群稚氣可掬的士兵在人行道上集合。他們頂多15、17歲，身穿卡其布軍服，腳上穿著草鞋或打赤腳，看起來很疲累，不過，他們抬頭挺胸配著槍，好像在立正一樣。

有些百姓拿出水和乾糧給他們吃，他們全都回拒了。我本來很納悶，後來我才知道，當時，共軍正要進城，每名士兵背後都釘了一張毛澤東的命令，第一條就是，即使是一針一線都不能跟百姓索取。他們遵守嚴格的紀律，和過去打劫民家的士兵有天壤之別。

初次進入上海的中共士兵建立了非常好的形象，其紀律之優良讓人大開眼界。這些士兵大多是來自鄉下的農民，這輩子還沒進過城呢。住進有抽水馬桶的歐式高樓宿舍，鬧了許多笑話，聽說還有人用馬桶來洗衣服等等。我當時覺得，共產黨或許可以讓中國成爲法治國家，當時他們的確與人民站在同一邊。

士兵在每個十字路口站崗，把路人抓去注射霍亂跟其它傳染病的預防針，他們的用意是讓所有市民都有免疫力，但非採取逐戶接種的方式，他們只是在路口抓人打針，注射後又未發給證明，所以路人在下一個路口一定要告訴士兵：「我打過針了！我打過針了！」，否則又會被抓去打針。長久以來，中國老百姓被不顧民生疾苦的爛政府統治慣了，所以共產黨這項作法令他們覺得耳目一新。

當然，也有許多限制，例如所有賣英文書的書店都必須關閉，中國境內不能有西方出版品。這對我們極不方便，因爲我們有閱讀《時代》和《紐約客》等英文雜誌的習慣，而且我每次出國，總會帶回一些唱片，大部分是古典音樂，但在中共統治下，我必須把唱片交給他們播放，他們要確定那些唱片確實是古典音樂，而非爵士或搖滾樂。過了一陣子，我們就和外面的世界脫節了。

不過，我一點兒也不排斥中共，他們的確很快平抑通貨膨脹，重建經濟。我當時並不覺得受到威脅，當然也是因爲毛澤東當時的政策並不反對上層階級。我最感好奇的是，他們的方法眞的有用嗎？我非常仔細地觀察中共，並且閱讀馬克思及恩格斯的共產主義理論和共產宣言。我非常同情共產黨的起因，因爲我知道舊中國早就亂得無藥可救了。我認爲，在經過這麼多年戰爭和混亂，這或許是中國所需的。當國家變得一片混沌的時候，就需要一個強勢政府將國家團結起來。不論如何，這是我當時的想法。

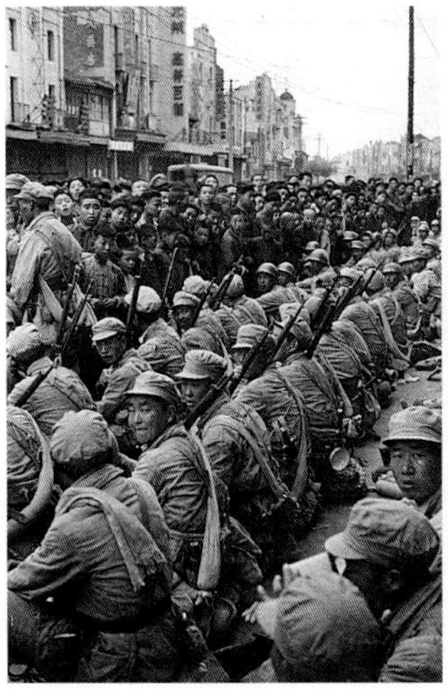

左圖：1949年6月，中共部隊進入南京。
右圖：1949年鄭念攜女返回中國。

——鄭念，生於1915年，為一名中國海軍軍官之女，曾在倫敦政經學院就讀，後來嫁給一名中國外交官。1957年，鄭念的夫婿過世後，她一直為殼牌石油公司工作，直到1966年被毛澤東拘禁為止。她的回憶錄《上海生與死》，記錄了她因「國家的敵人」罪名繫獄，而被單獨監禁6年的往事。

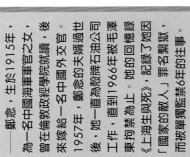

儘管國共兩軍人數是五比一的懸殊比例，效忠毛澤東的中共部隊，憑其在抗日戰爭中磨練出來的游擊戰力，擊潰了蔣介石的部隊。

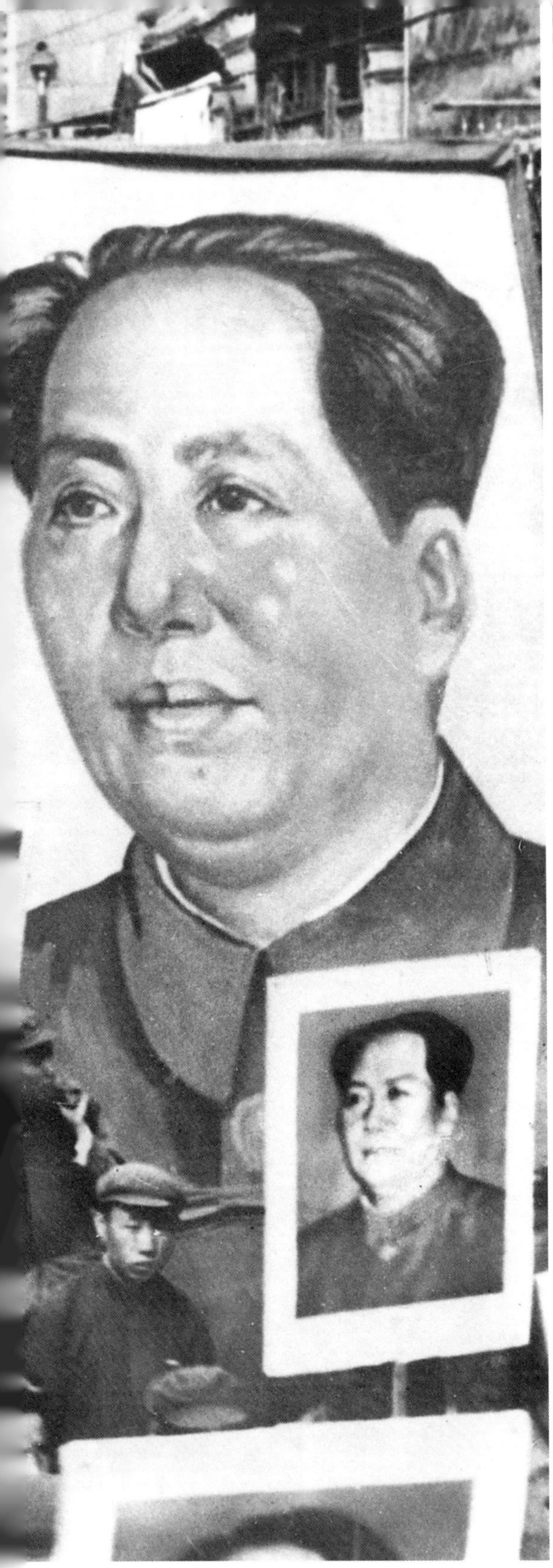

共組執政聯盟，但未成功）。可是，基於冷戰時期美國自身的安全考量，美國認爲起碼應該支持反共陣營。1949年，中共革命奪權成功，自此對美仇恨極深；至9月間，又傳出更驚人的消息。正當蔣介石的國民黨人員撤退到台灣之際，一支美國空軍B-29轟炸機中隊在北太平洋上空拍攝到輻射性物質的痕跡，這是無法反駁的證據：蘇聯已經成功完成首次原子彈試爆。

美國人感到茫然了。事情不應該是這樣子的。正義應該戰勝不義，善良應該戰勝邪惡，自由應該戰勝專制，有神論應該戰勝無神論，同盟國軍隊不是才在諾曼第海灘和太平洋海域證明了這個信念嗎？難道上帝不是決定只讓美國擁有原子彈秘密，藉以抵制邪惡的勢力嗎？

毛澤東獲勝和史達林擁有原子彈（美國爲蘇聯第一次試爆的原子彈取的代號是「老喬一號(Joe I)」，「老喬」指的是史達林(Joseph Stalin)，「一號」則強調日後還會有更多次），這兩項發展促使美國重新考量日本佔領區的計畫，因爲現在東西方之間界線的劃分已經越來越清楚，美國所作的每項決定都必須透過冷戰的觀點來評估。最初的策略正如曾在德國佔領區所實施的，即是中止戰敗國（日本）擁有再度發動侵略戰爭的能力、解除其軍備，並逐步引進民主理念。然而，正如蘇俄在東歐的所作所爲改變了西德「再教育」的步伐，中共在中國大陸的勝利，也促使美國認爲必須儘快讓日本強大起來，俾能遏阻「紅潮」蔓延亞洲。

二次大戰期間擔任美國太平洋戰區總司令的道格拉斯．麥克阿瑟將軍出任日本佔領區的最高統帥，他親自起草日本憲法，訂立一些限制事項，包括禁止日本建立軍隊（「永遠不得擁有陸、海、空或其他形式的軍隊」），亦不得發展軍事工業。但是，這項禁令在戰後三年便取消了，日本建立了一支有7,500人編制的「自衛隊」。

在這個扭曲變形的國際環境下，所有人事物都被區分爲「我方」和「他方」，不過，懷塔克．錢伯士則是一個異數，此人同時在東西雙方擁有巢穴，依他自己所述，他是「我們時代兩大信念眞正的見證人」。錢伯士在1930年代理想主義盛行時期，曾是忠誠的共產主義信徒，許多人認爲他是間諜，其後他退出共產組織。1948年秋天，他在眾議院「非美活動委員會」前披露與他一起從事間諜活動的夥伴名單，整個秋天，這齣間諜戲碼震驚了全美視聽。

以自由(freedom)的代言人自居的錢伯士外貌平庸，有點邋遢，很少人知道他的過去。他在共產黨地下組織活動期間，使用過將近12個假名，也編造了12種身世。現在他出面揭發昔日的同謀共犯，這並不是光采的作爲。聽到他告白的人難免會想到，既然他當過間諜，過去都生活在謊言

懷塔克．錢伯士
1901—1961年

「當我拿起小彈弓瞄準共產主義時，我也擊中其他東西。我所擊中的是偉大的社會主義革命力量，這股勢力以自由主義之名，在過去20年來斷斷續續、無形無狀的朝相同的方向移動，已成為覆蓋在國家上的冰帽。」

懷塔克．錢伯士

中，刺探自己國家的機密，誰敢說現在他說的就是眞話？不過，以前不是也有罪犯眞的洗心革面，可憐的靈魂變得清明，和盤托出肺腑之言嗎？這是錢伯士這個案子吸引人之處。

錢伯士最驚人的宣告是，他一口咬定當時擔任卡內基和平基金會的會長艾格．席斯，於1930年代末期在國務院任職期間，也是共黨間諜，而且曾親自交給他重要文件。若在其他時期，錢伯士的指控會被當作笑話，但在冷戰濃霧籠罩下的美國，這就非同小可了。

席斯現身後，情節更加複雜了。席斯英俊瀟灑、氣宇軒昂、出身高貴，與錢伯士截然不同。席斯擁有完備的專業經歷——曾任最高法院充滿傳奇的大法官奧立佛．霍姆斯的書記官，也曾是參與雅爾達會議的低階外交官。他畢業於哈佛大學，曾在推行「新政」的羅斯福政府內服務。席斯思路敏捷、辯才無礙，極有魅力。所以當他否認錢伯士的指控時，調查委員會似乎也準備駁回錢伯士的指控。不過，一位年輕的眾議員即理查．尼克森，由於收到許多聯邦調查局提供的指控席斯有罪的文件，堅持席斯和錢伯士必須面對面對質，以查出究竟是誰在說謊。

接下來一年半中，經過數次聽證會和兩次公開審訊，席斯和錢伯士的案件逐漸成爲美國戰後國內動盪不安的表徵。案情相當吸引人，起初席斯說他從來不認識錢伯士這個人，其實他不僅認識錢伯士，而且還把他的公寓借給錢伯士住。爲什麼他要說謊？是爲了保護他那明顯傾向共產主義的妻子嗎？抑或另有隱情？緋聞？同性戀的錢伯士似乎迷戀著席斯。當錢伯士宣稱，他握有由席斯的打字機繕打出來、交由他轉達的文件時，整個事件沸騰到最高點。錢伯士說，他把這些文件塞在掏空的南瓜中，然後埋在他在馬里蘭州的農場裡。

最後，席斯在1950年被判犯了僞證罪（他被指控的間諜罪行已超過法律追溯期），而被處以五年徒刑，不過他仍堅稱自己不是共產黨，亦未替共黨作過間諜。這個故事的重點不在於席斯是否無辜或有罪，而在於，在那風聲鶴唳的時代，大眾對錢伯士的指控呈現怎樣的反應。正如艾利斯塔．庫克所言，受審的不僅是席斯一人而已，而是整個世代和這個世代所抱持的理念。

從1930年代到40年代末期，是美國國內文化互相激盪的時期，畢竟，從崇尚自由主義、也不排斥共產主義的新政時期，轉變成狂熱的反共、視共產黨爲洪水猛獸的社會風潮，相距不過短短數年而已。先前的不快記憶，一直纏繞不去。錢伯士的著作《見證》在1952年成爲暢銷書，對他和另外數百萬美國人來說，共產主義不只是一種政府體制而已，更是一

「華府當時的氣氛和現在大不相同。」

艾格．席斯向審理他間諜罪名的法庭解釋他在1930年代與左派組織的關係。

艾格．席斯
1904—1996年

種企圖完全控制人心的運動。他們認爲，在1930年代有許多美國人，尤其是受過教育、握有權力的社會菁英，因崇拜所謂的「蘇聯經驗」，被經濟平等主義的承諾所迷惑，對極權領導的惡行渾然不知，而淪爲共產主義的受害者；而且由於他們的軟弱，美國和世界才陷入目前的困境。

錢伯士是個知識分子，且是頗有才氣的作家，不過反共人士意外的發現了一個用嘴巴打擊共產主義的第一能手，這個人可就像個丑角了。威斯康辛州的參議員約塞夫．麥卡錫於1950年在西維吉尼亞州向一群共和黨人士談話時，提到有一份在國務院臥底的205名共產黨人名單。人們後來才聽說，嗜酒成性、個性粗魯的麥卡錫，對他自己偏好的這個主題幾近無知，甚至分不清卡爾．馬克思和格魯丘(Groucho) 誰是誰。（編按：Groucho指的是1950年代著名諧星Groucho Marx）。他手中並沒有甚麼名單（其後演講時他改口說人數爲57人、又改爲81人，最後稱有4人）。不過，爲了拉抬自己的政治聲勢，他知道一定要善加利用這個出名的大好機會。因此，當記者追問他更詳細的內幕時，他決定繼續玩下去。等到四年後他罷手時，像是酒後鬧事闖禍，卻已毀了數千人的人生。「麥卡錫主義」成爲一個專有名詞，意謂「不分青紅皀白的指控」，整個國家也因而灰頭土臉、氣氛緊張，並且元氣大傷。

美國國內無疑是有許多共產黨間諜，但麥卡錫之流並沒有揭發半個，他們倒是把飽受驚嚇的群眾對現代世界的各種挫折感，轉移到共產黨人及其「同路人」的威脅上。麥卡錫成爲反共的最佳代言人，他有本事把詭譎複雜的國際情勢，簡化成深藏在美國文化中的語言和概念；如果事情的發展確實並未如美國人所期望者，那麼麥卡錫幫助他們找到了代罪羔羊。

麥卡錫以含沙射影、拐彎抹角或直接攻訐的方式，把箭頭指向勞工及自由派人士，指向美國菁英階層和重要學術機構，更指向小羅斯福總統和新政。麥卡錫甚至畫出一道歷史恩怨界線，回溯到一次大戰，力稱當初美國根本就不應該插手歐洲事務，而應讓德國人和蘇聯共產黨員去打個你死我活。大力鼓吹民粹主義的麥卡錫，眞可謂休伊．龍恩和考夫林神父的傳人，他所發起的運動也和他們一樣，與政治較無關係，反而挑起蠢蠢欲動的階級與文化爭戰。麥卡錫批評國務院裡全是一些「啣著銀湯匙」出生，但鎮日像醉漢般不修邊幅、只會擺姿勢讓人拍照的年輕人。他所訴求的對象是美國社會沈寂已久的本土文化保護主義者。

麥卡錫的策略是先中傷指控、事後再調查，不過他一直樂在抹黑與誹謗之中，從未進一步調查。他在國會中也有支持者，他們也和他一樣愛放砲，結果其他同僚只敢在私下批評，但不敢與他正面衝突，以免被他的流彈所傷。他所提出的「證據」往往有很多疑點，甚至是憑空揑造的。例如，他把馬里蘭州參議員米拉得．泰丁斯和美國共黨主席艾爾．布勞德兩人的照片，加以合成，製造出兩人相見甚歡的假象，這張照片在《時代前鋒報》刊出後，民情譁然（記者經常是麥卡錫的幫兇，他能提供媒體一些「好」材料），但很少人注意到照片下方那一行標明「合成照片」的小字，泰丁斯30年的參議員生涯就此黯然告終。

麥卡錫無疑是那個時代最具破壞力的反共人士，他不單是毀人前途、謗人名譽，有好幾千名的公務員、教師、工會人士和科學家，都因爲遭到麥卡錫相當於政治迫害的指控而失業，成千上萬民眾因而噤若寒蟬，唯恐自己變成麥卡錫下一個攻擊的對象。這種歇斯底里的狀態是非常荒謬的。學校裡禁閱《俠盜羅賓漢》故事書，因爲書中有「共產主義」色彩，「辛辛納提紅（人）隊」也更改棒球隊名爲「紅腿隊」，因爲「紅（人）隊」這個名字會給人錯覺，讓人以爲與共產主義有關。而在偵探小說家米奇．史畢藍的暢銷作品中，於1940年代初期大力打擊黑道幫派的名偵探邁克．漢默，已轉而全力追緝共黨顛覆分子。賈奇．羅賓森在打破棒球界的膚色藩籬，贏得全國尊敬兩年後，也被「非美活動委員會」傳喚，就共產黨對黑人族群的影響力作證。1951年，麥卡錫膽大妄爲到去質疑馬歇爾將軍的品格（荒謬地宣稱馬歇爾的戰後政策與史達林有「共同的宗旨」），從此麥卡錫爲大眾所唾棄。

由於共黨間諜無法以種族、性別、收入、衣著、語言或宗教來辨識，因此更加深美國人的疑懼。美國海軍刊出一系列海報，警告官兵不要被漂亮臉孔所迷惑，他們新交的女友可能就是「紅諜」。

儘管杜魯門爲麥卡錫宣稱有共黨分子在白宮臥底一事，感到苦惱，他仍決定於1950年6月在朝鮮半島開戰。事實上，杜魯門也別無選擇。歐美民眾擔心，共產黨在中國獲勝恐將在全亞洲掀起骨牌效應。歐洲人對於美國捍衛歐洲的承諾，一直心存疑慮，美國有必要以行動證明；而分隔共黨北韓與非共黨南韓的北緯38度線，如同另一個柏林，是冷戰的前哨之一，雙方陣營在此對峙，以牙還牙，以眼還眼。（38度線是美國政府所定的分界線，以確保二次大戰後最先進入韓境、將韓國自日本統治下解放的蘇聯，無法染指南韓的戰略地區）。

共黨分子滲透西方國家確有其事，不過這些眞實故事和麥卡錫所編造而傾倒給新聞媒體的不同。曾於1945年參與原子彈製造計畫的物理學家克勞斯．傅克斯因涉嫌把製造原子彈的機密外洩給蘇聯而被捕，傅克斯自承，他不是單獨執行任務，而是由一個間諜集團共同進行，這個團體中共有九名成員，包括朱利斯．羅森柏和他的妻子艾瑟。1951年，羅森柏夫婦倆都被判處死刑，檢察官指稱，若非這些叛國者提供資訊讓蘇聯製造出原子彈，蘇聯也不敢在韓國「發動」戰爭。

「（民主黨）已屈從叛國者的低聲懇求。」

參議員約塞夫．麥卡錫

儘管沒有證據支持上述指控，但仍有許多證據顯示，蘇俄意圖擴大共產主義在全世界的版圖，韓國可能只是蘇聯屬意的亞洲國家名單中的第一個，而唯有美國能夠阻止他們。因此，韓戰對於美國人的生活是一個轉捩

上了黑名單的年輕女演員：
「我感覺地板從我腳下抽離而去。」

上圖為李葛蘭在《大偵探故事》一劇中的演出畫面，攝於1951年。

——李葛蘭生於1927年，成功地鼓吹廢除電視圈的黑名單制度。直至1969年在律師的協助下自黑名單上除名前，17年來她只能演些小角色。黑名單時期後的第一個電影角色使她第二度獲得奧斯卡獎提名，1976年她以電影《洗髮精》榮獲奧斯卡最佳女配角獎。此外她亦執導過多部紀錄片，其中包括1986年榮獲奧斯卡獎的《窮困潦倒在美國》。

我小時候只有一點點才華。其中之一是會演戲，另外一項就是主持正義。1951年，我的首部處女作《大偵探故事》搬上大銀幕，使我首次榮獲奧斯卡獎提名。約在當時，我應邀前往一位名叫愛德華・布魯伯格的演員同事的追悼會致詞，他曾被眾議院非美活動委員會質疑爲共產黨員。會中我發表演說，認爲他是被迫害而死的──是被委員會的經常提訊迫害而死的。隔天，在演員平等促進會上，有人對我說：「恭喜，妳上了《紅色頻道》。」《紅色頻道》是一份周刊，專門記載黑名單名錄。當時我感覺地板從我腳下抽離而去，而我的心掉落至萬丈深淵，我對自己說：「完了。」

當然，好萊塢的共產黨員並不多，而且也不是半戰鬥性質的團體，他們只是些不具威脅性的作家、作曲家、及演員。但是當反共人士開始注意到眞正的共產黨時，他們就挑出他們認定的共產黨員並貼上標籤，包括曾經捐款給特定組織的人，曾經在「錯誤的」政黨出現過的人，曾投票支持「錯誤的」候選人之人，以及甚至像我一樣與政治沾不上邊的人。而娛樂業便屈服在此壓力之下。舉例來說，雪城的一名食品雜貨商便成功地發起了一場反演員的活動。他在自家超市掛滿標語，上面寫著：「如果你買高露潔牙膏，你便是支持某位加入共產黨的演員。」當人們接觸到這些訊息後，製作單位便開始將那些演員的名字從演出名單上刪除。

《紅色頻道》成爲電視業的聖經。要榜上有名很容易，只要在工會會議中站起來提問：「你們要如何處置黑名單？」然後有人便會記下你的名字，隔天你的名字便上了黑名單。由隆納・雷根所發行的《銀幕演員指南》，也與《紅色頻道》走同一路線。一旦上了黑名單，飯碗便丟了，除非你向工會低頭認錯說「我很抱歉我捐款給某組織」，或「我很抱歉我出席某場聚會，我是美國良民，我不是故意的」。你必須在同儕面前羞辱自己，甚至透過捐款給《紅色》以表明支持他們愛國行動的心意。所幸，百老匯製作人達成協定，在劇院裡沒有「黑色恐怖」，因此許多名列電視及電影黑名單的演員才得以在百老匯工作。

當我被眾議院非美活動委員會傳喚爲其他演員作證時，我非常害怕。當時我正在百老匯一齣劇中演出，我問製作人：「我將出席會議並保持沉默。如果你害怕影響票房而把我換掉，我能夠理解。」但是他說：「我決不會這麼做。你儘管去作證，你的角色不會變動。」所以我便安心前去作證。他們問我許多私人的問題，以及許多可以陷人入獄的事情。由於我認識工會中其他反對黑名單的人士，我要害他們易如反掌。有些人屈服壓力而和盤托出。但我不要像那些告密者一樣，不但自己身陷其中，也拖了一堆人下水。告密者就是要把同事演員、親朋好友、及製作人推進危險中。此外，成爲告密者也意味著此人職場前程就此斷送。告密是損人不利己，最差的一步棋。

當我決定不透露任何名字，並假裝置身事外時，我從不知道這場諜對諜的戲碼何時會落幕。當時我感覺這齣戲碼將永不落幕。之後，與黑名單的不公不義相互戰鬥便成了我的職業。如果當時有人對我說：「沒問題，我們給你一份工作」，我便會回答：「我不能做，因爲我在戰鬥中。」環伺四周，盡是這場戰爭的受害者，很多人自殺，也有很多人因此英年早逝。先夫阿爾諾德・曼諾夫便從那時起與我分居，並在接受調查偵訊過程中，因心臟病突發去世，得年只有51歲。那段時間我也罹患了一些疾病，其一爲「名字恐懼症」。這是一種心理恐懼感，每當我說出某個名字的時候，就會擔心這某人會不會因此失去工作，我的腦子就自動將人名封鎖住。因此，每次我上台演出時，我都必須將劇中人名寫在手心，否則我無法記住。

隨著時間的流逝，我仍然對過去的告密者心懷恐懼，特別是那些當年40、50歲的人。他們當時面臨失去一切的威脅，在極大的壓力下做出不願意做的事。他們當時以爲這場惡夢不會結束。而現在，他們必須面對良心的譴責。對我來說，事情則簡單多了。對他們來說，說出名字意味喪失在演藝界的地位，喪失權力，喪失家園。他們失去甚多，而我卻正要開始我的人生。

參議員約塞夫．麥卡錫於1950年為仰慕他的學生簽名。在麥卡錫掀起的恐共風潮達到最高峰時，有六座拘留營準備容納被指控為共黨間諜、預料會被收押的人。然而麥卡錫無法提出足夠的證據來佐證他所指控的任一罪名。

明尼蘇達州一個宗教團體印發400萬份有關「紅色恐慌」的傳單：「美國人即將生活在共產主義下？」

點，美國從此自我定位爲自由世界的保護者。時代業已改變，一開始時美國人避免對外國作出承諾，參與兩次世界大戰之前還一直爭論不休，現在則獲致新的共識，願意走出寧謐的家園，爲一個大多數美國人甚至未曾聽過的國家戰鬥。

韓戰爆發，北韓在史達林授意下入侵南韓，不過，是在數月前擊敗國民黨軍隊的中共部隊加入後，韓戰才演變成血腥戰爭。美國士兵的想法很天眞，許多人以爲這趟韓國任務只需一星期，「把事情擺平」，就可以回家了。他們相信這是杜魯門所謂的「警察行動」，不是去打仗，而像是去收拾街頭宵小之徒。結果韓戰一打就是三年，整個韓國滿目瘡痍，而政治分裂的情況與戰爭爆發之時相同。這就是54,000名美國人喪生，超過200萬韓國人喪命換得的結果。

韓戰令美國人感到困惑。它是冷戰中的第一團熾焰，有人擔心戰爭拖得愈久，愈有可能成爲萬劫不復的第三次世界大戰的序曲。人們想像即將發生原子彈大戰，就像廣島的悲劇，每個人都將如同約翰．賀西在

逃離北韓：
一個美軍戰俘的悲慘故事

——萊恩・馬菲歐里生於1925年，在第二次世界大戰、韓戰、越戰等三大戰役中，服務於美國海軍。其35年的軍旅生涯，以官拜槍砲士官長畫下美好句點。他曾回到韓國舊地重遊，緬懷過往。他與人合著《在戰爭中老去：萊恩・馬菲歐里的故事》一書，是他在海軍服務的回憶錄。

馬菲歐里抱著紅十字會給的香煙、糖果、及梳洗用具，攝於自北韓逃出的隔日。

1950年11月28日，我服役於朝星水庫的防衛部隊中，當時我們被支援北韓的中共援軍團團包圍。我們跳下軍車，沿著壕溝欲突圍而出，當時我們被中共軍隊四面包圍。兩軍交火12小時，我方傷亡慘重，只有投降。黎明時分，我用汽車保險桿砸爛卡賓槍，以防敵軍沒收。突然間，我感到有人在敲我的背而轉頭一看，一個肩上荷槍的中共士兵站在我身邊，他伸出手來恭喜我投降。

我聽說北韓軍人慣於俘虜戰俘及處死戰俘。但是中共軍隊的作法則不同，他們喜歡用政治教育的方式——也就是所謂的思想洗腦——來達到感化敵人的目的。他們集合了123名我軍弟兄，命令我們行軍至120哩遠的另一處北韓戰俘營。我們走了將近20天，沿途上缺乏糧食，只好煮些馬鈴薯充飢果腹。很多弟兄在路途中罹患胃病及感冒，但他們仍強打精神跟隨部隊前進。當我們抵達目的地時，只剩下100名弟兄。

他們讓我們休息兩天後，在12月24日爲我們辦了一場聖誕晚會。他們眞的找來了一棵松樹，並用色紙加以裝飾。他們也給我們每一個人一些糖果，五、六顆鹹花生，以及一根訂做的香煙，當作是聖誕禮物。在這些甜頭之後，他們要我們開始坦白，這眞是一場共產主義的洗腦交易，用一些好處誘導你懺悔自己的罪行。

約莫一周後，他們提供我們英文版的中共報紙。還用紅筆特別圈出一些文章，我們不僅要讀這些文章，也要融會貫通，因爲稍後他們會對我們進行測驗。這些文章眞是荒謬，例如描述中共士兵跳到一輛美軍坦克車上，用刺刀敲開小門，丟入手榴彈，把裡面的人炸得粉身碎骨，但你卻必須相信這種故事。文章題材中也有對美國負面生活的誇大描述。我記得有一篇文章是描寫加州伯克斯菲爾德街上死於饑餓的人民。我們都知道這些文章一派胡言，但是如果出言反駁，便得在空曠寒冷的建築物裡，聽上三、四小時的冗長廢話，所以我們還是三緘其口，沉默是金。

他們很少訊問有關軍事的問題，反而是對我們個人的家庭生活和人際關係較感興趣。他們無法相信包括我在內的許多弟兄，都擁有自己的汽車。我記得有一天早餐的時候，他們中間有個人說，在中國每個人每天早上都能吃一顆雞蛋。而有一名美軍弟兄則笑著說：「天啊！在美國我們每天早上都可以吃一打雞蛋。」但是，那個老共還是無法相信美國的物產是如此豐饒。

中共軍方辦了一份營報，並鼓勵我們投稿，稿費是兩根香煙，當然，文章內容是與懺悔罪行有關。我們必須絞盡腦汁，編寫各種瘋狂故事。有一回，我寫到：「有人訊問我在美國屬於那一個政黨時，我說自己無黨無派。但是我現在必須坦白，我是一名共和黨員，而且我投票給湯瑪斯・杜威。」這篇文章替我賺了兩根香煙。

平常，我們只能吃一些大豆及高梁維生，我們打穀取得高梁，並將其煮熟至米粒大小食用。忍受饑餓並不是我們的主要憂慮，我們比較擔憂的是凍傷以及不能癒合的傷口。有很多弟兄死於壞疽。在韓國有種美軍從未碰過的疾病，姑且稱爲「放棄炎症」。我們連上有個年輕的兵就死於這種病。我們對此束手無策。他被俘之初，一直等待有關母親動手術的消息。但是現在，他不知母親是生是死，再加上他不斷目睹弟兄紛紛陣亡，因此逐漸陷入一種極度低潮的心理狀態。若是得了這種「放棄炎症」，除非有人看著你，否則你可能會爬到牆角，用毯子蓋住頭，然後在24小時內死亡。

有一天，我們之中有19人被指定去歡迎前來巡視戰俘營的海軍將領。他們開車載我們出去，我們雖然不知身處何方，卻聽到聯軍大砲的聲音。令人意外的是，中共士兵居然害怕地棄車而逃。一些韓國百姓把我們藏了起來，並讓我們穿戴上中共士兵的軍服及軍帽。我們手無寸鐵，形勢艱難。當時我們並不明白，爲何那些韓國人會幫助我們。隔天清晨，我們看到一架聯軍偵察機，有人提議將小屋的壁紙撕下，剪成一片片，在水田上拼出「戰俘（POW）」及「19」的數字，並用門窗框架拼成「救援（RESCUE）」字型，然後跑回屋內。一會兒，偵察機飛近地面察看，我們用力揮舞著手中的舊汗衫。偵察機搖尾示意後便飛走了。約15分鐘後，偵察機飛回來，並空投一面記載訊息的旗子，告訴我們他已要求支援。三輛坦克車很快前來救援。還好，有個弟兄趕緊提醒大家脫掉中共軍帽，因爲坦克車指揮官說，他剛才差點以爲我們是中共軍隊。在一問之下，我們才知道我們已跨過北緯38度線來到了南韓，無怪乎當地的韓國人是如此友善。

我們對於重返聯軍陣營欣喜若狂。我想每位弟兄的眼中都充滿著感動的淚水。我們終於回家了。當時我瘦得只剩下100磅，而所有的人都營養不良。我們是唯一逃離北韓的美軍戰俘，也是首批被中共軍方洗腦過後返國的美軍部隊。

《紐約客》雜誌中所描述的死得極慘，於是大夥兒開始在自家後院鞦韆旁建造原子彈庇護所，挖一個大煤坑藏匿保命，等待下一個文明出現。不過戰爭最後並未擴大，而成爲美國打的第一場有限度戰爭，而且只打成平手，韓國人也讓美國人大受挫折。美國人雖然擔心可能釀成原子彈大戰，但又覺得未能分出一個勝負，有受騙之感。許多人不禁要問：如果這場戰爭重要到值得一戰，爲何不一鼓作氣打到贏才罷手呢？

美軍在韓戰的指揮官道格拉斯．麥克阿瑟將軍的看法也是這樣。他認爲這場戰爭亂無章法，原則也不明確。麥克阿瑟曾在一次大戰時英勇作戰，又是二次大戰時太平洋戰區美軍總司令。他在南韓快淪陷的關頭介入，出人意料之外的使戰局逆轉，把北韓共黨逐回38度線以北。然而當他宣布要深入挺進，穿過北韓、越過鴨綠江、打進中國大陸，並建議在台灣的國民黨部隊也加入行動時，杜魯門總統唯恐因此將與毛澤東發生致命衝突，而將他召回。在杜魯門政府看來，這是圍堵的時代，而非解放的時代，美國的目的在於恢復兩韓分立（南韓不被北韓併呑）的情況，逾越此一目標的任何行動，恐將引發第三次世界大戰。

麥克阿瑟的車隊駛過舊金山市區。商人抓住麥克阿瑟風潮，大賣徽章、三角旗和麥克阿瑟煙斗的複製品，大發利市。

由於麥克阿瑟堅持己意、違抗杜魯門的命令，被召回美國；美國人以一種緬懷舊式戰爭的心情，對這位遭解職的將軍表示支持。民眾要問：美國子弟兵若該爲解放南韓人民而捐軀，爲何就不能爲解放北韓人民而獻身呢？如果韓國人民值得捍衛，爲何中國人民就不值得呢？

麥克阿瑟被解職了，但是他返抵國門時，卻受到有如英雄凱旋歸來般的盛大歡迎，麥克阿瑟本人也甚感欣慰。他從日本啓程時，有超過40萬人列隊歡送；飛到夏威夷時，有10萬人到機場向他致意；當他抵達舊金山，前往市政廳發表演講時，沿途有50萬人夾道歡迎；最後當他抵達華府時，國會邀請他向全國演說，掀起了排山倒海般的熱潮。一位國會議員說，他從麥克阿瑟如雷貫耳的聲音中彷彿聽到了「上帝的聲音」，前總統賀柏特．胡佛則說，他從麥克阿瑟身上，看到「聖保羅的化身」。紐約市民從高樓拋彩帶歡迎麥克阿瑟的盛況，比1927年歡迎林白的規模更盛大。歡迎場面突然結束。人們依然尊敬自稱是「老兵」的麥克阿瑟，但是他在全國巡迴演講的內容，卻越來越像是過氣的人所講的話。這位將軍所形容的世界，也就是他要打的那種戰爭所在的世界，是一個未被原子彈的火光掃射到的世界，這樣的世界永遠不會再來了。

麥克阿瑟將軍的人氣旺盛，群眾支持他競選總統。不過，美國人後來還是選擇將軍昔日的副座、行事更謹慎的艾森豪，帶領他們度過50年代後期。

8 大衆市場 1953-1961

大衆市場 1953-1961

前跨頁：「從來沒有任何一個民族像美國人一樣，毫不在乎地把大筆金錢花在如此昂貴的商品上。」1956年10月，《財星》雜誌寫道。一名購物者1953年在華盛頓特區一家百貨公司裡試用香水。

右圖：一群通勤者正由芝加哥市區返回伊利諾州「森林公園」社區。如同全美其他郊區一般，「森林公園」的人口從1950年至1960年間成長超過三倍。此地大部分居民都是丈夫外出工作，妻子持家育兒的年輕白人家庭。

1959年7月24日，好幾萬名蘇俄民眾排隊進入莫斯科的梭可尼克公園，一睹美國商品展覽會。身著美國最新時裝的模特兒，在倉卒搭建的伸展台上昂首闊步；一架電視攝影機把參觀者的現場訪談拍攝下來，並立即以彩色播出，令現場群眾歡天喜地。一部名喚拉馬克305的機器人在發送有關美國生活的3,500項問題的答客問傳單（其中蘇俄人民最感興趣的是美國的物質成就）；在爵士風味的伯恩斯坦音樂陪襯下，描繪美國社會風情的影片不斷地放映著。

這場盛大的展覽會，包括美國皮鞋、女用內衣與照相機，現場並有美容沙龍爲蘇俄婦女吹梳西方時髦髮型，再以拍立得相機攝影留念；凡此種種，都是在10年前冷戰開始之際所無法想像的。不過，在1953年史達林逝世、粗壯但魅力十足的赫魯雪夫接掌政權之後，東西方關係也有了短暫的解凍現象。反史達林的赫魯雪夫放鬆了蘇聯對東歐國家的禁錮（但是匈牙利卻是一明顯的例外，赫魯雪夫始終對其緊綁不放），釋放了成千上萬名勞改營裡的囚犯，並鼓勵與西方進行文化交流。在此之前不久，一個強調蘇維埃社會成就的類似展覽會才剛剛在紐約揭幕，展出新問世的史普尼克火箭的模型等物品）。儘管如此，眼前向對方互張雙臂的兩大新興超級強權，並不會被人誤以爲是睽違已久的老友重逢。冷戰轉入了新的競技場。

美國副總統尼克森將這次莫斯科展覽會視之爲，推銷美國意識形態及其個人問鼎白宮寶座的一次大好機會。由於身負前往蘇聯主持展覽會開幕儀式之重責大任，他花了數周研讀俄國歷史（首次接觸到哈佛出身的青年才俊亨利．季辛吉的作品），仔細閱讀國務院與中情局的文件資料，學習俄語，並向過去曾和赫魯雪夫會晤過的領袖請益。先前已在本國建立起對

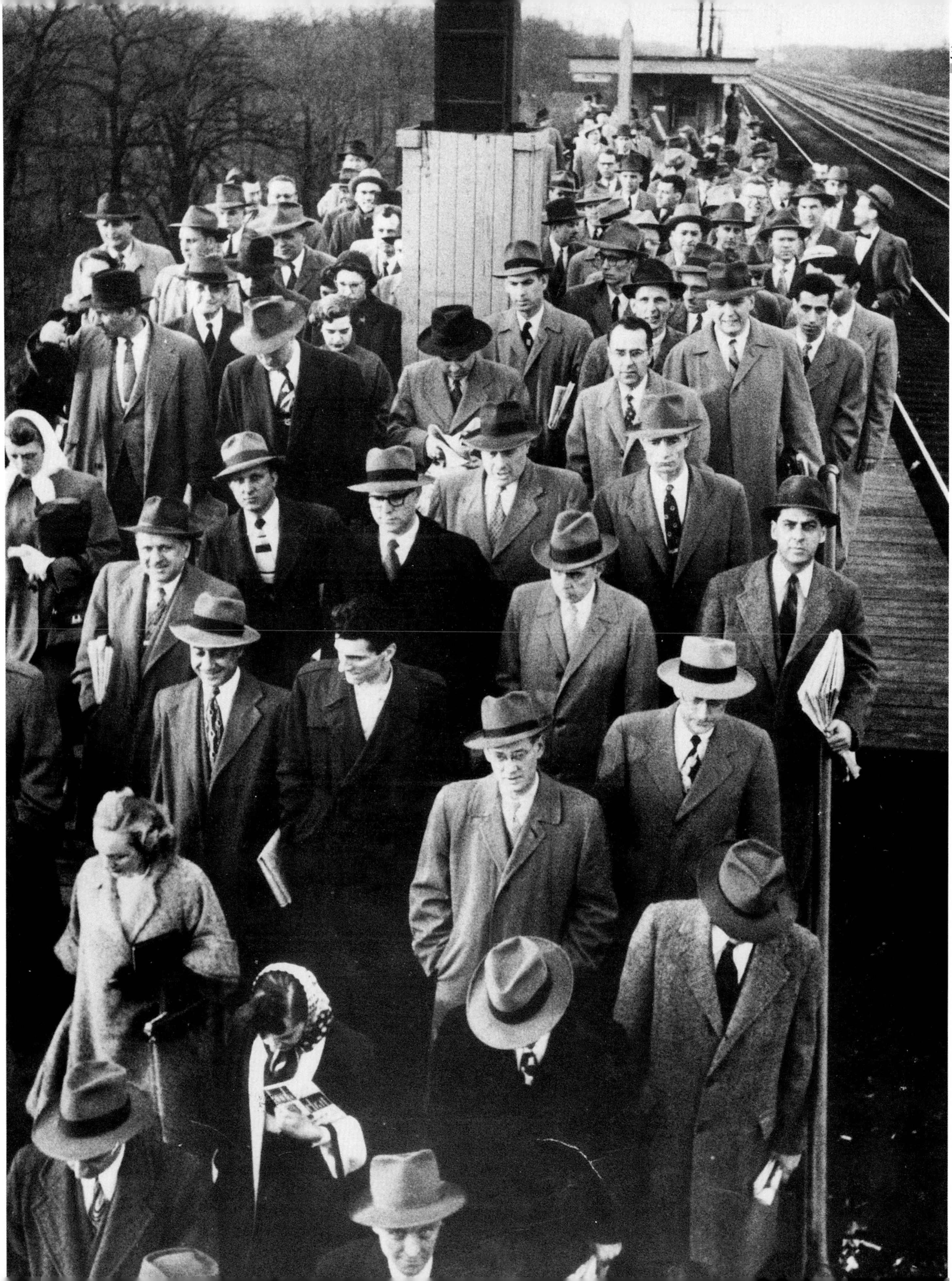

抗共產主義鬥士聲譽的尼克森，在完成作戰準備後啓程前往莫斯科。

尼克森在莫斯科機場遭到冷淡的接待。美國國會在數天前才通過一項議案，宣告當周爲「被奴役國家周」，此舉不啻是直接挑明反對蘇維埃對於東歐的箝制行爲（美國民眾被告知在那一個星期，要爲生活在共產主義鐵蹄下的東歐人民祈禱），蘇聯當局對此當然不快。「大家不應該在吃飯的地方解手」，赫魯雪夫私下指責尼克森說：「這種決議案簡直臭氣沖天。」當天稍晚，面對展覽會場裡的新型電視攝影機，這兩人爭論的場面成爲國際戲碼活生生的一幕。

「美國至今有多少年歷史了？」雙方進行開幕演說時，赫魯雪夫語氣不悅地問著尼克森。「150年」，尼克森答道（其實應該是183年）。「那麼，我們就可以說美國這個國家已經存在150年，眼前所見的一切也就是美國如今達到的水準。我們至今不過存在了42年，而七年之內，我們就會達到與美國相同的水準。當蘇維埃趕上美國，進而超越美國時，我們會記得向你們招招手。」面對赫魯雪夫的攻擊炮火，尼克森只能報以緊張的微笑。特意嘲弄「被奴役國家」指控的這位蘇維埃領袖，環顧四周忙於爲會場做最後整修的男女工作人員，大聲問道：「你們知道此人是誰嗎？他就是美國副總統。他說你們是奴隸。你們是奴隸嗎？」

就像是剛拍完第一場戲的演員，他們兩人立刻盯著彩色電視螢幕上自己剛才的表現。尼克森很失望，赫魯雪夫顯然對他極盡欺凌之能事，不過仍有不少機會可以讓他扳回一城。在巡視會場中的現代化廚房設備時，這位驕傲的副總統抓住機會宣稱，這類廚房安裝了許多可減輕美國家庭主婦工作負擔的電器設備。對此毫不感興趣的赫魯雪夫立即接口說道，蘇維埃從不將他們的婦女侷限在廚房之內，況且這些新穎的發明不過是些小玩意兒，既無必要，而且絕對是故障容易修理難。「難道你們就沒一種可以將食物送到嘴裡，再將它推進肚子裡去的機器嗎？」

愈挫愈勇的尼克森表示，在美國，價值14,000美元的房子就有這種廚房設備了，美國的一般勞工都負擔得起。赫魯雪夫對此嗤之以鼻：「這種房子頂多住不到20年，屆時建商又要蓋新房子……我們則是爲子孫建造堅固的東西。」不過最後下結論的是尼克森（及資本主義）。此行活動結束之前，尼克森對蘇俄人民發表一篇30分鐘未經修剪的電視演說，此外，他也不負百事可樂高層主管之所託，誘使赫魯雪夫在鏡頭前擺出啜飲百事可樂的姿態。

1950年美國農村人口：4,393,000人。
1960年美國農村人口：2,780,000人。

對美國人民而言，50年代的歲月是一段身心遭逢巨大轉變的時期。家庭生活改變了。原本的鄉居人民成爲都會人士，如今再搖身一變而成爲郊區居民，都會區的觸角向外延伸，並且彼此連結，就像併立的路樹彼此的樹根盤根錯結一樣。工作形態亦有改變，在1950年與1960年之間，受雇於辦公室與商家的人數，超出從事手工製造與操作工廠機械的人數；而受雇於大公司的的人數也超過了個體戶。甚至連原本是國家經濟支柱與自信象徵的農民，也都離開昔日相依的土地，加入通勤族的行列，原來日日親撫土壤的雙手，如今十指飛躍於「可樂娜」打字機的鍵盤之間。購物方式也改變了，促進了連鎖商店和郊區購物中心的興起。超級市場取代了雜貨店；麥當勞開始攻佔速食餐廳市場；而假日飯店也使得市區飯店落伍過時。甚至連養兒育女方式都改變了，不和父母親同住一起的年輕媽媽，大多依照專家的建議育兒，50年代的爲人母者從班杰明．史波克所著的《育嬰育兒常識》一書，找尋從換尿布到哺餵母乳的各項問題的答案（但他又一再建議，應該多依據自己的直覺，而不要一味遵從新的科學方法，令人有受騙之感）。

戰後經濟持續繁榮，但是使經濟一路向前衝的不只是更大更好的產品而已，花招百出的銷售手法才是最大功臣。50年代的人重拾20年代的人所遺留下來的東西，其中有許多是20年代的表徵——誘人的廣告手法、信用消費的吸引力、活潑的大眾文化——在50年代捲土重來，而且氣派更爲恢宏。如果說20年代有收音機，那麼50年代就有電視。20年代聽爵士樂，50年代聽的是搖滾樂。20年代修築馬路，50年代建造的是州際高速公路。20年代的消費者購物付現，50年代的消費者刷卡購物。造成此一新經濟形態的守護神，正是20年代通用汽車公司的總裁艾佛瑞德．史隆，他的行銷創意能說服已有汽車的人相信，儘管舊車依然性能良好，他們仍有必要每年買一輛新車，進而無中生有的創造出數

美國人民較以往更早結婚，並更快擁有下一代，使得出生率在這十年中期達到20世紀的高峰。

量可觀的消費者——此一手法操控著美國商業。

在50年代，新的市場一天一天被開發出來，藉著輕快的旋律，或更可能是經由嶄新的電視廣告（電視這種家電用品可以用來銷售其他家電用品）。社會學家大衛・波特說，廣告已成美國的一種體制，作用和學校、教堂、市政廳等相同，其對人類行爲的影響力甚至有過之而無不及。

讓更多人分享美國經濟成長所帶來的豐收成果，可以用來做爲和蘇維埃對抗的有效宣傳。在所有的交易行爲之間，在都會生活之中，以及在公司組織的運作中，洋溢著一種愛國主義的氣氛。健全又強大的美國經濟本身就是西式理念至上無儔的最有力證明，其說服力比冷戰時期所有政客和軍事將領加起來的力量還要大。而擁有時髦電氣化設備的快樂郊區家庭，則成爲對全世界的活廣告，「來加入我們！」的口號在他們身後錚錚作響。

隨著郊區生活日益富裕，50年代也隱藏著一股逐漸形成的反叛暗流。富足的社會啓迪那些被剝削者站出來，爭取更多的權益。冷戰競賽引起某些人質疑，一向標榜民主爲其優點的美國，是否曾以相同標準仔細檢視其自家門內？假如世界眞的唯美國馬首是瞻，那麼問問1960年代的得勢者，美國是否爲最好的領導範例？而且，假如這個國家的存在不容他國小覷，它是否應該以行善的和平義工，而非以戰爭者之姿出現？這些都是眼界開闊的年輕人，及其方興未艾的青年文化的想法。其中一名年輕人入主白宮成爲美國有史以來最年輕、最出色耀眼的總統，這個國家在理想主義的熱情中，進入另一個新的十年。

「那段日子裡，相對於周遭氣氛，即使是溫和批判型的人都當會被當成一頭猛獅……當時，各種政治信仰與社會背景的人都在尋求慰藉與要求接納；高爭議性的人被視為是騷動來源，原創力就是不穩定的標誌；這有點類似聖經上的寓言，平庸的人領導平庸的人。」

經濟學家約翰・肯尼斯・高柏賴斯

人口的遷移使得許多美國人民移居郊區，替全美帶來一股新鮮的生活方式，這可能是無法避免的趨勢。數百萬的人們如今住在郊區，遷離狹小的都市公寓，擁有一個家，一塊地，還有院子裡的盪鞦韆。他們所遠離的的城市已趨破敗；缺乏新建築的都市讓人們覺得像是，或者根本就是一個已逝文明的殘留廢墟，因爲，未來是郊區的天下。諸如1940年代末期興建的「李維鎭」，其住宅更大更寬敞，不僅樣式豐富，色彩耀眼，而且鄰近新興的購物中心，這些購物中心經營所有民生必需品的零售與服務（當然，也有一些非必需品。）

感謝大戰後經濟的蓬勃發展，當然也拜保障最低工資和所得稅制改進之賜，將所得重新分配，中產階級快速地增加。許多美國人是頭一次享受成功的果實：健康保險，假期，存款戶頭，以及擺脫房東的自由。他們在市郊過著滿足適意的生活，在寓有伊甸樂園之意的地方定居，諸如「森林公園」、「維多利亞森林」、「長春嶺」、「水晶溪」等等。遠眺加州綿延不斷的郊區，一個接著一個，所有的加州夢，無論是工作、金錢或生活，

50年代理想的婦女生活重心就是做個好主婦，好母親，以及摯愛的妻子。她們通常都被孤立在市郊的社區生活中，如圖所示，婦女相互依靠，並藉著電視進行社交生活與打發時間。

似乎都在吸引人勇往直前。

在美國各地，市郊已是一個宜人居住的新所在，不但提供了生活的新方式，而且重視開放（例如許多住宅有大片玻璃窗）、安全、一致與歸屬感。可能因爲有些市郊新社區是過去不曾有過的，往往又離最近的都會中心有數哩之遙；也或許因爲其中許多居民遠離了父母與祖父母，在無人熟識的社區展開新生活；抑或是因爲他們本身的情況即屬於過渡性質，爲了工作必須在國內到處奔波，因此他們必須快速地讓自己融入新環境，必須重視社交的技巧。依照社會學家大衛・芮斯曼(他是最先探究此一現象者)所言，這些人重視「他人導向」甚於「內在導向」，重視與人融合甚於個人的特立不群。郊區居民加入母姊會，舉辦介紹直銷物品的派對，並且舉行政治餐會（大部分是共和黨員）以募款拉票。他們不重隱私（一般的房子的樓層平面圖都沒有設內門，而把內門的空間省下來做爲浴室之用），同時對於不合社會規範的言行舉止不以爲然。

「一個新發明，讓無事可做的人們看那些什麼也不會做的人。」

廣播喜劇演員佛瑞德亞倫對電視的描述，電視加速終結他的廣播節目。

芮斯曼視此爲美國文化的一個顯著（也是令人遺憾的）轉變，個人風格與企業家精神等傳統價值遭到排斥，強調集體和諧感的文化特色成爲主流。人類的動機已由自我轉向群體，而以分享價值、分享經驗（芮斯曼將郊區比擬爲小型學院中的兄弟會社團），藏起種族歧異的事實，信奉共同

在郊區創造新生活：「咖啡聚會」與「假日插國旗」

1953年，我先生約翰和我住在麻州。我婆婆在報上看到一篇文章，其中提及「李維鎮」的市郊社區，社區裡有五座游泳池，以及教堂與學校的預定地。由於我們當時對未來也沒有什麼具體的計畫，在婆婆的鼓勵下，約翰與他的一些家人便搬入那個社區，他看中了一間房子，我們就住了進去。一切都這麼簡單，社區裡已經萬事俱備，就等著我們去使用。

搬入郊區委實是個冒險歷程，我們雇了一台卡車載運家具，從波士頓開了12個小時的車，我坐在卡車前座，腳邊堆著盆栽，兒子坐在我腿上捧著金魚缸。我們住得太遠，所以無法在搬家前就先把新家內外都打理好。事實上，我們甚至還沒跟新房子照過面呢。我們從後門進去，結果花了5個小時才從後門走到臥室，因爲一大堆推銷員在歡迎我們，他們賣的產品從防颱玻璃窗到尿布都有，在我們把家具悉數搬入後隔天，新家便裝潢就緒了。

郊區生活首重和鄰居建立濃厚的情感。我們的市鎮眞可謂賓州、紐澤西洲與費城居民的大熔爐。我們彼此團結互助，由於親戚朋友都遠在天邊，只有跟近在眼前的鄰居傾訴心事，才不覺得那麼孤單。大家的年齡相仿，穿著相同的衣服，想的事情也差不多——不外乎養家、養孩子、找工作等等。若有困難，總是可以從鄰居那兒得到幫助，主要是因爲我們都是自個兒一家人搬來此地居住的。

婦女最重要的工作就是煮三餐、讓家裡窗明几淨、教養孩子並照顧丈夫。這是非常容易的，眞的，雖然我們都有那麼一點點寂寞。社區的聚會很多，大約早上10點，我們就會坐在戶外享受咖啡聚會，並一邊看顧在我們四周奔跑的孩子們。有需要時，我們也會替別人家照顧孩子。家庭說明會派對也不少，雖然都是在推銷東西，但仍將大家拉近不少。

郊區是養孩子最好的地方，而孩子則是我們生活的重心。統計數字顯示每家至少有兩個半小孩，我們剛搬到這裡的時候，這裡只有三位產科醫生。隨著出生率的上升，產科醫生的工作時間經常延長到凌晨2點，我們的醫院與醫療中心也擴大了。我們遵循史波克醫生寫的育兒指南，並常常彼此意見與經驗。偶而，我們也會參加一些有關如何育兒的研討會。所有商店的貨品也以兒童爲主要對象。「孩子需要些什麼？」以及「父母會買些什麼給孩子？」往往是這些商店思考的重點。

電視也幫忙我們照顧孩子。你可以讓孩子坐在沙發上看電視，然後自己就可以去弄晚餐，電視可以教孩子一些我們所不能教孩子的東西。電視是家裡資訊來源的神奇盒子，同時也是我們與外在世界的聯繫媒介，當然，也提供我們日常的娛樂。我們家喜愛戲劇、綜藝節目與喜劇片。有時候上湊巧碰到全家喜歡的節目，我們就會取消約會或是外出活動，這是我們全家「一定要做」的事。

現場直播的電視節目提供許多好玩的情節。一些意想不到的穿幫鏡頭，成爲我們日常生活的笑料；有時電視畫面的忽明忽滅，還有攝影人員爬在地上布置轉播現場，被攝影機一併攝下，在螢光幕前播出的烏龍畫面，都成爲我們生活裡記憶深刻的一部分。

那時的人要較以往更加愛國。每逢假日我們總是讓國旗飄揚在家家戶戶門前。而且大家在國旗的尺寸上還會互相競爭，某家掛出了某種尺寸的旗子，我們就會想辦法弄到一面尺寸更大的。除了假日之外，生日、周年紀念以及任何一個聚會的日子，美國國旗總會飄揚在我們家門之前。我覺得，愛國主義就是一種對國家的愛，而對國家的愛就是對家的愛。在那個年代裡，我們所努力追求的，不外是在一個美好的國家中擁有一個美好的家。那時幾乎沒有任何憂慮，我們買得起自己的房子，我們也買得起孩子們的衣服，而且幾乎每個人都做得到。那眞是美好的生活，那也是我們所經驗到的美國夢，而且我們是第一批經驗這個美夢的一群人。

——哈麗葉特·歐斯朋，生於1928年，終其一生都在「李維鎮」社區扮演一個積極活躍的角色，她在當地報社工作長達32年，先後擔任廣告秘書及會計經理助理職位。她亦是社區圖書館的創始成員之一，該圖書館最早位於社區藥局的地下室。她亦參與許多社區活動，包括「李維鎮」社區25周年與40周年的慶祝活動。她的兒子法蘭克，正是她口中所謂的「『李維鎮』第二代居民」，目前他與妻子住在與自己成長之地相鄰不遠處。

上圖：歐斯朋一家人——約翰、哈麗葉特、以及他們的兒子法蘭西斯，攝於1955年耶誕節。

下圖：1956年夏天，約翰·歐斯朋正站在家用旅行車後檢視露營用具。

的信仰等形式出現。（「信奉上帝的國家」之語在1954年添加於宣誓所念的忠貞誓辭之中，而一年之後，「我們信仰上帝」的文句則可見於美金紙鈔上，這並非巧合。）

在50年代，工作場所需要比在家中更多元化的技巧。當美國人開始爲大型、不帶個人感情的官僚系統工作時，小型企業便消失了。不僅區域性的店家讓位給連鎖商店，勞工數目也不斷增長，在在都顯示，勞工係聽命於企業體中其他人的指示而工作，而此企業體其實是由他們這輩子可能永遠也沒機會見到的某人或一群人所控制著。這種新的白領雇員說來好笑：

他們搭著火車通勤（或開著50年代風行的大型汽車上班），身穿灰色法蘭絨西裝，努力工作以求增進公司與自身職位的利益，而且在團體中永遠不質疑權威，處處以公司的大目標爲優先，個人的願望擺在後面，而換得的是持續過著富裕生活所需的銀兩與保障。

1956年，美國首度出現白領階級人數超過藍領階級的情形。大型的企業似乎影響到員工生活中的每一個面向——從發給公司專用領帶，到訓練年輕主管配偶使其成為得力助手。圖為企業人事主管在密西根州立大學面試大四學生。

美國經濟發展過程中的一項重大轉變是新企業的崛起。要取悅他人，要擁有表面上和別人一樣的享受，要與人和諧相處，這些都是此一年代社會所講求的重點原則：由視工作爲生產行爲，轉而成爲視工作爲操控需求的行爲。對於50年代商人來說，關係重大的不再是產品本身，而在於商品的銷售數量上。研發產品者的重要性已被行銷人員所取代——恰好來得及利用一個令人興奮的新興媒體。

電視在二次世界大戰爆發後不久問世，閃爍的黑白畫面上，等距間隔的白色條紋在眼前飛馳而過，觀眾有如隔著百葉窗來看事物一般。這倒無妨，大部分的人仍視此一媒體爲一奇蹟。即使平均每架電視機售價500 美元（當時一般家庭年收入平均還不到3,000美元），到了1960年時，已經售出了700萬架電視，況且其中有許多購買者是住在連電視台也沒有，根本無法收看節目的地區，但大家仍樂此不疲。

電視有一股令人無法抗拒的魅力，雖然當時鮮少有人知道未來電視將會變得如何重要（理查．芮夫斯曾寫道：「其實它不只是個新媒體，更是一個新環境，就像天氣一樣與我們長相左右），但在電視事業飛黃騰達時，大家都希望自己也能躬逢其盛。 早期的電視品牌只有「哈第杜第」與「世界系列」，但是直到長方形的陰極管的品質在1950年趨於完美，以及杜蒙與飛哥牌在1953年降價到大約200美金一台時，美國才真正邁入電視時代。到1960年時，在美國民間總計已有超過4,500萬台的電視，不僅在郊區住宅的起居室內，甚至在內陸城市的

新企業文化：

「聽起來響叮噹的頭銜」與「為了生活的工作」。

我大學畢業後的第一份工作是在波特蘭天然氣與焦煤公司做事，起薪每月500 美元，在1958年，那是相當豐厚的酬勞。當他們雇用我時，我太太非常高興，因爲從此生活基本花費無憂，而我自己很高興能在一個持續成長的大公司裡工作。在我們那個時代裡，當你決定找分工作時，就意味著要將自己的一生都貢獻給那家公司，我也不例外。我對自己的工作以及那聽起來響叮噹的頭銜，記得好像是行銷研究助理之類的，感到十分興奮。

崔許塞（右四）攝於1959年波特蘭天然氣與焦煤公司會議上。

——傑克．崔許塞生於1931年。後來，他又與前妻莎莉結婚，為了抗拒「公司文化」的壓力，決定舉家遷居倫敦，並轉任艾克森石油公司（世界最大的石油公司）。他們全家於1973年返回波特蘭，崔許塞也回到波特蘭天然氣公司工作，當時該公司已更名為西北天然氣公司。如今他在波特蘭市郊過著退休後的生活。

進公司的第一個月我們都在職前訓練，很不幸的，我有點兒被公司的文化給嚇到了；原來大家都沒什麼效率。當時我剛畢業——眞得是興致勃勃、一心想貢獻自己所有的行銷技術，可是在這家天然氣公司裡，沒有人眞的在做事。我眞的開始上班的第一天就被引見給一位行銷主管。他是一位40多歲的高大英俊男士，看起來卻像個執行人員。當我們的上司跟他說：「傑克今天要跟著你實習一天」時，他的臉上表情有些不悅。我們開車四處逛逛，喝個咖啡休息好一陣子之後，他看看手錶說：「喂，我今天下午有一堆事要處理，有點兒私人性質的事，咱們今天就告一段落。我看你現在就可以回家了，反正也沒人知道。」這就是我上班第一天的工作情形！我開始注意這個傢伙，他每天早上8:30都會開個行銷會議，10點鐘就拎著公事包大跨步走出辦公室。每個人都在心中暗嘆：「這個人眞是標準的行動派——現在他又到市場上去攻城掠地了。」後來才知道，原來他同時替兩家公司做事，他一直瞞得天衣無縫的，直到有一天，他兩個老闆同時出席一個雞尾酒會，才東窗事發。

這的確是個非常極端的案例。但是公司例行作業也確實是十分悠閒，中餐都要喝兩杯馬丁尼配飯。我們管理階層的員工每天都會喝個幾杯，多喝兩杯也無妨。由於我的老闆是阿靈頓俱樂部的會員，這個俱樂部只收男性會員，每個禮拜都會帶我和其他行銷人員去那裡吃個幾次午餐。我們常去酒吧，而且每次一過了12點後，吧檯裡就會有酒保飛快地幫客人調酒，我們午餐的時候也是在談公事，但是幾杯馬丁尼下肚後，這些聚會能談出什麼名堂來，大家也都心知肚明。有些人一直到下午4點鐘才進辦公室，匆匆看過電話留言就準備投入晚上的「歡樂時光」。我猜想，喝酒在他們眼中代表男子氣概與世故。而且，只要你午餐不喝酒，晚上也不跟管理階層的同事出去鬼混，保證你變成公司裡的黑五類。炒鱿魚是不至於，可是人家就會覺得你「不懂得作人」而將你摒斥在外。

在公司裡也存在一種順從的氣氛。我們的服裝規則相當嚴格，員工應穿著保守的西裝，配上保守的領帶、白襯衫，以及擦得晶亮的皮鞋。辦公室裡的每個人，至少年輕的一輩，都有一套灰色法蘭絨的西裝。我自己就有兩套。穿格子花紋的運動外套上班絕對無助於升遷。若是上班沒打領帶，則會遭受非議。可是，當時，我也不介意這些服裝規定與飲酒習慣。我只是想，大多數人都喜歡穿得差不多，然後遵從某種（如，飲酒）的社會風俗吧！

辦公室裡都是白人男性，當然，女秘書都是因爲面貌姣好而雇用。當時，我們會在報上的徵才廣告裡明講：「年18－30，富魅力」，即使廣告沒有特別說明，但是應徵者一定是白種人。事實上，有一段時間，我在公司的管理部幹主管，手底下管了一個辦公室經理。他是個囉嗦的老古板，而他工作上最大的樂趣，就是挑出自己覺得最適當的人選來當女秘書與助理。他會面試約20位應徵者，依照我的指示挑出三位，再交給我進行最後一次面試，而我只要從中再挑出長得最漂亮的就行了。

我想，如果你打算在此特殊的商業組織中擔任秘書或職員的話，心裡就要先了解這一點——一定要識相地在公司的派對中玩得很盡興。秘書不參加公司派對，就太不上道了，當然，這樣的事從也來沒有發生過。公司有很多聚會不會邀請職員妻子參加，尤其是耶誕派對，通常在耶誕節前最後一個工作天舉行，大多是在耶誕夜，所以在那一晚我們不會跟家人共度，反而會待在公司的狂歡派對裡胡鬧。收假上班的第一天，男人就會互相比較自己上了多少個女秘書。

在這樣的環境工作一陣子後，我太太就開始跟我吵架，我得不斷地辯解這種生活方式。午餐以馬丁尼下飯，歡樂時光，公司派對似乎是理所當然的。我多次獲得晉昇，對此也頗爲沾沾自喜。公司還給我派了一輛雪佛蘭，我也喜歡每天下班後跟與我職位相當的同事，去酒吧去喝到三更半夜才回家。我總是對我太太說，我要是個賣鞋子的，就不必這麼辛苦了。「但是，」我說：「正因爲我不是個賣鞋子的，而且我賺得比賣鞋子要多得多了，所以，我得過這種日子，妳就只能忍著點兒了。」

儘管如此，八年的歲月下來，我還是準備離開這個公司。我太太早就跟我分手了，我的老闆長期酗酒，而且越來越嚴重。他指定由我保管公司的酒櫃，還挪用一大筆公款買他自己一個人喝的酒，我雖然知道紙包不住火，也不曉得該怎麼辦。當時正好有個公司找去我去國外工作，我就過去上班了，儘管別人覺得我對公司不夠忠誠。可是，現在回顧前塵，我想，只有非常「性格」的人才能抗拒這種公司文化，而且還要有相當的道德勇氣，勇敢的說：「我不參加耶誕派對，因爲我要和家人共度平安夜，而且我也不要搞我的女祕書。」可是這麼一來，你在公司的前途就完蛋了。雖然我道德勇氣不足，但是至少我走的時候是開開心心的。

酒吧中，都可見到電視的蹤影。（吧台調酒師甚至抱怨，客人們因爲太專注看電視而沒有足夠的時間喝酒。）

美國電視節目的拍攝與製作往往迎合白人中產階級的口味。以少數民族與勞工階級爲對象的廣播節目，例如《我懷念媽咪》與《金堡》，在改製成電視節目後都不受歡迎；以郊區生活爲背景的戲劇，例如《爸爸最清楚》與《奧茲與哈瑞爾探險記》，則廣受歡迎。此外，《我愛露西》極受歡迎，其中德西・阿納茲飾演古巴裔的歌舞團團長瑞奇・李卡多，而露西鮑兒則飾演他那少根筋的紅髮妻子，故事場景發生在紐約的一棟公寓裡。有一陣子的劇情是露西想到長島或康乃狄克州過更悠閒的生活（在此影集的最後一季，她和瑞奇終於搬到康乃狄克州，而且把好友墨茲一家人也拖去了）。

在喜劇方面，廣播和電視也是不同的。廣播注重文句辭藻，使得「乾笑話」大受歡迎，這是喜劇演員傑克班尼與佛瑞德亞倫所最拿手的。相較之下，電視則著重於聲光視覺效果，較適合舊式歌舞、雜耍或鬧劇的演出。喜劇演員米爾頓柏爾在加入國家廣播公司電視網之前表現庸庸碌碌，加入該公司後卻成爲極受歡迎的電視明星。《今日秀》在節目主持班子中加入了一隻猴子演員「馬格」後，吸引了許多觀眾。還有，臉部表情變化萬端的瑞德史凱頓、錫德・席撒、伊摩金柯卡以及露西鮑兒等人，使得喜劇演員大受歡迎，電視賦予了這些喜劇演員在廣播中無法擁有的事業。

《我愛露西》電視劇集空前的成功，某些單元播出時有多達4,500萬人收看。此劇有一種結合現實與娛樂的特色。在現實生活中，阿納茲與鮑兒也確實結爲夫婦，當露西懷孕之後，她的孕期狀況便成爲編劇的題材（雖然她隆起的腹部常被遮掩住）。觀眾也將這對夫婦螢幕上的一切當成是他們的眞實情況，使得這對夫婦於1960年眞的離了婚時，大家只當是螢幕上的瑞奇與露西分手了。那時，美國民眾在扣除睡眠時間之後，每天花三分之一的時間看電視，而且許多人對電視劇情的關切，超過對親戚朋友的關心。

在播映的第一年底，即有3,000萬以上觀衆在每周一晚間收看CBS的《我愛露西》。上圖：露西・鮑兒，最受歡迎的電視明星之一。

電視令人眞假難分虛實莫辨，這正是電視的一個神奇之處。依據羅伯・休斯的說法，電影是「坐在一個富麗堂皇的地方，看著銀幕上巨星的演出」，因此觀眾永遠只會覺得那是另類眞實，絕不是自己的情況。但是自從電視入侵客廳之後（鮑伯霍伯把電視叫做「那個會回瞪你的家具」），卻帶來不同的影響，在一方小小的螢幕上，人們透過電視，彷彿經由一個窺視口看著某個地方，有某件事情正在發生。

當然，重要的是，人們一直在看。新媒體與舊媒體最大的區分在於，電視有畫面而收音機則沒有。在30與40年代，家庭成員圍繞著收音機坐在一起收聽晚間節目，白天不管是在打掃房子或做別的事情，他們也隨時隨地可以收聽想聽的節目，收音機只要求聽眾聆聽，留下廣大想像的空間，而電視還要求大家用眼睛觀看。

這種差異有相當大的意義，因爲這代表人們爲了看電視必須放棄許多的東西，才能坐在電視機的前面。即使在50年代電視剛起步時，觀眾已開始依照電視節目時間表來安排他們的生活作息。有一項研究顯示，在最受歡迎的電視節目播出廣告時，沖馬桶的頻率最高。雙聖公司注意到，電視已經破壞了美國許多家庭的用餐模式，於是在1954年推出了所謂的「電視餐」，這是一種冷凍的個人餐點，密封在一個小托盤上，可迅速加熱，端進客廳食用。

賣電視的人以看電視可讓家人團聚一堂、增進和樂氣氛作爲行銷訴求，他們強調，看棒球比賽、歌舞劇或電影都要離家才能進行，但是電視卻將一家人維繫在家中。而且電視也被推薦爲家庭的好幫手。有一家經銷商打出「和第二架杜蒙（電視品牌名）一起逍遙」的口號，主張做父親的需要獨自「好好休息」，而當父親在享受他獨處的光陰時，做母親的則可欣賞她喜歡的節目，獲得一些服飾和烹飪方面的新點子。

50年代大部分新推出的電視節目都以年輕中產家庭與兒童為目標。一位電視台經理說：「我們要緊緊地盯住特定的觀眾……年輕的家庭主婦通常有兩個到四個孩子，他們都要買衣服、食物、肥皂、家用品等等。」

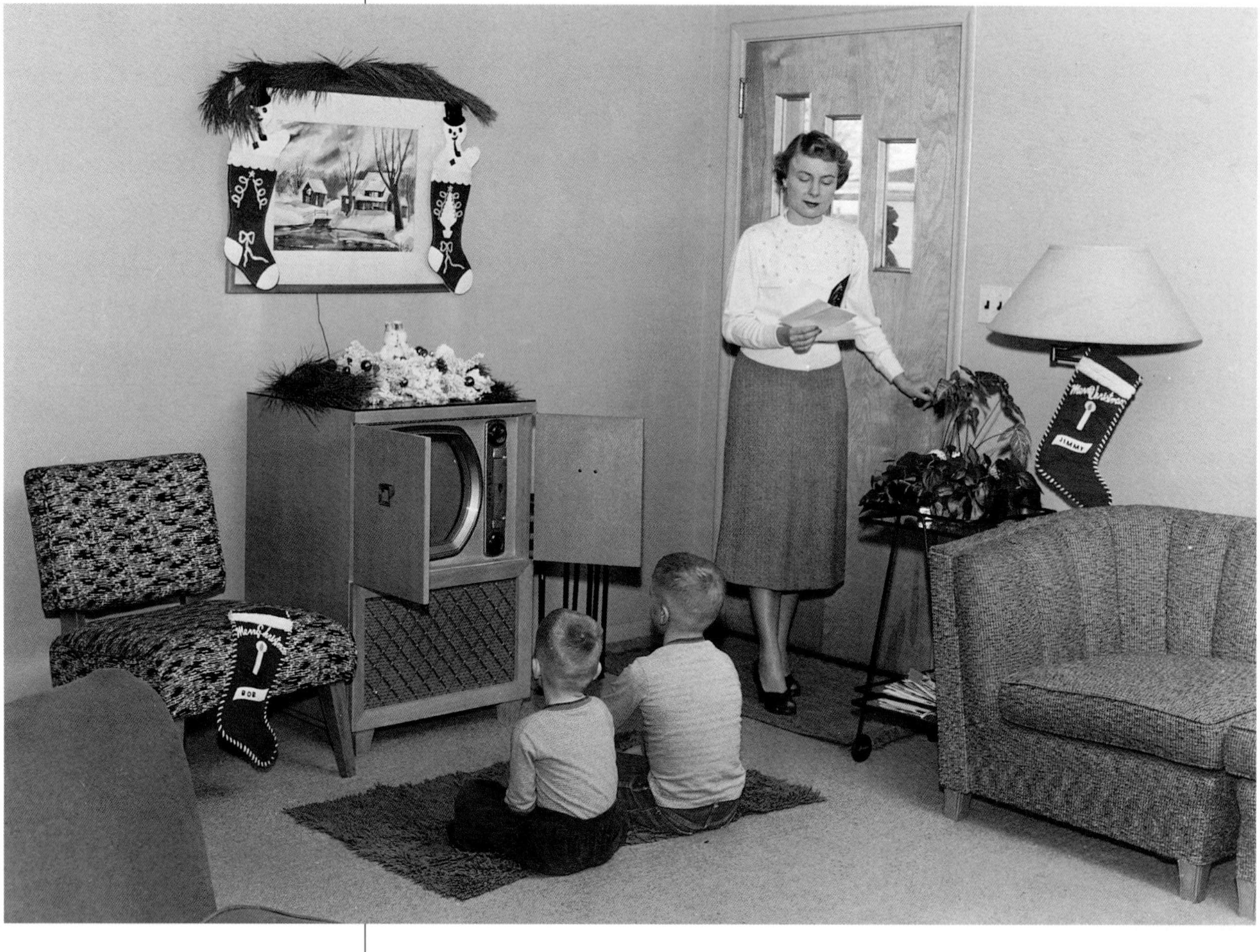

為早期的電視節目撰寫腳本：

「我們希望觀眾可以從我們的演出中看見自己，並哈哈大笑。」

50年代的人們之所以那麼喜愛電視，我認為那是因為電視與人們有關，電視上的情節會的讓他們聯想到自己生活中的片段——出去約會或是去看秀啊什麼的。那也就是《秀中之秀》成功所在。我們都會以一般人的日常生活作為撰寫腳本的題材。我們經常用發生在自己周圍的事當腳本，因為是親身經歷，所以自己知道要演些什麼，而且會立刻引起觀眾的共鳴。寫電視腳本一定要與人們有關——那些必須排隊的人、必須找停車位的人，感覺自己就在與人們溝通。

大部分的時間我們只能撰寫自己的經驗。由於我們每周都要播出一個半小時的秀，所以，一定要有新的點子與可一再使用的構想。如果原先我們用的劇情不錯——比方說講一對夫妻如何如何，我們就會一再推出類似的東西，這樣至少每次要寫腳本的時候，可以找到開頭。所以過去累積的成功經驗也相當重要。有一次，我和編劇們到一家熟食店用餐，當時店裡擠到不能動彈的地步，我們的桌子與廚房僅隔一道活門，我在吃三明治的時候，「砰！」那道門就在開關之間，狠狠地撞上我的背。我們把這件事寫進下周的劇本裡。有個傢伙坐在廚房門邊的桌子上用餐，每次服務生推門上菜，他就被那道門撞得七葷八素的。就這樣，我們的腳本都取材於自己的親身經歷，希望觀眾可以從我們的演出中看見自己，並哈哈大笑。

左圖（由左至右）：卡爾·瑞尼、錫德·席撒、及霍華·墨理斯在《秀中之秀》節目的表演片段。

——錫德·席撒，1922年出生於紐約。剛開始他是個音樂家，於茱莉亞音樂學院專攻薩克斯風與單簧管，並在各大樂團裡演奏，後來才轉為喜劇演員。在夜總會與百老匯成功演出《創造我的曼哈頓》之後，他開始了電視生涯，與衣魔靜·可卡在50年代的重要節目《秀中之秀》與《席撒時間》中搭擋演出。在參與19部電影演出後，他於1989年返回百老匯，演出《席德·席撒與伙伴》。現定居加州比佛利山。

《秀中之秀》有最佳的編劇與製作人。由左至右：梅爾·布魯克（編劇），梅爾·托肯（總編劇），哈爾·范尼斯（NBC代表），錫德·席撒，派特·威佛（NBC電視總裁），以及馬克·哈里斯（錫德的化妝師）。

有一天，當我們在排練的時候，我的秘書進來告訴我說：「席撒先生，愛因斯坦博士想跟您講話。」我壓根兒不相信這種事，我就跟大夥兒說：「好啦！不要再開玩笑了，我們得繼續排練，我們進度要落後了，不准再開玩笑了。」

但是她說：「不，不，不，席撒先生，愛因斯坦博士……」

我只是跟她說：「嘿！不要再開玩笑了！拜訪，別鬧了，現在已經沒時間了。」

可是，她非常堅持。她說：「我沒有開玩笑。那真的是愛因斯坦博士的助理打電話來，說愛因斯坦博士很想跟你講話。」雖然我還是半信半疑的，也只好回去辦公室接電話。話筒一拿起，是一位女士的聲音，她說：「愛因斯坦博士想跟您約個時間聊聊天。」我非常驚喜，差點兒連電話聽筒都拿不穩了。愛因斯坦想跟我聊聊？我是說，他怎麼會知道我是誰呀？當你在電視節目裡演出的時候，自己不會覺得有觀眾在收看你的演出。更不要說是愛因斯坦了。這簡直就像是哥白尼打電話來說：「我想跟你聊聊」一樣。我是說，我該跟他講什麼？「嘿，我想你這邊搞錯了，E不等於MC平方，應該是EM平方……」你說，我能跟他講什麼？我想，我只能像個小孩兒一樣坐著聽他講話——而與他共處一室，唉喲，我的天哪。

愛因斯坦顯然非常喜歡我演的角色——「教授」，稍後，我才知道愛因斯坦都把那個「教授」稱做「小丑」。這位教授角色愛吹牛，說話帶著濃濃的德國口音，而且喜歡裝出一副無所不知的樣子。我們在劇中都會拿一些再平常不過的問題問他，譬如說，「食物」。他就會長篇大論、嘮嘮叨叨地說：「食物很重要。食物的組合更重要。假如你吃通心粉配肉丸子，這就是完美的搭配。通心粉會說：『嗨，這是我的好朋友肉丸。我要把你團團圍住，一起共度好時光。』可是，萬一你吃冰淇淋配醃黃瓜，他們彼此互看不順眼，就會一路幹架到你肚子裡去……」。愛因斯坦喜歡我所扮演的這個角色，我感到非常非常的得意。

令人遺憾的是，在我尚未正式拜訪他之前，他就已先離開人世。差不多一年之後，我在哥倫比亞大學發表演說，當時有人在會場攔住我，問道：「對不起，請問是席撒先生嗎？容我自我介紹一下，我是羅伯特·奧本海默。」我們倆人談了一陣子，隨後他說道：「愛因斯坦很喜歡你，他生前總是一再講到你。他很想與你見上一面。他說他已解決物理上的相對論，而他想和你談談有關人性上的相對論。」我驚訝得無言以對。之後我們彼此握手，他便離開了。愛因斯坦對我的賞識令我銘感五內，這也是我一生中最美好的一刻。

然而，電視上播出的廣告，要比推銷電視的廣告更具革命性。之前從未有如此死忠的觀眾，而且，如同作家艾爾·索瑞斯指出的，之前從未有過如此完美的銷售產品的方式，電視可將廣告人的創意發展到完善無暇。汽車可以實際發動，像隻小貓般發出呼嚕聲，閃閃發亮有如剛打造好的銀器。洗衣機也從不溢水，衣物洗得乾乾淨淨，令媽媽對著潔白的衣物微笑不已。一碗穀物早餐就可讓吵鬧不休的小孩立刻安靜下來。汽水永遠是充滿了嘶嘶作響的氣泡，冷凍食物一旦解凍加熱馬上有如行家美食，而吸塵器則使所有的地毯看來乾淨如新。

以往的廣告只能去描述產品，但是現在觀眾卻能透過電視，實際地看到產品，嚴格的說，是看到電視上呈現的產品。此外，電視極受人信賴，人們總是輕易就接受經過精心設計的推銷噱頭所呈現的電視影像。萬寶路香菸廣告中的男人粗獷獨行，和衣鮮履潔、蜷縮在公司溫室內的多數男人截然不同，這種形象深植在上班族男人的心中，令他們相信抽某個牌子的香菸可讓他們重拾男子氣概與魅力。可麗柔洗髮精的廣告則針對操勞過度的爲人母者，建議她們只要使用立即見效的潤絲精，就可立刻回復青春，讓鄰居及親友發出：「這是她嗎？眞的是她嗎？」的驚歎！美國人民現在過著由電視居間中介的生活，被這種溫柔（或者並不怎麼溫柔）的廣告所干擾著，讓他們對生活有特別的需求。

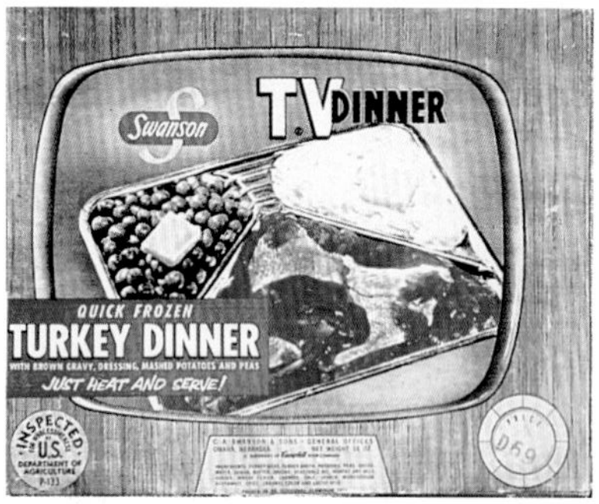

雙聖的電視餐，標榜將火雞肉、玉米麵包淋醬、肉汁、豆子以及甜洋芋等全都放在一個設計成類似電視機的包裝袋中。到了1955年時，這家公司增加了其他三種前菜，一年可賣出2,500萬份電視餐。

知識分子擔心電視會對社會造成影響，會使閱讀人口減少，並使文化低俗化。他們認爲文字已成爲影像祭壇上的犧牲品，而孩子們爲不斷變化的聲光畫面感到興奮不已時，還會走回寧靜的書本世界嗎？那麼多的人花那麼多的時間在被動的接受資訊，談話的藝術能不萎縮嗎？究竟是什麼使銷售花招不斷翻新，像是唸經一樣一直在全國大眾的耳邊絮叨不休？或者是我們已經屈服於粗俗的唯物主義了呢？有些論者擔憂電視將會擁有等同戰時宣傳的那種威力，萬一被不良的勢力所利用，會不會引導民眾走入歧途，就像是納粹的宣傳使德國人盲目效忠希特勒、爲他所驅使那般？

問：「你看電視的房間應該暗得像個電影院嗎？」
回答：「決不！」

早期的電視銷售廣告

其中有些人的看法有點異想天開。電視是有趣的東西，而且如果電視的主要功能是在刺激購買慾的話，那麼誰又能拒絕一個繁榮富裕的國家呢？也有論者指出，這種新媒體在促使全國上下團結方面貢獻卓著，是以一種呈現共識，而非強制劃一的積極方式調合鼎鼐。電視上播出的不全是垃圾，電視畫面讓人們看見其他人是怎麼生活的，並把文化介紹給人們，雖然那只是淺薄的大雜燴。對於許多勞工階級的家庭來說，他們在電視上所看到的「劇院」，可能是他們這輩子能看到的唯一「劇院」。無論如何，電視只是蓬勃發展的大眾文化的一部分，假如大家的感覺是膚淺輕薄，那隨著汽車變得更大、更時髦，也更昂貴，汽車廣告也變得更積極、更活潑、也運用更多視覺特技。例如下圖的福特汽車廣告的拍攝手法，即強調以汽車實現鄉居生活的夢想，汽車性能反而沒那麼重要。美國三大汽車製造商就是在這種廣告手法的推波助瀾下，1955年創下650億美元銷售額，佔國民生產毛額的20%。

電視黃金時期的廣告手法：詮釋任何商品優點的「完美媒體」

納德・道爾、比爾・伯那契與我在1949年6月1日成立了「道爾唐恩伯那契」廣告公司。納德和比爾在葛瑞廣告公司共事多年，當他們決意脫離葛瑞廣告時，便問我是否願意加入他們。在道爾唐恩伯那契公司裡，我們三人是緊密連結的鐵三角。擔任創意核心的伯那契曾說過：「沒有任何事物能夠離間我們三人，連標點符號都不能將我們隔開。」

我們公司最早位於麥迪遜大道，公司的辦公室就在頂樓；說是閣樓也行。電梯無法直接到達，大家都得再爬一層樓梯，因此全公司都是年輕力壯的小夥子，就連客戶也不例外，想要跟我們談生意，就要先爬樓梯。這樣也好，我們就是要找一群想要與眾不同的客戶，也就是說，我們的客戶必須得贊同我們的廣告理念，亦即不斷的嘗試及破天荒的創意。我們當然希望我們的廣告是在說實話，但在表現手法上，我們喜歡突顯產品訴求並吸引大眾的注意力。

我們的首批客戶之一，是奧爾巴哈百貨公司在紐約所有報紙上的廣告。我們深知大家不會無聊到爲了看廣告而去買報紙，因此必須藉著報上的文章，而不是報上其他的廣告來吸引讀者的注意力，來建立讀者的印象與產品本身的可信度，若讀者間或能嗅出其間所暗喻的幽默，那就更棒了。其中我們使用的一則手法，是以醒目的標題寫著「我恨死奧爾巴哈了！」圖片則是一條看起來很悲傷的小狗，因爲牠的主人總是急著去奧爾巴哈百貨買東西以致忽略了牠。

公司創立之初，主力放在平面廣告上，間或點綴廣播廣告。隨著50年代的到來，電視開始介入也徹底改變了一切。這種新媒體簡直無所不在，而且掌握人們的視覺與聽覺，不像收音機，只要管人們的耳朵就行了。沒有任何一家廣告公司敢忽略電視的力量。我們最早期的電視廣告是拍立得相機的系列宣傳廣告。當然，現場同步播出的電視廣告最適合拿來推銷這種隨拍隨得的相機。我們亦請不少名人如史提夫艾倫、蓋利摩爾與傑克巴爾在60秒鐘的電視廣告裡示範操作產品。由於是現場廣告，所以不能NG，我們也無法預防與控制突發狀況，有一次史提夫艾倫按下拍立得的快門後，照片卻無法顯影，眼看就要穿幫了。幸好，史提夫是應付這種突發狀況的專家了，只見他不慌不忙的對著鏡頭說：「這種照相機好就好在讓你馬上知道照片要不要重拍。」

另一位早期的客戶則是傑克・崔佛斯，他當時正在開發一種小型的共同基金。他亦是一位勇於嘗新的生意人。由於當時尙無任何其他共同基金經紀事業在電視上做廣告，所以，當我們提議做個60秒鐘的電視廣告時，他非常樂意配合。我們爲他製作的廣告中，最有名的是崔佛斯之獅通過地下鐵的驗票匣門。崔佛斯一直以這隻獅子做爲他的企業象徵，如今透過電視，大家就可以見到這隻活生生的獅子，以及聽到牠的咆哮聲。

整個50年代，歐洲還處於重建狀態下，而美國的公司卻是迅速發展壯大中，也提出了經濟理想。美國是全世界的主要供應者，因此我們的經濟也就全球化了。隨著美國公司不斷地向海外開疆闢土，廣告公司也必須跟得上這股潮流。50年代末期，倫敦、杜塞道夫、法國都有我們的客戶。除了美國海外分公司之外，歐洲公司也成爲我們的客戶，其中福斯汽車名氣最爲響亮。50年代初期，我們剛與福斯公司接觸時，美國沒有幾輛福斯汽車，那時汽車市場全是美國車的天下。福斯汽車以其車型小，售價低與省油而獨樹一幟。因此，比爾・伯那契便針對福斯車簡單、可靠、誠實與少見的特色，做出一系列的造勢廣告，並將顧客對象鎖定在有能力負擔第二部車的消費者，以及頭次踏入汽車市場替自己選購第一輛車的年輕人。福斯汽車廣告與其他汽車廣告大相逕庭，大家在乍見廣告大笑之餘竟著了魔似得爲之說服。到了60年代早期，福斯車的銷售便一片長紅。

我們公司在1949年以50萬美金的資本創業，四或五年後成長到500 萬美元，到1960年時已高達2,000萬美元。其實不只是我們公司，所有廣告公司在那時期都成長快速，這必須感謝戰後的經濟，製造商之間愈益加大的競爭，以及電視成爲廣告媒體等種種有利因素。廣告對人們潛移默化的影響是我始料未及的，有一回我與妻子在棕櫚泉度假，於當地的猶太教堂遇到一位剛移民美國的猶太裔法國人。交談當中我問他爲何決定移居美國，他說在紐約遊歷時，在地下鐵車站中看到一則廣告，這則廣告是我們公司最有名氣的作品之一，上面寫道：「你不必身爲猶太人，也會愛上李維製造的正港猶太裸麥麵包。」這則廣告讓他開懷大笑，讓他覺得自己被此地所歡迎，因此決定移民美國。在此之前，我從來也沒想到廣告對人們的生活竟有那麼大的影響！

自左而右：唐恩、比爾・伯那契以及納德・道爾，攝於1950年。

——麥斯威爾・唐恩，1906年生於俄亥俄州的辛辛那提市。他全家於1923年搬到紐約市，唐恩還在念高中的時候，就展開了他的廣告生涯，他在「吉曼、尼可拉與羅斯曼」廣告公司擔任辦公室小弟。他繼續又在許多公司的廣告部門工作，包括了史登兄弟公司、《紐約晚報》以及《展望》雜誌，最後於1944年成立了麥斯威爾・唐恩公司。五年之後他成立了道爾唐恩伯那契公司，一直在該公司服務到1971年退休為止。之後在該公司擔任顧問督導直到1986年。

麼這不僅是電視本身的過錯，而更是時代的過錯。

的確，50年代是大眾娛樂產品大量問世的時代，其中許多產品僅如曇花一現。爲了與電視競爭，電影發展出汽車電影院，以及立體電影、寬銀幕和立體音效等實驗形式。音樂界也推出了可長久播放的唱片。此外，有一種新型的遊樂園，也就是所謂的「主題樂園」，如雨後春筍般在全國各地出現，而首開風氣之先的就是加州的迪士尼樂園。

迪士尼樂園同時提供兒童與成人娛樂，利用原本是一大片柳橙園的160英畝土地興建而成，比傳統遊樂場如康尼島樂園大爲進步。其中的設備不只是雲霄飛車與摩天輪而已（以迪士尼的用語來說，各項設施叫「魅力點」，顧客是「來賓」），不但要讓兒童覺得刺激有趣，更要讓他們在玩樂之中學到東西。迪士尼在樂園內建造了一個「明日世界」主題區，借用了1939年萬國博覽會最受歡迎的主題：「奇幻世界」，讓迪士尼卡通人物活生生出現在遊客面前；而「拓荒世界」主題區重現了大西部的拓荒精神。另外還有一條「大街」，反映出美國對以往那簡樸時代的懷舊心情，呈現的是19、20世紀之交的景象。

當迪士尼樂園在1955年7月（配合隆納．雷根所主持的迪士尼電視特別節目的播出）開幕時，吸引了大批人潮，簡直就如蝗蟲過境一般。聖塔安納高速公路因而大塞車，食物全部賣光光，「奇幻世界」因瓦斯外洩而暫時關閉，而當天的超級高溫也使得女士們的高跟鞋細跟戳壞了「大街」上剛舖好的柏油路面。如此的空前盛況持續了好一陣子，在最初七周有100萬名遊客通過入園的驗票口，開幕的第一年有將近400萬名遊客造訪。假如迪士尼樂園的再造是爲了替歷史消毒（而它也做到了）那麼，它也只契合了人們願意記得的理想化的過往。對於所有身心健康的人來說，迪士尼樂園是一個紀念物，而且是在最健全的時代裡開幕，成爲美國樂觀主義的立即象徵。甚至連赫魯雪夫於1959年訪問美國出席大衛營高峰會議時，都不禁要求將參觀迪士尼樂園列入行程中（國務院的答覆竟是，基於安全考量，不安排他參觀樂園，令他大爲光火）。

為了使斥資1,700萬美元的迪士尼樂園美夢成真，華德．迪士尼組成一支「想像工程師」團隊，設計一座比真實生活更大的園區。下圖中的睡美人城堡的基底是用大石塊砌成，越往上層的石塊越小，使75呎高的尖塔看起來更為高聳。

在迪士尼的「奇幻世界」中，所有的遊樂設備都是根據卡通人物的造型設計。就像是上圖中的小飛象。「哪個年輕人不曾夢想過與彼得潘一起在月光下的倫敦上空飛翔？或是進入愛麗絲的仙境中呢？」迪士尼為此解釋道。

迪士尼在電視上爲新問世的迪士尼樂園大作宣傳，每周三晚上只要打開固定的頻道，數以百萬計的觀眾，就可端坐家中欣賞迪士尼樂園中的形形色色。反過來說，迪士尼樂園也促銷了迪士尼電視節目、影片與卡通人物的副產品。有一陣子，迪士尼最受歡迎的人物是戴維・克羅奇，是美墨戰爭中阿拉莫戰役的一個烈士。或許有人會覺得奇怪，迪士尼的克羅奇有何了不起？克羅奇本人是個帶著醉意的無賴，無賴可不是銷售高手，但是電視上的克羅奇就厲害了，光是1955年，就售出了好幾百萬件的克羅奇手槍、午餐盒、唱片、汗衫以及克羅奇（假的）浣熊皮帽。在這陣狂熱風潮中，由於浣熊皮供不應求，其價格竟跳升到一磅八元美金。歷史學者威廉・曼徹斯特曾提出報告說道，一名因爲三角形小帳篷囤貨太多而苦惱不堪的零售商，靈機一動之下，將所有帳篷都印上「克羅奇」字樣，結果兩天之內就完全銷售一空。

1958年，讓小朋友套在腰身、扭擺臀部的呼拉圈上市後，旋即掀起流行風，不到六個月時間，呼拉圈製造商在美國海內外賣出了將近3,000萬個呼拉圈。

50年代亦是一個充滿「怪玩意兒」的時代，飛盤、呼拉圈以及米老鼠全都曾經各領一時風騷，買主則是全美國的年輕人。戰後經濟的蓬勃發展爲這世界帶來了數量可觀的孩童（在1948到1953年間，全球新生嬰兒人數超過之前30年的總和）。現在那些嬰兒、兒童、再加上戰時出生的青少年，構成了巨大的年輕人口群。他們當然也成爲市場行銷與廣告垂涎的目標。

「青少年」這個詞指的是年齡處於兒童與成人之間的人口，而且是在40年代才被普遍使用。在一次世界大戰之前，大部分兒童一旦年滿15歲便開始工作（當然，長大之後更不例外。）但是自從中學教育在1920年代延長實施年限，加上經濟大恐慌時失業情況嚴重，因而青少年階段被延長了。如今美國景氣再現繁榮，青春期延長了，青少年出手闊綽，商人鼓勵兒童活出他們眼中的「幸福日子」。商業界敏感地嗅到了這個市場（而且青少年的購物決定往往是出自於衝動而不是理性，是個很容易攻陷的市場），乾脆直接針對這個新出現的消費群大做廣告，利用的是這些嬰兒潮孩子們最熟悉的媒體——電視！

「生於田納西的山巔，
自由之地最青翠的一州，
在林間長大，認識每一棵樹，
他三歲就有一副好身手。
戴維、戴維・克羅奇
荒野之王！」

《戴維・克羅奇民謠》
1955年即賣出400萬本

有一項研究顯示，超過90%的母親表示她們的孩子曾要求購買在電視上看過的產品，另外一個研究則說，廣告中不斷重複的字句在嬰兒還不識字的時候，就已經成爲他們能夠使用的語彙。於是，所有的業者便猛賺年輕人的錢，而他們也真的成功了。在50年代，父母親花在孩子身上的以及孩子們自己花用的，超過好幾億美元。50年代走入尾聲時，這些年輕消費群所花的錢，甚至已經高過歐洲一些小國家的國內生產毛額。

漫畫書，尤其是恐怖漫畫，到處充斥。電影則大多以青少年爲主題，其多大部分都像頗受青少年喜歡的《紀潔》（*Gidget*）一樣，有點兒愚蠢和青澀稚嫩；其他作品，例如堪稱經典之作的《養子不教誰之過》，充滿

「如果你想要知道的話，他們都是一堆騙子……」

青少年荷登．高菲爾德如是評述大人
——沙林傑，《麥田捕手》

了青春期的苦悶。沙林傑的《麥田捕手》爲當時最重要的小說之一，鮮明地刻劃一名焦躁不安的少年的生活，他寫得太多采多姿了，竟有15個州的中學把這本書列爲禁書（結果反而使它成爲20歲以下的必讀書籍）。當發現原本的世界已被電視所佔據時，收音機也將節目轉爲由DJ不斷播放音樂以爲因應之道。音樂內容當然是青少年音樂，之後並設計排行榜前20名與前10名歌曲的統計，並製成唱片，其銷售率竟佔全美唱片市場購買量的一半。

許多青少年文化都很短暫，但是50年代與之前歲月的最大區分點就在於，只有50年代才有青少年文化。隨著嬰兒潮出生的人逐漸長大，很自然地，他們所展現的力量與活力也與日俱增。在50年代，大部分嚴重的叛逆來自於「披頭一代」，這是一群詩人與作家在20幾歲所組成的一個小團體，他們崇尚疏離感。（「披頭」Beat這個語詞，指涉他們對於傳統與當時社會習俗的「厭倦」）。然而，還是有不少跡象顯示青少年想要改變現況，他們打算用音樂去改變這個世界。

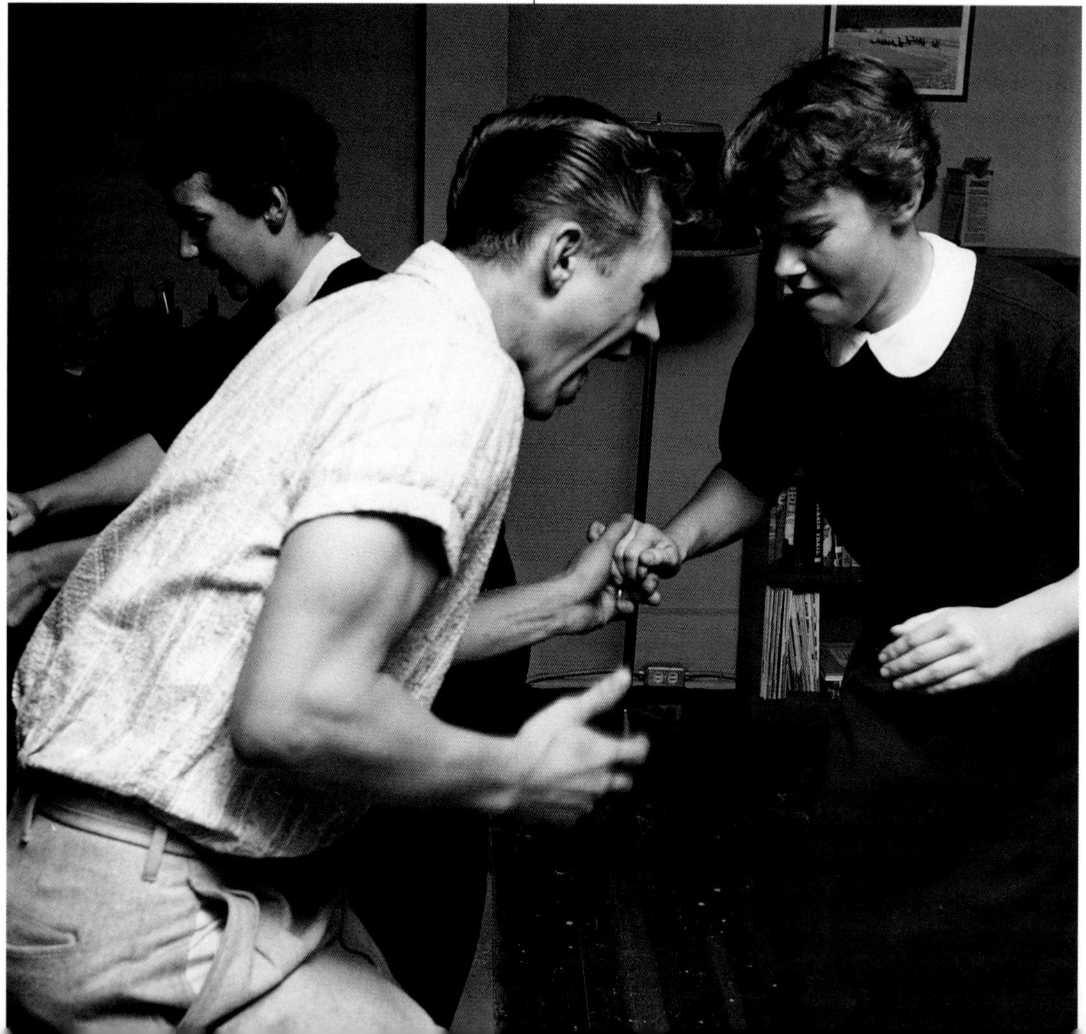

新一代的青少年文化包括流行（鴨尾髮型、獅子頭、捲髮）、俚語（酷、閃），以及左圖的舞蹈（溜步、轉圈、搖擺、博普爵士舞）。

在露天音樂台上跳舞：「我站在電視機前，把冰箱門當做舞伴。」

我大約是在10歲的時候第一次聽到艾維斯的音樂。當時正好經過一家冷飲店門口，瞧見裡面有不少青少年在玩。於是我走了進去，站在櫃台邊裝出一副大人樣，表示我也可以到這兒來玩。大家正有說有笑時，突然間點唱機裡傳來一陣音樂。大夥兒就不聊了，馬上就開始跳舞。我永遠也忘不了那時那個地方所呈現出來的活力，眞是太炫了！音樂完畢後，我問站在我身邊的女孩：「剛才是誰的歌？」她張大眼睛瞪著我，好像我是從另一個星球來的一樣，嘴裡只吐出了三個字：「艾維斯。」

我看到艾維斯那麼有膽子地跳舞，熱愛他的音樂並誇張地扭著他的屁股時，的確對我幫助很大。如果，他的內心可以如此自由，他可以這樣扭他的屁股，那麼，我也能啊！我想那時候每個青少年都想成爲艾維斯吧！艾維斯和巧克・貝瑞的搖滾樂才是眞正屬於青少年的音樂。我們的父母管它叫魔鬼的音樂，但搖滾樂才不是惡魔呢！我一聽搖滾樂就感覺很棒，心花怒放，而且還蹦蹦跳跳，舞個不停呢。

《美國露天音樂台》有點像是青少年的電視革命。我們收看節目，看跟我們同齡的青少年跳舞，然後再去買我們剛才在電視裡聽的音樂的唱片。那些表演將所有的青少年凝聚在一起。那是頭一次我藉著電視上的青少年而得到自我認同。當我在賓州達比長大的時候，我每天都從天主教學校跑回家去看《美國露天音樂台》，迫不及待地打開電視機，看到主持人迪克・科拉克，聽到音樂，大家都好開心。當我收看這個節目時，覺得自己被徹底解放了。令我忘卻自己在天主教學校裡的問題與家中生活的困難。看著電視上的孩子們在跳舞，我自己也跟著跳了起來，將冰箱門當做成舞伴。於是我決定毛遂自薦，試著能否讓自己也成爲節目中的一員。

我從媽媽的皮包裡偷拿了50分，搭上了開往市區的公車。爲了讓自己看起來年紀大一些，我化了個大濃妝而且還故意把胸部弄得大一些。我當時只有13歲，而要參加美國露天音樂演出至少要有14歲，在等待的時候我緊張得不得了，深怕有人覺得我年紀太小了。可是當我一走進場內我立刻有種回到家的感覺。而且這是眞的！接下來的幾年裡，這小小的攝影棚一直都是我的家，這是我第一次找到自己生命的歸屬。每天從天主教學校下課後，我就背著裝滿服裝的大袋子搭公車去參加演出。在公車最後一排裡安靜又快速地換裝，好玩的是，每次下車時，公車司機都會要求我補付車資，因爲上車時的我與下車時的我簡直判若兩人。我之所以在車上換裝，實在是因爲我不願錯過任何一分鐘的舞蹈。

有一回迪克帶大家搭巴士去紐約市表演。當我們一走下公車，人們立刻蜂擁而上，不斷地尖叫，喊著我們的名字。此時一位太太湊近我們其中一位舞者法蘭基問他的名字，而法蘭基竟回答：「我是無名小卒！」這眞是一個意義重大的回答。因爲我們眞的是無名小卒，我們只是一群街頭孩子，我們只是因爲看了這個電視節目，而毅然鼓起勇氣願意加入這個大家庭的一群默默無名的人。就是因爲這種勇氣與堅持吧！全美各地的孩子才會深愛我們。有一個男孩子收看了我們的節目後，居然親自跑到攝影棚來也想加入演出。可是他當時已經20了，而團員的年齡上限是18歲，所以不能讓他如願。雖然無法加入表演，但他仍決意要認識我。於是透過另一位團員的引介，我們正式見了面。高大黝黑的他是典型的義大利硬漢，我立刻愛上了他，四年之後，我們結婚了。

即使在《露天舞台》這樣自由年輕的節目中，我們還是有一定的服裝默契。男生們穿輕鬆的西裝且要打領帶，女生們衣裙的領口要高到脖子而且不可過於暴露。迪克想創造出一種潔淨俐落的文化外觀。我認爲這對改變大家對搖滾樂的印象有很大的幫助，而我們也確實做到了。

在50年代，大家都認爲青少年應該要聽父母的話，最好不要有太多自己的想法。但是大部分的青少年其實嚮往更多的自由。搖滾樂就是由青少年心底直接發出的音樂，給予我們長久以來渴望的自由。而一旦我們得到自由，就好像擺脫了父母的控制一樣。一點一滴的，我們獲得越來越多的自由，而父母則一點機會也沒有！

上圖：邦妮和唐・崔瓦拉利有情人終成眷屬。

右圖：狄克・科拉克（持麥克風者）和露天舞台的舞者們。

——邦妮・吉布森，1946年生於新澤西州澤西市，於1959年到1962年間擔任《美國露天音樂台》的舞者。1963年，她和仰慕者唐・崔瓦拉利結婚，育有安琪和瑪麗兩個女兒。1983年，邦妮搬到洛杉磯，開拓表演生涯。1997，她在電影《不平凡的愛》中演出。她目前住在洛杉磯，正在撰寫有關她在露天音樂台經驗的書。

在艾維斯還不是「貓王」之前就推銷他的音樂：

「所有的白人DJ都認為他唱歌太像黑人了，而所有的黑人DJ又覺得他的唱腔太鄉巴佬了。」

菲力普（右方）在孟菲斯錄音公司，攝於1954年。由左至右：艾維斯．普里斯萊與他的樂團成員，貝斯手比爾．布萊克，吉他手史考提．莫爾。

——山姆．菲力普於1923年出生於阿拉巴馬州的佛羅倫斯。他的音樂工作生涯始於1942年，剛開始在電台擔任工程師，之後成為DJ。1950年創立菲力普唱片公司與孟菲斯錄音公司，在那兒他替比比金與伊卡透那等人灌錄唱片。又在1952年設立太陽唱片公司，為的就是想融合節奏藍調，鄉村與西部音樂。這小小的太陽商標後來成為型塑搖滾樂的主要象徵，除了艾維斯．普里斯萊之外，同時間為太陽公司發掘與捧紅的歌手還包括了傑瑞．李．路易斯、卡爾．柏金斯、洛伊．歐比森以及強尼．卡許。菲力普至今仍定居孟菲斯。

50年代早期，節奏藍調被視爲是黑人的音樂。人們甚至還稱其爲種族音樂，表示其專屬黑人演奏演唱的性質。在太陽唱片公司，我主要是錄製黑人節奏藍調音樂家的作品。當我跟所有下游經銷商與各地電台的友人聊天時，才意外地發現許多白人小孩都在聽黑人的節奏藍調音樂。許多白人父母非常擔心。他們擔心自己的兒女會愛上黑人。我總是很堅定地告訴他們：「你的孩子並不會愛上黑人、白人、綠人或黃人，他們只是愛上這種音樂裡展現出的活力。」

長久以來，我一直希望能找到一位能夠將節奏藍調表現得很好的白人，藉此可以超越黑白的問題。而艾維斯．普里斯萊就是能將黑人的節奏藍調與白人的鄉村藍調成功融合的完美人選。有不少人批評我在替白人偷取黑人的音樂精華，但我不以爲然，我只是想讓更多人能接受好音樂，管他什麼黑人白人呢！

當我寄了一份艾維斯首次的錄音給錢櫃雜誌的編輯保羅．安卡門時，他覺得我眞是個大笨蛋，居然在唱片的A面放上黑人音樂（節奏藍調歌曲〈媽，沒關係。〉），而在B面放上白人音樂（鄉村藍調歌曲〈肯塔基的藍月〉）。此外，艾維斯對這些歌曲的詮釋方式也是前所未有的，又快又激動而且火力十足。我只好在南部各州長途跋涉，四處去拜訪經銷商，還拜託電台的朋友播放。我的第一站就是我在路易斯安納州的施瑞港KCIJ電台的好朋友湯米．古塔爾。可是，他之所以願意替我播放完全是衝著我們的交情。他跟我說：「我的老天哪！山姆，我要是播〈肯塔基的藍月〉，就別想再在施瑞港混下去了。」他確定白人聽眾一定會認爲，艾維斯把比利．蒙若的經典作品改唱爲搖滾版〈肯塔基的藍月〉，根本就褻瀆了一代大師。再來，我就去另一家施瑞港的電台KENT，當時有個黑人DJ「肥仔」．華盛頓跟我交情不錯，他說：「菲力普先生，我老實跟你講，過去你拿什麼來，我就放什麼。可是，這傢伙聽起來太『白』了，他怎麼聽起來這麼『鄉村』啊？我是肯定絕對不會放他的東西。」我只好離開施瑞港，開車殺到休士頓去找保羅．柏林，他以前也是我在孟菲斯WREC的朋友，現在可是休士頓數一數二的知名DJ了，結果還是一樣，他也是打死不播艾維斯的歌。所有的白人DJ都認爲他唱歌太像黑人了；而所有黑人DJ又覺得他唱歌太像南方的鄉巴佬了。

我像是隻落敗的狗垂著尾巴匆匆趕往達拉斯，結果途中一樣走衰運，甚至遇上鮮少發生在德州東部與中部地區的塵暴。儘管如此不順遂，我反倒愈挫愈勇。我繼續開著車，終於來到了達拉斯。我和大國家唱片經銷公司的雅塔．海絲小姐見面。她天生一雙音樂耳，又是唱片銷售大師。她一看到我就說：「山姆，你看起來像鬼一樣，咱們到外頭喝杯咖啡吧。」我們在一家甜甜圈餐廳聊開起來。她說：「山姆，你在煩惱什麼呀？」其實，我在煩什麼，她清楚得很，她早聽過樣品，也知道這張唱片現在還處處碰壁。於是，我坦白說：「我看這張唱片恐怕賣不出去囉。」她大搖其頭，跟我說道：「親愛的，這張一定會大賣。」過去這幾天讓我心灰意冷透頂，我只有回她一句：「妳別鬧了，妳也聽說這張唱片是怎麼回事。」她說：「親愛的，這張一定是熱門唱片，你只是要再等上一陣子。那些人並不是像你和我這樣去聽音樂的，你應該明白這一點吧！」

結果眞的如雅塔所說，我終於明白大家爲什麼對這張唱片猶疑不決？因爲這張唱片與眾不同、內容紮實、分毫不差地展現自己的東西。我才不管別人怎麼講，我只問喜歡還是不喜歡！我一路走來之所以失落感如此大，並不是因爲我希望這張能大賺其錢，而是因爲我對這張唱片寄與厚望，我自認找到了我的理想，在黑白融合上達成顯著的進步！艾維斯的嗓音又黑又白又狂野，再加上各界評價不一，這張專輯就被捧成熱門唱片！當這張唱片在全國各處發燒狂賣時，最重要的意義就在於人們眞正開始去感受音樂，而不是黑人白人，不是優雅或粗鄙！這張唱片徹底幫助人們去省思音樂與種族。

這個時代最重要的一位青少年，於1955年時堂堂邁入他20歲的人生，也就是這一年，全世界開始注意到他。艾維斯・亞隆・普里斯萊當年還是個周薪41美元的卡車司機，在田納西州孟菲斯市的皇冠電器公司工作。當他首度在未受邀請的情形下，踏入一家錄音室，用他那另類中帶點鄙俗的甜美男中音，唱出一段極爲單純的旋律後，他表示這個錄音帶是要送給母親的禮物。他自然全心全力將自己的聲音奉獻出來，但是（他母親）葛萊娣・洛芙・普里斯萊卻是爲人父母者中，少數能歡喜迎接這位未來的「貓王」者。

普里斯萊的歌詞純眞無邪，他將柔和抒情的民謠旋律譜上諸如百果冰(tutti-frutti)及獵犬(hound dogs) 之類押韻逗趣的純眞歌詞，但是他的音樂與表演卻有著截然不同的風格。搖滾樂這種黑人音樂咸認是由節奏藍調轉變而來的，但是普里斯萊卻將鄉村音樂與西部音樂加了進去，更重要的是，他還有一張白人的臉。對於傳統的流行音樂演出方式，他還加上了其獨特的姿態，深陷的眼眶，撇著嘴，長鬢角，以及似乎是由下半身所發出的沙啞嗓音。搖滾樂本來就是一種強調「性」的音樂，雖然普里斯萊加了點甜言蜜語使其軟化不少，可是他的表演風格還是完整傳達了春情勃發的訊息。

貓王在舞台上的表演，其實向傳統鄉間表演者借鏡不少。扭臀（他甚至有個暱稱叫做「屁維斯」(The Pelvis)）以及抖腳的動作，使得這位歌星觸怒了不少父母，以致於在蘇利文電視秀中，對艾維斯的表演只取他腰部以上的鏡頭。敞開襯衫，頭頂鴨尾似的髮型，貓王盡情忘我地搖擺。蘇利文第一次介紹他時表示：「我不知道他做些什麼，但他絕對值得大家爲他瘋狂。」

對於大部分已經有自己的性別意識的美國白人青少年，艾維斯提供了一個認同目標。很快的，男孩子們口中哼著《鐵漢柔情》的歌曲，對著鏡子將自己的頭髮弄得和艾維斯一模一樣（因爲當時若找附近的理髮店弄這種髮型，要多付四分之一費用）。過去被認爲是黑人音樂的搖滾樂，如今變成這些孩子們自己的音樂。父母的反對（事實上，父母的確也反對），只會讓他們有更多的理由去擁抱這屬於他們自己的音樂。

搖滾樂中有青少年的活力與他們的單純想法。純就音樂而言，搖滾樂基本上是藍調音樂的一種變化。但是對青少年來說，重要的是這種音樂能適切表達他們的想法與活力。一位《時代》雜誌的作者如下描述搖滾與音樂的關係時說：「如果，星期天下午充滿活力的機車俱樂部聚會，沒有搖滾樂的陪襯，那有多單調無聊啊！」

1958年，艾維斯入伍服役，有關他的傳說滿天飛，有人說他開著一輛敞篷凱迪拉克去體檢，還有個歌舞女郎坐在一旁跟他談情說愛，他上軍中

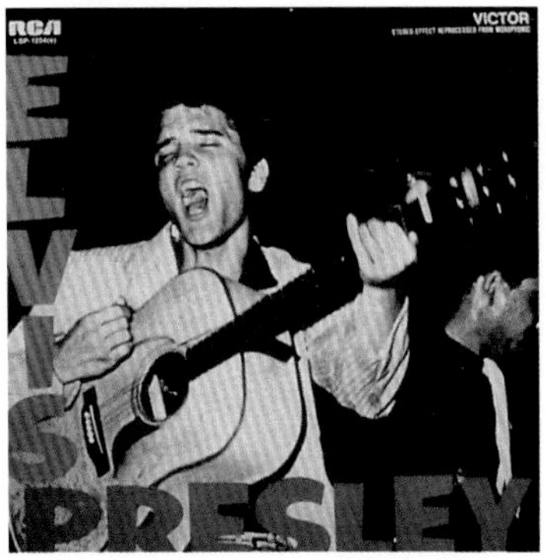

艾維斯的第一張專輯發行於1956年3月13日。上圖：這張專輯成為史上第一張銷售超過100萬張的專輯。

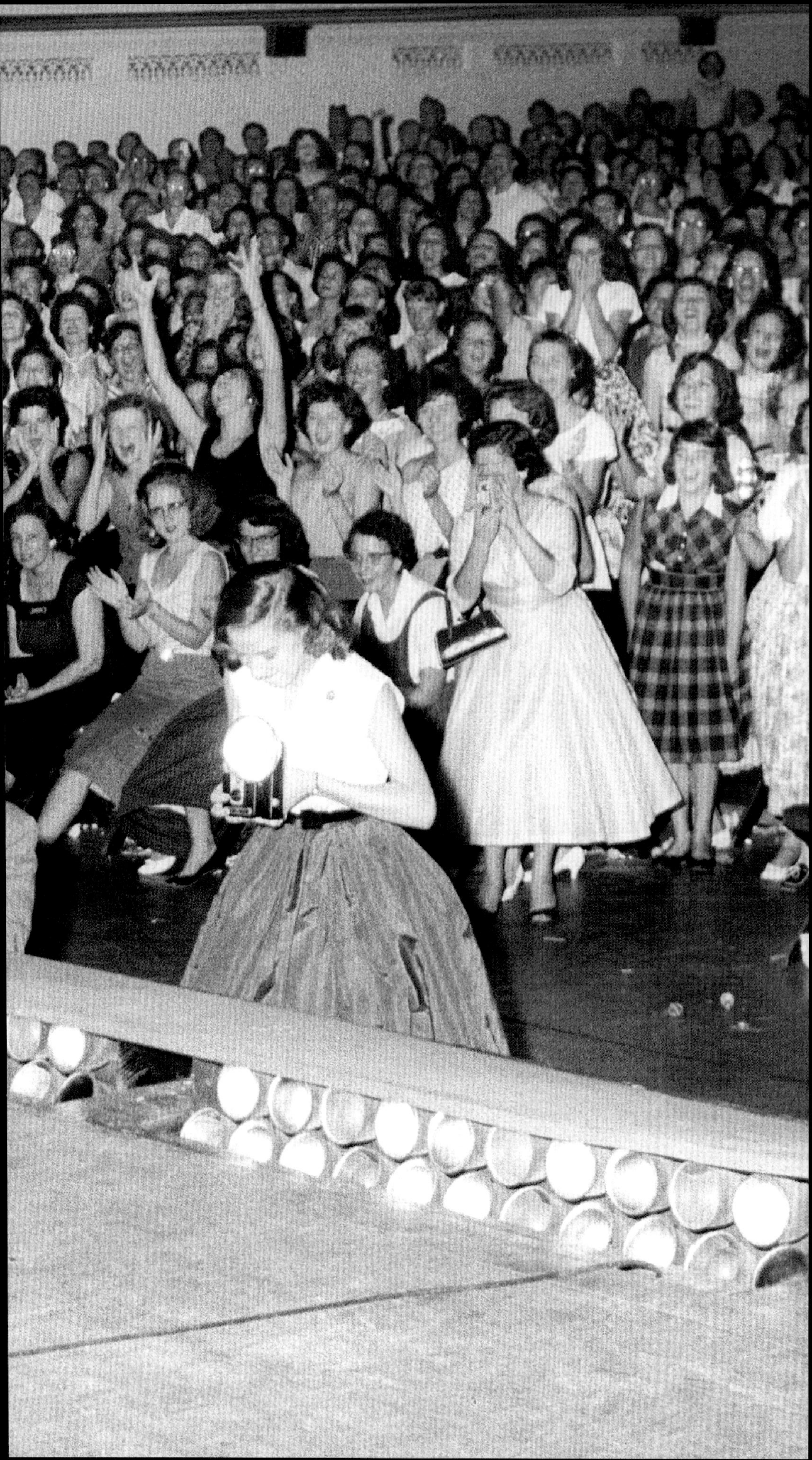

「……毫不溫和的，衝擊的切分音聽來像是公牛嘶聲，薩克斯風在一旁伴奏，電吉他突然發出撕裂般的強音，一群人激烈地隨著節奏唱著，一會兒是無意義的短句，一會兒又是極蠢的鄉巴佬歌詞……」

1956年6月8日，《時代》，〈搖滾樂的降臨〉。

「我不是在開自己玩笑」，普里斯萊曾在訪談中說：「我的聲音其實很普通，人們前來看我如何運用聲音。如果我直直站著唱歌，就像個死人，我可能只好回去開卡車。」

1958年8月12日，貓王在路易斯安納州紐奧良的市府大講堂演出。

理髮店弄個頭髮都可以上報紙頭版，由於軍方剃掉了這個歌星最自傲的鬈髮，《生活》還派攝影師去拍照留念。這一刻，搖滾樂評紛紛視爲重要的一刻，他們一致認爲，成人文化終於馴服了乖戾的毛頭小子，事實上，樂評人士也注意到艾維斯的音樂越來越「安逸」與明顯的商業化，所以，這種立即危機感便不了了之。

他們對於艾維斯的看法是正確的，但說這是「成人文化的勝利」則是錯誤的。當艾維斯於1960年與法蘭克・辛納屈一起出現在電視特別節目中，兩人身穿小禮服合唱老歌時，貓王再也不是一項革命。另一方面而言，搖滾樂只是剛開始顚覆現況，但在接下來的十年中，它將領導一項前所未有的青年革命。

「我們喜歡我們的公寓，我們喜歡把雞尾酒和蛋黃混在一起喝，然後放上一段情調音樂，再請個女人來談談畢卡索、尼采、爵士，還有性。」

休・海夫納，寫於《花花公子》創刊號

50年代最重要的媒體人物除了艾維斯之外，就剩下瑪麗蓮夢露了。在這種電視稱霸的年代裡培育出歷史上的電影巨星似乎是十分弔詭，但正如同艾維斯不僅僅只是一個歌星，瑪麗蓮夢露也不僅只是個電影明星。瑪麗蓮夢露，她是本世紀中期所有男人夢想的尤物，也是所有女性嫉妒的對象，更是每個人眼中的夢幻化身。

即使到了現在，瑪麗蓮夢露的演技優劣仍存有諸多可議之處，即使有不少人推舉她爲電影史上最迷人的表演者之一，那些人也不得不承認她之所以受到注目與歡迎，都該歸因於她的美貌而非她的演技。大家就是對她這個人著迷，而根本不在意她的演技。正如曾執導過夢露演出《熱情如火》一片的導演比利・懷德所說的，她的表演毫無過人之處，但是只要一出現在銀幕上，瑪麗蓮夢露立刻耀眼如霓虹。懷德說得好：「賽璐珞（指電影）就是愛夢露。」

瑪麗蓮夢露的銀幕特性，強化了電影原本就勝過電視的一個特點——尺寸。再怎麼比，電影銀幕都要大過電視螢幕，這一點是毋庸爭辯的。瑪麗蓮夢露擁有的一切都是那麼地誇大，那麼地過分——比其他女人還要豐滿性感的雙唇，渾圓的臀部，傲人的胸部，以及恰到好處、渾然天成的身材比例（她的三圍是37-23-36）。這種挑逗對美國男人特別有效。瑪麗蓮夢露的出現，重振了沈寂已久的電影工業。她最擅長扮演敏感脆弱的年輕女性，既誘人又飢渴，淘氣而天眞，這正是全世界所認定的文化偶像——瑪麗蓮夢露！事實上，她也是一再地扮演著她自己，無論在銀幕上或照片中，她一再地扮演自己以迎合這個時代。1962年當流行藝術家安迪・沃荷複製了50張瑪麗蓮夢露的臉孔在畫布上，每一張臉孔都一模一樣，讓觀賞者在欣賞這個作品時，有如站在雜貨店中看著一排「瑪麗蓮」濃湯罐頭，而安迪・沃荷眞的抓對了這個意義：大眾文化其實就是重覆的經驗，無論是電視廣告或是電影明星。在這個形象充斥甚至氾濫的消費經濟體系中，

「你的意思是說你當時身上什麼也沒穿？」("You mean you didn't have anything on？)一位女記者問瑪麗蓮夢露有關她刊登在花花公子創刊號的照片。上圖：「不。」夢露回答道：「我打開了收音機。」("I had the radio on.")

瑪麗蓮夢露只不過是一個商品，一個性感的標誌。

1953年，一幀瑪麗蓮夢露的裸體照片出現在一本新雜誌的創刊號上，這張照片好幾年前就拍好了，而刊登權卻被一位芝加哥出版商休・海夫納以美金500 元買了下來。當時，裸體照片一直只見於地下刊物，不過，海夫納想將之化暗為明並吸引更多更廣泛的讀者。終於他在《花花公子》這個名稱上停駐下來，用它來做為刊物的名稱，吸引那些享樂主義者來閱讀他的出版品。當然，海夫納並不確定他的出版事業是否會成功，甚至考慮要不要在創刊號標上出版日期，因為天曉得可不可能會出版第二期？結果，戰後經濟復甦培育眾多的享樂主義者，再加上瑪麗蓮夢露的魅力，使花花公子的創刊號賣出了53,000本（幾乎是海夫納當時預估的兩倍）。到了1956年，發行量到達60萬本時，《花花公子》已經逐漸成為與美國社會密不可分的一部分了。

1959年，瑪麗蓮夢露在布魯克林的艾勃茲球場受到觀眾的歡迎。當她第一次試鏡時，她走進房間，坐下來，燃起一根菸。在看完這一段試演之後，攝影棚經理忍不住說道：「我渾身起冷顫……這段試鏡的每一個畫面都散發出性的誘惑。」

夢露在《花花公子》刊登她的相片後，並未得到分文酬勞。畢竟，那張照片與其他成千上萬張的瑪麗蓮夢露相片一樣，根本不屬於她。她常被如此剝削，如此在男人與好萊塢製作人中受苦，過著極不快樂的生活。「那是個麻煩，」她曾這麼說過：「一個性感象徵竟然淪為一個東西。我痛恨被當成一個東西」。與她結婚是男性公眾人物的夢想（無論是棒球明星狄馬喬，還是劇作家亞瑟・米勒），但是她的婚姻就跟她的緋聞一樣（與法蘭克・辛納屈的一段，還有與甘迺迪總統的一段，如果沒有這一段，至少也跟羅伯・甘迺迪也絕對有一手），全都不得善終。夢露於1962年以36歲芳齡自殺身亡，至今這仍是一個議論性極高的話題，其紅顏薄命似乎恰如其分，這樣一來，瑪麗蓮夢露就青春永駐了，因為夢露將永遠地融入她在巔峰時期挺胸噘唇的性感姿勢，她神秘的賽璐珞魅力也將永不褪色。

羅莎・帕克絲，1913—

1955年的12月1日，在經過一整天的工作後，42歲的女裁縫羅莎・帕克絲在阿拉巴馬州的蒙哥馬利市登上了克利夫蘭大道的公車，由於身為黑人，她只能坐在車尾的座位上。蒙哥馬利就像其他50年代的南方城市一樣，在公車上也採取黑白種族隔離的做法，也就是說，前面的座位是專屬白人的，而黑人只能坐在後面幾排的位子上，當時帕克絲就坐在黑人座位的第一排。車子到了下一站，一下子湧上來許多的白人乘客，所有的白人座位立刻就被坐滿了，剩下一名白人乘客沒有位子坐，這時公車司機便轉身要求帕克絲及其他三個黑人乘客讓出位子來，因為白人區已經沒位子可坐了。「你們都把位子讓出來，」公車司機說道。那三名黑人立即聽話地起身讓座，但帕克絲卻板著一張臉，動也不動。於是司機再度請她讓座。「不！」她靜靜地答道。「那我就要叫警察逮捕妳，」司機接口說道。「請便。」帕克絲冷靜地回答。

「你如勇敢地抗議，並帶著尊嚴和基督的愛，那麼在寫給後世的歷史書籍中，歷史學家將停下來並寫道：『曾經有過這麼一個偉大的民族，而且是黑人民族，他們在文明的血脈中注入了新的意義與尊嚴。』」

馬丁・路德・金恩1956年
對蒙哥馬利抵制運動者說道。

她的抵制是很自發的。雖然有人說她是NAACP 裡活躍的成員，但帕克絲並沒有被迫去對抗一個以白人為尊的社會。事實上，當她坐在那兒等警察來到時，她根本不讓自己去考慮自己為什麼要這麼做。「如果我當時想過的話，」帕克絲後來說道：「我可能早就下車了。」警察來了，帕克絲果然被逮捕，而當她交出保釋金後，她也就被釋放了。但是幾個小時之後，蒙哥馬利當地的民權領袖們便集會決定，以帕克絲被捕案來質疑該市種族隔離法是否違憲，以及召集全市的黑人通勤者來抵制該市的公車制度。說了這句「不」之後，羅莎・帕克絲已經引發了美國種族關係史上，最為戲劇化的非暴力抗爭事件之一。

組織蒙哥馬利抗爭的人挑選了一位26歲的牧師來領導大家，他原名麥可・金恩二世。他的牧師父親在他五歲時替他改了名字，以紀念基督教史

在抵制期間，蒙哥馬利的黑人市民仰賴有效的車隊系統，在超過40個以上的接駁點(如上圖)來通勤。抗爭的支持者來自黑人社區，工人們捐出自己五分之一的周薪，也有一些是來自如NAACP，聯合汽車工會，蒙哥馬利猶太社區，以及同情黑人的南方白人等外圍團體。

上最偉大的改革者，從此更名爲馬丁・路德・金恩二世。當此抵制事件開始時，他在蒙哥馬利才住不到一年，然而他還是抓住了這個機會來實踐他由甘地著作中學到的非暴力抗爭。

金恩在甘地的消極抵抗主義中加入了基督教的愛，從而創造出一個他稱之爲「行動基督教」的非暴力抗爭方式。蒙哥馬利的抗爭者將不以反抗，不以順從，而是以擁抱讓他們的對手放棄不義。他們可能隨時會遭到逮捕，萬一被定罪，金恩表示，他們將「以新郎進洞房的心態去坐牢」。金恩告訴追隨者說，他們必須保證不用暴力，放下拳頭，不管有多憤怒，都不可以訴諸暴力。「在我們迎接自由前，可能會流血，」金恩說道：

蒙哥馬利種族隔離抗爭：「這是天意。」

蒙哥馬利公車抵制事件期間，我在黑人報紙《蒙哥馬利廣告人》擔任助理編輯。我們有自己的編輯，廣告人員，與體育編輯。白人的報紙有專門報導股票與債券的版面，我們則沒有，因爲他們說我們不需要知道有關那方面的消息。因此相對於白人報紙財經版的位置，我們的黑人報紙則用來報導一些教會消息、電影場次與學校的節目。爲了與白人報紙區隔，黑人報紙在刊頭上會印有兩顆星星。

我每天都要搭公車上班，我們的公車制度與其他所有的日常生活事物一樣，都有種族隔離的規定。不過黑白座位的區隔，倒不是非常明顯，通常白人的座位在前端，黑人座位在末端，至於各自佔有多少比例，則是由公車駕駛視當時乘客情況而臨時決定。儘管如此，大家卻認定黑人應該要了解他們白人的心思，隨時隨地識趣地遵守這種不確定的標準。不過有一件事倒是很確定，黑白絕不同座，即使是一個白人一個占據了一長條的位子，黑人還是只能站在一邊。有一天晚上大約6點鐘的時候，一個朋友的媽媽打電話要我趕去黛克思特大道教堂，我才知道羅莎．帕克絲被捕了。我是在參加NAACP時認識羅莎的，她總是讓我印象深刻，就像天使下凡一樣，即使大家都覺得事情很棘手了，她還是會給你一個天使般的微笑。當我到達教堂地下室時，已有一小群人在討論要抵制當地的公車系統，還要在街上散發傳單。

因爲上了《廣告人》周日頭條新聞，以及到處散發的傳單，抵制行動的消息不脛而走，全市的電話都響個不停。我眞擔心第二天大家要怎麼搭公車去上班？因爲我們有很多人是要坐五、六哩的車才能到達工作地點。可是星期一早上，舉目所見都是空蕩蕩的公車。當天晚上在候特街浸信會教堂有個群眾聚會，那座教堂並不大，但卻擠滿了各行各業的人，我們都在等金恩博士，他剛被大家推選爲發言人。有人唱著黑人靈歌，當數千名黑人唱出了他們心中的感受與眞實情感時，風琴不需要，也不需要像聖彼得大教堂那麼宏偉的教堂，所有一切盡在不言中。當大家正在唱歌時，金恩博士由側門進來，一開始鴉雀無聲，接著無法再壓抑情感了。這是他自從被選爲發言人之後，大家首次見到他。馬丁．路德．金恩以一種非常柔軟而渾厚的語調說話，聽他說話，你就會越來越感到這不只是紙上談兵，有人眞的在乎這件事情。他說話時目光注視著大家，儘管當時在場有那麼多的人，但每一個人都深切地感覺到金恩博士是對著他說話，金恩博士的話直接穿入了每個人的心中，「我感受到你們的痛，我明白你們吃了多少苦。」

巴斯金在抵制結束後搭乘公車，同行者有牧師勞夫．亞柏那西（她的右邊），馬丁．路德．金恩（第二排左），以及紐約來的白人牧師葛蘭．史密利。

我記得在抵制行動中的某一天，當天大家不論到那裡都只能用走的。從我家到辦公室約有八哩的距離，那天下著毛毛雨，天氣又很冷，大夥兒走路時，就儘量說話和唱歌。當我走到一半的時候，說話跟唱歌已不太有效了，因爲我身上又冷又溼，但當我聽到一位老太太說：「我的腳累了，但我的靈魂卻在休息。」當我看見其他老先生、老太太不但堅持走下去，還面帶笑容地一路走、一路唱、一路聊，我心想：「如果他們做得到，我也做得到。」

那些反對我們的人很清楚該怎如何打擊黑人。他們扔炸彈到我們的教堂，不了解黑人文化的人不會知道：教堂是我們尋求安慰與療傷止痛的地方，就算是社區裡最無藥可救的小鬼也不敢在教堂搗蛋。職責所在，我得到一處又一處教堂被炸的現場採訪，那時感覺好像這個在現場的人不是我一樣，我怎能還在這裡，一面聞著四處瀰漫的硝煙，一面寫著新聞稿？傾圮的教堂就像開裂的傷口一樣，要是你開始沉溺在這幅令人哀痛的景象中，就會忽略掉你眞正該做的事。有一個晚上他們連續炸了五座教堂，天保佑這些人的心哪。但是這種行動只加強了我們對弱者的支持。我們不必以其人之道還治其人之身，而要以敵人沒有的東西還擊，我們所擁有的就是非暴力的抗爭實務。當然有些人只能勉強接受，但是當金恩博士對大家曉以大義之後，我們便有了如此的共同信念，如果我們都願意爲自己的權利從容就義，那麼就讓敵人去當凶手吧！

抵制行動結束當晚，我與報社攝影記者外出採訪不久才剛返回報社，電話鈴聲響起時我正打算小睡休息一下。是一位朋友打來的，他說：「快起來，我來接妳，公車又可以搭了。」我眼睛立刻爲之一亮。我們直接跑向金恩博士家門前的公車站牌，而公車也剛好來了。站牌旁邊還站了好幾位牧師。我趕快下了朋友的車，以優美的姿勢步上公車，司機跟我伸手要車資，我這才發現自己身上除了一枝鉛筆和一份報紙之外，連一毛錢也沒有。我盯著司機看了一下，我猜想他也回瞪了我一下，因爲我還在思索他幹嘛要找我要錢。我自言自語道：「還好妳還有個工作。」（司機在公車抵制時期都沒什麼差事好做。）幸好，一位牧師遞給我車錢，我才有這個機會與金恩博士及亞柏那西牧師一同坐在公車前面的位子上。

我大半生都在蒙哥馬利度過，可是直到目前爲止，都很難讓三個同鄉在一起共處兩小時以上，但是，當時我們共同奮鬥了381個日子，我覺得促成這種團結的，除了金恩博士與羅莎．帕克絲女士之外，還有一個更重要的因素，那就是神，我至今仍如此深信。

——英娜茲．潔西．巴斯金1916年生於阿拉巴馬州，1963年離開蒙哥馬利廣告人報社，進入塞爾瑪大學的神學院就讀，接著又在南方基督教大學攻讀宗教研究碩士。她在阿拉巴馬州健保局擔任社工人員一直到1973年退休為止，之後，於1988年起以「阿拉巴馬法律服務公司」的名義，與「蒙哥馬利社區行動社」合作，積極參與蒙哥馬利社區活動。

「但那必須是我們自己的血。」

爲了要讓蒙哥馬利的抵制活動持續不輟，20,000多名的黑人市民組織了車隊，或是騎腳踏車，雇用計程車，甚至走路上班，就是拒絕搭公車通勤。但是他們的車子經常被警察攔下來臨檢，搜查是否有違法行爲——任何違法行爲，這種臨檢的次數實在太高，以致於大部分車隊駕駛只得沿著街道以蝸牛般的速度緩慢前進。由於事先都說好相關的信號或手勢，車隊秩序良好得連警察想開他們罰單都沒辦法。

「黑鬼，你給我聽清楚，我們已經從你那兒拿走一切我們想拿走的東西。在下星期之前，你就會後悔自己曾經來到蒙哥馬利。」

馬丁．路德．金恩轉述一位深夜打電話給他的人所說的話。

兩個月之後，金恩自己因爲在時速25哩區域以30哩行車超速之故被捕，警方將他帶到蒙哥馬利市立監獄，但隨即因大批金恩的支持者包圍監獄而獲釋。事後不久，金恩的房子被炸彈攻擊。回到家後，他發現了一群憤怒的黑人手持刀槍嚷著要發起暴動，一群白人警官則在一旁戒備。在檢查過自家安全無虞後，金恩走到前院，並揮揮手，說道：「不要慌。假如你們手上帶有武器的話，就趕快拿回去。我們要愛我們的敵人，要善待他們。這是我們生活的原則，我們必須以愛來面對仇恨。」憤怒的群眾便解散了。

在領導蒙哥馬利的抵制事件之前，馬丁．路德．金恩並不願意在他的教區之外，扮演任何領導者的角色。即使在50年代與60年代成功發起民權運動之後，他仍然謙虛的稱自己只是一個「正義樂隊的指揮」而已。

抗爭進行了一年多，而且都是以相同的方式在持續著：白人想激怒抗爭者，抗爭者卻忍了下來。金恩和他的追隨者卻又被告了——這一次是「經營未經許可的生意」（此「生意」指的就是抵制車隊）——當最高法院判定抗爭者勝訴的消息傳來之後，金恩便登上了蒙哥馬利的公車。「您是牧師先生嗎？」公車駕駛問道。「正是在下」，金恩答道。投了15分在投幣機中之後，他坐了下來，他所坐的位置正是過去所謂的白人專屬座位區。這次抗爭行動總共持續了381天。

馬丁．路德．金恩，這位堪與瑪麗蓮夢露與艾維斯．普里斯萊，並列爲50甚至60年代最具意義的媒體代表人物，出現在黑白種族不平等的特殊時代場景中（他與瑪麗蓮、艾維斯最大的差別在於，他既不賣電影也不賣唱片，他賣的是正義）。始於1910年而於一次大戰期間達到巔峰的黑人大遷徙，到了二次大戰約有150萬黑人自密西西比河移居至北方大都市。要不是南方棉農的反對，因爲他們需要黑人勞工採摘棉花，當時遷移的人數將會更多。不過，自從1944年前後採棉機開始廣爲使用之後，棉農的阻力便減少了，而且在二次大戰後，黑人採棉工也逐漸覺醒，他們開始不願唯命是從，也會要求提高工資。

不願受棉農控制，再加上製造業較高的工資吸引下，南方黑人北上的潮流再度興盛，芝加哥則是最受歡迎的目的地。芝加哥市黑人的人口在1940年代增加了77%，而50年代則增了65%。有一段期間，每周都有2,200名來自南方的黑人湧進伊利諾州的中央車站。大部分的北美城市（甚至美西大都市）都接受了數以千計的南方黑人移民，雖然這股戰後遷移潮於1970年趨緩，但在這段期間，已約有500萬名黑人進入北方都會中心，無疑地，這是自早期美東人民駕著驛馬車西行前往加州之後的最大規模遷移潮。

黑人來到了紐約、芝加哥、底特律與洛杉磯，遷入城市的黑人人口比例與遷居郊區的白人人口比例大致相同，而他們所經歷的文化轉變亦是十分戲劇化。儘管自從布克・華盛頓與杜玻伊斯在黑人應如何回應種族歧視制度的議題上各持己見，互不相讓達半世紀之久，但是南方的黑人依然處於黑白種族隔離的社會，不僅在搭公車的時候，連廁所、海灘、冰果室與住宅都劃分了白人區與黑人區（較差的設施）。黑人幾乎都沒有投票權。南北戰爭早已結束，但歧視仍存在著。

黑人在北方找到比較自由的生活（雖然離平等還有一大段距離），他們在勞工階層的黑人區定居下來，促使更多白人移居郊區。他們可以投票，（甚至將一些黑人政治人物送進國會），他們也可以享受比白人稍微落後一些的生活水準，但相對於原本南方的生活來說，實在說不上有什麼改善。從鄉村轉爲城市的生活，爲黑人家庭帶來莫大的壓力，私生子比例急速上升，海洛因（街頭黑話俗稱「馬」）等毒品氾濫，導致犯罪與不良少年激增。

同時間，仍然待在南方的黑人則開始挑戰白人的權力結構。由於他們在二次世界大戰中服役，再加上大眾傳播的蓬勃發展，他們發現一項基本事實，此即：其實這個世界大部分的人口並非白種人，他們目睹殖民地人民（尤其是非洲國家）與殖民者對抗並獲得獨立自由，而感到非常羨慕。他們從電視和報紙上，更是親眼見識到白人消費者所享受的富庶生活，令他們也想親身嘗試。

思想進步的白人都會同情黑人的處境。美國黑人不再願做奴性深重的「次人類」，飽受南方種族歧視者剝削，他們也拒絕了黑人建國主義者「國中之國」的另類種族整合方案，現在，他們已經是美國這個大家庭裡遭到不義對待的一分子。有些白人的道德意識終於覺醒，認爲即使國家已經十分強大與繁榮了，還是應該將「人人平等」的承諾擴及每一位國人。這項覺醒是來自於他們目睹二次世界大戰中種族優勢狂熱者所鑄下的大錯，從而對自己國家的種族主義罪行感到羞愧。

在與蘇俄競爭時，美國曾聲援遭共產勢力蹂躪的東歐國家，高呼東歐民族自決，反對外國勢力迫害，如今這更可以用來反責美國國內的殖民主

包圍小岩城：「如同再次發生南北戰爭」

小時候，我們家狀況很普通，爸爸每天、每周都很辛勤工作，雖然我家很窮，但我不以爲苦，我覺得自己是全世界最幸運的人。我們的家庭生活很典型，每天我出門上學，爸爸出門工作，媽媽則在家裡操勞家務，我父母最關心的就是賺錢養家。

種族隔離是一種生活方式，不然還會是什麼。因爲在南方大多數城市，黑人有自己的社區，白人也是如此。我不記得有在餐廳看過黑人，我也從來沒有想過這個問題。我父母是好人，不過，他們也是社會教化出來的產品。大人從小就跟我們說，白人和黑人不要混在一起，所以，我們對種族隔離或融合都一無所知，直到他們要在小岩城中央高中裡搞種族整合爲止。

他們宣布實施黑白學生兼收的時候，我當時15歲，就讀10年級。一開始，許多家長不相信眞的會發生這種事。有些家長組成團體和委員會，企圖阻止此項措施。不過，我父母並未加入，並不是他們不關心，而是他們不知道該怎麼辦，或是該去哪裡。最後，他們決定不要把小孩送到黑白兼收的學校就讀。這不是出於仇恨，而是因爲無知，再加上對未知的恐懼使然。「這樣做會有什麼後果？」「接下來又會怎麼樣？」就是這種心態，大家都不知道要期待些什麼。我們也不懂黑人學生爲何要從黑人學校轉學到中央高中。

黑人學生到校那一天，全校氣氛像馬戲團一般，除了憤怒和恐懼之外，其實也非常興奮，彷彿將會發生好笑的事情。到處都是相機和記者，很多家長都來了。家長們告訴我們不要讓黑人學生進校。家長們聚在學校大門口對面的空地上，緊繃的情勢似乎一觸即發。家長們不時爆發爭執，他們的所作所爲比起黑人學生，更令我害怕。然後有一位年長的黑人，開著一輛藍白色相間的雪佛蘭汽車，停在學校門口路旁。突然之間，所有白人家長一擁而上，開始對他咆哮。我很擔心他們會把那位黑人老先生連車帶人地翻了。我相信，只要那些家長不干涉這件事情，就不會有問題。整件事的癥結都是因爲他們的堅持。我們只是想：「就照著爸媽的話去做吧。」我們眞的覺得，自己毫無選擇，我們也只能跑出學校、加入抗爭的行列。

剛開始來了國民兵，他們並沒有告訴我們什麼可以做，什麼不可以做。就我們所知，我們做的事情是對的。他們沒有叫我們回去，也沒有告訴我們什麼不能講。學生像脫韁野馬一樣，有些女學生趁機和男學生與國民兵你來我往的打情罵俏。

正規軍進駐的時候，事情就有變化了。我還記得自己當時在想：「這些阿兵哥好年輕，只比我大一點，他們是來保護黑人的嗎？爲什麼他們要這麼做？」我很害怕正規軍可能會做的事情，如同再次發生南北戰爭，好像聯邦政府將要接管小岩城一樣，我們將無法控制自己的生活，我們都覺得，小岩城被正規軍包圍了。

我不太記得第一次看到伊莉莎白·艾克佛（其中一名黑人學生）是什麼時候。當時大家都在東張西望，想要知道黑人學生從哪個方向過來。我一聽到家長和學生尖聲叫喊，就知道他們來了。突然間，我看到伊莉莎白從人行道走過來，我們就追過去大吼大叫。我們一定要讓她知道，她不可以入校，所以我們衝到她的背後，大聲嚷著：「2—4—6—8，不要整合」還有「回妳自己的學校去。」

自始至終，伊莉莎白非常沈得住氣，她對我們的話充耳不聞，微微低著頭，一路走下去。當時我一面譏笑她，一面我又覺得對她很抱歉。我知道這對她一定很難熬，當時我不知道這就是同理心，因爲我沒想到自己居然能體會到她的感受。我眞的覺得對她很抱歉，自己也覺得很難過。當黑人學生進入白人學校那一天，我們的感覺就像是被他們揍了一頓，他們贏了，我們輸了。小岩城再也不會跟以前一樣了，只因爲九名黑人學生踏進中央高中的大門。

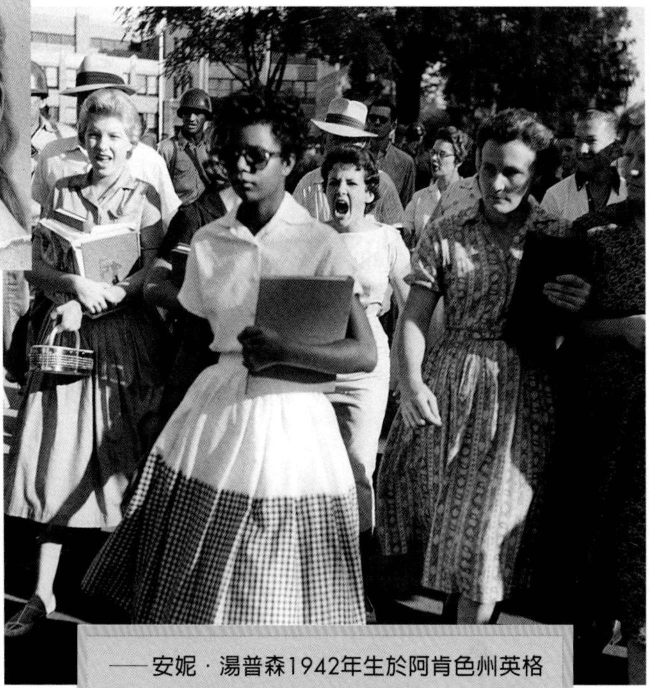

上圖：湯普森16歲的照片

右圖：湯普森（圖左拿書者）和同學海絲·布萊恩（後方中間，怒罵伊莉莎白·艾克佛者）。1956年，一名同情黑人的白人自費將這張照片刊登在小岩城的報紙上，並附文指出：「如果你住在阿肯色州，就請看看這張照片，好好地反省一下，當仇恨不受限制，偏執得以爆發時，只有拜託上帝保佑我們。」

——安妮·湯普森1942年生於阿肯色州英格蘭鎭，在中央高中兼收黑白學生後，她轉學到北小岩城高中。她大部分歲月都住在小岩城，育有二子二孫。

義。例如堪薩斯州的黑人焊工奧利佛・布朗，因爲被迫將八歲的女兒送到離家一哩遠的學校，不能就近到白人學校唸書，於是控告教育委員會。1954年，最高法院判他勝訴，裁定只收白人的學校違憲。法官有感於這項判決將撼動整個美國社會，特別通融所有州立與市立學校一段時間以利種族融合，現在就教育而言，種族融合已經是既成法律。而最高法院的判決含義十分明顯：不久之後，美國將一一鏟除所有不義的種族歧視。

「布朗對教育委員會」判決公布後，蒙哥馬利公車杯葛事件只是諸多民權運動的開端，這些抗爭場面都被電視攝影機忠實而完整的呈現。廣播或報紙都可以將民權議題輕描淡寫的帶過；法庭的勝訴判決也可因州政府在州權與聯邦權衝突上大作文章而被忽視。可是在電視上，影像的力量鮮明而簡單地傳達了民權的訴求——許多觀眾都看到，和平示威者只不過是要求最基本的尊重，卻被饗以高壓水柱與警犬驅趕。法理上的微細出入已經不重要了；電視上，壞蛋就是壞蛋，被害者就是被害者。

小岩城中央高中的學校人員在80名候選名單中，透過與家長及學生的仔細面談，選出三名男孩與六名女孩成為該高中的首批黑人學生。

就像他那個時代的其他少數幾個人一樣，馬丁・路德・金恩深深了解這一點。身爲一個宗教領袖，他對扭曲眞相的權力知之甚詳。他所倡導的非暴力策略不僅在事實上奏效，之後也讓大部分的人藉著電視了解整個蒙哥馬利的故事眞相，黑人抵制者才是英勇卓絕、自我犧牲和有守有爲的代表，而白人立法者則是一群心胸狹小、不理性又抱殘守缺的人。美國人民開始熟悉黑人運動員賈奇・羅賓生，以及黑人娛樂界巨星如艾靈頓公爵等。對於馬丁・路德・金恩領導抗爭的正面報導不僅幫助他成爲第一位黑人政治領袖，吸引了全國人民對他的注意，也引導大家空前重視人權課題。

蒙哥馬利事件之後不到一年時間裡，阿肯色州小岩城爆發這個年代中最可怕的民權抗爭，媒體也沒有缺席。九名黑人孩子獲選進入小岩城勞工階級區的中央高中就讀，卻遭到以其自由政策著名的民粹主義者——州長歐佛・富比斯的強烈反對。富比斯生長在美國最窮、最偏僻的地區，由於他本身的家庭因素，他在成年之前從未注意過黑人，但是他持反對立場的政治性因素要遠高過其個人因素；如果他違抗阿肯色州的種族隔離主義者，將會流失其競選優勢。他以這九名小岩城學生將會煽動暴力爲由，下令要市政府把這些學生趕走。事實上，事件發生的當天早上，唯一威脅到和平的是警衛，他們用來福槍指著學生，並異口同聲地辱罵黑人。即使富比斯下令之前或許不含任何暴力意圖，但此時此刻暴力一觸即發。

儘管中央高中的反種族隔離運動已告平息，阿肯色州長歐佛・富比斯仍表示，小岩城暴動仍在持續中，並宣稱城內商店的刀槍都被搶購一空，而且大多數是被年輕黑人買走。稍後他甚至還策動一名自己的親友在學校外面故意惹麻煩滋事，該名友人為當地運動員與職業阻撓罷工者，可是，根據一位副警長說道：「半數滋事者都是從外地來的。」

看到電視上播出的對抗畫面後，種族隔離主義者成群湧入小岩城。不久，當州長以維護州權的長篇演說與聯邦法院對抗時，抗爭發生了。群眾在學校裡毆打記者並推擠警察。黑人學生都返回家中，若是他們當時還待在學校，肯定被當成暴力攻擊的目標。小岩城市長唯恐事情演變成全面性暴動，立刻馳電華盛頓求援，在幾番掙扎之後，艾森豪總統同意派遣101空降部隊的第327 戰鬥團前往恢復秩序。長久以來，一直維護州權的艾森豪，對於派遣正規軍前往阿肯色州的命令稍感猶豫（此事或許令他想起，1932年他與麥克阿瑟將軍帶領正規軍平息「獎金遠征軍」遊行），但是他沒有其他選擇。這是自南北戰爭後的南方重建時期以來，正規軍首次派往南方執行任務。

中央高中現在成了佔領區，周邊都是吉普車與帳篷，還有一個臨時指揮站。當黑人學生再次回到學校時，又有發生一些小規模的暴動，富比斯宣稱，聯邦政府的傘兵部隊正「恫嚇無辜的旁觀者，愛國的美國人民的溫熱鮮血灑在冰冷的軍刀上」。但事實上，這些群眾在軍隊到來之後就屈服了，而小岩城的九名學生在憲法保護下，也回去上課了。

1957年11月亞特蘭大的一家餐廳，趁著美國民衆對蘇俄人造衛星的狂熱大賺一票，推出了加上俄式淋醬、魚子醬，與超大橄欖的「史普尼克漢堡」。

1957年10月5日傍晚時分，美國群眾站在薄暮中瞇著眼凝望天空。他們正試著在夜空閃爍的眾星當中分辨出他們要找的那一顆星——首度以時速18,000哩繞行地球的人造衛星。太空旅行已經成爲這個世紀最重要的研究，而太空船則早就是科幻小說與幻想的主要話題。而今在上空繞行的是什麼呢？卻是一個千眞萬確的實體，一個在幾天前才發射升空的閃亮金屬球狀物，重達184 磅並設有無線傳輸設備，這簡直令人難以置信，甚至更難看見，在無法親見的情況下，人們轉而回到家裡收聽收音機，因爲衛星的傳動系統會透過收音機發出微弱的嗶嗶聲。

這種興奮是很明顯的。人們正目睹一個新紀元的曙光，屆時他們可以到月亮上吃晚餐，並在午夜之前回到地球上的家，當太空殖民地成爲探險者的家園時，拓荒者將前進至宇宙深處，探測神祕的世界。但這枚名叫史普尼克（俄語意爲「旅行者」）的人造衛星，也同時令大家猜疑，不安與憤怒。到底這太空飛行器是眞的呢？還是只是俄國人的騙人的玩意兒呢？這些訊號聲會不會是假的，還是某種密碼呢？俄國人眞的那麼聰明嗎？爲什麼美國的太空科學家之前都無法研製成功呢？第一枚人造衛星的嗶聲於10月底消失了（雖然機體仍在運行，只是電池已沒電）。但是在兩周之內，史普尼克二號發射了，不僅配有精密的無線電設備，還載了有史以來第一位太空旅客，一隻名叫萊卡的狗。現在一切都毫無疑問了，史普尼克二號是眞的，也引發了隨之而來的恐慌。

這個消息令美國人委實難以承受，核子科學家艾德華．泰勒稱此爲科

一個俄國人得知人造衛星升空後說：

「誰辦到的？我們辦到的！蘇聯是第一個上太空的國家！」

回顧1950年，蘇聯的生活很慘，不過，當時我們並不覺得。蘇聯教師的首要職責就是栽培完美的蘇聯公民，政治教育最重要。政治教育不同於文學或數學，並非一門專門的學科，而是凌駕於每個科目之上。蘇聯全國學童從經過最高當局核准的相同課本中，獲取相同的知識。政府灌輸我們蘇聯是一個農人和工人的國家，因此，也是全世界最好的國家。根據我們的教科書，全世界工人視我們爲閃亮的星星，因爲蘇聯是唯一眞正照顧工人的政府。我們被教導說，「他們」吃不飽、被迫害、受到剝削，而「我們」很自由。

一般來說，我們並不怕美國，因爲俄國人認爲害怕是一種羞恥。再說，我們也用不著害怕美國，因爲我們是全世界最好、也最強大的國家。然而，我們也被教導說，美國主要的企圖是對蘇聯發動戰爭，所以，我們必須備戰。大部分同學和我都是共黨組織「青年前鋒隊」的成員，我們宣誓隨時「準備」效忠列寧和史達林，所以，我們必須鍛鍊強健的體魄，與美國作戰。即使，我們還只是小朋友，只要我們在一定的時間限制內跑完100公尺，則可獲頒一枚徽章，代表我們已經準備好，即將要打倒美國資本主義者，這是學校及所有兒童組織的重點。

我們很難想像史達林會死，當他在1953年，眞的過世時，消息傳來，眞是一大震驚。對我們而言，他像是一位活神，他會長生不死，永遠和我們在一起。明知不理性而且站不住腳，人們仍然覺得他存在於這個國家的氣氛之中。所以，當赫魯雪夫1956年繼任國家元首，在演講中譴責史達林和共產黨路線走叉了，那絕對是破天荒的革命之舉。史達林還屍骨未寒，赫魯雪夫竟然就說這個神有錯，使國家偏離列寧主義的正道。令人大感震驚，因爲我們必須重整我們的價値觀。

赫魯雪夫接著說，現在是核武時代，蘇美之間的未來戰爭不會有贏家。在此之前，我們被洗腦深信，東西方之間的大戰只有堅持社會主義的東方會贏，歷史也將朝此前進。然而赫魯雪夫說，意識型態是不可能共存的，意識型態的戰爭將會持續下去，我們終將「不戰而勝」，因爲他們那一邊被資本主義者剝削的工人，都想像向我們看齊。不過，這項勝利要在遙遠的未來才會達成。

因此，當時也非常重視發展科學，我們相信，蘇聯終將因科技先進而戰勝美帝。我個人喜愛科學，並且深信馬克思所稱，科學進步將促進歷史發展速度。科技也讓我們的生產更有效率，工人的生活會更輕鬆。我認爲，科學進步，無論在道德上或社會上，將使我們的社會更好，並使我們重回列寧主義的正道。所以，我非常樂見蘇聯的太空計畫突飛猛進。

我們的人造衛星「史普尼克」發射升空當天，收音機裡傳出一個很特別的聲音宣布這個消息。傳統上，蘇聯有一些特別的播音員只在播報最爲緊急與特別的訊息時登場。大家總會預先知道接下來要播報特別重要的新聞，因爲，播報前都會有「達達嘟、達嘟、達嘟」的信號，然後，就會有一個聲音低沉的特派播音員開始說話。如果你家裡沒開收音機，鄰居也會立刻告訴你。蘇聯領導人眞天才，還想得到用這種方法營造出這種「秀」的感覺。該時該刻，你會完全融入，將個人的問題、配偶與家人的問題完全拋諸腦後。那還滿像宗教盛會一般。

1957年10月的一個清晨，我們聽到特派播音員的聲音說：「注意，蘇聯全國各地電台將要宣布……我們的人造衛星「史普尼克」發射成功。」我覺得好驕傲，是誰辦到的？我們辦到的！蘇聯是第一個上太空的國家。我當時還在念大二，從未想到在我有生之年會發生這種事情，我總覺得，太空旅行只存在於科幻小說中。我們甚至不知道，這項計畫在進行之中，事隔多年也從來不知道這項計畫的工作人員是些什麼人，我們只知道計畫領導叫做「總建造者」。他成爲一個謎樣的人物。不過，這也無傷大雅，反正我們是第一個上太空的就對了。

到了1960年代初期，我開始懷疑蘇聯政府及其政令宣導。赫魯雪夫說，我們的牛奶和肉類產量，可望在20年內超越美國，然後我們將達到共產主義的天堂。我心想：「嘿！等一下，你的意思是說，美國物產比我們豐裕？這怎麼可能？馬克思主義中社會革命的最高境界不就是社會主義嗎？」不過，當時有一件事確實佐證的蘇聯的優越性：1961年4月12日，電台宣布，尤里．卡格林成爲上太空的第一人。他返回地球後，便被迎接到莫斯科，當時群眾從四面八方湧來，這在蘇聯從未有過，因爲大規模群眾活動向來都是由政府動員，這次是民眾自動湧入紅場，一睹卡格林風采。我也跑去紅場看卡格林，和他的距離只有五公尺之遙。他風度翩翩、神采飛揚，看起來只比我大幾歲而已。我甚至還塞了張紙條給他，邀請他參加我們大學的學生舞會。巧的是，那場舞會的主題就是「我們將要上太空」。當然，他沒有來參加，不過，我們仍覺得他是我們一分子。

李茲尼克（圖左）1958年和兩名友人在莫斯科土木工程大學合影。

──西約恩．李茲尼克1938年生於莫斯科，在蘇聯，他主要的工作是自由投稿的科學作家，並著有兩本俄羅斯境內反猶太主義的小說，但均未獲准許發表。1982年，在與蘇聯當局長期抗爭後，李茲尼克偕妻小投奔自由到美國。1985年，他遷居華府，擔任「美國之聲」的蘇聯服務部門的編輯、作家和播報員。他也是《俄羅斯納粹化：後蘇維埃時代的反猶太主義》一書的作者。

SHOULD YOU BUY A FOREIGN CAR?
POPULAR MECHANICS
WRITTEN SO YOU CAN UNDERSTAND IT
AUGUST 1959
35 CENTS
RACE TO THE MOON
Are the Russians Ahead?

直到這十年底，美國成立了國家航空暨太空總署（NASA），任命首批七名太空人，正如《熱門機械》1959年8月號指出，政府過去集中人力物力在製造繞軌飛行的無人衛星，現在已轉為研發載人太空飛行器。

技上的珍珠港事件，這眞的嚇壞了所有的人。在某種意義上，美國對太空的探究最早要回溯到萊特兄弟在奇地霍克初試御空翱翔時，而最近的研究要角則是一群離德赴美的傑出德國科學家，他們曾有建造德國V-2火箭的經驗。這些在二次世界大戰結束時曾震驚倫敦的火箭研發技術，如今卻爲美國所用。長久以來，美國上下爲了統籌太空發展的權責歸屬爭論不休，同時他們也深信，唯有集思廣益的民主制度才能使美國的太空發展超越蘇俄，將美國人最先送上太空。

美國科學的失敗著實令人失望，但是蘇維埃火箭的成功卻令人不寒而慄，因爲史普尼克是由一枚洲際飛彈所發射的，既然史普尼克可以載通訊設備與一隻狗到太空，那麼載原子彈或氫彈到美國內陸一定也不成問題。相形之下，美國最近的飛彈試射失敗則使美國引以爲傲的航太技術成了笑話一則。蘇俄有「史普尼克」人造衛星，美國欲東施效顰，但只落得個「飯桶尼克」人造衛星。

輿論把一切歸咎於美國國內過度耽溺於物質享受。美國人都有信心可以擊倒蘇俄，假如孩子們從小就學習更多的科學與數學，就不會輸給蘇俄了。艾森豪總統指示官員發布消息說，美國超級市場要比世界上其他任何地區的超市都要好，所以只要再過不久，美國就會研發出一枚更好的人造衛星。參議院多數黨領袖林登．詹森亦呼應總統的說法，企圖藉此論點的發表幫助他日後問鼎白宮，他說：「羅馬帝國之所以掌控世界就是因爲他們會建造馬路。後來，當人們往海上發展時，擁有許多船隻的大英帝國就變成海上強權。現在，共產主義已在外太空留下了立足點，而我們不十分確定明年將會發射一枚『更棒』的衛星上太空，但說不定我們的衛星會有銀色的裝飾與自動雨刷呢！」

如今對於美國的自滿有兩項挑戰，一是對於民權日益不耐煩的道德衝突，以及太空競技所象徵的生死掙扎，兩者皆對總統大選有著極大的影響。或許這牽涉到一位備受尊敬的將軍、二次大戰的英雄即將結束在白宮的歲月；或許因爲將取而代之的兩個競爭者年輕得可以當他的兒子；又或許當時國內外所面臨的情勢既複雜又危險；再或許因爲電視的問世，使得總統選舉的造勢活動進入到了一個前所未有的新紀元，所有過程將呈現在好幾百萬的觀眾眼前。1960年的美國總統大選是美國國家政治與文化史上的一個轉捩點，處在其中就如同處在運動盛會中一樣，即使後來選舉結束，但由於印象過於深刻，人們還是談得津津有味。

這次選舉有關兩位美國重量級的政壇人物，不論哪一位，都在美國本世紀的歷史上留下了鮮明的烙印。由共和黨這一方看來，47歲的副總統尼克森，矢志接續艾森豪的位子；而民主黨提名的是42歲的麻州參議員約翰・甘迺迪。他們彼此在政務議題上的看法大同小異，但是從此次選戰中的高潮——電視辯論來看，這兩人在舉手投足間的區別則十分明顯。

由於要同步實況轉播兩位總統候選人的辯論，連媒體本身也對此創舉十分興奮。從此候選人不能再隱身於國旗與銅管樂隊之後，於某時某地跟某些選民吹噓一套，又在某時某地跟另一群選民說完全相反的一套。如今反而能同時對全國民眾表達政見，只要有電視機的人，在螢光幕上就可以直接觀賞兩位候選人同台較勁，並評比他們心目中最理想的候選人，只要坐在自家客廳裡就可以全程收看。儘管1952及1956年的總統大選已經可以透過電視作廣告與競選，但是面對面的電視辯論卻是頭一遭，而且這將呈現在7,000萬觀眾眼前。當然，民主是最大的贏家，即使華特・李普曼曾指出，當公開辯論主持人中途打斷候選人，告訴他只剩幾秒鐘結束他的論述時，將有損總統職位的形象。

大選公開辯論預定舉辦四場，第一場在芝加哥舉行，兩人一抵達就分頭去摩拳擦掌：甘迺迪在飯店房間內準備了35張索引卡；尼克森則到木匠同業公會拜票。尼克森自信占了上風，也早就知道自己在螢幕前游刃有餘。1952年他與艾森豪一起搭檔競選時，曾在電視演說中辯護自己的道德操守，艾森豪才沒有陣前棄車保帥；而他在1959年與赫魯雪夫爭辯現代美式廚房的優劣，也讓他成爲民族英雄。不過他仍無法與甘迺迪匹敵，甘迺迪的外貌與風度透過電視媒體顯得魅力四射。（在另一個場合，談吐詼諧的參議員甘迺迪挖苦地說：「尼克森先生可能在有關廚房的辯論經驗老到，可是我認識的許多已婚男人亦精於此道。」）

由於深信只要上了電視，甘迺迪的鋒芒鐵定會蓋過長相抱歉的尼克森，因此甘迺迪的競選幕僚想盡辦法增加電視辯論的場次。一位顧問說道：「每次這兩個人一塊兒出現在電視螢光幕上時，我就知道我們會贏，而尼克森會輸。」

英俊、聰明、一身古銅色皮膚的甘迺迪心思敏銳，信心滿滿。在電視上，他朝氣蓬勃。剛剛病癒的尼克森則掉了幾磅，神情憔悴、緊張，戰鬥力

「如果沒有這個玩意兒，我們就沒的混了。」

甘迺迪於1960年競選總統時論及電視所扮演的角色。

明顯不足。他的西裝與灰色的布景相近（他的助理還曾經要求攝影棚兩度重新粉刷，使背景顏色加深），他的襯衫領口寬鬆，令他看起來更加削瘦。他的臉色黯淡無光，因爲在上台之前，他的臉上塗了「懶人刮鬍膏」，以遮蓋傍晚新長出的鬍渣。

實際上，兩人的辯論勢均力敵，聆聽收音機轉播這次辯論的人得到這樣的結論。可是對看電視辯論的人，影像就主控一切。這場辯論無關美、蘇軍力差異，中國的金門和馬祖兩座島嶼前途，1958年的經濟不景氣，或古巴「落入」卡斯楚和共黨手中。當時全美國最看重的是哪一位總統候選人最能代表美國總統的形象。說到這點，甘迺迪明顯是贏家。媒體哲學家馬歇爾・麥克魯漢宣稱，甘迺迪就像是電視裡面年輕、認眞的西部警長；尼克森彷彿一位麻木不仁的律師，犧牲純樸小鎭去給大公司投機炒作。

許多人擔心甘迺迪太過花稍，缺乏內涵。可是辯論之後，化解了此一疑慮。不錯，甘迺迪長得是帥，可是只要看到他努力充實自己，即使在外交政策之類的重量級議題上也可以和消息靈通的現任副總統一別高下，人們便會支持他並原諒他的傲慢，只要有裡子，面子上有點花稍又如何？雖然觀察家大多認爲，尼克森在接下來幾場辯論的表現都比第一場要好，可是已經無法扭轉乾坤了。他們的第一次交鋒已經讓甘迺迪穩操勝券，並永久改變美國政治的性質，政黨領袖的時代已經交棒給電視及電視顧問的世界。

對甘迺迪不利的另一項因素是他的宗教信仰。在此之前沒有天主教徒當選過美國總統，特別是在廣大的南方，仍然對此充滿猜忌。連民權領袖馬丁・路德・金恩的父親老馬丁都承認投票支持天主教徒是一件難事，不過最後老馬丁還是改變了想法。（甘迺迪說：「想像一下，馬丁・路德・金恩有一個頑固的父親。」）整個選戰中，甘迺迪迴避宗教信仰的問題。他到阿拉莫市拜票時說，爲了保家衛國犧牲性命的美國民眾有一些跟他一樣，也是愛爾蘭裔的美國人，但是沒有人知道他們是否爲天主教徒，因爲宗教信仰不是保衛國家的必要條件，而這是他說得最精彩的部分。他的訴求也奏效了。

這次選戰的另一個重要轉捩點出現在馬丁・路德・金恩身上。 甘迺迪在角逐第35屆總統之前，與馬丁・路德・金恩素昧平生，不過甘迺迪能夠當選，馬丁・路德・金恩可能居功厥偉。金恩原本傾向支持尼克森，可是在甘迺迪打了一通歷史性的電話給金恩的妻子柯蕾塔之後，情勢丕變。甘迺迪接受了一位助理的緊急請求，打電話告訴柯蕾塔，承諾他會幫忙爭取釋放金恩。因爲參與亞特蘭大一個小吃店的靜坐抗議活動而被囚禁的金恩，當時正在喬治亞州監獄服刑，甘迺迪陣營說服法官將他釋放，感動了

約翰・甘迺迪的震撼：
「想到這個像你大哥一樣酷的人，可能會當上總統，真教人興奮。」

如果你在1950年代是個青少年，艾森豪總統看起來很像爺爺，其實，他也的確老得可以做你阿公了——他在當年是美國有史以來年紀最大的總統。不過，如果就我父母那一輩來說，他是贏得二次大戰的將軍。可是在我們眼中，他就像個有點兒古板的老紳士。

一直到了1960年總統大選的時候，出現了歷年來最年輕的總統候選人約翰・甘迺迪。想到這個像你大哥一樣酷的人，可能會當上總統，眞教人興奮。甘迺迪到我們學校威斯康辛大學演講，我坐在幾哩外的露天看台，遙望這位曬得不可思議的黑、活力不可思議的充沛的年輕漢子，發表震撼人心的演講，闡述我們這一代的意義和責任。因爲，當時我們都還不憤世嫉俗，所以，大家都心有戚戚焉。

我沒放過任何一場電視辯論會，當時都得擠在交誼廳裡面看電視。甘迺迪勝選後召開的電視記者會更把學生會辦公室擠得人山人海。我想我們都感受到一種認同感，不只是因爲他很年輕。甘迺迪出任總統似乎意味我們可以在世界上扮演某種角色，因此，當和平工作團到校園召募團員時，千百名學生排隊報名，願意到數千哩外地方去服務兩年，而不計較津貼只夠糊口，我一直深深記得這一刻，因爲那是我們最爲深信，我們可以爲這個世界做些什麼的時候。

只要想到白宮由年輕幕僚群加以運作，就會覺得政府與政治不再屬於那些老得不能再老的人。同時，如果政治體系是由這些年輕人在運作，那麼，我們也可以參與其事。我們是政治過程的一部分，即使反對與抗議也是一種參與，因爲，這個國家正由年輕的一代在治理。

——傑夫・葛林菲，生於1943年，在擔任專欄作家和政治媒體分析家之前，曾是參議員羅伯・甘迺迪的國會助理，以及紐約市長約翰・林塞的文膽。

約翰與賈姬在喬治城自家陽台上和記者會面。

約翰・甘迺迪競選期間到我們學校來演講，而他自己開著車沿著優克里德大道過來。現在我眼前都還可以清晰浮現他坐在車裡微笑的神情。我心裡一直記得自己站在那裡看著他的興奮之情。我其實不太了解他。在場很多學生也有相同的感覺，那一定是對甘迺迪有一種認同感。同時，在充斥政治、性、甚至女性主義的生活表面下，潛藏一種信念：我們可以爲這個世界做些事情，我們能夠加以變革。甘迺迪所言使我們相信，他是可以協助我們進行變革的人。

——瑪蓮・穆勒，生於1942年，1963年加入和平工作團當義工，前往厄瓜多。她也是厄瓜多雨林爲背景的小說《綠火》的作者。

我和朋友到紐約哥倫布廣場去聽甘迺迪演講，我們盡可能往前擠，但也只能從兩個街區外看到他的身影。在場許多民眾都說：「他上台一切就安啦，我們的日子會更好。」這些人有千百個理由嘲諷政客，現在他們卻把希望寄託在甘迺迪一人身上。不過，當年我的想法也差不多。甘迺迪有許多訴求是很膚淺的，可是，正因爲他年輕，他象徵著一個全新的開始。在這個受制於過時的價值觀的世界，我聽到了一些新意。我覺得，甘迺迪就像一座燈塔，確保社會將有所變革。他並非告訴大家「如何做一名理想主義者」，而是以堅定的語氣說：「做一名理想主義者很不錯。」

——史都特・艾文，1945年生於紐約市，1964年加入「自由之夏」活動，不久後又加入SNCC。

1960年大選是我第一次有投票權，我們全家一向投票給共和黨，我當然投給尼克森。尼克森作爲總統候選人一點兒也沒有說服力，可是他在某些議題上的觀點和我很接近。我對甘迺迪很陌生，他似乎代表全新不同的理念，然而，在這些方面，我都比較傳統。生長在新英格蘭地區的我，對於事情的看法傾向於宗教及族群，而非種族的立場。我十分關切有關天主教的議題，因爲，我的想法已經根深柢固，所以，我對甘迺迪勝選大感意外。我主修政治學，非常關心政治行爲。大選揭曉後一天，我走進一間咖啡廳，聽到三、四名女性的對話：「嘿，咱們選了個帥總統。」「他好迷人喔——」「眞高興我們選了個好可愛的總統！」我獨坐在一旁沉思，她們把票投給他只是因爲他長得好看，而與他的政見或兩黨立場完全無關。不過，甘迺迪就職演說令我動容，尤其是那句名言：「不要問國家能爲你做什麼，要問你能爲國家做什麼。」我認爲，我們這一代的確該對國家有所回報。我對甘迺迪的感覺很難說明，雖然有一點負面的成分，但我對他的演講很感動。我眞的覺得很振奮，那眞是一場空前絕後的演說。

——瑪莎・納斯蜜，生於1938年，1981年重返大學校園，1983年獲得公共行政碩士，其後在華府醫療和人道等機關服務。

無數黑人選民。事情過後，金恩雖然未在言語上表態支持甘迺迪，可是他的助理勞夫・亞柏納西向金恩的追隨者喊話說，他們應該摘下「尼克森的徽章」。1960年11月8日，一般認爲，在較自由的北方城市首度擁有投票權的黑人選民的投票取向出現顯著的改變。甘迺迪拿下七成的黑人選票，他只以12萬張選票險勝。

因爲金恩，甘迺迪也戴上理想主義的光環。甘迺迪在就職演說中流暢的用語，至今仍爲人津津樂道，那些詞句也許比他任內的政績更令人難忘。他說，傳承的火炬已經交給本世紀出生的下一代，他大膽宣告，美國政府在他的領導下，將「挑起重擔，不畏艱辛，支持盟友，反抗仇敵，以確保自由的存續與繁榮」。他說過最有名的一句話是本世紀中期草根理想主義的精髓，他懇請美國人：「不要問國家能爲你做什麼，要問你能爲國家做什麼。」不過約翰・費滋傑羅・甘迺迪爲美國所做的是形式大於實質，優美的詞句重於規畫。歷史學家史勒辛格說：「他讓美國回歸最美好的自我，一掃世人對於一個老人執政的老化國家所抱持的刻板印象：那些老人顯得筋疲力盡，不敢面對新想法、新變遷與未來。」有一張照片頗能說明這種情境，這張照片是甘迺迪坐在橢圓形辦公室的背面鏡頭，攝影機只照到小甘的座椅背面和他那頭出名的頭髮：一頭濃密而不灰白的頭髮。

> 「他的支持群衆在辯論前七天內持續成長，但是現在，一夕之間，大家的熱情再度暴增，電視上的他具有電視或是電影偶像才有的『巨星特質』。」
>
> 席多爾・懷特在《打造美國總統》一書中描述甘迺迪

甘迺迪要求美國人民正視自己的良知，並找出一個較好的自我。在辯論中，身爲副總統的尼克森被迫多多少少背負著現任的包袱。而身爲挑戰者的甘迺迪則因爲沒有現任包袱的緣故，較能盡量展露自己對國家的新觀念與看法，而他也確實做到了。他在對外政策上，就某種程度而言，要比尼克森還更加鷹派。甘迺迪拒絕接受原則上的美國正義，他認爲，解決美國自身的經濟、民權、貧窮問題是刻不容緩的事情。因爲，「如果我們管好自己，如果我們盡到自己的責任，如果我們一直向前進」（重覆片語一直是小甘講話時的最愛），則「全世界的自由都會獲得保障。」他並於就職典禮演說中呼籲以和平的方法擴大支援全世界，不是用武力或是金錢，而是伸出援手，幫助「那些住在鄉下茅屋裡的人......那些極力掙脫貧困的人。」

甘迺迪這種既務實又前瞻的觀點，讓人回想起推行新政的小羅斯福總統，的確如此，甘迺迪的助理也花了很心思讓輿論把兩人連在一起，甚至啓發記者以慣稱老羅斯福總統姓名縮寫FDR的方式直呼小甘JFK。雖然甘迺迪剛開始對小羅斯福興趣缺缺，而小羅斯福的遺孀伊蓮娜當初對甘迺迪也多所保留，但羅斯福與甘迺迪二人之間仍存在著許多相似點，兩人都曾在哈佛唸書，都出身望族，而且都將投身公職當做富貴人家的社會責任。羅斯福是第一個有效使用收音機的總統，而甘迺迪則是第一個主控電視影響力的政治人物。可是，巨大的社會災難如經濟大恐慌與第二次世界大戰，型塑與推動了前者（小羅斯福）的時代，而甘迺迪時代則是因身處欣欣向榮的50年代，人們在飽暖安逸之餘頓覺失落與挫折的危機感。

電視將整個國家巧妙地融合在一起，消弭了分歧的意見，並將全國各地的市場整合在一起。雖然美國民眾空前地凝聚一起，但他們缺乏明顯的國家認同。事實上，他們並不滿足於他們購買相同的肥皂，以及聽相同的音樂。雖然這個國家既富足又舒服，但是正如同大部分的領導者相信成功會帶來更加的責任，而且愈成功，責任也愈多，他們的人民也是如此認爲。

甘迺迪吸引了當時許多有才華的人在他的團隊中服務(正如大衛・哈伯斯坦的書名所稱「最棒及最優秀的一群」)，而整個國家也視他們爲一群使美國更爲卓越的菁英。他的妻子賈桂琳在外貌與觀點上與他極爲匹配，要是沒有這位第一夫人，甘迺迪將因此而失色不少。當然總統先生在這個新世代中樹立了一個最佳個人典範，在這個時代中，許多美國人相信年輕、知性、時尚、風範與活力（vigor，這是甘迺迪最喜歡用的字眼，還要特別用波士頓腔來發音）在全美處處可見。

不只因為甘迺迪年輕，也是因為他鼓勵全國的年輕人，如同圖中的威斯康辛州群衆，及其他千萬民衆，受到他競選演講的號召，投入政府工作行列。歷史學家、也是甘迺迪助理的亞瑟・史勒辛格解釋說：「年輕人紛紛投入政府公職，這說明了甘迺迪使政治受到尊重，更具體言之，他使政治更為理性。」

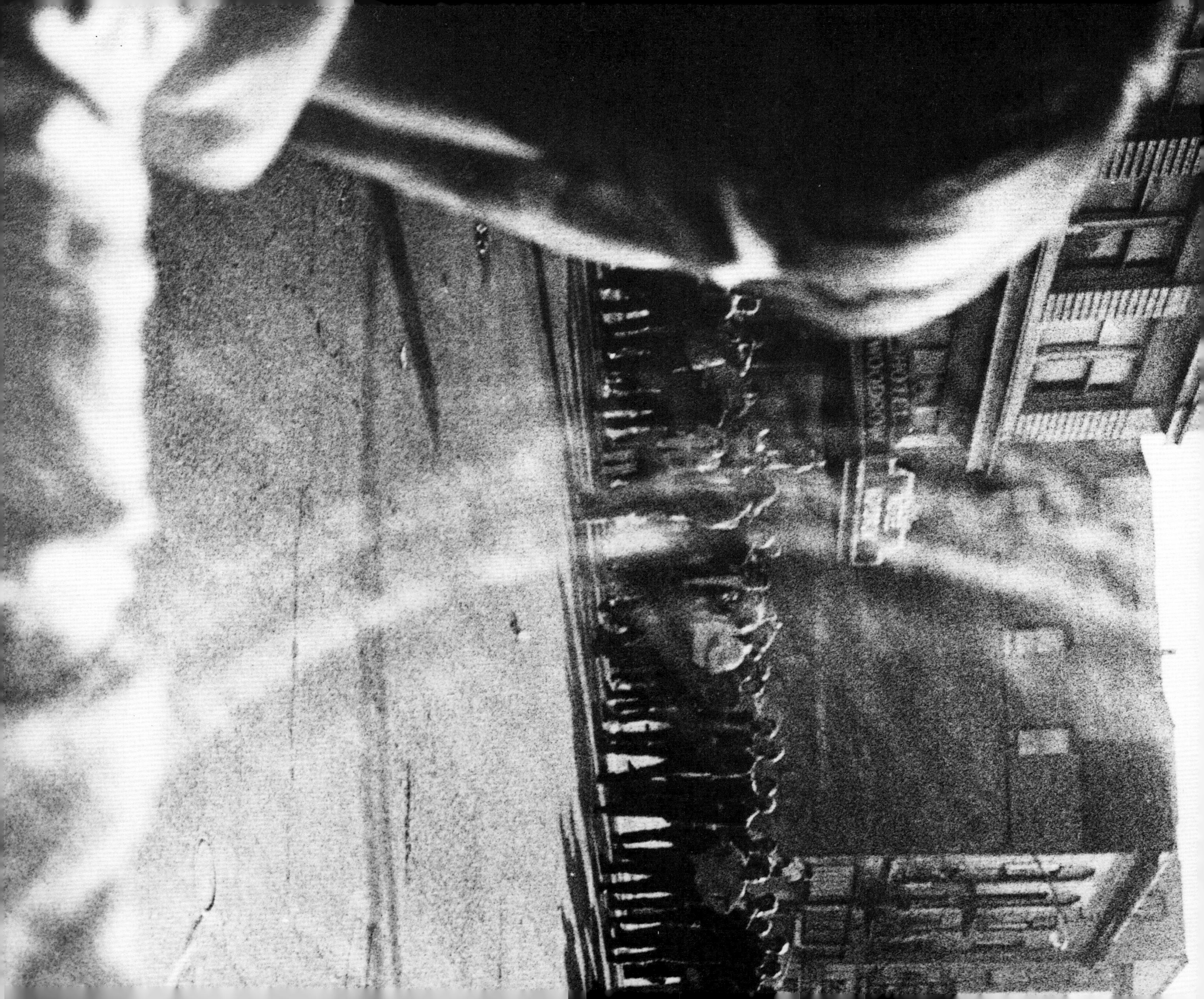

9

走上街頭

1961-1969

前跨頁圖：1967年10月的「停止徵兵周」活動中，成千上萬反對越戰的示威者包圍加州奧克蘭市一處陸軍徵兵中心，抗爭者將路邊停放的車輛拖至道路中央以癱瘓交通，他們還翻倒垃圾桶、與警察發生肢體衝突。翌年（1968）即爆發更激烈的抗爭。

下圖：在動盪不安的60年代，蘇聯藉由封鎖東西柏林邊界以及在古巴設置飛彈基地等大膽舉動來試探美國外交的底線。但這些舉動也將美蘇兩大超強的關係推向戰爭邊緣。正如艾德華．穆羅所言：「此時此刻人們都要絶望了。」圖為兒童們在西德的柏林圍牆旁邊玩耍的景象，攝於1962年。

走上街頭1961-1969

1962年8月17日，18歲的東柏林青年彼德・費契特與朋友海穆特・庫白克從工廠溜班，一邊跑一邊囫圇吃了些燻肉與馬鈴薯充飢，直奔東德政府於一年前建造的一列長約28哩的「圍牆」。這道圍牆的作用在區隔共產統治的東柏林與西方盟國佔領的西柏林，尤其是要防止東柏林人民逃難越界。從1949年開始，已有將近300萬的東德民眾逃離東德，單單在柏林圍牆豎立起前一個月內，就有30,000人投奔自由，以致東德嚴重短缺勞工。

費契特出生於納粹敗亡前不久的第三帝國末期，他在共黨統治下的飽受壓抑；由於他要準備結婚，擔心目前每個月50元的工資無法養家，唯一的機會便是逃往西德，而他的未婚妻稍後再設法去西德與他團圓、建立家庭。所以，他必須先爬過東德當局口中「反法西斯的長城」，也就是柏林圍牆。

下午還不到兩點，兩人直接走向圍牆後方鋸木廠後的一扇窗邊，悄悄地移開窗上的刺鐵絲網與遮板。他們縱身跳過窗子，落在圍牆邊的一處空地。他們上方、鋸木廠頂樓用磚塊砌起來的窗戶裡，站立著東德警察，負責一項頗爲諷刺的任務，那就是德國人奉命槍殺所有想從一個德國故鄉前往另一個德國故鄉的德國人。

「彼德，快來！」庫白克邊叫邊衝向那道六呎高牆，並開始「攀向自由」。費契特緊跟在後，但是他瞧見了不遠處的警察而遲疑了一下，這短暫的遲疑就將他的自由美夢化爲烏有，當他爬到圍牆頂端時，一陣機關槍掃射，他仰天跌落在沙地上。

接下來，受傷的費契特躺在地上求援，雙手絕望的緊抓著地面，但是

「就在這些年之間，美國得做個攸關存亡的大轉變，要走進這個夢魘，去面對可怕的歷史邏輯。換句話說，這個國家及其人民必須變得更卓越並且更具有冒險犯難的精神，否則就要慘遭滅亡。」

——諾曼．梅勒

圍牆兩邊的人員卻動也不動地站在原地，等待長官指示，深怕引發國際衝突。西柏林警察扔給費契特一包包的繃帶，但他早已虛弱得無法替自己包紮，身體也因失血過多而開始痙攣。痛苦的40分鐘過去了，費契特這個年輕的自由烈士就這麼離開了人世。

就歷史本身來說，十年總不若一世紀來得有分量。但是60年代這十年是本世紀影響最爲深遠的十年。登陸月球計畫以及新的音樂形態都是在數年前開始萌芽，而在60年代開花結果。50年代的「披頭族」（beatnik）到了60年代變成爲嬉皮，而60年代爆發的越戰則持續到70年代中期才結束。60年代承先啓後，社會變化更使這十年的歷史地位不同於一般。第二次世界大戰固然是本世紀重要的歷史事件，然而其影響也較難以衡量。但若就社會習俗的轉變之大、參戰次數之頻、及新觀念產生的數量而論，60年代幾乎可以說是一個「轉型」的年代。

60年代的特殊地位在於這十年間發生了自己的故事、接續過去、更延續到未來。在60年代，人類不但將目光望向月球，並且也親自登陸。歷史上最傑出的熱門音樂演唱團體「披頭四」於1962年推出第一張單曲——簡單又甜美的〈愛我〉，從旁推動披髮楚狂的叛逆青年投入嗑藥與崇尚東方神秘主義的狂熱，然後披頭四在下個十年初期解散了。60年代同時也是自由主義與保守主義思想大對抗的年代，如尤金．麥卡錫與喬治．華里士，林登．詹森與巴瑞．高華德。社會事件瞬息萬變，以致保守勢力後來贏得勝利（這股始於1964年高華德獲提名參選總統的浪潮，於1981年將雷根推入白宮），甚至讓自由主義者在他們鼎盛時期仍然惆悵無比。

這個時代發生的故事大多是悲劇：60年代初期如火如荼的民權運動在經歷過60年代中期的瓦茲與底特律事件後，幾乎於1968年馬丁．路德．金恩遇刺時全面崩潰；一開始被公認爲「必勝」與「必要」的越戰（美國國防部自稱「爲避免慕尼黑血案重演」）規模在詹森時代突然升高，數以萬計的美國子弟兵喪生在東南亞，多少家庭因此破碎，美國民眾對於政府頓失信任。1969年8月，吉米．韓迪克斯在伍德史塔音樂節中，吊兒郎當地用電吉他演奏美國國歌，象徵著60年代初期民謠歌曲中所蘊涵人民對國家的希望在60年代中期已變質爲憤懣，最後甚至以失望與失敗主義收場。

這十年間，柏林被硬生生地拆成了東柏林與西柏林，世界也分爲自由與被奴役兩大陣營（硬是把該對猶太人集中營負責的德國人關進宿敵俄羅斯所控制的大型集中營內，實在是相當殘酷的反諷），世間萬事萬物似乎都被一分爲二。經由50年代的篳路藍縷漸漸發展有望的民權運動卻在60年代末期被其一向不屑的暴力給踐踏殆盡。整個歐洲與美國，既有的制度與「反文化」，成年人與學生，年長的與年輕的彼此傾軋。美國父母與孩子爲

1968年，載運羅伯．甘迺迪遺體的火車由紐約南下開往華盛頓特區，數千名哀悼的群衆在鐵軌兩旁列隊相送。根據亞瑟．史勒辛格的描述，「有人凝神站立，雙手抱胸。有人則隨著火車的移動而顯得茫然失措。」這次暗殺行動距離馬丁．路德．金恩博士遇刺僅僅兩個月，許多美國人不禁懷疑，美國為何變成一個如此暴力的國家。

了音樂、頭髮的長度、越戰、以及是否應繼續遵行國家既有的原則與機制等議題而爭執。年輕反叛的一群當中，支持體制內改革者與主張革命者各持一端。甚至男人與女人也截然對立；60年代中，離婚率不但開始攀升，而且還是以相當快的速度躍升。

這個年代的故事影像對比強烈：1963年，馬丁・路德・金恩博士在林肯紀念堂前，懇請25萬名參加華府大遊行的美國人民，與他共同憧憬黑人和白人小孩相容互愛的未來；五年後，他卻在孟菲斯市一處汽車旅館遭人開槍射殺。首批和平工作團新血懷抱著年輕人不羈的活力以及戰勝疾病、文盲和貧窮的決心，在60年代初，抵達衣索匹亞，哥倫比亞，伊朗和菲律賓；1968年，芝加哥民主黨大會期間，數千名參加反戰示威的年輕人和芝加哥警方激烈對陣。當然不能漏掉，十年來眾望所歸的年輕總統及其美麗的第一夫人，他魅力四射，她高雅大方，吸引了移民組成的美國社會，甘迺迪執政的1,000個日子深深擄獲民心；然而在1963年11月22日，當他乘坐藍色林肯敞蓬座車行經德州達拉斯市狄利廣場時，遭人從德州圖書館開槍行刺，第一夫人的粉紅上衣染滿甘迺迪的鮮血，狂亂地爬向後座找尋總統被子彈轟掉的一片頭蓋骨。眞凶究竟是誰？是俄國？中央情報局？還是犯罪組織？在這個分裂的年代，甘迺迪遇刺形成了美國昔日與未來生活方式之間的分水嶺，此後紛擾的歲月中，人們不斷在心底反覆追問，假若沒有發生這件事情，60年代是否還會是現在這般樣貌？

活在60年代，人們生氣蓬勃，腳踏實地，雖不一定快樂，但至少極爲清醒。在60年代，除了要喚醒意識與享樂（特別是性的歡愉，在食品藥物管理局核准避孕藥後，就不必再擔心意外中獎的問題）之外，60年代也謳歌青春與自由；60年代更鄙視老朽、傳統、紀律等過去崇尚的順從價值。如果說西裝筆挺的生意人是50年代的代表形象，大學校園的學生則是60年代的新貴。60年代的大學校園湧進了美國史上人數最多的學生。歷史學者吉特林指出，當時的美國是全球第一個學生人數多過農民的國家；而到了60年代末期，當世界各地學生普遍「起義」時，美國大學男女學生人數已經是農業人口的三倍。

「在和平工作團以前，貧窮的委內瑞拉人唯一見過的美國人，便是坐在凱迪拉克汽車裡來來去去的那些人。他們因此認定，美國人都是有錢、自私、鐵石心腸、反動的。和平工作團讓他們見識了完全不同類型的美國人，把他們對美國的所有誤解完全扭轉過來。」

——亞倫．史都華，甘迺迪時期的美國駐委內瑞拉大使。

大學教育已成爲美國勢不可擋的榮景下傲人的副產品。在經濟重心逐漸由製造業轉向服務業之際，每個人都想上大學。至少在理論上，過去的學生上大學是爲了成爲50年代人的成功象徵，也就是西裝筆挺的管理階層。至於，將大學視爲腐敗邪惡的大本營之類的想法，生長在這個世界卻反過來討伐這個世界的革命念頭，在50年代還是前所未聞。

甘迺迪是當時的青年偶像，但細究其一生，卻也頗堪玩味。在他去世多年，其生涯之傳奇色彩逐漸褪去之後，許多人認爲，甘迺迪並沒有指出什麼新方向。冷戰時期，他的外交政策不僅傳統，甚至好戰，間接導致美國輸掉越戰；面對國內事務，甘迺迪則消極被動，尤其是在回應諸如民權等迫切性問題上面。然而，甘迺迪的影響力在他辭世後多年依然存在，遠勝過他生前的成就。在60年代初期，當時年輕人還可以容忍廣大民眾維持現狀的信念，甘迺迪強調行動政府，談吐優雅，結交向來與華府政壇疏離的藝文人士和史學家(泰迪．懷特指出，甘迺迪政府是小羅斯福總統以降，第一個具有宮廷氣息的政府)，他鼓舞年輕人的言詞以及爲美國人擘畫的期望意識，在在充滿強烈動人的魅力。

成立和平工作團是甘迺迪政府吸納年輕人的企圖中最公開的一項施政。其構想最早由對手韓福瑞在1957年的大選中提出，甘迺迪借來做爲自己「感性外交」的手段。甘迺迪一向欣羨共產黨人號召青年與理想主義者的能力，例如，古巴總統卡斯楚動員了數千名年輕教師下鄉解決文盲問題；甘迺迪也要尋覓一批有理想、有抱負的年輕人來從事類似工作，不過這一次，要奉民主政治之名。

和平工作團的時機無懈可擊。當時，許多即將畢業的大學生不耐世俗生活，熱切渴望冒險。而當時的暢銷小說《醜陋的美國人》描繪美國人在第三世界國家藉由剝削當地人過著奢華的生活，此事令美國人相當難堪。這部小說也點出未開發國家需要工程師和技術專家的協助(書名中「醜陋」指的是乏味，而非多數人以爲的殖民地寄生蟲)。甘迺迪就任總統三個月後，即宣布組成和平工作團，隨即陸續有數百人、數千人投入工作。

和平工作團在全球知識程度落後、貧窮、與可能滋長共產勢力的地方，以慈善事業的方式執行美國干預性的外交政策。不過，甘迺迪政府對於當時以古巴爲首的第三世界國家，也採取較強硬的策略。自從卡斯楚離開藏身的馬斯特拉山區，以七天的時間沿著古巴中央公路步行600哩而抵達首都哈瓦那，接掌獨裁者巴帝斯塔潛逃後所遺下的政權並宣布奉行共產主義而與美國敵對之後，小島國家古巴一直讓美國人頭痛不已，有如芒刺在背。

甘迺迪總統於1962年8月9日於白宮前面的大草坪接見和平工作團的志願義工。剛開始的第一年，將近18,000人志願加入義工行列，懷疑者卻提出強烈質疑。《華爾街日報》表示：「除了這些年輕人自己之外，還有誰會真的相信，暴力充斥的非洲會因為一些美國大學生去住在茅屋裡、說非洲土語而馬上心平氣和呢？」

1961年春季，甘迺迪批准美國中央情報局的計劃，同意派遣一群古巴流亡人士(其中有人後來捲入水門案)突襲哈瓦那南方150哩外滿佈沼澤的豬玀灣地區。然而，卡斯楚預先得知這項計畫，他動員空軍迅速殲滅了搶灘上岸的流亡者。入侵古巴的行動不僅挫敗，更讓美國顏面盡失。一直到四天後，全球各地眾人皆知了，甘迺迪才向美國民眾坦承，豬玀灣事件是美國策動的，這次祕密行動甚至未經國會認可，美國政府的國內外形象都受到極大的傷害。

假若沒有豬玀灣事件，或是其行動成功，或是甘迺迪的外交技巧不要這麼糟，或許可以避免日後幾乎導致世界末日的國際危機。當時的蘇聯頭子赫魯雪夫，經由豬玀灣事件察覺甘迺迪的軟弱與失策，向年輕的甘迺迪提出一系列的挑戰，其中包括構築柏林圍牆、試爆威力高過廣島原爆3,000倍的新型核子武器等，最後，蘇聯更在古巴部署核彈，嚇阻美國不得染指古巴。

我與和平工作團的拉丁美洲經歷：

「我們被愛，也被恨。」

當甘迺迪贏得總統大選時，咸認他會展現出不同於艾森豪的領導風格。他不僅年輕英俊，而且說話深觸人心。在甘迺迪的就職演說中，他說道：「不要問國家能為你做什麼，而要問你能為國家做什麼。」這句話眞是使我心有戚戚焉。甘迺迪總統宣布成立和平工作團時，我仍在大學求學，但當時我立刻閃過一個念頭：「我要去申請加入和平工作團。」當時的宣傳口號是「給他魚吃還不如教他釣魚」，而我也深信如此。我想要走到第一線，去幫助世界上的貧窮人，使他們過得更好。參加和平工作團對我來說，是一種能讓我感到有所回饋的方式。我相信，和平工作團的成員並不具有眞正的國際視野，我們只是直覺地認為美國身為世界第一，而透過和平工作團我們可以將美國的經驗與成果傳送至需要幫助的國家。

我原本打算要去非洲，但後來接獲通知被派往厄瓜多。我對厄瓜多幾乎一無所知，只好自我安慰：「好，就去厄瓜多吧！」三個月的受訓後，我搭機前往南美洲，目的地是厄瓜多的沿海城市瓜亞基爾。瓜亞基爾是一個建築在沼澤之上的城市，對我來說，她就像卡薩布蘭加一樣充滿異國風情。我來到此地才意外發現當地人的西班牙語聽起來不像西班牙語。在三個月的「西班牙語」訓練後，我對自己的西班牙語能力產生更多的懷疑。

我被分派到瓜亞基爾市北部的貧民郊區，在美麗如畫的山丘上，竟然蓋滿用木桿搭建的簡陋小屋。山上只有一處自來水供給站，民眾必須用水桶將水提至家中。大部分的屋子沒有窗戶，地板是因陋就簡的泥地，天花板甚至有洞。山腳下盡是氾濫成災的垃圾與污水。這眞令我觸目驚心。我的工作是為前任志工建造的全新社區中心籌畫活動。當時我只是21歲的少女，卻得在百廢待舉的社區過活，還要創造奇蹟，這使我感到緊張、刺激、害怕，以及萌生不如歸去的念頭。正當我心中五味雜陳之際，我捫心自問：「我眞要去做嗎？我辦得到嗎？」然後我自己回答：

圖左：姆勒女士1960年攝於紐約市漢普斯泰得區的自家門前。
圖右1963年姆勒攝於參加和平工作團赴厄瓜多接受訓練的第二天。

——瑪妮．姆勒生於1942年，在離開和平工作團後，她在紐約市東哈林區組織「領航」機構。之後，她先後出任紐約副市長辦公室的「夏日計畫」主持人，以及太平洋電台的節目總監。目前她在紐約經營自己的事業，籌辦多項活動。姆勒女士亦為《綠色火線》與《時勢》這兩本書的作者。

「當然，我辦得到，因為我夠堅強。」

我認為自己應該找出人們的需求所在。即使是蛋糕裝飾這種微不足道的疑難雜症，我都會說：「只要你有需要，我們便會想辦法。」在社區內我們有座圖書館，並於此開授機械學課程。我們亦組織棒球隊。總之，社區需要甚麼，我們就發展甚麼。我們從社區的裁縫班發展出商業經營的計畫，亦即將婦女的手織蚊帳賣到凱爾公司，以賺取利潤。此外，我們在社區中亦發展出許多重要的計畫，例如為學齡前兒童設立幼稚園。一方面，我在社區中廣受歡迎，甚至說太受歡迎。另一方面，只要是由第一世界派遣到第三世界工作的人，都難免引起當地人士某種程度的憤怒與反感。人們同時愛你，也恨你。我知道如果我稍微逾矩，就會成為眾矢之的。我也知道，如果人們太愛我，也可能會樂極生悲。

「厄瓜多小型企業組織」是社區的經費贊助者。我每個月都會到市中心，接受該組織總裁的經費檢核。包括幼稚園與蛋糕裝飾廚藝班在內的所有計畫，我們都合作愉快。但社區中心的活動愈多，也意味著社區將需要更多、更重大的改革。當我們開始著手解決社區的眞正需要時，問題發生了。事情開始不太對勁的徵兆出現於我在自家舉行的一場派對。在派對中，小型企業組織的總裁將我拉到一旁，並指著房間內的一名客人說：「他在這做甚麼？他是共產黨員！」之後，當社區民眾到市政府遊行以爭取新的下水道系統時，支持社區的經費便胎死腹中。總裁告訴我：「瑪妮，眞抱歉，由於經費拮据，我不能再贊助你們了。」過不久，美國大使打電話給我，警告我不要插手瓜國內政。一直要到數年後，我才知道，社區中心其實是由美國中央情報局透過小型企業組織所贊助成立的。

對於無法再為社區貢獻心力，我十分氣餒。我體會到只有向市政府施壓才能眞正改革。我當時知道，和平工作團這項計畫一定是那裡出了問題。很多人都認為事情另有蹊蹺，和平工作團的目標一定不像表面上的單純。將年輕、不成熟的毛頭小子派到第三世界臥底是不對的，雖然他們對世界知之甚詳，也知道如何幫助這些窮人。我們到這裡來是一種自大傲慢的表現，但我們很難反躬自省，發現這個錯誤。從和平工作團的經驗，我了解到我們不應在別人的國家自行其事。我也感覺到，我們做錯的總是比做對的多。而且和平工作團的目的並非要幫助他國人民，而是要控制他國。對我來說，和平工作團的經驗是一個使人偏激與令人幻滅的經驗。而這兩種情緒也深深地改變我看世界的方法。

美國人意圖顛覆古巴總統卡斯楚政權未果，反倒助長了古巴人的反美情緒，提升了卡斯楚在國內的聲望，尤其是古巴的勞工階級，更對卡斯楚愛戴有加。在這張1964年的照片中，一位熱情的支持者開懷的扯弄卡斯楚的大鬍子。

國際情勢持續升高，已開發國家人民充滿焦慮，其中，美國的U-2偵察機於1962年10月15日在古巴發現八具彈道飛彈發射設備，最令世人恐慌。U-2偵察機在例行的古巴上空偵測任務中拍攝的照片顯示一處興建中的蘇聯中程飛彈基地，不過並未發現任何飛彈。甘迺迪和顧問群經過研議之後，以最「溫和」的方式對應。他下令「檢疫」所有從蘇聯開往古巴的船艦（甘迺迪選擇了最軟調的字眼，他深知如果用「封鎖」二字，就會被認定爲宣戰行爲），然後靜待蘇聯回應。

在美蘇雙方緊張對峙的13天內，世人均無助地擔憂核武大戰將一觸即發。甘迺迪在10月22日向一億多名美國民眾發表了17分鐘的電視演說，解釋他下達封鎖令的決定。他指出，正在古巴製造的中程飛彈，足以摧毀邁阿密、卡納維爾角、墨西哥市、以及中美洲大部分地區，射程甚至遠達華府。而正在運往古巴途中的長程飛彈威脅範圍更遠及紐約市、波士頓、哈德遜灣以及加拿大。

這肯定是歷來美國總統所發表過最駭人的演說。不過，眞正遭到古巴飛彈威脅的，還是美國人的自尊以及甘迺迪身爲自由世界領袖的地位。教宗若望23世在梵蒂崗敦促美蘇兩國領袖，不僅要考量雙方各自的利益，同時也應顧及強權對峙的恐怖平衡下全體人類的命運。《洛杉磯時報》指出，當地部分高中學生在課堂上崩潰，哭泣著說他們還不想就這樣結束生命。然而，美蘇雙方仍持續備戰，美國西區地下基地的洲際彈道飛彈均已部署就緒、準備發射，配備核武的北極星潛水艇艦隊也待命準備航向蘇聯領海水域。美國空軍同時進入第二次世界大戰結束後的最高戒備狀態：DEFCON2（二級防衛狀況，若爲一級防衛狀況則已進入戰爭狀態），16艘海軍驅逐艦和三艘巡防艦構成150哩的防護盾，攔阻航向古巴的蘇聯船艦。不過，仍有25艘蘇聯商船不爲所動，堅持原定的航向。就在甘迺迪計畫先空襲古巴，再揮軍南下之際，赫魯雪夫提議要以拆除古巴的飛彈基地來換取美國不再入侵古巴的承諾。雖然赫魯雪夫後來又得寸進尺地要求美國撤除土耳其的飛彈基地（美國當局也點頭了），戰爭危機總算是化解了。

甘迺迪成了英雄，一個解救世界、免除核戰的大人物，甚至還保全了美國的尊嚴。蓋洛普的民調顯示，這位在1960年險勝上台的總統如今已掌握了77%的民意支持。然而，古巴飛彈危機的陰影卻殘留不去。由於古

「我的想法是這樣的：假如我們在秘密基地裝置飛彈，然後……美國發現了（這些飛彈），在貿然摧毀我們的飛彈設施之前，美國一定會考慮再三……我知道美國可以摧毀我們的部分設施，但不是全部。如果我們能夠保全四分之一、甚至只有十分之一的飛彈的話，我們還是可以把紐約炸個稀爛。」

——蘇維埃領導人尼奇塔．赫魯雪夫，
回憶古巴飛彈危機時蘇聯的策略。

雖然飽受核子戰爭危機的威嚇，多數美國人仍然支持甘迺迪總統對於古巴飛彈危機的處理。當然，仍有部份民衆，例如圖中的紐約市民，他們走上街頭示威，抗議美蘇兩大強權毫無意義的窮兵黷武。

巴，使得60年代成爲危機的年代，生命籠罩在那從不曾眞正來襲的暴風雨烏雲下而黯淡無光。

即使在美國國內，60年代也是危機年代，當時美國不斷面臨民權的挑戰。1950年代的非暴力活動，在黑人教會勢力的驅策下，造就出更多反白人勢力的行動分子。蒙哥馬利市的公車抵制者贏得了隨意選擇公車座位的權利，小岩城中央高中被迫接納9名黑人學生，最高法院在1954年也通過了種族融合案。1960年2月，4名黑人大學生打破了北卡羅萊納州葛林斯波若餐廳「限白人用餐」的規定。幾周之內，靜坐運動也一再逼迫著全國各地還在隔離黑人的餐廳與食堂就範。但是這些過去的成就卻只燃起了黑人心中不耐的怒火，若是某個地方的種族隔離政策是不對的，那麼所有的種族隔離都不應該。要是法院判決種族隔離是違法的，那爲什麼黑人還得犧牲生命去更正這些違法行爲呢？

民權運動屢遭挫折，黑人不但憤而否定白人政府既有的建樹，也將怒火轉向運動的領導人。有些人開始認爲，雖然非暴力運動贏得了讚賞與推崇，卻輸掉了裡子，馬丁・路德・金恩等溫和派的領袖實在是太不會打算盤了。抱著這種想法的人甚至對聯邦政府的支持也都加以冷嘲熱諷。民權活動者連番在高等法院勝訴的結果，使得他們十分寬慰地認定自己的訴求已經獲得憲法的支持，但是只要州政府拒絕執行最高法院的判決，這種勝利也是白搭。唯有聯邦政府的介入才能確保正義。而當時無暇分身於古巴事件外的甘迺迪政府則表現的與前人無異。

政治上，甘迺迪不願面對民權問題。他在1960年之能夠險勝，歸功於不少南方保守派民主黨員投他票，他同時也得到不少北方自由派人士與都會黑人的選票。類似地，總統在國會中的勝利也仰賴於他維持與南方民主黨參議員的友好關係，而他們大部分都是異常頑固的種族隔離主義者。更重要的是，在一些希望能在日益紛擾的社會中維持秩序者的心目中，民權猶如一道難解的三角習題，種族主義是南方文化根深柢固的一部分，深植於地方習俗、言談舉止等各個層面之中，若想硬生生拔除種族主義，就和乾脆解散一個社會並在原地建立另一個社會有相同的意義，而且這麼做也違反了在同一個軍事力量保衛下的大多數人民的共同意願。

在1961年，當最高法院判決州際公車終點站的種族分離政策違憲之後，一群自稱「自由乘客」（Freedom Rider）的民權運動者開著公車進入南方重鎭，希望能以自己的被捕迫使司法部爲維護他們的權益而有所行動。但是隨著參加者當中持保留態度者人數的增加，使得這個運動只能證明一項眞理：無論法律怎麼規定，他們還是只能自求多福。在阿拉巴馬州的安尼斯頓市，一名暴民挾持了一輛公車並在車上放火。在阿拉巴馬州的伯明罕，一群三K黨徒縱火燒了另一輛公車，當地警察局長布爾・康納在他們背後撐腰，他並授意三K黨徒，繼續攻擊到自由乘客像戰敗的公雞一般為止。而在蒙哥馬利，也就是蘿莎・帕克絲的家鄉，一個暴民用金屬管與棒球棒攻擊民權運動者，當地的警察局長卻明白表示，他的手下「無意保衛那些前來本市搗蛋的人」。

當馬丁・路德・金恩於翌日出現在蒙哥馬利市主持當地教堂的一個集會時，瓶子、石頭、汽油彈趁著金恩演說時自外面拋進窗子裡來。儘管全身全臉都是碎玻璃，許多群眾依然手牽著手高聲齊唱。最後，聯邦部隊以美國執法人員的身分來到現場驅離這些白人暴民。但是甘迺迪政府仍然秉持一貫不情不願且優柔寡斷的行事方式，似乎說明了聯邦政府對於民權運動者的支持僅限於給他們一個絕處求生的憑藉。司法部長羅伯・甘迺迪——總統的弟弟、也是甘迺迪政府民權政策的重要指標人物——對蒙哥馬利市暴力事件的反應是：建議金恩及他的同志們「忍耐一段時間」。民權運動領袖之一詹姆斯・法默在失望之餘向記者表示：「請告訴司法部長，我們已經忍耐了350年。」

學生非暴力協調委員會（簡稱SNCC或Snick）是由南方50餘所高中及黑人大學中的活躍分子所組成，其成立也是民權運動由和平抗議變調為逞強鬥狠的分水嶺。最早提出將學生帶入運動主張的人是金恩，但這個學生組織卻從成立之初就與金恩博士漸行漸遠。SNCC的創辦人艾拉・貝克對金恩的不滿日深，她覺得金恩是一個自負而追求一己榮耀的人，他只對電視的鎂光燈和與有錢人打交道有興趣，並不真正關心他的追隨者的需要。貝克希望她的新團體不再以權威為中心，而是由基層人民自發性地做決策。然而，到了後來，SNCC的原則與金恩博士的南方基督教領袖會議最大的區別僅在於作風不同。SNCC的成員認為金恩的組織在神職人員的帶領下流露出馴良溫和的黑人精神，而他們自己的新組織則反映了年輕人的叛逆與不耐。

1961年秋天，SNCC集中全力發動一場大規模的示威活動，他們的目標鎖定喬治亞州阿爾班尼市的公車站與其他公共場合。阿爾班尼的民權運動一開始盛況空前，當警方將示威者逮捕入獄之時，示威者一致唱起黑奴靈歌，訴求聖經中公平正義的精神。

雖然，阿爾班尼的示威者將非暴力主張發揮到極致，卻無法獲得任何具體建樹，讓更多人懷疑和平主張所為何來。在這裡，警方以非暴力回應非暴力，雖然逮捕示威者，卻不曾像其他南方警察一般對示威者棍棒加身。SNCC最後不顧許多成員的意願而向金恩求助，但是當金恩來到阿爾班尼聲援他們，他一樣被捕下獄，這裡已經不是他的舞台，阿爾班尼的民

黑人學生站出來：
「他們可以殺死我們，但他們再也不能隔離我們。」

我生長於芝加哥南方，當時那裡正有種族隔離，可是我並不十分在意。我知道事情在南方總是比較嚴重，因爲我父親是個晚餐車侍者，他常回家告訴我們黑鬼非常不容易在那兒找到地方住。在我進入某些有種族歧視的地方前，我並未眞正體會種族隔離，直到我去田納西的納許維爾念大學。在抵達費斯克大學時，我第一個月都待在學校裡。我曾冒險離開校園，去學校附近黑人可以去的地方，但是其他地方還是不得其門而入。幾個星期後新鮮感逐漸消失，我開始覺得受到限制。

納許(最右)坐在櫃台前。

憎恨不能去市區的吾爾渥斯和朋友一起用午餐。同時，當我在市中心時，看到許多黑人因不被允許在餐廳內用餐而坐在路邊或地上吃午餐，令我倍感屈辱。當我第一次使用標示著「有色人種」的女性化粧室時也感覺到非常羞辱。

很快地我開始尋找一個能夠改變種族隔離現象的組織。我聽到一些由詹姆士·羅森牧師所主持的研討會，他是個有良知的反對者，曾經在印度待過一段時間，極爲推崇非暴力途徑。所以我就去參加他們的研討會並且仔細聆聽他們的主張。數星期後，我認爲非暴力不可能起任何作用。但因他們是納許維爾僅有的團體，所以我繼續參加。我才了解你可以在尊敬一個人的同時質疑他的觀念而且不做人身攻擊。

1959年秋我們開始去市中心的餐廳用餐。當侍者拒絕我們用餐時，我們就會去見經理，問他爲什麼不讓我們在這裡吃飯，而且告訴他說這是不道德的。我們把這種出擊稱爲一種測試。1960年2月，我們聽收音機得知有些人已經在幾個南部城市——葛李斯堡，橘堡，諾克斯維爾，展開靜坐活動。我們都高興地跳了起來。然後我們決定和其他城市的學生串聯，也展開靜坐活動。

——戴安娜·納許，生於1938年。她認為非暴力的信念可以改革社會及促成越南和平，她曾於1966年冬天由北越婦女聯盟與聯合國和平運動聯合贊助遠赴河內市，並獲胡志明接見。從此，她持續參與社運，提倡福利，房客組織，並曾擔任芝加哥國宅處處長。育有二子二孫。

靜坐活動開始後，南方基督教領袖會議執行長艾拉·貝克認爲，如果將所有參加學生聚集在一起開個會一定是個好主意。所以在1960年復活節周末，我們都趕到位於北卡羅萊納州萊理市的蕭氏大學與會。會議中，我們討論成立中央總部，以收集並散布訊息與價值觀來整合以南部爲主的活動。我們也決定不做爲另一個較早成立的組織的學生分部，因爲我們並不想受制於遙遠的主任委員們。因此我們成立了學生非暴力協調委員會 (SNCC)，我們將自己與較早成立的組織區隔開來，因爲在SNCC，做事且爭取機會的人就是做決定的人。

1962年離開費斯克大學後，我仍以自己所有的時間爭取民權。5月時我在密西西比州，那兒的公車仍然可以合法地隔離黑人，我鼓勵年輕黑人坐在公車前面，並主持非暴力研討會，讓學生加入「自由乘客」的行列。那時我23歲，由於我鼓吹少數族群進行當時算是非法的活動而遭逮捕，並被控以行爲不良的罪名。我被判刑兩年半，當時我已經懷孕六個月。我先生開車載我到傑克森市向警方投案，接下來我便向法院報到。我坐在第一排第一個位子，當庭警命令我改坐到旁邊時，我拒絕移位，所以我又因藐視法庭被判了10天牢役。

這10天很難過。牢裡有非常多的蟑螂，我很快就適應了白天睡覺，晚上就站著躲從天花板上掉下來的蟑螂。因爲我知道我即將入獄，所以我準備了牙刷，梳子和維他命丸(因爲我懷孕了)，換洗的內衣褲，一條裙子和襯衫，但是獄方不讓我帶任何東西進去。我決定不讓自己意志消沈，所以我就訂了個計畫。我每天在不同的時間清洗內衣褲和外衣，在睡覺的時候晾乾，所以每天有清潔的衣服可穿。用手指頭梳頭髮而且研究出刷牙的方法。我自經驗中引發的力量愈來愈強，因爲我知道如果必要，我可以不靠任何東西生存下去——也許除了食物和水外。我從不氣餒與遲疑，只要獄方刻意打壓，我的決心就更堅定，憤怒也更甚於前。

當你面對不公不義以及打壓時，如果你讓自己變成別人無法打壓的人，這個世界就必須重新看待新的你。我們學生拒絕種族隔離。他們可以殺死我們，但是他們永遠無法再隔離我們，國家也要面臨一連串新的抉擇。我想大部分參加靜坐的學生都有信心去改變世界。我仍然如此堅信不疑。

權運動證明了一件事：甘地的社會抗爭方式是無效的。在阿爾班尼，黑人示威者最後都要走向暴力，他們以瓶罐石塊丟擲警方，這是金恩一直努力要阻止的行爲，此刻他只有表達深刻的悲傷。

然而，挑戰種族歧視的行爲不斷發生。出面挑戰的人愈來愈多，南方各州也劃下一道又一道的「界線」以求自保，這種情形很難讓人不產生「這個國家正走到一個關鍵性的關頭上」之感。甘迺迪政府希望能和平漸進地終止種族隔離，營造較爲公平的社會。可惜這種想法並不切實際，事實上根本沒有妥協的空間，對黑白雙方而言，民權都是最基本的議題，他們永遠抗拒政治力量的干預。南方舊勢力爲了捍衛既有的利益，甚至不惜犧牲人命。

當「自由乘客」在阿拉巴馬州安尼斯頓市外被白人毆打，他們乘坐的巴士被縱火焚燒之後，支持種族隔離的阿拉巴馬州長約翰·派特森消遣這些乘客為「一批烏合之衆」，他並警告他們「儘快滾出阿拉巴馬州……本州……無法保障笨蛋的安全。」

1962年秋天，詹姆斯·麥瑞迪斯想成爲密西西比大學第一名黑人學生，卻遭受全體白人毫不留情的反對。該州州長羅斯·巴奈特甚至爲此與總統僵持不下，聯邦政府派兵駐守密西西比州牛津郡。幾個月後，阿拉巴馬州州長喬治·華里士宣稱，他將「爲種族隔離而戰，無論是現在、明天、還是永遠。」他還說，如有必要，他會自己站到學校門口，阻止黑人學生進入。接著，伯明罕也出事了。

伯明罕市向來自豪地自稱爲「魔術城」，卻是全美種族隔離最爲嚴格的地方。伯明罕有22萬白人、14萬黑人，兩種人口分界而居，井水不犯河水。職棒小聯盟比賽規定，參賽隊伍必須黑白混合，否則就得放棄參賽，伯明罕市政府乾脆退出比賽。上頭規定地方公園必須同時准許黑白人種進入，伯明罕政府索性關閉公園。

不同於喬治亞州的阿爾班尼的是，伯明罕在建市之初就充滿種族色彩，金恩博士也寄予厚望，他希望這是最後一役，民權大業可以從此邁入康莊大道。在同志的壓力驅使下，金恩更希望在伯明罕這個全國最惡名昭彰的種族分離城市發生衝突，好讓全國、甚至舉世知道：種族隔離的問題是如此盤根錯結，單憑基層民眾的抗議示威是無法加以徹底解決的，而是需要團結全國的力量、由全民表達共同的義憤與譴責才能改變現狀。

最後，伯明罕事件確實變成一個非比尋常的故事。這個故事裡有壞人（警察局長布爾·康諾，他在前一年選舉後被撤換，可是由於繼任人選始終未到，所以他繼續當政，並且對黑人採取強硬手段，期望扳回聲勢）、有詩歌（金恩被康諾依「違反耶穌受難日不得遊行禁令」罪名加以監禁，

抗議音樂驚人的力量：
「如果我唱歌，你會站在我的歌聲中。」

我的年輕時代是在喬治亞州西南方的阿爾班尼渡過。當地的黑人文化非常重視歌唱，十分強調合唱的傳統，我們彼此都會唱的歌很多。黑人在一起一定會唱歌。當我在1959年秋天進入阿爾班尼公立學院就讀時，一開始就主修音樂，因為我想我會成為一位歌手。在學校時，我還是像以前一樣唱黑人靈歌，但也接觸古典音樂裡的合唱曲，義大利詠嘆調和德國民謠歌曲。我的教授很注重樂理，但是我不太會讀譜。我心想全世界大部分的音樂都是以口耳傳授，就像在喬治亞州西南方一樣。我曾想過改修其他的科目，可是當時我受到民權運動了號召，就把念書的事扔到九霄雲外去。

歌曲對於阿爾班尼的民權運動很重要。當學生一起參加集會時，他們會走進來坐下，但他們的存在並不代表是一個團體。直到我們選好歌曲，每個人都齊聲合唱出時才能開始開會。一開始我們唱的歌是黑人教會的歌，很多都是從蓄奴時代吟唱至今。我們會交替選唱傳統歌曲、修改過的靈歌和少數幾首新歌。

1961年的感恩節，幾個學生因為在阿爾班尼電車總站的「白人」窗口購票而被逮捕。我們發起了示威遊行。我們繞過監獄然後走回阿爾班尼州立學院校區，最後到最近的黑人教堂結束集會。遊行後，有人要我唱首歌。我選了首靈歌〈在我頭上〉，歌詞的第一句是「在我頭上，我看見了空中有麻煩……」，我將第一句的「麻煩」改為「自由」，在我唱出第一句時，大家都跟著唱。我試著使歌曲符合當時的情境，那是我第一次當帶頭唱歌的人。這也是我第一首自由歌曲。

我記得一次約有200人被捕的示威活動。當天我去參加考試（結果沒過），因而慨嘆自己失去被捕及參加示威的機會。整個南方都有自由鬥士被捕，我則下定決心，只要喬治亞州的阿爾班尼發生民權運動，我一定把握機會，不落人後。如果自由鬥士被關進監獄，我也要進監獄。第二天我去參加另一個集會而被捕，所以我感到非常、非常高興。

待在牢裡可以冷卻熱情。我與其他11個年齡不一的女人，從高中學生到老婦人都有，被關在一個四人房裡面，眞是度日如年。就是在牢裡的時候，總是有人要我唱歌，我愈來愈清楚這就是我的角色。然而對其他人而言，這次坐牢就沒有什麼絕對意義了。有些人後聽到牢門關上的聲音就哭了。其他人覺得應該要禱告。青少年想跳搖滾樂和談男朋友。那眞是個過度擁擠的小宇宙，只有唱歌才能騰出一些空間來。我們大部分的時間都在唱歌，說故事和聽故事，我們唱歌並祈禱。這種跨越代溝的經驗教人難以置信。我在想耶穌如何與另外兩個賊一塊兒釘上十字架，以及他的無辜。從牢房看過去，他的十字架看起來像吊死黑人的凌遲樹一樣。

慢慢地，人們開始撰述阿爾班尼的歌唱活動。SNCC的人也來到阿爾班尼鼓勵大家辦理選舉人登記，他們參觀我們的集會時說：「天啊，這些鄉親眞會唱歌。」SNCC的領導人開始計畫如何以歌唱將南方之外的支持力量集合起來。他們將音樂視為宣導辦理選舉人登記的方法。可戴爾．雷貢組織了「自由歌手」合唱團，我是女低音。我們自稱《歌唱旅行報》，因為我們唱著歌在全國各地旅行，訴說南方的故事。我們幫忙收集食物和衣服，以協助因辦理選民登記而失業的人，我們在全國各地組織委員會來支持南方的自由運動。

在大眾集會中唱歌與在監獄中，在遊行中或在當局叫你不要唱的時候唱歌並無不同。歌唱才能傳達心聲，因為如果我唱歌，你會站在我的歌聲中。我記得有一次正在喬治亞泰瑞郡的教堂聚會，當警長和副警長走進來的時候，氣氛完全改變了。然後某人開始唱歌，歌聲傳到他們所站的位置，改變了氣氛和他們配戴的槍。歌唱也會延伸你的觸角，因為別人在碰到你之前會先聽到你的聲音。唱歌並不能保護你，也不能讓你刀槍不入或免遭逮捕，也不能解放你。但是我知道我在民權運動裡的角色就是歌唱，唱出民權運動之聲。

——柏尼絲．強森．雷貢生於1942年，1961年自阿爾班尼州立學院休學參加民權運動，1975年獲得哈佛大學美國歷史博士。1973年她成立「石頭上的甜心」，為世界知名的卡培拉音樂團體。雷貢小姐曾任職於數個大學，並為史密斯松尼亞歷史博物館榮譽館長。她現在住在華盛頓特區。

雷貢（圖中）與「自由歌手」在1963年的表演。

1963年，當示威者企圖遊行到柏明罕市政廳時，警長布爾康諾下令用高壓水柱驅散黑人示威群衆。許多示威者被迫撤退，卻有一小群人奮不顧身抵擋水柱且反覆唸著「自由」，鼓勵其他示威者繼續前進。

他在獄中利用報紙邊緣的留白處寫了一封〈伯明罕獄中書〉，咸認這是民權運動中難得一見的文學佳作）、有畫面（康諾以警犬和橡皮管攻擊示威者，手段之殘忍，令美國人懷疑警察人員矢志維護公平正義的天職）、有危險（金恩最後祭出可能賠上自己一世英名的招數，派出稚齡兒童群走上街頭，讓孩子也面臨被捕下獄的命運），也有結果（甘迺迪總統在看到一張警犬攻擊婦女的照片後說自己「想吐」，加快民權法案的立法腳步，馬上將法案送請國會審查）。伯明罕事件在美國各地燃起了民權之火，隨之而來的，幾乎有1,000次示威活動在100多個城市中發生。15,000名群眾因此被捕，向來自信滿滿的南方白人權力結構也因此瓦解。

1963年8月，一個悶熱的夏夜，將近25萬人搭火車、公車、或自己開車、有的甚至徒步前往華府。根據一名發言人表示，這些人的曾祖父輩都是黑奴。他們將先前往華盛頓紀念碑，然後再遊行到林肯紀念堂。他們沿途同聲高唱〈我們終將獲勝〉，對於爭取民權大業展現出無比的信心。

華府大遊行是民權運動成就輝煌的時刻，也是馬丁・路德・金恩個人生涯的最高點。在大遊行的籌畫階段，許多不同的聲音已經陸續出現，充分反映出長久以來民運高層人士之間意見分歧的實況。不少懼怕暴力的官員早在遊行開始之前就已離開華府。然而示威者仍懷抱「深刻的熱忱與崇高的尊嚴」（甘迺迪總統的形容詞）進行這個活動，他們追求的是一個獨特的美國使命：要求行使憲法所賦予的最直接權利。當時的參議員、也是少數參加遊行的官員之一的休伯特・韓福瑞說道：「假如要我在自己的公職生活中選出一天，選出民主政治最鼓舞人心的一天，與我的靈魂展開美國夢的翅膀而高飛的一天，那麼，就是這一天。」

甘迺迪總統原本不支持此次遊行，擔心遊行反將阻礙民權法案過關。當時的聯邦調查局長胡佛同時反對金恩與甘迺迪，曾企圖破壞遊行。但是遊行的規模實在太大了，以致沒有任何力量可以加以阻止。華府大遊行在60年代大規模展現「人民的力量」，這股力量的強大與不可遏抑，彷彿是命運之神的安排。民謠歌后瓊・拜雅以一首〈哦！自由〉揭開遊行序幕，歐蒂塔、瑪利安・安德森、瑪哈莉亞・傑克森、鮑伯・狄倫以及彼德、保羅、瑪莉三重唱則跟著相繼演唱（他們重新翻唱的鮑伯・狄倫名曲〈隨風而逝〉當時是全美第二大暢銷歌曲）。在歐蒂塔唱完不久，現場宣布黑人民權運動的先驅領袖杜玻伊斯逝世於非洲，此一噩耗似乎來得正是時候，現場頓時成為沉重的追悼儀式。

當著全世界電視觀眾的面前（這次遊行也首度透過衛星現場同步轉播），小山姆・戴維斯、歐西・戴維斯、琳娜・霍恩、哈瑞・貝拉方提以

「他看見小孩子被警犬圍住，警察荷槍實彈、還有高壓水龍頭，可是黑人示威者還是一波又一波地前進著。因此，那個白人害怕了。他害怕自己的良心……這正是逼他退讓的好時機。」

——黑人國會議員，
亞當．克萊頓．包爾

馬丁．路德．金恩
1929—1968年

「當我們讓自由的鐘聲響起時，當我們讓自由之聲傳遍全國每一州的大城小鎮的那一天，我們就可以提早讓那一天到來，屆時所有上帝的子民，無論黑與白、基督徒或天主教徒，都將手牽手唱著古老的黑人靈歌：『終於自由了，終於自由了！感謝全能的上帝，我們終於自由了。』」

——馬丁．路德．金恩，
於1963年8月28日的華府大遊行。

及約瑟芬．貝克輪番上台。但是最受矚目的人還是金恩博士，林肯紀念堂的莊嚴肅穆氣氛，突顯出金恩猶如「偉大的黑人解放者」的形象，他在當時所發表的演說，無疑是美國歷史上最具影響力的一次。他並未對美國社會的不正義現象做太多的著墨，反而一再重複美國可以是、實際上也應該是一個開國英雄所期許的「正義的國家」。他對著眼前大批涕泗縱橫的黑人與白人說：「我有一個夢，」他的話打動了現場群眾及千百萬在家收看電視的觀眾，他不斷重覆唸著：「我有一個夢……我有一個夢……」

在紐約市的哈林區，以及其他的都會區，黑人回教徒的分離建國理念獲得愈來愈群眾的支持。他們的領袖馬爾坎．X嘲諷金恩是「華府的大鬧劇」。參與當天華府大遊行的群眾之中也有許多人內心失望、卻不敢公然表白。一名憤怒的遊行者曾大叫：「別做那麼多白日夢了，馬丁，我們現在就要行動！」儘管如此，金恩的演說委實有一股無法抗拒的力量，許多白人在聽了他說的話之後，第一次真正了解這種運動的意義。民權運動者與叛亂分子不同，他們是熱愛這個國家，他們也不斷地努力使這個國家活出其最優良的傳統，而金恩就像甘迺迪一樣，適時喚醒人們的良知。幸虧有金恩的演講，華府大遊行成為民主政治最偉大的事件。兩個星期後，一顆炸彈在伯明罕第六街的浸信會教堂炸死四名唱詩班的少女時，人們猶兀自回味幸福洋溢的感覺。

任何對1963年11月22日這天有印象的人應該都不會忘記，當收音機、電視與電話以一種無法自已甚至嚇壞了的聲音敘述一件來自達拉斯的消息時，自己人在何處、正在做什麼，更重要的是，自己當時的感受。對大多數的人而言，這個噩耗像一柄刃口沾毒的尖刀，狠狠插進人們的心房，讓人既悲慟又不敢置信。記者一定是弄錯了；這是某個遙遠國家的某個總統被暗殺了，美國這個充滿希望與潛能的國家絕不會發生元首被暗殺的事！作家威廉．史泰倫回憶道，當電話鈴聲想起時，他在康州的家中正打開冰箱想找瓶啤酒佐著午餐喝，一聽到這個消息，似乎全身立刻癱瘓，而且一下子老了好幾歲。勞工次長丹尼爾．莫乃漢不顧華府動彈不得的交通，攔下一部計程車就跳上去。他滿懷恐懼，憂心忡忡，覺得暗殺行動只是國際陰謀打擊美國的第一步。他掏出皮夾，取出一張地圖，那是西維吉尼亞一處專供政府官員躲避核戰的地下防空洞地圖，他很想把地圖遞給司機，隨即又打消了念頭。他想道，交通這麼擠，自己永遠也到不了那裡。

約翰．甘迺迪在就任總統後第三年第11個月的第二天遇刺身亡，此事立即成為一個揉合了劇情、驚恐、懸疑、神祕與悲劇的故事。總統前往德州達拉斯市，是為了要撫平該州民主黨分裂的傷口，並為1964年的總統大選預先修正南方人認為他過於熱中黑人民權的形象。根據事前估計，他在

選擇林肯紀念堂做為華府大遊行的集合地點是一個深具意義的舉動，尤其1963年是林肯解放黑奴的100周年紀念。連華盛頓特區的警察也很喜歡這個地點，但是他們的理由卻很有諷刺味道：林肯紀念堂三面環水，若示威者有暴力行為，可以比較容易控制下來。

達拉斯應該不會受到熱烈歡迎，特別是在兩周前，駐聯合國大使史帝文生才在當地遭到右翼示威人士攻訐。沒想到，機場的歡迎人潮十分可觀，甘迺迪車隊所到之處，沿途都有民眾列隊揮手歡迎。接下來在中午12點30分，便發生了觀察家口中所謂的「碎裂聲」。後續的事件也自此一代又一代的傳述、分析下去。

當地一個名叫亞伯拉罕・薩布德的製衣商拍攝了一支8mm影片，鮮明地呈現了整個暗殺的過程。這段影片雖然不到30秒長，而且是業餘者拍攝的無聲默片，其重要性卻不下於歷史上任何史料。就好像100多年前人們在福特戲院門口目睹林肯總統被暗殺的情節一般，薩布德捕捉到甘迺迪總統生前最後的影像：在警方車隊的前導與護衛下，總統坐在敞篷禮車中，微笑著向群眾揮手致意，他很自然地抬起右手、將一撮亂髮撥回他那著名的「甘迺迪髮型」上，接著，總統的身體突然快速向前傾，雙手捧住自己的喉部，接下來的一幕更是嚇壞所有人，甘迺迪的頭顱迸裂、噴發出紅橙色的血漿。

甘迺迪總統在達拉斯遇刺的消息藉著電視、收音機、電報，及口耳相傳，迅速傳遍美國每一個角落。圖為驚魂未定的紐約人在時代廣場前焦急地等待總統的生死消息。

當時全美上下都嚇得魂飛魄散。頭條新聞才播完25分鐘，所有電視機前的觀眾已經等不及拚命轉台，希望三大電視網再一次新聞重播。當總統的屍體運抵安德魯空軍基地時（副總統林登・詹森已在同一架飛機上宣誓繼任），全國70%的民眾都在觀看。甘迺迪是麥金萊以降首位於任內被暗殺的總統，他的葬禮安排在星期一，有93%的美國家庭打開電視機收看這場葬禮。拜衛星轉播之賜，全球數百萬觀眾也都同步看到美國的國葬場面。這個衝擊之後的四天裡一切發生的事，對美國人民而言就像生活突然變成了拼圖的碎片一樣，太多太破碎而不知如何從頭開始拼湊起。星期五下午，暗殺總統的嫌犯李・哈維・奧斯華在達拉斯一家電影院裡被捕（當時他正在看著兩片連映——《戰爭的哭號》與《戰爭是地獄》）。當晚稍後，裝著總統遺體的棺木運抵華盛頓，緩緩移向停在一旁等待的黑色禮車。星期六晚間，總統的屍體停靈在白宮的東廂時，華盛頓下著傾盆大雨。星期天，當棺木由一匹黑馬拉著，沿著賓夕凡尼亞大道緩緩前行，馬上沒有騎士，馬蹬上卻反綁了一雙靴子。當天稍晚，電視上實況播出奧斯華被一位名叫傑克·魯比的夜總會老闆槍殺的過程。星期一的葬禮上，年僅三歲的小約翰·甘迺迪向父親做作最後的致敬；最後，阿靈頓國家公墓裡總統墳墓旁的長明燈由他年輕的未亡人親手點燃。

由最高法院院長厄爾·華倫所領導的調查委員會於1964年提出甘迺迪總統被暗殺事件的調查報告，堅稱奧斯華是單獨行動，但是當時根本沒有人相信這個說法。被這個事件深深傷害了的美國人民，怎能接受暗殺原因不過是一個腦筋銹斗的槍手在拿著槍隨意找目標瞄準著玩的情況下意外造成這場全國震驚的悲劇，他們希望聽到一個足以與這滔天大罪相匹配、更大更詭譎的陰謀，如此才能稍解他們心中永遠的創痛。

對甘迺迪的遽逝最感悲傷的就是美國年輕人。作家泰迪·懷特回憶說，總統遇刺當晚，安德魯空軍基地聚集了數量驚人的學生，他們「群集深秋每一座小山頭、靜坐在被秋色染黃了的草地上」以一種出奇安靜的尊敬態度等待著總統的遺體經過。「他們原本的青春夢幻與歡聲笑語都因悲痛而凝結住了」。總統雖由詹森繼任，但是整個60年代的重責大任似乎一下子掉到這些年輕人的身上來了，就像是父親去世後，子女縱然得到更多自由，卻也必須承擔更多家庭重任。甘迺迪如果不曾被暗殺，他的偶像地位可能維持不了多久。尤其是年輕人中比較深思熟慮的人物，他們已經開始懷疑自己是否還認同冷戰中美國鷹派的立場，也有人開始質疑，經濟繁榮的結果當眞只有享用不盡的物質？如今甘迺迪的死僅是鼓舞了他們勇敢揭下無恥成人世界的面紗，採取紛亂的暴力行爲。

60年代中期是青年運動的豐收時期，特別是因爲當時年輕人所領導的反傳統文化觀念在此開始成形。年輕人開始認同完全屬於自己的價值觀與文化，他們也開始意識到並視自己爲與主流社會分離的另一個階級。他們從小聽人說，他們是與眾不同的一代，是上一代人們辛苦奮鬥所創造的自由世界的繼承人，他們生長於經濟繁榮的年代，享有人類所能享有最美好的事物，也因此可以成就非凡。現在，他們要好好檢驗這些話的可信度。

搖滾樂是青年文化中最主要的驅動力，而60年代的搖滾樂代表則非「披頭四」莫屬。甘迺迪葬禮之後不到100天，這四位頂著蓬鬆凌亂的長髮的利物浦小子來到了紐約，開始了他們長達六年的風光時日，他們的成就，放眼搖滾樂史上至今無人能敵。和先前的「貓王」艾維斯·普里斯萊一樣，「披頭四」也上了蘇利文劇場，他們美妙的和聲立刻迷倒了千千萬萬守在電視機前的青少年觀眾。光是接下來的兩年，他們推出了不下於20首的單曲以及九張唱片大碟，一度還包辦告示牌熱門百大金曲排行榜前五

李·哈維·奧斯華暗殺甘迺迪總統的事，比任何小說家所能構想的情節更精采。圖為奧斯華被逮捕後帶到達拉斯警局的情形。奧斯華與蘇聯（他的妻子是俄羅斯人，他本人住過莫斯科）、古巴（他曾加入支持卡斯楚的「古巴公平機會委員會」）和暴民（他和紐奧良一名黑社會教父有來往）都有牽連。

一個記者的獨家報導：
「我說：『您是亞伯拉罕．薩布德嗎？』他說：『是的。』

在甘迺迪時代，我是《生活》洛杉磯總社的記者。雖然我試圖對甘迺迪保持客觀，但是在我看來他在某些時候的確是最令人興奮的政治家。他年輕又精力充沛，崛起於第二次世界大戰，並且代表著這個時代極爲盛行的理想主義。總是有那麼多的政治興奮與光芒伴隨著他與他的家庭。他眞的是我們這一代的政治家。

1963年11月22日，我的一位同事正在看電視，突然大叫一聲，說甘迺迪在達拉斯遇刺了。我立刻掛電話到紐約的辦公室，那兒的人叫我儘快趕到達拉斯去。我與一名記者和兩名攝影師跳上車子直奔機場，在聽到消息的45分鐘後飛往達拉斯。我們在下午4點左右到達，當時李．哈維．奧斯華已在達拉斯監獄中，整個城市擠滿了世界各地的記者。

記者湯米．湯普森以及一位攝影師直接前往監獄，並在那兒得知奧斯華家的所在。當他們試圖尋找奧斯華的家人時，我則在當地飯店成立臨時辦公室。大約6點的時候，我接到《生活》一位特派員打來的電話，她聽到一位警察說，德州當地一位製衣商無意中以8mm攝影機拍下整個遇刺的過程。她並不確定那名商人的名字拼法，所以她就聽音拼字抓個大概給我。掛上電話後，我簡直不知下一步要做什麼。要是那捲八厘米影片果眞存在的話，我非把它弄到手不可，但是要從哪兒找起呢？我隨手拿起達拉斯市的電話簿，翻到「Z」字首的那一頁，順著食指一行一行掃讀，天哪！這不就是剛才特派員在電話中所唸的那個姓氏「薩布德」嗎？薩布德之後是個逗點，逗點之後則印著亞伯拉罕這個名字。接下來的5個小時裡，我幾乎每隔15分鐘就撥一次這個號碼，但都沒人接電話。一直到晚間11點，終於有人了。「您是亞伯拉罕．薩布德嗎？」我問道。「是的。」他答道。「您眞的拍下了整個暗殺過程了嗎？」「沒錯。」「你自己看過這段影片了嗎？」「看過了。」「你眞的從頭到尾都拍下來了嗎？」「是的。」「我現在可以過來看這個影片嗎？」他答道：「不行，我現在心情很差很差，況且我也太累了。你明天上午9點到我辦公室來。」

星期六上午8點我就到了他的辦公室，因爲我早到了一個鐘頭，薩布德稍有慍色，但他還是讓我進去。薩布德擁有一家製衣廠，工廠離迪利廣場只隔了一條街。他領我穿過一間都是縫衣機的大房間，走進一間較小的白色房間，也許是用來跟客戶展示樣品用的。房裡已經有四位特勤組探員，他們也是要來看影片的。薩布德將這捲無聲的影片投射到白色的牆面上。在極短的時間內，我便知道這正是我專業生涯中最戲劇化的一刻。我和特勤組探員一起觀看這段證明他們沒有盡到第一要務——保護總統——的記錄。在甘迺迪總統出現在畫面上之前，先是護衛的先導機車隊轉入埃姆街。接著我們就看到總統雙手扼住自己的喉部，而康納利則誇張地張著嘴，似乎因爲劇痛而哀號，原來他與總統兩個人同時被同一顆子彈打中。賈姬轉頭無法置信地注視著自己的丈夫。隨即在兩秒不到的時間裡，就見到總統的頭部迸出大量的鮮血……所有在房間裡看影片的人，包括那四名探員，都不約而同發出驚呼，就像是我們自己中槍一樣。薩布德已看過這段影片，但是在甘迺迪中彈的那一刻，他仍然忍不住將臉別了開來，不願再看到這可怕的一幕。接著，賈姬瘋狂地爬上敞篷車的後行李廂，而調查局探員克林特．希爾立刻縱身跳入總統的座車，將賈姬推回車子後座，並抱住總統，座車朝醫院直駛而去。當座車消失在地下道時，影片也到此結束了。薩布德將整個遇刺過程既清楚又完整地拍了來了。

史朵利於1963年與《生活》雜誌的甘迺迪遇刺專刊合影。

——理察．史朵利，1928年生於伊利諾州的柏金市，並於1953年開始服務於《生活》雜誌。當《生活》雜誌周刊於1972年停刊後，史朵利轉而在《時人》雜誌擔任編輯，長達8年之久，之後則擔任《生活》雜誌月刊的編輯，以及「時代雜誌社」的編輯主任，目前為該雜誌社的資深編輯顧問。

一看完影片，我立刻明白這是全球獨家的大新聞，而《生活》一定要拿到這個獨家。我也明白其他的記者馬上就會擠滿薩布德的辦公室，果不其然，所有媒體的人員都在等薩布德的決定。「我知道你們都想和我談，但是《生活》的史朵利先生是第一位與我接觸的人，所以，我必須先和他談。」薩布德話一說完，在場的媒體立刻齊聲大叫：「答應我們，千萬別先簽字啊！答應我們！」

我們走入房間開始談判。「薩布德先生，首先我想你應該很明白，《生活》將非常有品味的處理這捲帶子，我們絕對不會濫用這個帶子，我想你信得過《生活》。」他表示這捲影片對他非常非常重要。他是一位標準的甘迺迪迷，對於發生的一切感到傷心沮喪極了，所以他不希望媒體用他的影片大作文章。「這是一捲非比尋常的影片，像這樣的影片，我們通常願意付5,000美元。」他只是對我輕蔑的一笑，於是我知道他心裡早就有譜了。接下來便是進行出版權的商談，整個過程都是低聲進行。此時，門外其他媒體的記者幾近捉狂，吵鬧不休，除了不斷敲門外，還跑到外面打公用

我繼續問：『你真的拍下整個暗殺過程了嗎？』」

左：薩布德（戴眼鏡者）於甘迺迪遇刺當天出現在地方電視上。

上：《生活》封面故事的跨頁。

右：遇刺影片於1998年首次在錄影帶店出售時的外包裝。

電話恐嚇薩布德的秘書。最後我開價50,000美金，我說道：「呃，老實說，沒有打電話到紐約總部之前，這個價錢是我的極限了。」而薩布德只是淡淡地望著我說著：「就這樣吧！」在他合夥人的見證下，我用薩布德的打字機將合約打好，我們兩人也都在上面簽了字。他將原版影片以及一份拷貝交給了我。我接著問他：「老兄，你這兒有後門嗎？我眞的很不想再看見那些人的臉。」我果然從後門離去，並立刻將影片寄到芝加哥，從影片翻拍的黑白相片就登在下一期的《生活》。

辦完事後，我返回飯店，立刻接到了湯米．湯普森的電話。「我拿到了一個很棒的故事。而且我們也找到了奧斯華的家人，我想把他們帶到旅館來，這樣才能避開其他的記者。」半個小時之後，我的房門打了開來，跟著湯米走進來的是奧斯華的俄國妻子瑪瑞娜，她手裡牽著一個很小的孩子，而奧斯華的母親則牽著另一個小孩子，以及奧斯華的兄弟羅伯特。他們來到我房間不久，電話又響了。我拿起話筒，傳來了一個異常憤怒的聲音「王八蛋，他們在哪兒？」「你說什麼？」「我是特勤組的某某探員，奧斯華一家人在哪兒？」我本想隨便打發他一下，而他說道：「喂，少跟我來這套！我跟你打個商量，假如你告訴我他們在哪兒我就保證決不會向媒體吐露有關他們的一切。反正我們遲早會找到他們，到時就要你好看。」眼見於此，我只好告訴他，而他也確實遵守我們的協定。

湯米在周六下午訪問奧斯華家人，當晚就交了一篇2,000字的稿子，次日湯米和我前往奧斯華即將移監過去的郡立監獄，因爲市立監獄一片兵荒馬亂，我們預料在郡監獄看到奧斯華的機會比較大。當時，郡立監獄那裡有一組電視工作人員，有個音效師正用耳機監聽市立監獄移監的過程。突然間，那個音效師伸長了脖子，大叫：「天哪！那是什麼？」然後看著我說：「我的天哪！奧斯華被殺了！」我和湯米立刻到路邊攔車，拜託司機把車窗搖下來，偏偏沒人理我們，直到一個年輕人把車窗搖下來，我塞了一張20塊錢鈔票給他，拜託他送我們去監獄，他說好，可是整個地區都被交通管制了。我們只好折返飯店，發現奧斯華一家人都已經走了，特勤人員開始擔心幕後有什麼陰謀在，所以將奧斯華一家人帶走。

那整個周末所發生的事情與其嚴重性一直沒有眞的衝擊我。我們忙著採訪獨家新聞，幾乎無動於衷於國家究竟經歷了什麼事情。偶爾，我們會在電視上瞥見達拉斯，或是華府發生的事情，但是，事情發生得太快了——影片、奧斯華的家人，還有最後，奧斯華給人殺了——我們根本沒有時間去悲傷，甚至去思考，除了想到雜誌的稿子又要再改了。

當我在感恩節前一天返回洛杉磯時，沒有人有心情談論這些日子以來發生的事情。大家在當時就已然哭乾眼淚了。我想我們這些當時在達拉斯跑這條新聞的人，根本不曾眞正了解國家到底出了什麼事。一直到25年後，《生活》回顧這樁暗殺事件時，我們訪問了許多人，看過許多以前沒看過的相片與影片，我才明白，這不僅是個人的創傷，更是全國性的創傷，我也才了解這個國家在甘迺迪遇刺後又經歷了些什麼。1996年我受邀在迪利廣場的一家美術館發表演說，當我說到自己對於甘迺迪遇刺遲到的反應時，我突然說不下去了，一時崩潰而不禁痛哭失聲。這大概是因爲我至今仍自責當時將悲傷暫擱一旁所致吧！這就像是艾略特在詩中說的：「我們將不會停止探索／而我們所有探索的終點／將到達探索開始之處／才得以首次了解其所在。」

名。

「披頭四」的政治性格不明顯；事實上，他們只表現出一種單純而甜美的叛逆心態，尤其在一開始的時候是這樣。當貓王扭著他的臀部時，「披頭四」不過是想「握你的手」而已。不過經由他們的引導，搖滾樂很快的開始累積年輕人渴望表達的分離意識，這是一種拒絕既有價值並擁抱新意識，向神祕主義、自發心理、享樂主義、感官意識敞開胸懷的世界觀，他們直接挑釁以強調個人滿足爲特色的50年代。民權主義運動早已替這種轉變奠下基礎。「披頭四」以〈你所要的就是愛〉等歌曲協助年輕人，替他們做出一個結論：通往快樂的道路就是在朋友之中尋求一些些的幫助。

發生在那個悲劇性的周末的某些影像，已成為這個國家的歷史翦影。其中最生動的影像之一就是甘迺迪的遺孀賈姬牽著女兒卡洛琳的手，跪在這位已故總統的靈柩旁。

所謂的「朋友」有時包括了藥物。青年文化的發展初期，吸食大麻及LSD（麥角酸二乙基醯胺）之類的迷幻藥被視爲提升自覺的良方而非一種罪惡。「披頭四」和其他的樂團諸如「感激之死」與「傑佛遜飛機」一樣，是造成服用禁藥風氣迷漫的主要推手。暱稱爲「絕妙四人組」的「披頭四」，在《禁藥中士》與《左輪手槍》等專輯中，將合聲刻意扭曲成怪腔怪調，並且將一些與吸食迷幻藥有關的意象放至唱片封套上。他們在60年代晚期的音樂作品，似乎隱約地暗示樂迷，如果你不是飄飄欲仙的吸毒者，便無法體會音樂的美妙精髓。

即使「披頭四」並不熱中政治，當時青年文化的其他部分卻是，他們對既有秩序的最主要共同攻擊對象就是越戰。當一種反傳統青年文化是建立在愛與和平等模糊的概念之上時，自己的國家竟然會去侵略一個遠在亞洲的農業國家，年輕人自然會對政府產生反感。美國政府對越南的立場與二次戰後全球兩大陣營對抗的殘酷現實密不可分，也和美國國內政治涇渭分明的現勢息息相關，無論國際或國內的現實都不能與人民浪漫的想法同日而語。

甘迺迪時代，美國和古巴之間的棘手的關係形態是承襲了前任政府的政策，詹森總統的越南政策也是承繼自甘迺迪。中南半島脫離法國殖民統治的獨立戰爭於1954年結束，整個越南竟隨之分裂成由美國支持的南越，以及共產黨所統治、由傳奇人物胡志明所領導的北越。終戰協定中有規定，兩個越南政府必須在兩年內由公民投票決定是否統一，但是在艾森豪政府的支持下，南越卻拖延公民投票的時限，受到民眾唾棄的南越腐敗寡頭總統吳廷琰曾經明白表示，如果舉行公投，越共一定會獲勝。吳廷琰在

歷史上，從來沒有任何事件像這次一樣，立即引起舉國民衆的同聲哀悼。甘迺迪總統一過世，全國各地隨即為他舉行追念儀式，左圖為哈佛大學一個紀念儀式會場外，學生們難忍哀傷情緒的情形。

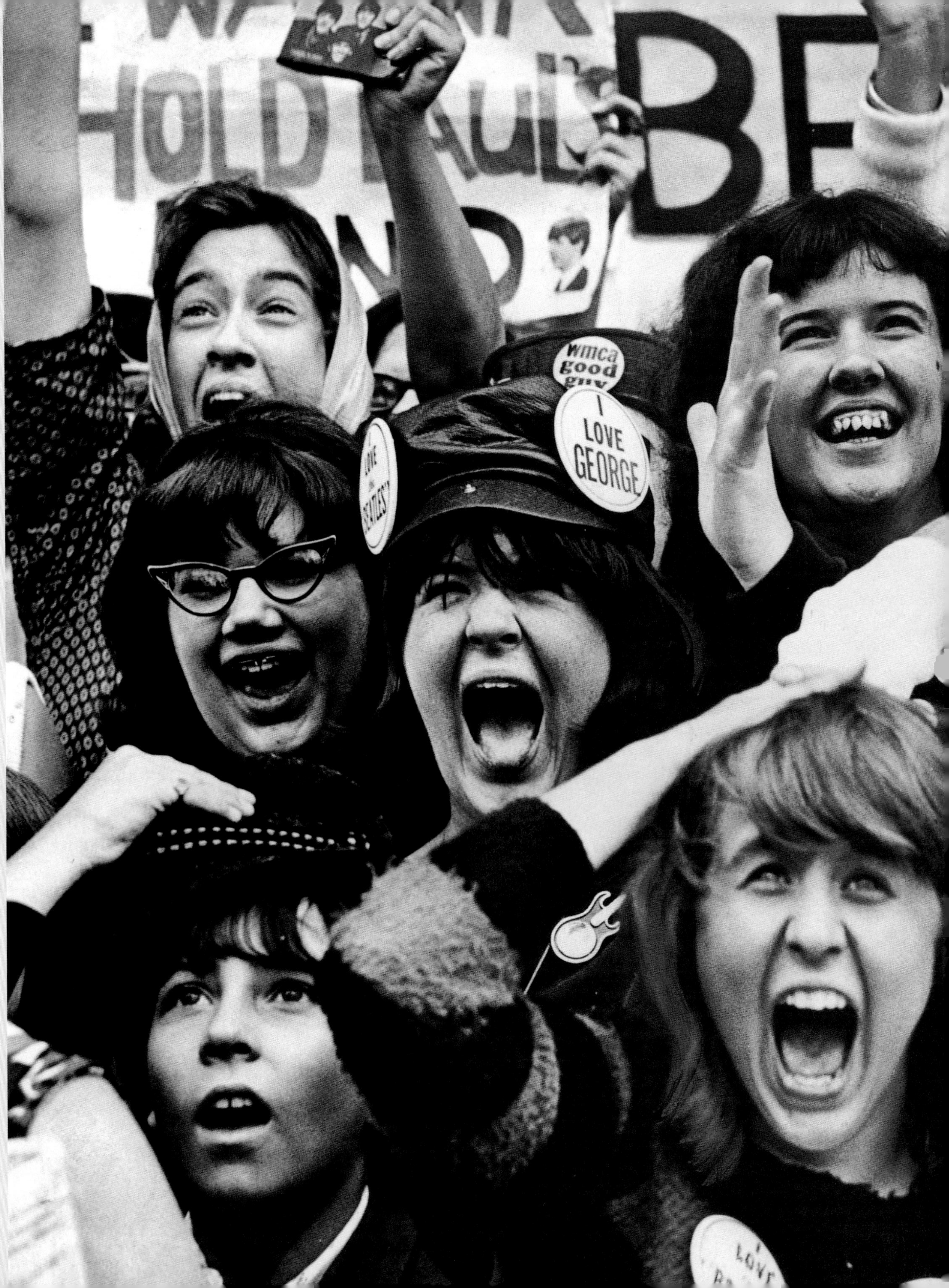
wmca
good
guy
I
LOVE
GEORGE

自從「貓王」艾維斯．普里斯萊之後，再也沒有歌手或樂團能夠像「披頭四」這般讓眾多年輕人如痴如狂。披頭四於1964年2月12日抵達紐約時，數千名不斷尖叫的歌迷在機場迎接他們，此後他們所到之處都有大批歌迷如影隨形地守候著。圖中一群名為「披頭狂」的少女在紐約廣場大飯店的對街上等候，目的就是想一睹四名偶像的廬山真面目。

問：芮斯曼教授，請問美國年輕人對那四位自稱爲「披頭四」的歌手的狂熱，是否意味著大家都快發瘋了？
答：現在已經是最瘋狂的時刻了。首先，任何大城市都喜歡將小部分人的行爲誇大渲染。我們不該將小衆的反應誇大爲大衆的行爲。
問：這種現象會持續很久嗎？
答：不會。沒有任何一種瘋狂的行爲能夠持久。

——1964年2月24日，《美國新聞與世界報導》訪問哈佛大學社會學家大衛．芮斯曼。

南越的地位，就像獨裁者巴帝斯塔之於古巴一般。經過幾年的相安無事之後，胡志明的勢力開始滲透到南方，終至引發一場在叢林與鄉村間進行的慘烈游擊戰。

對美國來說，越南問題和古巴一樣，只是一個認知上的議題。如果不是越南淪入共產黨手中，正如古巴淪入共黨統治下一般暴露出美國的儒弱，越南這個國家對美國來說根本就無關痛癢。再者，越南的淪陷很可能是其他亞洲國家相繼赤化的先兆，結果會產生一連串的骨牌效應，進一步證明美國的無能。甘迺迪曾經聲稱，他的施政方針在於維持國家目標與道德的一貫性，美國的外交決策專家們在摸索前進之餘已經成功地區分出來，何種情勢將危及美國自身的利益，何種情勢可以混水摸魚。越南之所以重要，主要是因爲這個國家已成爲檢驗甘迺迪在就職演說中所提出的「要貫徹自由必須先承擔重擔」原則的具體個案。

然而，美國的政策終究還是存在一個悲劇性的瑕疵。甘迺迪先前曾派遣和平工作團的義工到第三世界去，熱切地替未開發社會提供科技專家的服務，因此他的外交政策包括了政府技術官僚的輸出，準備將美國建立民主制度與提昇經濟成長的經驗推廣到第三世界國家。甘迺迪的政府成員一致相信，經由美國模式的指引，即使受到舊社會既有歷史或文化傳統的阻撓，他們有能力催生出一個不受共產主義干擾的繁榮商業社會。自1961年開始，在甘迺迪的領導下，戴著綠色扁帽的美軍前往越南援助南越軍隊對抗越共，美國的社會學專家們也同時來到這個東南亞國家，準備推動一場他們認爲符合越南需要的改革，將越南轉變爲一個成功的民主範例，美國人的構想之一，就是要越南村民離開他們的祖先所居住的村莊。結果，美國等於強行將一種帝國主義加諸於越南這個國家上，雖然不同於法國所採取的殖民方式，但終究仍是一種帝國主義。而且，儘管美國有著強烈的反殖民傳統，但是美國民眾起初卻相當支持政府的越南政策，並相信第三世界有必要藉著自由的力量以對抗共產主義的威脅。

圖為「披頭四」在美國電視節目《蘇利文劇場》的首演。總計7,300萬觀眾收看當天的節目。一位歌迷解釋說：「當他們站在舞台上時，你可以相信，他們絕對看得到你。那就是歌迷要尖叫的原因所在，因為這樣才能吸引他們的注意。」

可是到了1963年6月，美國民眾看到一些越南僧侶以自焚表達對南越總統吳廷琰的抗議的殘忍畫面，後來他們又獲知，吳廷琰在那一年11月的一場政變中遇害（政變是在美國政府授意下進行的，因爲美國希望能在南越扶植一個更具改革開放意識的政權，吳廷琰被暗殺之事卻是美國始料未及的），這名由美國投下大量金錢和人力支持出來的統治者死後，越南百姓竟然歡欣慶祝。美國民眾這才逐漸領悟到，越南問題實際上要比他們原先的認知複雜許多，因爲非共產主義者的領袖並不必然就是民主政治的擁護者，也不是所有人都願意拋棄

海特—阿許柏利「關鍵性的『質量』」：「我們活得就像革命已經成功，勝利屬於我們一樣。」

1964年，當我搬到舊金山時，我的第一間公寓就是在海特與克萊頓，剛好就是海特–阿許柏利區的中心地帶。當時那是一個安靜的勞工階級住宅區。一天這裡一家叫做「迷幻」的店開幕，這家店由兩兄弟合開。就像純種的鷹級斥堠一樣，他們發現了「迷幻」這個字眼，就想大肆推廣。他們認為「迷幻」代表著一種精神上、心理上與意識上的演化，因此就開了這間店來的散播訊息，也賣些各式各樣的日常生活小玩意兒。剛好，我有個住在肯塔基市的朋友在做全世界最美的蠟燭，我去「迷幻」幫他談生意，那兩兄弟決定幫他賣蠟燭，我們很快就變成了好朋友。

整個60年代，全美國各地的孩子都開始般到海特來，他們正表現出一種全然不同的幽默感與榮譽感，他們一點也不在乎金錢與物質財富。他們遷移到海特，就這麼巧，就像有了關鍵性的「質量」才能發生核融合一樣，因為，只要「質量」對了，金屬元素「鐠」自己就會爆炸，而海特—阿許伯利就是這個關鍵性的「質量」，整個社區變成一個你過去如何如何都無所謂的地方。沒人管你老頭是誰，你有錢沒錢，這是個發現自我的大好機會，讓自己去重新定義自己，做自己的音樂，過自己的日子。

反文化就此開花結果，海特街上到處都是另類商店，咖啡店，還有書店陳列販賣幻覺器具、海報、吸毒工具、嬉皮服飾、以及有關「超越經驗」的書等。「革命」這個字眼因應不同的人而有著不同的定義。對某些人來說，革命是顛覆政權；對某些人來說，革命是改變風格；對某些人來說，革命在於改變意識；對某些人來說，革命就是頭髮留長以及在辦公室吸毒。

你每天早晨起床後不知今天會有什麼事發生，你不需要錢，因為不用花錢就可以有東西吃，你可以砸爛隨便什麼人的屋子，你也不需要看起來很體面，或是特別梳個什麼髮型，你看起來不像戴比雷諾或塔亨特也無所謂。感覺很冒險，也像在逢機組合，你也可以隨時搭上任何一個跟你拋媚眼的女人，然後，一整個下午都在做愛。

我自己也把頭髮留長，沒多久就長到我的屁股。我的女友幫我梳頭髮，還用一條紅色的絲絨帶子把我的頭髮綁的像納瓦侯的印第安人一樣。她也在我的褲子上縫上銀色的鉚丁，並替我縫了些很棒的絲絨襯衫，我就像隻一隻驕傲的孔雀一樣，而海特街就是舞台，你可以在街上舞出自我，並說：「我就是這種感覺，我就是想變成這樣的人。」人們並不信服大眾文化的俗套，他們想發明屬於自己的價值與風格。那些行頭都來自「商譽」商店，可是要看來有型有款，還要有深邃的眼光、被大麻洗滌過的眼光。

在這段期間，我成為迪格族的一員，迪格族師法17世紀英國某個搞集體生活的教派，大夥兒都是具有原創力、想像力與幽默感的人。對於迪格族來說，革命就是重新改造文化。我們發現美國最大的問題，不是政治問題，而是文化問題。每個人的自我都和他的工作分不開，例如水電工、證券交易員之類的，導致人們完全喪失他們的內在野性，而這就是想像力之所在。我們開始找尋可以提醒人們改變生活方式的東西。我們很怕成為這種文化的產物，也擔心自己不自覺地默守成規，所以我們以匿名及免費的方式活動——「無牽無掛」。我們認為不求名不求利，才算真心的。我們就從以供養公園裡的人開始。

由於街上有不少兒童整日遊蕩，使得海特成為一個問題區域。因此迪格族決定要供養這些孩子。我們到農民市場買些剩餘的食物再捐給街童。那段時間，我們平均每日要供養700到1,000 名的街童。我們唯一要求的是，領取食物之前，他們必須跨過一個黃色的，名叫「無牽無掛之門」的六呎乘六呎架子。跨過架子後，我們就會在他們的頸上繫上一個相同的黃色小框架，象徵從此之後他們自己就會「無牽無掛」地看世界。我們感覺只要有越來越多讓人喜愛的另類生活，人們自然會維護這些生活方式，因此也就蘊育了革命。

在迪格族的公園餵養活動之後，我們又開了一家免費商店。這世界俯拾皆是有用之物，我們撿起別人丟掉的東西放到貨架上。工廠讓地球上的每一個男人、女人、小孩都有一台電視機。如果你沒有電視是因為你沒錢，而不是社會上的電視不足。金錢創造「缺乏」。如果你不在乎二手電視，你就能擁有一台；如果你不在乎衣服、家具是不是全新的，你就能擁有衣服、家具。為何要成天工作賺錢，反而害自己什麼東西也買不起？

迪格族從來也不是反戰運動的要角，但是我們卻以免費商店的方式抵制徵兵。我們店裡也有不少兵單與各種徵兵委員會的印章。軍人可以到我們店裡來，將繡有他自己名字的軍服脫下來，穿走架子上的衣服，跟我們聊聊，然後，內布拉斯加的比利就變成肯塔基的法蘭克。我們這麼做當然是犯法的，可是只有這樣子，這些孩子才不會去殺人，也不會因此而身首異處，況且藉此也可以重新定義自我。我們大多認為戰爭是資本主義過度成長的結果，也是帝國主義文化藉以取得廉價勞工與原料的手段，與其攻擊戰爭，我們寧可從根本著手去改變整個文化，我們希望在美國社會中創造出非暴力的革命性改變。美國可以選擇暴力，所以，我們的方式可能不會成功。但至少我們可以滲入美國大眾的想像中，我們要創造出另類方式。我們活得就像革命已經成功，而勝利屬於我們一樣。我們就是無牽無掛。

小狼留影在機車橫越美國之旅的第一天，攝於1967年。

——彼得·小狼，原名彼德·科漢，1942年出生，於1965年加入舊金山默劇團前，曾在舊金山碼頭短期工作過。在60年代晚期與70年代，他仍雲遊美國四處以販賣鳥類羽毛維生。1980年展開電影演員生涯，從那時起至少在50部電影中演出過。

1963年6月，一名佛教僧侶在西貢街頭自焚而亡，他以此抗議越南總統吳廷琰的殘暴不仁。這個事件讓許多美國人開始詰問，美國支持吳廷琰這位高壓的領導者的正當性何在。

固有的傳統及民族精神、毫無懷疑地去追隨一個美國經驗。

比起他的前任總統甘迺迪，詹森對外交事務的興趣缺缺，他繼任爲總統之後，立刻就發現越南問題的棘手。就像大多數戰後的政治家，這位前德州參議員篤信圍堵政策，和甘迺迪相較之下，詹森認爲，要建立人民對國家目標的認同感，專注於國內事務要比活躍於國際舞台上來得重要。他相信，政府該致力於創造一個更公平正義的社會，這就是他所提出的「大社會」社會福利計畫。詹森的這項政策幾乎完全是羅斯福「新政」的翻版。在詹森的大力推動下，民權法案於1964年通過立法（原案是由甘迺迪提出），翌年，也就是1965年，他又促成了投票權法案的過關，這兩項法案是本世紀最重要、也最具意義的兩大民權法案。詹森接著又「對貧窮宣戰」，他並制定了老人醫療照顧計畫，確立國家捐款輔助人文與藝術活動的制度。不僅如此，他並仿傚和平工作團制度成立VISTA，派遣志願隊員前往美國國內的窮困地區服務。到此爲止，在這位新總統所關懷的所有面向中，越戰只不過扮演一個擾亂他的宏觀視野的小角色而已。

和所有領袖一樣，詹森同樣接受歷史之燈的光照（有時對他是一種鼓舞，但大多數時間，這對他而言反而是一種負擔）。在他悲傷的五年任期中，他是那麼熱切地想追隨他個人的偶像英雄羅斯福的腳步，同時也盡力避開麥卡錫、張伯倫、麥克阿瑟與甘迺迪等人的陰影籠罩。他的耳畔不斷縈繞著「誰弄丟了中國的江山？」的問題，南北韓分裂的地圖（象徵僵持不下而不是勝利）始終在他腦海裡盤旋。他擔心，萬一南越戰淪陷，保守派將會給他貼上「對共產主義軟弱無力」的標籤，他更擔心，萬一越戰全面爆發，國會將不再繼續投票支持他，使他所推動的各項國內法案無法順利通過。可是他又恐懼，如果現在不投入越戰，將有導致第三次世界大戰爆發的風險（在詹森的想法中，越南好比捷克斯洛伐克，當初西方國家姑息希特勒入侵捷克，反而給了他揮軍全歐洲的機會）；然而越戰若全面爆發，同樣有引發第三次世界大戰的危險，而且危險就迫在眉睫（中共政權豈有坐視不理的道理？）。所以詹森想要面面俱到。因此他企圖一手帶領全美國走上戰場，同時以另一隻手繼續推動他的國內政策。他希望仿傚羅斯福巧妙地將美國推入第二次世界大戰戰場的做法，一方面緩緩地對胡志明等共產黨人施壓。

1964年的東京灣決議案在美國引起十分分歧的見解，詹森便以此項決議案做護身符，迴避了總統宣戰必須經過國會批准的規定。在氣數將盡的南越政府籲請下，詹森讓美國在東南亞愈來愈泥足深陷。結果，越南無可避免地經歷了一場戰爭，這是美國人一場永無止境的噩夢，付出的代價之高也是空前絕後的。越戰在美國人的心目中猶如一場高燒與夢魘，它的

「後勁」比任何一種強效迷藥還厲害而持久。這場戰爭導致58,000多名美國人與100多萬越南人喪生，更給美國與越南這兩個國家留下一道永恆的傷疤。

所有的戰爭都一樣，同樣面臨死亡的未知與恐懼，置身其中的人所從事的是一種「人為了某種不知名的原因而去獵殺他人」的活動，攻守之間一樣無可避免地要面對無法預期的恐懼。儘管如此，這場戰爭還是有其特殊之處。美軍曾參與第一次世界大戰，也曾在歐洲執行空襲任務對抗希特勒，還曾經在韓國衝鋒陷陣過，但卻從未遭遇過像越南這般詭異奇特的戰場。在濃密詭譎的熱帶叢林中，敵人可以說無所在、卻又同時無所不在，他們會突然消失在樹葉之間、或宛如潛入沼澤地底下的暗流。讀者不妨設想一下，如果把史達林格勒戰役搬到叢林裡，而且一打就是十餘年，感覺如何？。

詹森在1964年競選總統時表示：「我們不打算要將美國男孩送到離家10,000哩遠的地方，去做那些亞洲年輕人應該自己做的事。」但是當詹森於1969年下台時，他已經把50萬名美國大兵送上越南戰場。

在某些方面而言，這場戰爭是美國自身的一個可怕經驗。就像是歐洲國家在面對西方陣線時的震驚與幻滅一般。和1914年的英國一樣，美軍獨自深入戰場，對於為何而戰與為誰而戰渾然不清楚，滿腦子只被灌輸了一大堆模糊的傳統觀念，例如：正義對抗邪惡、自由對抗共產主義、合法對抗不合法等。這種背景之下，這場游擊戰爭的結果正像第一次世界大戰的壕溝戰同樣慘烈。這如同一場美國大兵始料未及的邪惡遊戲，他們所面對的是截然不同於傳統印象的敵人，因此使得他們的心靈一再受創。你怎能想像，當你在面對一群微笑兒童時，他們的背後竟然暗藏著手榴彈？你又怎能想見，一整隊的敵軍狙擊手竟然會在大白天裡潛伏在村莊裡？難怪記者麥可·海爾當年到達越南採訪後，第一眼就注意到美軍臉上木然的表情，他打個比方說，自己好像「走過一個中風病人的國度」。

美國本土與越南戰場之間的奇怪關係亦是越戰的獨特的地方。幾乎從詹森總統下令美軍積極投入越戰開始，反對越戰的勢力也開始大力抨擊詹森的政策（他們不停地問著：「喂！林登·詹森，你今天又害死了多少美國男孩？」），以致反越戰聲浪成為60年代最強烈的一股聲音。而由於反戰運動和美國青少年文化糾結在一起，尤其與搖滾樂及嗑藥文化的關係密不可分；更因為身陷越南戰場的美軍正好是屬於這個年齡層的年輕人，他們對搖滾與嗑藥的依賴極深，所以美軍衝鋒陷陣時伴隨的不是振奮人心的進行曲，反而是電吉他所傳出的憤怒反戰之音。這一切宛如一場悲哀的諷刺劇。

誠如上述，美國本土和越南戰場之間是一種令人無法忍受、不和諧、

一個在越南的美國人：

「那些都是我一生中第一次殺的人，而我還深刻地記得他們每一個人。」

我在1965年的7月來到越南，與部隊一起在西貢市外登陸。才步出飛機，迎面而來的熱浪就幾乎讓大家抵擋不了，每個人立刻汗流浹背。通往西貢市區的道路滿是灰塵，一路上經過簡陋到了極點的人家，院子裡養著豬跟雞。我想，這就是第三世界啊！約莫一個半小時以後，搭載我們的公車開入了市區，兩個交通號誌燈只有一個會亮，因此街上擠滿了計程車、吉普車、腳踏車與牛車。就在我們快到達總部時，突然有人用一只瓶子敲碎了公車角落的一扇窗戶。這個人顯然根本不在乎美國人，也不希望我們到這兒來。這是我第一次明白，或許美軍在這兒根本不像他們跟我們講的那樣受到當地人民的歡迎。

一星期後，我派駐到湄公河三角洲。飛抵目的地上空時，看到機場堆積如山的美軍及越軍武器，以及助跑起飛的轟炸機。我心想：「噢，這裡會發生戰爭。」在這個念頭閃過不久，情勢變得愈益吃緊。一開始我與南越軍隊一起工作，在梯田中清理出通路來，而當時南越軍人的態度卻較令我印象深刻。他們就像是在玩遊戲的小孩子一樣，對於捍衛自己國家的責任並不是那麼認真，每次在梯田中工作時，我都忍不住懷疑自己在這兒幹什麼。因此當我接到命令轉任騎兵第一師時，我是挺高興的。

我被送到安克的一處基地去替即將於9月中旬報到的15,000名弟兄做準備工作，到了10月上旬，我們會合了新到的部隊，便協同執行任務。11月14日的下午，我們得知戰事在一個登陸地點爆發，我們就出動了三波各六架的直昇機部隊。我至今仍記得出任務時的那種驕傲感。我們都知道此行生死未卜，卻沒有任何人猶豫或退縮。我們的直昇機爬升到登陸地點樹頂的高度時，我們可以看到從出彭山山脈飄來的煙雲，而此行就是要到出彭山，我心想：「我的老天，我們不是眞的要飛進那堆亂七八糟的東西裡面去吧？」

直昇機將我們送入一片混亂中。出彭山遭到空襲，不絕於耳的炮火聲就像是在放鞭炮般那麼頻繁。我看到三、四個弟兄趴倒在一顆樹旁喊道：「趴下，快趴下，我們被包圍了。」這時我旁邊有個弟兄身子彈了起來喊道：「我中彈了！」帶著受傷的弟兄，我們躲躲閃閃的跑了100碼，直到看見我軍戰鬥指揮官駐紮的地方。其間只見焚燒過的雜草、幾個死於燃燒彈的弟兄，空無一物的彈匣以及被毀壞的武器，還有一列穿著雨衣的陣亡弟兄，但是，我們只能閃過去，趕緊向指揮官報到，準備應戰。

11月17日的清晨，我們奉命移防到三哩外另一處登陸地帶，而那是北越部隊的地盤，所以我們必須小心行動。當時天氣酷熱難擋，大家都已筋疲力盡，因為所有的人都兩天未曾闔眼睡覺，更何況背上的裝備又是那麼地重。就在我們通過叢林時，我們逮到了北越的斥堠。不曉得爲什麼，我們上校把他們訊問了20分鐘，給他們同胞20分鐘的時間回去通知北越兵，我們朝著他們過去了。同時間，我們駐紮在一堆樹木中間，等待跟其他軍團會合。突然間，第一軍團附近聽到幾聲槍響，兩三聲槍聲之後，槍林彈海淹沒了整個叢林，每個弟兄都用各種武器開火，我們碰到北越兵，他們立刻攻擊我們。

情況越來越糟的時候，我記得自己跳到一棵樹旁找掩護，而就在我注意著眼前的這棵樹時，樹叢裡突然冒出一根槍桿，飛來的子彈差點轟掉了我的鼻子。我立刻趴入草叢中往指揮官與通訊兵那兒滾過去。弟兄們這會兒全都是一身污泥地趴在草叢中，因爲迎面而來的攻擊實在太多太密集了。反正，你只要一抬頭，就是死路一條。因爲我身爲中尉必須掌握戰況，我只好冒險抬頭，卻發現居然有40個北越兵向我們逼近，我說了一句「他們來了！」，我方便發動攻擊，生死存亡之際，每個人莫不卯足了勁，殺光了所有的越共。這是我第一次殺人，而他們的樣子至今我仍記得。但是如果我們不殺他們，他們就要殺我們。當晚，北越兵又再度攻擊，並殺死之前受傷躺在草叢裡的弟兄。大部分我認識的人都死了，戰場的臭味難以置信的刺鼻，我們花了整整兩天才清理完畢弟兄的屍體，拔營離開這個地方。

我們在這場戰役中損失了70%的弟兄，但仍贏得勝利。魏摩蘭將軍在感恩節之後的一周來此恭賀我們贏得一次「特殊的勝利」，當他這麼講的時候，我們面面

——賴瑞．葛文，1941年出生，於1966年自越南返國，在前往波士頓大學法學院就讀前曾在東北大學教歷史。於1970年畢業後，他開始在波士頓一家大型法律事務所工作，但仍揮不去他在越南經歷的戰爭惡夢。1982年他辭職隱退，開始撰寫個人的越戰經驗。1996年因其戰時的「卓越英勇表現」獲頒銀星勳章。

葛文（左）與一位海軍陸戰隊同袍於1965年攝於越南。

而自我毀滅的關係。事實並不僅僅如此。有些美軍在歷經與本國政府共事的經驗後，逐漸失去對政府的尊敬心理。他們轉變的理由與示威者截然不同。對美軍來說，華府政客是最大的說謊家，政府要他們打一場連五角大廈都拒絕稱之為戰爭的戰爭，戰爭的目的卻又不是為了求勝。這簡直就是注定的悲劇。華府派他們去打一場有限戰爭，戰爭的目標模糊，要面對的敵人卻視此戰爭為其生死存亡的殊死戰。美軍是民主之師，但是南越政府的面貌卻始終模糊不清，美軍為了南越政府所戰，這個政府卻幾乎得不到南越百姓的支持。如果越南人民對未來還能懷有任何希望，最重要的應當是免於被殖民（無論是善意或敵對的）的自由，因此在他們心中，美國人和法國殖民者沒有兩樣，甚至在某些方面，更比不上他們的敵人越共。還有，信口雌黃的美國國防部，這個「膨風」的單位一直對戰場上的美軍表示，美國國內如何大力支持他們打這場仗，還堅決表示這是一場必勝的戰役。一直等到結局已經在望，大部分的美軍才明白，一切根本不是這麼一回事。

所有這些因素混和在一起，導致了戰士們的心理跌入黑暗深淵。戰爭的傳統習俗之所以傳統，主要是因為下面這個原因：戰爭就是要忍人所不能忍（殺戮）、然後才能獲得生存。高奏進行曲的樂隊、故鄉文化的鼓勵、定義明確的目標、政府所支持的正義宗旨，凡此種種，都足以安撫被徵召戰士騷動的心靈，讓他們安心暫時脫離文明社會而去參與一場野蠻的殺戮行動，等到他們重返文明社會時，還能適應良好。然而，參加過越戰的美國士兵們卻缺乏這種心理支撐架構，陪伴他們的，往往只有自我厭惡的感覺，他們以為，自己是在孤軍奮戰，而且不知為何要殺人。

1964年年底，馬丁・路德・金恩獲頒諾貝爾和平獎。1965年初，他帶頭在阿拉巴馬州的塞爾瑪市進行一場戲劇性的大遊行，抗議該市嚴苛的選民登記法規，該市的規定根本否定黑人投票的權利。遊行的結果，白人的暴力反應反而促使美國國會通過強生所提的投票權法案。然而就某些方面而言，投票權法案的制訂為時已晚，金恩的諾貝爾獎則像是徒然授人話柄的金錶，因為民權運動最關鍵性的時刻已經過去，這位一度備受推崇的民權領袖和他所秉持的非暴力與整合理念都即將進入一個快速隕落期。

投票權法案通過後不到一個星期，暴動發生了，但是發生的地點並非種族衝突最頻繁的南方，而是在西部——洛杉磯市內的黑人貧民區瓦茲。在美國眾多都會貧民區之中，瓦茲的條件並不

相覷，心中回想我們失去的弟兄時，我心想：「這算是哪門子勝利啊？」，我不相信將軍知道我們究竟死了多少弟兄，但是誰又敢跟他說呢？我為了弟兄的榮譽而說道：「是的，將軍，我們贏了。」但是老兵之間有個笑話，如果有人問我們：「參加美國唯一輸掉的戰爭感覺如何呀？」每個我認識的老兵都會說：「我在越南的時候美國沒有輸啊。」最後，我們已經盡了人事，我們在那裡不受歡迎，所以，我們就閃人了。回顧前塵，我想要是華府的那些傢伙曾經稍微用點兒心的話，他們一開始就不會把我們送到那裡去的。

1966年5月在清順第二次的戰役是我的轉捩點。5月6日，我們攻擊一個被濃密樹林所包圍的村莊。我們並不知道樹林後面是什麼。一直到攻堅之後才知道我們毀了一個村莊，殺死了許多村民。目睹孩子們支離破碎的屍體還有老夫婦死在硝煙中的屍體，我的心都碎了，弟兄們也是一樣。我知道當等一下我們離開這村莊時，沒有人能說話，也沒有人會回頭再看一眼。而眼前要做的就是盡量救助傷者。看著此等慘狀，戰爭是無以名狀的恐怖。當日上午我們毀了一個村莊，下午就遇上一場硬仗，此戰役中我們喪失了30%的同袍，我也受傷了，這算是報應吧！雖然我後來被安置到救護站，睡在乾淨的被單和行軍床上，但我始終忘不了5月6日我們毀了那個村子的那一幕。

在我明白美國犯了一個很大的錯誤，而我們根本就不該來這兒之後，我在越南的歲月根本就沒有意義了。但我也知道每個曾經在越南服役的弟兄都知道。我自越南回國幾年後的某日，我與父親及一位好友坐在一起聊天，電視上詹森總統剛宣布不再競選連任，我朋友對我說：「我們打輸了。」我搖搖頭，因為我真的無法領悟其中的意義，那麼多年我們那麼辛苦地作戰，死了那麼多弟兄，殺了那麼多無辜的老百姓，總統居然就這麼不玩了！我突然了解到，我們在越南所做的一切根本都是白搭。

1966年，南越北方一省的一場游擊戰中，美國士兵迅速將傷者送至安全地區。雖然美軍擁有強大的後勤及火力優勢，但是面對北越縝密的埋伏與游擊戰略，仍難有重大斬獲。

北越信條：

「我們以前一直以為我們是一個國家，而美國人想將我們分成兩個國家。」

黃紐言，攝於1974年，即1975年春季攻勢的前一年。

——黃紐言生於1949年，在戰爭中失去了他的哥哥以及17個表兄弟。他在戰場上六年，並且是在南越投降不久後進入西貢的北越部隊成員之一。最近幾年，他積極促進美國與越南退伍軍人之間相互和解的相關事務。他曾遊歷美國各處與美國退伍軍人懇談其越戰經驗之點點滴滴，並與威斯康辛州美國越戰退伍軍人合著了一本越戰紀念文集。

直到1964年美國的轟炸機來到之前，河內的生活都很平靜。我和家人一起住在河內，父親外出工作，母親則持家育兒。我知道南越有戰爭，但那對我來說是很遙遠的事，我們這些小孩子對這種事也知道得很少。當轟炸開始的時候，整個戰爭突然間變成一樁活生生就在眼前的事，並且威脅著我們的生命。我哥跟我爲了躲避戰事而得到鄉間去上學，父母則仍留在城市工作。

我們在鄉村的第一個夏天裡，幾乎每個下午，我們都會回首遠眺父母所居住的城市，並眼睜睜看見數百架美國軍機轟炸河內一帶。雖然我們躲在鄉下，卻依舊不安全。學校有一個很大的地下防空洞，由於不確定何時美軍會來轟炸，因此很多時間我們都待在防空洞裡上課。在學校裡我們學到了許多越南的歷史，因爲當時正受到外國攻擊，因此對於過去數千年越南如何抵抗外侮的歷史特別印象深刻，而這對我的一生影響非常大。我們也知道：二次世界大戰之後，越南與美國政府之間相互不信任的歷史，自從美國插手幫助法國人接管我們國家後，我們就認爲可怕的法國殖民者與美國人是沒有什麼兩樣的，事實上，我們就管美國人叫做美國帝國主義者。

1967年，轟炸北越已經達到巔峰，而美國亦加強在南越的火力。胡志明也透過收音機呼籲大家要團結一致對抗美國。他說這場戰爭可能打個五年，十年，甚至更久。河內與其他越南的重要城市可能都要毀於炮火之中，但是，他強調，越南人民不會害怕，我們要一直打到底，打到戰爭結束。他告訴大家，越南是一個國家，水會枯，石會爛，但這個事實永不變。這個說法深印在北越每一個人的心中。我們原本是同文同種的一個國家，卻有人突然插進來說：「越南應該分成兩個國家。」歷史的責任感讓每個越南人不接受這樣的分割，所以我們決定爲自由而戰。

持續的轟炸讓我們這一代的年輕人對美國人憤怒不已，大部分的年輕人都志願爲國上戰場。我18歲時，也志願赴前線，但是政府告訴我：「你在學校表現很好，所以繼續念大學吧！戰爭很快就會結束，到時候我們需要很多人才來重建我們的國家。」所以我就步上升學之路。我的很多朋友和同學都從軍去了，有些人後來有回來，有些人則一去不復返。生還的人告訴我有關農曆新年攻擊行動的事，以及戰爭的血腥。不久，因爲我軍的損失慘重，我被徵召了。由於學校生活很快樂，當時我並不怎麼想去從軍，但是無論如何我還是上了前線。

我在受訓期間學會許多軍事技術，包括如何使用AK-47型步槍、反坦克武器、刺刀、以及手榴彈。軍旅生活與學校生活截然不同。一開始我當然趕不上同袍中那些來自鄉村結實的莊稼漢，但不久之後，我逐漸成爲一名硬漢，一位有責任感的人。我們跟美國兵不一樣，他們只是到越南來混上一年就回去了；我們同袍之間由於患難與共，個個誓死奮戰到戰爭結束，所以情感亦十分融洽有如一家人。

我擔任步兵，也因此目睹許多戰鬥。由於美軍擁有十分先進的武器與火力，所以我們必須因陋就簡而設計出巧妙的因應之道，比方像是埋伏與突擊之類的。有一天我獨自沿著公路行軍，看見一架直昇機低飛而來。我毫不猶豫地想把它打下來，但是沒有成功，這直昇機卻因此盯上了我，並不斷地攻擊我，連發而來的炮彈簡直嚇死人了，我非得想辦法避開才行。好在附近有一叢高大的植物可供掩護，我立刻撿起一塊大石頭丟向河中引開直昇機，直昇機果然中計往大石頭滾落的方向飛去，我立刻往反方向跑去，就這樣撿回一條命。這是個可怕的經驗，可是要活命就必須得這麼做。

美軍的B-52轟炸機的轟炸也相當可怕，因爲我們對此根本無法反擊。所以我們總是不時抬頭望著天空察看飛機的蹤影，一旦發現有轟炸機，我們唯一能做的就是躺下來等待。我記得在1971年的一個美麗的夏日，我們知道B-52轟炸機要來了，但卻不確知它們當時的正確位置。我當時正和一位朋友談到彼此在戰後的打算，他說他想去唸土木，這樣他就可以蓋自己的房子了。我則告訴他，我想當老師，並將自己在這戰爭中的經驗與下一代分享。幾分鐘之後，我們看見B-52巨大的身影，也看到從我們頭頂飛下來的炸彈，既然已無處可逃，我們索性直接就地臥倒，等待死亡的降臨。我奇蹟似地生還了，我的朋友卻被炸個粉碎。在我目睹並親歷那麼多生生死死，分分離離以及血肉模糊的慘狀之後，我當時已無任何強烈的情緒與感覺了。

算最差，只是一個由許多簡單平房組成、平靜得出奇的社區。可是如此一來，問題反而更加棘手。在種族融合的議題上，洛杉磯的情形算是不錯的，黑人掌握該市四分之一的工作機會，市議會與州議會裡，代表黑人利益的議員也不少。然而，南方民權運動的成功似乎反而刺激了北方的暴力行爲，劃時代的法案一旦過關，猶如頒發了一道許可令，特別恩准人們將積壓了一個世紀的憤怒與挫折一股腦兒給宣洩出來。這種現象，或許就是60年代眾多反諷之一吧！

瓦茲的暴動起因於人們不滿警方逮捕一名酒醉駕車青年的手段太過粗暴，他們砸毀商店並趁火打劫（甚至連標示黑人開設的店也不例外），用瓶罐攻擊警察。死亡的34人幾乎都是黑人，另外有900多人受傷，超過4,000人被捕。瓦茲事件立刻引起其他城市如芝加哥、哈特福、聖地牙哥、費城、春田等地的街頭暴動。此後，街頭暴動幾乎變成60年代中期美國社會的重要景象。總之，從1965年到1968年間，美國各地城市總計發生過100 多次的街頭暴動，死傷人數累積超過8,000人。時代變了，馬丁・路德・金恩走過瓦茲街頭時，人們用來迎接他的，竟是敵視的眼光。威廉・曼徹斯特曾寫道，火炬已傳到新一代的手裡。只不過，這一次，火炬不再只是一個象徵，而是眞正可以焚燒商店的火把。

美國的新都會暴動是一種失望的舉動，因爲它針對的並非不公平的法律，不再主張長期被剝奪的權利，更不再懷抱偉大的理想。這種暴動的本質似乎只在於發洩強烈憤世嫉俗心理的行爲表現，一個北方黑人要直接傳達給南方兄弟和所有白人的訊息。他們認爲，所有廢除不平等法律的努力和抨擊政府阻撓黑白融合的言論都是徒勞無益的。因爲在北方，黑人比較能夠享有投票及遷徙的自由，然而他們卻受到許多形式上更爲微妙而吊詭的種族主義所牽絆。只要白人隨便使個眼色或是用手肘碰撞一下，就可以剝奪他們工作與居住的權利。瓦茲、底特律以及紐華克的事件顯示，美國的種族主義有兩個層次，一種是以法律限制南方黑人的自由，這一層的種族歧視正在逐漸被淘汰當中，另一種則是侵害北方都會區黑人，無形中限制了他們在經濟和社會上的發展。尤其在北方，種族歧視是表現在階級的高下之上，而不是由法律明文規定。在美國，明文規範白人不得拒絕與黑人在同一個餐廳用餐、使用同一個廁所、在同一個選舉中投票是很容易的事，可是卻很難立法排除黑人在經濟上所受到的不平等待遇和生活中所受到的差別待遇。

在瓦茲、紐華克、芝加哥、底特律等地發生種族暴動時，各地參加暴動的年輕人都所清楚地接收到自稱馬爾坎・X的黑人回教領袖的訊息，馬爾坎・X原名馬爾坎・里托，1925年生於內布拉斯加州。他和馬

「我是個懦夫……我不相信英雄……我背著一名全身著火的弟兄爬行了25呎。這跟英雄主義無關，我這麼做只不過是因為我害怕孤單。大家都死了，只有我一個人坐著哭泣。」

——一名越戰退伍軍人

「你走入瓦茲的菜市場。老鼠與蟑螂橫行的食物早已腐爛，間或有個猶太人或白人站在那兒說道：『去你的！你就只能買這些了。』那些商家就是民衆首先放火攻擊的地區。在瓦茲，我們眞正缺乏的不是民權，而是工作、住宅和受教育的機會。那才是我們正確的形象。我眞的不知道，南方的黑人同胞爲何而不滿。」

——保羅・威廉斯，瓦茲居民兼暴民，於1965年

塞爾瑪市的「血腥周日」：

「我們走過橋，赫然發現一大群手持警棍與皮鞭的州警。」

1964年的夏天，民權法案通過並由詹森總統批准生效。雖然這項法案處理了公共住宅及就業的種族歧視問題，但對投票權的種族歧視問題則低調處理。在美國南方，黑人仍未擁有投票權。凡是嘗試登記投票的黑人，咸遭阻撓、恐嚇、或被要求通過識字測驗。在蒙哥馬利與塞爾瑪間的一個郡，郡民中約有80%是黑人，但卻沒有一位黑人是合法登記的投票人。

我們決定積極地爲阿拉巴馬州塞爾瑪市的黑人同胞爭取投票權。塞爾瑪市擁有龐大的黑人人口，該市亦成爲阿拉巴馬州著名的貧民區。然而在塞爾瑪市，只有約2%的合格黑人選民登記投票。1965年初，一位名叫吉米．李．傑克遜的年輕黑人，在一場於距離塞爾瑪市有35哩遠的馬里恩市舉行的示威活動中，遭槍擊身亡。因此，我們決定要舉行一場自塞爾瑪出發到蒙哥馬利的遊行，向州長及州政府官員請願，並使整個國家及全世界注意到民主過程中，種族歧視所引發的投票權不公現象。1965年3月7日是周日，我們一行大約600人，聚集在塞爾瑪市市中心的非洲衛理主教教堂的布朗禮拜堂。我們排成兩列，開始行進。這是一場寧靜的遊行，大家都不講話。我們經過塞爾瑪市的街道，來到了跨越阿拉巴馬河的愛德蒙比特斯橋。當我們開始過橋時，我感覺一股來自河上的微風，這股風是如此的溫和與安靜，但有一點怪怪的。我們走過橋端之際，赫然發現一大群阿拉巴馬州的州警，在對岸等著我們。遊行的前一天，達拉斯郡的保安官吉姆．克拉克即對21歲以上的白人男子發出召集令，召集他們前往郡政府集合。此時此刻在橋的另一邊等著我們的，正是吉姆．克拉克及其所召集的民兵，他們手持警棍與皮鞭，有些人還騎著馬。

當我們與民兵近在咫尺時，一位自稱阿拉巴馬州州警的男子說：「這是一場不合法的遊行，所以遊行不能繼續下去。我給你們三分鐘時間解散，並回到你們出發的教堂去。」我們決定跪下祈禱，但在將此話傳遞給遊行群眾之前，一位手持擴音器的男子大聲呼叫：「州警，前進！」我們之中很少人認爲遊行能順利行至蒙哥馬利，我們也做好被捕的準備。我的背包中裝了一顆蘋果，一粒柳橙，以及一把牙刷。但我們卻沒想到會在橋上碰到這種歡迎場面。州警發射催淚瓦斯，毆打我們，還用馬蹄

1964年伯明罕示威活動時的劉易士。

——美國國會議員約翰．劉易士，1942年生於阿拉巴馬州的特洛伊市。他曾參加過1961年的「自由乘客」示威活動，並擔任學生非暴力協調委員會(SNCC)的會長。他也是1963年8月華府大遊行的主要策畫者及發言人。儘管遭到40天的拘留、拳打腳踢與嚴重受傷，劉易士仍然全力投入宣揚非暴力哲學。1966年離開SNCC後，劉易士成為「選民教育計畫」的主持人。他於1981年獲選為亞特蘭大市議員，並於1986年當選為美國衆議院議員。目前仍服務於其國會生涯的第五任議員職務。

踐踏我們。有一名州警抓住我的手臂，一手將我壓倒在地，一手用警棍猛打我的頭。然後他將流血不止、奄奄一息的我拋下，在一片催淚瓦斯中離去。當時我覺得自己快死了，根本不知如何過橋回到塞爾瑪市的教堂。我下令全體返回出發的教堂，在那裡有數千名由各地趕來的支持民眾。突然，有人要我說幾句話，我勉強站起來向大家說：「我不知道詹森總統何以能派兵至越南，卻不能派兵到阿拉巴馬州的塞爾瑪市，來保護這些只是爭取投票權的人。」幾分鐘後，我被救護車送到醫院治療。

那一天成了著名的「血腥周日」。當晚民眾看到電視新聞，他們簡直不能相信他們的眼睛。他們無法相信他們的同胞因爲爭取投票權，而遭受如此待遇。民眾看到這些年輕勇敢的非暴力主義者，爲了行使憲法賦予的請願權，而被暴力打倒在一片血泊之中。

「血腥周日」這起事件對詹森總統及華府產生令人無法相信的影響。詹森總統相當憤怒，並召見喬治．華里士，要他保證若我們決定再次發動從塞爾瑪到蒙哥馬利的遊行，能夠保護遊行者的安全。華里士一再表示，他不能也不會這麼做。於是，詹森總統動員阿拉巴馬州的國民兵，並召集部分的美國聯邦軍隊。「血腥周日」發生後一周，詹森總統前往國家電視台，對國會聯席會議喊話。這是一篇過去美國總統對民權及投票權這項議題所難望其項背的精彩演說。詹森總統開宗明義便說：「我今晚的演說是爲了人類的尊嚴，以及民主的尊嚴。」他繼續說：「正如一世紀以前在阿波馬托克斯所發生的……在阿拉巴馬州的塞爾瑪市所發生的是最後一次。」在演說中，詹森總統譴責暴力，並提出一項投票權法案。他一再重申：「我們終將勝利。」當天晚上，我與馬丁．路德．金恩一起觀看電視演說。當詹森總統發表演說時，金恩博士的淚水奪眶而出。我知道，從塞爾瑪到蒙哥馬利的遊行會再度舉行，投票法案也會通過入憲。

1965年3月21，遊行再度舉行，我們離開塞爾瑪市，向兩周前曾是血腥一片的橋樑前進。當我走過曾在此被毆的橋梁時，我的內心充滿喜悅與驕傲。那是一場聖戰，而且我們贏了。我們沿著80號公路從塞爾瑪到蒙哥馬利一路遊行，路程約55哩，費時四天。聯邦軍隊與國民兵全程保護我們。當我們抵達蒙哥馬利時，遊行人數約有25,000人之多。這是阿拉巴馬州有史以來的最大規模遊行。遊行群眾中有雖黑人、白人、參議員的妻子、政治家、以及諸如納爾遜．洛克斐勒的親屬等知名人士，也有來自阿拉巴馬州的貧農，大家的唯一信念就是爭取投票權。一世紀後，我們和美國開國元勳傑佛遜．戴維斯站在同一點上，爲爭取投票法案請命。

底特律警方掃蕩一家違反禁酒令的俱樂部後，引發一場暴動。暴民連續六天洗劫商店、翻覆街車、砸毀窗戶、並四處放火。密西根州國民兵部隊試圖鎮壓暴動，暴民中卻有狙擊手由高處開火反擊，把國民兵給嚇壞了。

丁·路德·金恩一樣是浸信會牧師之子，除此之外，兩人再無任何交集。馬爾坎的父親認爲，黑人是最純淨的民族，黑人唯有返回非洲才能獲得眞正的自由、獨立、與自尊。馬爾坎6歲時，父親遇害橫死，馬爾坎自力更生，先後幹過扒手、盜賊等勾當，因此而入獄服刑，他在獄中練就辯論的好口才，後來改信回教，當了回教牧師，又著書立說、成爲作家，最後成了本世紀倡導黑人民族主義最有力者。（他後來以X做姓氏，意即拒斥白人蓄奴者爲其先祖取的姓氏。）1965年，馬爾坎在紐約市奧特朋宴會廳演講時，一顆子彈奪走了他的性命，可是他的影響力卻不減反增，繼續散播到大批飽受挫折的非洲裔美國人身上，獲得他們的認同。

60年代中期，馬爾坎的著作與學說充斥哈林區、瓦茲與南芝加哥街頭。越來越多非洲裔美國人開始視非暴力活動爲一項選擇，而不是一項顚撲不破的道德法則，而金恩博士念茲在茲、身體力行的融合理念也因此而變得不切實際、甚至有反效果。黑人被同化而融入白人社會，可能代表著民主理想主義最純粹的形式，可是從另一個層次來說，卻也是十分令人不悅的現象，甚至無益於被同化的黑人，因爲他已經變得既不黑也不白。假如金恩畢生努力的目標就是讓美國黑人更融入美國社會，則馬爾坎的希望是要美國黑人更深入體會自己身爲黑人的事實，並且誠摯擁抱非洲傳統文化。以馬爾坎的觀點看來，偉大的美國民族大熔爐只是一個邪惡的假象，這口大鍋子裡面沸騰的，其實是文化的滅種主義。美國各大城市的黑人多少都有這種經驗，他們大部分都是脫離南方人際關係緊密的老家而出外闖蕩（19世紀末、20世紀初，全美國有90%以上的黑人住在南方），希望在北方找到更自由的生活，等到他們在城市裡生活過一陣子後，終於赫然發現，老家的自在沒了，自由仍然不知在何方。對黑人以外的人口來說，都市生活是晉身社會頂端的階梯，二次大戰後湧入城市的黑人卻面臨一個不利的時機：無一技之長的勞工越來越沒人要。同時又恰好是白人移民陸續遷離都會的時刻（許多白人甚至就是因爲要迴避黑人才遷離的），這種情

馬爾坎・X（右）
1925—1965年

形和南方的種族隔離可以說殊途同歸。

馬爾坎最大的特色就是煽動力十足。他認爲，南方白人的道德修爲高於北方白人，因爲南方白人至少坦承自己有種族偏見，北方白人卻把種族偏見隱藏在自由假象之後。他極力嘲諷北方白人：「我不打算跟你們同桌而食，眼睜睜看著你們大吃特吃，而我自己的盤子裡卻什麼也沒有。」他以尖酸的語氣說道：「我可不能自欺欺人地說這也算一餐。」他鼓吹種族分離的思想，督促美國人以俚語「黑人（Black）」取代「黑鬼（Negro）」來稱呼黑人，因爲「黑（black）」本來就是「白（white）」的反義字。

對白人來說，馬爾坎諸多惡毒的語言中最惱人的一則，就是他對金恩非暴力策略的蔑視。他形容說，每一個貧民區就宛如一顆「人肉炸彈」，隨時有爆炸的危險。他又說，美國社會的「火藥庫」，就是黑人同胞。1966年，馬爾坎的分離意識傳遞到SNCC領袖史塔克利・卡麥克及瑞普・布朗，和新成立的黑豹黨領袖休伊・紐頓及包比・席爾等人手裡，他們喊出「黑色力量」的口號，白人簡直嚇壞了。金恩等溫和派人士將「黑色力量」詮釋爲「黑人的榮耀」，但是對多數人（許多人開始憤怒地在街頭傳頌這句口號）來說，黑色力量指的正是顛覆白人既有制度的黑人革命。儘管所有民運人士努力奮鬥，人們卻感到，長久以來美國人最怕的「最後的種族衝突」終將來臨。

在這個世紀當中，有幾個年頭乍看之下和其他年頭沒有兩樣，同樣的365天、同樣的氣候變化、同樣地重複著春、夏、秋、冬，然而這幾年確實有其特異之處。1968年就是這麼一個特殊的年頭，是60年代最特異的一年，這一年是閏年，有366天，再加上所有人性中的黑暗面與光明面同時呈現，交織出一幅錯綜複雜發燒網路圖。所有60年代的力量似乎都匯集在此，成就了一齣非凡戲碼的高潮戲。這一年裡，有蠢蠢脈動的音樂，有憤怒與崇高的道德宣示（反偶像崇拜的百老匯音樂劇《毛髮》中，演員唱道：「這是水瓶世紀的黎明時刻」），爭奪第三世界霸權的戰爭還在持續進行著，「春節大攻勢」（越共在農曆春節裡對幾個美軍認爲已經「安啦」的南越城市發動大屠殺）使得局勢更爲晦澀；美國領袖級人物相繼遇刺，全國各地街頭暴動蜂起；金恩還一直憧憬著充滿愛和容忍的世界，他昔日的信徒卻以暴動表達對他的唾棄，最後還結束了他的生命。然後，甘迺迪家族另一名成員、也就是總統候選人巴伯・甘迺迪，也和他的兄長一樣，在攝影機前眾目睽睽之下被暗殺身亡。最後，醞釀已久的學潮終於全面爆發，除了美國之外，巴黎、墨西哥市、布拉格等地的學生紛紛響應。整個60年代就在1968年無數的遊行示威聲中劃下句點。

越南的春節大攻勢始於1月，結果造成北越傷亡慘重。可是這次事件

黑色力量：
「你搞你的絶食抗議；我們將還以顏色。」

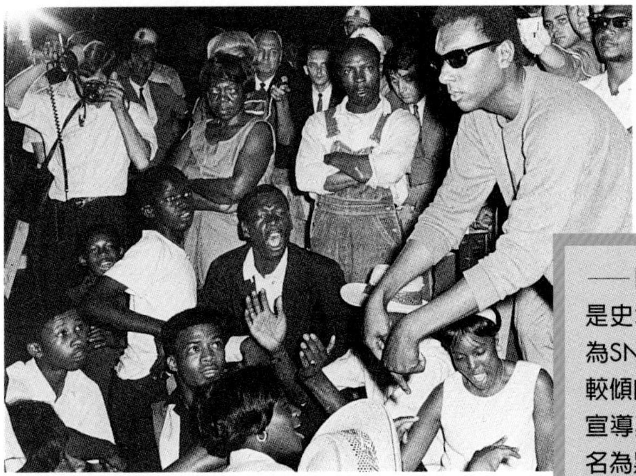

杜黑（當時名為史塔克利．卡麥克）在阿拉巴馬的蒙哥馬利市指導一個遊行團體。

——關．杜黑，1941年出生，原名是史塔克利．卡麥克，於1966年成為SNCC的領袖，在組織中代表一支較傾向武力的派系，並以「黑色力量」宣導其新意識型態。1968年他被提名為黑豹黨的總理，但一年後前往幾內亞，組織全非洲人民革命黨。由於感謝迦納前總統關．恩克魯瑪與幾內亞故總統杜黑的教導，他改名為關．杜黑，至今仍定居於幾內亞。

我是在1941年6月29日出生於千里達托貝哥島上。當我10歲時，我搬到美國並住在布朗克斯，一切對我而言都是那麼令人驚奇。雖然千里達當時仍是英屬殖民地，但是英國殖民官只擔任最高級的官員，一般地方行政官仍由我們當地人民擔任，所有文官、老師、警察都是我們非洲人。但美國卻完全不同，所有擔任職位的全是白人，這使我立刻明白了美國的種族歧視之烈。

我還是布朗克斯科學高中的高三學生時，60年代的靜坐事件吸引了我的注意。該年春天，學生非暴力協調委員會(SNCC)成立以協助日漸增多的靜坐事件，我當然非常興奮地立刻加入，因爲覺得老一輩的黑人民權團體似乎不是那麼有爆發力。當我在霍華大學念一年級時，我被灌輸了戰場上的非暴力教條與訓練，我對此十分認眞，而且爲此研讀了許多哲學的書籍。

1961年，我與第一個團隊搭乘由紐奧良開出的火車，那眞是一趟恐怖之旅，因爲只要一到站，種族主義者就會瘋狂地敲碎火車車廂上的窗戶，一直等我們到了密西西比的傑克森，當地警察因我們拒絶離開白人候車室而逮捕我們。我們被送到辛茲郡立監獄，爲了對我們施壓，我們其中的另一團體甚至被送到帕契門感化院。我和我的獄友當時是年紀最小的，分別是19歲與18歲，我們被關在第一間牢房，因此只要有任何風吹草動，我們總是第一個遭殃的，而且由於年紀最小，因此我也遭受到最嚴厲的對待。警察每晚都對我們横加虐待。我們團體之中的部分人士呼籲發動絕食抗議，我當時想，他們想殺了我們，而你們則要我們變得更脆弱。我們大聲叫道：「不行，絕對不行，你們要絕食就去絕食好了。」我尊敬馬丁．路德，我也相信他所堅信的非暴力原則終將有其效果，但是萬一不成功呢？因此我決定要反擊，當我步出帕契門感化院的那一刻，我已準備在行動中帶槍上陣。

我在哈林成長時，馬爾坎．X也一直都在那兒。因此我對他知之甚詳也十分明瞭他主張的回教國家運動。我曾去過清眞寺院多次，那兒與我同年紀的孩子都認眞地尋求解除我們黑人苦難的方法。而馬爾坎．X便提出了一個更直接清楚的政治分析，並直接傳達給非裔美國人，而金恩則同時對黑人與白人傳達他的訊息。金恩會說：「我們所需要的是道德。」而馬爾坎則說的是：「我們所需要的是力量。」馬爾坎認爲我們不要將自己的臉頰送過去讓人家打，他認爲我們要的是以眼還眼！

馬爾坎的遇刺在我們之間造成了莫大的影響，尤其是在SNCC中的我們。在所有的革命運動中，萬一領袖被暗殺這個運動就會更強化。我們立刻明白馬爾坎做了一個重要的決定，我們矢志將他的哲學發揚光大。

我們決定進入阿拉巴馬州位於賽爾瑪與蒙哥馬利之間的朗德斯郡，我們的目的是要以投票當做組織人民的方法。因爲該郡80%的居民都是黑人。遊行由賽爾瑪經蒙哥馬利一直到朗德斯而停住。我們打算創造自己的獨立政黨，當時阿拉巴馬州的民主黨是由州長喬治．華里士這個種族隔離主義者所掌握，在這情形下，我們很難告訴黑人要出來投本黨一票。我們成立了「德斯郡自由組織」並以一頭黑豹當做象徵。報紙就登出：「恐怖分子要來了！SNCC已經來了，而他們有一個黑豹黨。」藉此替我們塗上負面的色彩。但是相反地，我們並未因此而挫敗，因爲大家都談論著我們與種族隔離主義者正在進行一場對抗。

投票日的前三個月，白人恐怖分子放話說，假如有任何黑人膽敢前往投票的話，那就必死無疑。青年男女爭相支持SNCC以鼓勵黑人出來投票，我們也讓他們知道，我們武裝的年輕部隊也來了，大家都來幫助拯救這個城市中的人民。我還記得法務部派人來找我，說道：「你知道嗎？你們的人帶了槍來。你究竟打算做什麼？」我說：「我們要投票。」他說：「白人對此很難過。」我們已決定不要先發動任何攻勢，所以我說：「你去告訴他們，就算他們先開槍，我們還是要投票。」投票日當天，所有黑人都出來投票了，沒有發射一顆子彈。

即使我們後來並沒有贏得選舉，但至少朗德斯鎭的黑人有始以來第一次眞正經驗到行使他們的政治權利，而且開始喜歡被人家當做人來尊敬。他們也開始明白政治的力量。藉由行使他們的選舉權，他們可以擺脫過去的不公平，也可以展開一個沒有畏懼的新生活。

1967年10月，大約50,000名示威者聚集在華盛頓特區進行一場名為「前進國防部」的反越戰大遊行。這是自1932年「獎金遠征軍」奉派進駐華府以來，聯邦政府首度動員軍隊保衛首都、鎮壓平民。一名示威者在感覺應該改採暴力手段時預先提出警告說：「星期六晚上在五角大廈前的靜坐將是我們最後一次的靜坐抗議。我們為何要繼續消極下去？」

也凸顯了越戰最難解的困境，重創美國國內士氣。越共游擊隊入侵美國大使館、佔領西貢最主要的廣播電台、並攻擊總統府，把美軍防守的弱點赤裸裸呈現在世人眼前。這次事件顯示，美國政府完全無法掌握北越軍事動態（其軍力其實不強）；更糟的是，五角大廈依然不改撒謊習性，一再暗示勝利在望。實際上，越戰的結束根本遙遙無期。美國始終存有一個迷思：身為全球最大的軍事強權，自可輕鬆擺平北越這支三腳貓部隊。這個迷思現在被電視機的全彩畫面戳破在所有觀眾面前。絕望的美軍部隊似乎茫然不知所措，長官只交代一句：「為了拯救檳知市，必先摧毀該市」。春節大攻勢後，美國國防部要求增加越戰兵力，顯示高層將領根本不知何謂游擊戰。羅伯・甘迺迪在準備挑戰詹森的白宮寶座時狐疑地表示：「50萬美國大軍加上70萬南越部隊，還有強大的後勤與最現代化武器，完全掌握了制空與制海權。」他質疑：「如此龐大的軍力竟然不敵總兵力才25萬的敵軍？」然而，美國軍艦卻繼續載運涉世未深的美國大兵前往亞洲沿岸。

就像大多數的美國人一樣，羅伯・甘迺迪正在改變有關越戰、民權、物質豐裕卻道德空虛的社會等事物的看法，他的轉變也加強了民眾對戰爭的質疑，懷疑的論調從大學校園、自由派團體滲透到美國主流生活當中。不少人深信「如果甘迺迪總統還活著，這種事情就不會發生，因為他夠聰明，什麼事都能解決」。即將來臨的總統大選是挑戰詹森的大好機會，事實上也如此。反對詹森和他的政策的勢力首先支持的對象是明尼蘇達州的反戰派參議員尤金・麥卡錫。春節攻勢事件替麥卡錫造勢不少，事件過後，即使是保守的民主黨員也響應麥卡錫的主張，希望以選票來懲罰詹森政府（在新罕布夏州初選時，投票支持麥卡錫的人當中有60%自稱是鷹派）。麥卡錫助選班底則是一些自由派的青年學生（他們服裝儀容整潔，自稱「基因純淨」）。學生們挨家挨戶拜訪，登堂入室到許多人家中，灌輸民眾「戰爭是邪惡的」的觀念。可是麥卡錫仍然被視為單一議題型的候選人，所以他們耐心期待另一個擁有「甘迺迪」這個神奇姓氏的人再度出馬角逐總統寶座。

針對民權遊行活動，政府曾組成肯納委員會調查，調查結果證實：美國正走上種族日益分裂的路。令許多人大感意外的是，調查報告竟然站在暴動者這邊，並師法馬爾坎・X指責美國在骨子裡是一個種族歧視的國家，政府不僅應該在法律上承認黑人的平等地位，更應該切實執法。詹森卻漠視這項諫言。同一個月稍後，羅伯・甘迺迪加入選戰，在麥卡錫於新罕布夏州初選展現實力之後，詹森震驚之餘主動放棄角逐民主黨總統候選人提名。這眞是一個歷史性的時刻。類似這種現任總統競選連任，卻遭到

我們家庭的悲劇衝突：
父親協助戰爭的進行，兒子則參加反戰示威。

在1960年代，我父親擔任國防部情報局(DIA)的主管，而該單位有點類似軍事版的中情局。在越戰期間，DIA的任務包括搜集敵軍態勢的有關情報，選定轟炸目標區，以及研究轟炸的可能成效。我家住在波林空軍基地附近，也就是華盛頓波多馬克河東岸的詹諾若斯洛區。每天早上我父親都會由司機載送至波多馬克河畔，再和其他空軍將領搭乘一艘拉風遊艇前往五角大廈。

當時我第一個志願就是加入空軍，我愛極了當空軍的這個念頭。所有歷史上有關空軍的光榮記錄都在我腦海中寶貴珍藏著。我完全接受甘迺迪對於美國任務的看法：「我們會到所有的地方去，不計一切代價，悍衛自由。」但是終究我明白空軍不是適合我的，幾年大學生活之後，我決定進入神學院，希望成為一名牧師。

雖然我不是很明白，但我或多或少將父親的地位當成是一個神職般尊敬。父親年輕時也曾在神學院就讀並希望成為牧師，現在我這麼做，應該也算是實踐他的夢想吧！而我亦是一個非常虔誠的人，信仰神是我生命中最重要的事。

我進入神學院就讀的時期，也正好是甘迺迪派遣第一批顧問到越南去的時候。隨著戰爭的發展，我也認為這是一場正義之戰。我們堅信，共產主義是邪惡而且必須要加以反對。我對父親的看法也是百般的信服。他是好人，而且最重要的是，他說的都是眞話。

1965年發生的一些事情逐漸改變了我原本的想法，首先是教宗保祿六世的來訪，他的演說結語讓我有悟道的感覺：「不要再有戰爭，眞的，不要再有戰爭。」大約一個月之後，一位名叫諾曼・墨里森的年輕人到五角大廈，引火自焚以抗議戰爭，而他眞的就這麼死了。這件事之後的另一個月，一位名叫羅傑・拉波特的年輕人在聯合國前引火自焚，他的遺言是「我反戰！反對所有的戰爭！我以一個虔誠的舉動來做這件事。」身為一個神學院學生，我試著去反省這些日子以來發生的這一切。

左圖：卡羅爾的父親在1960年代末期的照片，當時他官拜美國國防部情報局局長。

右圖：卡羅爾參加在麻州雷克斯頓市的漢思康空軍基地所舉行的示威活動，遭警方強制抬離。

——詹姆斯・卡羅爾，生於1943年，於1969年2月宣誓成為牧師，而其父親則於同年9月辭去五角大廈的職務。卡羅爾於1975年卸下神職，目前與妻子及二個孩子居住在波士頓，專職寫作。他的著作包括了《美國人安魂曲》、《地下之城》、《紀念橋》、以及《紅色聖母》。

自從墨里森自焚事件之後，我想自己必須和父親談談這個問題，父親的意見非常單純，他知道像墨里森這樣的人之所以會這麼做是出於善良的意念，但他就是很不同意他們這種行徑。他相信越戰的宗旨就是要讓北越向美國的意思屈服，他不滿那些和平運動，因為這給了北越不肯投降、和談的理由與藉口。

到了1966年，我們仍然在替戰爭辯護，雖然我的懷疑已逐漸昇高。我的弟弟丹尼斯開始留起長髮並宣稱自己是素食主義者。雖然我在外求學與丹尼斯不能常見面，但是我們的感情相當好，我們經常分享心裡的一切。在晚餐桌上，父親試圖讓我相信他對於越南的看法是正確的，但是越聽他的論調，我眼前就越縈繞著墨里森與拉波特的自焚影像，而且無論如何都像惡夢一樣揮之不去。同年我在《紐約時報》上讀到美國軍隊轟炸越南一家飯店的描述，我立刻回家問起父親對這件事如何解釋，卻只見他生氣地將餐巾往桌上一扔，用手指著我的鼻子說：「要是讓我發現哪個美軍飛行員敢扔炸彈到越南飯店，你就會看見他是怎麼樣被處置的。不許你再提這些事了！」我當時簡直無法認同發生在我眼前的這一切。

1967年10月，華盛頓特區有一場大規模的反戰示威活動。當我聽到這些計畫時，我立刻認為自己必須成為這活動中的一分子。此時，雖然我已接受這是場不義戰爭的看法，但並未明顯公開我的立場。對我而言參加反戰活動是相當嚴重的事。我正逐步遠離乖乖牌的行列，走入父母眼本黨同志挑戰的事件，也發生在1912年過，當時的總統是威廉·霍華·塔虎托，與他同屬共和黨的泰迪·羅斯福卻出馬相爭，因而導致共和黨分裂。

詹森的棄選等於民主的勝利。他早就已經失敗了，左、右兩派的輿論也同時宣告他失敗的事實，但是1968年的每一場勝利背後，似乎總會有悲劇尾隨降臨。就在詹森宣佈棄選的同一周，馬丁·路德·金恩放下其他地方的活動，趕到田納西州的孟菲斯，爲垃圾清潔工的罷工行動助陣。他原本在「假日飯店」預訂了一間每晚29美元的房間，但是消息被當地報紙當做頭條新聞大肆炒作；他只好在最後一刻改變主意，改住每晚只要13美元的破舊汽車旅館「洛蓮」，這家旅館剛好座落於垃圾清潔工遊行地點的附近。1968年4月4日天黑後不久，這位美國最偉大的非暴力抗爭領袖從306號房的陽台上俯身往下望時，一名殺手的子彈從205呎遠處的一間房子裡發射、穿越夜空而來。

接下來的幾天，美國許多城市相繼火光衝天，距離白宮只有數個街區的第14街如此，紐約哈林區、底特律、芝加哥、堪薩斯市、巴爾的摩、亞特蘭大皆然。華府烈焰衝天、濃煙密佈，彷彿第三世界城市的縮影，更像是春節攻勢事件後的西貢市。50,000名正規軍以及國民兵應召立刻全國戒備，那種如臨大敵的架勢不像在保家衛國、捍衛和平，反倒像是一支入侵他國的部隊。超過100個城市發生暴力事件，暴民到處放火打劫、甚至和軍隊激烈槍戰。在奧克蘭市，黑豹黨與警方互相開火。在芝加哥，市長理查·達利甚至下令鬧事者格殺毋論。

一些趁火打劫者形容他們當時的行爲是「復活節前搶先大瞎拚」，華府部分商店櫥窗被砸得粉碎，有人聽到店裡有人高喊：「來喲！寶貝，要什麼儘管拿吧！」偉大的民權領袖死了，彷彿只有非法地瘋狂採購才能稍釋哀傷。儘管如此，各地的暴動確實來自於一股無法形容的悲慟怒火。濃煙把林肯紀念堂附近的櫻花都燻死了，暗示美國已經和金恩所推崇的和諧景緻漸行漸遠，五年前，金恩曾經爲了紀念堂前的和諧氣氛而來。即使是最主張使用黑人暴力的人都明瞭，美國黑人欠金恩博士的太多了。

羅伯·甘迺迪是在搭機前往印地安納波理斯，參加競選造勢活動途中接獲金恩被殺的消息，他的行程中有一站是參加一個黑人貧民區的集會。下了飛機後，警察局長立刻告訴他，如果他執意要到集會地點發表演說，警方將無法保證他的人身安全。甘迺迪不以爲意，同時也不取消演講，逕自前往集會地點。汽車從無

中壞孩子的團體。而我是不應該處在壞孩子堆當中的。我也尚未告訴父親我對戰爭的眞正感受，我就是沒辦法對他坦白。並不是因爲我害怕他的不贊成，而是我害怕面對他究竟在做些什麼的這個事實。

我決定返回遊行示威的行列中，並與唯一了解我感受的人一起回去，那也就是我的小弟丹尼斯。我們兩人約在華盛頓紀念碑附近加入示威者。當時有很多演講，但我並未湊近仔細聆聽。到處都是旗幟和標語布條，但我們仍待在原地。經過那天的經驗後，丹尼斯和我已從旁觀者變成一個參與者了。不過我雖然想反對戰爭，但卻不想被人看到。終於大隊人馬往五角大廈前進，我們也決定跟著大家的腳步。五角大廈是父親整日工作的所在地，而那天他也在那兒。我們兄弟兩個都很清楚那一扇是父親辦公室的窗戶，我們默默地站在那兒望著那扇窗。我們和群眾站得很近，萬一父親在看，也不會發現我們。我於是默念著金恩曾說過的話：「我站在這兒，神助我，我不會站在其他的地方。」

事件過了之後，我花了兩年的時間去面對與父親的關係。1968年的耶誕節，我提出了菲利浦·巴瑞根的話題，他是一位牧師也是天主教反戰運動的領袖，而且也一直是深深影響我人生的人。幾個月前，他與一些人在巴爾的摩徵兵委員會那裡偷走了一些兵單，再將這些兵單拿到停車場，並在上面倒滿了血。當然這件事情令我父親大爲不悅，他稱菲利浦爲「笨蛋」，我揮起拳頭往餐桌上一捶說道：「菲利浦·巴瑞根絕對不是笨蛋！」然後我轉向我母親說道：「告訴他，菲力浦·巴瑞根也是個牧師。」我當晚離開家而且知道自己再也不會回去了。當我離去時，我的眼光與丹尼斯交接，剎那間，我忍不住覺得，我似乎以將他一人拋在身後的方式背叛了他。

人的街道上駛過，甘迺迪轉向一名助理，心情沈重地喃喃問道：「待會兒我該說什麼？」他的座車抵達貧民區時，護駕的警車早已跟丟了，甘迺迪可說眞的是單刀赴會了。

「白人的美國殺了金恩博士，就等於這個國家向我們宣戰了……我們必須替我方領袖的死難討回公道，以牙還牙……就在街頭上。」

——黑人力量領袖
史塔克利．卡麥克

當地等候他的近千名群眾此時還不知道金恩被暗殺的事，當他們從甘迺迪口中獲悉這則悲痛的訊息時，忍不住嘆了一口氣。有些人覺得消息太突然、難以置信，所以仍然繼續歡呼：他們究竟是沒聽到甘迺迪在說什麼？抑或是根本不想聽他說什麼呢？甘迺迪要求群眾安靜下來，重複了一遍先前說過的話，然後他開始喚醒聽眾的良知。「你們可以滿腔痛苦、仇恨、並萌生復仇的念頭。」他站在聚光燈下，身上的黑色大衣爲他擋住冷冽的空氣，他朗聲說道：「我們可以團結一致、爲國家奮鬥，也可以各行其道，黑人白人各自爲政，彼此仇視。或者我們也可以努力，像金恩博士一樣……揚棄暴力、避免流血……努力去諒解，發揮我們的同情心與愛心。」

巴比曾經網羅了不少一流的撰稿好手替他操刀講稿。然而，這篇堪稱他短促的生命中最有力的演說竟是他本人的即席傑作，他呼籲人們拒絕分裂與目無法紀，而應該一齊替「我們的國家」祈禱。時任參議員的他甚至不忘引用希臘詩人愛齊樂斯的詩句，他向全神貫注的聽眾說：「在我們的睡夢中，無法遺忘的苦痛一點一滴的直落心頭，失望與意志拮抗，直到智慧藉著上帝的恩寵降臨。」當全美其他地區憤怒的烈焰狂燒之際，印地安納波理斯卻是一片平靜，不僅甘迺迪演說當晚沒有暴動發生，之後的每個晚上也都是如此平靜，人們只是安安靜靜地懷著悲傷返回家中。可是，兩個月後，他們再度懷抱悲傷，因爲剛贏得加州初選的甘迺迪竟然也成爲殺手子彈下的另一條亡魂。

馬丁．路德．金恩被暗殺之後，接踵發生的暴動讓美國各大城市都陷入火海，如左圖的華盛頓街頭即是。上圖則是一幕相當諷刺的畫面，在武裝警衛的戒備下，鼓吹黑人力量者向載運這位主張非暴力民權領袖遺體的飛機致敬。換言之，暴力的犧牲者在暴力工具的保護下，接受暴力象徵的哀悼。

美國正在逐一謀殺自己的英雄，荒謬乖張的氣氛趁虛而入。電視上，龍華與馬丁的《竊笑》鬧劇專踩政府的痛腳，其間偶爾穿插裸身彩繪的阿哥哥舞者（歌蒂韓）表演。20歲卻天眞得像個孩子的男子小提姆自彈自唱。收音機裡，搖滾樂手唱著揶揄越戰的歌曲（《你是街坊上第一個兒子被裝在木箱裡運回家的人！》）。鄉村音樂二重唱賽門與葛芬柯則爲所有震撼性的問題提供一個悲哀的答案，他們唱：「狄馬喬，你到哪兒去了？」「國家也將孤寂的雙眼投向你。」

校園則是一片造反之聲。金恩被暗殺之後不到三個星期，一群激進派學生在紐約市的哥倫比亞大學校園內「起義」，他們佔據了五棟校舍並關進校長室，抽著校長的雪茄並大剌剌地坐在他的位子上，做出一副大人不在、小鬼當家的姿態。

「一、二、三，究竟爲何戰？
別問我，我才不想管。
下一站，就要到越南！
五、六、七，向死人看齊。
時間到！立刻見上帝！」
——鄉村歌手喬與魚的歌《我覺得自己準死無疑》

哥倫比亞大學事件固然引人注目，但卻不是獨一無二的。全世界的學生似乎都有著同樣的反應。在巴黎，學生抗議男女分舍的行動引發全國大罷工，許多企業工人紛紛罷工抗議，幾乎導致法國政府垮台（當時的總統戴高樂還是二次大戰時領導法國對抗納粹的民族英雄呢！）。由於不滿英國支持越戰，憤怒的英國學生在倫敦的美國大使館前示威遊行，參加者包括遠道來自法國、德國、瑞典、比利時與其他歐陸國家的學生。到了1968年8月，捷克領袖杜布西克表示要實施「人性化的社會主義」，65萬蘇聯大軍馬上開進捷克鎮壓，這就是著名的「布拉格之春」事件。憤怒的捷克年輕人全部衝上街頭，不顧一切爬上蘇聯坦克車，高聲叫著：「蘇聯，滾回去！」美國青年看到這一幕，不去譴責蘇聯的殘暴不仁，反而同仇敵愾地高呼：「老人殺害年輕人！」事實上，當時全世界青年之所以一致投入反政府行列，主要的原因在於相同世代的默契，而不是共同的意識形態。如果說當時的年輕人已經察覺到自己的優越性，那麼他們也就下定決心，要把1968年當成是優秀青年創造自己的時代的一年。

美國最著名的抗議示威活動發生在芝加哥舉行的民主黨全國大會（有人以此比擬蘇聯軍事鎮壓捷克事件而稱芝加哥爲「捷加哥」）上。由於羅伯．甘迺迪已死、麥卡錫光芒不再，副總統休伯特．韓福瑞順理成章成爲黨提名總統候選人（他根本沒贏過任何一州的黨內初選）。年輕人至此已不耐於體制內改革。在荒誕主義代表人物艾比．霍夫曼、傑瑞．魯賓（他的「國際青年政治黨」，簡稱Yippie，曾經提出一套虛擬行動綱領，其中包括誘姦黨代表的妻子、將迷幻藥摻入城市供水系統、佔領納比斯可食品公司總部然後分送免費餅乾等）的帶領下，10,000名抗議者殺到芝加哥，準備來個風雲變色，不幸的是，那兒早有23,000名警察與國民兵在嚴陣以待。

1968年，大約500名激進派學生占領了哥倫比亞大學五棟校舍進行抗議，他們甚至占據了校長室。這個團體抗議的事項包括哥倫比亞大學的軍事研究，以及在哈林公園建造大學體育館等（學生謔稱為體育館〔Gym〕．克羅）。

因緣際會之下，芝加哥成爲全美國每個家庭爭執的背景，家庭鬧劇搬到國家舞台上進行，眾多美國家庭則坐在客廳電視機前目睹芝加哥的腥風血雨。這種不和諧的景象都被全體國人看在眼裡。民主黨全國大會會場上，政客接力訴說美國的偉大、民主黨的偉大、羅斯福、杜魯門、甘迺迪與詹森的偉大，歌頌「新政」及「大社會」等福利政策，可是媒體的鎂光燈卻轉向無休無止的街頭暴力衝突。「整個世界都在看哪！」示威者向警方喝道。爲期一周的芝加哥大會開到一半時，會場裡面也起了衝突。康州參議員亞柏拉罕．雷比科夫抨擊達利市長的「秘密警察政策」，達利則站在20呎遠外，雙手

「我們會緊緊跟隨任何即將改變美國的新暴力。」

——示威者於1968年芝加哥民主黨全國大會期間的宣言

圈住嘴邊回敬一些廢話。反戰派代表手牽手唱著黑人靈歌〈我們終將克服一切〉，引起其他代表反感，有人憤怒地高聲叫他們閉口。最後，當韓福瑞起立接受提名時，民主黨內已經亂成一團，整個芝加哥血腥事件就是美國人恥辱的標記。最足以表達人民心中不滿情緒的例證之一就是，在民主黨黨內初選階段大力支持羅伯．甘迺迪的藍領階級選民中，相當高比例的人在秋天的大選中根本拒絕投票給民主黨，他們轉而將「賭爛票」投給第三黨候選人喬治．華里士，而華里士的主要政見就是要嚴格維持街頭秩序。

1968年也是詭異緊張、令人精神崩潰的一年。所有無恥骯髒的暴動與暗殺、冷血的殺戮、以及荒誕虛無的事件都在這一年中發生。這一年的尾聲卻不是革命，而是共和黨候選人理察．尼克森當選總統。尼克森在60年代初期因選舉連番失利而短暫退出政壇。他的鹹魚翻身，令許多人，尤其是有主見的年輕人，都覺得理想主義已經徹底被擊敗了，理想主義的標竿人物不是遭到謀殺就是因故消聲。儘管人們在整個60年代聲嘶力竭的集會呼喊，國家的權力卻並未眞正下放給「人民」，而仍然把持在一些既得利益階層人士手裡。

60年代唯一證實的一件事就是：美國人民彼此的隔閡有多深。尼克森競選期間曾以「美國沈默的大多數」來爭取部分選民的支持。在他的詮釋下，所謂「沈默的大多數」指的是一些依然信仰國旗、重視家庭的選民，這些人仍然相信個人的創造能力，也強烈認同美國必須傲然挺立以抗拒共產主義威脅的立場。這沈默的大多數當然看見了芝加哥大會的這一幕，也了解到崩潰的不只是社會秩序，還有更多更多：因爲大體而言，示威者都是不曾經歷匱乏貧苦的新生代，而警察則多出自藍領階級家庭。多數中產階級的美國人視這場街頭抗爭爲一種階級鬥爭，因爲示威者挖苦眾多傳統與民俗，他們是群被寵壞了的孩子，所缺乏的正是警界分明的紀律。這些年輕的異議份子不滿美國的越南政策，他們表達不滿的方式並非理性文明的辯論，而是走上街頭或在電視上抨擊政府，這種作法幾近叛國、等於「共產黨」的行徑，深深危害到因爲愛國心及責任心驅使而遠赴東南亞戰場的青年的生命安全。細究之下，投入越戰的那批年輕美國大兵很可能是中下階級出身的芝加哥警察的兄弟或表親，是示威者親人的可能性微乎其微。

「若有任何示威者膽敢躺在我的車前抗議，那麼這將是他這一生最後一次躺在汽車前面。」

——喬治．華里士，於1968年。

在芝加哥，媒體人員和觀眾之間也出現了階級衝突。負責採訪民主黨大會的電視和平面媒體記者中，有許多人未能恪遵記者應有的客觀立場，大量報導街頭暴力事件。這些媒體記者似乎感覺到，在那種歷史性的時刻裡，身爲記者的正義感驅使他們捨殿堂而趨人群。不過，諷刺的是，大部

蘇聯坦克車於1968年8月20日長驅直入布拉格，粉碎了當地人民進行溫和的民主改革的希望。當蘇聯大軍開始攻打國家廣播電台時，即發生慘烈的戰鬥。因為當時電台堅持，只要電台還沒落入蘇聯手中，他們就要繼續播放捷克大作曲家柏瑞克．史麥塔那的作品《我的祖國》。8月21日的清晨，電台不再播出任何聲音，這意味著「布拉格的春天」已經過去。

學生與警方在芝加哥發生衝突：
「我們早就知道這件事會鬧大。」

整個60年代裡，我始終在左翼學生組織中相當活躍。但是到了1968年，卻疏遠了政治體制，以致於我並未緊密地跟隨民主黨的候選人。我仍記得許多人視羅伯・甘迺迪與尤金・麥卡錫為改變的一股力量，但是自從馬丁・路德・金恩被暗殺之後，我開始覺得這個國家的政治體制核心已經腐敗至極。

在民主黨於芝加哥舉行全國大會期間，我以聯邦武警的身分在街上出勤。由於聽說警方已預備好處理暴動，我們教導示威者以手臂相連形成一道弧牆好防止警方的攻擊。依據我當時可見到的狀況，學生群中幾乎沒有任何挑釁或是煽動的行為，可是他們卻只是因為在當場四處跑跑玩玩就被逮捕。當然也有些行為乖張的學生，但是我們都先解除他們的武裝，所謂的武裝也不過是些磚塊、木棒而已。

我對這次大會最鮮明的印象，莫過於在麥卡錫競選總部所在飯店樓下舉行的示威活動。成千的群眾在戶外聚集，而警方則將我們推擠在一起。我們其中一些具有抗議經驗的人則不斷向大家高喊著：「站起來！站起來！」因為我們知道警方馬上就要對他們進行攻擊與屠殺。在警方採取攻擊之後，我看見這位穿西裝打領帶的年輕人，與一位衣著端莊看似姊妹會成員的女孩，女孩的頭部駭人地不斷湧出鮮血來。年輕人將她扶了起來並準備將她推進門去，他幾乎處於歇斯底里的狀態。我嚇死了，因為這些孩子什麼也沒做就被打成這樣。

當韓福瑞被提名時，我在青年會裡的電視上看到了這一幕。我立刻跑到街上，而裝甲車正朝著人群開過去。年輕人齊聲喊道：「全世界都在看！」這真的意味著全世界都盯著這種正義淪喪的行為，看他們任意踐踏我們的民主精神。

——珍・亞當斯生於1943年，至1969年「民主社會學生會」解散前，一直是該組織的活躍成員。她目前是南伊利諾大學的人類學教授。亦是《南伊利諾州1890年至1990年鄉村生活的轉變》一書的作者。

芝加哥警方棍棒齊下，痛毆企圖越線前往民主黨位於康拉德希爾頓飯店的全國大會總部。

1968年我們在芝加哥警局度過了漫漫長夏。我是負責在馬丁・路德・金恩被暗殺之後處理連串暴動事件之特殊任務小組的200名刑警中的一位。即使在整個都市都恢復平靜之後，反戰抗議者與黑人力量仍搖擺不定，並且隨著民主黨大會的即將來到，當局決定繼續任務小組的工作。

大會開始的兩個星期前，我們就得知若干煽動者將會到芝加哥來攪亂大會的進行。上級也讓我們看過像艾比・哈夫曼、大衛・丹林格與雷妮・戴維斯等人的照片。在此同時，我們200名組員也被分為兩隊，100名負責巡邏西側，其他100名，包括我自己在內，則負責林肯公園一帶，也就是學生可能聚集的地區。年輕學生們背著背包一波波來到了芝加哥，我們甚至還跟他們一起吃午餐，就這一點上，我實在感覺不出絲毫對這些抗議者的仇恨。

幾天之內，我們目睹了那些被上級認為是「搗蛋者」的學生來到芝加哥。我親眼看見艾比・哈夫曼走上了林肯大道，前額還用彩筆寫著髒話。學生們不再跟我們說話，並轉而開始談論殺「豬」與如何蛇行自衛避開我們。他們甚至還帶了自己的醫生來。我當時想恐怕地獄就要再這兒出現了。我們在這兒是為了要開大會，而他們來這兒卻是要製造問題。

大會開始的前一晚在公園的西南區有一個和平聚會，誰知道是什麼緣故，就在上級對我們傳令說：「讓那些孩子做他們想做的事吧！」時，那些孩子忽然利用公園裡的長椅燃起了營火。這營火竟然燃燒了有好幾呎高，使得住在附近的一位居民因為擔心會引發火災而報警。我站在遠方觀看這個聚會，當警車駛進公園時，這些孩子開始對警車丟擲磚塊，將車燈全都砸破了。我們不得不對公園進行清理工作。

我的心中百味雜陳。對著那些學生的是現代化的武器，而那些學生只能拿裝了尿液的袋子扔向我們。我至今也依然記得，那些所謂的「搗蛋者」將裝有動物鮮血的袋子往自己頭上砸去，做出鮮血直流的景象，其實根本沒有人被警棍打成那個樣子。最高法院說，身為警官，就必須要忍受對方口頭上的辱罵；可是身為一個凡人，對於加諸自己身上的侮辱總是有限度的。當他們朝你走過來，嘴裡說著辱罵你母親的髒話，以及他們準備要對你做出的舉動時，那實在是令人難以忍受。我想我當時是有狠狠揍了幾個人，但是如果你當時在林肯大道上，一大堆人向你尖聲叫囂：「攻擊！幹掉這些豬！」時，我絕對不相信你還會有修養地說出：「等一下，請暫停！」這樣的話來。

我認為所有媒體的焦點全都放在警方的反應上。但是我卻很多次親眼見到警方被騷擾。我記得自己看見一個傢伙跑到一位警察的面前，朝他臉上狠揍一拳。結果三名警察將那個人給架了出去。到底哪一方比較聳人聽聞呢？臉上被狠揍一拳的警察，還是揍人之後被警察扔到車邊的傢伙呢？媒體顯然對此事件過度渲染，事過境遷30多年後的今天，我仍會聽到人們說起那周「警方暴動」的事。

——賴瑞・伊文斯，1936年出

生，任職芝加哥警局30年，於1991年退休。育有四子，其中兩名目前是芝加哥警局的警官。

當詹森在電視上宣布不再角逐總統寶座時，我視此為一沉冤洗雪。我當時認為我們——反文化者、學生與黑人——早就跟這個戰爭機器攪在一起了，而且我們還要停掉這個機器。但是在1968年4月，馬丁・路德・金恩卻遭暗殺身亡，而所有的美國城市也隨之陷入一片暴力之中。校園裡的學生們幾乎發狂。一個月之後，羅勃・甘迺迪被殺。當我與一位朋友前往芝加哥參加民主黨全國大會時，我們決定在大會期間假扮記者四處訪問參加者，因為這樣可以使我們與參加者保持距離。

一到芝加哥，我們就知道事情會鬧大。國民兵部隊來了，街道上四處是巡邏的吉普車，而鐵絲網也到處可見。暴力的氣息令人無所遁逃。大部分的時間我都無法徹底完成訪問，因為常常訪問才進行了一半，大家就開始四處奔竄。這裡到處都是警察，敲打人們的頭部並發射催淚瓦斯。

隨著示威學生，雷夫・雅勃西與「窮人活動」成員帶著騾子、馬匹與標語浩浩蕩蕩遊行進入芝加哥，但是卻沒有引起太多人的注意。公園裡則是示威者不斷地演講，人們說道：「我們絕不會讓事情就這麼過了。這個大會絕對不會照他們想要的樣子開下去。」在此同時，達利市長則稱我們為一群不利於美國的左傾顛覆者。

我帶著對政府改變能力毫無信任的態度離開芝加哥。我開始了解像是達利市長、詹森總統與羅柏・麥納馬拉那樣的人。我一直覺得，衝著我們而來的國家警備隊與警察的暴力其實是整個暴力機器的一部分，這個暴力機器也就是越戰的機器。對我來說，殺死好幾百萬人的戰爭與發生再這兒的事件是沒有什麼兩樣的。我決定返回校園拿到學位，因為這似乎是我唯一可以用來對抗這一切、以及這整個體制的工具。

——約翰・菲爾德，生於1947年，於1969年畢業於歐柏林大學。70年代早期移居紐約，並在布朗克斯區的一家醫院擔任氧氣技術員，同時也是「年輕主人」組織的發起人，該組織為一類似「黑豹黨」的波多黎各政治團體。

分待在家裡看新聞的觀眾並不同意這種觀點。人們在家裡看到相同的畫面卻產生了完全不同的結論。因為在大眾的眼中，示威者不過是一群專事破壞、給有錢爸媽寵壞了、又不知感恩的孩子；而對示威者來說，當時的芝加哥是60年代保守派教義橫行的所在，而芝加哥事件正是20世紀稍後一切病灶的開端。

1969年7月20日的晚上，成千上萬的民眾分別走進紐約市中央公園以及全國各地的公共場合，一起目睹人類科技史上最偉大的成就。在紐約等美東沿岸地方，由於稍早下過傾盆大雨，到處泥濘一片，許多人小心翼翼地走過泥地，卻有許多人一本水瓶世紀的精神，索性脫掉鞋襪、除去外套、甘心把自己弄成泥人。因為這畢竟是極不尋常的一個晚上。在中央公園中心點的草坪上，矗立著三面九呎長、12呎寬的電視牆。美東夏季時間晚上10點56分整，這裡的螢幕上以及全球數十億家用電視機的螢幕上同時出現令人炫目的景象，一個身穿太空衣的男人在月球的曙光中小心翼翼地攀下梯子，然後將他那九號半的鞋印踩在細沙一般的月球表面。

阿波羅11號的登月行動是充滿驚奇的60年代中令人驚喜的尾聲。登月小組太空人的事蹟——如亞倫・席佛的簡單弧線亞軌道飛行，約翰・葛倫戲劇性的環繞地球軌道飛行，以及導致葛林森、懷特與查菲殉職的發射台悲劇事件——都已與這個年代的其他壯舉一起名留青史。對於太空計畫，人們的心態從早期的驚奇到60年代末期轉變為質疑，一連串的太空船發射到後來成了人們心目中無聊的例行公事，甚至許多原本認同登月行動是世紀壯舉的人都開始質疑：在這種國內紛擾不斷的年代，將太空探險計畫列為施政優先要務是否合宜。阿波羅11號的成功卻將一切質疑再度化成一道強烈的明光，為人子女與父母者、共和黨或民主黨員、鷹派與鴿派、以及所有對太空計畫持反對意見的人，全都熱切地坐在一起，因著好奇、驚訝、以其敬畏的心情而有志一同。特別是那些趁機參加戶外大型聚會的人，他們在大螢幕上看到24萬哩外傳來的影像，目睹人類同胞孩子似的在崎嶇的月球表面上跳躍翻騰、玩得不亦樂乎，轉眼再看天空，皎潔的月亮彷彿就近在咫尺。人類登陸的月球竟然就是古來多少詩人歌頌、戀人見證愛情的美麗月亮。許多報紙都說這是一場猶如「基督復臨」般的大事，《時代》雜誌更形容說，這已經不只是一則單純的新聞，這是歷史，其重要性足以和聖經中一些最動人的故事相比。

登陸月球的計畫孕育自冷戰的會議室中，這趟任務的飛行員宛如古怪的60年代中被貶抑的飛箭。1957年，蘇聯成功發射了人造衛星，此舉令美國科學界顏面無光，相關組織曾一度縮手。但是到了1961年，甘迺迪總統承諾一定要在60年代結束前要完成登月計畫，太空總署於是再度加足馬力向前直衝。奇特的是，阿波羅11號的成功不僅對美國有重大意義，甚至充分展現全世界、整個世代的自由精神。目睹阿姆斯壯與艾德林如袋鼠般在無重力的月球表面跳躍，即令吸毒嗑藥的人都不由然感覺到，沒有任何藥物有如此威力能讓吸食者獲得登陸月球的感覺。看著太空人將登月小艇著陸在月球表面的寧靜海，更是令人有一種前所未有的解放感覺，60年代的紛擾原本讓人厭煩地想逃開，但是看到這一幕，讓人明白雖然地球上的人或許受到羈絆，但是至少那些太空人是完全自由的。

當太空人阿姆斯壯的聲音傳回地球時，位於休士頓的控制中心鬆了一口氣答道：「老鷹登陸了。你差點要害得一幫人都窒息而死了……謝天謝地，我們現在又可以呼吸了。」圖為休士頓太空中心人員瘋狂歡慶登月任務成功的情形。

在目睹阿波羅11號登陸月球畫面的人群中，有一位是20年代的飛行英雄查爾斯・林白。當時的林白已經67歲了，這位一生成就不凡的人物，到了這個晚上已經是一名頭髮灰白、滿面皺紋的老人。若能站在林白身邊，看著那些比他年輕許多的勇士們航向天際，完成不下於當年他獨自駕機橫越大西洋壯舉的登月計畫，聽他發表對此事的感言，委實是一件十分有趣的事。兩次壯舉之間僅僅相隔42年，世界卻已經呈現截然不同的兩種面貌。林白的壯舉是個人的成就；登月行動卻投入了納稅人數十億美元以上的血汗錢，40多萬名專業人員分別在裝配工廠和控制室裡共同爲此次任務貢獻心力。當年林白單人單機完成危機重重的航程；而今，一切計畫全都由電腦控管，背後還有成千船艦、飛機、醫師、技術人員待命，準備隨時因應狀況。當年林白飛越大西洋，套句探險家的老詞兒，是「爲了冒險而冒險」；而阿姆斯壯、艾德林與柯林斯的登月行動，則主要是爲了替出資的政府和另一個強權對手（指蘇聯）一決高下。史上這一前一後兩件大事之間，似乎只有任務本身所獲致的不凡經驗可以相提並論。林白曾經致函給柯林斯，這位在登月任務中因爲負責駕駛太空船繞行月球而無法眞正踏上月球表面的太空人，信中說道：「你體驗了一種人類先前無法獲知的孤寂感，我深信，你將因此而能夠以更清晰的思想及感覺去面對世事。」

撇開柯林斯的感受不說，對多數美國人而言，登陸月球證明了是一個暫時的高潮。當時有許多人想到，阿波羅11號的成功將爲定期的月球探險與觀光之旅拉開序幕。然而這項計畫也和60年代其他人類發明一樣，很快香消玉殞了。太空總署就像一名中年的馬拉松跑者，一旦證明自己有能力做到某件事，就又轉頭尋找下一個目標。由於總計只有24個人實際踏上月球表面，以致於阿姆斯壯與艾德林的腳印在30年後依然清晰地留在原地，而插在月表象徵美國聲威遠播「第四世界」的那一面美國國旗則因爲環境中沒有風力磨損，至今依然在金屬架的支撐下矗立在冷冷清清的月球表

「月球表面細碎如粉末。踩在上面好像踩在一層炭粉上一樣，我的靴子底部和旁邊都沾滿細細的粉塵。我還沒踩進一吋深，或許只有八分之一吋，可是我卻能清楚看見我的鞋印與足跡。」

——尼爾．阿姆斯壯，
1969年7月20日，於月球。

面。

和林白在20年代的壯舉一般，三位太空人的登月任務也為他們所屬的瘋狂年代提供了一帖紓解痛苦的良藥。他們所捕捉到的最重要的畫面，或許就是在返回地球途中所拍下的美麗的地球照片。在地球上，無論站在那個地點，60年代看起來就是那麼混亂與難解，好比太貼近一幅畫作時，除了筆觸與色彩之外，反而看不清到底畫了些什麼。但是從遙遠的月球上回頭望，在黑暗浩瀚的宇宙中，我們所居住的這顆星球所呈現的，竟然是如此一幅和諧、美麗、秩序井然與寧靜的景象。

登月小艇「老鷹號」完成首次登陸月球任務後，返回母艦「哥倫比亞號」的情形。由於阿波羅11號圓滿達成任務，甘迺迪總統開出的太空計畫承諾總算沒有跳票，美國趕在60年代最後一年結束的六個月前，成功地將人類送上月球。

Salem
Cola

10

徬徨的年代 *1969-1981*

前跨頁：二次世界大戰結束以來，由於石油危機、通貨膨脹與高失業率，驟然遏止了美國的經濟成長，美國人第一次體會到生活必須「量入為出」。就在70年代的中期，美國全國總計有780萬失業人口，如圖即為一群失業的底特律汽車工廠工人，終日無所事事。

左圖：70年代最叫人心懊喪的莫過於迫使總統自行去職的危機。圖為空軍一號直昇機最後一次執行搭載理查．尼克森總統離開白宮的任務，尼克森總統因水門醜聞而自請辭職。「在任期結束前就離開總統職位，真教我痛不欲生，」一向頑強自恃的尼克森總統在告別演說中如是說。但是他希望自己的辭職能夠「開始療傷止痛，而這也是美國現在最需要的」。

凱瑟琳．鮑汀，年方26，普理恩摩爾學院的優秀畢業生，1970年3月6日，她和四個民主社會學生會（SDS）的氣象播報員系（Weatherman）的夥伴藏身格林威治村的一棟住宅裡。這棟外形高雅的赤棕色聯邦式住宅完工於1845年，屋主是廣告掮客詹姆士．威克森夫婦，兩人前往加勒比海度假，出發前把鑰匙交給25歲的女兒凱絲琳。於是就在古董家具中間，除了一架出廠於1790年的立式鋼琴外，還有約翰．威克森精心收藏的瓷器、木雕鳥等，幾個自小即家境富裕的小孩：鮑汀、凱絲琳．威克森、泰德．郭德、黛安娜．奧登、泰利．羅賓斯正在密謀推翻美國政府。

中午過後不久，奧登與羅賓斯正細心的包裹鉛管炸彈，內置削肉成片的尖釘，想要一舉摧毀紐約市的哥倫比亞大學以及幾個軍事基地。郭德剛從藥房匆匆回來，他跑去買用來包裹鬧鐘的棉花，鬧鐘是他們打算放在新澤西州迪克斯叉的炸彈裡的計時器。郭德開門進地下室時，羅賓斯誤將兩條電線交結引爆了炸彈，整棟建築瞬間被炸成一堆瓦礫。房子的大樑垮下來，不偏不倚的砸在郭德的胸口，郭德立即喪命；奧登則是憑著鑑識瓦礫中的斷指才確定身分的；羅賓斯身首異處，要花上好幾個月的拼湊才能確定他也死在房子裡（主要靠他下背部的一顆痣才鑑定出來的）。只有鮑汀與威克斯命不該絕，兩人躲到鄰家去借衣服穿（爆炸的威力把鮑汀身上的衣服震飛了），之後，兩人便竄入地下，開始亡命天涯。

在這兩個生還者當中，鮑汀要比威克斯更激進與投入，她是理納德．鮑汀夫妻的掌上明珠；理納德．鮑汀本人係一知名的辯護律師，曾經為喬・麥卡錫恐共時期的多名嫌犯辯護。凱瑟琳從小就在家裡看著一群群美國傑出的自由主義者在起居室踱步，體會他們在傳統民主體制下無從推動改革的挫折與疲憊。這一幕對那一代的年輕行動分子都不陌生。「(我們)不過是實行你們一直在灌輸的價值觀罷了，」1969年，梅爾頓・列文在哈佛大學宣讀其英國演說時說道，「而且我們也把你們的話當眞。」鮑汀大學三、四年級是在莫斯科大學（讓她覺得相當幻滅）念的，並且在SNCC工作。她曾經在1968年芝加哥的民主黨年度大會上示威，1969年以SDS代表身份訪問古巴，留下深刻的印象。爾後，SDS就像60年代的各種事物一樣，分裂爲敵對的兩派，鮑汀選擇了最爲暴力走向的一派——氣象播報員系（此系名稱係出自鮑伯・迪倫的歌詞「沒有氣象播報員，你也知道風往哪裡吹…」），「氣象播報員」在芝加哥進行「狂怒日」砸碎擋風玻璃示威時，鮑汀加入該系並大膽的扛著一面越共的國旗。

這個住宅爆炸事件澆熄了許多人對「新左翼」的熱忱。確實如此，像這種以謀殺與重傷害爲唯一戰術的行動，怎麼能自稱「爲和平而戰」？然而，鮑汀的激進主張絲毫未曾動搖，她的氣象播報員黨友也未見退縮，只是在他們的「紀念日」有些神秘的惆悵。爆炸事件後不久，格林威治村有一家店鋪貼了一張「泰迪・郭德是我們的代罪羔羊」的海報。其後數年，每到爆炸事件的週年紀念日，就會出現同情激進分子的民眾集合在西11街18號門口，奉上鮮花或是靜默祝禱幾分鐘。

1969年以後的11年間，鮑汀的日子就像一部間諜小說一樣，不斷遷居，在公用電話亭裡留下密碼電話，靠朋友接濟維生。她改了名字，染了頭髮，變造駕駛執照，換了個新身分重新開始。接著她生了個孩子，按月領取社會福利，同時，她還是口若懸河的宣揚激進理念，即使越戰早已結束，尼克森已經因「水門案」黯然下台，而左翼風潮也早就淡出美國人的生活了。

然後，1981年的10月20日，鮑汀「奇幻」的一生終於走到了悲劇的轉折。一輛布林克運鈔車前往紐約州的納奴維小鎮收取銀行現款時，突然遭到持槍歹徒攻擊，搶匪向隨車警衛開槍並劫去1,600萬現款。他們隨即在案發現場30哩外被警方的路障攔下，這名夢想著打倒「帝國主義祖國」的革命家的革命大業就結束於這場激烈的警匪槍戰中。兩名警員中彈重傷，其中一人還是紐約州內雅克區唯一的黑人警官。正當警官舉槍要逮捕她的時候，她尖聲大叫「別開槍！」然後又指著自己的同謀說，「我沒開槍，人都是他殺的！」

60年代之後的歲月就像俗話說「宿醉」一樣。昨夜的澎湃熱血猶在，心智卻疲乏而分不清楚方向，只感覺一片混亂與陣陣痛楚。櫃櫥空

「從1971年到1975年這五年之內，我親身體驗了依斯特（est）、狀態（gestalt）治療、生物能量、羅爾夫（Rolfing）深度按摩、按摩、慢跑、健康食品、太極拳、伊撒林（Esalin）、催眠療法、現代舞、冥想、西爾瓦（Silva）、心理控制、智利的阿利卡海峽聖地、針灸、性治療、雷欽（Reichian）治療與新浩斯音樂——簡直就是『新意識』時代的自助大餐。」

傑利．魯賓，60年代行動分子

空，往日參與群眾運動的激情耗盡，大部分美國人永不衰竭的樂觀態度也隨風而逝。更重要的是，二次大戰後的經濟榮景已遠，停滯性通貨膨脹帶來的嚴寒無人倖免，加上肆虐的高失業率與高通貨膨脹，導至前所未有的痛苦生活。

經濟不景氣時尤其會讓人懷疑美國文明是不是真的面臨不能逆轉的頹勢？多面觀之，70年代確實相悖於40年代的蓄志銳進及50年代初期大戰勝利的榮譽感；越戰失敗的羞辱對照30年前抵抗法西斯的正義感；30年前資源充沛與世界第一強國的自信自豪，已經被30年後兩位數的貸款利率、經濟受制於人與能源危機驅散；過去陶陶然於「正義之戰」的光環，美國人振奮於世界大同的理想，現在，他們只想探求自我，即使要「犧牲大我」以「完成小我」亦在所不惜。70年代的電影片名不會取作《黃金時代》，除非是文化圈的當紅炸子雞寫來要大家多多內省，以左右逢源的自覺信條喚醒沉睡的「內在幸福」，好讓社會大眾也能充滿精神導師的法喜。

雖然精神導師滿天下，大多數人還是覺得70年代是個徬徨的年代，爲什麼不呢？美國的立國基礎不但被一場不受歡迎的戰爭動搖，還被水門事件的權威危機嚴重侵犯，再加上西方經濟榮枯蕭條的重創，以及工業資本主義所污染與惡化的環境品質——名副其實的「動搖國本」。其實，就是在這種即將降臨的啓示錄的氣氛下，70年代和40年代末期十分相似，除了戰後餘生的家人擔憂核爆將於一瞬間蒸發他們的性命外，70年代的人循著指南一步步走回「黑暗時代」，路上還不乏人口過剩與污染、通貨膨脹與經濟衰退、還有（越來越多的社會與經濟保守分子指出）被動主義與高額賦稅。

圖為1976年7月4日，賓州佛吉谷意興闌珊地慶祝美國建國兩百週年紀念日。當天美國各地慶祝情況不一，有的別出心裁（例如華盛頓州喬治城的慶祝人士一起吃下一塊60平方呎的櫻桃派），有的壯觀（紐約市有15艘巨型帆船開航上溯哈德遜河）。但是，再多的紅藍白旗也無法粉飾美國自身前途不定的黯淡。

美國人在這個時候慶祝建國兩百週年，原本該是個愛國情操高昂的大日子，卻不巧出現在最不愛國的時間，現在美國人根本搞不清楚爲什麼要當美國人。過去代表國家的機構——企業、政府、家庭與教會都紛紛失格退怯，身爲美國人的認同感逐漸鬆弛。越來越多人不再自稱爲美國人，後來，1980年一項民意調查就不再將美國國民概分爲黑人或白人，反而以個人的種族背景加以區別，其中只有一個選項是留給種族融合既久的「老牌」美國人。

大部分的美國人民才剛開始依憲法規定接納與融合黑人，馬上又遭到「我也要」運動的挑戰，婦女、同性戀者、印地安原住民、老年人與殘障

「以前統計上的項目變成美國社會的一環……，美國社會越來越多元，人們花在尋根與尋找自身內在及外在力量的時間越來越多。」

文生・布拉達，1980年普查方案主任

人士紛紛鳴不平，雖然運動本身瓦解消失了，這些左翼想法卻一一立法落實執行。然而，當每個族群都因不甘長久壓迫與忽略而要求福利時，他們的訴求告訴後人，相忍互讓、一致團結的美國社會形象已經過時了，現在是向社會索取個人應得權利的時候。總而言之，這是作家湯姆・伍爾夫在一篇廣泛引用的雜誌文章中所述「唯我的十年」，也如同歷史學者克利斯多福・拉許於其重要著作中所稱美國社會充斥「自戀文化」，對很多人來說，「追求第一」雖然也是一本暢銷書，但是眞有必要嗎？

自我耽溺也使得70年代成爲美國史上最爲逸樂的年代。也許是美國人對於美國政府與領導人的行徑深感厭惡（至少感覺在道德方向上無力策進），同時，他們突然發現無法再完全倚賴戰後的社會福利，只有退而求其次，私生活方面不能有任何罪惡感，不能有任何限制，甚至私生活是最重要的。由是，根據天主教教會指出，所謂無過失保險與無過失離婚的年代包括了：不再頻頻告解（雖然接受心理治療的人次驟增），性態度趨於自由，還有字典上以大寫開頭增加收錄了不少有關「情結」的專有名詞。

放眼全球，參加越戰的一頁滄桑不但讓美國的國際聲望江河日下，也使得國際游擊隊以恐怖分子的型態危害世界各地，同時，因爲中東產油國家的崛起（中東產油國家，如同10年前的古巴與遠東地區，讓美國芒刺在背），美國不但無法再推動西方經濟，自身的經濟實力也日趨衰頹。實際上，1970年代最大的挑戰，不論於公於私，都是個哲學性的挑戰，人們猛然覺悟到吾生也有涯與生命本身之複雜，同時開始棄絕本世紀初期普遍深

數以百萬的美國人隨著狄斯可音樂與閃爍的燈光起舞，在節奏裡忘掉煩惱。70年代尾聲，美國各地共有將近10,000間狄斯可舞廳，年營業額總和超過美金四億元。

實驗的年代：
上帝、慢跑、狄斯可、以及處處「禪」機

我在70年代的頭幾年深深感覺空虛無力，我知道自己該找些什麼，卻不知如何著手，我的人生與存在都需要有個目的與原因，我就是在找尋自己的方向。當時，古柯鹼開始流行，我先生葛蘭在製片廠上班，所以我們也算是好萊塢的一群，當然不是大牌要角，我們都是屬於場記、攝影之類的技術人員，可是也不能自外於好萊塢的種種惡習。我們參加了一攤又一攤吸毒與雜交共舞的派對，根本沒人在乎你有沒有結婚。感謝上帝，我們從來沒有眞的跟他們玩下去，不過，葛蘭跟我都抽了些大麻，還好我們沒有越陷越深。

70年代眞是美國道德瓦解的時候，每件事情都被翻了過來。年輕一代不屑他們父母親的傳統而自以爲是。他們不但不容許新舊混合，還要剷除一切老舊事物，他們說：「我們要設定自己的規則，走我們自己的路」。美國的家庭就開始崩潰，這是非常關鍵的一點，因爲「國肇於家」，家庭毀了，美國也會垮掉的。

我讀了很多有關超越冥想、占星、東方宗教的書——任何可以幫助我找到眞理的東西，能夠眞的塡補我內心空洞的東西。有一天，正當我在冥想沉思的時候，突然間，主耶穌降臨在我面前，祂對著我的靈魂說，總有一天葛蘭和我的問題都會有結果的——刹那間，我不再感覺空虛，上帝使我重生，不是教堂也不是宗教，而是耶穌基督。

當時正好是1976年2月——美國建國兩百周年紀念，我感覺美國是我的命運的一部分。主在召喚著我，我內心充滿愛國的熱忱，美國是我的國家，我要美國再度振作起來，而且我要盡一切力量的幫助我的國家。從小我就非常愛國，只要聽到〈天佑美國〉與〈美哉美國〉的歌聲，內心便充滿驕傲。而今，在我重生之後，我更要盡一己之力改造與提升美國。

——瑪麗蓮・諾達生於1942年，曾於加州積極參與1976年反對提高財產稅的運動。

當我在南伊利諾念大學時，好多人正在親身實驗迷幻藥、大麻、以及一些別的藥。到處都是自由性愛。而我，就像同時代的很多女人一樣，也在摸索自己究竟適合那一樣。當年眞是迷惘的年代。大家都不想走爸媽走過的路，可是自己要何去何從，卻也沒個底兒。越戰的確讓我們的社會分崩離析，越戰結束後，大家都想重修舊好，偏偏裂痕已深，要和談豈是容易呀。大家都不知何去何從，只有開始實驗。

當時，除了社會與政治的不穩定外，我自己家裡也發生了一些很傷神的事情。我爸爸在1969年心臟病突發去世，兩年以後，我媽媽與繼父在一場空難中雙雙遭遇不幸。我非常沮喪，腦中一片空白。幸好，我有個朋友問我要不要跟他一起出去慢跑。我發現所有的沮喪，所有的擔憂與害怕都離我遠去，至少在跑步的45分鐘至一個小時之內，就是一步接著一步的跑，此時此刻，心中若非充滿解決問題的想法，就是徹底的滌清淨空，心情平順穩定。

當然，當初很多人不了解跑步。我記得某年耶誕節，我跟一個親戚說我要出去跑一回，他們還以爲我是神經病。他們還說：「拜託一下，凱西，跑步太不像女孩子了」，不然就說「沒有人像你這樣亂跑」，可是，現在好多人都天天慢跑了。大家漸漸都知道運動對人類身心的幫助了，人們開始無所不「禪」：健身禪、網球禪、修車禪、還有慢跑禪等等。我也像其他人一樣開始把身體的活動和心靈連在一起，還有東方體能運動如太極拳與瑜珈等等，不但可以伸展你的身體，對於拓展心胸頗有助益。

——凱西・史密斯出生於1952年，1975年首次參加馬拉松競賽。夏威夷大學畢業後即遷居洛杉磯，教授健身運動課程，並於1984年拍攝其第一支健身錄影帶《終極健身》。

凱西・史密斯於1975年留影。

當我在布魯克林念灣嶺中學時，越戰就像揮之不去的陰影一樣，籠照在每個人頭上。我們根本沒法子想到別的事，我們開始參加政治與民權抗爭，即使當時我們還沒有投票權，心裡還是希望選個主張和平的總統。我們的「社會意識」說穿了不過是怕死而已。越戰終於在1973年結束，不必再擔心徵兵，我們頓時又恢復不死之身。正好狄斯可開始流行，我們可以出去狂舞盡歡，慶祝我們的永生。

狄斯可讓我非常的輕鬆，節奏快，旋律動聽，我跳起舞來不但手舞足蹈，整個人都隨著音樂飄飄欲仙。狄斯可就是這樣，可以把你帶到另一個世界，所以我們每個禮拜都會去跳個幾回，尤其是周末晚上。每個星期六晚上去跳狄斯可是件大事。白天就要去買襯衫、配皮帶、還要買雙矮子樂，樣樣都輕忽不得，每個人看起來都要不一樣。所以，我們也會彼此協調穿些什麼，以免「撞衫」，衣服與長褲都要先熨過，看起來才稱頭。平常媽媽會幫我熨便服，但是別想碰我的狄斯可服裝。穿戴整齊以後，就可以等有車的同伴來接了，最重要的事就是看起來要酷，形象高於一切。當時，我們的外表決定我們會遇到什麼樣的人，大家都以貌取人，沒有人以談吐高低來看人。所以，一定要打扮得像樣，才能釣到金髮妞兒或是紅髮辣妹。

——賈斯・羅德理蓋斯生於1955年，一歲時和家人遷居布魯克林灣嶺地區。目前在灣嶺經營一家名爲BKNY的夜總會。

植不移的信念，人生不一定與時並進，進步不盡然開展越來越多的自由，自然不見得能夠永無止盡的支援工業文明無限的擴張，而現代生活中一度歷久彌新、一度堅強捍衛自由傳統的政府機構不保證可以披荊斬棘，引導社會安度艱苦的未來。

《我OK－你OK》
《追求第一》
《你的謬區》（*Your Erroneous Zone*）
《拉自己的弦》
《力量！》
《成功！》
《做自己最好的朋友》

1970年代暢銷書書名

沒有人能夠預測70年代突如其來的經濟萎縮，經濟學者也無法解釋美國社會為何無法適應這個經濟變遷。相反的，就像隻穀倉裡的浣熊一樣，這段痛苦的日子導致美國戰後最分歧的十年，也深深的困惑經濟學者。依照普遍成立的戰後經濟模式說來，通膨提高則失業降低，其規律有如日出日落，但是在70年代初期，高通貨膨脹率與高失業率如影隨形，聯邦儲備銀行理事會主席亞瑟・伯恩斯不得不出面坦承（在最烏合無首的年代做出最烏合無首的聲明）「經濟學鐵律生銹」；或簡而言之，財經群醫已經束手無策了。

當時，美國的經濟學家推斷其經濟困境都是因為美國人對西歐與日本太慷慨了，二者在休養生息一段時日後成為美國製造業的勁敵；美國勞工地位日漸提高也成為一項不利因素（高了生產成本）；還有糊塗的林登・詹森與理查・尼克森不但不惜鉅資舉兵越南，還一昧在社會福利上加注卻沒有加稅。這樣說來，美國在70年代的麻煩還都肇因於戰後的霸權神話。詹森與尼克森都是囿於「圍堵政策」（美國自食惡果），即使他們企圖維持國內榮景與改造美國成為更平等（與更穩定）的社會。

我們能控制自己的世界嗎？
美國正在退縮嗎？
逝去的愛能夠重生嗎？
大餅該怎麼切？
美國越來越小氣了嗎？
社會能夠平等嗎？
我們能夠找到更多原油嗎？
有限的資源能夠增加嗎？
我們還能常保希望嗎？

《新聞周刊》於1970年代末期舉辦史學家會議所提九問

然而，如果真要說人們眼中的70年代的代表形象，與十年間揮之不去的魅影為何，恐怕就是加油站（有車階級的慈善收容機構）前的長龍；對照一張張戴著頭巾的阿拉伯笑臉，站在一處沙漠城市的建築模型後面，這座地處文明邊緣的新銳都市將用美國丁丁有聲的銅板，一塊塊兒地砌起來。的確如此，西方經濟衰頹最明顯的，對美國人來說也是最氣餒的徵兆，就是原本便宜的石油突然短缺，美國不但不足自給，反而得付錢跟阿拉伯國家購買。

尤其在1973年的時候，阿拉伯國家以禁運原油來懲罰西方國家在贖罪日戰爭中支持以色列，美國人遂發現自己的生活水準竟然被操縱在一場莫名其妙的邊境衝突上。同時間，一向代表美利堅合眾國，一言九鼎的外交官也在巴黎和會的談判桌上被北越玩弄於股掌之間，這群新阿拉伯人，現代阿拉伯人——大多受教於哈佛大學，西方人的這一套早就了然於心，即使，以沙烏地阿拉伯為例，他代

原油價格不斷爬升，石油輸出國家組織年度進帳從1972年230億美金躍升至1974年的1,400億美金。沙烏地阿拉伯用這筆利潤重建他們的沙漠國家。圖為卡利德國王與朝臣齊聚審視軍事城市的模型，這個臨近伊拉克邊境的衛戍城市居民約70,000人，工程費用預計85億美金。

「那些生在有錢人家，不愁吃穿，以車代步，行徑卻無異於恐怖分子，到處扔炸彈的小鬼總算非好好反省一下不可，想想先進工業世界的特權，然後工作努力一點。」

——伊朗國王

表著封建國家的利益也是一樣——現在他挺身抗衡過去把他的國家吃得死死的美國石油公司。有人會料得到這種諷刺？不久之前，約翰・甘迺迪的外交政策還廣邀未開發國家青年才俊赴美進修，學習西方社會的各種典章制度。不消12年的光陰，河內與利雅德反而回過頭來給老美狠狠的上了一課第三世界的傳統。

石油是美國人的活血。不論飛機、坦克、汽車、摩天大樓與工廠都不能一日無此君。農人用化學肥料增加收穫，藥劑中對抗疾病的重要成分，石油遁形到合成工業裡，把整個國家包了起來。更要命的是，石油已經和美國文化精神你儂我儂了，任何原料都無法望其項背，因為，石油推動了美國夢的化身——汽車。

自從1920年代以降，一般中產階級也買得起汽車以後，汽車就像美元一樣，成為反映美國經濟榮枯的基本象徵。再加上戰後郊區住宅區如雨後

1973年石油輸出國家實施禁運之後，許多加油站都不時鬧起汽油荒而掛出「汽油售罄」的牌子。圖為波士頓市外的一間加油站汽油已經賣完了。即使禁運解除，美國人的幫浦還是十分黯淡，油國組織把油價調高到每桶11.65美元，漲了387%。

春筍崛起，大眾運輸變得有些「時空錯置」(至少對窮人家是個很大的負擔)，當通用汽車一年的營業額強過許多國家全國全年的生產毛額時，汽車就變成美國人性格的一部分了。尤其當通用公司的執行董事吹起「通用與美國共同成長」的號角，並在1958年和聯合汽車工會簽下一紙勞動契約，將工會納爲初級股東後，就很難再跟他討價還價了。

通用在戰後專門製造大車子，人們則依照自己的社經地位選購。車子代表個人對世界的表白，每個人都用鉻與不銹鋼表達美國人對速度與力量的雙重執迷，同時在美國男性的刻板印象中，車子是買來疼的，絲毫刮損不得。可是在1970年代的石油危機之後，消費者心態驟變，他們被迫以「非美國」的方式思考，開始想得小一點和保守一點兒，行動自由稍做拘束，凡事三思而後行。

禁運令實施時，美國85%的受雇人員每天早上都駕車通勤上班，全美隨即執行全國配額計畫。尼克森總統呼籲全國同胞關掉家裡的暖氣機，公司縮減工作時間，各州州長皆以行政命令限制車速在時速50哩以下。同時，加油站一次加油不得超過10加侖，駕駛人一周僅能使用這彌足珍貴的10加侖（當時，10加侖的油只能行駛110哩的路程）。

到了1974年3月，長達5個月的禁運杯葛終於解除了，所有的管制、限速與「大寒」措施都告一段落。可是，除了因油價居高不下導致通貨膨脹之外，禁運還留下不少後遺症。美國經濟榮枯有一部分是掌握在伊朗國王所稱的「石油公司的魔爪」之中，或者換個方式來說，沿襲殖民霸權的工業世界自以爲可以控制全球自然資源的夜郎自大之中。現在，進口小型車稱霸美國市場，底特律也要低下頭來研究縮減生產規模與開發經濟型汽車的計畫，過去「喝油如喝水」，勇往直前的美國精神已經黯然失色。

也許，正如聯合汽車工會主席道格拉斯・弗雷瑟所言，美國的汽車工業失去了世界經濟的龍頭寶座，或是60年代以來，代代傳承間的分歧，上層階級子女的傲慢文化，讓這群有錢小孩不時在街上公然挑釁代表聯合汽車工會的下一代的年輕勞動男女，不論是爲了什麼，不只是弗雷瑟，許多人都注意到，團體中最年輕的一輩已經不再尊敬工會和工會的領導了，缺席率日漸升高，對自己的將來也抱著憤世嫉俗的消極態度。其實，弗雷瑟所看到的現象十分普遍，不單是年輕人如此，全美國的道德風紀已經滑落戰後的谷底。

在1930年代，猝不及防的大蕭條降臨時，大多數人感覺「匹夫成敗，自己負責」；但是，隨著政府規模不斷擴大，越來越多人把自己人生的責任推卸給政府，現在時機變得這麼差，大家心裡只是覺得國家辜負了民眾，國家對不起我。通貨膨脹只是駱駝背上最後一根稻草，對國家領導人

底特律的盲目迷信：

「我們在納悶，『他們到底要到什麼時候才會知道我們根本不喜歡大車子』？」

拉妮塔．蓋恩斯於美國聯合汽車工會1975年年會演講。

——拉妮塔．蓋恩斯生於1950年，於1981年進入克萊斯勒汽車傑佛遜廠工作，她始終未曾稍離當地工會組織工作，時而擔任主任、雇員、輔導助理，以及財務秘書等職務，後者迄今仍然是她的工作崗位。

60年代末期是底特律的黃金年代，到處都是工作與機會。當時，我在底特律的榮光醫院擔任護理助理，一心想要找待遇比較好的工作。大家都說，要是你能在汽車工廠上班，就不愁吃穿啦。我的朋友叫我和她一塊兒去考克萊斯勒汽車廠，我通過考試進入克萊斯勒，她卻落榜了。我第一天到廠裡上班的時候，根本不知道要做些什麼，看著一輛輛的汽車通過生產線，心裡懷疑自己能否適應這種環境。我負責裝配緊急煞車線路，他們跟我說這個工作之前沒有人能做得好，所以我也該有心理準備，說不定一個月就得走人了。這種話還眞嚇人，因爲我早就把醫院的工作給辭了，現在我需財孔急，只有卯足勁兒盡快上手。當我第一次拿到薪水的時候，世界的大門終於爲我而開，生平第一次我想到要實現我的美國夢，存錢買房子、車子，說不定還可以回學校去念點東西。

我剛進廠上班的時候，克萊斯勒生產的都是些龐然大車，當時美國人都瘋狂的迷戀大車，克萊斯勒當時的主力車是「帝國」與「新港」，車體龐大舒適，油箱超大，偏偏跑不了多少哩程。當時，消費大眾每兩年就換一部車，誰在乎車子性能與品質？只要趕得上時髦就好，說眞的，車子在生產線上移動的速度這麼快，有時候漏了幾個螺絲也沒人知道。

1973年開始，整個汽車產業開始走下坡，工人在報紙上看到石油危機的新聞，雖然不知伊於胡底，卻都可以看到加油站前大排長龍，克萊斯勒偏偏還一個勁兒地製造大車。消費者開始注意每加侖汽油的行駛哩數，轉而購買省油或小型的進口車，像是德國福斯的金龜車或日本車。當時，我們家有一輛「帝國」車，那可眞是個喝油不眨眼的傢伙，一加侖只跑八哩，差不多就是你從上一個加油站到下一個加油站的距離。有時我得把車開到家裡車道上停妥，進了家門，側耳傾聽，還可以聽到這傢伙喝油的聲音，最後，我只好跟它分道揚鑣，實在是供不起呀！

美國公司始終不肯改弦易轍跟上汽車工業的新走向，我們工人看著只有乾著急，大家都在說，「他們怎麼不曉得改呀？他們要怎樣才能知道再也沒有人喜歡大車子了？」我們曾經試著跟公司說，連我們自己都改開小車了，可是公司就是充耳不聞，我們是想買美國製的小車啊，可是，如果美國公司不生產小車，你只好找外國的小車了。我們都得工作，都得養家，汽油價錢一天高過一天，雖然工會要我們支持公司生產的大車子，可是裡子要緊，咱們還是得買自家養得起的車子，偏偏這樣就不忠於公司也不愛用國貨。當時，要是你開了一輛國外進口車上班，警衛就不准你把車放在公司的停車場再去上班，這樣可以消極的提醒你——別買進口車。

我在克萊斯勒一直做到1974年的時候，就給家裡買了個房子，自己也成家了，當時，我全家人——我媽媽、甚至我哥哥都要靠我養，因爲，我在汽車工廠上班。那年11月，他們跟我們說，我們被永久解雇了。我嚇壞了，心想，「這是什麼意思？我在這裡做了這麼多年，現在要把我趕到街上去嗎？」他們說，「別擔心，你們會收到失業救濟的」。也就是說，好日子要過完了，房屋貸款與車子貸款卻付不完，現在我們只能勉強糊口。我本來以爲失業救濟可以讓我撐上一陣子，沒想到，公司的政策變了，原本用來幫助解雇員工的救濟基金一下子就用完了，這下子，我看我得向社會福利處報到了。

許多人收拾細軟，背起包袱遠走他鄉，對我來說，這眞是底特律的世界末日。當時，幾乎每個人都很絕望，不知何去何從，我常常到餐廳和社會福利處去跟人家聊天，大家都憂心忡忡的。我們都有相同的恐懼——到底發生了什麼事情？我們該怎麼辦？明天會有工作嗎？好像每個人都失去了自己的家和車，而且一定有很多夫妻離婚。大家都想盡量把負債抖乾淨。

後來，我又被解雇和復職了好幾次，每次都更加深我的憂患意識。1979年的時候，克萊斯勒好像眞的要不行了，我們每個工人都拚命不讓克萊斯勒關廠，以免飯碗不保。即使當時我們的時薪只有9.5美金，而福特與通用的時薪都在12.5以上，正在克萊斯勒即將宣布破產的當兒，我們還自動自發的遊行到華盛頓特區，拜託國會千萬要核准貸款給克萊斯勒，不要讓公司關門大吉。我們這次是不達目的絕不罷休。在底特律苦等了一陣子之後，國會終於通過貸款，我們這才離開工廠，一塊兒去喝個兩杯啤酒。唉！事情總算有些要轉好的跡象了。

「我姓蓋利名威廉，
投筆報效美利堅，
誓死效忠最爭先，
盡掃南蠻反遭嫌，反遭嫌……」

《蓋利中尉戰歌》

的失望起自越戰，國民因越戰而分歧，越戰毀了林登・詹森，後來，即使尼克森總統提出「越戰越南化」，意即讓越南自己去處理自己的家務事，讓美國軍隊回家，尼克森政權還是難逃越戰的拖累。1970年，美國步兵在越南美萊村屠殺平民百姓；同年，美軍非法入侵柬埔寨，俄亥俄州國民兵攻擊肯特州立大學抗議學生致死，簡直把美國搞的翻天覆地；年輕的學生目睹警察與國家如何分流合擊，痛毆與驅逐同志，頭戴鋼盔的國民兵則眼看這群為虎作倀的邪道同路人，企圖顛覆軟弱的美國政府。

1972年中，《紐約時報》開始連續刊登一項秘密的國防部研究報告——「美國越戰決策過程史」書摘，一般通稱為「五角大廈文件」，集結出書後旋即榮登全國暢銷書榜首。雖然該書用辭晦澀，沒有幾個人讀得通，讀者卻能確切掌握其微言大義——政府一直在欺騙民眾，不但在動機上公然撒謊，行為上亦然。這份研究報告是由前國防部分析師丹尼爾・艾爾斯柏格洩露給媒體的，他跟他10歲的兒子與13歲的女兒，三人合作先把七千多頁文件上方的「最高機密」字樣剪去，再加以影印。艾爾斯柏格就像大衛少年一樣對抗政府這個歌利亞巨人，馬上就被左翼捧成人民英雄；而正因美萊村屠殺事件接受五角大廈審判的帶隊官威廉・蓋利中尉，就成了右派的代表。好像美國全國上下只在一件事上達成共識——就是對政府的失望與日益加深的不信任感。

在這張說明美國社會因越戰分歧所引發的流血悲劇中，一名年輕女性蹲下來，其旁是參加俄亥俄州肯特州立大學示威抗議時，遭國民兵開槍射殺的一名20歲的年輕男人屍體。當時是1970年5月。

電視上則推出一個描述兩代間無日無已的敵意與代溝的情境喜劇《闔家歡》(*All in the Family*)。《闔家歡》與傳統劃清界線，過去不論現實的家庭生活有多麼糾葛紛擾，美國電視節目所描寫的家庭生活，從《我愛露西》到《小英雄》，都是一貫的兄友弟恭、父慈子孝。現在，向來我行我素的亞契・邦克和他的製作夥伴改變了一切，在公共頻道上替一些一直苦於家庭生活的人說出他們的心聲。亞契確實酷愛表現粗魯和不耐，在餐桌打嗝，吼他的老婆，講話諷刺身為女性主義者的女兒與心懷自由主義的女婿，再逼他們跟他大發雷霆。這些挖苦趣味都處理得很好，儘管邦克面目可憎，他還是讓人喜愛，所有的角色都滿卡通化的，劇情也或多或少的舒緩了全美國上下沸沸揚揚、一觸即發的仇恨情緒。

兩百餘名高呼「亞美利加——愛她還是別理她」口號的紐約市建築工人手持國旗，鉛管與鐵拳齊下，痛揍為肯特大學示威喪命的學生舉行和平紀念抗議活動的群衆。

即便如此，1973年年初的當務之急在振興經濟與調解代溝之外，美國遭到前所未有的憲政危機，這個危機是以華盛頓一棟豪華的住辦混合大樓命名的。水門事件在美國歷史上是個很古怪的一刻，就像石油危機給美國工業上了有關區域霸權與民族仇恨的一課，水門事件對美國民心的影響要更爲深遠與深刻，因爲這個危機直接衝擊美國政府體制的核心——美國總統，而其罪證昭彰，即使小學生也看得出不對勁，錯得離譜，橢圓形辦公室裡的那個人，那個全國仰望的精神與道德領袖應該立刻負起全責。

1972年6月，當民主黨全國委員會位於水門大樓的辦公室遭歹徒侵入的消息在報紙上披露時，總統的新聞秘書朗恩·齊格勒只說是個「三級搶劫」，並未引起媒體進一步追查的興趣，除了《華盛頓郵報》之外。（稍後，當尼克森總統開始左支右絀，無法自圓其說時，齊格勒編故事的本領也黔驢技窮了，只有改口說，總統講的話是「不具效力」——正如歷史學者克里斯多福·拉許所點出的，總統撒的謊沒有奏效——齊某就是嘴硬得

「硬帽」鐵漢扭轉情勢：
「我們就像蠻牛一樣衝向抗議人士，海扁了他們一頓」

湯米．伯恩斯留影於1979年。

——湯米．伯恩斯於1933年出生在布魯克林，從事鋼鐵工作達40年，曾經參與建造台朋吉橋與世貿中心等知名建築。他也是個活躍的退伍軍人，每年都會和軍團參加在紐約市舉辦的獨立紀念日遊行，同時也為韓戰紀念日募款。他總共有9個孩子與21個孫子。

我在紐約市的布魯克林區長大，當年，我們都很愛國，我還記得我們社區給二次世界大戰歸國老兵辦的接風派對。我們準備了一桶桶的啤酒、三明治、還有些吃的東西，徹夜慶祝，一直到天亮才散會。當年，從來沒有人會去侮辱國軍制服與國旗，雖然，我生長在一個滿亂的地方，卻從來沒有人敢對軍人大小聲，軍服一定熨的妥妥貼貼，漿得整整齊齊，穿在身上都非常光榮。在我們那裡，只要看到退伍軍人穿著軍裝走過去，都會跟他抬頭挺胸，有時還會敬個禮。7月4日當天，家家戶戶都會掛國旗，要是你家沒掛，馬上就會有人上門來問：「你家的國旗呢？」，不要多久，你就會把旗子拿出來，而且還要記得天一黑就要收進來。

我從小就想當軍人。我看盡所有的戰爭電影，我的偶像就是戰無不克的約翰．韋恩，我一心嚮往軍旅生涯的況味。於是，剛滿17歲的時候，就跟我爸開誠布公的說，我實在不是念書的料，我要從軍。就這樣，我參加了韓戰187軍團的傘兵部隊。1953年退役時，我就像當年二次大戰的老兵一樣榮歸故里，受到英雄式的歡迎，我算是善盡公民義務了，可是，我仍然以為只要是美國人就應該扛起保衛世界的責任。

雖然我是個退伍軍人，反越戰示威一開始還不會讓我討厭，這種活動不但無傷大雅，還可以讓我開開眼界，看看所謂異議人士是怎麼回事。可是隨著抗議活動越演越烈，我越來越不能相信我在電視上看到的和在報紙上讀到的，而真叫我火冒三丈的是——參加抗議的絕大多數都是大學，或教育程度在大學以上的人，這些人應該要了解美國近幾十年以來的歷史，可是，他們居然在開國偉人雕像上尿尿，焚燒國旗，有的還拿著越共國旗，甚至還褻瀆在戰場上為民主而死的人，我覺得自己也被侮辱了！

1970年春天，當時我正在一處華爾街工地工作，同事中有很多韓戰與二次大戰的退伍軍人，他們打從退下來就在當建築工人。從工地上的大樓居高臨下，可以清楚的看見馬路上的動靜。5月的某個下午，我們看見一群惡形惡狀的暴民又在示威遊行，他們揮著旗子、唱歌、還在詆毀越戰。我注意到有人把軍裝和工兵制服混著穿，我從來沒有看人這樣穿過，我們都是畢挺的穿著制服，可是，他們把軍服穿的像抹布一樣。我敢說，抗議者裡頭十個有四個舉著越共的國旗，好像是他們的象徵一樣，在我看來就好比二次大戰時，有人拿著日本或德國的國旗走在百老匯街上一樣。他們一邊遊行還一邊在我們的國旗上吐口水、跺腳、撕個碎爛。

當時，我正在瓦特街，我戴上安全帽從工地上的大樓爬了下來，往百老匯走去。看起來好像每個工人都從工地走出來，風聲傳得很快，紐約市其他地方的工人——木匠、水管工、電梯操作員、電工還有其他行業的工人，全都趕到市中心來看這些傢伙到底在搞什麼鬼。我們就像西班牙街上的鬥牛一樣走向那些抗議人士，那些「俗子」就像發了瘋一樣，沒命的往前跑，一面跑還一面回頭看我們有沒有跟上去，很多上班族從辦公室的窗戶給我們打氣，「快追呀！不要讓他跑了」，有的還幫我們指認找人——就是那個高個子在華盛頓的雕像上尿尿，要不就是那個小個子亂穿軍裝等等。

我只有在這次事件上涉入較深，我的朋友吉米的兄弟死在越南，所以他深深厭恨這些反戰小鬼。他逮到一個傢伙就飽以老拳，後來還拿了個垃圾桶修理他。我看那傢伙流了那麼多血，就趕快和幾個弟兄把吉米拉開，可是，我跟他一樣憤怒，我們都在保護心中最神聖、最不可侵犯的東西。受傷的都是那些小鬼，謝天謝地，還好沒有人死掉。

當我們回去繼續工作的時候，有很多白領人士以及餐廳工作者，都跑來恭喜我們，之後好幾個禮拜早上，我們要是去餐廳喝咖啡，老闆都會請客。有的老闆是國外移民，英語還講得結結巴巴的，卻仍然以我們為榮，他們說我們在保護國旗，還說，「雖然我們現在還不是美國公民，可是將來也會是美國公民」，這種話在我們吃午餐的餐館也常常聽到。從那個時候開始，我們就有了個新名號——「硬帽」。之前，我們都自稱為木匠、電工等等，經過這次抗議活動，我們都叫做「硬帽」，我們就是一個團體，我們也以行動說出大多數人沉默的心聲。

我們走的時候，心情都很複雜。我確定一定有很多人想要把示威者抓起來吊在路燈下，我們當年出生入死的報效國家，身心受創，不知要隱忍到那一天才能紓解。然後，看到街上整天都在反戰示威，我們不免自問，當年那樣為國拚命到底值不值得？有時連我都會動搖，要是我被抽中去越南，我會不會夾著尾巴溜到加拿大去避風頭？可是經過那天目睹反戰小鬼的行為後，我再也不懷疑了，我認為我們已經給他們迎面痛擊，而且一勞永逸地擺平了他們，我們一路走向他們，而一路上只聽見，「不要讓他們跑了！讓我們一次解決……」

水門案欲蓋彌彰，白宮臭氣沖天，尼克森在窮途末路之際，還在冀求稍釋。上圖為1973年5月，他在國務院禮堂歡迎數百名越戰戰俘歸來，隨後並在白宮南邊草坪上宴請這群將士。「（尼克森）只在乎自己能不能留名青史，偶爾才會想到他所統御的人民」，國會議員雪莉·奇鄭有感而發。「而歷史一定也不會忘記他這一點的。」

不肯承認，他是故意被誤導的。）事件發生後，司法單位明快的處理，一口氣逮捕了七名套著外科手套的嫌犯，卻進一步留下不少值得深入玩味的線索。七人當中有四人曾介入1961年約翰·甘迺迪的豬玀灣醜聞，一人爲間諜小說作家，最重要的是，這七人都領「連選連任總統競選委員會」（CRP）的錢。於是，開始長達兩年，穩定而持續進行的聽證會、傳票、審判與司法判決等等，一系列緊扣著全美國人心弦的過程。兩年之間，當審訊的觸角不斷的往高層延伸，總統政權只能苟延殘喘，尼克森不斷的拿底下人墊背，打算棄車保帥，到後來大勢已去，總統也自身難保。

就公職生涯的時間長短來講，尼克森之紀錄輝煌即使小羅斯福也難出其右。從他在40年代末期參議員任內追隨艾格·席成爲「打擊赤禍」的一員，接下來擔任艾森豪總統的副座，再加上1960年自己競選總統失利，以及1968年戲劇性的收復失地，榮登橢圓形辦公室，六年後黯然的辭去一切職務，悄然下野。尼克森總計在世界政壇的舞台中心，間或偶然稍離，擔綱演出了28年；他是一尾政治變色龍，專門不按牌理出牌，他的形象即使在支持者心中，也不過是個嗜權、行事詭秘、傾向自我毀滅以及心理有毛病的人。

「老師都在問我，這樣一來，他們該怎麼才能把自由社會中不可或缺的道德、倫理與精神價值教給下一代？當美國總統帶頭示範，根本不在乎美國素來講究的高道德標準？」

海倫．魏斯，全國教育協會理事長
1973年致尼克森函

尼克森自稱保守，選民也以爲他是美國境內左風橫行時最後一道長城。其實，他爲人之實際可以在各種意識形態間進出自如，只要能夠雙手緊抓權力的韁繩不放，至於要走哪個方向則無所謂。他有一句勸人要「能捨」時的名言——「勝選最重要！」。林登．詹森也許深置「大社會」理念不移，而且還簽署了數十年來遭到大肆批評的權利方案；可是尼克森政府才眞的是大筆一揮將許多自由主義的想法創制立法——尼克森把尋常人家的生活費用和社會福利連在一起；他支持少數民族企業可以優先承包聯邦工程的法案；企圖操縱工資與價格以控管經濟，卻徒勞無功；裁減軍備預算，卻爲國內貧民提出最低年收入方案（後爲參議院駁回）。而且，當年與蘇聯同謀「低盪」並在1972年承認中華人民共和國的，也就是這位堅決的反共人士——尼克森。

尼克森丟人現眼的失職醜態，使他備受譏嘲。圖為一名示威者參加70年代初期一項和平遊行時，頭戴尼克森面具嘲笑總統。

然而，不論尼克森的公職生涯花落何方，他的個人野心從未稍息，總統一面抓權不放，一面對抗各種或眞實或想像的敵人，終於導致他的毀滅。「他從來就不是那種你看到會想要親親抱抱的小男生」，尼克森的家族朋友跟傳記作家史蒂芬．安博思說道。而且，確實如此，即使在尼克森政府陷入醜聞之前，也很少有選民會去爲他加油打氣。接下來，隨著水門事件熱度提高，總統那張顎骨雄峙的臉就成了漫畫家揶揄的大好材料，一頭黑髮，加上一根小木偶皮諾丘的鼻子，還不忘在額頭上點出緊張窘迫的滿頭大汗，很快，就變成大眾心目中典型的騙子，他的空言狡轉可比山謬斯．強生對愛國主義的批評——「奸歹匪類最終之遁辭」。

尼克森本人不太可能知道「破門搶劫」這件事，但是，這也已經無關宏旨了。水門事件揭露尼克森進駐下的白宮，讓人民對他心生嫌隙並轉而離去。尼氏欲蓋彌彰的醜態，不僅阻礙司法也迫使他自動辭職，省去彈劾過程的尷尬，只是，隨著案情與調查逐步升高，外界才知道：原來尼克森在茲言茲，骯髒的詭計早已見怪不怪，這根本就是他的生活方式。

水門事件本身是個憲政事件。美國政府三權分立主要用意即在於相互制衡。然而，起初爲了應付經濟大蕭條，接著二次大戰，再加上冷戰時期的曖昧不明，行政部門的規模與權力皆不斷擴張，到了70年底，已

水門案揭露始末：

「有天早上，我聽到利迪說，『我的人昨晚兒被逮了』……我想了很久」

我在白宮的第一份差事是負責安排總統行程的秘書，當時是尼克森總統的第一任任期，我做的事也不過是一般新進人員的事，可是，當年我既年輕又進取，能夠參與政府的內部作業，讓我興奮得不得了。雖然我私底下和尼克森總統不熟，在我眼中，他是心思縝密的執法人士，長於追根究底的知識分子，同時，我也深深信服他對國家的遠見。當選舉日益逼近，我被調職負責籌組「連選連任總統競選委員會」(CRP)，我的工作在於籌款，有個叫作傑伯・馬格魯德的人則負責政治運作。我們主要工作項目如租借場地、招募人手、開立銀行帳號等等，大家都心知肚明，隨著選舉迫近，總統會要求約翰・米契爾將軍與商業部長墨利斯・史坦踏出內閣，替他運作一下，史坦一調任財政主席，我就升爲委員會的財務長。競選工作比白宮事務還要刺激。我每天都精力旺盛，蓄勢待發，燃燒到最高點，所有的工作人員都爲了共同的信念奮鬥，辦公室總是鬥志高昂。

有天早上，我看到戈登・利迪，他負責競選保全工作，有點慌張的匆匆走進大廳，嘴巴裡嘟囔著「我的人昨晚被逮了，我跟他說過絕不用這裡的人，糟了，我犯了個大錯…」，我並不太清楚他到底在講什麼，可是，他讓我想了很久。然後，我看到報上披露的水門大廈搶劫案，看到詹姆士・麥克柯德被捕，我認識這個人，他直接參與委員會的工作。我心裡的疑點逐漸拼湊起來，原來這個闖空門事件，競選辦公室裡的每一個人都有份兒。逮捕到案的嫌犯身上有一疊百元大鈔，我懷疑那正是前幾天我交給利迪補充競選保全裝備的錢。那是因爲傑伯・馬格魯德要求把現金交給利迪，而且還要用高面額的鈔票。當報上進一步報導水門案嫌犯身上起出的現鈔流水編號竟然連號時，我更確定那些錢確實是我交給利迪的。突然間，我開始擔心，檢方會不會在鈔票上找到我的指紋。

隨著水門案案情不斷升高，競選辦公室的氣氛也開始詭異起來。每個人對我都閃爍其詞，我跑去找史坦想問個明白，不料他竟然跟我說，基本上「你不會想知道那麼多的，我也不想知道，那都是他們的事，我們只管募款給他們競選就好。」當然，這樣對我並沒有什麼幫助，而且不必多加思考就知道，調查人員馬上就要找上門來，察問到底是誰給的錢。

我跟白宮的人說，委員會這裡出了些問題，你們一定得採取行動。但是他們只是漠然處之，他們說，「如果你需要律師，我們可以幫你找一個，可是，現下最主要的事情就是選舉」。當法院傳票開始四處散發時，我想自己遲早要收到傳票，我曾試著找過米契爾。結果，馬格魯德與弗雷德・拉魯，米契爾的左右手，兩人跟我說，我只要交代這筆錢是用來購買保全系統的，而且只有四萬美金，而非後來檢方起出的20萬美金。他們還眞的以爲金額多寡會影響說詞的可信度，我跟馬格魯德說，我可不打算作僞證，他居然跟我說，「恐怕不得不講點假話。」

接下來，我和委員會聘請的兩位辯護律師深談。他們說，如果我跟他們講的是眞的，那麼，委員會的人就是跟他們扯了謊。律師說，我一定會在迅雷不及掩耳間收到傳票，問我有沒有辦法合法地離開華盛頓特區。當晚我回到家中就接到拉魯的電話，他要我即刻飛往加州募款，他還問我趕不趕得上杜勒斯機場早上的班機，並且，要我乾脆直接住到機場旁邊的汽車旅館，「這樣法院傳票就找不到你了」。而我也照辦了。

第二天在飛機上，我沉思良久，這整件事情眞是要命，而我現在好比電影情節裡逃亡的角色，委員會的律師會保護那些「大頭」，他們根本不在乎我們這些嘍囉。很顯然的，我也是執行這個付錢教唆別人去做些違法勾當的一部分，只是有人能證明我跟這個陰謀無關嗎？同時，我太太黛博拉當時也懷孕了，這件事搞得她心情很糟，《華盛頓郵報》的那兩個記者，卡爾・伯恩斯坦與鮑伯・伍德沃德，幾乎整天都守在我家門口。

就在搭機前往加州的途中，我決定不要再和這些阻礙調查、而且根本就在隻手遮天的人一道兒工作了。我想自己應付自己的事情可能還比較容易。我曉得出庭作證在所難免，而我也要盡可能的確實陳述，因爲我的證詞將會嚴重衝擊美國人民的生活。水門案中最悲慘無辜的就是那群充滿熱忱的年輕人，有很多人並未直接牽涉違法情事，只是爲了替上級遮掩而作僞證，因而吃上官司，甚至身陷囹圄。

尼克森辭職的當晚，我衷心爲國家悲哀。畢竟尼克森是第一個被迫自動辭職的總統，要是他能早一點採取行動向全國道歉，並解散他的競選班底，事情不見得會變得這麼難看。可是，尼克森終究是個心理不健全的人，而且，這件事他後來也有份。我眞的好失望，沒想到難得有機會在政府單位工作，在白宮服務，卻落到這種悲劇般的下場。

（右起）休・史龍與其妻黛博拉，當時她為佩特・尼克森（尼克森之妻）工作，與尼克森並立留影於白宮橢圓形辦公室。

—— 休・史龍出生於1940年，自從辭去「連選連任總統競選委員會」工作後，即任職於製造自動推動零組件之巴德公司。在他於巴德公司工作的第一年間，史龍要多請15天假以出席相關水門案之聽證會與審訊。曾經，他調職到巴德公司的加拿大分公司，又繼續做了九年，之後，又在另一家自動推進器零組件製造公司服務。史龍現居底特律，他偶爾還會到當地中學演講水門案始末。

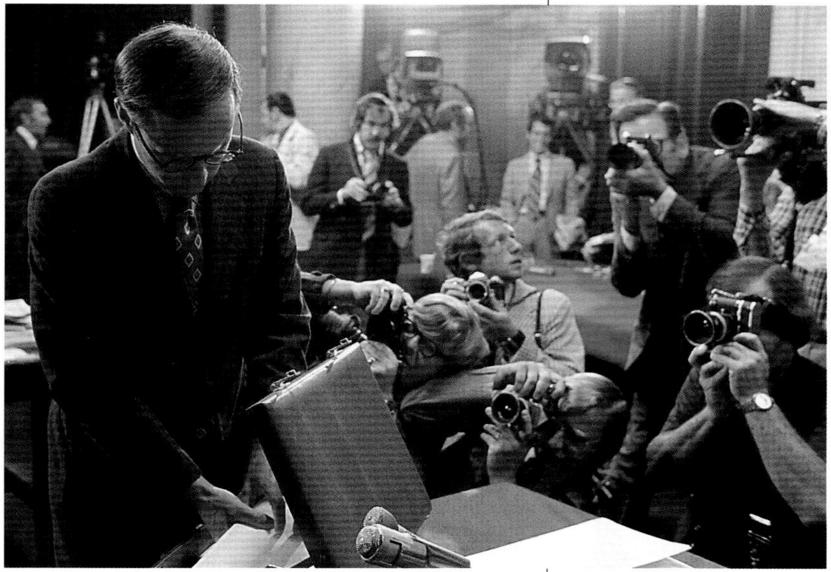

電視台全程轉播水門案聽證會已經蔚為全國性習慣，尤其當白宮顧問約翰・迪恩抖出總統直接涉及掩蓋罪行時。

經像歷史學者亞瑟・史勒辛格所稱，「較諸全球各大強權（毛澤東除外），美國總統在宣戰與媾和上可說是個絕對的君王。」

史勒辛格把這種新型的強力行政稱為「帝制總統」，雖然既存於其他幾位前總統任期中，尼克森卻是第一個大膽濫權的最高領袖。畢竟，行政官員豁免權可以暢行無阻於戰時，但是，尼克森卻以國家安全之名，擴大使用於國內事務，事實上，還用來合理化其每一項行政命令。史勒辛格有一句名言，「一國總統行事如此（即動用行政官員豁免權），就代表事涉不法。」

此外，自從小羅斯福執行新政以來，總統權限即急速增長，白宮逐漸變成超人辦公室，一肩扛下端正全國政務的責任。隨著本世紀政治人物用做造神的工具漸廣；圍在總統身邊打點公共形象的人也越來越多。當美國全國都陶醉於約翰・甘迺迪的能說善道時，芝加哥的名記者就曾經警告過社會大眾——惡例已開，後果難料。「固然，政府為知識菁英所掌握，」勞倫斯・范寧寫道，「（但是）萬一精英被貪瀆、跋扈的權謀小人給取而代之，政府又將如何發展？」

權謀小人擁簇尼克森入主白宮，這個長於競選，盲於行政的班底圍在總統身邊，形成一個顧問團，這群出身消費文化的廣告人，再經過公司團體的洗禮，變得只會服從命令，取悅上級，忽略個體差異。尼氏班底作證揭露的不法情事越多，民眾既怒又驚——政府機構高層怎可玩法如是？曾擔任「連選連任總統競選委員會」財務長的休・史龍作證時即坦承：「大夥兒實在沒有什麼獨立的道德意識。」尼克森的班底已經養成如下信念——「主子就是神，神叫你做什麼，你只管照辦」。

「若是我侍奉上帝有我侍奉吾王的一半赤誠，吾王自當不會在我這個年紀，棄我而去，與我反目成敵。」

參議院水門案委員會主席山姆・爾文引述莎劇《亨利八世》的名句痛責水門案一干罪犯

為了總統寶座，尼克森的人不惜偽造電報以詆毀甘迺迪的形象，讓社會大眾以為是甘迺迪下令刺殺越南的吳廷琰；闖入丹尼爾・艾爾斯柏格的心理醫師的辦公室，尋找這個洩露五角大廈文件的「抓耙仔」的人格污點；而且還計畫在布魯金斯研究所（自由派智庫）放火，以竊取少許文件資料。看到司法單位揭發越來越多的不法濫權情事，美國人民才知道，原來這個自許知法遵紀的總統根本就在知法玩法，治理國家的原來是一幫黨徒，自誇信奉民主，卻任意踐踏法治。

1974年8月9日上午，美國第37任總統紅著眼睛，聲音顫抖，在白宮東廂對全體幕僚講話，在長達19分鐘的矯情瞎扯中，總統要大家千萬

「別記恨」，不然就會「毀滅自己」。然後，尼克森與其妻子在掌聲中悄然離去，步出白宮，走過草坪上剛剛鋪就的紅地毯，登上待命中的空軍一號直昇機。最後，這個方才辭卻全球最高國家統領職位的前總統，還相當不得體的高舉雙臂，作出勝利的手勢。當傑若德·福特站在昔日召開秘密會議的辦公室——舉起右手，左手放在聖經舊約箴言書上——宣誓繼任總統時，尼克森以平民身份搭乘飛往加州的707飛機正飛過密蘇里上空。

叮——咚，女巫死囉

白宮籬上塗鴉
1974年8月8日

快刀斬亂麻之後，短暫地恢復了政府的威信，前任領導人被迫下野，繼任人平順接手。美國全國紛紛開香檳慶祝，白宮對面則抗議者群集，嘲弄尼克森外，還高呼「總統坐牢」的口號，不過，一般而言，最普遍的反應不是歡慶，亦非苦澀，而是好不容易的鬆了口氣。不論如何，危機發生，也平和的處理完畢。就在福特宣誓繼任後，最高法院院長華倫·伯格，彷彿是個神經兮兮的發明者，不敢置信剛剛實驗完成的新機器已經通過測試，還轉身向參議院共和黨領袖休·史考特激動的吼道：「休，眞的有效！」他意指美國的憲法系統，「感謝老天！眞的有效！」

諷刺的是，雖說是屈服於國會壓力之下，《時代》雜誌宣稱尼克森還是具體實現了他在1968年競選大會上從一個小女孩手中接過來的牌子，上面寫著「讓我們團結一致」。就像絕大部分的離婚案件一樣，過程中所有的痛苦與折磨都是爲了達成一致協議，即使尼克森一直咬定水門事件根本就是政敵抹黑，他的個人去留還確實讓全國再度團結，重新達成共識。的確，不論共和黨還是民主黨，自由派或保守派，青年與老成，都一致認定總統非走不可。

理查·尼克森在白宮東廂向幕僚及閣員告別。

美中不足的是，尼克森當年欽點的競選搭擋，前副總統史皮洛·安格紐早就已經因醜聞纏身而先行辭職，福特只是後來派任的副總統，所以說，福特是美國有史以來第一位完全未經全國選舉的總統。而且，在繼任總統四個禮拜之後，福特就以總統職權「完全而絕對」地特赦尼克森——這個全美國人一致公認玷污總統辦公室的傢伙，福特辜負而且濫用了人民賦予他、以及他的弱勢總統政權的期望。

最後，六個月的時間裡，越南落入共黨的手中，越戰到最後收場難堪，搶匪從美國大使館向外掃射，海軍陸戰隊的直昇機從西貢的建築物屋頂倉皇撤離美人，絕望的難民緊緊攀住直昇機的起降架。美國軍事史上很少有這種背棄的場面，看在早已心灰意冷的美國人眼中，又是一番冷暖。因爲在1973年年底停戰協議之前，美國爲了信守維護越南自由的承諾，已經提供了五億美金的軍事裝備以及價値數百萬美金的相關資助，以抵擋北越的攻擊。尼克森的「越戰越南化」政策顯然奏效，將戍守邊境的包袱扔回南越軍方，表面上可以稍釋國內主戰與反戰雙方陣線，即使是解甲歸田的戰士也可以說，美國並沒有放棄越戰。

北越軍臨西貢市，美軍電台播放〈白色聖誕〉以為大規模直昇機撤僑之暗號。美國的撤離行動共計從美國大使館屋頂載運1,000名美國人及5,000名南越人民離開越南。數千名絕望的越南人瘋狂的爬上大使館頂樓，希望能跟著直昇機一起走。

而今，南越投降了，是項政策可謂失敗，15,000名美國男孩不知爲何殞命，即使是美國人的榮譽也未能倖存於遙遠的東南亞。還有，美國人對越南人最後一項雪上加霜的侮辱，420位忠誠的越南人熱切期盼能夠和他們的美國朋友一起離開，卻被留在美國大使館裡苦等救援，然後，福特總統下令終止撤離行動。無可奈何的美國陸軍上尉只有佯稱要上廁所，實則爬上屋頂，登上最後一架負責撤離的直昇機。

就這樣，「美國和平」（Pax Americana）不再，精力旺盛不再，再加上對美國國家領導人信心不再，國家漸形分歧。美國人以最美國的方式，用腳投下失望票：移民出走，宣誓新的身分，尋找新的英雄。隨著這股移民暗潮，忠誠降低，美國社會逐漸瓦解——過去是個聯邦的、都會的、樂觀並且有所承諾的社會，取而代之的是——區域主義的、遠離都心、多疑與疏離漠然的社會。

其實，這只是某個即將延續到下個十年之後的運動的開端——自從新政時期以降的自由主義社會實驗與連帶的社區意識，已經逐步開始瓦解。既然，對政府與進步的信心已經毀了，抬高政府以及強調進步的努力當然也準備失守。但是，說起來也可以回溯到施行新政之前的20年代，美國人當時也面臨史詩般的天人交戰，徘徊在現代與傳統之間；當初看來是都市與其新式的價值觀獲勝，遲鈍的鄉村落敗；而今，到了70年代，鄉村似乎扳回一城，打成平手。

一度由比利・桑戴帶領風騷的福音傳教，風行草偃於20年代，如今捲土重來，盛況不減當年；其實，1976年，美國人也投票選出第一位「重生」的總統——前喬治亞州州長吉米・卡特。即使不是曾經在20年代猖獗一時的三K黨，還是有越來越多人認爲進步心態下的種族統合推動措施就應該重新加以檢討，尤其是以校車往返於種族分布不平均的校區，以平衡在校學生種族比例的行政命令就值得商榷，這種做法只會雪上加霜。

最後，都市本身也腐化了。美國的大都會中心早就開始長期衰敗，到了70年代中期，所有的援以解決都市癥疽的開放式方案均告失敗，「大社會」時期大筆興建的大型住宅計畫淪爲刺眼的視覺障礙物，形成孳生犯罪、不良少年與煙毒癮的萬惡淵藪。1975年，紐約市發生嚴重財務危機，而華盛頓當局一開始還拒絕伸出援手，迫使《紐約日報》登出至今還很有名的頭條「福特對市府說：去死吧！」然而，福特是故意見死不救的，當時，他盱衡國內情緒：許多美國人都幸災樂禍於國內第一大都會有難，因爲，他們已經把都市概化（紐約市尤其首當其衝）爲縱慾與浪費的象徵以及失敗的紀念碑。許多美國人早已用腳宣誓忠誠，舉家遷離美國東北部，揚棄這種銹斑點點、不值得信賴的都市世界，搬到美國西南的「陽光帶」

數州定居。

波士頓在70年代中期由校車爭議發展而成的種族僵局，也許可以寫照這種情緒的變化。該市一向被譽爲美國國內幾個較爲自由開放的城市，數十年來在一度可以信賴的新政聯盟的管理之下，整合了一群老派「洋基」、信服藍領工作倫理的選民以及黑人居民。然而，從1974年開始，某個聯邦法官頒布一道廢除學校黑白分離的計畫，並以校車接送全市半數以上的學生越區就讀，過去維繫波士頓居民於一體的膠合劑頓時失效。昔日「美國的雅典」，哈佛大學與甘迺迪家族的發源地，一夕之間變成英國公牛的伯明罕。當年學校還沒開學，市區即人心惶惶，愛爾蘭裔居民遙聞戰鼓頻催，彷彿重回北愛爾蘭貝爾法斯特街頭。「要是他們可以指定你的小孩上哪個學校，」一個愛爾蘭媽媽憂心忡忡的說：「他們就可以叫你做任何事情，他們可以把你所有的東西都拿走。」

群眾衝突最激烈的地方就在波士頓最古老的社區，絕大多數都是黑人居民的羅斯貝里區，與大部分爲愛爾蘭裔居民的波士頓南區（通稱爲南區），白種父母隔著海灣遙望哥倫比亞角上大規模的住宅計畫，猶如敵方勁旅已將我方包圍，就待兵臨城下。「站在小山上就可以看到（哥倫比亞角的住宅計畫區），好像看著自己的敵人已整裝待發，準備攻擊」，一位四個孩子的媽委婉道來。其他人講得就更白了。「我在這裡出生長大，南區（中學）是我的母校，」一名卡車司機憤憤不平地說，「我的小孩也上南區，我幹嘛要把他們送去亞馬遜盆地念書？再這樣下去，什麼東西都要給有色人種拿去了。」

此景猶如1950年代的阿肯色州小岩城，圖為1974年，戴著鎮暴鋼盔的波士頓警察，護衛著搭乘校車到白人校區上學的黑人學生。

每當校車將黑人學童送到南區，就有人對學生扔石頭並謾罵其種族。但是，雙方暴力行爲有來有往。羅斯貝里的黑人對過往車輛裡的白人乘客扔石頭，而波士頓警方只是警告家長，警方會保護學生上下學搭乘巴士的

旁觀路人齊聲鼓譟「抓住黑鬼」！幾個南波士頓學生圍毆一個冒冒失失闖進「反校車」示威活動現場的黑人。「過去只是針對學校與校車接送的暴力行為，現在擴大為整個社區的種族對峙，」波士頓市長凱文．懷特致函聯邦武警求援。

安全，白人如果想到黑人區走走，可得自求多福了。危機越演越烈，1974年，一個南波士頓中學的黑人學生刺了白人同學一刀，1,500多名憤怒的家長暴民把學校堵了四個多小時，學校還被迫停課關閉。可是，即使在恢復正常上課後，校園裡敵視仇恨的氣氛仍然揮之不去。

藍領階級的愛裔居民感覺被各界背叛，教會也站在法院那邊，不准家長把孩子轉學到教會學校去；而某些最代表愛爾蘭的政治人物也支持族群整合計畫，其中居然包括參議員泰德．甘迺迪（在他開罪了過去最支持他的鄉親後，有一次公開露面時，給人用生雞蛋扔得臭頭），以及凱文．懷特市長，他在鬱卒的南區居民口中變成「黑」市長（譯註：懷特–White–爲白色之意）。然而，波士頓的擾攘紛爭只是種族衝突的冰山一角，背後的教訓在於種族融合問題之複雜與工程之浩大。雖然，這個議題旨在點出黑人學童不該被拒於社區外有白人學生的學校，例如小岩城與托皮卡（1954年促使高等法院做出整合種族的判決的里程碑事件即發生於此），可是，要指出以校車往返，讓黑白學生長程奔波，以達成種族平衡的優點何在，卻不這麼簡單了。就像名記者安東尼‧盧卡斯曾寫道，波士頓（這次）讓全美國民眾都親眼目睹兩項珍貴的原則悲劇性的崩毀，一是憲法所賦予的機會均等，二是社區裡的學校所代表的社區意識——就在波士頓市府企圖一舉落實二者時，二者皆告落空。

最後，波士頓種族融合工作還衍生了另外一個醜惡的副作用：階級。讓該市藍領家庭最爲光火的就是推動種族融合最力的都是那些高高在上的菁英階層，也都是這些人可以在這些衝突中漁翁得利（在衝突的最高點，有人在甘迺迪家門外塗鴉「叫泰迪上車」）；也重提愛裔與義裔居民數十餘年來的隱憂，害怕生活在爲政經貴族統御的波士頓市。爲什麼，他們問道，進步主義的實驗要拿窮人開刀？數年以後，在其佳評如潮的著作中，名記者盧卡斯從三個不同角度剖析波士頓的種族融合危機：一個是爸爸早去，領社會津貼度日的七口單親黑人家庭；一個是由寡母撫養七個孩子，棲身公共住宅的愛爾蘭天主教家庭；另一個則是收入中上的盎格魯‧撒克遜新教家庭，因熱情擁抱自由主義而積極參與種族融合。結果，耐人尋味的是，不論黑人還是愛爾蘭家庭都覺得深受強制校車政策之害，代表統治階級的自由派白人則有感於現實砸垮理想的挫折，踏著蹣跚的腳步，離開波士頓南區，永遠遁形於舒適安逸的郊區生活。

「大人教他們要恨我們。如果你成天提心吊膽，擔心會被扁，那還學得到什麼東西？」

一名強制搭校車到「全白」學校整合就學的黑人學生有感而發

到頭來，對政府政策日生不滿的選民紛紛投入右派旗下，影響之深遠超過了下個十年；然而，70年代卻也讓許多團體受惠不少，同樣也對傳統政府機構深感失望，美國社會與政治光譜上的各路人馬不約而同地都認爲自己遭到「正統」社會打壓，紛紛轉進「特殊利益」團體名單上。結果看來，意識形態已經了無大礙。越來越多人不再自稱共和黨員或民主黨員，自由派還是保守派，人們最在意自己是「女性」、「同性戀」、「銀髮族」或是「綠色人士」（有環保意識的哦），或是「拉丁裔」、「亞裔」美籍或「美洲原住民」，或是皈依哪個宗教組織等等。「所有的主義，」某個知名的藝評家在文化界也觀察到類似的現象，有感而發道：「都變成了虛無主義。」如果還有人對政治抱以狂熱，必然是爲了特定團體爭取權益。

婦女在這一波社會與立法改造上可謂最大的贏家，成功的重新形塑與分化了美國社會。自從貝蒂‧傅利登在1962年出版了一本石破天驚的原創性著作《女性神祕》之後，女性主義者即群起要求平權，女性運動以60年代的民權運動爲師，越來越多人相信，不僅是黑人，連一般女人都很難享

石牆酒吧事件與越過石牆之後：

「『同性戀真好』聽來真彆扭，即使我們自己聽起來也一樣。可是，只要說的越多次，聽起來就越可信」

石牆酒吧是紐約市，格林威治村克里斯多福街上的一個同性戀酒吧，裡面也可以跳跳舞。酒吧只是兩大間房間，加上一條長長的吧台，也算不上眞的迪斯可，因爲裡面也沒有DJ放唱片混音，只有一臺投幣式點唱機。只要塞個兩毛五進去，就可以點自己喜歡聽的歌。

我常常去石牆消磨時間。當時，我在紐約一家很傳統的出版公司當編輯，我去石牆是因爲我喜歡跳舞，也喜歡那裡瘋狂而自由的氣氛，同時，那裡還有個我滿喜歡的傢伙，我偶爾也會在那裡碰到他。當年格林威治沒有什麼地方可以讓同性戀男人跳舞，那時候，在紐約兩個男人相擁而舞，在技術上還是不合法的，可是到了60年代末期，警察就對我們睜一隻眼閉一隻眼了。同性戀男人在西村就更引人注目了。當地幾乎成了同性戀的地盤，常常看到同性戀人一塊兒走在街上，有的還手牽著手。同性戀者還以爲自己有了一條街——克里斯多福街，這是我們的地盤。

1969年的某個夏夜，我跟一個朋友正在克里斯多福街上往薛理頓廣場走去，正好看到石牆門口一陣騷動。我們趕到酒吧才發現一輛巨無霸囚犯巴士靠邊停著，十幾個警察剛開始突擊行動。酒客都給趕到街上，警察還叫酒吧的工作人員都滾出去。當我與朋友加入酒吧門口業已聚集不去的一小群人時，警察警告所有人，立刻解散。當他們把十幾個人押上囚車時，我們開始鼓譟，大家高喊著「同性戀眞好。」就像街頭劇場一樣。詭異的是，我們都笑逐顏開，好像在對自己說，眞荒謬，我們搞什麼？…簡直就在呼應「黑色眞美」，同時，即使我們尊重「黑色眞美」這句話，「同性戀眞好」這句話——即使聽在我們自己耳朵裡，還是很彆扭，可是，只要喊久了，我們也都信了。

我剛開始還有些緊張，心想大家應該會疏散。心想，我們應該要守法，我從來沒有做過這種事情，從小就是乖乖牌兼好學生，從來就跟暴力沾不上邊。這種事情好怪又好大膽，我擔心自己會上報，砸了飯碗。可是，我心裡也同樣義憤塡膺，就跟其他的同性戀者一樣，我受夠了給人當成既可悲又有毛病的傢伙，我開始覺得不該再繼續自我調整以適應社會了，該是社會人士試著改變自己來寬容我們的時候了。結果沒多久，我就和身邊一大堆人把喉嚨給喊啞了。

警方出擊的眞不是時候，天氣炎熱，人人心浮氣燥，再加上一兩天前，同性戀女英雄茱蒂·嘉蘭才剛死。河岸紀念教堂裡人滿爲患，大家都趕著向她追悼致意，正是群情激憤的時候。起初，只是幾個警察和酒吧的工作人員把酒吧堵起來，整條克里斯多福街交通封鎖，街外麇集好奇圍觀人士近千人。突然，有個小鬼把路邊的停車計時器拔出來，拿著計時器狠狠的砸著石牆厚重的木頭門。大夥開始砸窗子，大喊「解放石牆！」，「我們是粉紅豹！」不一會兒，大家就闖了進去，有人把盛滿字紙的垃圾桶倒空，在紙上點火，這些平時以石牆的木質陳設爲避風港的人，怎麼會有這種極端的行爲啊？警方馬上就增派人手支援，消防車也開了進來，「暴民」終於各自解散。可是事情還沒完。第二天晚上，群眾又回去鼓譟暴動，不良少年翻倒車子，石牆附近地區的窗子都給砸了，警方派出鎮暴部隊。我看到鎮暴警察形成方陣，沿克里斯多福街驅逐群眾。可是，他們不如我們清楚格林威治村的地形地物。我們奔入一邊的威弗利街，再轉進另一條小巷子，奇怪的是，這條巷子就叫做「該街（譯註：Gay Street，Gay 即同性戀的俗稱）」，然後，我們摸到鎮暴部隊後面，群眾呈歌舞線上一字排開，齊步踢腿，又唱又喊的：「唷一嚇」，眞是太炫了。我的朋友說，「這可能是歷史上又一次滑稽革命。」

那個周末眞好玩。同性戀者第一次不再落荒而逃，反而站穩腳步，堅絕反抗。全國各地的同性戀學生組織與學術聯盟如雨後春筍般興起，同性戀者組織也發起了「靜坐」與「進駐」及其他抗爭活動，以爭取權益。接下來就遭到流行歌手安妮塔·布萊安的反彈，她當時很紅，是柳橙汁的代言人，自己也是個「重生」的基督徒，同時領導了一個「救救孩子」的反同性戀運動。她說，同性戀者，尤其在學校，是很危險的角色示範，她致力於否決邁阿密市有關同性戀合法的行政命令，而她也做到了，可是，她也讓同性戀陣營裡的戰鬥意識高漲。同性戀人開始拒飲柳橙汁，最後，安妮塔的贊助者只有另尋高明，因爲，她引起的爭議實在太大了。最後，她總算搞清楚自己對同性戀的傷害有多大，也漸漸理解到同性戀者也是人。當然，歸根究底，還是石牆酒吧事件引發了這一連串的運動，也改變了同性戀者的世界。

1972年，艾德蒙·懷特在參加石牆酒吧暴動數年後留影。

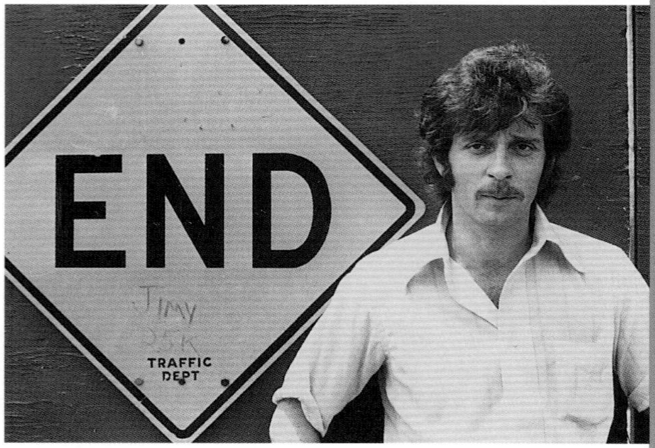

——艾德蒙·懷特生於1940年，為一知名作家。著有《男孩故事》、《美麗的房間空著》、《愛蓮娜忘情》、《拿坡里王之小夜曲》與《半迴轉》等書。1983年，他獲得古根漢獎助金以及由美國學院與文藝研究院聯合頒發的文學獎。1993年，他獲頒法國文藝騎士勳章。1994年，再度以《惹内傳記》榮獲國家書評獎與蘭巴文學獎。現定居巴黎。

你認爲自己被歧視了嗎？
（採樣問卷調查美國女性）

	是	否
1962	**66%**	**33%**
1970	**50%**	**50%**
1974	**33%**	**66%**

有美國立國最高理想所承諾的權利。只是在60年代末期，這些運動都因爲領導者的激進立場而混淆，往往宣洩怒氣多於積極建設。只有到了70年代中期，迫於經濟壓力（配偶雙方都得出外上班賺錢），家庭生活出現一線啓迪女性主義的曙光，同時，白種男性領導遭到前所未有的攻擊（許多人開始思考國家高階管理班子裡是不是該有些「女性」特質加以平衡），女性運動才開始攫取較多人心。

最後，一改先前女性運動領袖的激進，傅利登著手改善所謂「無以名狀的問題」，意即當時許多女性煎熬於家事與親職間卻無以實現自我的人生，如此強烈卻無法清晰說明的苦悶。她在1966年創建了「全國婦女組織」，簡稱NOW，一年之內，該組織立刻集中在兩個主要的議題上：其一爲，婦女的平權憲法修正案；其二，即婦女有權「控制其生育生活」。60年代末期也有其他較爲激進的組織共襄盛舉，其中有個組織認爲異性交合即壓迫女性，極力撻伐男性之性行爲。（還有一個自稱爲「女性主義者」的團體，由於不願遭男性玷污，所以只允許三分之一的成員可與男性進行親密性行爲。）

「只要我老公一踏進家門，所有的東西都毀了……他應該要為這個該死的世界負責，尤其是害我一輩子都被困在這裡。」

一名婦女回憶1970年間
女性主義者在廣播電台與電視上的訴求

1972年，國會通過了平權憲法修正案，並送交各州認可，1973年，「羅伊對韋德案」中，最高法院判決墮胎選擇權勝訴，女性主義者可說在這兩項議題上都大獲全勝。雖然風雨如晦，勝利難得（各州堅持不認可男女平等條款），但是，女性運動大幅改變美國社會的心態，這個成就遠超過法院與國會的勝利。70年代中期之前，美國女性在改造社會上大步前進，腳步還比美國黑人要快。

甚至連自古以來，一脈相傳的求偶儀式——「約會」——都有了重大變革，過去人們一貫認定，約會應該由男生邀請，男生付帳，男生幫女孩開門、拉椅子（身爲較弱的一性，她不該爲任何勞務揮汗），同時，還有沒有下一次約會也全看男生怎麼想，這些設定都在式微當中。越來越少情侶走進禮堂（社會輿論也逐漸接受各自單身生活或同居等替代模式），家庭雜務的分派也變了，雖然，許多二百五男人順水推舟地把婦女解放解釋爲——女人除了要洗碗以外，還要賺錢貼補家用。

爲了謀求男女平權，許多人回頭檢討美國人養育子女時刻板的性別認同方式。爲什麼女生一定要上「家政」，而男生深入研究「商店管理」？既然男女要眞正平權，男生也該學著隨時可以下廚燒晚餐，女生可以操作車床。爲什麼一定要女生來養孩子，而男人可以出門工作走入世界？如果在美國憲法通過修正案賦予婦女投票權50年後，全美各地婦女再度集結上街示威遊行，圖為紐約市一次婦權遊行。抗議遊行者要求生育自主、機會平等、托幼協助、終止暴力侵害婦女、以及通過「男女平等條款」（該案於1923年首度送交國會審議）。

男女眞正平權的話，這種角色互換一點問題也沒有。可是，在顚倒混亂的70年代，這樣強烈的攻擊偶爾也讓人心寬慰的傳統，反而造成反效果與引起大眾對女性主義的質疑。因爲，即使女性解放運動確實增加了女人成就事業的機會，也扭轉了古老的社會傳統，反女性主義的意見領袖也確實在70年代末期激發人們反彈侵略性較高的女性主義主張——他們迭聲抱怨女性運動如果任其蔓延的話，一定搞出單性廁所與同性婚姻、毀滅家庭以及無限放大個人自我。

反女性主義者以傳統包裹其主張。他們接收本世紀初反對普選運動者的說詞，揮舞保衛家庭制度的戰麾，而且進一步擴大爲保衛文明的大纛。對他們來說，女性主義根本就是以私利害公益，而女性主義者眼中只有個人的自我實現，除此之外，別無他物。當時，最能鋪陳反方的論點，並將雙方敵對情緒炒到沸點的事件就是——墮胎。

許多女性主義者將墮胎當作基本人權，而且是最重要的權利，這不但佐證女人與社會的關係，更牽涉到女人與自己的關係。「要是咱們不能替自己的身體作主，不能控制自己的身體，要是我們的人生可以毀在那些用拐、騙、強暴手段害我們懷孕的畜牲手上，」某個行動分子曾如是拍桌怒吼，「其他的什麼權利都是去他的狗屁！」相對而言，反女性主義者則將墮胎合法化當成進一步以個人利益顚覆家庭，企圖以人來取代上帝。墮胎有點像安樂死，著重生活品質而非生命之不可侵犯，同時，如果墮胎能夠合法，性交就可以更肆無忌憚，所以，墮胎也間接地敗壞道德。

然而，所有爭議核心無他，即現代與傳統的衝突。爭取墮胎合法的中上層社會男女，以永無休止的期望來看待人生，追求更多更多的人身自由，這種觀點就是一個不斷滿足人性需求與欲望的世界所承諾的現代生活。相對的，反墮胎陣營中多爲信奉天主教的藍領階層，依循大自然的規律生活，全心信賴不可知的上帝的安排。以手術終止一個小胚胎的生命，對他們來講，根本是種人類愚妄的行爲，不客氣的說，就是殺人。

1978年某個夏夜，時間是11:47，英國一處工業小鎭醫院的產房傳出一聲聲健康宏亮的嬰兒哭聲，吉爾伯特與萊思麗・布朗夫妻皆欣然欲泣，然而眼淚是甜的。自從他們在1969年完婚以來，布朗夫婦就一直想要生個寶寶，現在他們如願以償，感謝吉爾伯特賭足球的時候贏了1,500英鎊，以及兩位英國醫師醫術高超，做過不下80次的試驗後，終於創造了全球第一個人工受精寶寶，後來世人皆稱爲「試管嬰兒」。

當然，正式說來，出生時重僅六磅的小露意絲的生產方法即所謂「試管受精」(in vitro fertilization，in vitro字面意義即「在玻璃中」)，可是，試管寶寶的形象比較符合全球各地天馬行空的想像力。隨著露意絲的誕

萌芽中的婦女運動：——
「我的女性主義就是我的現實寫照」

我從來沒有讀過《女性神祕》這本書，不過在60年代初期，我簡直就活在書中。我很確定自己大學一畢業就會結婚生子，安居於室，從此幸福快樂的過著跟貝蒂・克洛克廣告一樣的生活。可是，當年實在滿有意思的，好像在兩個時代之間舉棋不定，我一方面想做點不一樣的事情，一方面又挺羨慕過去那種相夫教子的生活。所以，當我男朋友在1962年向我求婚時，我就決定要休學然後直接嫁給他，可是，沒兩天我就反悔了，我決定取消婚禮，再進研究所多念點書。可是，一念之間，我又改變主意了，婚禮照常舉行，婚後不到九個月我就生了第一個孩子。

我以前總是覺得我媽很命苦，因爲她都要外出工作養家，而我就不一樣囉，我可以待在家裡做個快樂、可愛又完美的媽媽，當然，我也不可能這麼好命。我跟我先生經常搬家，找不到人來幫我看孩子，只有整天孤伶伶地待在家裡守著孩子。我感覺好像在坐飛機的時候，空中小姐跟你說，現在要放下氧氣面罩了，請各位旅客正常呼吸一樣。如果整天都是我一個人待在公寓裡帶孩子，沒錢，沒有朋友或家人，我眞的沒有辦法正常呼吸的。小孩也不該讓一個足不出戶的大人帶大呀！我好討厭這樣子，也很慚愧自己怎麼沒有發揮絕對的母愛呢。

後來，我又懷孕了——結婚四年半以來的第四次，結婚以來，我的身體一直都不舒服——我還記得自己坐在浴缸裡哭，一面哭一面問自己：「我該怎麼辦？」我實在沒辦法帶那麼多孩子，而我唯一的選擇就是把孩子拿掉，可是，我哪來的膽子做非法的墮胎手術？我說不定會死掉，我不能讓孩子沒娘。突然間，我恍然大悟——過去，我一直爲非裔美國人爭取權利，爲越南的和平奔走，可是，我的人生卻一點也不和平，更沒有選擇的權利——事情眞的有點不對勁。

美國婦女運動剛開始常被外人嘲笑爲「廚房餐桌」運動，起初也不過是幾個不滿現況的太太，想要改變自己的生活。我找到了幾個和我有同感的太太，我們就開始聚在家裡工作。我們在生活中應享的權利——不論是該生幾個孩子、能不能再回學校去念書、或是就業——我們都決定要走出家門，進入社會爭取我們的權利。所以，我們就圍在廚房餐桌旁，詳細的計畫與分工合作，從敦促立法、撰寫請願書到策劃活動等等，而我們的小孩就在房間裡跑來跑去的。70年代初期，我們計畫寫信給立法的相關人士，以通過孟岱爾的托嬰法案，同時，我們還推派長得最迷人的夥伴到國會山莊去進行遊說。我們當然想到該怎麼對付那些一面聽我們解說，一面毛手毛腳的國會色鬼。我還記得有一次我在廚房裡跟一個勞動經濟學者討論孟岱爾法案，一隻手牽著小孩，另一隻手還在攪義大利麵醬。

同時間，媒體上也在進行一項我看不出什麼名堂的運動——有人在燒胸罩，有人痛恨跟男人有關的一切事物。我一點兒也不曉得這些是什麼人，她們在做什麼，她們又是長得什麼樣子。我在1970年曾聽說過類似的遊行，但是，我無法認同這種婦女運動。我的女性主張直接來自我自己的生活困境，我不能片刻不離子女，所以我爲婦女爭取工作機會；爲了工作，我需要找地方托幼，所以我爭取通過托幼法案；我需要做比較好的工作，所以，我也爲婦女爭取平等的職場條件。那說不上是全國運動，只能說是發生在我自己、我的朋友以及我的社區裡的事情，而那就是女性主義。

——瑪麗・威爾森，生於1940年，於1984年擔任女性基金會理事長，她曾經帶領「帶女兒上班」以及籌募「生育權利聯合基金」等活動。

我有一個大學同學在1965年被歹徒以刀相脅，在自己家的床上給強暴了。我和幾個朋友陪著她到大學醫療中心做些婦科檢查，並尋求支援。可是，那裡沒有人願意幫她的忙。沒有人替她做婦科檢查，因爲學生健康保險不給付這一項，更糟的是，還有人訓了她一頓，說她不該不知檢點，性生活紊亂云云。我們都非常憤怒，我們跟醫生說，除非你們替她檢查，不然，我們絕不離開。這段等待的時間竟然就成爲後來婦女運動的主要項目——靜坐，雖然，當時我們並不曉得。從這件校園強暴案，我才發現即使在大學裡，女人還是被當成一群隱形的角色對待。

我在上社會學的時候，和一群同學共同研究所謂「顯著回應」的課題，我們比較教授對待男學生與女學生的差別所在。我們發現，只要是女學生回答老師的問題，老師多半以「還不錯」一語帶過，要是男生舉手發言，老師則會直接回應「笨蛋」或「眞了不起」。就算老師給的是負面評語，起碼代表老師是認眞思索過男同學的表現，可是，對女同學的反應就像根本沒回答問題一樣。我們發現男性獲得顯著回應的機率與女性相比約爲4:1，這種結果更讓我體會到女人並沒有全程參與這個社會——即使在一個自許平等對待所有學生的大學亦然。

左圖：希瑟・布斯於1978年對一群草根運動人士演講。

右圖：珍・亞當斯與女兒妲恩（左）及姪女雅雯於1971年留影。

我是SDS的一員，可是，即使在這裡我也可以感受到不平等的待遇。SDS當然要比在外面重視我們，同時，也讓我們以行動體現我們的信念，但是，女人還是居於次要地位。組織的領導人一定是男人，女人只能做爲工作人員。最後，我們乾脆脫離SDS，自行組織了WRAP，意即「女性激進運動策進會」。我們第一次公開集會的時候，只租了一個小會議室，貼些標語而已，我們本來只料想來上十幾個人就不得了了。沒想到，反應竟然空前熱烈，來了好多人，大家都站著討論女人的權利等等議題。我們有不同的討論團體可以四處串連，一瞬間，大家才瞭解到，原來過去我們一直以爲純屬個人的問題，其實是許多人共同的苦惱，而如果很多人都有這樣的問題，就表示這是社會問題，需要經由社會改造來解決。一股正義感與使命感驅策我們向前，同時，也是一種群我倫理，策勵我們改變現況。

——希瑟・布斯生於1945年，1972年創建美國中西學院，指導及訓練如何領導及組織大型公民組織。該學院曾經大力協助草根組織如婦女國家組織及兒童防護基金會等等。

我並沒有參與任何諸如婦女國家組織之類的婦女政治組織。我對婦女困境的看法相當不同與激進。我總是認爲像貧窮與其他的

不平等才是真正重要的問題。雖然，當時婦女運動多半著眼於法律上平權的議題，我卻認爲唯有改造整個社會才能徹底消弭各種不平等現象。一般的婦女團體與媒體只爲中產階級媽媽的喉舌，就像電視影集《小英雄》裡的瓊・克利福一樣，可是貧窮女性就沾不上這些運動的邊兒了，她們眞的是永無翻身之日。我眞的沒辦法把自己和中產階級的婦女運動連在一起。

1969年，SDS內部決裂，我和我的夥伴就打包行李上車，打算一路殺到西北去，結果，我們盤纏用罄，車胎磨平，只好落腳在舊金山灣區的一處公社。我和他共同生活，卻經常爲了些雞毛蒜皮的小事爭執不下。甚至每天由誰洗碗、誰擦乾、誰收碗都會肝火相向。偏偏，床頭吵，床尾衝突更劇，畢竟，「性」是男女相處最密切的關頭。我們發現即使傳統不能再束縛女性，女人在性愛上可以更主動、更開放，男人卻像老狗學不會新把戲的仍舊以爲自己還是個掠食者。顯然，男女之間看待性解放有著南轅北轍的差異。在這個革命性的情境中，男人還抱殘守缺，緊抓文化包袱不放，他們還是叫我們「馬子」，還是用下流髒話來講我們。

公社裡有些女人開始以男人爲敵。要是妳和哪個男人有關係，妳就是與敵人共枕——簡直要逼每個人都變成「拉子」(即女同性戀)。有些較爲激進的組織還會強制每個成員自稱「拉子」，現在回想起來，眞是有毛病。不管怎麼樣，人類都得繁衍下一代，每個女人也都或多或少是給爸爸帶大的。所謂的「公社認同」就是說，只要你沒跟他們站在同一條陣線上，則非友即敵。這種事情有時想來還眞不道德，但是，當時我也沒有反抗；有些女人曾經抗議過，但是，我實在不想搞得自己遍體鱗傷。

——珍・亞當斯，生於1943年，1968年曾在芝加哥參與抗議民主黨全國大會，對女性主義運動心灰意冷之後，她改行當老師，並於1976年離開舊金山灣區，以繼續其人類學的研究。

1973年，最高法院於「羅依對韋德」案做出判決，判定墮胎為「基本權利」，此舉震驚反墮胎陣營，更加劇日後綿亙多年的情緒對立。圖為1979年1月22日，六萬餘名反墮胎人士集結華盛頓特區示威抗議，正好在「羅依案」六週年整。

生，有些人煞風景的想起歐爾德斯・赫胥黎1932年的驚悚小說《美麗新世界》，赫氏預料未來世界裡「嬰兒都是以化學方法在實驗室的瓶子裡大量生產」。其實，露意絲的故事跟小說情節一點兒也不相干，她可是吉爾伯特・布朗的精子與萊思麗・布朗的卵子的結晶，並且就像一般寶寶一樣，在萊思麗媽媽的肚子裡待了九個月才呱呱落地。只有精卵結合的那一剎那是在實驗室完成的，受精卵隨即植回萊思麗・布朗體內，小露意絲自己在媽媽荷爾蒙俱全的子宮裡著床。

然而，當時因墮胎的爭議甚囂塵上，人類胚胎之人倫地位與法律地位也捲入激烈的辯論，英國傳來試管嬰兒的消息更爲雙方煽風點火。偏偏，試管嬰兒成功的消息並未發表在醫學期刊上，而是經由某些專門報導奇聞異事的小報披露（布朗夫婦也以50萬英鎊把親身經歷賣給了《每日郵報》），職是之故，整個來龍去脈都透著一股科幻味道。「發生過失的可能性是無限大」，某個緊張的洛杉磯產科醫師說，因爲沒有人能保證胚胎可以在母體內安度妊娠期。「萬一生出個五臟俱全的獨眼怪獸怎麼辦？誰要負責？父母？醫生？還是政府？」

教會人士則集中火力在倫理的隱憂上。天主教教士說：「試管受精」與避孕雖然目的相反，卻一樣不道德，違反自然的受精與違反自然的不受精一樣不可原諒。在新教徒與猶太教徒眼中，事情就比較複雜了。許多人都同意，醫療科學業已荊棘遍地。可是，若說產科醫師的終極目標就是產生嬰孩——亦即一個小生命，又有誰能說上帝對這樣的寶寶會有任何偏見？而如果一對夫婦無法以傳統方式「做人」，又有誰能剝奪他們循科學方法得償心

「我們會有嬰兒農場與大量生產的兒童，
還要比1984提前六年呢！」

《倫敦每日快訊》編輯
德瑞克・詹姆森
於第一個試管嬰兒出生時評論

願的權利？只是，對大多數人來說，露意絲・布朗的誕生是個程度上的問題。人類究竟可以侵入自然的領域多深？我們又怎能放心讓他們在此聖地恣意進出，如入無人之地？

巧的是，布朗寶寶的消息傳開來的時候，正是紐約市地方法院開庭審理一宗涉及150萬美元的訴訟案件，告訴人原本還打算做全世界第一個試管嬰兒的爸媽呢。時間回溯到1972年，紐約市哥倫比亞長老會醫院的醫生已經用約翰・岱爾季歐的精子與其妻的卵子結合，可是，醫院的管理階層一聽到風聲，馬上就銷毀了受精卵。這位長官顯然認爲這種實驗太危險了（他自己也說，他個人對於試管實驗沒有任何倫理上的顧慮），只是非常光火，醫生居然沒有徵求院方同意就進行這種手術。現在這對提出告訴的夫婦只好在道德問題上打轉。因爲，雖說很多反對試管受精的人認爲醫生在妄然「扮演上帝」的角色，岱爾季歐夫婦可認爲毀掉受精卵的醫生才自以爲在「扮演上帝」，畢竟，他殺了一個潛在的小生命。他們說的頭頭是道，陪審團最後判岱爾季歐夫婦勝訴。這對夫婦趁勝追擊，他們要更進一步確定受精卵的法律地位，終於在塵埃落定時，受精卵的生命地位界定爲化學溶液與胚胎之間，陪審團最後「賞給」告訴人夫婦五萬美元。

未來環境品質的爭議，要比女性主義的戰爭還要能夠體現複雜交錯的忠誠度。就如同女性主義一樣，環境主義也扎根於問題叢生的60年代。1962年，瑞秋・卡森撰寫了《寂靜的春天》一書，揭開DDT殺蟲劑對環境與人體的危害；1970年，工廠任意污染環境更激發成立美國第一個「地球日」，數以百萬計的民眾走上街頭，表示對環境的關切。當時，越來越多人相信，美國人以污染自己的家造就了戰後榮景，卻威脅到地球環境的健全。全美各地紛紛立法以解決60年代與70年代初期的各種環境隱憂。可是，還是有很多人很擔心，很快的，石化燃料將徹底摧毀空氣品質，美國人都要戴著防毒面具才能呼吸，總有一天會發生環境大災難，將人類生活推回黑暗時期，再也無法享受工業文明與進步的成果。

甚至有人也開始懷疑樂觀主義的基本象徵——生殖。60年代末期，在一篇有關人口過剩將引發大饑荒的研究問世後，許多戰後嬰兒潮的父母（以及嬰兒自己）開始反省大家庭是否太浪費自然資源了，這種多子多孫的自私表現在世人已覺醒到資源有限的年代，根本就不可原諒。環保主義者對科學也投下不信任票。科學沒有社會良知，只是爲科學而科學，根本不考慮科學的副作用。同時，環保主義也指出，由於唯物主義與大眾消費朋比爲奸，彷彿要維持西方的繁榮，就一定得拿其他社會墊背，甚至犧牲全人類的將來。

話又說回來了，70年代的每一種運動都躲不過反制。針對環保主義者

愛河生活：

「不要去地下室，不要吃自己園子裡種的東西，」而他們卻還堅持「完全沒有問題，絕對安全」。

1972年，當我搬到愛河地區的時候，我覺得自己的美國夢已經成真：我的老公有一份穩定的好工作，一歲大的寶寶健康活潑，我們有一輛旅行車，也才剛買了第一棟房子，房子周圍還有白色的圍籬。我們的社區朝氣蓬勃，就在尼加拉河對面。社區裡有兩個小學，兩間教堂，到處都有人行道，以及年輕的夫妻在修整他們的新家。只要你往窗外看去，就會看到小孩在街上騎腳踏車，或是年輕的媽媽推著娃娃車。學校附近還有一處預備要蓋成公園的空地，空地上還有棒球場、飲水台、遊樂場與野餐桌。愛河地區就是爲家庭而設計規劃的。我們都覺得這眞是個完美的社區——完美的家人、完美的小屋，也是我們生涯規劃中完美的墊腳石。

然而不久之後，我兒子麥克就病得很嚴重。我們剛搬進新房子的時候，他才一歲多，健康結實。不多久，他就開始生病，先是皮膚問題，然後氣喘，癲癇，接著肝也不對了，免疫系統也有毛病，尿道失常，狀況層出不窮。當我問小兒科醫生這到底是怎麼回事，他只是敷衍兩句，說我不過是個倒楣的媽咪，小孩兒容易生病罷了。我的第二個孩子梅麗莎是在愛河這裡懷的，出生時一切都好，沒料到，有個禮拜五，我赫然發現她身上有塊瘀血，禮拜六的時候，瘀血變大了，到了禮拜天，瘀血大得跟個碟子一樣，我趕快帶孩子上醫院去，醫生也莫名其妙，只抽血作點試驗。當天下午稍晚，醫生打電話給我說：「吉勃斯太太，妳女兒得了血癌，她的血液讀數非常危險，請妳趕快送她到水牛城的兒童專門醫院。」我們家族裡從來沒有這種病史，我怎麼也想不通孩子怎麼會得這種病。

約莫就在那個時候，《尼加拉瀑布日報》開始刊載一系列有關尼加拉瀑布周圍城市堆放廢棄物的新聞。我看歸看，並沒有多大興致。之後，我讀到一篇報導上說，99街小學附近的一處廢棄物堆置場，我的麥克就在那裡上幼稚園的。那篇報導還逐一列舉長期接觸有毒廢棄物會產生些什麼病症，我仔細地拿來和我的小孩的症狀比對才發現——天哪，我不是倒楣的媽媽，而是我的小孩快給人家毒死了！

我決定給麥克轉學，教育委員會居然跟我說，我需要兩個醫生簽字才能轉學。剛開始，我的家庭醫生與小兒科醫生都不肯幫我簽字，可是我非常堅持，他們只好同意寫張條子註明，學校、廢棄物與麥克的病，三者之間確實有些關係。可是，當我回去找教育委員會的時候，他們卻說：「這可不能說學校環境對麥克不利。要是學校會毒死麥克，那麼也會毒死其他407個小朋友，我們不會爲了一個小孩一生病就歇斯底里的媽媽，去關閉學校。」我聽了眞是又驚又怒！我決定挨家挨戶的遞送請願書，請大家一起來關閉第99街小學。我從來沒有做過這種事情，過去我一直是專職的家庭主婦，我所關心的不過是被單白不白，地板亮不亮，以及晚餐要煮些什麼。我根本就不熱衷社區的活動，我其實是很內向的。當我走到第一家去敲門的時候，我敲的很輕，輕到連他們家的狗都沒有叫。然後，在有人來應門之前，我拔腿就跑，趕快鑽回自己家裡，淚流滿面，我好怕人家把我當成瘋子。

後來，麥克又因爲感染肺炎非住院不可，我這才深深體會，世上唯一能保護麥克和梅麗莎的只有他們的媽媽。我鼓起勇氣，回去敲鄰居的門，準備讓人家大罵我一頓，但是，從來沒有人對我大聲嚷嚷過，我發現，其實很多人家都和我同病相憐，我們都憂心困惑的不得了——有人有個13歲大的女兒居然因爲癌症得切除子宮。我們家周圍就有八戶人家有癲癇的病人，不只小孩生病，大人也難倖免。有人帶著我走進地下室，抽水馬達冒出橘紅色的污水；有的人家家裡化學藥品味道濃得像走進了加油站一樣。

1978年春天，聯邦衛生署終於到愛河地區檢驗，然後就一逕地否認、否認、否認、否認到底。他們跟住得最靠近運河的人說：「不要去地下室，不要吃自己園子裡種的東西，不要做這個，不要做那個，可是住在愛河地區是完全沒有問題，絕對安全的」。

我們就自行展開調查，發現在愛河地區出生的小孩56%有先天缺陷，包括三隻耳朵、雙排牙、多餘的手指或腳趾、或是心智障礙。聯邦衛生署就說了，「不行，不行，不行，不行，不行，那都是些家庭主婦搞的無效數據，做調查的人根本就心懷成見，要包裹利益」。我們透過些管道逼他們去做調查，他們證實了過高的出生嬰兒先天殘疾比例，卻否認與愛河有什麼關係。他們說，這可能與本地區還有很多隱性的殘障人士有關。如果你的社區裡有20萬噸的有毒廢棄物，以及56%的殘障嬰兒比例，有誰還能自欺欺人的說這兩件事情毫無關係？

在愛河事件之前，我一直以爲如果我有事，我就去找我選出來的政府官員就好，這件事過後，我才發現自己太天眞了。如果不給他們壓力，聯邦根本不會管我們。最後，有900多戶人家遷離愛河地區。最讓我們光火的事情就是——聯邦衛生署的人明明知道有人已經病的快死了，卻不理不睬，根本不打算去做些什麼。他們把我們當成死要錢的叫化子，以爲我們連垃圾都不如。可是，事實上，我們是美國的中堅分子，我們都在工廠工作，都是納稅人。

——洛伊絲．吉勃斯生於1951年，1981年間舉家遷往華盛頓特區，並成立「有害廢棄物全民資訊交換中心」（現在已改稱「健康、環境與公義中心」），該組織旨在教育大眾與告知各項相關環境事件。她每年都會數度回訪愛河地區，以籌募專為協助愛河地區受災居民的醫療信託基金。吉勃斯自己的孩子，麥克與梅麗莎已經痊癒，後來，吉勃斯又生了兩個孩子。

上圖：洛伊絲．吉勃斯攝於其愛河屋主協會辦公室。

左圖：愛河地區如此圖的棄屋有數百幢。

「警衛在門口發放『賀喜』(Hershey)巧克力棒。販賣處不斷供應免費的洋芋片、熱狗與蘇打水。有個牧師搞了個現成的托嬰中心……帶孩子玩遊戲、玩魔術、還演出聖經上約拿鯨魚的故事。大人們則一面玩牌、看電視，還相互討論彼此對『他們』的不滿——他們那些搞出這樁意外的人。『我想我只能一直待在這裡，』19歲，身懷六甲而全然迷惑的邦妮．摩根說：『我不指望他們知道自己在幹什麼。』」

1979年4月9日《新聞周刊》報導三哩島臨時疏散人員收容所一景

加以反彈的聲音來自許多不同領域。除了被環保主義擋了財路的生意人外，還有藍領階級的勞動朋友，他們指控環保主義者為了將理念高唱入雲，斬斷了經濟發展的命脈；如果每個企業都要符合他們的高標準，那最先倒楣的一定是我們勞工。然而，許多勞工也站在環保主義這邊，反對污染環境的業主（通常都是高污染的工廠），可能就像「愛河事件」一樣，勞工最接近污染源，也最容易遭到惡質工作環境的傷害。

最後，就像堅持傳統的人對每個議題都宣稱要順服自然一樣，環境議題更不例外，就連所謂的改革派都欣喜擁抱對自然的忠誠。1969年，美國太空人登陸月球，從月球上拍下地球的照片，人們看待地球與自身命運間的關係才大為改觀。正如1889年因應舉辦巴黎世界博覽會而興建艾菲爾鐵塔，讓數百萬參觀者得以拾級而上，登上鐵塔頂端，俯視其生活環境一樣，太陽神11號將影像從太空傳入家家戶戶的映像管中，也讓全世界守在電視機前的民眾獲得新的觀點，從這個新觀點，人們看到地球之易受傷害，以及原本完美的自然和諧因為人類橫加干預而山河變色。

1979年3月，素來平靜的撒斯果漢納河畔一座巨大的沙漏型核能電廠冷卻水塔吸引了全美國人的目光，這裡發生了一場人人憂慮卻在一夕之間噩夢成眞的環境災難。核能電廠一直是西方文明自以為可以擺脫中東產油國家控制的唯一救贖，三哩島位於賓州農場與小村連綿的荷蘭式鄉間——行經此處彷彿重返19世紀。然而在3月28日上午四點，一具失效的安全閥爆裂，反應爐流失數千加侖的冷卻劑，36,816支燃料棒中有一半在高達5,000度的高溫下熔解，整個區域淪為現代夢魘的場景。

熔化的燃料燒穿了反應爐的內室，一路流進反應爐的底層，然後就停在那裡。但是，全美國已經風聲鶴唳，有識之士指出，該廠已經接近熔燬。萬一，核燃料穿透了反應爐下層滲入土壤，將會釋出無以計量的輻射性物質到空氣中，要是這股高熱的核燃料碰到了地下水位，形成會要人命的高熱噴泉，後果就不堪設想了。電影院才剛剛上映過一部名為《大特寫》的災難懸疑驚悚片，片中描述核燃料熔漿還會燒穿地心，直達北京。但是，三哩島的事情是來眞的，附近居民皆人心惶惶，腦海充斥著先天殘障的嬰兒與致命的癌症，大家都非常不理性，卻又可以理解的擔心反應爐會像一顆炸彈一樣的爆炸，從賓州到全美各地都將雨露均霑的蒙上一層輻射塵。即使沒有發生這個想像中的終極災難，反應爐確實漏出一些較低度的輻射物質，當地居民也曾向有關單位提出人身傷害的賠償要求（事後撤回了），雖然操控反應爐的公司堅稱並未造成任何傷害，多年之後，還是有繪聲繪影的傳說指出巨大的突變植物，與無法生育的家禽家畜，還有皮膚上久久不褪的異常紅疹等等。

「待在家裡，不要上街……這是一級緊急狀況，」一位緊急狀況工作人員如是宣告。三哩島的核能災變的輻射蒸氣散佈在方圓20哩內，賓州中部的鄉間地區。政府將孕婦與學齡前的兒童疏散到其他地區，據估計約五至六萬人自行撤離災區。

不論是女性主義還是環保主義——還有聲勢逐漸壯大的反稅草根運動——都顯示社會大眾新近奠定對「事因」的效忠，以及對既有權威的不信任，還有隨之而來的無根不定之感，在在驅迫美國人重新尋找替代的眞理——新的宗教，擁抱新的救世主。宗派群起，另類「神學」相互較勁，山達基教派（Scientology）、文鮮明的統一教、艾哈爾德訓練研討會、印度導師「教會」等等，都顯示許多人渴望在俗世風暴中尋求一處心靈港口，至少要找到一種系統，能夠重新架構人生的意義與存在的目的，同時，對許多人來講，還不止如此，他們還要再找回：一位父親、一個家庭、一段超越的經驗、以及一尊上帝。1978年，就在三哩島事件前幾個月，瓊斯鎮的悲劇正好讓人寒徹心肺的示範了宗教狂熱、偏執狂、自我正義的錯綜複雜，信徒愚昧的奉獻，正好體現現代社會另一個致命的危機症候群。

是年11月下旬，當報章媒體開始披露「人民廟堂」祭典中集體自殺的

抗稅反對運動：
「比波士頓茶葉黨還要草根」

1976年一個早上，我翻開報紙一看，加州不動產稅居然要加倍徵收。我眞不敢相信這種事情，這樣下去，我們家的房屋稅會比我們每個月付的貸款還高。當時我正是雪曼奧克斯地區屋主協會的一分子，所以，我知道此時此刻一定要採取行動。當時還在加州不動產市場大漲之前，許多屋主都是以相當合理的價錢買的房子，雖然還付得起每個月的貸款，如果要再應付苛捐雜稅，可就捉襟見肘了。還有很多人的不動產是多年前繼承而來的，許多寡婦還得縮衣節食才能守住死去的丈夫留下來的房子。如果政府一再加稅，這些人就要流離失所了。即使是像我們這種中等收入的人家，加稅也讓我們大喊吃不消。

我猜想市政府一定是缺錢了，可是，他們應該要縮減編制，力求節約才對。當時的政府根本就已經失去控制了，只要是任何一個對錢有點兒概念的人——就連家庭主婦也知道怎麼記帳——都知道，政府部門花錢已經花的太兇了。我們在愚不可及的事情上花了大錢。我的意思不是說警消單位或國民兵部隊，我們都非常感謝這些單位對大家的幫助。可是，萬一，你每個月的薪水有一半要拿去養那些尸位素餐的傢伙，你能不火大嗎？

就在我看過加稅消息後一個禮拜，又在報紙上看到一個小廣告，上頭寫著：「如果你不想提高不動產稅，現在就撥這個號碼」。我撥了，然後就聯絡到電話另一端的紳士霍華．賈維斯先生。我們見了面，發覺彼此志同道合，他給我一份請願書——也就是現在通稱的第13號複決案——要我去找人簽名。第13號複決案的要點就在於加州政府徵收之不動產稅不得高於住家價格的1.25%。偏偏，我又不是個能出外拋頭露面，站在街角請人家簽名的人，於是，我寫了封信給報紙編輯，把第13號複決案讓市民大眾知道，而且，我們要力抗不合理的加稅政策。這就是我該做的。突然間，我的電話開始響個不停，大家都從內心的枷鎖中走了出來。大家眞的都很絕望，害怕會失去自己的家，他們光要付其他的稅就已經很吃力了。我好像組織了一支由收入固定的老年退休人士與寡婦組成的軍隊。他們都是很好的人，他們會到我家來拿請願書，我們分工合作，計畫下一步的策略。有一次在聚會的時候，有人提議把請願書從飛機上由下撒去，但是，當時屋主協會的會長，他是個律師，費了很大的工夫說服大家這樣做不太好。

瑪麗蓮．努爾達及其一歲大的女兒蒂芬妮，於1976年第13號複決案的全盛時期在加州雪曼奧克斯的家中留影。

——瑪麗蓮．努爾達生於1942年，於1976年受到牧師約翰．行可的教誨而「重生」，1979年，她到華盛頓特區參加行可牧師的35,000人祈禱大會，努爾達夫妻還拍攝為紀錄片《榮寵美國》。1990年她獲得派立神職，在擔任教會的助理牧師一年之後，晉升為「大牧師」，專責在加州地區籌辦祈禱團體。

同時間，電話不斷的進來，我們根本無暇應付，索取請願書的人越來越多，有時，一天之內就有幾百個人到我家拿請願書，車龍都排到四條街外去了。我知道鄰居馬上就要不耐煩了，所以，我們得另外找地方散發請願書。然後，有人提議不如將請願書交給房地產公司代爲分發，對於加稅，他們一定也感同身受，因爲如果不動產稅加倍，他們的生意一定會受到影響的。我們最後把請願書放在山谷區的不動產公司的辦公室裡，人們只要到住家附近的房地產公司去，就可以拿到請願書，效果一下子就出來了。人們挨家挨戶的請大家在請願書上簽名，上教堂時也帶去，去俱樂部聚會時也不例外。我們則在雪曼奧克斯的商家門前，以及任何人潮擁擠的地方擺攤子，整個系統變得很有秩序，也很有效率，最後，請願書終於成功的散布在整個加州各地。

我本來沒有料到會這樣，不過就像滾雪球一樣，一但有人開頭，接著就像野火燎原一樣。昨天，我還在家裡心滿意足地照顧我第二個小孩，接著，我就被捲進一樁長達三年的抗稅反對運動中，第13號複決案最美的一點就在於——這是完全自動自發的草根性運動。裡面沒有任何想要贏取選票與在報上露臉的政客。發起這項運動的人對政府嚴正聲明，「你們別想隻手遮天，爲所欲爲」。來索取請願書並拿回去分給鄰居的都是些退休的資深市民或是兩隻手牽著小孩的媽媽，只是一群單純、腳踏實地的普通人，實在是受夠了這個政府，我們比波士頓茶葉黨還要草根。我知道即使是獨立革命的第一次抗稅運動也是經過美國開國先賢整體策劃的。

過去，我從來沒有涉足政治，也不曉得政治體制究竟如何運作，但是，政治人物對我們的回應倒是滿耐人尋味的。他們大多頗爲贊同我們，他們覺得我們是比較大聲的一邊，所以都靠在我們這一邊，他們好像不敢公開反對我們。我曾經跟一個政府官員講過話，他說，「你可知道，要是第13號複決案通過了，那些窮人就要倒楣了，妳會害的他們沒東西吃」。我在心裡說：「騙人」。我就像許多人一樣，深深明白自己對貧民的責任，可是，政府不可以強迫我們去照顧貧民。照顧貧民應該是慈善機構的事，不應該由政府包辦。

我們很輕易的就拿到了讓第13號複決案在6月間付諸市民公決所需的35萬連署簽名，隨著投票日一天天的接近，我眞迫不及待去投下我的一票，我知道這個案子一定會通過。那時眞像是一段神奇的日子，當我車子開上衛杜拉高速公路準備駛向市中心時，突然有兩輛警車冒出來，一前一後，就好像有人爲我開道一樣，護送我一路平安抵達投票所。投完票以後，我們和一個朋友到好幾個慶祝公投的派對上逛了逛，最後，我們到范耐斯區的一個小餐廳和一群發起這個運動的草根人士會合。市中心巴爾的摩區有個比較大也比較精彩的宴會，霍華．賈維斯與一些政治人物都在那裡。但是，我們決定到范耐斯區來聽取投票結果，剎那之間，消息傳來，我們贏了！每個人都高興的跳起來，彼此相互擁抱，沒一會兒，大夥就圍成一個圈子跳起舞來，眞是不約而同的，奇妙的喜悅。我們都是些勤奮工作的小人物，沒有錢也沒有名氣，但是我們團結在一起，一起改變了既成的不義政策。

駭人景象時——國家廣播公司的攝影師爲了拍攝照片，不幸在叢林裡遭到埋伏殉職，這些照片都彷彿出自15世紀荷蘭畫家海耶若姆斯·巴希或彼德·布若以哥筆下，數百具屍體橫陳在一處平台上，旁邊就是一大桶的紫紅色的氰酸鉀溶液，信徒們一個個魚貫飲下致死的毒液。這不是一則法喜過頭的普通故事，這是一則應該永誌不忘，時時警惕的故事。

「我們的軀體雖在今夜墜落，明日祂將帶領我們的魂魄升天。」

瓊斯鎮教徒於自殺前夕留言

人民廟堂由詹姆士·瓊斯發起，他的父親是個鐵路工人，自從在第一次世界大戰服役時中了瓦斯戰的毒後，退伍後就很少再工作了，據了解老瓊斯似乎還參加過三K黨的活動。小瓊斯年輕時的信仰相當不專一，他十幾歲的時候跟著鄰居信了一陣子拿撒勒教派；在印地安納波里斯念大學時，他又說自己是統一教派的；他也曾短暫的加入衛理公會過；後來，他成立自己的教會，並且稱之爲「社區統一教會」。瓊斯的教會一開始針對貧戶服務，所以也募集了不少捐款，終於行有餘力在黑人社區買下自己的集會所，爲了表示自己將傾全力救助其他族裔，瓊斯夫婦還收養幾個黑人與韓國小孩。

1978年11月，蓋亞那瓊斯鎮上，屍首橫陳於一只滿盛氰酸鉀毒液的大桶旁邊。「快點！我的孩子們，快點！」教派領袖吉姆·瓊斯聲嘶力竭地要求教徒們趕緊飲下致命毒液。「快快充滿尊嚴的躺下受死！」

1961年，畏於核子爆炸的屠殺威力，瓊斯放棄了這棟集會所，舉家遷往巴西（他從雜誌上得知該處爲躲避核子大戰最安全的地方）。可是，瓊斯難耐思鄉，又回到美國，並將其教會遷到北加州，改名爲人民廟堂，他在新地頭獲得了空前的歡迎。他再度從黑人社區吸收教徒，瓊斯的教會服務已經包括一座醫療所、一間善堂餐廳與贊助某些自由派的政治活動。他還定期發起前往某些地方的朝聖之旅，其中也包括他在1974年以前就買下來的，一處位於南美洲蓋亞那叢林裡，共計27,000畝的農場。

然而，瓊斯的「佈道」已經越來越像狂人囈語，他擅長從信徒身上取出「腫瘤」以「治療」病患，然後，他會拿著鮮血淋漓的公雞內臟四處展示，自稱這就是他從病患體內抓出來的病原。他不再是基督的使徒，現在，他說他自己就是神，他就是眞命天子，所以，對要求信徒進行嚴苛的體能訓練，要他們傾其所有貢獻給教會的保險箱。但是，當加州國會議員李歐·萊恩接獲線報，有一位選民因爲企圖離開教會而慘遭殺害，他便決定自己到蓋亞那走訪一遭的時候，怪力亂神就轉爲悲劇了。

محوطه را زودتر

雖然瓊斯很擔心李歐·萊恩會是美國入侵的先鋒，他還是不甘不願的讓萊恩和一群記者參觀瓊斯鎮（於蓋亞那首都喬治城西北方140哩處），甚至還讓他們跟住在那裡的人講話。可是，當瓊斯對萊恩所提的問題越來越懷疑，尤其是當議員堅持要將幾個有意跟他回美國去的「叛徒」一塊兒帶走時，瓊斯即下令人民廟堂的警衛把萊恩及其隨從幹掉。他們原本計畫由一名瓊斯的親信假意與議員同行，上了飛機後再殺了駕駛，迫使飛機墜毀，造成飛機失事的假象。不料，計畫生變，瓊斯的手下一到機場就對萊恩開槍，新聞人員躲在一旁顫抖著，看著萊恩與其四名隨從被正面射殺身亡。

事發之後，瓊斯料到美國揮兵入侵勢所難免，隨即緊急召開鎮民會議，準備進行「永晝」（White Night）計畫，即該教派多次預演的大規模自殺行動。他跟信眾說：「我們一定要死得有尊嚴」。母親們先將最小的孩子帶出來，用注射器將毒液灌到他們的喉嚨裡。當寶寶們開始痙攣的時候，成人與較大的孩子才一一飲下加了調味劑的氰酸溶液，然後從容列隊躺下等死。當死在瓊斯鎮的913人中已經半數告別人間後，瓊斯自己端坐在信徒屍體中的寶座上拿著槍，對著自己的腦門扣下了扳機。

任何戲劇，任何渲染過度的小說，任何小報上的驚悚故事與任何投影機所投射出的駭人影像都不如1979年某個中東國家青天霹靂般的一夕遽變能夠道盡70年代緊張的國際情勢。同時，對美國人而言，這十年最後還要在國家尊嚴與人民的安全感上再挨上一記猛拳。這一拳揮自最意想不到的地方，一位于思滿面，不苟言笑的回教神職人員——生於1900年，他與本世紀同齡，他曾被放逐於祖國伊朗之外長達15年，最後一年還蟄居在巴黎市區外的諾伏力堡（Neauphle-le-Chateau），但是他不斷闡述西元七世紀以降的《沙里亞》（即回教律法），更汲汲奔走於驅逐全球回教國家中最為西化的國家領袖——伊朗國王巴勒維。1979年年初，何梅尼終於完成其終生使命，回教革命一舉推翻巴勒維王朝，何梅尼繼而成為伊朗新神權政權中實質上的領袖，此後在整個回教世界掀起一股無日無之的反西方狂潮。

「所有的西方政府都是賊，只會犯上作亂。」

阿葉托拉·何梅尼

伊朗自中世紀以降，數百年來率由保守的回教神學家治理，伊朗人民卻被巴勒維國王所稱的「白色」（或不流血）革命硬生生地扯進20世紀。巴勒維的父親係一名軍官，1921年即掌控了整個伊朗，巴勒維在第二次世界大戰期間繼任，卻在40年代末期下野，1953年又在美國CIA暗助之下重回權力核心，遂針對伊朗人民進行大規模的改革。巴勒維國王從傳教士手

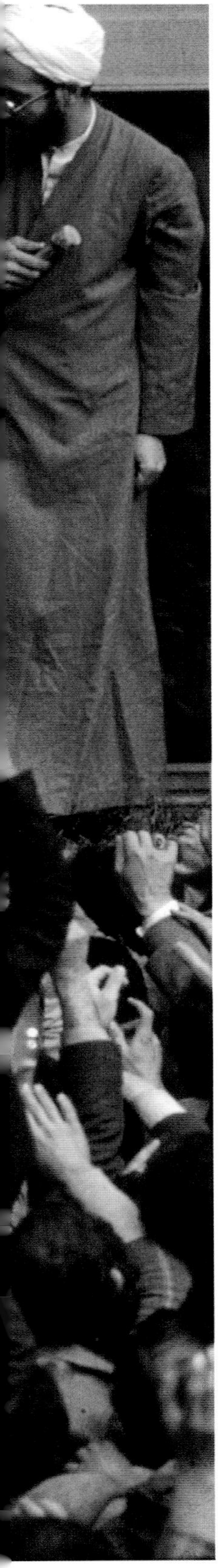

1979年2月，上百萬狂喜的什葉派回教徒湧上街頭，歡迎甫自流放歸國的阿葉托拉·何梅尼。這位79歲的宗教領袖，保證將建立伊朗第一個「神的政府」。

中取回土地重新分配，並給予女性許多空前絕後的權利（包括投票權與上大學的權利），大幅加強都市化與工業化，並日益倚賴西方民主政權，後者不但覬覦其原油出產，更將伊朗視爲防堵蘇聯進犯的壁壘。

身爲西方世界最鍾愛的回教國家，伊朗國內建設迅速起飛，原本落後的沙漠搖身一變爲煉鋼廠與核能電廠林立的國家，還擁有超大型的軍事裝備，裡頭塞滿了美國人供應的槍砲彈藥。可是伊朗國王固然威名遠播，在國內反而不孚人望，大多數伊朗國民並不想違棄其豐富的文化傳承，遽然擁抱滿身瘡疤的西方已開發世界。回教教士嚴辭批判西方的墮落享樂，譴責美國工業與政府加諸於伊朗國民的殖民罪惡。在伊朗國內緊張氣氛一觸即發的時候，「這個『西化或完蛋』的計畫到底在搞什麼鬼？」某個報紙的編輯曾經如此論斷，「西方銀行、西方槍枝、西方建築、西方秘密警察等等，他們好像可以解決我們的問題，可是有嗎？恕我難以苟同。」末路窮途之時，伊朗國王只有訴諸鎮壓與殘酷手段來控制國情，卻適得其反，還不到1979年，大眾已經按捺不住革命的情緒了。

美國人去死是個美麗的想法
引渡巴勒維

1979年，伊朗學生挾持
美國大使館時所持之標語

對美國人來說，巴勒維垮台又是一則驕兵必敗的教訓，美國的體制再度爲第三世界審查之後，宣判出局，而且，這次和越南不一樣，這次不能拿中共或蘇聯當罪魁禍首。更有甚者，這次挫敗更加坐實了70年代以來，美國人所面臨的哲學挑戰——美國政府的權威危機。吉米·卡特雖然不久前才完成一項近代史上的大成功，撮合以色列與埃及兩國的領袖在大衛營高峰會議聚首。現在，由於他和何梅尼之間的隔閡深重，卡特看來也像是另一個失敗的總統。由於伊朗油田落入敵意深濃的政權手中，美國經濟情勢也隨之惡化，油價水漲船高，利率也屢創新高，民眾至此更加體會——原來美國的體制已經無法自給自足了。最後連進步的概念也横遭阻斷，伊朗革命以及其他各地間或呼應的訊息明白顯示，工業資本主義，其實也就是自由主義的民主政治本身，在第三世界已然飽受懷疑，即使是在第七世紀即確定的觀點——早於啓蒙時期，更先於文藝復興——也比美國人的想法要受歡迎。從何梅尼凌厲透析的眼光看去，美國人的生活早已淪喪道德綱常，美國文明只是虛胖不實。

許多美國人又驚又怒於德黑蘭事件，遂將怒氣轉向美國境內40,000餘名伊朗留學生，如圖即為民眾於華盛頓特區示威，要求遣送伊朗學生出境。

1979年11月4日，星期六的早晨，當許多美國人還在夢周公的時候，450個示威者——一群喪心病狂的學生暴徒，狂熱效忠何梅尼與其革命剪斷位於德黑蘭的美國大使館鐵門上的鍊條，越過其佔地27英畝的複合式建築。暴徒學生擊敗了海軍陸戰隊警衛後，挾持了66名使館人員做爲人質，要求美國交還前任國王，當時，巴勒維正在紐約市一家醫院治療癌症。他們要引渡這位遜位國王回國接受審判。但是，在何梅尼指稱美國大使館根本就是個「間諜賊窩」以及打算對他圖謀不軌，企圖進行反革命的「陰謀

一個人質的故事：

「我想做個忠誠的美國人，但是，我也想活下來」

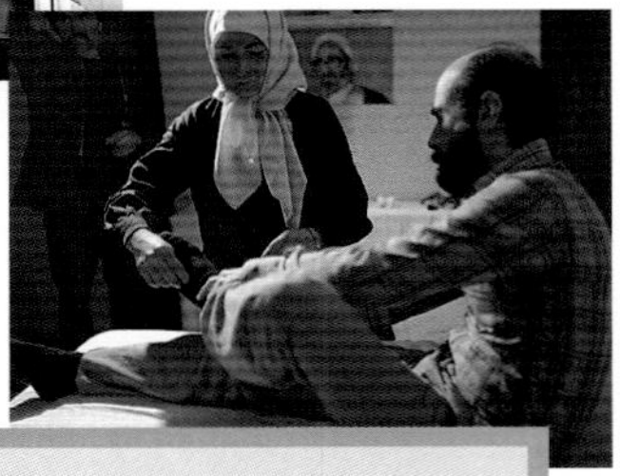

下圖：巴利．羅森在釋放前接受檢查。

左圖：1981年，羅森與其他人質及其家人一同於華盛頓特區的安德魯空軍基地步下飛機。

──巴利．羅森，1944年出生於紐約市布魯克林區，1967年在伊朗為聯合國和平部隊一員。取得中亞研究所碩士學位後，就在華盛頓特區擔任美國之音對中亞廣播的工作，接著，他被聘為美國大使館在德黑蘭的媒體聯絡員。目前是哥倫比亞大學教師學院的公共事務執行主任，並著有《命定的時刻：革命後的伊朗》一書。

伊朗國王出走的幾個月前，伊朗政府就已經公權力不彰了。伊朗人民隨時準備揭竿而起。每天晚上我會在屋頂上聽到叫喊的聲音──「偉大的眞神！」「國王下台！」我總愛到街頭觀察變化，街上到處都是部隊，但是伊朗人民會走上前去，把花插在他們的來福槍管裡。我會在街上隨處走走，然後回到美國大使館裡跟同事報告所見所聞，當然，有時候也會有槍托抵在我的背後，然後叫我快滾。可是，我眞的可以感覺到、體會到、甚至聞到──巴勒維政權已經危如累卵。巴勒維出走的那一天，是我記憶最鮮明的一天，我從來不相信這一天會眞的發生，至少不會在我有生之年，外人眞的很難理解伊朗人究竟有多恨他。而當何梅尼回到伊朗的時候，狂喜忘形的民眾扛著他在德黑蘭遊街，好像救世主重新降臨人世一樣。何梅尼回國後的那個月，可以說是伊朗近代史上最欣喜的一個月。

當然，對我以及所有大使館的同事而言，日子的改變就不只是天差地別了。1979年11月4日，原本不過是個再尋常不過的陰霾的下雨天。可是對伊朗人來說，這一天是德黑蘭大學反巴勒維政權示威一週年紀念，當年還有大學生死於鎮暴警察槍下。如果，我們稍微對這些背景資料有點概念，也許就不會這樣毫無準備的猝不及防了。上午10點鐘，我正在辦公室辦公，突然聽到從德黑蘭街上傳來隊伍行進的聲音，從窗戶望去，正好看到伊朗學生在攀爬使館鐵門，還有人越過圍牆，他們胸前貼著何梅尼的照片，口中喊著：「美國人去死！」學生猛拍我的門，然後手持短棍與其他小型武器衝了進來。我的直接反應就是要保命，保住所有同事的命。

學生將我們通通趕到圖書室，帶頭挾持人質的學生頭兒訊問我和我的伊朗同事，最後，所有的伊朗人都給放走了，他們有足夠的問題可以繼續刑訊這些美國人。我和辦公室裡的伊朗同事都是好朋友，我因爲他們終能重獲自由而流下歡喜的眼淚，他們哭，卻是因爲料定我穩死無疑了。他們把我綁起來，矇上眼睛，然後又將我帶到院子裡，豆大的雨滴打在我的肩膀上，這一天更加陰霾灰暗。那時候，我才開始想到我的家人，不禁暗自盤算，「我活得過今天晚上嗎？」

看守人員把我關在廚師休息室，他們把我的鞋子脫下來，拆開鞋底檢查，他們以爲鞋子裡會藏著小型發報機，而我們都是中央情報局的人，隨時都會逃跑，所以，他們每天都要重新再把我們綑綁一次。

被俘期間最遭人曲解的一刻，就是當那些學生逼我簽下一紙聲明，承認所有我對伊朗的不法犯行。那個年輕人挺著一管自動步槍抵著我的腦門，然後從10開始倒數。那時候，我才了解到，爲了要活下來，什麼事都可以做。我想做個忠誠的美國人，同時，我也不想簽下任何我不該簽的東西，但是，我知道爲了要活下去，最好他們叫你簽什麼你就簽，所以，我就簽了。更糟的是，我心裡眞的很喜歡伊朗人民，當然是正面的喜歡，我眞的很關心他們的文化。

由於獲釋遙遙無期，囚禁的痛苦還不在於無聊，而是心裡頭隨著時間過去，一日日加深的恐懼。對於死亡的恐懼，暗暗地爬進你的潛意識裡。然後，不能外出，不能看鳥飛，不能去散個步，相形之下，肉體的痛苦──被揍個半死、推來推去、或是把眼睛矇起來，都比不上失去自由來得嚴重。

有天早上，我和其他幾個人質被人從大使館裡給拖了出來，扔進一輛小巴士裡面。我們被分送到伊朗各地。我不曉得他們幹什麼要這麼費功夫，直到有一天，看守我的伊朗人把報紙留在廁所忘了帶走，我才從報紙上知道，原來有幾個美國人在營救行動中被殺了。我把消息翻譯給牢友聽，我們聽了都兩眼發白，無言以對──有人在營救我們的時候送了命──我們都感到無比的罪惡感。

慣性逐漸地形成，別無他務，只有拚命活下去。我曾經和一位名爲戴夫．羅德的中校同牢數月，他是個生存專家。他告訴我每天起床做運動，然後滿懷希望的過日子。我跟他學著怎樣把任何一件雞毛小事都變化爲美麗的人生樂事。舉例而言，不知道爲什麼，伊朗人允許我們看《華盛頓郵報》的船訊版，這種閱讀雖然聊勝於無，可是，戴夫對船隻瞭若指掌，他會向我形容各種不同船型，我們經常一塊兒躺在地版上，隨著想像飛回乞沙比克灣，不至了無生趣。

1月份的某個上午，有個守衛突然進來說：「馬上打包！你可以走了！」就這樣，我們再一次被綁了起來，矇上眼睛，登上巴士。我不知道究竟又要被載到哪裡去釋放，還是，我們又要被移監他處，還是，他們不過在跟我們開什麼頑劣惡毒的玩笑。我們在巴士上無盡無止的不知晃了多久，巴士終於停了，警衛解開我們的眼罩，把我們推下車。我跌跌撞撞地跑過一排列隊吐我口水的伊朗士兵，全身都濕透了，可是，我還是可以看見有人在向我揮手，然後是一架艾爾吉爾空軍運輸機的登機梯，於是，我鼓足餘勇向前跑去。即使飛機起飛了，我們都還會擔心伊朗人會不會臨時改變主意，又把我們打下來。我們好比隔世重逢，一切都十分模糊，但是，當我們體會到自己終於自由了，這一切又非常的眞實而美麗。

回到美國以後，我們受到英雄式的歡迎。過去，我們一直與外界隔絕，不知道原來我們已經是美國新聞界的重心，原來，他們已經追蹤我們的動向追了444天。我想，大家或多或少，都想要慶祝美國國力，想要把一個糟透了的情況轉變成一個偉大的收場。我還記得看到一張看板上寫著「美國對伊朗──52：0」。但是，我眞心以爲兩個國家都輸了。兩方都充滿了不必要的仇恨，我不認爲我們眞的是贏家，我認爲那是個大悲哀的時期。

中心」之後，美利堅合眾國頓時成爲眾矢之的。「美國人去死！」學生們焚燒美國國旗，還將矇著眼睛的人質一個個推到西方媒體的攝影鏡頭前供人取鏡。就這樣，伊朗人開始爲期444天，漫長而殘酷地報復這個人稱「大魔頭」的國家。

挾持美國大使館所引發的外交危機牽涉到許多層次，美國必須和一個根本不在乎外交利益的國家折衝樽俎。事實上，妥協即有違伊朗以教領政的原則，何梅尼不但從不把自己當政客，他還自命爲神的使者，有誰敢跟全能眞主討價還價？在漫長的14個半月中，人質困境的消息已經成爲晚報上的家常便飯，美國人紛紛墜入絕望的泥淖中。除了揚言要以間諜罪審判人質外——自然是未審先判——伊朗學生還不斷的羞辱美國人，他們在攝影鏡頭前以美國國旗包垃圾，企圖挑釁美國加以干涉。「我們有什麼好怕的？」有個桀驁不馴的何梅尼信徒就這麼問道，「殉道就是我們最大的光榮。」

伊朗學生——以及何梅尼本人——對美國人來講眞是無法理喻。當卡特總統促請聯合國譴責伊朗時，何梅尼只是聳聳肩膀，他的革命不光是針對美國，還要一舉剷除全世界的「叛徒」。美國記者只要撰述不友善的評論即遭驅逐出境。伊朗的外交部長還宣稱該國不排除將人質扣押到「地久天長」。1980年4月，美國終於動手了，只不過出師未捷，營救人質的突襲行動半途叫停，飛機失事墜毀，八名殉職美軍陪葬之外，遺體還被伊朗人當成褻瀆損毀的對象。即使是當年7月27日，幾乎爲世人遺忘的巴勒維去世，也無益於化解僵局，當這位不名譽的國王的葬禮在開羅舉行時，到場觀禮人士中只有一位較爲知名的美國人，即不名譽的美國領袖理查・尼克森。

> **「我敲到快200下的時候，心想我一定敲不完。敲到300下的時候，我全身突然多了一股力氣，就一路敲完了。」**
>
> 芭芭拉・戴福利為伊利諾州荷馬市一名美以美牧師之妻，她一聽到人質獲釋的消息就把教堂的鐘連搖了444下，每一下都代表人質遭囚的每一天。

美國人在全國各地的樹上都綁上了黃色絲帶（從一首流行歌曲借來表達思念的象徵），藉以表達最後一絲絲的樂觀精神，冀望這個嚴苛的考驗能夠和平收場，然後，不僅人質平安歸來，美國人失落已久的榮譽感與自豪也能回來。縱使未能採取什麼行動，不論是針對伊朗的危機或是美國國家所面臨的各項難關，綁上象徵總聊勝於無。的確，1980年，美國再度經歷一次總統大選，競選期間顯示，美國民眾何等渴望再聽到激勵人心的語句，告訴他們國家的使命何在——如此強烈，美國人揮手告別深自內省的吉米・卡特，將自信洋溢、懷舊熱淚盈眶的69歲前演員隆納・雷根拱上總統寶座，期望用選票將美國推回其黃金時代。

那是個陳義相當高的承諾，但是，1981年，雷根就任美國第40任總統的就職典禮恐怕是甘迺迪以降最為濫情的一次，不僅是因為雷根以低沉有力的聲音，請求美國人再度重拾自己能夠成就大業的信心，也是因為，在他說話的同時，疲憊不堪的美國人質也正從牢房裡給人拖出來，踉蹌爬進一輛帷幕深重的巴士。巴士駛入德黑蘭燈火管制的機場——梅哈拉巴德機場，人質再一個個地趕下車，跌跌撞撞的通過成列謾罵污辱的伊朗士兵。受夠了謾罵與污辱，終點停著一架波音727，美國「活當」在伊朗許久的人質又被趕上飛機。他們雖然沒有備受禮遇的「遣返」，卻的的確確地遣返回國了。一個美麗的手勢之後，跑道燈亮，飛機開始加速，在機場上空劃了個優美的弧形後，隨即躍入德黑蘭的星空。綿綿無絕的國際惡夢終告結束。

大使館人質重新踏上故土，美國人——就如同上圖於1981年1月，齊聚在芝加哥戴利中心歡迎大會的人們一樣——皆衷心期盼一個如隆納·雷根所言「全國更新的時代」。

11

清新的早晨

1981-1989

清新的早晨1981-1989

前頁圖：共產主義垮台是80年代最重要的大事。由戈巴契夫在蘇聯推動改革帶頭，可是東歐的局勢發展可能更令人驚心動魄。東歐共產政權在民意的壓力下垮台。圖為1989年底捷克狂歡民眾駕車在布拉格街道奔馳。

右圖：美國的轉型始於80年代初期，那時候雷根當選成為美國自1920年代以來最保守的總統。右圖為一名助選員在1984年共和黨全國代表大會上為她心目中的英雄歡呼。

林瓔於1980年在耶魯大學建築系就讀時被指派做一項不尋常的課堂習作：由於甫成立的越戰紀念碑基金會徵求紀念碑的設計圖，以紀念參加越戰戰役的美軍，林瓔的老師便指定課堂作業，要求同學設計紀念碑圖樣，如果有意願，還可以參加甄選。

紀念碑圖案甄選活動的主辦人員，多半是退伍軍人。越戰的情景對他們恍如昨日，他們現在渴望利用儀式的力量轉變這段惴惴不安的回憶。可是對林瓔及她的同學來說，那只是「歷史」。林瓔的父母在1949年中國大陸赤化時逃難到美國。林瓔在俄亥俄州出生、成長（她的母親形容她是「現代的美國人」）。不過年方21歲的她還太過年輕，僅看到越戰引發美國社會正反兩極化反應的表象（越南新春大攻勢發動期間，她年僅八歲；反越戰示威學生在俄亥俄州肯特大學被殺時，她只有10歲）。她甚至不了解豎立越戰紀念碑會引發多麼大的爭議。值得注意的是，以前幾乎沒有人幫助她深入了解整個狀況。在70年代，打越戰的美軍返國時，受到深感屈辱的美國人民冷漠對待。當一個民間團體於1970年提議在首都設立一個越戰紀念碑時，外界的反應也很冷淡。越戰似乎是大多數美國人都想儘快忘卻的夢魘。

不過，自從修習安德魯斯・巴爾（Andrus Burr）教授的殯葬建築課程開始，她便花長時間潛心思考紀念碑周遭環境的本質。她赴歐洲旅行時，曾經注意到過去數百年建造的舊式紀念碑傾向凸顯戰爭崇高的一面，陣亡的官兵顯然較被忽略。在法國的提耶普窪（Thiepval）紀念門，林瓔走在紀念索姆河（Somme）戰役陣亡將士的一個以大型拱門架構的兩座

NEVADA
ALTERNATE
I LOVE NEVADA

通道中，看著鐫刻的73,000個英魂的姓名，心中一陣感動。在接近家鄉的地方，有一面牆記載著在美國歷次戰爭中死難的耶魯大學學生姓名，她了解到紀念碑的空間已經是社區生活的一部分。她留意到，耶魯學生的姓名不是高掛在哥德式豪華圓頂建築的天頂部位，而是位於肉眼看得見、手指觸摸得到的地方。

林瓔設計的越戰紀念碑融合了此一經驗。那是一個簡單的設計，由兩個對稱的黑色大理石三角形牆面組成，互呈125度的V字型，在最高處相連接，兩端則漸漸沒入地面。紀念牆位於林肯紀念堂與華盛頓紀念碑之間的草地上。在它的左近，也兩個清澈如鏡的水池。當訪客走近紀念牆時，由於看不見它的背面，就宛如走進一座墓地，沿路會在石碑上看到依循時間順序排列的死者姓名，從1959年陣亡的軍事顧問戴・布斯（諷刺的是，林瓔在同一年出生），到1975年5月戰事結束前幾天殉難的理察・范德基。他是死於越戰的最後一批美國人之一。

「噓，提米，這裡像教堂……」

——一名父親對小孩這麼說，1985年於越戰紀念碑。

編號1,026號的林瓔作品從1,421位參賽者中脫穎而出，獲得主辦單位專家小組一致的青睞，這令她喜出望外（她後來坦承，教授打的成績只有B）。可是在她的設計圖公布之後，反對的聲浪開始增強。他們的理由是：如果紀念碑的設立要告訴後人美國人打越戰是怎麼一回事，那麼越戰究竟是怎麼一回事？是美國對一個盡是無辜農民的國家施暴的帝國主義卑劣行徑？抑是眞心想要拯救越南民眾免受共產暴政迫害的磊落行動，但不幸受到國內反戰運動破壞？反對林瓔設計圖案的前海軍陸戰隊軍官詹姆斯・韋伯寫道：「歷史會被重新評估。不過藝術作品仍是歷史某一特別時期的見證，我們負有神聖使命，須盡力把此一時刻正確記錄下來。」

有些人指控林瓔選擇黑色，含有可恥的意涵。支持者則反駁稱，備受推崇的硫磺島紀念碑亦採用黑色，另外誠如一位非洲裔美國人所言，曾幾何時美國開始認爲「黑色」代表可恥了？另有一些反對此一設計的抽象特質的人士嘲諷它爲「可恥的溝渠」。他們從林瓔的作品中看到了現代主義的風格，一如對左派思維的讚美（「自由派的哭牆」），並要求以帶有保守派象徵的造型寫實主義的作品取而代之。甚至有人懷疑林瓔的亞裔背景，他們以種族主義者的口吻說，「黃皮膚的敵人」仍在我們身邊。提出立碑構想的退伍老兵詹・史庫魯格斯歎道：「很不幸，那不單是一場戰爭。不然我們可以豎立幾尊英勇海軍陸戰隊員的雕像了事。」

爭議終於在各讓一步的情況下落幕，除了按照原訂計畫豎立林瓔設計的紀念碑，後來在附近又增加了一面國旗，以及一尊三呎高的傳統士兵雕像。光滑的花崗岩材質的紀念碑終於在1982年11月豎立，令全國驚嘆不已。在此之前，無人知悉林瓔作品的震撼力，可能連林瓔本人都不十分了解。突然間，基本幾何圖形與光滑石頭交融的越戰紀念碑，把美國群體歷

越戰紀念碑於1982年落成，這對曾到越南打仗的美軍來說是一個轉捩點。一位退役的飛官說：「我們以前就像警察，人們在我們身邊會感到不自在。現在人們比較願意聽我們說話了。」

史與個人遭遇的親密性連接在一起，把一塊土地變成美國的聖地，如同大教堂般吸引美國政界各派人士的注意，大家行禮如儀，簡單而一致誦唸著碑上的名字。

從立碑的第一天開始，這道「牆」很快聲名遠播，成為華盛頓最受歡迎的觀光點，受歡迎程度甚至超越華盛頓紀念碑及林肯紀念堂，它的兩個窄臂指向華盛頓紀念碑及林肯紀念堂，把美國歷史上最艱苦的一頁與對於美國最受敬重的兩位領袖的追思，共冶於一爐。這個插入地下的紀念碑只強調神聖的一面：進入其間，彷彿遠離塵世，置身在莊嚴的隊伍當中，不禁肅然起敬。一連串的「名單」對於訪客也有催眠的效果：許多人站在這面牆前，精神恍惚似地朗聲唸出眼前的姓名；有些人快速拍下照片，有些則進行摹拓工作。痛失愛子的母親在兒子昔日戰友的扶持下同來悼念，陣亡將士的遺孀們則同聲涕泣。他們似乎都伸手觸摸碑面，企圖沾染其神聖的氣息，結果徒然留下指痕。他們在一場留下許多疑問的戰爭中失去朋友、丈夫、孩子及父親，在此之前，他們沒有地方可以默想這場戰事呈現的一個鐵的事實：活生生的人在越南死去。

歷史像一幀照片，不同的攝影師會有不同的取景角度。歷史也像印刷品，隨著時間的推進而變色。進入1980年代，美國人仍爲過去10年發生的事件感到倦怠與沮喪，戰後美國大多數時間追求的光明願景歷經動盪的60及70年代，幫助他們了解現在和未來，並賦予過去意義，不過已經蒙塵得厲害。如今美國準備採取激進的行動：抖落灰塵，向右轉，宣示一個新的、更保守的傳統理念。

其實，難以想像有哪一個時期會比這10年更致力於歷史修正主義。在這10年，右派增添了左派色彩，而左派及時的接受了右派的象徵；過去的光榮被譏爲失敗，而過去的失敗被捧爲勇者的表現；重新解釋似乎在全球大行其道；尤其在美國，緬懷過去凡事簡單清楚的情緒高漲，人們偶而會覺得這個社會已經搬遷到一個精心設計的主題公園，在那裡可以看到井然有序，甚至如電影般的過去。例如，在追求繁榮及充滿雄心壯志的懷舊氣氛中，人們感覺到要爲50州的郊區的草地蓋上覆蓋物（「無意義的年代」，沒錯，可是我們在有意義的60及70年代有過得更好嗎？」）；從華爾街的興盛聽到20年代多頭市場的悸動（賺錢有什麼錯？）；從電影明星出身的白宮新主人多樣的影像，我們嗅到受人尊敬的老羅斯福或小羅斯福的味道。

「人們想要主宰未來的唯一理由是爲了改變過去。」
——捷克小說家米蘭．昆德拉

這10年間國內與國際問題呈現巧妙的均衡狀態；在歷史影響力方面幾乎不分軒輊的兩位重量級政治人物雷根及蘇聯改革者戈巴契夫勢均力敵；這個時期目睹了自60年代初期開始的冷戰達到巔峰，再看到蘇聯帝國瓦解，冷戰結束。關鍵時刻在1985年左右，那時戈巴契夫掌權，而且1984年以壓倒性多數當選連任的雷根總統實施的「革命」可以說已經完成大半工作。到頭來，80年代前五年或後五年（或從世界任何地方），勝利的一方都有極爲相似的哲學基礎，但至少就20世紀來說，那是極端的：如今國家主義（無論是史達林代表的邪惡型，或小羅斯福的較溫良型）敗退，個人精神佔上風；共產主義式微，資本主義重新抬頭；極權主義勢力挫敗，民主勢力興起。美國人對權威的質疑現在已經膨脹成一股譏諷政府的力量，同時由國家來促成社會正面改變的期待在全球各地普遍受挫，失望之情如此深切，甚至穿透表面如花崗岩般堅硬的蘇聯官僚體制。因此，依靠政府提出解決方案——大社會（Great Society）或五年計畫——的時代告終。

改革力量來勢洶洶，但舊勢力多仍抗拒改變，畢竟新時代不是他們的天下。不論在波蘭，或在蘇聯，強硬派都汲汲於維護讓他們得享利益的舊體制。波蘭團結工聯是蘇聯帝國霸權瓦解的第一道重要裂痕。波蘭政府在

當波蘭政府採取鎮壓「團結工聯」行動時，「團結工聯」已經有1,000萬名成員，比共黨黨員人數多出四倍，而且深富群眾魅力但粗獷不羈的華勒沙（一位具有驚人政治本能的電氣工人），則已是國際英雄。上圖為華勒沙於1980年向罷工工人發表演說。

蘇聯的鼓勵下，曾在1981年實施戒嚴，團結工聯在這段時間被迫停止活動。尤其在80年代初期，堅信這個時刻終將過去的美國自由派，嘲諷自己國家的新氣氛是膚淺的、貪婪的、唯物主義的；冷戰的威脅是野蠻的；共產國家的經濟學是冷漠的，甚至原始的。

隨著時間進展，在美國，這樣的想法顯然因爲「主題公園」裡出現不同的畫面而改觀：逐漸增多的遊民讓人聯想到20年代繁榮經濟崩潰之後出現的「胡佛村」；1986年伊朗——尼游軍售醜聞使人回想起水門案的尷尬，而這起醜聞涉及的瀆職濫權程度甚至比尼克森時代更危險；而且1987年美國出現自1929年以來首見的股市崩盤，這看似是應得的報應，因爲有太多人把希望寄託在投資專家身上，而這些雅痞（年輕的都市專業人士）經驗不足，他們認爲股市只會往上漲。

最後，美國的貧富差距加大、愛滋病出現、毒品氾濫、雷根雄心勃勃

波蘭戒嚴：

「我醒來時聽到一個聲音說：『現在中止文人統治。軍方已經接管。』」

——魏辛斯基於1937年出生，1984年逃難到美國，在賓州州立大學攻讀新聞學。1989年他返回華沙，報導東歐自由化的新聞，直到1991年他才回到美國，成為華府「美國之音」東歐部門的記者。

魏辛斯基在華沙與他的計程車合影。

我在成長期間一直認爲波蘭骨子裡其實是一個西方國家，尤其在精神及知識方面。1939年德國入侵之後，波蘭就被視爲是失樂園了，因爲德軍入侵前波蘭還是個獨立國家。這段戰爭經驗及東方和西方勢力侵略的回憶總是讓我記憶猶新。1954年我中學畢業，因爲文科教育受馬列主義意識形態影響太深，所以我選擇在大學研讀地質學。可是在50年代末期60年代初期，赫魯雪夫讓東歐集團稍微領略自由的滋味時，我就決定轉攻新聞學。不幸的，我很快就明白，認爲赫魯雪夫當政後新聞較自由的說法只是癡人說夢。

1980年初，波蘭政府財政困窘，於是決定調高基本糧食價格。抗議浪潮因而席捲波蘭。當時，我在莫斯科爲波蘭電視台採訪夏季奧運。當然，波蘭媒體看不到任何抗議的新聞。我們在莫斯科的記者從西方報紙得知波蘭人民抗議的消息。不過消息傳開後，記者急忙趕到格但斯克的礦場和造船廠，在那裡由華勒沙領導的團結工聯率領各工會群起罷工，以抗議政府調高物價。波蘭陷入混亂當中。當工會的訴求達到目的時，其他團體開始效尤，爭取自己的權益。

團結工聯曾經要求與電視台接觸，政府幾經考慮，同意與團結工聯領導人在電視公開討論數項議題。我是討論會的主持人。國營電視台不願花大錢做現場實況轉播，所以，我的工作就是把辯論內容剪輯成各方都能接受的版本。這個經驗使我更接近團結工聯的高層。他們對於我這樣一個外人持懷疑的態度，在某些方面，我確實覺得爲了表現中立，必須在理念上有所妥協，可是實際上，我自始至終都是團結工聯的支持者。

政府接受團結工聯存在的事實就像奇蹟般不尋常。如果依照邏輯思考，政府對這種狀況不會容忍太久。可是當時我們都沒有依照邏輯推理。記得我曾在1981年初秋，與《時代》雜誌一個特派員聊天。他說：「那是不可能的。此一解放的時間再撐也不過三至五周。」我說：「不會的，你完全想錯了。」

1981年12月12日傍晚，我在電視台上夜班。午夜時分，我們接到波蘭電視局一通電話，要我們停播正在播放的電影。我心想：「發生什麼事？這是誰的命令？」我回到自己的辦公室，試著打電話給我的妻子，可是打不通。起初，我認爲這是例行狀況。因爲當局常常切斷一些線路，尤其對涉及政治的人，讓他們的日子難過些。可是當我詢問其他同事時，發現他們的電話線也被切斷。我們下樓到大廳準備一起離開時，碰到15名軍人。我們被帶到大門附近的一間房間，奉命要等到整棟大樓搜索完畢才能離開。半小時後，我們獲准個別離去。我的妻子在這個月就要臨盆，我想在回家途中買些汽油以防萬一。我開車繞來繞去，加油站全都關門。我注意到街上有些坦克和軍車。我開始有點害怕。很奇怪，我仍然覺得這只是嚇唬人民的軍力展示。我不知道這是實施戒嚴的第一步。

次日早晨，我醒來聽到總理兼共黨總書記賈魯塞斯基將軍透過電台宣布：「文人政府已經暫停運作，現在由軍方接管。」我打開電視，想要知道更多新聞，而電視上正在重播賈魯塞斯基的演說。一位穿著軍裝的陸軍軍人宣讀好幾條非常嚴格的軍事規定。我們奉命在晚間10點到清晨5點之間必須留在屋內，通訊也完全中斷。我駕車回到電視台，想探聽更多訊息。一路上杳無人煙，氣氛詭異。人們害怕離開自己的家。我的車在電視台大樓前停下時，被擋在大門前的軍人圍住。他們通知我，全體人員「強迫休假」。

鎮壓之後數周，記者被叫到電視台，接受「特別談話」。那是一種政治調查。我被帶進一個房間，那裡有四名軍警一字排開審問我。他們拿出有關我的檔案，開始詢問我在這兩年參與的政治活動。我體認到我的記者生涯結束了。我在矛盾的情緒中接受這個事實，我在哀傷的同時，頓時如釋重負，因爲我個人處境不再混沌不明。我覺得我在剪輯辯論過程中，自己必須委曲求全。我覺得無法再當記者，於是我轉行當了計程車司機。身爲司機，我知道我可以拿到汽油，這是在鎮壓期間能夠幫助波蘭人民的最佳方式。政府甚至實施更加嚴格的配給制度，大幅調漲物價，以分發糧票和配給汽油的手段來控制人民。大多數城市市郊都設立了軍事檢查站。

我利用計程車把來自海外的食物及衣服分送給波蘭教會，並開車四處散發地下報紙。我在電視上主持辯論會的經歷，使我在地方上小有名氣。政府官員知道我在做什麼，他們試圖恐嚇我。假裝爲一般乘客的便衣警察會租用我的車。然後他們開始與我交談，說我開計程車是大才小用，白費受那麼多的教育。他們想要我重返新聞圈。但我不爲所動。

我對政府充滿怒氣與恨意。他們怎麼能禁止一個只爲了改善波蘭人民生活的組織活動？軍方透過廣播與電視，宣傳他們已經拯救波蘭免於落入人民公敵「團結工聯」之手。我們知道那是一派胡言。那些無知、與我們來自同一個國家的年輕士兵揚言，如果晚間11點過後還在街上逗留，他們會把自己的同胞送入牢裡。那酷似德國人在佔領波蘭期間的行徑。我們處於被佔領狀態，不過不是被外國軍隊佔領，而是被穿軍服的波蘭軍隊佔領。幸運的是，團結工聯的生命力旺盛。他們的聲音逐漸加強，到1989年波蘭獲得永久自由了。

的增列國防經費導致赤字增加、以及內線交易醜聞拖垮了華爾街兩名最肆無忌憚的億萬富豪，因此令人不得不有美國只是假裝自己活在更好的時代的感覺，這時美國有錢人的增加分散了社會的注意力，並藉由容忍道德淪喪、報喜不報憂，或者更嚴重的，讓後果留給後代子孫承受來粉飾太平。連1988年問鼎白宮的副總統布希也被迫做出建立一個比雷根時代「更美好、更平和國度」的承諾。可是伊朗—尼游案幾乎無損雷根的聲望，股市也止跌並開始回升，兩名內線交易罪犯在服刑之後重回社會，向右傾的時代潮流持續。

到1989年，世局的發展令人眼花撩亂，有全新開始的感覺，大事慶祝的時刻即將到來，而地點再明顯不過。有許多人認爲蘇聯帝國解體爲「短短的」20世紀劃下句點。從1914年8月的砲聲開始，東方與西方對抗了75年，最後在柏林圍牆的倒塌聲、東柏林人的歡呼聲，以及東柏林人眼中煥發的自由光采中結束。當這道象徵殘暴與壓迫、矗立近30年的柏林圍牆被一塊塊敲下時，數千個鎂光燈閃個不停，不論攝影師站在那裡，捕捉到的都是同樣的感人的鏡頭：人類不屈不撓精神獲得勝利的喜悅。

1981年8月，在機場、公車站及租車櫃檯都是鬧哄哄的景象。由於航空公司的飛航班次只有平常的七成，航站大廳已經有如露營的營地，數萬民眾在大廳等得心急如焚。同時，在塔台，緊張兮兮監看天空的航管人員許多是業餘人士，一些軍方人士只在民間機場受訓一週就匆忙上陣。這種在1981年「專業航管人員組織」(PATCO) 罷工行動所產生的拿人命當賭注的感覺很奇特。它不像汽車工人或鐵礦工人罷工，這起罷工對美國無辜旅客性命安全的威脅大於對經濟的衝擊。搭機的旅客或許是爲了達到業績而隻身洽公的業務員，準備探望祖父的一家人，或是參加校外旅行的孩子。一旦工會與其雇主，即新聯邦政府的緊張對峙導致飛機失事，許多人的雙手都將沾染血腥，包括總統本人。

引發罷工的爭執點在

1981年雷根總統與罷工的航管人員（下圖）之間的紛爭中，民眾決定支持雷根。這是勞方步入黯淡的十年的第一個徵象。

於PATCO認爲其成員應該獲得更高的加薪幅度，而且PATCO辯稱，航管人員工作壓力沈重，除了應該大幅調薪之外，還要求資方縮短每週的工作時間以及讓人員可以申請提前退休，該工會振振有辭的說，全國民眾應該支持他們的行動。自從30年代出現勞資抗爭以來，美國人多同情勞方，只有少數例外。畢竟誰能說這些自稱承受沈重工作壓力的人員不該獲得高薪？可是，裝配線上工人判斷錯誤是一回事，負責讓搭載420位旅客的400噸重波音747飛機安全降落的人出了錯完全是另一回事。

PATCO成員的罷工嚴重違反禁止政府員工罷工的禁令。每位員工在受雇之時即已宣誓絕對不罷工。現在PATCO成員宣稱在情非得已的情況才食言。對剛在國會打勝仗，且遭人暗殺後槍傷初癒的新總統雷根而言，那種說法是無法接受的。他用一句話簡單地陳述他的基本立場：人應該遵守誓言。在一個喜歡採取道德相對主義，寬以律己的時代，雷根似乎正在昭告世人：君子一諾千金。

總統出面干預勞資爭議已經有前例可循，雷根大可援引民主黨籍總統杜魯門在40年代末期對付鐵路和煤礦工人的強硬態度（杜魯門面對頑強的工人，揚言要徵召鐵路工人入伍，並迫使他們工作而解散了工會），可是雷根反倒提出一個年代更早、很少人引述、很少人記得的領導人。當他在春天入主橢圓形辦公室時，即宣稱「沈默的卡爾」（Silent Cal）柯立芝是他最喜歡的總統，只因爲他默不吭聲，聯邦政府不干預工商業，讓企業在20年代蓬勃發展。他的一席話讓許多人覺得饒富趣味。雷根甚至從閣樓拿出柯立芝的肖像，取代掛在內閣室的杜魯門畫像。

柯立芝是小羅斯福之前最後一位成功的總統，可是更重要的是這位共和黨員就某些方面來說，他是最後一位前現代（premodern）總統，也是最後一位堅守美國神話舊箴言的總統。柯立芝深信勤奮節儉及孝順的重要（20年代的歷史學家佛德瑞克・路易斯・艾倫嘲笑說，這些想法在很久以前就被塵封在佛蒙特州某個閣樓內麥克古菲讀本裡）。在他擔任麻州州長任內，曾下令國民兵鎮壓波士頓警察的罷工行動。柯立芝說：「無論任何時間、任何地點，任何人都沒有權利危害公共安全。」

雷根深受柯立芝言行的鼓舞，對PATCO採取強硬立場，令人訝異的是，美國人民也站在同一陣線。一位顧問形容說，如果他想要「突出他的下巴」，那麼全國人會陪他一起「挺出」下巴。PATCO的領袖預測一場航空災難迫在眉睫，甚至有些總統顧問擔心，他對工會太過嚴厲。不過沒有多久，航空交通恢復罷工前的規律，飛航班次的安排更爲順暢，國人擔心發生空難的憂慮消退，而如今PATCO甚至得不到其姐妹工會的支持，而瓦解破產。諷刺的是，這起勞資糾紛花在訓練非工會的新航管人員的費用高於工會勞工原先要求的條件，但是，重要的是，雷根總統已經爭取並獲得象徵性的勝利，而其勝利的程度是無法估算的。就因爲這個事件，勞資爭議的權力均勢明顯轉而偏向資方（不論是政府或企業主），而且雷根證明他有十足的勇氣做出棘手的決定，並加以貫徹，他的強勢領導人形象就此確立。

雷根是40年來對美國意義最重大的總統。1980年憑藉著民眾對卡特時代利率政策的不滿以及伊朗人質危機帶來的羞辱，讓雷根坐上全美最高職位。有些人爲這位前加州州長簡單而且極端的言論憂心，尤其擔心他在外交政策議題上出言賈禍。不過大多數人認爲「總統的位子會磨平人

在猜疑的80年代，雷根的聲望來自於他說自己是華府政治圈的「圈外人」，事實也是。而他投民眾所好，也促使他贏得立法方面的勝利。圖為他在費城一個市場與民眾握手。

的稜角，把所有的人變成溫和派」，相信雷根最後會像在他之前的兩位共和黨籍總統般保守，而不會挑戰美國採行已久的「圍堵」外交政策或自小羅斯福實施「新政」以來的社會政策。然而他們眞是大錯特錯了。

到最後，難以斷定是雷根創造了時代或是時代創造了他，是他團結激勵了民眾或他只是反映民意，共產主義是因爲他的好戰而垮台或者自行解體垮台時機正值他主政係純屬巧合。不過有一件事是確定的：他和小羅斯福以降其他的總統不同；雷根的領導大大改變了美國人的生活。回顧他上任之時的世局，再拿來與1989年他下台時的局勢做比較，將會發現兩者的不同：絕望與重拾信心、否定與確信，衰敗與復興。雷根迷形容這是一場「革命 」，批評者形容這是幻覺藝術大師的傑作，這兩造的說法都誇大其詞，不過持平而論，在雷根任內形勢是逆轉了，而且現代美國人生活中長期奉守的信條被留在天平的另一端。

賽璐珞總統
鐵氟龍總統
偉大的溝通家
偉大的操控者
騙子

——美國第40任總統雷根的綽號

就某些方面來說，雷根是反小羅斯福的。雷根與第32任總統小羅斯福一樣是溝通高手、樂觀、自信滿滿，在國人陷入絕望之時，他們能夠振奮人心。他與小羅斯福一樣，在國內及國際舞台上都有創意的表現。在外交政策方面，兩人都猜忌不按牌理出牌的蘇聯，並進而與英國領袖結盟（小羅斯福與邱吉爾；雷根與佘契爾夫人），與另一位帶領蘇聯的歷史巨人（史達林；戈巴契夫）抗衡。而且諷刺的是：小羅斯福藉由壓制資本主義的過度擴張來拯救企業，雷根則抑制福利支出，來挽救社會福利制度。甚至兩人對美國中產階級主體的訴求方式都可放在一起比較，因爲兩人提出的計畫都是回饋勞動人口：小羅斯福採取政府援助形式；雷根則採取減稅措施。不過他們所持的、深深影響美國社會思潮的觀點卻是兩個極端。小羅斯福把國家的力量看做使社會重生的工具，而雷根則認爲國家體制中含有破壞及腐化的力量，會削弱個人意志，破壞創造精神。或者，簡而言之，小羅斯福想要用政府的力量來拯救人民，而雷根則想解放人民免受政府的管制。

與小羅斯福相提並論是重要的，因爲雷根本人也深知，即使距離小羅斯福入主白宮已經五十寒暑，小羅斯福的名字仍能引起美國人民強烈的共鳴。畢竟，不是小羅斯造成美國人民憤世嫉俗；那是小羅斯福時代以降的政客造成的，那些民主黨人和共和黨人搞得後來20年發生暗殺及社會紛擾不安，打一場不得人心、失敗的國外戰爭，在國際間顏面盡失，還有，遲滯不振的經濟。小羅斯福是最後一位採行積極路線，並堅持到底直到成功的總統；他也是最後一位保證國家會有一個轉型時期，並實現諾言的總統；他也是最後一位我們可以在其墓誌銘寫下如許簡單讚美詞的總統：他看著我們走出經濟蕭條，帶領我們作戰凱旋而歸。

雖然許多人抱怨他們有一個出身銀幕的總統，可是雷根非常適合這個重形象包裝的文化。傳記作家卡儂寫道：「他認為自己實在不是個政客，而只是一個向好萊塢外借的演員。」圖為技術人員為準備向密蘇里州農民演說的雷根做最後的修飾調整。

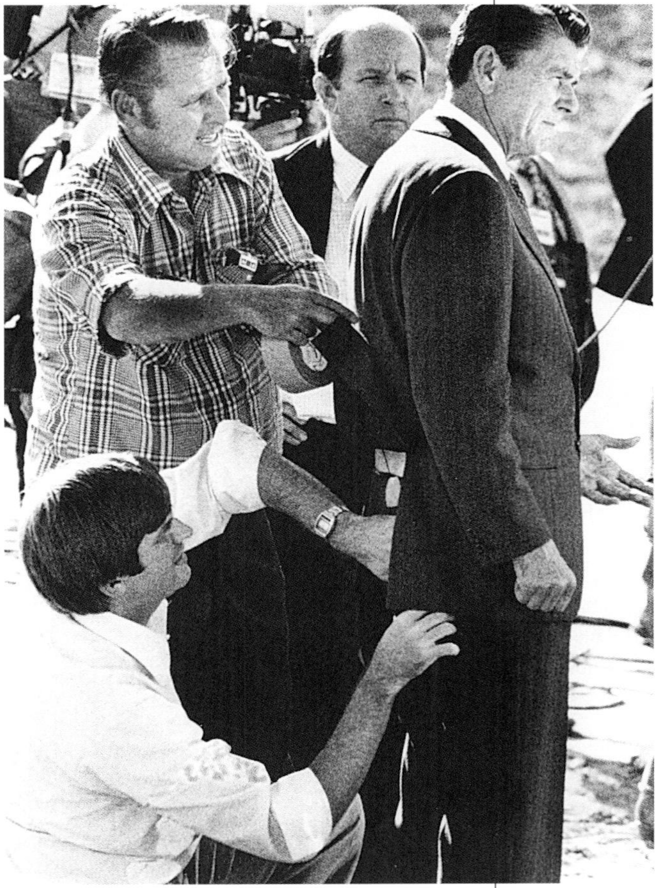

令人啼笑皆非的是，雷根也加入讚美小羅斯福政績的行列，不過他詮釋小羅斯福在歷史上地位的方式，明顯地是要圖利自己。雷根出人意表地宣稱，他才是承襲小羅斯福衣缽的眞正繼承人，民主黨沒有人夠格，他常掛在嘴邊說，他曾投票支持小羅斯福，年輕時他是滿腔熱血的民主黨員，最後（他露出頑皮的笑容）他沒有背棄民主黨，是民主黨背棄他。然而雷根的大目標是讓自己沾上小羅斯福的光環，讓民眾覺得否定「新政」計畫的追隨者並不是否定「新政」的創始人。其實，那就是推崇雷根。雷根選讀小羅斯福的第一篇政綱，著重在削減政府預算以及恢復各州權利的部分，並宣稱不是小羅斯福，而是圍繞在他身邊的人推動擴張聯邦政府，甚至是詹森之流，那些努力追隨小羅斯福領導的一幫人把聯邦官僚體系膨脹得連小羅斯福都無法想像。

當然，資料記載並非如此——小羅斯福1932年發表的政綱只是其生平事蹟的一小部分，雖然不能確定，不過如果小羅斯福在世，他可能會同意詹森的「大社會」計畫。雷根似乎相信自己所說的話（就好像他是演員，他知道唯有眞切的言詞才能取信於人），不論如何這就是高明的政治才能。雷根先聲稱國家目前的困境是因爲偏離一位最偉大領袖所指引的道路，然後請人民與他往回走，穿過樹林來到一處空地，那兒空氣清新、動物和善，從那裡開始走不同的路徑，從頭來過。

這時越戰紀念碑正在建造當中，立碑紀念小羅斯福的提案則仍在辯論不休。早在1955年這個提案已經獲得國會通過，不過對那些認爲小羅斯福是龐大聯邦官僚體系的始作俑者的人來說，在20多年之後這個提案沒有進展是恰當的。即使小羅斯福在1982年百歲冥誕將屆，爲他立碑的步調並沒有加快。然則就在小羅斯福冥誕當天，一位熱心的總統安排了一場盛典。那人就是雷根，他在紀念會上打著黑領帶，站著歌誦小羅斯福的功績。六個月後，雷根簽署了一項命令，小羅斯福紀念碑終於得以建造。

「我們可以費盡唇舌氣力訓斥孩子不要奢侈浪費。或者我們只需減少他們的零用錢，就可以降低他們的揮霍程度。」

——雷根以生活化的詞句向民眾說明聯邦政府應該縮減預算

對雷根的批評者來說，雷根的想法可能過分簡單。在媒體及流行文化，他常常被描繪爲和藹親切的白痴，是「孩子王」。一位作家撰文說，他行程表的安排係經過一位占星家的指點，公開露面係經由政治「教練」仔細安排，他是一位遲到早退的懶惰總統，連他自己的助理都對他馬虎了事的態度深感挫折（1983年召開經濟高峰會時，白宮幕僚貝克驚訝地現雷根居然整晚收看電視上播出的《眞善美》電影，而沒有研究貝克爲他細心

綜論雷根：
帶來「簡單」訊息的「大膽」領導人

1984年共和黨全國大會上，雷根獲提名競選連任。圖為大會的場景。

雷根是美國的縮影。他屬於樂觀、「幹勁十足」型領袖。他相信今天美好，明天會更好。危機時期，雷根能夠走入人群，激勵美國人團結一致。他是公認的「偉大的溝通家」。沒錯，他顯然是一個很會說話的演說家；他是一個演員。好萊塢有成千上萬個男女演員，可是沒有人的口才能夠與雷根相比。雷根被公認爲一流的演說家是因爲他傳達一個能夠引起人民共鳴的訊息。

我相信事在人爲，你的好運是由自己創造，就好像麻煩是自己惹的。雷根上任數分鐘後，人質就獲釋，這並非偶然。我認爲就算卡特當選連任，一直到卡特做完第二任，人質都無法重獲自由。因爲何梅尼知道他可以玩弄卡特於股掌之上。可是雷根發出一個非常明確的訊息：別惹我。伊朗人不十分確定雷根會做出什麼事來，所以不敢冒險。

雷根大膽而且果決。世界主要國家的領袖認爲他們正在與一個強勢者打交道，而且遊戲規則已經不同於尼克森、福特及卡特時代。他們現在正與一個會捍衛本身信念與權利的政府打交道。雷根心有定見，他知道要走的方向。

——理查・魏奎瑞生於1933年，在1960年代首創第一批直接郵寄政治目錄。現任「新媒體新聞社」的發行人，著有《新右派》《當權派與對抗人民》一書。

我對雷根感到失望的地方在於他是第一個「形式重於實質」的總統。他在人前風采翩翩，可是缺乏實質內在。他談論教會的價値，可是他從未上過教堂。他談論家庭價值，可是他的家庭問題嚴重，小孩都不和他講話。他老談尊重生命，可是他任內的墮胎率比任何時期都高。他高唱反毒，可是我們看到佛羅里達州南部古柯鹼氾濫。他想要縮減政府開支，可是赤字飛漲。雷根帶進一個很不好的東西，那就是提供媒體拍照式的候選人風格：形象包裝重於內涵。那使得政治辯論無足輕重，每一個人對於簡短的趣言雋語和創意廣告的興趣高過於影響國家發展的實質議題。

雷根的經濟政策也令許多人生活非常艱苦。雷根經濟學背後的理論是：水漲船高，所有船隻都會一起升高。如果有錢人開始賺更多的錢，那麼財富會往下滴給較不富裕的人，最後每個人的生活都會更好。其實不然。1980年代我住在康乃狄克州的布里斯托市。在雷根任內，布里斯托就像新英格蘭其他許多地區，經濟欣欣向榮。我的意思是，好極了。每個人都在說：一切不都很美好嗎？在雷根總統的治理下，不都有驚喜出現嗎？他是我們的代表。他調降利率。我們錢財滾滾來。不過，是擁有不動產而且生活相當富裕的人才如此。對那些窮人，卻是悲慘時期。布里斯托市的房地產價格漲了兩、三倍，房租也跟著上揚。房租飛漲，可是勞工薪資維持不變，突然間許多人無力支付房租，原有的住所不能住了。在布里斯托，一如美國許多地區，許多人家發現自己無屋可住。他們不是懶惰成性，也不是游手好閒或吸毒之徒。他們負責、努力讓自己過更好的生活，可是突然間他們居然連棲身之所的費用都無力負擔。

所以我聽說雷根的政績，以及雷根時代美好一面時，我會說我個人受惠良多，我的房子市價飆漲超過三倍。不過讓我大賺其錢的因素卻讓勞工階級過得很辛苦。雷根的「下滴」理論止於有錢人，許多已經爲了生計發愁的人最後被迫流落街頭。眞是悲慘。

——馬洪尼牧師生於1954年，現任反墮胎團體「拯救行動」的發言人，並領導「基督教保衛聯盟」。

某個下午，我在家中打開電視機，突然間丹・拉瑟插播快報說，雷根遭到槍擊，據來自喬治華盛頓醫院的消息，他凶多吉少。我的第一個反應是：「哦，親愛的上帝，不要讓歷史重演。」甘迺迪遇刺的記憶在我的腦海中仍非常鮮明。我不是雷根的仰慕者。事實上，我在大選時把票投給卡特。我只是覺得，我們不應該如此對待自己的同胞。我們是文明國家，不應該殺害自己的領導人。這種事不應該發生。

後來聽到新聞報告說，在醫院急救的雷根生命垂危，他還拿自己的生死來開玩笑。這眞是令人難以置信。他在生死關頭，還能以無比的勇氣和幽默的態度面對死亡的危機。其實他是想讓周遭的人放鬆。我的心裡想著：「這個人眞有膽識。」這件事過後，我對雷根的評價提高了。

——麥康納生於1939年，現任記者，對於科學及軍事歷史有深入研究，亦任《讀者文摘》供稿編輯。

紐約市民像我一樣，多是民主黨人，我們對雷根都有某種感覺。他是二流的電影演員，他在加州州長任內為自己打下很好的根基。不過那時，電影工業基地就在那裡，因此有點投票給自己人的味道。然後他擔任總統，這個一生以表演為業的人正在治理美國。他擔任總統好像只是在演戲。一部分美國人對他佳評不斷。可是窮人或愛滋病患的評價截然不同。他似乎不同情受苦受難的民眾。他甚至可能連「愛滋」這個字都沒有說過。他的劇本上沒有這個字。提詞卡上寫的字也不夠大到足以引他說出這個字。我們現在談的是20世紀已經奪走數百萬人命的人類健康重大危機，而這個人可能連這個由四個字母組成的字都沒有說過？那真的令我感到不安。

——李寇珂生於1963年，現為電影製片，曾經拍攝過一部以愛滋病為主題的紀錄片，這部有劇情片長度的紀錄片由戴姆執導。她曾執導過紀念廣島原爆五周年的影集《死人會說話》（The Dead Speak）。著有《簽名花卉》（Signature Flowers）一書，收錄名人的花卉素描作品。

我一直認為雷根非常英勇。他令我聯想到美國西部牛仔。他屬於堅強、寡言型，讓你覺得一切都會否極泰來。他總是保持那樣的形象，尤其面臨危機時刻。我非常敬佩他。我想他是睿智的人。他讓人民以身為美國人為榮。他讓人民覺得美國經濟繁榮，軍容壯盛。他會勇敢對抗俄羅斯以及任何對美國威脅的國家。

我在人口稠密地區擔任社工，所以我知道事情不如他所說的那樣美好。我與他看法分歧，可是仍然佩服他的領袖魅力和他讓人民安心的做法。雷根喚回了我的祖父母的世代。他吸引那些把美國視為世界的守護神，信守基督教的價值觀以及保護弱勢族群的人。雷根找回了我們對國家的這些情感，他讓人民引以為榮。

——唐妮甘生於1963年，曾任醫事技師，在哈佛大學醫學院及華盛頓大學醫學院專攻嬰兒猝死症，然後在維吉尼亞州當社工。

準備的簡報資料）。可是對雷根的許多仰慕者來說，簡單就是他的優點。對他們而言，雷根的作法為複雜困難的70年代開出一條路。70年代紛紛擾擾，經濟難題、美國在世界的定位、美國與蘇聯的關係，還有一項社會契約，這個契約不只令窮人失望，也使人民分裂成為互爭利益的特殊利益團體，這些問題都看似難解。雷根不容許道德上有模糊地帶；不喜歡作多樣化的思考；力求不透過權力掮客解決問題。雷根眼中不是對就是錯。美國錯了很久，而且是非美式（*un-Americanly*)的錯誤。

雷根經濟政策的精髓是減稅，而其中隱含的簡單哲理就是：賺錢的人應該保有其血汗錢。他受到工商界人士歡迎之處就在於解除管制，他喊出一個相當有力的口號：政府應該鼓勵而非妨礙企業精神。在雷根心中，管理者制定法規約束工商業的自由發展，就好比社會工程師（以配額以及巴士載送的形式）干預一般人掌控自己生活的能力。這時解決之道很簡單，只要「政府不要干涉人民」。甚至連國際事務難解的部分，以簡單的角度來看也很容易理解：雷根宣稱，蘇聯是「邪惡帝國」，而惡魔就不該被縱容。

雷根除了抨擊社會福利制度之外，他以「供給面」方法來處理經濟，此舉挑戰30年代以來掌控聯邦預算的凱因斯學派學者；他以侮辱蘇聯的姿態，挑戰向尼克森時代的「低盪」(detente)以及杜魯門的圍堵政策。佔據20世紀大多數時間的知識基礎正被雷根撕裂，不過他的追隨者認為那不重要。因為雷根以簡單易懂的趣聞軼事來表達他的想法，而且他形容他的想法是「反」革命，目的不在實現未經檢驗的理想，而在使美國回復往日的榮光，重返柯立芝及麥克古菲、諾曼．洛克威爾以及《週六晚郵報》時期的安全社會，那是一個前現代的虛幻社會，與過去不是十分類似，而是人們心中渴望的昔日時光。不過要說雷根的想法僅只於此，則失之不公，因為雷根顯然觸動許多美國人的心弦。許多美國人真心覺得美國已是強弩之末，不再自立自強，資源不再豐富，而這些是使美國走向強盛的基本特質。雷根的一位助理狄尼希．蘇札曾說，在雷根出任總統之前幾年，他曾碰到一群不懷好意的學生，他們瞧不起他，認為他成長在「一個不同的世界」，已與現代社會脫節。其中一個學生倨傲地說：「如今我們有電視機、噴射機、太空之旅、核能和電腦。」雷根回答：「你說得對。我們以前沒有這些東西……我們『發明』了它們。」

結果證明，雷根的領導不如他所說的單純。例如：他大刀闊

「雅痞」可能是80年代成功人物的代表，可是有祖產的人也在炫耀財富。在紐約的宴會上，一群有錢人展示新的流行服飾：牛仔褲已經過時，小禮服才是流行。

「回到威尼斯全盛時期。為什麼當時人們把提香的畫掛在天花板上？目的只在炫耀他們有錢。在威尼斯可是極盡炫耀之能事，如今也瀰漫這股息氣。」

——作家伍爾夫寫於80年代奢華風氣正盛時

斧砍掉嘉惠窮人的社會計畫，可是卻保留花費高昂、照顧中產階級的社會保險和老人醫療福利制度，而這些才是社會福利支出最多的部份。他在中美洲和加勒比海地區與蘇聯打代理人戰爭，而且大幅增加美國的核武軍力，可是幸好未冒險爲了波蘭問題而以核武和蘇聯直接對峙，令許多人大爲寬心。而且他的經濟政策以1981年大幅降稅爲主軸，卻還搭配嚴格控制貨幣供給（目的在抑制通貨膨脹，可是只嘗到1982年經濟嚴重衰退的苦果），以及嚴控預算赤字。預算赤字增加大多因爲他大舉建軍所造成，國防經費增加使得平衡預算（他的競選支票之一，也是保守主義的標誌）遙不可及。

不過，到1984年，若以成果論斷，雷根預定要做的工作已經完成大半：經濟已經逐漸改善，選民也不再指望他增加社會福利支出（預算赤字使新計畫可用之經費壓低，是間接限制新計畫推行的重要方式），而且重

一個華爾街「金童」的放蕩生活：

「我們的任務就是賺取手續費。」

1979年，我離開中學兩年，在長島曼哈塞的一家酒吧工作。那裡是一個住宅區，居民多在曼哈頓工作，可能有八成是在華爾街上班。這些華爾街上班族是酒吧的常客，他們總是說：「你在這裡幹嘛？來華爾街和我們一起做。你一定會賺到錢的。」他們說得天花亂墜，我也聽的很入迷。1980年，我到紐約證交所交易廳工作。股市才剛剛進入大波段行情，所以那裡熱鬧滾滾。突然間，我這個只有高中學歷的20歲小伙子第一年起薪就有40,000美元。那時我的朋友大多仍在上大學，而且甚至連買啤酒的錢都沒有。

柏克攝於1985年。

—柏克（Chris Burke），1958年生於內布拉斯加州林肯市。他說自己已經戒除毒癮。現居紐約長島，仍在華爾街擔任政府公債經紀人。

我在一家專營特定證券的券商當職員，進行大約80支大型股票買賣，如：環球航空、達美航空等等。那時尚未使用電腦，每張買賣單都必須手寫。他們採取「記點」制度，所以要用一枝二號鉛筆塡寫小卡片，就好像二年級的小學生。我站在一個櫃檯後面，櫃檯外是我要服務的營業員。他周圍有10到20個人大喊買進及賣出。我必須紀錄所有的買賣單。忙亂不足以形容工作的情形，單子有如排山倒海而來。有某一種人每天都來報到，他們可能不是好人。我不十分清楚交易的金額有多大。那全都是來歷不明的錢。當然也有許多可疑的交易、場外交易以及錯誤的交易，多屬於人爲疏失。不過你沒有時間擔心這些。如果你停下來思考，就會塞單。我們每天都要掉不少頭髮。

下午停止交易鈴聲響起，我們收拾完畢，然後到了雞尾酒時間。我每晚和同事及直屬上司飲酒作樂。我們從來不花一毛錢。所有開銷都報公帳。我們到距離證交所數條街的同一家餐廳消費。我們大約有15人，直接走向吧台，開始暢飮。然後我們上餐桌。我們連菜單都沒有看過，菜餚就一道道端出來，似乎沒有止境地上菜。吃喝到令人想吐。一大盤一大盤的食物，一瓶瓶的葡萄酒。我們完全沒有想過價錢問題。就好像在股市，進出都是別人的錢，不是你的錢，所以你不假思索。

我在股市待了約兩年，由於我是爲一家小公司工作，如果你不是那家公司老闆的家族成員，就不會有發展。1982年，我轉戰政府公債市場。我想在這一行我有點天分。1980年年中，債市蒸蒸日上，我每年分到的優厚紅利，讓我荷包滿滿。我購置新屋、新車、新裝，我沈浸在奢華的生活方式，無法自持。當你終日與錢爲伍時，價值觀會很快就會出差錯。我的同伴和我在上班途中會走過流浪漢的身旁，而我們只是竊笑。我們絕對不想讓流浪漢的粗麻長褲刮傷我們的皮鞋。「去找個工作」是我們的態度。那無關乎你的政治理念。我的政治理念偏左，可是那只有我自己知道。華爾街是共和黨的，如果你是保守派而想要出頭，你就必須支持共和黨。「天佑雷根。去他的窮人。」

我們浪擲金錢去招待客戶。在公債市場，競爭十分激烈，所以你與客戶的關係決定一切。爲了拉住客戶，你會滿足客戶的一切要求：女人、毒品，條件任開。你的美國運通卡上的支出會讓你嚇一跳，月底帳單金額節節升高。「不帶信用卡就不要出門」，那是我們的生活格言。許多錢進進出出。此外，我通常會帶客戶來趟「特別之旅」。我的最愛是去看聖母大學棒球隊比賽。比賽都在周六舉行，不過必須先去探路，所以我在周三就與幾個人先飛往芝加哥。我們花兩天的時間到芝加哥上好的餐廳、酒吧及俱樂部一遊。然後我們在周六租車南下到南本德市看球賽，晚上回到芝加哥，接著就徹夜狂歡，再搭機回紐約。我在周一早上要上班，而我的客戶會心情愉快，繼續與我合作。

有無數個夜晚，我連家都沒有回，因爲我出發太晚，約清晨四點才回到辦公室，只好在桌下小睡三小時。許多人在桌下放置毛毯。結果我的第一次婚姻以離婚收場。可是我仍執迷不悟。這種生活方式令許多人形容枯槁，最後住進復健診療所。華爾街讓復健診療所生意興隆。你的朋友前一天還來上班，隔天就不見人影四個禮拜。我們戲稱爲「參加電腦營」。

股市崩盤是不好，不過不像大多數人所想的那麼悽慘。首先，股市爆出大量，從股市的觀點，交易熱絡，是另一個賺錢機會。不論是買單或賣單，我們都有手續費可賺。「我們的任務就是賺取手續費。」投資人賠錢，不過證券公司沒有。而且我們都認爲最後股市會翻升。不論利多、利空，只要有消息，我們都會賺錢。所以美國報紙頭版上駭人的新聞，並不會在華爾街業者造成那麼大的衝擊。

我一度只有一位大客戶，這個公司是我的飯票。我放棄其他小客戶，以便全心經營。突然間，這家公司勃然大怒，而我所有合作的好夥伴也頓時消失無蹤。我曾經是手持兩支電話，訂單接不完的「金童」。然後股市暴漲，我卻一事無成。我覺得自己沒用。我形容枯槁，酗酒又吸毒。最後，只好辭職。

1980年代全球沒有別的地方像華爾街。那裡的文化是貪婪、暗箭傷人和放蕩墮落。你最好的朋友明天可能爲了錢而在背後捅你一刀。那並不是正經的生活方式，可是卻是我唯一知道的方式。有許多人爭先恐後想擠進去。離開華爾街約六個月後，我了解到在現實社會我無法有所成就，所以我打電話給一些已經換了東家的老顧客，東山再起。如果有貴人支持你，他只需要打一通電話說一聲：「任用此人。」第二天你將可簽下一大筆合約。你過去有什麼問題並不重要。最後你又開始工作。

「你可以擁有這一切……」

——麥格啤酒口號

80年代的有錢男女安坐在辦公室裡，透過電話與電腦就賺進大把鈔票，交易所大廳就因為他們的指令而忙碌得人仰馬翻。圖為一名男子在紐約國際金屬交易所大喊，好讓人家聽到。

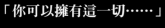

$ 7036 FSH
HEINOLD
COMMODITIES INC.

垃圾債券
毒藥丸（反購併措施）
槓桿收購（融資購併）
黃金降落傘
（收購者給予高級主管的優渥遣散費）
三巫時
（選擇權、股票指數期貨和股票指數期貨選擇權三者同時到期之日）
白色騎士（救援遭惡意購併者）
——80年代的財經術語

建了民族自信心。民族自信心的恢復另一部分是拜1983年美國入侵加勒比海小國格瑞納達，重振美國在第三世界雄風之賜。

美國在80年代中期出現自1920年代以來首見的追逐財富的文化。在雷根時代，美國年收入最高的20%家庭平均只增加大約9,000美元（扣除通貨膨脹率之後），可是也有許多人的年收入增加不僅止於此，而且追求富貴及炫耀財富成爲全民運動，一齣喧鬧滑稽秀在全國上演。從1982年的經濟衰退結束之後，每年產生的百萬富豪超過10萬人，太多人躋身百萬富豪之林使百萬富豪的頭銜失去意義。百萬富豪？不妨以千萬富豪、甚至億萬富豪來分類。政治分析家菲利普斯寫道，現在每一項都有許多人進榜（至少有51人的資產超過十億），這是自19世紀末摩根家族、范德比爾家族以及洛克斐勒家族崛起以來，最多有錢新貴冒出頭的年代。更重要的是，追逐財富的狂熱，渴望成爲富豪新貴或至少行爲表現向他們看齊，意外地感染每一個人。經歷多年擔心繁榮可能結束的日子之後，美國人突然開始瘋狂消費。

金融家，不論是證券營業員、券商、惡意購併者或套匯掮客，都已成爲80年代的經典人物，成爲80年代的「機構人員」（organization man），不只是因爲金融市場空前蓬勃，而且也因爲有錢男女正好代表社會風氣受到拜金文化影響而出現改變。現在追逐金錢的行爲得到認同（套匯掮客波斯基說道：「貪心不是壞事。」電影《華爾街》一片中飾演「惡意購併者」高登·葛科的邁克道格拉斯也出言附和），而且每天晚間新聞報導華爾街發燒的畫面上，一再出現道瓊工業指數又上揚的勢如破竹走勢圖，作家湯姆·伍爾夫從中看出「受到良好教育的白種青年追逐金錢」的景象。

熱誠的共和黨員宣稱，美國正處於另一個「鍍金時代」（南北戰爭後經濟繁榮昌盛時期），那是「繁榮的80年代」。別具意義的是，這些新貴致富方式與前人不同。范德比爾家族由建造鐵路發跡，而20年代的資本家則靠製造汽車或以新的廣告技巧賣車，但80年代則是「紙上企業」的年代，是律師及投資銀行家當道的時代，他們的賺錢方式不靠買賣東西，而是藉著改變及操控所有權契約，把所有權轉來換去；把公司重新包裝、再抵押或甚至拆散——就某種意義來說，交易者對於「製造生產」的興趣遠不如「拆解」、「重整」及「再組合」。

當時，有許多人批評這個看似要吃掉自己的經濟，不過後來重新回顧，專家認這是美國企業急需的現代化過程。這時不像以前共和黨主政的繁榮時期，這時經濟的動力並非來自於追求更精良的捕鼠器或推銷現有捕鼠器的更佳廣告（也許50年代是以此爲目標），而是來自於安排「槓桿購併」（leveraged buyout） 一家捕鼠器公司，並將之與製造相關重要產品

一個甩不掉惡意購併者的人：
「他是獵人，我們是他的獵物……」

上圖：史崔庫拉家族所開的便利商店。

下圖：史崔庫拉攝於1985年。

——史崔庫拉於1959年生於紐約州羅契斯特市。離開父親的公司後，他進入佛德罕法學院，1991年拿到學位。之後他曾在第一波士頓銀行與所羅門兄弟公司處理證券相關的法律業務，最近轉到瓦伯格狄倫里德公司任職。

1980年代中期，我從大學畢業後數年，就搬回賓州中部老家，幫父親工作。當時家父已經把1970年代幾乎破產的兩家乳製品加工小公司，經營得很成功。家父所做的就是建立連鎖性便利商店，使之成為公司的一部分。這個點子就是讓便利商店成為當地酪農和乳品加工業者的分銷站。他多年來努力建立此一事業，對社區貢獻卓著。家父一周工作六、七天，推動業務、經營與客戶的關係，試圖為共事者搭建一個成功的跳板。他老是說，他的主要責任就是確保每位員工每周都能領到薪水。

我覺得回鄉為父親工作的感覺很好。約莫三個月後，我翻開日報看到一則廣告宣稱，有一群投資客正在收購我們公司的所有股票。那夥人的頭頭最近才獲選為我們公司的董事。原來此人是來自費城的「惡意收購者」，正展開惡意收購我們公司行動。他已與同夥勾結，由同夥的投資客分別開立戶頭，收購足夠的股票，把他送進公司董事會。我們一開始只知道，他老是唱反調，總是提出有利自己的提案。我們不知道他真正的目的是利用他在董事會的位子蒐集資料，幫助他取得公司經營權，得逞之後，就可以分割公司，出售最有利可圖的部門，然後從中賺取數百萬美元。

我感到非常氣憤。這情況很不公平，就好像隨時可能殺出一個身分不明的人，破壞你辛苦數十年的心血。這個人追求成功的方法，其實就是將別人的努力與血汗結晶據為己有，並利用某種方法將之變成一種商品或交易。他把公司當作物品，以低價買進，分割，再把每一部分以高價出售。

在收購股票的行動公開之後不久，這位惡意收購者悄然來到我們辦公室，會見家父。當天正好是打獵季節的第一天。此人一身獵裝打扮。他到辦公室來是很怪異的事。我的意思是他雖然是董事之一，可是我們視他為敵人。而他一身獵人勁裝，就像是一個相中大獵物的獵人來查探獵物。我想，對他來說，那實在是大獵物。他所做所為將影響別人的生計，而他所關心的只是白紙上的數字。

有人惡意收購的消息很快傳遍整個社區，大家憂心忡忡。乳品業者不知道他們能不能保有分銷的據點，便利商店的員工不知道能不能保住工作。賓州這個地區居民過去多以煤礦及其他重工業為生，過去數十年工廠多已關閉。這個地區已經很貧窮，如果我們公司停業，會有許多人失業。不論在教堂或在鄉村俱樂部，都有人不時來向父親和我打聽：「現在情況好嗎？以後的情況會好嗎？」他們很關心公司的狀況，也很擔心我的父親。我們都擺出笑臉說，一切都會解決，不過我們真的沒把握會獲勝。這種金融方面的把戲，我們一竅不通。

我們知道必須求援，所以從外地請了一家能力很強的法律事務所助陣。我絕對不會忘記走進那家事務所辦公室開第一次會議的情景。所有的律師都穿著筆挺的西裝，圍著會議室的橢圓形大桌而坐。我們在這次冗長的會議上檢視對方惡意購併行動的每一層面。我覺得把一切攤開在桌上討論的感覺很好，不過因為我們連負責本案的首席律師都沒有見到，因此感到憂心。就在我們要結束的時候，一個面相凶惡，40歲左右的男子，抽著雪茄踱進會議室。此人充滿自信。他向我們握手，一臉笑意說著：「現在我們要給他們一點顏色瞧瞧了。這將會很有趣，捲起你的衣袖，我們會馬到成功。」現在我知道這個傢伙只是在擺姿態，不過在那種時刻，在經歷了那樣的憂心折磨後，知道我們請到了一位熟知競賽規則的職業打手後，那種感覺是很棒的。他立刻指出這名惡意收購者的弱點。「目前是誰提供他金援？他向州政府提出所有必備的申請文件了嗎？聯邦通訊委員會方面呢？」我很快知道，一場競賽正在這裡展開，而這場競賽的層次超出我的想像。這位律師帶領我們進入那個層次。我也了解到，律師主導1980年代的這場競賽。我們的對手可能也有能幹的律師團當軍師，可是我們也能夠聘請一位律師，扭轉劣勢。他會提出反擊收購的計畫，他會找到「毒藥丸」（反制惡意收購措施）拯救我們公司。這些人正在移動社會的大槓桿。擁有大學文憑的我，回到父親的公司想出點力，可是除了坐看別人操控全局之外，無計可施。

即使我們出高價獲得法律協助，可是仍一度情勢危急。對抗惡意收購對公司財務是一大負擔，公司一整年都背負沈重壓力。股東愈來愈不安，逐漸傾向贊同把股權賣給這個惡意收購者，從中賺取二成利潤。我們設法爭取足夠的時間研擬一項計畫。最後律師團引薦有意買下我們公司的第三者「白色騎士」（救援者），他收購整個公司，所有工作人員不受影響，他也不會分割公司出售。這位收購者介入，買下過半的股權，既能保護所有的顧客，又能維護股東最大權益。

事情落幕，家父苦心創建的公司得以繼續存在，公司員工亦能夠繼續工作。可是這件事讓我們大家就1980年代商業本質的改變上了一課。諷刺的是，這位惡意收購者對最後結果也感到滿意，因為他買進的股票，一轉手賺了約三倍。

（如：乳酪）的公司合併。當時並不知道美國企業重整及再抵押本身，是一種爲未來高科技社會所做的經濟調整。諷刺的是，雖然雷根高唱回歸舊時較爲簡單的價值觀，可是他治理下的經濟正一步步瓦解舊「生銹帶」（Rust Belt，指美國北部重工業區）的製造工廠，矽谷未來前景看好的軟體公司正成爲明日之星。

由於紙上經濟的活動非常不明顯，而且正值許多美國製造業移往第三世界國家——這種產業的工人生產的產品，我們可以具體看到或甚至可以握在手上——美國的新經濟令人覺得抽象，有點不眞實，有點像鏡花水月，人們用錢賺錢，然後大肆揮霍。不過，華爾街的所有金融活動，所有的「紙上」作業，代表了企業的改造，在企業裡面工作的人及他們的生活都受到影響，有時是戲劇性的影響。

購併活動如火球般橫掃全美市場，美國許多城鎭，尤其是雷根心目中理想美國生活所在的中部地區城鎭，員工在公司工作到退休的夢想成爲泡影，整個部門被清算，公司主管獲「黃金降落傘」（80年代出現的財經術語之一）安排，領到優渥的遣散費，老牌公司紛紛消失，這股風潮使全鎭居民都受創深重。

不過，愈來愈多的人受惠於美國經濟的擴張，甚至親身投入股市（80年代手中有股票的人口比例遠高於20年代的多頭市場 ），這些固然是事實，相同重要的是，還有非常多的美國人未同霑雨露，這些失業的下層階級散布在美國持續破敗的城市，尤其是那些已經開始被稱爲「無家可歸」的人，在街頭愈來愈多，看在許多人眼裡，美國重新站起來的論調似是謊言。因爲一個偉大而且富裕的國家怎麼會對那些睡在地鐵鐵柵邊、廢棄汽車、紙箱裡的同胞無動於衷？

整個80年代，不論任何時期，總是有數十萬人在街角向有錢人挑戰，他們只要出言侮辱或乞求，他們久未清洗的身體散發的異味，或伸出髒兮兮的乾癟手掌，就足以令剛剛花數百美元享受一頓晚餐的富有人士倒盡胃口。究竟這些無家可歸者是哪些人？是被新經濟拋棄的中級經理經過惡性循環而淪落至此，抑或是長期以來利用「制度」的慷慨而加以壓榨的投機分子？這些時運不佳者的先人是30年代排隊領湯的人，或是一批處境迥異，較無同情心的族群？ 他們是羅斯福眼中「應該被照顧的窮人」或是雷根眼中「騙取福利金的騙子」？

雷根的顧問喬治・吉爾德（George Gilder）冷冷地評論道，窮人需要「貧窮的刺激」才能成功，才能激勵他們脫離絕望。可是其實無家可歸者的問題很複雜，除了政府削減社會福利支出外，另有其他原因：促使精神病患離開收容所的行動於1950年代開始，到70年代加速，使得許多不能自立的人流落街頭（部分因爲自由派認爲精神異常者亦當享有公民自由）；

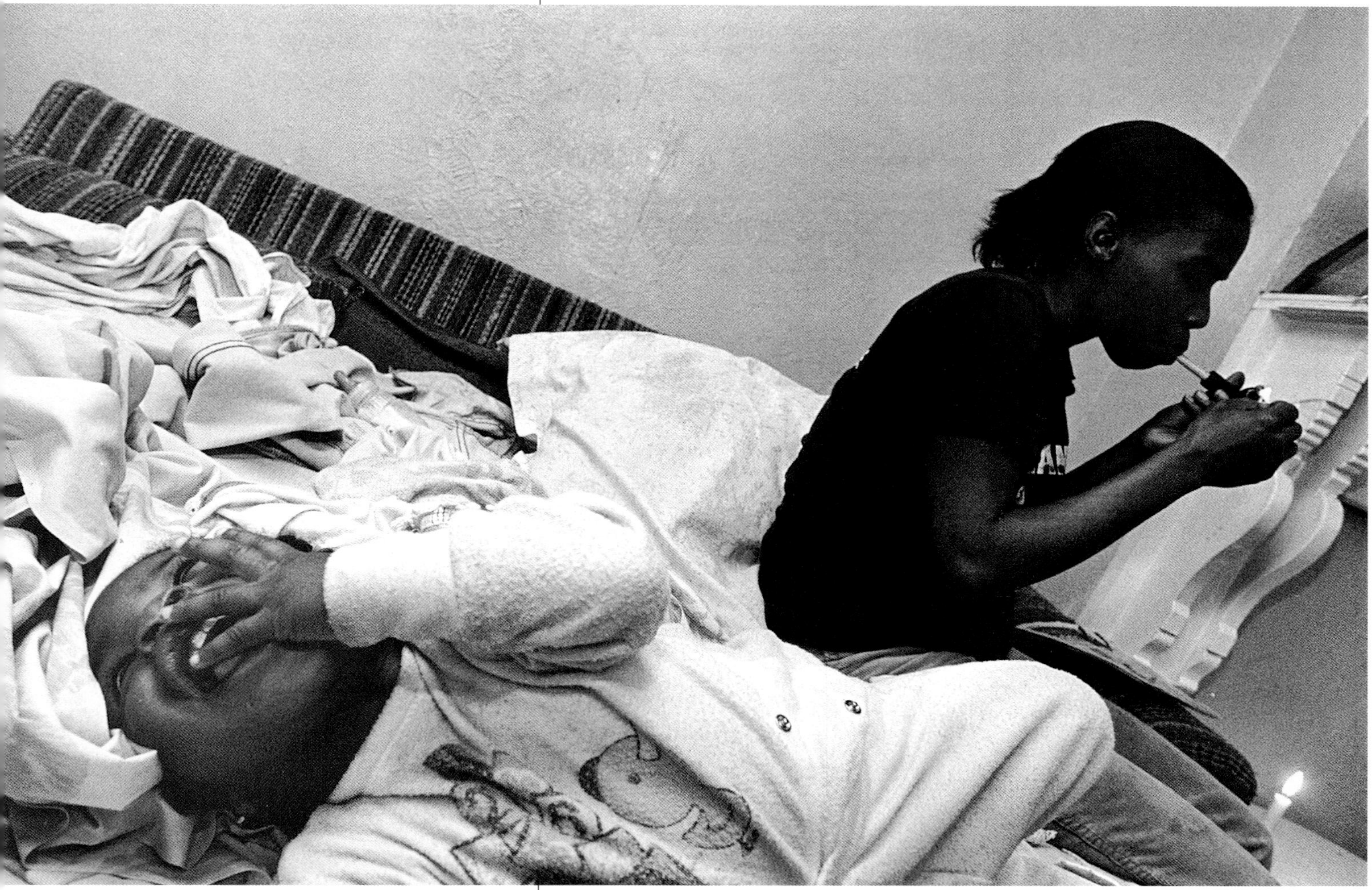

1985年左右，比古柯鹼便宜的「快克」出現。許多人為了「快克」鋌而走險，走上犯罪及絕望之途。染上「快克」毒癮的紐約人，一個月花數千美元滿足毒癮一次。研究發現，在紐約市遊民收容所內，有三分之二的人吸食「快克」。

新型的古柯鹼「快克」氾濫，染上毒癮者對吸毒快感的欲求比對一張溫暖床舖的渴望還要強烈；房價、房租過高；以及結婚率下降，這意味著愈來愈多的人得孤軍奮鬥，而且獨自承受失敗的苦果，即使在80年代，已婚者也很少淪落爲無家可歸者。社會學家黛菠拉・史東（Deborah Stone）的說法更深一層。她說，街頭遊民的出現讓美國人注意到美國對「家」的態度的演變。詩人羅伯・佛洛斯特（Robert Frost）寫道：「家，是當你走投無路時，必須接納你的地方……」可是他屬於另一個世代，另一個美國社會，到80年代，愈來愈少的家庭發揮避風港功能。

伍爾夫所寫的《浮華之火》（*The Bonfire of the Vanities*）是美國最暢銷的小說之一，使他成爲美國的巴爾札克。伍爾夫的觀察力敏銳，他回顧80年代，藉由描述美國盛氣凌人的有錢人與充滿怨恨的窮人之間的憂慮不安情緒，來捕捉這個時期美國生活的亂象。伍爾夫所寫的80年代，富人過著封閉生活，因爲害怕碰到「另外一半民眾」（窮人），害怕貧窮的

「我們都是受國家保護的人。想像一下，我們屬於國家？那究竟是什麼意思？你屬於一個那麼龐大而又模糊的東西？你回家能夠回到國家裡嗎？國家能抱著你，讓你感到安全嗎？」

——無家可歸的婦人

美國為數眾多的遊民提醒人們，新經濟不能使所有的人同蒙其利。1987年有五分之一的美國人生活在貧困當中，比1979年增加24個百分點。圖為1985年一名11歲男童睡在自家汽車的前座。

當「快克」出賣紐約的社區時：

「所有人的姊妹都有毒癮……接下來連他們的母親也染上了。」

我在紐約皇后區荷里斯兩邊種著樹木的街道長大。社區裡的父母親大多數是朝九晚五的辛苦上班族，不外是教師、護士和工程師。春夏季，你會看到居民在爲草地灑水。冬天大風雪過後，就是我們小孩賺錢的日子。我們挨家挨戶地詢問，而鄰居正等著回應：「好呀，只要鏟除車道及走道積雪，我會給你們15美元。」然後我們就把整個荷里斯清理乾淨。這裡每一個人彼此都認識，你認識每一個人的父母、孩子、每一位叔伯，知道每隻狗、貓的姓名，還認得每個電視修理員、油商和郵差。荷里斯是一個緊密結合的中產階級社區。

在電影《周末夜狂熱》及「比吉斯」搖滾樂團流行時期，我的朋友和我年紀太小而無法上狄斯可舞廳，可是我們都熱愛音樂。我們會拿一堆老唱片，一些老舊的唱機至公園，再把插頭接上附近商家的電源。如果商店不讓我們用電，我們通常會撬開路燈燈柱偷電。幾乎每個夏日周末，整個社區居民都會到公園，那裡會有一個DJ，饒舌歌迷及主持人都會在現場，我們唱饒舌歌、狂歡、當DJ、放音樂，玩到警察來說：「有人報警抗議。你們全部都該回家了。」

我們不聚在公園時，就會在「白堡」漢堡餐廳。那是我們社區的主要據點。如果你要來荷里斯買點漢堡，沿路可能必須在我們的藥房或雜貨店歇腳。所有的商家都因而受惠。可是荷里斯正隨著時代而改變。在80年代初期，我開始注意到社區裡的商店一一關門。我們最愛的糖果店和熟食店，我們小時候會去那裡看漫畫書，都關門了。超級市場不斷換新名字重新開張。犯罪率上升。居民，尤其是年齡較大以及受過良好教育的人紛紛搬離社區。連我們在公園辦音樂會，來的人也愈來愈少。

有一天早晨，我醒來發現「白堡」餐廳整個不見了。我說的不見了，指的是那裡只留下一片空地。社區許多人覺得這像是一個凶兆。你會聽到有人談論某個傢伙被殺了或另一人坐牢了。那眞是瘋狂，不過一旦白堡凋零，一切都會跟著走下坡。

所以當我1984年到1986年間在外地表演時，社區已經開始每下愈況。我的饒舌樂團Run-DMC的第一張單曲大賣，紅了好幾年。我們巡迴演出所到之處，尤其在南方，都會聽到人們談論名叫「快克」的新毒品。我們聽到的內容如：「他們煮古柯鹼，製成結晶，你再放進煙斗吸食。」我們在路上看到「快克」癮者，也可以看到快克如何誘惑人。可是我們不知道快克已經滲透自己的社區如此之深。

> 一達利．麥丹尼生於1964年，是饒舌樂團Run-DMC的DMC。1984年，《Run-DMC畫像》為他們贏得一張金唱片，這也是第一個贏得金唱片的饒舌團體。接著《搖滾王》（1985）以及《上升地獄》（1986）分別獲得白金及多白金唱片。1988年，麥丹尼把住在荷里斯的家人遷居到長島郊區的一個社區。現在他沒有巡迴表演時，便與妻子和兒子住在紐澤西。

麥丹尼（中）與母親（左）及一位友人（右）；右圖為他們在紐約皇后區荷里斯的家。

1986年，我結束巡迴演唱，回到家鄉荷里斯。我四處走走，看見一切變得荒涼。我看著運動場，露天看台已經不見了。公園全都被封死，有被人縱火的痕跡。所有的路標都被拆除，圍籬鑽出好幾個洞，到處是玻璃及垃圾。這個地方看似戰區。

一個午後我在散步時，聽到一個女人喊著「達利！」。我轉過身，認不出這個人是誰。她說：「是我。」她報出她的名字，我知道她是我一個好朋友的妹妹。她可能掏出槍來殺我，所以我很驚慌。顯然她正在吸食快克，可是她裝做若無其事，還試圖與我正常對話。面對她看起來好像只有十磅重的身軀，我應該如何反應？她的牙齒都掉光了，衣服髒兮兮的。她向我要錢，我給了她。我不認爲她會拿這些錢去買快克。我認爲她可能去買東西吃。這整個情況實在令人震撼。她在襁褓階段我還曾抱過她。可是現在看到她的模樣著實令人害怕。

每個人的姐妹似乎都吸食快克成癮。可是當我聽到社區裡媽媽的種種，著實難以置信。他們說：「唷，他的媽媽生病了。她吸毒，逃避責任，而且沒有付帳單。」你看著這些嬰兒，奇怪他們怎麼會變成這樣。這是因爲他們的父母都吸毒成癮。我從來不知道毒品可以對一個社區或社會造成這麼大的衝擊。

沒有人憎恨賣毒品的人，因爲他們有錢，也有權力。有些毒販利用這兩樣東西改善社區的生活。在這個社區裡賣毒品的人不像「疤面」所說的：「我將控制全世界，而且我將賺進所有的錢。」在荷里斯，販毒是爲了賺錢。有些毒販會帶團到大西洋城或遊樂園「大冒險」去玩。有些人則拿錢給當地的教會或寄養家庭或遊民收容所。如果你不看其墮落的一面，從我們的觀點看來，某些方面是正面的。因爲當時雷根總統的經濟政策指示，暫停實施幫助我們的福利計畫。你無法憎恨毒販，因爲他把錢回饋給社區，這是政府和許多名人做不到的。

不過快克確實引進了許多暴力與槍枝。一旦沒有財產或東西可以搶，吸毒者就開始欺負社區裡的人。每周都有事情發生，不論是某人被殺、被捕或垂死掙扎，就好像整個社區開始消失。這個地方宛如鬼鎮。

到了社區裡的一切差不多都被破壞殆盡之時，許多寫著「向毒品說不」的看板才一一樹立。我想過每周立起這些看板要花多少錢的問題。對我來說，他們花錢花錯了地方。我深深了解，人們不會看了這些看板就拒絕毒品。我的想法如此，而大城市的市長則看到統計數字顯示，市中心貧民區的犯罪問題日益惡化，謀殺率節節上升，南西．雷根可能也有耳聞。當然，華府也有自己的困擾。每個州都受到毒品的影響。我發現光說不要吸毒沒有用。而且，現在說這句話有點太遲了。你不認爲嗎，雷根先生？

叔叔可能從壁櫥裡跑出來，令主人感到尷尬，破壞整個宴會。這本小說的諷刺筆法受到稱許，文中運用的刻板印象卻受到抨擊，不過經歷過那個年代的人都不會否認文中描繪當時美國社會的紛亂景象：不論白宮說了哪些老掉牙的辭令，美國感覺上是個比以前更冷漠、更冷酷的地方。

階級戰爭爆發的跡象四處可見——公園、廣場割讓給吸毒成癮者及毒販；建築物的外牆及地下鐵車廂上布滿塗鴉，以及其他公權力的象徵到遭胡亂褻瀆；所謂的復興美國都會中心，爲富人設計的建築群屏障計畫，彷彿紐約的砲台公園城，一位建築師形容這爲「可防禦的空間」，好似他設計的不是公寓建築，而是爲有權有勢的階級設計有壕溝保護的堡壘。歷史學家佛瑞德·席格爾注意到，建築師爲了找回失落的20世紀都市美夢，開始擬定「城市漫遊」計畫，在加州聖斐南多市郊建立一個新的購物商場。那裡與「威尼斯海灘及日落大道一模一樣」，採購的人不會看到謾罵式的塗鴉、犯罪活動和無家可歸者。似乎美國城市不再運轉，如果還運轉的話只停留在這類過度消毒的記憶中。

80年代許多中產階級尋找阻絕「窮人」進入的社區來居住，一位作家便稱之為「堡壘美國」的年代。保全業蓬勃發展（光是洛杉磯地區的武裝警衛就增加了兩倍），一些社區設立門禁，就像上圖位於洛杉磯的「隱密山莊」，原本開放給行人通行的空間豎立起屏障。

在社會宛如火藥桶的氛圍中，出現了一位「地鐵保安員」。班哈德·高茲平凡的外表不會讓人以爲他是英雄或壞蛋，可是就在1984年再三天就是耶誕節的週六下午，他搭乘曼哈頓地鐵，手持一把點三八口徑的左輪手槍，朝四名不懷好意靠近他的年輕人開槍。此事立刻引發全國激烈辯論犯罪及自衛之間的分野。如果高茲是在其他時期，即使在最接近的70年代，訴諸此一暴力舉動，可能都會被圍剿。尤其報導指稱，他在開槍射擊兩名青年的背部之後，最後結束濫射時所說的狠話堪與克林伊斯威特電影《緊急追緝令》的硬漢「齷齪哈利」相比（「你看起來不是那麼糟糕……這裡還有一個」，他對最後一位被害人咆哮，同時扣下扳機，造成被害人終身

**「不再有自由派人士了……
他們的脖子都被勒住了。」**

——哈佛大學教授詹姆士·威爾斯

觀看「挑戰者號」太空梭發射升空：

「有人問道：『發生了什麼事？』我說：「他們死了。我們已經失去他們。」

左圖：這些太空人在展開死亡任務的那天早晨。

右圖：麥康納在甘迺迪太空中心做採訪。

——馬爾坎．麥康納生於1939年，著有許多科學及軍事方面的書籍，包括：《挑戰者號：重大的故障》和《來自地球的人》（與阿波羅號太空人艾德林合著）。現任《讀者文摘》供稿編輯。

1980年代初期，我奉《讀者文摘》指派做太空梭計畫的報導。當時，過去20年的黑暗日子似乎已經拋到腦後，太空梭象徵美國嶄新、光明、樂觀的前途。自從登陸月球以來，美國太空總署（NASA）首度找回衝勁，只經過四次試航，這個非常複雜的太空飛行器就準備定期探測太空。

在我首次親眼目睹太空梭發射情形之前，NASA官員帶著我和其他幾名記者下到發射台，近距離觀看太空梭。我覺得我就像一隻螞蟻在一個四腳梯上爬行。太空梭的大小、長度及重量幾乎與二次世界大戰時的一艘驅逐艦相當。現在想像一艘二次大戰的驅逐艦尾部往上捲，然後在那下面點火，期待它發射升空。這個龐大的機器讓我覺得敬畏，並感受到自己的渺小。當你在三哩外的記者席，看到那個組合體自行點火升空，感覺是莫名強烈的。從固態火箭推進器發出一道亮光，然後你看到主引擎噴出幾如火山爆發般的蒸氣。亮光之後，這個龐然大物開始上升，四週鴉雀無聲。一、兩秒後，震波襲來，記者席大看台的錫片屋頂開始震動，你的胸膛受到這股刺耳聲音撞擊。我第一次目睹此一景象，感動得幾乎說不出話來。我為我的國家，我國文明能把如此巨大、複雜的奇妙機器組裝成功感到驕傲。

到1980年代中期，NASA讓大多數世人深信，我們不但可以在儉約的原則下使用太空梭，而且太空梭還可能具有商業利益。NASA想要證明太空梭安全可靠，連普通百姓都可以上太空。因此挑選在新罕布夏州一所高中教授社會學的女老師克莉絲妲．麥歐莉芙登上太空梭，希望透過她激發數百萬學童對太空探險的興趣。

在每次太空梭發射之前，NASA都會舉行一個「太空人抵達」儀式，把太空人正式介紹給新聞界。為參加「挑戰者號」任務的太空人舉行儀式當天，麥歐莉芙等太空工作人員越過跑道，迎接記者團。我注意到一般的NASA太空人穿上他們的飛行裝，而且全都穿著飛行員的閃亮黑靴，唯獨麥歐莉芙腳穿灰色球鞋。經過正式訪問後，我正好悄悄到她身邊，我說：「我喜歡你的鞋子。」她笑著說：「他們下次會拿給我真正的靴子。」回想這一段，我理解到她極度天真的一面，她相信NASA會保證她的生命安全，提供她所有需要。她對太空計畫的充滿信心與信任，一如大多數美國人。

在「挑戰者號」發射的那天早晨，我們採訪過太空計畫的人幾乎都不認為當天會成行。那一天天氣酷寒。一位記者指著一個監視器說：「看，結冰了。」發射塔看似一個凍結的瀑布。可是我們拿著咖啡，坐著等待。當天色變亮，管制人員開始說：「情況現在愈來愈好。」幾個未曾報導過太空梭發射新聞的記者冒著嚴寒，急忙跑到大看台。我們這些老前輩大多數留在溫暖宜人的圓頂建築裡說著：「他們會在倒數計時開始前取消計畫，我們要等另一個更好的日子。」我們聽到倒數計時的聲音感到非常驚訝。然後我們拿著筆記本和攝影機，跑到戶外的媒體記者大看台。然後五、四、三、二、一倒數計時開始，固態火箭推進器點燃，我有一種快意與滿足。

當太空梭離開發射塔時，第一道震波開始襲擊媒體看台。我開始有不祥的預感。由於天氣嚴寒、空氣如此冰冷，撞擊聲比我預期的大很多。我心想：「那聽起來不太妙。」可是隨著太空梭上升，我很快不以為意。我們在大看台上的人全都瘋狂尖叫，吶喊「前進！前進！」專業的冷靜都不見了，我們這一刻都沈浸在喜悅中。

愈來愈小的太空梭冒出的白煙使我們無法看見太空梭機體。我們只能看到白色及橙色的煙雲朝我們奔騰而來。從我們的角度看，這仍然像是正常的飛行。然後一片靜默。有很長的時間。我估計有10秒鐘，在發射期間那算是滿長的時間。然後我們彼此對望。接著麥克風傳出冷漠、幾乎不帶感情的聲音說：「顯然發生重大故障。我們失去連絡……」然後一陣停頓。「飛行動力官報告，太空梭已經爆炸了。」我幾乎可以感覺到冰水當頭淋下，從心坎裡透出寒意。我環顧四週，看到前一刻還站著歡呼的人群回坐在椅子上。許多人以手掩面，好像要遮住這一幕。其他人把手放在喉嚨，好像真的挨了一拳。我的一位同事問我：「發生了什麼事？他們在哪裡？」我說：「他們死了。我們已經失去他們。上帝保佑他們。」然後她生氣起來。她推推我說：「甭開玩笑了。發生什麼事，他們在哪兒？」當時我們再度往上看，「挑戰者號」的碎片開始從濃煙中掉落出來。龐大的飛行器已經裂成小碎片，像五彩碎紙從天而降。雖然我身邊的人都趕緊去報導這則新聞，可是我像釘在地上，雙腳無法移動。

隨著那個恐怖日子的流逝，我們也開始思索這件事代表什麼含意。對我來說，痛失這些太空人，那些我已經認識而且頗為投緣的人，讓我感到憤怒與與挫折。我覺得自己被騙了，而且我讓自己被騙。我覺得有一種個人的挫敗感，因為我身為記者，卻未能善盡職責。我們相信NASA的話，但我們以前所聽到的是假話。這並不是百分之百安全的飛行器。事實上，那是非常脆弱的機器，可能在瞬間爆炸成數千片發亮的小碎片。如果我們被告知有關這艘太空梭的事不是事實，那麼也許以前我們被告知，而且信以為真的其他事情，也非事實。

「挑戰者號」太空梭的爆炸，使美國太空計畫重振雄風的期望受挫。自1969年阿波羅11號太空船首度登陸月球後，美國太空計畫就一直跌跌撞撞的。《紐約時報》的科學記者約翰·魏爾福寫道：「比挑戰者號在大西洋上空爆炸更嚴重的是，我們對於我國太空政策的基本原則，感到十分疑惑。」

「我們永遠不會忘記他們，也不會忘記今天早晨最後一次看見他們的情景，當時他們準備出發，向我們道別，然後就『鬆開與地球的聯繫，去觸摸上帝的臉龐』。」

——雷根總統向全國發表演說

癱瘓。）

不過高茲聲稱，他開槍係出於恐懼，他確定這些逼近他，向他勒索美金五塊錢的青年意圖攻擊他。他所描述的處境引發許多美國人的共鳴。這起事件發生後所做的民調顯示，近半數受訪者認爲高茲的攻擊行爲是合理的。雖然也有許多人表示譴責，可是更多的人佩服高茲的勇氣，因爲他做了許多人想做卻做不到的事。一位南卡羅萊納州法官說：「高茲的事件只是說明一種社會現象。人們實在厭惡被龐克族脅迫。」

雖然高茲不屬於新富階級，被害者也不是無家可歸者，可是這起攻擊事件卻是社會階級差距造成的「自己人」對抗「非自己人」的一種象徵。高茲是白人，受害青年是黑人；高茲有工作，而那些青年遊手好閒；高茲以前曾遇襲遭搶，早已武裝好準備伺機報復，而那些青年常常惹事生非，他們的武器是鏍絲起子，用來撬開電動玩具機器，偷取零錢。其實這個案子的問題根源在於社會倫常已經蕩然無存，在於當時社會不同階級（和種族）之間已經充滿敵意，難以正確解讀手勢、態度、言語及穿著表達的眞正含意：何時是要求給予五塊錢，而何時隱含威脅之意？如果此一威脅跨越了無形的社會鴻溝，那也就是說，如果開口要五美元的人是貧窮的黑人，而被要求的對象是中產階級或有錢的白人，那麼要求就變成了威脅嗎？這種把階級（或種族）因素列入是否構成威脅的詮釋是違反民權嗎？拒絕把階級（或種族）列入詮釋是沒有常識嗎？如果碰到威脅，到何種程度才可視爲自衛的行爲？到何種地步，才不算自衛，而是無緣無故的攻擊行動？最後，高茲只有一條非法持有槍械的罪名成立（被判刑250天），不過多年後，他因爲一位被害人提出的民事求償訴訟再度受審，被判賠償4,300萬美元。

恐懼是80年代的心情。恐懼與貪婪同樣激勵雅痞懷抱夢想，他們不只畏懼成爲犯罪活動下的受害人，還畏懼貧窮、失敗、生活環境不如上一代，以及生活沒有意義。雷根政府已經削弱了接受政府補助民眾的「安全網」，而在80年代，在許多方面，以及對許多人來說，安全是捉摸不到的目標。超級強國武器競賽再起，重燃核子決戰的恐懼。而且，在1986年春天一起爆炸毀損了的蘇聯車諾堡核電廠核子反應爐，造成輻射塵散播數哩之後，核能事故的恐懼再度浮上心頭。畢竟，就某種意義來說，車諾堡只是一個沒有「美好」結局的三哩島。

但是，80年代最撼動人心的事件，堪與甘迺迪遇刺相比的事件係發生在1986年1月底邁阿密上空，形成如棉花鬆捲的煙雲畫面，「51-L太空梭任務」在那裡灰飛煙滅。太空梭「挑戰者號」證明了，即使最精密的科技仍很脆弱，一個造價9,000美元、合成材質的O型環故障，就毀了一具造價12億美元的太空梭，而O型環的構造不會比浴室水龍頭的墊環複雜。更重要的是，挑戰者號是在全美充滿期待的學童眼前爆炸，摧毀了一個夢。

「挑戰者號」太空人是美國生活典型的代表，至少是70年代值得稱讚的改革運動的副產品。太空旅行始於甘迺迪總統時代，由「水星七號」太空人當先鋒，那時全都是白人，而「挑戰者號」七位太空人中包括兩名女性、一名猶太人、一名黑人，以及一名日裔美人。挑戰者號的任務目標之一是安置一個造價一億美元的NASA衛星，以及部署可以紀錄哈雷彗星紫外線光譜的儀器，不過此行最大意義在於開啓平民太空之旅的新紀元，因爲「挑戰者號」的第七位乘員是從11,000多名的志願者挑選出來，來自新罕布夏康克爾市的37歲的社會科教師麥歐莉芙雀屏中選。由於她的參與，「51-L太空梭任務」將證明太空不屬於NASA或國防部，而是屬於每一個人。

NASA安排麥歐莉芙從太空透過閉路電視進行兩場各爲15分鐘的教學，以增進美國數百萬學生對太空的了解。其中一場將看到她引導攝影機進行太空梭內部之旅，另一場她將介紹太空計畫的歷史與未來。NASA稱之爲「最大限度的實地考查之旅」。在1986年1月28日早晨，電視機被推進教室裡，讓孩子看到他們英勇的老師，與她的六位同伴奔向太空。

卡納維爾角的天氣異常寒冷，可是並未冷到必須取消發射任務。太空總署人員意志堅決，而且發射時顯然滿順利的。可是事實上，固定火箭推進器接合處的關鍵O型環已發生故障（因嚴寒的凍結），使太空梭主引擎起火。發射升空73秒後，這隻光滑的白「鳥」爆炸成一團火球。NASA的史蒂芬・尼斯比特（Stephen Nesbitt）向電視觀眾宣布：「……顯然發生重大故障…… 」可是觀看這一幕的數百萬人不需要證實，他們憑眼睛所看到的就知道發生了什麼事。接著下來幾天，電視上反覆播出這一段，觀眾可以看到七位太空人穿著制服，出任務的那天早晨，對著鏡頭微笑，然後從容赴死，而在影片中太空人家屬猛然驚覺駭人的劇變，神情由雀躍化爲悲慟。

在55次的載人太空任務中，NASA從未經歷如的大的災難。可是對太空總署的打擊固然沈重，對孩子精神的創傷卻是難以衡量的。全美國，教師、校長、父母和輔導員都試著幫助孩子了解這齣悲劇。麥歐莉芙任教的康克爾高中的校長說：「有一位深受他們愛戴的人被帶走了……而且他們已經了解人生無常的道理。」

80年代末期，美國人已經逐漸習慣看到愛滋病患等待死亡的照片。他們也開始閱讀訃文版，注意到愈來愈多的年輕人在事業正值巔峰時撒手人寰。上圖：25歲的史帝夫．布朗躺在紐約收容愛滋病患的療養院，奄奄一息。

到1986年，恐懼甚至滲透到全國的臥房裡。多年來，醫學不斷突破，許多人認爲疾病即將成爲歷史名詞。醫學與科技同樣成爲社會進步的最佳廣告。然後出現了致命的流行病「愛滋病」（AIDS）。AIDS（後天免疫不全症候群）從一開始就出現有如橫行中世紀歐洲的黑死病般不祥的預兆。現在AIDS顯然能夠奪走世界上四分之一人口的性命，這種如同舊約所說的天譴是透過性行爲散播。這眞是諷刺而又殘酷，因爲現在人類最親密的行爲，可以孕育生命的魚水之歡，居然也會奪人性命。

80年代初期第一次發現愛滋病，當時認爲這是侷限於某些特定族群的疾病。起初，據美國政府疾病防治中心的一本刊物所述，這種怪病在男同性戀者間蔓延，接下來靜脈注射毒品者、妓女、血友病患者、海地人及非洲人遭到感染的人數愈來愈多。不過由於人類對於AIDS的了解很少，包括傳染途徑，所以AIDS快速蔓延，引發世人歇斯底里的反應與憎惡。到1983年初，已有1,300起病例。衛生當局預測，不久會有更多的異性戀者

愛滋病熱線上：
「人們會說：『我不害怕死亡；等待死亡才令我恐懼。』」

1982年夏天我和朋友柏特與吉米坐在紐約的瓊斯海灘上，那時他們正在閱讀一本雜誌上有關所謂的同性戀癌的文章，我一聽說了那篇報導的詳細內容後，心裏馬上想到：「我的天，這眞是非常嚴重。」我意識到這個疾病絕不是特例，不會馬上消失，而是會影響到整個同性戀群體。我們坐在那兒目瞪口呆，心裏有預感，知道有個恐怖的東西降臨了。

我的首任男友很早死於愛滋病，另一位前男友已在「男同性戀健康危機」（GMHC）當義工。一群男同性戀創立這個組織，旨在募款進行愛滋病生物醫學研究。GMHC設立第一個愛滋病熱線，我從我的臥房窗戶就可看到對街的GMHC總部。這位朋友要我和他一起當義工。他後來成爲第一位死於愛滋病的GMHC員工，他過世時我正在參加爭取同性戀尊嚴的大遊行。

一周後，我開始在GMHC當義工。我幫一位愛滋病患整理家事，他的身體太過虛弱，家務無法自理，我便成爲他的「兄弟」。雖然是「兄弟」，可是仍有界限必須劃清。例如，你不可以讓他們把你寫進遺囑裡。你也不該與「兄弟」發生性關係，不僅因爲有感染愛滋病的風險，而且因爲「兄弟」之間有其界限。當某人脆弱無助，開始向你吐露心中最大的恐懼，最深處的秘密時，是非常容易墜入愛河的。有時他們會愛上你。那將會是雙重悲劇，因爲最後你將會失去他們。

我很努力地與我的兄弟馬丁・戴維斯保持距離。他是個怪胎，在我的社交圈裡從未碰過這樣的人。他學藝術，是曼哈頓史特蘭書店藝術部門的主任。他眞的是70年代的人，追隨安迪・沃荷的激進派。他把公寓全部漆成黑色。

剛開始，他的情況還好，只是彎腰時會覺得頭很暈。我一周去一次，幫他打掃住處，我們會聊聊天。後來他的病情加重，他有點疑心病，行爲怪異，我花了一段時間才了解他得了痴呆症。一度他躺在床上，想要寫支票付帳單，可是他一直寫錯，不斷把寫錯的支票撕掉作廢。因此我說：「你要我幫忙嗎？」當時我不明白，我的提議是奪走一件他能作主的事。當時他大小便失禁，可是在那之前，他至少還能開支票付帳。

到最後我能爲他做的事並不多，我試圖保持超然。可是我做不到。我只能更賣力的打掃，諷刺的是，那無濟於事，一塵不染的公寓也無法挽救他的性命。我期待結果，同時又試著不去想。不到一年他就去世了。他死後，他的好友交給我一件馬丁生前織的一件毛衣。因爲這件毛衣的深藍及鮮黃色點點，與梵谷一幅名畫的色彩相同，所以我稱之爲「星夜」毛衣。

那時GMHC已經聘我爲全職人員，與傑瑞・強森一起接聽愛滋病熱線的電話。當時我不知道我的生涯已經永遠改觀。傑瑞很早就投身爭取同性戀者權益運動。他經營服飾業，發明T恤，聲名大噪。他並非心理治療專業人士。當時我們都是憑直覺行事的非專業人員，只是試著爲GMHC贏得好名聲。傑瑞的直覺是「患者至上」及「不直接提問」，那意味著你接受打電話來的人，支持他，並不批評。你詢問他們想怎麼辦，他們能夠怎麼做，最後你幫助他們想出選擇方案。如果一名婦女打電話來說：「我無法要求我的男友戴保險套。我擔心他會揍我。」之後你說：「你想怎麼辦？」然後你再問她，能夠採取什麼行動達成目標。

接聽熱線電話的一大挑戰是你有機會改變來電者的人生。我們必須在10分鐘內結束（大多數電話都限定通話時間），而且你不能透露自己的眞實姓名（另一個規定）。那是你在情感上與打電話者保持距離的唯一方法。打電話來的人纏綿病榻、哭泣、悲傷又絕望。他們開始敘述以前的青春、俊美、前途光明，然後他們如何不獲認同、失去獨立與尊嚴。許多人說：

右圖：派特森攝於80年代中期；
上圖：GMHC熱線辦公室。

——布魯斯・伍茲・派特森生於1953年，他製作了三個布塊給愛滋被單。傑利・強森於1988年死於愛滋病時，派特森出任愛滋病熱線主任。1989年，他重返學校攻讀社工碩士學位，1996年，離開「男同性戀健康危機」組織（GMHC），目前在曼哈頓擔任心理治療師，兼GMHC義務顧問。

「我不怕死。我怕的是等死。」尊嚴被剝奪、體重減輕一半，朋友受不了看你受折磨而遠去，這樣的過程實在可怕。

有些來電者的無知與冷漠令人驚訝。我剛上班時，有人來電惡作劇說：「你們搞同性戀的人都該死。」然後馬上掛斷。你甚至沒有時間回應。有人快死了，我們卻束手無策，這已經夠糟了，然後還有人因爲你罹病或幫助病人而恨你。當然你非常希望能說出：「你的同情心到哪裡去了？你認爲你是誰？愛人有什麼錯？」

我記得一個下午，一個婦人打電話來，希望爲她感染愛滋病毒的丈夫覓得一家懂得治療愛滋病且位於下曼哈頓附近的醫院。我建議了幾家醫院，我說到東城的貝詩以色列醫院時，她激動的連聲拒絕。經詢問後，她說，她的五歲養女兩個月前才因愛滋病死在那裡。

這個小女孩定期上這家醫院，她還會安慰母親說：「不要擔心。你知道末期病患最後都會和天使相聚。當我和天使在一起時，我會在天上看著你。」這個婦人試著向朋友吐露心情，他們都說：「看開點，你必須向前進。」她悲傷難抑，甚至經過女兒的房間都無法打開房門，害怕觸景傷情。她現在又擔心丈夫的身體出了問題。我們兩人在電話中都不禁哭泣。

由於時間有限，能做的很有限。最後，我只能告訴她急需的一些診所名單。她一開始就說自己的愛滋病毒呈陰性反應，因爲我注意到她非常傷心，我並沒有問她的丈夫如何成爲帶原者。我的愛滋病毒檢驗呈陰性，可是我深受愛滋病困擾。我常常納悶我爲什麼那麼幸運，我的許多朋友與同事都死於愛滋病。翻開早期在GMHC的照片，每次都感觸良多，因爲大多數人都已去世，最後我必須達觀看待。我猜想我的工作就是爲別人付出。我能做的最好一件事就是保護自己不變成愛滋病帶原者。

成爲帶原者。

由於人們擔心握個手或禮貌性的親吻，到公眾游泳池或上廁所會感染愛滋病，所以爭取同性戀權益運動好不容易建立的對同性戀者的善意跟著消失。不出所料，美國最底層與其他人之間的距離拉得更大，悲哀的是，人們對愛滋病知道得愈多，種族主義與階級主義的觀念似乎也愈強，不只是因爲愈來愈多的靜脈注射毒品者感染，很快地使愛滋病成爲弱勢者最容易感染的疾病，而且因爲發現病毒最可能的起源地在第三世界，甚至可能是一位非洲人從非洲綠猴身上傳染到的，此一觀點與達爾文的進化觀念相吻合。蘇珊・桑塔歌曾經寫過，舉凡贏得「瘟疫」封號的疾病（如：痲瘋或梅毒，甚至黑死病）都是把身體變成一種異物，必須將之視爲「他」物而非「己」身，而且幾乎都是從「異地」入侵的疾病。可以說，這兩個標準，愛滋病都符合。

愛滋病變化莫測，令人無從捉摸。因爲愛滋病的潛伏期長達10年或更久，帶原者可能看來健康，甚至壯碩；尤其在1985年愛滋病毒檢驗核准之前，根本無法知道誰是帶原者。同樣地，愛滋病毒突變能力很強，就像可變裝100萬次的殺手，能夠變成不同的形狀與大小，讓研究人員束手無策。由於它是如此難以定義、難以描述和難以偵測，在恐慌時，幾乎任何定義、描述或偵測系統都可適用。

就好像接到暗示一樣，衛道之士從各個角落竄出，異口同聲宣稱愛滋病是現代社會道德敗壞的代表，是行爲放蕩的結果，是上帝對現代社會淫蕩行爲的報復。因此，美國出現一種與1950年代「紅色恐慌」時期不同的情緒。社會開始譴責在70年代已經司空見慣的行爲（性實驗），然後人們因爲擔心會有沈默殺手致命性侵入而畏縮，如今人們以猜疑的態度對待鄰居（「你是或你曾經……？」）。

50年代電影男明星的典範洛赫遜在1985年傳出染上愛滋病生命垂危的消息後，愛滋病就像「紅色恐慌」，開始震撼好萊塢。洛赫遜的死訊讓人更加正視愛滋病，不過演藝圈中早已傳說洛赫遜是同性戀，只是從未公開罷了。在守舊的50年代，洛赫遜的電影公司爲他塑造深受全美女性歡迎亦獲得流行文化認同的形象。（1985年《展望》雜誌熱切地說：「他健康，他不流汗。他身上還聞得到奶香，是純潔的大男孩」。）如今曾經在洛赫遜37年銀幕生涯中與他接吻過的女星人人自危，顯然洛赫遜一直過著雙重人格的神秘生活。那麼如果洛赫遜是帶原者，別人可能也是，不是嗎？

怪的是，愛滋病出現得正是時候。在氣氛緊張的80年代，愛滋病可以被利用來抨擊現代主義；就如同雷根正在大聲斥責國會議員濫用納稅人的錢，愛滋病也在斥責人們濫交。現代事物從1970年代中期開始就遭逢重大打擊。誠如桑塔歌所言，回歸前現代的跡象已經四處可見：音樂重新找到調性，藝術回歸寫實主義，從教堂婚禮發現喜悅，以及投資銀行的生涯規畫。現在還可加上一夫一妻的美德。

「現在很難找到一個迷人的單身男人，而不必探詢他的性經驗、是否吸毒，不必要求看他的驗血報告，不必塞保險套到他手中。完全禁慾及加入宗教組織不是更簡單些？」。

——小說家艾瑞克．鍾恩，於愛滋病蔓延時。

事實上，有許多人認爲愛滋病出現是性革命的終止。避孕、抗生素等醫藥的進步，使人們對性行爲後果無後顧之憂，助長了性氾濫。現在，就某方面來說，醫藥無力對抗這種新的致命疾病，人們才又走回頭路。至少，愛滋病正改變人類追求異性的行爲，因爲在求愛時你會想起衛生官員如下的冷峻警告：「切記，做愛不只是與你的性伴侶交歡，而是與他過去10年曾經有過性關係的每一個人燕好。」

人們約會時少不了會私下討論過去的性經驗，公開演說時則多會坦誠討論如何防治性傳染病。政府單位及電視脫口秀節目都在辯論是否應該散發免費保險套給高中生和大學生，以及提供免費針筒給吸毒成癮者（共用針筒爲愛滋病傳染途徑之一）。預測愛滋病將形成健保龐大負擔的驚人統計研究也在論述這類問題。

然而在高唱道德教條以及爲金錢精打細算當中，常常喪失了人性。不過美國人逐漸開始了解，愛滋病大舉入侵整個社會已是可悲的事實，包括由母親垂直感染的「愛滋寶寶」，似乎處於無止境的悲慘連鎖效應。到80年代末期，死亡人數朝10萬大關挺進，大約每一個美國人都知道親友、鄰居、同事中有人的生活受到愛滋病的衝擊。

隨著愛滋病的蔓延，仇恨的攻擊行為跟著增加。有些激進的宗教團體認為感染愛滋病是一種天譴。

1986年底，馬文．費德曼病逝不久後，他的朋友克利夫．瓊斯想到一個紀念他與其他愛滋病死者的點子。他在舊金山參加紀念同性戀市議員哈維．麥克的遊行時，瓊斯注意到一面石牆上固定了一些硬紙板，藉以悼念愛滋病死者。他後來回憶說：「那看來像一床被單。而且當我說出來時，它勾起了強烈而舒坦的回憶。」不到一年，瓊斯等人發起「名字計畫」：縫製一床大型的愛滋百衲被單，由各個三乘六呎見方的布塊接合而

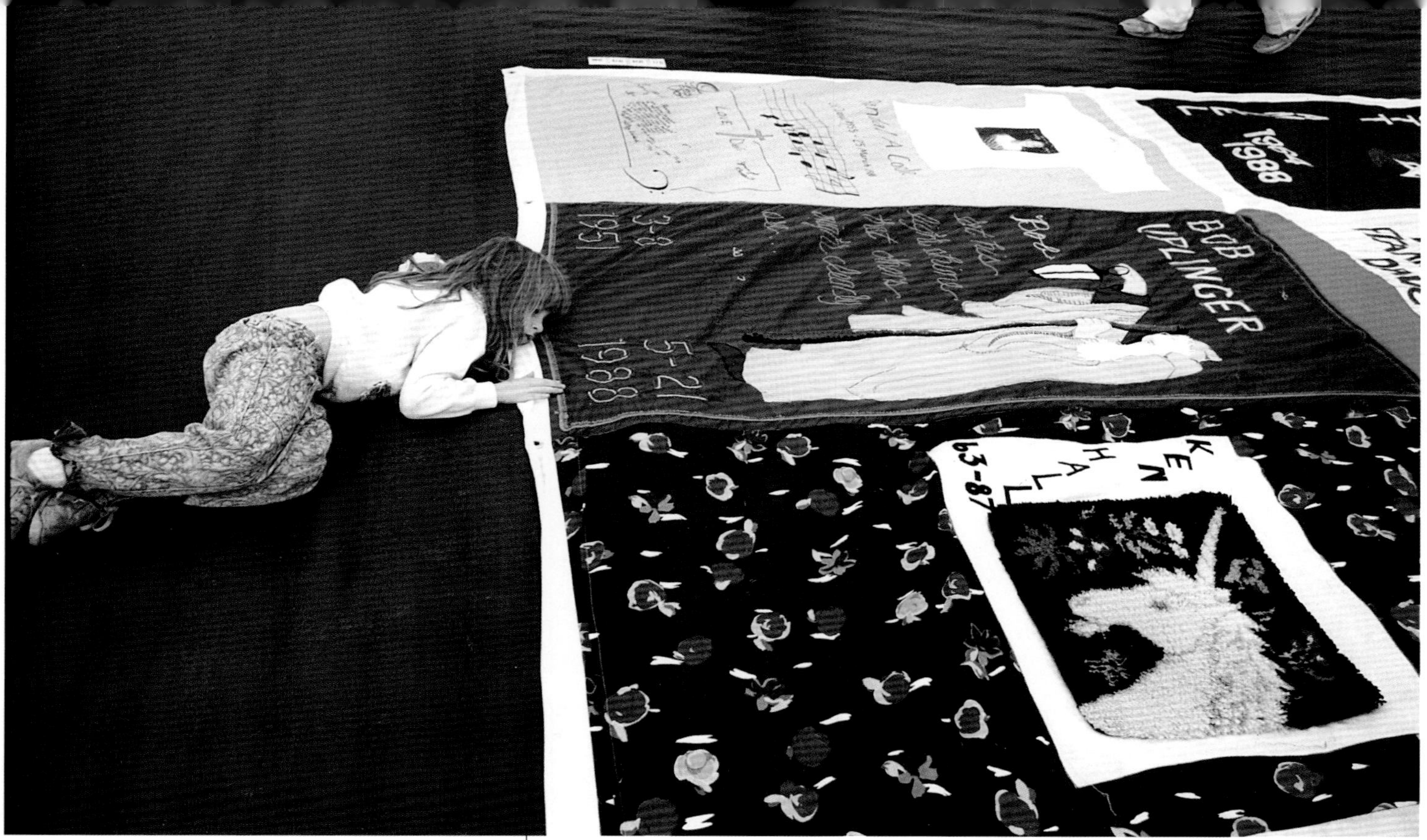

在華府，一位少女正在研究展示的愛滋百衲被單。發起人克利夫．瓊斯說：「人們初見這張被單……就會懾服於被單面積的龐大與美麗。然後他們對政府的漠視、偏見及政治利益導向感到憤怒。」

成，每個布塊都紀念一名被愛滋病奪走生命的朋友或親人。很快的，愛滋被單由上百塊增加到上千塊，最後縫製完成，佔了一個足球場的面積大小。1987年這床愛滋被單在華府首度展示時，果然達到了原本希望達成的效果：駐足觀看的人不可能不明白，因為愛滋病，有許多人，活生生的人喪生。

「尼克是我的鄰居，
他喜歡藝術，
他是電腦程式設計員，
我們幾乎每天一起上班，
他孤獨一人，
他沒說過他生病，他孤獨死去。
我會想念你……」

——愛滋被單上的一段悼念文字

1987年7月7日，一位43歲英挺的海軍中校走進參議院辦公大樓的辦公室，舉起右手宣誓，接下來他的表現可以留名20世紀美國民族英雄的簡短名單上。人們早就在期待諾斯中校向負責調查伊朗—尼游案的參議院委員會報到。在此之前數月，雷根政府的一項怪異的秘密計畫曝光，造成轟動。這項計畫就是雷根政府把武器（彈藥、坦克零件、戰鬥機及飛彈）賣給伊朗，然後把軍售所得用來資助對抗尼加拉瓜左派政府的游擊隊。

這項計畫違反多條法律。這些軍售本身就違法，而且美國國會不久前才通過禁止軍援尼游的禁令。可是更重要的，也是民眾關心的，這些交易似乎與雷根唱的道德高調直接牴觸。畢竟，伊朗最近才搞得美國灰頭土臉，人質危機拖延不決拖垮了卡特政府。雷根官員最後辯稱，他們的動機有一部分是為了爭取伊朗溫和派的信任，以助降低美、伊之間的敵意，和

軍援尼游：

「我問諾斯：『我們要做的事是正確的嗎？』他說：『聽著，我的老闆知道，我老闆的老闆也知道。』」

1984年春天，我在「葛瑞」公關公司的國際部工作。某天，我的老闆告訴我：「尼加拉瓜游擊隊想請我們公司幫忙做公關。你在白宮、中央情報局或國務院有沒有認識可以提供建議的人？」我說：「有。我認識一個人；他的名字叫做諾斯。」

我在半年多前見過諾斯，當時我正在為那時擔任參議員的奎爾工作，常常往返中美洲，實地了解桑定政權的目標，以及考察他們對中美洲的影響。然而我看到逃離共產主義的難民潮。在桑定政權統治下，你若不支持他們，就是反對他們。如果你反對他們，就必須付出代價，就是得終日提心吊膽和受到脅迫。

尼游來找葛瑞公司是因為美國國會將切斷對其所有援助。他們希望美國公關公司有助於改善其形象，並影響美國輿論。我非常同情他們。我在尼國碰見許多游擊隊，他們覺得為了國家及自己的前途，只有武裝反抗。他們期望美國給予協助。美國以前一直提供糧食、醫藥及武器。現在由於簽署了波蘭德修正案（此案廢止以推翻尼加拉瓜政府為目的的秘密行動），美國國會將撒手不管。我們曾說，我們信任你們，支持你們的主張。然後我們棄他們而去，並切斷所有援助，這對我來說似非正確做法。

在傑佛遜紀念堂裡，有一句格言說：「我在上帝的聖壇發誓，與各式各樣箝制人類心靈的暴政誓不兩立。」我對這句話深信不疑。所以在葛瑞公司拒絕我所提的幫助尼游企劃案之後，我決定離開公司，直接和諾斯合作。他和我都認為我們必須以政治和軍事壓力逼迫桑定政權改變路線。即使如此，我依然必須問他：「在我行動之前，我只想知道，我們要做的事是正確的嗎？」他說：「聽著，我的老闆知道，我老闆的老闆知道。我奉命要讓他們活著，包括他們的心理、理智、身體和靈魂。那就是我要做的。」那樣的回答已經足夠。畢竟他的老闆是麥法蘭，而他的老闆的老闆是雷根。

上圖：歐文與妻子貝詩。

下圖，歐文於1985年與一名尼游成員越過宏都拉斯與尼加拉瓜邊界。

——羅勃．歐文，生於1953年，曾從加州舉家遷往佛羅里達，擔任一家私立小學的募款員，可是他內心依然嚮往過國際生活，於是在1996年到薩爾瓦多擔任經理，管理兩家成衣廠。

我為諾斯工作時，往返於美國、宏都拉斯、薩爾瓦多、哥斯大黎加及尼加拉瓜之間。我甚至不會說西班牙語。我也沒有受過正式訓練，我一路上隨機應變，並從經驗中學習。我與反抗軍裡不同派系協調，有時穿梭在美國和中美洲之間當密使，帶著情報資料、武器或錢。有時我像是間諜小說中的人物。有一次，我被派至曼哈頓一家韓國人開的小雜貨店，我給一個站在櫃檯後方男子一個口令。那種感覺非常不真實。我環顧四週，問自己說：「聯邦調查局幹員在哪裡？這是送我進牢籠的圈套嗎？」這個男子彎下身，捲起褲管，拿出一疊現金。他數了有9,900美元和一些零錢，然後把錢裝進一個信封袋，交給我。我直奔機場，搭機飛往華府。我們通常經手的金額不超過10,000美元，因為如果超出10,000元，依法應該申報。我們儘量合法，以避免引得別人注意。

又有一次，我飛到科羅拉多州見一位退役將領，他是軍火販子。在我們會面時，他交給我一個手榴彈樣品，這枚手榴彈已經不會再引爆，這種阿根廷式手榴彈充斥當時軍火市場，他希望我拿給尼游看。我把手榴彈放進手提袋裡，直到把手提袋放在機場運送帶接受X光檢查時才想起來，我嚇得心臟差點跳出來。所幸，機場警衛沒有被發現這顆手榴彈。

我從科羅拉多飛到舊金山見一位尼游

領袖。我們坐在一輛車的後座繞行市區，彙整武器名單，我一度拿出手榴彈讓他看，我注意到司機看了照後鏡，倒抽一口氣。然後我們在一個公共電話前面下車，我打電話給諾斯報告武器清單。我常扮演這樣的角色。諾斯不想和某些人接觸，我就代他接觸。

1985年10月，記者慢慢知道我的存在，他們試圖連絡我。同時國會已經通過給予人道援助，諾斯希望我的活動合法化，於是安排我在尼加拉瓜人道援助處工作。我一方面處理人道援助事宜，另一方面則繼續爲諾斯和尼游做事。我們試圖建立一條南方戰線。我與許多尼國反對派領袖和一些你們稱之爲「國際主義人士」的人洽談。我和一位名叫史帕達佛拉的巴拿馬人來往密切。後來他被桑定政權逮捕，屍體被人發現塞在一個美國郵袋內，頭已經不見了，骨頭被打斷，而且還遭去勢。這讓我了解到我不是在玩遊戲，我隨時可能被抓，但我不是英雄。我只是一個想幫忙的人。而英雄是那些在叢林中打仗、流血拚命的人。

到了1986年夏天，我們的活動開始曝光。諾斯和我一致認爲，我應該採取低姿態。然後有一天我看到電視報導說，諾斯和龐岱斯特被革職。我設法聯絡諾斯，他告訴我給自己找個好律師。他也說：「不論如何，你都要說實話，因爲依照過去的經驗，說謊會弄巧成拙。」數天後，我收到第一張傳票。

我準備接受一切後果。不過我請到一位好律師，他幫我爭取免受起訴，起初我不願接受，可是我的妻子和律師說服了我。我堅信，我做的事沒有錯。我強烈覺得桑定政權可能將共產主義在中美洲地區擴散。我相信美國的美好，篤信民主及自由。我認爲，如果我能表達這些感受，美國人民會了解，甚至會接受我們做的一切。我始終堅信我們的作爲符合公理正義。

伊朗—尼游案確實對雷根的聲望造成短暫傷害。一位觀察家說：「這就像猛然發現約翰．韋恩曾經秘密賣酒和槍給印第安人一樣。」圖為諾斯中校在國會作證。

協助遭黎巴嫩親伊朗游擊隊扣留的人質獲釋。可是這些論點不獲認同：對許多了解內情的人來說，「伊朗溫和派」一詞使用不當，因爲何梅尼絕對不會容許任何會讓伊朗這個神權政治國家偏離既定道路的事物。而且，雷根長久以來一直堅持，絕對不談判解決人質問題，那只會使綁匪食髓知味。

司法部長米斯等人起初歸咎雷根任內國安會助理諾斯指揮這次行動。可是許多人認爲，諾斯只是一顆揹黑鍋的棋子，有更高層的官員支持這項政策，甚至可能連雷根都贊同。與伊朗—尼游案中的指控比起來，就連尼克森在水門案中的「掩飾」行爲也要遜色多了，可是將此案與水門案相比則饒富趣味。記者爲了簡單稱呼這件案子，用過「伊朗門」、「何梅尼門」和「尼游門」，最後以「伊朗—尼游」定案。當參議院的調查委員會被選定時，有些人開始以水門案委員會來看待這整件事。阿拉巴馬州的參議員郝威爾．赫夫林扮演水門案委員會中「鄉下律師」山姆．厄文的角色，而委員會主席，夏威夷的井上參議員亦曾參與水門案的調查，具有重大歷史意義。當諾斯前往說明案情，他已經成爲水門案中說出實話的「約翰．迪恩」。被《新聞周刊》派往採訪諾斯證

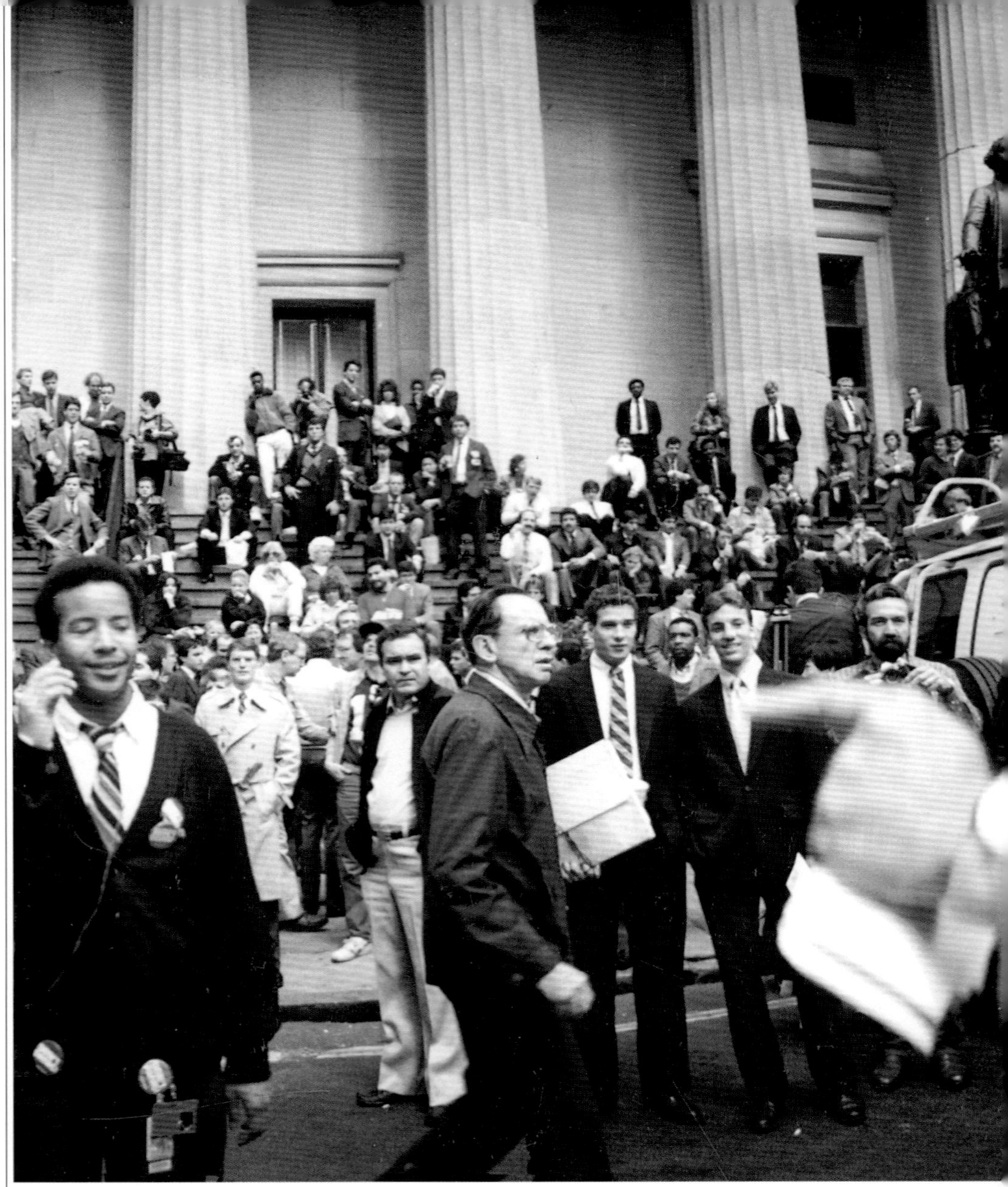

「崩盤的不只是股市。雷根的幻想也跟著崩塌：他相信可以強化國防和減稅，而不需付出代價，他相信國家可以無限期入不敷出。雷根上任初期，在華而不實的樂觀氣氛鼓舞下，已經重建國人破碎的自尊……不過他當總統當得太久了。」

——《時代》雜誌，1987年11月2日

詞的約翰·迪恩本人說，他感覺就像「透過後視鏡看到歷史重現」。

不過這位看似官僚的尼克森前助理從未像諾斯那樣獲得明星般地位。一位記者宣稱：「以某種角度來說，他是穿著掛滿勛章制服的詹姆史都華、賈利古柏和約翰韋恩。」雖然諾斯告訴委員會，他認爲他是在「總統授權下」行動，可是他沒有撇清他做過的事。在六天的作證期間，幾乎每一分鐘都是慷慨激昂的。諾斯辯稱，他的行爲或許違法，可是一定無愧於天地良心。他提到他秘密執行實在情非得已，他說：「說謊對我並不容易。可是我們必須權衡生命與謊言孰輕孰重。」

對有些人來說，諾斯就像穿著軍裝的高茲，不論他的動機如何，這種目無法紀的行爲都應該受到處罰。可是也有許多人爲諾斯著迷，不只是因

一個自稱為神的使者的男性宣稱，1987年華爾街股市崩盤預告「資本主義的結束」，當然這言之過早。80年代的金融市場常常受到恐慌情緒所影響，不過往往都是虛驚一場，這證明了發展中的經濟能屈能伸。

爲他的坦率，而且他語帶哽咽地細訴他的愛國心，以及他向全國民眾述說他所做的一切不是爲了權力或金錢，而是出於對國會的失望和對三軍統帥的效忠。

最後，與水門案的最重要比較，就要切入伊朗—尼游案一個核心問題：「總統知情嗎？他何時知道此事？」在數十名國家安全機構人員作證達數百個小時之後，差點連雷根也無法避免，仍然無法釐清這個問題的答案。即使沒有直接的證據顯示白宮涉入，伊朗—尼游案已經把雷根描繪成一個流氓政府的傀儡首腦或是一個無能且健忘的領袖，他的不察細節最後禍延自己和國家。雷根任內的問題除了遊民、愛滋病、預算赤字激

蘇共改革派英雄人物戈巴契夫抵達布拉格受到熱烈歡迎。上一次蘇聯在布拉格的大動作是1968年，當時蘇聯坦克壓境，鎮壓改革運動「布拉格之春」。

增、大舉建軍外，現在還可加上引發道德質疑的外交政策。而這樣的外交政策居然是來自一個以回歸傳統道德倫理爲其施政計畫主調的總統。在雷根第一任政績當中，似乎只有經濟繼續穩步趨堅一項。然而在1987年10月19日，黑色星期一，連經濟也脫軌。

有些人稱之爲「市場熔化」，營業員無助地站在電腦終端機前面，眼睜睜看著數以百萬計的美元灰飛湮滅，宛如發生三哩島或車諾比核災。股市反轉直下，難以控制的科技（許多賣壓是預先設定的電腦「程式交易」的傑作）加重了股市的跌勢。這裡宛如發生核子事故，人人驚惶失措，彷彿親眼目睹危險的啓示，預告資本主義的結束或西方社會的末日，或者至少是最近繁榮的終結。股市已經漲了太久，它以向上帝挑戰的姿態，漲到危險的高點，現在上帝已經反撲。那一天，道瓊工業指數狂瀉508點，跌幅高達22.6%，意即「紙經濟」的帳面上有5,000億美元化爲烏有，相當於法國的國民生產毛額。

證券商流傳一個笑話：現在提供給客戶新的投資策略，把一半的錢投資債券，另一半用來養孩子。這時彷彿重演1929年股市崩盤的歷史，包括總統都出面喊話堅稱「經濟基本面仍佳」。畢竟雷根崇拜的英雄柯立芝在把政權移交給胡佛時也曾說過相同的話，數個月之後股市崩盤，跟著全球進入大蕭條時代。無疑這段導致災難的記憶此刻再度浮現。現在的股市投資人大多是嬰兒潮那一代，他們的激進投資策略與上一輩大不相同，現在股市崩跌，走過經濟大蕭條黑暗期的美國老一輩流露出「不聽老人言，吃虧在眼前」的神情。

事情演變至此，經濟學家對於這次股災發生的原因感到困惑：有些覺得股市已經飆過頭 ，有人把矛頭指向正在擬議的冷卻購併風潮的立法。更多人歸咎於雷根政府預算赤字愈滾愈大，以及助漲助跌的電腦程式交易。在股市穩定時，電腦程式交易模式運作順利，可是電腦程式並未把恐慌的情緒反應寫入。可是，次年每個人戰戰兢兢等待的大蕭條未曾出現。股市回升，許多交易員恢復崩盤前的心態。「黑色星期一」才過一年，一位併購者就以250億美元兼併RJR納比斯可食品公司，創下當時美國史上最大的購併案，並著手重建另一家公司。

美國爲「抓狂的資本主義」而震動暈眩的同時，蘇聯正經歷自1917年革命以來最劇烈的變革。這兩種情境恰成有趣的對比：美國資本主義列車高速向前衝，速度之快嚇壞了車上的乘客；停頓不前已有良久的蘇聯則終於有人掀開引擎蓋檢查，換新引擎。這是人類史上不同凡響的一頁的開端，是本世紀影響許多人生活的長期鬥爭的最後一章。冷戰快要結束了。

向蘇聯電檢制度挑戰：
「我知道我會被開除黨籍，可是我必須拍這部影片。」

80年代中期，我在莫斯科中央電視台工作。我有一半的時間製作電視節目，另一半時間爲電視台附設的電影公司「艾克蘭」擔任導演。那是接受政府資助的特別公司，導演可以做許多有趣的事。蘇聯有嚴格的媒體審查制度，其中電視節目的審查可能最嚴格。每年我們必須提交翌年的拍片企劃案。通常我提出15到20個案子，常常無一過關。這些企劃案從電影公司層層往上送到電視委員會主席。電視委員會則直接隸屬於共黨中央委員會。

1985年，我提案申請拍攝一部根據安納托利・史崔良尼原著《在媽媽的家》改編的紀錄片。作家史崔良尼才華洋溢，見解獨到，但不與共黨同聲同氣，他也是我的好友。因爲他的觀點，所以他的作品出版並不順利。可是這本書不太具有政治色彩。書中描述他重回母親的家，有趣地敘述這個位於俄羅斯與烏克蘭邊界，他小時居住的小村莊的生活點滴。後來這個企劃案通過審查，列入1986年的拍片計畫。

片子還沒開拍時，我們就察覺到有一股改變的氣氛。多年來，治理國事的人都老邁過時。我們看到這些人老得連依講稿照本宣科都唸得丟三落四，都爲他們汗顏。有許多相關的笑話流傳。他們怎麼能把俄文變得如此好笑和無意義。80年代初，安德洛波夫上台，我突然獲得爲俄羅斯電視台擔任駐外特派員的機會。因爲我是女性，又是猶太人，這可是前所未聞的事情。雖然我決定婉拒，但這項人事安排卻顯示政府正逐漸放鬆管制。

當史崔良尼和我開始拍片時，我認爲可以利用這股改變的氣氛做更有益的事，以加快改變的步調。因此我決定私自變更拍片計畫，改拍有關農民以及個人和共產體制對抗的故事。我們知道這個新構想絕對不會獲得上級核准，可是我們心意已決。表面上我們裝出依照原計畫拍攝的樣子。

其實我們到處訪查農民做研究，最後在一個小村莊停下腳步。在那裡我遇見了出飾片中男主角的不二人選。這位名叫尼可萊・席夫科夫的農民曾經是當地集體農場的一員，可是他爲了開創屬於自己與家人的一個小農場而離開集體農場。他試著向集體農場尋求奧援，可是他們視他爲企圖破壞集體制的自耕農。他侃侃而談、詼諧風趣，又言詞尖銳。透過他，你可以看到我們制度的可爭議處。這個只受過兩年教育的男子站在鏡頭前面，談到私有財產制的優點，以及集體制的無能。這個男人和他的小農場的故事正是蘇聯集體制弊端的最佳隱喻。我在拍攝時，變得很害怕。我知道這可能斷送我的事業。他所說的一切可能永遠不會播出。你就是不能抨擊集體制。我知道，如果拍了這部片子，我將被開除黨籍，可是我顧不了這麼多。我必須堅持下去。我無法解釋爲什麼，因爲我不是那麼勇敢的女人，我怕死了，可是我就是沒有力量對自己說不。

片子殺青，我將片名取爲《來自阿坎格斯奇的眞正農夫》，俄文大致是這個意思。戈巴契夫已經掌權大約一年，他像一股清流，他年輕、勇敢而且聰明，他比其他人都聰明。而且他能夠讓民眾相信他，

圖為戈德芙斯卡雅於1980年代末期在莫斯科拍片情形。

——瑪莉娜・戈德芙斯卡雅，1941年生於莫斯科，1964年畢業於莫斯科國立電影學院，擔任電影攝影師及導演。《來自阿坎格斯奇的真正農夫》一片為她贏得兩座全國電影獎項。接著她又拍了一部同樣受到爭議的影片，描述史達林時代第一批勞改營的故事。1990年她赴美國教電影，目前每年有一半的時間在加州大學洛杉磯分校任教，另一半時間在莫斯科繼續拍片。

支持他。當時我與一群導演和演員同住一間屋子。有一天我下班回家，看到一位非常知名的演員室友坐在車內聽收音機。我說，你可以進屋再聽。他回答說：「戈巴契夫正在講話，我怕遺漏任何一句話。」

對我們來說那是嶄新的東西，突然間人生又充滿希望。戈巴契夫令我們感到樂觀。我們認爲新時代快要到來。終於人們似乎停止了撒謊。我們都受夠了報上的謊言。我們有兩大報紙，一是《眞理報》，另一份是《消息報》。有一個笑話說，《眞理報》上無消息，《消息報》上無眞理，適足以反映蘇聯的狀況。我們讀到的全是假話。每一個人都心知肚明，但束手無策。突然間有一個人出現，那人就是戈巴契夫。

他開始高談「開放」，令人備感振奮。可是剛開始，改變非常緩慢。雖然我們對每一件事都感興奮，可是也充滿不確定性。戈巴契夫在政治局仍遭遇許多阻力。我們不知道國家所走的方向。我們就在這樣的環境中把片子交給共黨中央委員會的一位顧問。他支持戈巴契夫，所以他準備冒險批准這支片子播出。他說：「我將負責播出的後果……這可能毀了我的一生。」

這部影片在周二俄羅斯電視台晚間8點的黃金時段播出。次日全國都在談論這支影片，我在一夕之間成爲名人。電視台想在兩周後重播，可是突然間收到禁播的命令。最後拜「開放」政策之賜，他們決定重播。這支片子敗部復活顯示戈巴契夫戰勝保守派。現在我們的感覺是可以過著沒有謊言的新生活。我們覺得一切都會很快步上正確道路，新生活非常接近了。戈巴契夫邁開了第一步，然後其他人開始推動這列列車前進。

自1970年代中期以來，美國人已經逐漸習慣蘇聯政治上的一種令人遺憾的安定，蘇聯領導階層停滯不前且其官僚體系已經發臭。不過54歲的戈巴契夫於1985年上台，爲克里姆林宮帶來一股清流，新蘇聯開始慢慢浮現。最初很少人這麼想。畢竟，從戈巴契夫的背景看來，他不可能擔負使僵化共產制度恢復朝氣這樣的棘手任務。戈巴契夫擔任黨職多年，拔擢他到這個高位的人，正是建造目前蘇聯這個龐然怪物的一批老朽領袖。蘇聯眞的是怪物，就人民的生活水準而言，該歸類於第三世界國家，但就其370萬大軍及大約25,000件核子武器來說，軍事上而言則是第一世界的國家。

即使戈巴契夫誠心推動改革，即使他的改革可能扭轉長期經濟的頹勢，可是過去試圖推動這類激烈改革的人慘遭失敗的例子大有歷史可循。自蘇聯成立以來，已出現六位領導人，其中只有一位在死前失勢，那人就是赫魯雪夫。他「解凍」美蘇關係及公開譴責史達林搞「個人崇拜」導致他在1964年黯然下台。

可是連頑固、老邁的政治局委員都了解，已經到了生死存亡的關頭，國家需要新血。工業生產受到員工酗酒、曠職和機器故障的影響，少得可憐。房子不敷所需，迫使蘇聯近四分之一都市人口共用衛浴及廚房。此外，雖然共黨總是確信人人有麵包吃（畢竟以前曾爲了麵包問題發生過暴動，導致沙皇下台），可是糧食不足卻是不爭的事實。5月1日勞動節遊行所營造的快樂氣氛更令人覺得荒謬。採取行動改變現狀是必要的。不過，保守派選擇戈巴契夫的原因可能是預期他會帶給舊體制朝氣，而非終結舊體制。

戈巴契夫也將自己視爲蘇聯這個共產國家的拯救者，而非毀滅者。他提出的三合一計畫——開放、重建及民主化——並非悖離傳統，而是重新接合傳統的一種方式。尤其在他施政初期，他繼續擁抱列寧，奉列寧爲國家的精神導師。他說，他領導的政府不放棄革命，將「回歸」列寧主義。畢竟使整個制度腐敗的不是列寧，而是那些承襲列寧的領導者，尤其是史達林，他的恐怖行徑造成極大破壞。戈巴契夫對史達林的罪行瞭如指掌。後來他透露，他的祖父和外祖父都曾在1930年代被這位「偉大的天才領導人」害得坐牢。

戈巴契夫與列寧也有某部分實質相關，例如：列寧1920年代實施的新經濟計畫容許有限的私有財產和私人企業以「過渡至共

「現在出現一個人，喚醒這個沈睡王國。
他不是空降部隊，而是從體制內擢升，
他可能是我們生存的最後希望……
他似乎勇於向不可能挑戰——思想革命。」

——蘇聯作家成基茲・艾馬托夫評論戈巴契夫掌政

擔心受罰的蘇聯知識分子一直過著謹言慎行的生活，如今有「開放」政策護身，諱莫如深多時的劇本和書籍（即使是俄國人最愛的伯里斯．巴斯特納克的著作）搬出高閣，而且詩人（左圖）也走上街頭。

產主義」。不過戈巴契夫搬出列寧與雷根搬出小羅斯福有異曲同工之妙，他們都希望使支持舊傳統的人，那些一生爲國家奉獻的忠貞黨員，以及享受既得利益的菁英分子，能夠更容易接納激進的改革。事實上，戈巴契夫在掌權之前，早已盤算全面整頓這個體制。他後來寫道：「有關經濟、文化、民主各層面的種種都必須重新評估，包括道德價值的腐蝕。」只是他要改革到什麼地步？改革的步調有多快？

1987年7月，莫斯科街頭洋溢著一股興奮的氣氛。報紙上披露貪污及管理不當情事；一度視爲禁忌的抽象畫現在在畫展上展出；連人民的對話也不再死氣沈沈。數月後，被《華盛頓郵報》派到莫斯科當特派員的美國作家大衛．雷尼克事後回憶說，俄羅斯友人當時像孩子般興奮地批評政府。雷尼克在家中與朋友共進晚餐，他倆心知會被蘇聯情報單位KGB監聽，於是他們像叛逆的青少年，對著可能藏有麥克風的吊燈笑喊著反叛的口號。可是因爲戈巴契夫冒了極大的危險提出如此激進的改革，所以如今難以知道什麼口號才算是反叛，是譴責戈巴契夫或是讚美戈巴契夫？

蘇聯政府開始以小額利誘獎勵工業生產，同時，自蘇聯成立至今，政府破天荒舉辦選舉，而且是眞正的選舉。保守派領導人以前公開露面時總是精心安排，站在掛了橫布條的講台上，像機器人似的向遙遠的人群揮手，如今戈巴契夫採取西式作風，親自走入公園與街頭和民眾握手。

蘇聯最令人振奮的改革顯然是「開放」政策，其中最感鼓舞的部分就是「還原歷史」。活在自由民主社會的人很難理解一個國家不只壓制人民，而且還爲了繼續箝制人民而編造歷史。蘇聯人民過去70年來就這樣度過。現在，戈巴契夫施行開放政策，希望把眞相還原，而不只是爲了專制政權順利轉移之類的私利而杜撰的另一套故事，這對蘇聯，甚至俄羅斯，都是激進的做法。1987年初，戈巴契夫會見西方記者審愼地說，歷史的「空白」必須塡滿，「必須還諸歷史原貌」。但是當他把這番話指向傳統的維護者，亦即蘇聯的權力結構時，他的話語帶有新的嚴肅意味。

1987年11月2日，戈巴契夫走向克里姆林宮國會廳的講台，發表他上任兩年以來最具意義的一篇演說。在慶祝布爾什維克革命70週年的場合，他當眾拆穿歷史的「大謊言」，在座的不只蘇聯高層，還有東德、波蘭、羅馬尼亞、捷克、尼加拉瓜及古巴共黨頭子。他措辭審愼，審愼得只有明瞭蘇聯長篇悲哀歷史的人才知道箇中深意。不過不容否認，當他宣布「史達林和他的親信」要爲「倒行逆施及目無法紀的行爲」負責，然後堅稱「世世代代都要記取教訓」時，這對保守派有如當頭棒喝。

戈巴契夫平反了赫魯雪夫一部分的冤屈。他也讚揚列寧的助手布哈林。在史達林放棄列寧的新經濟計畫之後，布哈林尤其反對史達林，後來

經過許多年的壓抑，蘇聯人民的怒氣一發不可收拾，甚至有公審史達林的呼聲。一如一位作家所言：「如果沒有紐倫堡大審，後代子孫可能會不相信納粹令人髮指的暴行。」圖為一名婦女拿著「大恐怖」時代下受害的父親的遺照。

他在1938年被史達林的親信殺害。然而，戈巴契夫還沒有「完全說出事實真相」。例如：他仍拒絕譴責列寧，而且繼續支持史達林於1939年與希特勒締結可恥盟約的決定。但是了解內情的人都知道，戈巴契夫只能慢慢地打開歷史的那扇門，毋庸置疑的，他已經開啓了那扇門。

數月之後，1988年初，雷尼克穿過阿巴特街，那是莫斯科的林蔭步道，突然看到驚人的一幕：有一位少婦請大家在陳情書上簽名。在那時那仍是冒險的舉動。「開放」雖然放鬆對表達意見的管制，可是並非完全不受限制。雷尼克曾看過有人因爲類似舉動而被逮捕。現在他看著一些人圍在她身旁，聽她說明她的目的。她正發起一個名叫「紀念碑」的「根據史實，反史達林」運動，旨在爲史達林時代的死難者留名立碑。

受到戈巴契夫演說以及偉大的蘇聯物理學家兼異議人士沙卡諾夫結束流亡的激勵，「紀念碑」運動發起人不只鼓吹改寫教科書，還主張公開秘密檔案，以及爲史達林恐怖手段的受害者立碑。他們先從辦公室蒐集連署簽名，然後走上街頭，支持者在街道上高舉標語，上面引述戈巴契夫所說的歷史不應「留白」。人們起初有點猶豫，可是到1988年春天，已經有數千人連署（一名義工說，簽名的場景有如排除「買香腸」），尤其「紀念碑」運動領袖出版了一本極盡顚覆能事的論文集《別無選擇》（*There Is No Other Way*），有煽風點火之效。

這本論文集初版印製10萬本，力陳必須查出歷史眞相，以及不查明眞相恐有重返史達林主義之虞。此書出版後，還出現一場相當勇敢的示威活動，示威者高舉譴責迫害的標語。大多數標語都點名批判史達林，但是有一人高舉布條直接爲史達林迫害下的罹難者叫屈，重申必須還給死者一個公道。標語上借用偉大的異議詩人安娜．艾瑪托娃的一句詩：「我想呼喊你們大家的名字。」

數天後，第19屆蘇共黨員代表大會召開，「紀念碑」運動成員拿著好幾大袋的簽名來到大廳，他們的開門見山獲得了回報。在大會閉幕那一天，戈巴契夫於結束演說時不經意丟下一句話，好似為了緩和對在座的強硬派人士的衝擊，他說：「史達林時代的受難者紀念碑必須建造。」

1989年就像1914、1945或1968年，不只是生活出現轉變的一年，而是從一個階段邁向另一個階段的分水嶺，不僅蘇聯（繼續慢慢品嘗自由的果實）和蘇聯的附庸國（很快被稱為「前蘇聯集團」），連中國大陸也出現遊行並高呼改革的學生齊集天安門的壯觀場面。曾經掛滿毛主席肖像條幅的天安門廣場，現在陷入一種似乎在證明東、西方衝突已結束的不協調

中國大陸學生聚集天安門廣場。原本受到戈巴契夫訪問北京計畫的鼓舞，可是到了5月中旬，這位蘇聯領導人到訪時，他的大陸行與數千名絕食抗議學生的處境相比，顯得黯淡無光。由於全球目光轉向北京，抗議學生趁機要求中共最高領導人鄧小平及總理李鵬下台。

1989年6月4日，軍隊與坦克開到天安門廣場鎮壓抗議的學生。沒有人知道到底死了多少人，不過抗議者的勇氣不會被世人遺忘，尤其像這一幕，學生手拉手組成人牆抵擋軍警坦克的畫面。

1989年的革命有時會有一種被某種高超的力量所引領的感覺。哈維爾看著這幀在布拉格一廣場集會的照片說：「我們總是指望無形的舞台導演來引導。我認為，這個（在最前方）男人正轉而向著他。」

氣氛，在廣場上，學生不顧當局的禁令，樹立一尊仿美國自由女神的塑像，在此同時他們拿著「蘇聯」領導人的肖像，高喊：「在俄羅斯，他們有戈巴契夫……在中國，我們有誰？」

在此之前沒有人了解戈巴契夫推動的改革帶來的強大威力，甚至可能連戈巴契夫本人都不十分清楚。他一宣布不再爲東歐共黨領導階層撐腰時，長久以來支持東歐共黨政治合法性的暴力威脅頓時變得空洞無力。而且波蘭、東德、羅馬尼亞、捷克、保加利亞和匈牙利一度佔有優勢的權力結構全都化爲塵土。儘管1977年上台的鄧小平已經開始引進市場改革，但他仍無意開放政治自由，而且即使中共下令以坦克車鎮壓在天安門廣場絕食抗議的學生，殺害了數百人，世人依然覺得學生贏得道德上的勝利。

天安門事件也留下最動人的年度畫面。就好像劇本的安排，一輛坦克與一名男子正面相逢。這輛坦克轟隆隆地前進，要前往執行鎮壓學生的任務。這名男子擋在坦克前面，坦克停下，然後調頭想避開他。可是這名男子再度阻擋。雙方對峙57秒，這場肉身抵擋坦克的20世紀經典對峙有點瘋狂地呈現在世人眼前：在北京街頭，肉身對抗暴力，這時人戰勝了暴力。

波蘭	10年
匈牙利	10個月
東德	10週
捷克	10天
羅馬尼亞	10個小時

——在布拉格一個牌子上，記載著東歐諸國反共抗暴歷時多久才成功。

眼看著戰後秩序瓦解不是因爲炸彈的威脅或暴君的鐵腕，而是因爲自由的力量，令美國人感到訝異。在11月，捷克人民揭竿而起期間，一名工人站上講台朗誦著：「我們認爲『人人生而平等』此一眞理是不言而喻的。」不過我們對於東歐及亞洲發生這些變化仍有些疑惑。冷戰可能就此結束，而且美國人已經贏得勝利了嗎？美國可從共產主義垮台學到任何教訓嗎？美國人沒有從中收到自我反省的訊息嗎？

這個新時代有無數英雄，不只戈巴契夫和沙卡洛夫，對許多人而言，雷根也是英雄。雖然雷根那時已經下台，可是許多人，尤其是保守派認爲蘇聯被迫改弦更張，雷根居功厥偉。他們認爲，由於雷根大舉建軍，戈巴契夫才了解到繼續擴充軍備，只會使蘇聯社會更加民不聊生。波蘭碼頭工人華勒沙仍然爲爭取自由奮鬥，儘管政府實施戒嚴，他所領導的團結工聯未曾放棄抗爭。波蘭籍教宗若望保祿二世亦然，他繼續鼓勵同胞勇敢對抗蘇聯。在捷克則有一位行事堅守原則的作家兼異議人士哈維爾。

哈維爾曾活躍於1968年「布拉格之春」改革運動。不過他不像其他人在坦克粉碎杜布西克主張的「人性化社會主義」之後就放棄。之後他不斷進出監獄，坐牢的時間總計長達五年，有一次他被迫和其他囚犯擠在一間長12呎，寬七呎的小囚室，還有一次獄醫不察或刻意害他，讓他差點因肺炎病死獄中。哈維爾最近一次被拘禁是在1989年秋天，當時布拉格的氣氛已經出現改變。他曾因參加一名自焚抗議1968年蘇軍入侵的青年的悼念儀式而被捕。

接下來幾年，當局曾經製造機會讓哈維爾認錯或撇清與其作品的關

羅馬尼亞總統西奧塞古下令軍方鎮壓示威群衆，導致1989年歐洲最嚴重的流血衝突。人民最後獲勝，獨裁者西奧塞古夫婦落得被處決的下場。不過人民也付出代價。為爭取自由而喪生的死者被送往布加勒斯特公墓時，哀悼者難掩悲痛之情。

係，或至少筆下留情，藉此交換而不會再騷擾他，可是被他拒絕了。承諾對他是神聖的。他曾在70年代領導人權團體「七七憲章」，因此揚名國際。這個團體成立的宗旨在於迫使捷克當局遵守承諾，恪守憲法。他說：「對捷克人民生活一無所知的外國觀察家如果研究捷克法律，就能夠了解我們的控訴。」此話一出，他再度被囚禁，然後當局假裝已經釋放他，其實他是被軟禁。這種自欺欺人的做法，對哈維爾尤其是有趣的諷刺，因為他們讓他「自由」地在自己家中生活，可是在門外立一個「禁止出入」的牌子。

當捷克共黨被迫下台的時刻來臨，人民希望哈維爾出來領導。1989年年底，哈維爾要求當局下台，最後由哈維爾帶領勝利遊行繞行布拉格市區。捷克交響樂團曾與其他組織一起罷工，當共黨政府倒台的消息傳來，樂團當晚匆匆安排一場慶祝音樂會。他們排定演奏貝多芬第九號交響曲最後樂章〈快樂頌〉，以慶祝國家重生。哈維爾走進音樂廳，觀眾已經就座完畢，他們全體起立鼓掌。然後將哈維爾導向他們為他保留的座位──「總統」包廂。

「戈比，戈比！」

──1989年東德青年奚落警方
（註：戈比是對戈巴契夫的暱稱）

東歐共黨垮台浪潮的最大浪頭非德國莫屬。怎麼能不是德國呢？因為長達一個世紀的東西衝突使世界長期動盪不安，而柏林正是震央所在。畢竟，德軍在1914年自柏林開拔，從而展開了第一次世界大戰，1930年代希特勒也是在柏林建立他惡名昭彰的納粹國家，厲行他的扭曲理論，策畫他對付猶太人的行動。1945年，蘇聯軍隊抵達柏林，結束了歐戰，而且美、蘇在柏林的一場對抗，為冷戰寫下定義。在歷史上人類對抗鐵腕統治的場景很少有比柏林圍牆更令人感到心寒與陰森。1961年樹立的倒鉤鐵絲網與水泥磚塊屏障分隔東、西柏林，曾經促使約翰·甘迺迪以獨特的加強語氣手勢，敦促那些對共產主義為害人類存有疑慮的人「到柏林看看」。最後在柏林的布蘭登堡大門，雷根於1987年向戈巴契夫挑戰。仍然懷疑戈巴契夫之用心的雷根，呼籲戈巴契夫以更激進的作為來展現誠意。他高喊：「戈巴契夫先生，打開這道門！戈巴契夫先生，拆掉這道牆！」

柏林圍牆矗立28年來，許多東德人為了越過圍牆而身亡。可是到1989年夏天，由於東歐集團愈來愈開放，突然間有許多更簡單的方法由東德前往西德，而毋須向東、西德邊界警衛挑戰，已經沒有人大費周章攀爬圍牆。東德人只需進入匈牙利或捷克（從蘇聯的附庸國進出另一個附庸國較為容易），然後取得捷、匈當局的許可，即可進入西方自由的國度。

離開東德的人群從小細流變成大浪潮。到秋天，幾近25萬人透過此一途徑出走，相當於一小時有300人離開。雖然前任東德領導人宣布百年內都不會開放邊界的話猶在耳邊，但是東德新上任的共黨領導人為了獲得善

打倒萊比錫的共產主義：
「我們是人民……請跟我們走。」

1980年代，美、蘇之間緊張氣氛逐步升高，我們擔心捲入核子對峙漩渦。在我居住的萊比錫，年輕人開始聚集在教堂祈禱和平。隨著時間的流逝，聚會的群眾開始討論生活中的種種問題。後來這些聚會像是一種抗議。

我從未參加任何和平祈禱會，但在我前往吉旺德戲院會路經教會，注意到警方監視著教會及會眾的動靜。氣氛愈來愈不安。我們可以感受有什麼事要發生，而且可能破壞我們整個生活秩序，樂團裡有些樂手因而無心演奏。

1989年夏天，我接獲萊比錫一個居民的來信，要我協助因非法在街頭表演而入獄的樂手。政府禁止人民未經許可，私自在戶外唱歌及奏樂。因此我邀集萊比錫的街頭樂師、警方、秘密警察、黨員及市議會一起開會。會議開始時熱鬧有趣，可是討論漸趨嚴肅，顯然我們要的不只是街頭表演的自由，而是政治自由。這是民眾頭一遭非常公開地談論在萊比錫生活的現況。這也是後來所有活動的彩排。

當時政治改革浪潮席捲中、東歐。1989年夏天，匈牙利開放邊界，讓數千東德人逃往奧地利。在萊比錫，情況則不相同。人們聚集抗議政府，他們不想離開東德。我認爲前往西方不是好主意。我擔任吉旺德劇院樂團指揮，曾經接獲許多赴美工作的邀約，可是我不想離開這個世上數一數二的交響樂團。

10月7日，我們慶祝德意志民主共和國（東德）建國40周年，政府試圖舉辦一場慶祝活動，告訴世人和東德人民，一切依然如常。我認爲，這可能是何內克總理犯下的最嚴重錯誤。蘇聯總統戈巴契夫參加這次慶祝會，連他都警告何內克要留心民眾的不滿情緒。當天在柏林等城市就發生警方與示威群眾嚴重衝突的事件。我們有預感在萊比錫可能會發生類似事情。

最關鍵的一天是10月9日。參加聚會的人數愈來愈多。我們知道當晚將會有一場大示威。當天晚上交響樂團排定一場音樂會，所以我利用早上進行彩排。彩排後，有人告訴我，政府已經在萊比錫四處部署安全部隊，準備鎮壓示威。我在彩排後回家稍做休息，然後接到政府文化部長電話。接著有三名黨員和三個非黨員（包括我在內）共商因應策略，約莫過了30分鐘，六人達成協議。我們堅持，這次示威不會太激進，相對的，政府應保證軍警保持平和。會後，我們準備返回吉旺德劇院，路上幾乎寸步難行。數千人正在聚集準備示威。我們把和平示威的訊息轉達給所有正在舉行和平祈禱會的教會，並製作協議內容錄音帶，在萊比錫四處播放。

左圖：馬修在1989年帶頭展開一場公開討論會。

下圖：在萊比錫聚集著爭取自由的示威民衆。

——科特．馬修生於1927年。一場病使他的右手幾個手指失去活動能力，於是他放棄主修鋼琴，轉而從事指揮工作。1970年他成為萊比錫吉旺德劇院樂團的指揮，1974年首度帶領樂團赴美演出。1991年，馬修獲任紐約愛樂交響樂團的指揮。

我們知道示威可能失控。和平祈禱在6點左右結束，然後人們聚集街頭準備和平示威。這是緊張的一刻，因爲只要小小的摩擦就會引爆衝突。軍警也在街頭待命，坦克部署在市郊。有些人向父母道別說：「我要去參加示威，不知道會發生什麼事。」

當祈禱會在下午6點結束時，人們離開教堂時高喊：「我們是人民，請跟我們走。」他們手拿蠟燭行經萊比錫市中心。然後他們開始和士兵交談，年輕人把鮮花插在士兵的槍上。這眞是不可思議的一刻。到7點30分，遊行隊伍走完全程，返回吉旺德劇院。

我們的音樂會預定8點開始。我希望這場音樂會能夠繼續告訴政府，我們會將生死置之度外，堅持下去。雖然有些人害怕性命不保，可是音樂會座無虛席。當晚我們演奏例行曲目，我指揮的雙手顫抖，樂師也心情緊張。音樂會結束，觀眾全體起立鼓掌，他們不是爲音樂而鼓掌，他們是說：「我們和平地度過這一天。」我這一生第一次強烈感受到：音樂不只是娛樂而已。

次日早晨，每個人照常工作。我們不知道這次示威會對東德造成如此大的改變。可是這次示威帶動了其他地方的示威，因爲大家都說：「哇，這有效。」年輕人有夢想的感覺眞好。我必須說，那年10月是我一生中最快樂的時光之一，我看到充滿希望的眼睛，也體會到自由的滋味。

意的回應，只好勉爲其難地下令開放東德邊界。

幾乎同時，人潮湧上東柏林街頭並向圍牆邊的警衛高喊「開門」，而牆的另一邊，聚集許多準備迎接的西柏林人，手中還拿著德國馬克準備發給重獲自由的東德同胞做爲慶祝之用，因爲東德的貨幣在西德等於廢紙。開放邊界命令在午夜生效時，民眾歡鬧地一湧而上，他們期盼這一刻已經盼了近30年，許多人早已放棄希望。

34歲的安姬莉卡・瓦契是第一個跨越邊界迎接此一歷史新紀元的東德人。她叫著：「我簡直無法相信。我不再覺得像在坐牢。」她身後跟著成千上萬的東德人，每個人都笑得合不攏嘴。彷彿突然出現一場狂歡派對，所有的秩序都崩潰了。年輕人跳上以前被列爲禁區的圍牆上，把香檳灑在經過的每一輛車上。東德民眾爬上圍牆，看也不看地就跳向另一邊，確信興奮的西德同胞會接住他們。甚至警衛也加入喧鬧的行列。一名警察說：「當我們接獲命令時，我們和別人一樣感到驚訝。」

「這一下是爲我的母親敲的，這一下是爲芙琳姐姑姑……」

一名控訴柏林圍牆害得她「家破人亡」的婦人於1989年11月不斷敲擊已殘破的柏林圍牆。

人們反覆的叫道：「圍牆不見了，圍牆不見了！」大家興高采烈的慶祝，興奮得不得了。沒多久， 到處人手一把鐵槌、鑿子或十字鎬，把這個令人唾棄的象徵變成石塊紀念品。這道曾經充滿邪惡而且怒目注視柏林數十年的圍牆，短短數日，就成爲一個殘缺的圖騰，一道滿是坑洞的水泥石板。到查理檢查站遊玩的觀光客如今會要求警衛與他們的孩子合照留念，而且受過攻擊非法越界者訓練的300多隻警犬很快就有了新主人。現在留牠們有何用？

全世界的情緒都暈陶陶的，尤其是德國人嘗到重獲自由的滋味就像喝了瓊漿玉液。邊界開放的當晚，住在棄置的史塔肯關卡附近的一名男子外出檢查他的溫室時，看到一個穿著長睡袍的女人踮著腳尖跳舞，跳過空蕩蕩的木造檢查哨亭。這名女子好像夢遊般突然停下，搜索地面，然後看著他。她問道：「邊界線在哪？」他們兩個人仔細尋找數小時前尚不能通行的那道線。他們找到邊界線之後，女子便站在線上，踮起腳尖快速旋轉，然後心滿意足地回家了。

西德綠黨建議在政府採行「妥善處理廢棄物政策」之前，「暫停敲毀柏林圍牆的工作」。可是他們的訴求無效。根本沒有人想要等待「廢棄物管理」制度建立之後再來拆除這道牆。

12

科技新紀元

1989-1999

前跨頁：20世紀末的人類與本世紀初的人類一樣，都沈迷於新科技的發明。攝影師在這張預先設計好的照片中， 描繪出高科技的90年代家庭生活：媽媽有部筆記型電腦， 爸爸在講大哥大， 一家大小都帶著虛擬實境的特製眼鏡，藉此領會虛擬實境中的曼妙光景。

冷戰的結束引發了全球資本主義的新風潮，這股資本主義風潮雖非由美國主導，但也相去不遠了。美國文化象徵之一的麥當勞1992年在北京開業，開張首日就吸引了創紀錄的25,000人潮。 到了1998年，全中國已有將近兩百家麥當勞， 同時也促成了當地一些習俗的美國化，例如乾淨的洗手間與排隊的習慣。

科技新紀元1989-1999

1996年2月17日，美國賓州會議中心，在歷來最受矚目棋賽的最後一局（第六局）對弈中，棋王蓋瑞・卡斯帕洛夫在他的第40步棋出手之前，伸手過桌，取回他的手錶。時年32歲的卡斯帕洛夫是全球公認的有史以來棋藝最高超的棋王，此時這個取回手錶的動作略微表現了他一貫出了名的傲慢。當卡斯帕洛夫覺得棋局一切都在他掌控之中，而且已經把對手逼到沒有退路時，這個亞美尼亞棋王就會伸手取回他的手錶戴上，藉此給對手一個下馬威。此時棋王就好像在告訴他的對手：棋局已近尾聲，我該收拾東西，在開始塞車之前上路回家了。但在此刻，卡斯帕洛夫的舉動想必是習慣使然，而非刻意。今晚坐在他對面，對他的每一步棋都立即還以顏色的是個不受任何心理戰術影響的強勁對手：一部沒有感情，絕頂聰明的電腦。

卡斯帕洛夫與大家暱稱「深藍」的IBM RS/6000 SP 電腦對弈，先前都被視爲是一項競技，但是許多人已開始認爲這個比賽蘊含著比競技更深的意義。下西洋棋需要才智與謀略，正因如此，西洋棋始終被視爲是人類智慧的表徵。如果現在電腦可以設計到足以與世界頂尖的棋王相抗衡，這代表著什麼意義呢？是否意味著科學可以複製人腦，或是機器終究可以超越「解決問題」的功能，而達到可以「思考」的境界？如果電腦的棋藝可以像卡斯帕洛夫一樣精湛，那麼期待電腦譜出如巴哈賦格曲般的優美樂章，或是寫出如英國名詩人華茲華斯般的感人詩句，是不是只是時間的問題？卡斯帕洛夫以四勝二負的戰績，贏了這場在美國費城舉行的棋賽。但是棋王緊張地承認他數度察覺到對手在進行「忙碌活潑的思考」， 同時，

「深藍只是一部機器， 他的心智能力和一個花盆不相上下……深藍所傳達的主要訊息是：人類是最佳的機器發明家。」

——耶魯大學電腦科學家大衛．葛倫那特

「這眞具有悲劇色彩，這是個時代的凋零，人類或許不再是宇宙的主宰了……。」

——西洋棋專家潘多費尼對電腦與人腦對弈的評論。

電腦贏了兩局棋賽已足以令IBM 的工程師們肯定自己的成就。現在，離1997年的二度競賽只剩下幾星期了，許多人開始質疑：如果這一次「深藍」贏了怎麼辦？

《哈潑》雜誌對此問題舉辦了一場熱烈的座談會，與會的一位詩人席柏特認爲，大眾對人腦與電腦對弈的憂慮，反映出在90年代到處可見的一種焦慮感：科學已開始對人類進行反撲，其中尤以受孕與複製研究的進展更加深了人們的疑慮。席柏特說：「人們會開始認爲我們只不過是一些生理體液的合成體，只要正確地加以重新組合，就可以複製。」電腦科學家賈隆．雷尼爾也同樣感受到，大眾對於到底什麼可稱之爲人，愈來愈感不安，他認爲，「電腦愈能完成人類難以辦到的事，那麼人的定義就愈受到質疑。」但是作家詹姆士．貝理把這種疑慮歸咎在錯誤的前題上。他說：「我們人類，身爲一個物種，將智慧與思考能力定義爲人類有別於其他生物之處。」他接著又說：「(但是，)『深藍』一腳就踢翻了這種令人懷疑的高姿態……；如果我們能夠因此體會到——人在本質上並不只是具有分析能力的個體，我們的本質應該屬於層次更高一點的東西，那就算是種正面的進展了。」

一般而言，卡斯帕洛夫和其他棋手的思考受限於己身的經驗，僅能推算出有限的布局，第一代的電腦也被設定以這種方式思考。但是這些年來，電腦程式設計師發現，電腦若忠於自己的長處，以電腦的方式而非依人類的思考模式來下棋的話，結果會更佳。因此，IBM設計出的系列電腦遵循所謂「機械式」的思考途徑，在這樣的思考過程中，每一步棋基本上都是重新開始，在幾秒鐘內考慮10億種棋步，然後選出最好的一步棋。這樣策略性的轉變早在「深藍」誕生之前就已成型，同時也大大提高了「深藍」的競爭力。也正因如此，大家更關注人腦與電腦對弈所引發的問題：我們該如何判斷電腦和人腦一樣精妙？是依據電腦能否模擬人類的思考過程？或是看看電腦是否可以用自己的方式，輕易地與最聰明的人類相抗衡？

1997年5月，大家熱烈期待的人腦與電腦的第二戰終於來臨。當卡斯帕洛夫在曼哈頓與「深藍」再度交手時，他認爲自己是代表全人類參賽。有人在現場(一張票美金25元)，或是透過網路(網址：www.chess.ibm.com)殷切地觀看電腦與人腦對弈。第一回合世界棋王爲人類爭光，正如美國一位前任棋王所形容的，「深藍」像傻瓜一樣被打得招架無力。但是卡斯帕洛夫隨後承認，電腦可以同時考慮千萬種不同的棋步，逼得他殫精竭慮，緩慢地「思量，思量，再思量」。他同時坦承不知道自己能撐多久。他說的沒錯，五局棋賽結束時，電腦與人腦各勝一場，其他三局都打成平手，此時「深藍」還是神色自若，卡斯帕洛夫卻已筋疲力竭。在第六局也是最後一回合的比賽中，他出人意料地慌張出手，以一連串險棋迫使「深藍」犧牲一個騎士，但是卻使得棋王自己的國王毫無屏障。卡斯帕洛夫不久就意識到大勢已去，他突然起身，棄子投降。這局棋只下了19步。

對許多人而言，20世紀的最後10年在渾沌不明與劇烈變遷中揭開序幕。這個情況就好像一個人初抵一個陌生的國度，當地人都講著不同的語言，或是剛搬到一個新社區，看不到熟悉的面孔和景致。大家都公認時代不同了，現在不再是現代，而是後現代；這個世界也不再是冷戰世界，而是後冷戰世界。正如現代的許多教條已經過時見棄，超級強國之間爲進行武器競賽已花下大把銀子並投注大量腦力智慧，至此也已如強弩之末，後繼無力。這些事情構成了大家所熟知的的國際局勢。

不管南斯拉夫的共產黨政府有多腐化，它最起碼統合了這個體質脆弱的國家。圖片中一個克羅埃西亞的男孩哀悼其亡父。他的父親是名警察，遭塞爾維亞游擊分子殺害。

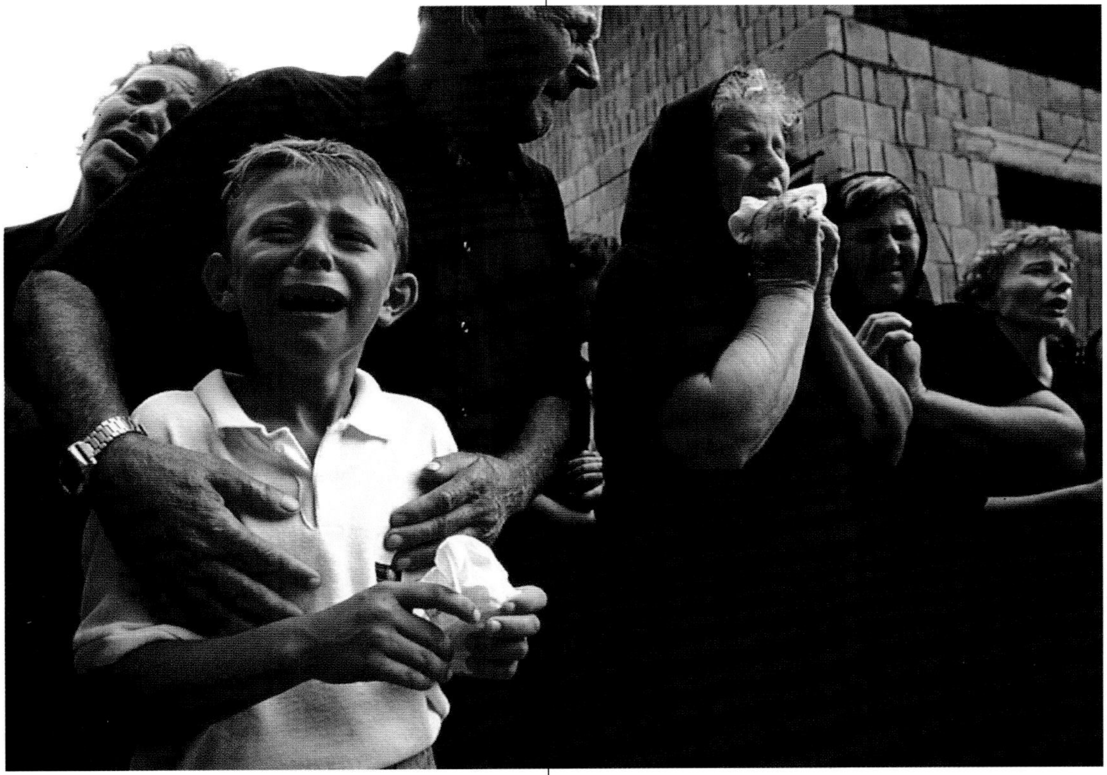

相較之下，逐漸展現的新世局卻大不相同——這並不見得不好，其實有許多改變都相當不錯——但是新興世界的確大不相同。冷戰長久以來已主宰了西方人民的生活，冷戰的結束就好像解除折磨了人民一輩子的痛苦，這種使人肌肉萎縮的痛苦去除之後，現在是人民重新學習到處走動、適應新生活的時候了。在歐洲，共產主義瓦解後，隨之而來的是一連串的問題：西德能在不損及國家穩定與繁榮的情形下接納東德嗎？如果西德辦得到，東西德統一能讓世界其他各國安心嗎？強盛而野心勃勃的德國已引發了兩次世界大戰，那些對此記憶猶新的人民，會不會擔心東西德統一是第三次世界大戰的序曲？

東歐民眾則面臨不同的難題。由於東歐各國過去在高壓統治的保守政權下根本不容許反對黨的存在，鮮少面臨嚴重的抗暴場面，以致在威權統治結束後，各國政府都缺乏經驗與能力來鎮壓冰凍三尺的種族衝突和積壓多時的政治怨懟。這正好證明了一個定律：最嚴重的暴動與政治亂象不是發生在革命時期，而是發生在革命完成之後，也就是國家必須在各種勢力相互競逐的亂局中，找出本國的新定位、新身分的時候。

在世界新秩序的形成過程中已造成許多傷亡，特別是在1992年已瓦解的蘇聯境內。蘇聯原先的加盟共和國現在已獨立爲一些新國家，一個新的俄羅斯也在這種情況下誕生。俄羅斯人民所要的變革超過戈巴契夫試驗性的改革計畫，一心思變的俄羅斯人民於是把戈巴契夫與共產黨打入冷宮。捷克這個由具不同歷史背景的不同種族所組成的國家，則分裂爲捷克與斯洛伐克兩國。而那個因爲沒有更好的稱呼，勉強稱爲「前南斯拉夫」的國家，則陷入不同族群交戰的場面。若有人想到第一次世界大戰的起因，當會對巴爾幹半島局勢的發展感到毛骨悚然。當年，巴爾幹半島的種族衝突導致奧匈帝國皇儲遭到暗殺，隨即引發了血腥遍地的第一次世界大戰。東方與西方的冷戰會不會只是人類歷史演進的插曲？人類最終是否會回歸到1914年第一次世界大戰發生的原點，以巴爾幹半島爲起點，走回血淋淋的老路？

「班尼頓的統一色彩」

90年代班尼頓服飾的廣告詞，意味著全世界消費者的統合。

儘管歷史宿怨的鮮血不斷淌出，民主與資本共識仍逐漸形成，而跨國的經濟交流亦持續加強。有鑑於此，各國之間的經濟往來也與日俱增，非但東歐國家舉行了50年以來第一次眞正的選舉，就連與東西冷戰結束沒什麼關聯的國家也開始採行民主理念。1994年，南非的黑人首度擁有投票權，而且馬上選出「非洲民族黨」的領袖尼爾森．曼德拉爲總統(曼德拉坐了27年的牢，當時才剛出獄)。在許多一直排拒資本主義的國家，不僅是俄羅斯和東歐，還包括中國大陸與越南，資本主義已然佔了上風。這使得全世界成了一個超大型的市場。馬克思主義者宣稱全球社會最後終將步入「大同世界」的情況似乎正隱然成形，但是這個大同世界並不是由馬克思主義者所預言的工人階級所組成，而是由全世界的消費者與最遭馬克思唾棄的資本主義精神所組成。到了1997年，甚至連戈巴契夫也心甘情願地加入資本主義陣營，出現在美國電視廣告上，擔任必勝客披薩的發言人。

80年代，他統馭了一個帝國；但是到了1997年，失業的戈巴契夫替必勝客披薩工作。這位被許多人認為是現代史上數一數二的重要領袖解釋說：「我認為食物是民生大計，如果我的名字能促進消費， 又有什麼不可以……。」

作家法蘭西斯．福山爲此趨勢下了註解，他說：「歷史已然終結。」大膽宣稱全世界將在自由民主政治與市場經濟理念下共存，許多美國人對他的看法大表歡迎。今日的資本主義雖然本質上是超國界的，但其型態上卻是非常美國化。這種經濟型態不僅滿足市場需求，更深入大眾文化，創造出如某歷史學家所言的「麥當勞世界」。在「麥當勞世界」中，人們不僅藉著商業活動產生關聯，更因交通、資訊交流與娛樂而緊緊相連，而這

廢除剝奪南非黑人最基本權利的種族隔離制度， 為本世紀比較值得稱頌的勝利。這也證明了橫掃全世界的民主精神，並不局限於前共產陣營。上圖為初獲選舉權的南非民衆為曼德拉助選的熱鬧情況，後來曼德拉得到60%的選票，輕鬆當選南非總統。

「電腦當機了……。」

90年代的悲歌，幾乎大部分的商業活動與資訊交流都告停擺。

樣的經濟型態就是發源於美國，當然對美國有利，到了90年代末期，美國已儼然成爲經濟的伊甸園，通貨膨脹率與失業率超低，低得微不足道，而且經濟成長率達4%，高於過去20年的平均成長率2.4%。

24小時全天候播出的美國有線電視新聞頻道，以及風行全世界的音樂電視網（MTV），對於美國推動的世界經濟潮流有推波助瀾之效，網際網路的發展也功不可沒。無遠弗屆的網際網路驗證了麥克魯漢的地球村預言，在這個電子世界中，人們相聚在某個虛無飄渺的空間角落。到了90年代，科技確實已經不再是個可以開開關關的東西，科技已經成爲我們賴以生存的園地。要欣賞其間的美景，最好的方式是悠遊於資訊高速公路上(套用一個與網際網路有關的流行術語)，不過就算我們不上網遨遊，也可以感受到我們已置身在資訊時代，甚至無力抗拒。若非如此，我們怎能解釋爲什麼90年代的人們每天追蹤發生在千里之外的醜聞的絲微細節？爲什

數百座科威特油田遭伊拉克軍隊縱火，一群美國士兵在漫天煙火中奔向科威特市。沙漠風暴行動有其崇高的道德理由——布希總統甚至將哈珊比喻為希特勒——但是經濟因素也是一項重要考量。油價與科威特的自由息息相關。

麼連醜聞的後續審判也不放過？爲什麼對公眾人物的辭世悲傷不已，哀傷之情甚至已超越時空國界與文化？現在，拜科技發展之賜，我們無法不去注意辛普森案，黛安娜王妃車禍殞命，甚至陸文絲姬案的最新進展。

然而，這些承襲自電信科技的新資訊產物，僅是科技再度促成人類社會與政治重大變化的一個例證。自本世紀初以來這是前所未見的，透過電腦與生化科技的驚人發展，90年代的科技再度爲人類帶來新希望。的確，站在目前科技成功發展的角度來看，代理孕母，選擇性墮胎，捐贈卵子和出借子宮，生與死的新定義，對基因科學的執著，以及可能失控的複製技術等，種種這些進展，使得1978年發展之初被視爲是驚世駭俗的試管受精，現在看來好像與接生婆一樣過時。

90年代在新舊世代交替間存在著一些令人左右爲難的困境，這也就是後現代、後冷戰、後工業社會的困境。一方面，資訊新科技統合了新世界，人類因而結合成爲一個資訊新世界；另一方面，根深蒂固的種族仇恨再度爆發，不只在波士尼亞挑起戰禍，也使美國種族紛爭不斷，美國的右派好戰分子因而變得更偏執。像這樣的兩種極端，怎麼可能並存？歷史學家卞恩・巴柏並擔憂，回教聖戰組織之流以種族主義爲基礎的褊狹狂熱情緒，如何與四海一家的「麥當勞世界」並存？人類該如何在日新月異的科學發展下，仍然保持對人性的堅持？20世紀末的人類，該如何迎接期待已久的21世紀？

談到軍事方面的「先發制人」時，「沙漠風暴」行動是最顯著的例證之一。顧名思義，這個軍事行動除了在沙漠中激起飛沙走石的風暴之外，名稱本身也可以是廉價小說的書名，B級電影的片名，甚至是電玩遊戲的名字。1991年初，24國盟軍聯手攻擊伊拉克，企圖逼迫侵略鄰國科威特的伊拉克軍隊撤兵。這是場速戰速決的戰爭，以美軍爲主力進行了40多天的空襲，之後加上不到100小時的地面攻擊，數千枚新型的高科技炸彈(五角大廈的正式術語爲PGM「精準導彈」)，橫掃伊拉克軍隊的各據點，結果將伊軍逼回巴格達，使伊拉克在國際間顏面盡失。

對美國而言，波斯灣戰爭是美軍在越南慘敗後的首場戰爭。整個1990年秋天，布希總統力促國會支持政府出兵，美國民眾則展開激烈的爭辯，討論是否應該攻打伊拉克。此時的美國，就好像是一個經歷了失事慘劇的飛機駕駛員，多年之後重新回到駕駛艙。誰知道90年代的波斯灣戰爭會不會變成60年代和70年代的越戰那般？美國的子弟兵會不會葬身波斯灣？美國內部會不會再度陷入長期無法平復的、主戰與反戰間的矛盾？

但是毋庸置疑，現在的情勢和以前大不相同。與美國聯手阻撓哈珊佔領盛產石油之科威特的國家當中，包括了蘇聯。這是自從第二次世界大戰以來，美蘇首次聯手出擊。如果這是美國自越戰後第一次重返戰場的話，這也將是美國總統所稱之「世界新秩序」的第一仗，這個後冷戰時代的「秩序」，意味著諸盟國以世界警察的姿態，聯手打擊侵略行為。

這個主張隱約回應了老羅斯福總統的外交政策。老羅斯福總統堅持，先進國家有責任維持國際正義。套句吉卜齡的用語，這也就是所謂的「白種人的負擔」。但是老羅斯福總統可能想像不到維持正義，會是一場像波斯灣戰爭一樣壯觀的戰事。波斯灣戰爭的意義不僅在盟軍的組成與目的，戰爭的進行方式也相當特別。第一次世界大戰使人類進入機械戰，第二次世界大戰時軍事科技更為精進，普通老百姓也成了攻擊目標。在波斯灣戰爭中，電腦科技將武器與戰略提升到科幻小說的層次：電腦程式導引的炸彈可以滑入通風管道命中地下碉堡，炸彈不但可以擊中橋樑，更可以命中橋樑的中心部位，保證徹底摧毀。1991年1月17日凌晨3點，美國自「威斯康辛號」航艦上發射了一枚戰斧巡弋飛彈，揭開波斯灣戰爭的序幕，巴格達自此遭受了人類歷史上屈指可數的最慘烈的空襲。

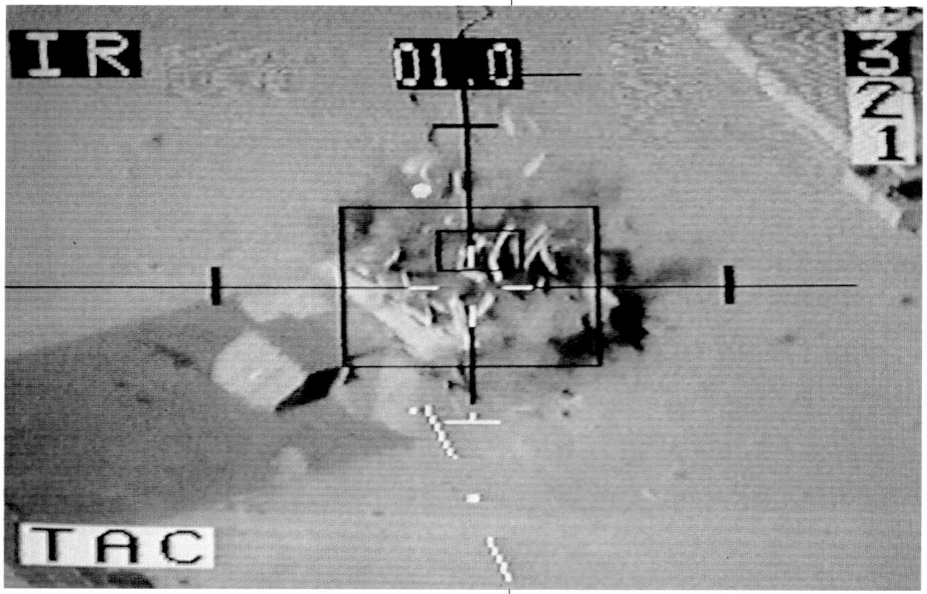

新型炸彈有電眼裝置， 飛行員可藉此確切監控任務執行的進度。這個畫面證實聯軍突襲成功：伊拉克一個彈藥庫被摧毀。

稍後的報告顯示，美國的電腦程式並不如先前所宣稱般精準。但是毋庸置疑，戰爭本身已進入了如國防專家們所稱的「軍事新紀元」，一個「軍事千禧年」。隨著衛星定位的日益精準 (不出幾年，衛星將可以找出地上方圓五公尺以內任何一定點)，不久的將來戰爭可能變得像刪除電腦檔案一樣簡單：掃描戰場，鎖定主要目標，然後有系統的摧毀目標。

美國的新戰略塑造了「乾淨」戰爭，讓戰爭顯得精準而且有效率，讓人疑惑的是，這種方式使參戰的軍人與眞正的戰場保持距離——在波斯灣戰爭中的年輕駕駛員說，他們在波斯灣出的任務，讓他們想到電玩遊戲——然而，這樣的戰爭型態滿足了喜歡速戰速決的民眾。布希總統宣稱：「越戰的恐怖魅影已永遠埋在阿拉伯半島的沙漠中。」不幸地，這樣的說法讓人認為，美國出兵伊拉克為的是解除自己的心理負擔，而不是為了維護國際正義。但是經過越戰的慘痛教訓之後，大部分的民眾對波斯灣戰爭

一位參加波斯灣戰爭的飛行員的故事：

「這是我這一代的戰爭。」

我10來歲時，渴望擁有一輛摩托車，可是我當醫生的父親說，有許多和你同年齡的孩子就是因爲騎摩托車車禍身亡。不過如果你眞的想要刺激，我送你去學習如何飛行。因此，我在七年級時開始飛滑翔機。那時我已經知道我想要駕駛飛機。1974年高中一畢業，我就進入海軍官校。

1990年我奉派到海軍附屬第17空軍中隊服役，我們屬於航空母艦「薩拉托加號」。我們排定8月移防中東，所以當伊拉克在8月2日侵略科威特時，我們已經做好準備與訓練。說實話，我不十分關心波斯灣局勢。我是中隊的維修官，所以我只關心我的飛機與士兵在移防日到來時是否做好準備。我們快要啓程時，另一個中隊的維修官推推我說：「嘿，中東局勢告急，你們有機會打下米格機。」我們眞的不知道未來會發生什麼事。8月20或21日，我們開抵紅海。那時科威特已經被佔領，大軍正調往波斯灣地區，以阻止伊拉克進一步侵略。戰爭爆發前，我們已經在中東待了5個月。如今我信奉基督教，當時基督教幫我面對死亡。我覺得，如果蒙主寵召，我也樂於接受。另一方面，我厭惡殺人。幸運的是，當時的科技與戰術，我們可以更精確地瞄準，命中目標，而且造成最少的傷亡。

元月15日，我們得知外交斡旋已經失敗，攻擊伊拉克行動即將展開。我們已經接受攻擊訓練數月，所以想到可以實地演練而感到有點興奮。從「薩拉托加號」開始的第一波攻勢旨在壓制巴格達四周的防衛網。第一批飛機在清晨大約三、四點出動，我並未參與。當我奉命參與第二次攻擊時，得知有一位飛行員在伊拉克中部殉職。他是我的好夥伴，兩個孩子的父親，我們兩家的孩子上同一所托兒所。可是他

——馬克·福克斯生於1956年，1978年6月自美國海軍官校畢業並旋即入伍，於1980年3月獲頒空軍飛行胸章。波斯灣「沙漠風暴」行動期間，他率領四個主要空軍聯隊出擊，飛行18個戰鬥機架次。他獲得獎章無數，包括銀星勳章、國防嘉獎勳章、兩枚嘉獎勳章、七枚空軍勳章、兩枚海軍表揚勳章和海軍成就勳章。現任海軍立法事務辦公室聯合攻擊及航空計畫聯絡官。

右圖：海軍少校福克斯攝於1991年。

就像煙一樣消失。這件事幫助我們了解目前的情勢攸關生死。

17日我首次出戰鬥任務，目標鎖定伊拉克西部一個飛機場。這個飛機場設有薩姆地對空飛彈系統。從紅海越過沙烏地進入伊拉克一趟路程有650海里到750海里。沒有戰機可以飛行那麼遠而不用加油，所以每次出任務就有加油機隨行。一般說來，五哩的路程在空中可能有四或五架加油機，而每一架加油機可能配有五架海軍飛機。所以在天空五哩長的範圍，可能同時有20到30架飛機加油，那眞是奇景，尤其是夜空被燈光點亮，就像在晚上飛越帝國大廈上空。

當我們接近目標，預警機告知伊拉克戰機正在前方。我的飛機載了四枚2000磅炸彈，所以我沒有想過和米格機空中交戰的情形。不過我鎖定一架在我正前方的伊拉克米格機。敵機以1.2或1.3馬赫的超音速速度飛行。我發射了一枚響尾蛇飛彈。由於我不確知是否命中敵機，所以我又發射了一枚麻雀飛彈，敵機確定被擊落。

這時我們位於攻擊目標南方30哩。我們的雷達發現目標正上方有飛得很高或很低的飛機，怪的是通常保衛某一目標的戰機都不會在那樣的位置出現。那時我想這是否是伊拉克設下的陷阱。在兩伊戰爭期間，伊拉克會派出飛機當誘餌。當伊朗F-4準備獵殺那架飛機時，伊拉克就派米格機出其不意地攔截。我趕緊看看後方以判定這是否爲誘敵深入的陷阱。然後看到後方飛機轉向飛去。我決定不追擊，因爲我這次的任務旨在投擲炸彈進行轟炸。然後我投下炸彈，看到四枚2000磅炸彈一起掉落，就像四條小魚掉在池塘裡。可是我也看到機場冒出砲火及煙塵。有好幾十個像火箭般的東西往天空射。顯然這是防空砲火，我沒有時間思考，直覺快速閃躲，不過我還來得及回頭看到目標被擊中。那是第一次我整天面帶笑容。我返航回到航空母艦上。降落不到兩小時，又接受下一次任務簡報。

在波斯灣，美軍轉到CNN頻道收看他們實地參與的戰爭消息。圖為數名士兵於沙烏地阿拉伯的美軍基地收看新聞。

中，美國用兵神準感到驚奇。況且美軍在這場戰爭中傷亡極低(計有148人死亡，伊拉克方面則有20萬人喪命)，而結果又是非常成功(伊拉克軍隊被逐出科威特)。

由於借助先進科技，以及鎖定敵方的科技設施做爲攻擊目標，美國似乎從中找到一個較爲人接受的以硬體對抗硬體的戰爭方式。正因如此，軍事歷史學家愛德華・陸德瓦克觀察到一個値得玩味的現象：1945年二次世界大戰末期，柏林經過五年猛烈的空襲，損失極爲慘重。但是柏林的電力系統、供水系統以及下水道系統仍然照常運作；同時，希特勒還可以在地下碉堡中運籌帷幄，透過電話與無線電指揮軍隊。相反地，伊拉克首都巴格達在戰爭開始後48小時，城市外觀上看起來沒什麼大變化，但是巴格達已經被攻擊得不像是20世紀的都市，市內電話系統全部斷線，沒水沒電，沒有電視，下水道系統也無法運作，伊拉克強人哈珊無法與他的軍隊或人民聯絡。實際上，他已經輸了這場戰爭。

美國人不只從三大商業電視網的新聞報導追蹤波斯灣戰爭的最新戰況，後起之秀「有線電視新聞網」（CNN）亦是主要消息來源。CNN獲准在戰爭爆發前架設自己的電話專用線路（與巴格達市內電話系統分開），CNN的特派記者巴納德·蕭、約翰·霍里曼及彼得·阿內特，因此能夠在轟炸行動一開始便提供美國電視史上最驚心動魄的第一手報導，傳回戰爭爆發的實況畫面。CNN從巴格達傳回實況畫面是艾德華·穆羅在第二次世界大戰期間從倫敦做實況廣播的現代版；不過這不是廣播，這是電視而且是電視實況轉播；透過衛星的傳送，所有美國人都看到巴納德·蕭及其他CNN記者所見的事物。可以說，報導新聞事件的人變得不如直接傳送實況畫面的科技重要。

「當有災難發生，通常人們會上教堂祈禱……如今不論發生任何事，他們都會轉到CNN頻道，想著：『全世界都和我一起分享這個經驗。』」

——哥倫比亞廣播公司《60分鐘》節目製作人丹恩·賀維特

CNN自1980年開台以來，即展現了立即報導突發新聞事件的能力，如：1988年12月泛美航空103班機失事、1989年10月舊金山大地震、1989年12月美軍入侵巴拿馬以及1990年2月曼德拉獲釋等等。當三大電視網被迫衡量是否要插播這類新聞（如果插播，要播出多久）時，CNN的製作人就不必傷這種腦筋，因爲CNN就是爲了播出新聞而設立的。新聞事業正在改變中；回顧1960年代電視成爲新聞媒體時，報紙努力急起直追，可是報紙新聞畢竟拚不過電視，只好以深度報導及分析評論取勝。如今是高科技的90年代，老牌電視網也面臨同樣的命運（也採取相同的做法），除非是非常重大的新聞，否則24小時不斷播出的新聞頻道CNN一定居於領先地位。

CNN特派記者彼得·阿内特說：「我派駐巴格達是為了CNN的觀衆」，不是為了美國政府。可是媒體效忠於一個無疆界的新世界惹惱了許多人。

雖然先前已有一些新聞讓CNN出了點風頭，不過到了波斯灣戰爭的新聞戰CNN才眞正一炮而紅，聲名遠播。在戰爭爆發的當晚，成立未久的CNN的收視率已逼近哥倫比亞廣播公司、國家廣播公司及美國廣播公司的收視率，而在戰爭進行的六周期間，CNN一直保持開台以來最高收視紀錄。不過與收看CNN的美國觀眾人數之眾同樣重要的一點是，CNN的觸角已經伸至世界各地。先是日本，然後西歐，最後擴展至前蘇聯集團的國家及阿拉伯國家，CNN成爲第一個眞正的全球性新聞網（到1998年，已深入7,300萬戶美國家庭，和1億2,000萬戶美國以外的家庭）。事實上，因爲伊拉克人熟悉CNN，才促使伊拉克讓CNN享有美國其他大型商業電視台所沒有的方便。CNN記者阿內特從戰爭爆發到結束一直駐在巴格達，伊拉克人才有機會把他們的情況告訴美國人與全世界。

有些人認爲阿內特派駐波斯灣是背叛美國，變成伊拉克的傳聲筒。不過這位CNN記者現在可以理直氣壯地說，他的職責是服務CNN的觀眾，

湯瑪斯宣稱：「沒有任何工作值得我接受這樣的酷刑。」90年代喜歡探究公眾人物的私生活，自由派與保守派在政治鬥爭時都採用抹黑的伎倆。七年後，風水輪流轉，共和黨窮追猛打柯林頓總統的性醜聞，民主黨則低調處理。

全球的觀眾。由於現在世人都盯著CNN的畫面，難免令人覺得對國家的忠誠度變得愈來愈不重要。擔任記者的威廉・亨利問道，不然的話我們如何去解釋肯亞人會前後六排擠在電器行前面，看著他們國家沒有派兵參戰的戰爭畫面？如何解釋俄羅斯總統葉爾辛站在坦克車上對抗蘇聯強硬派政變，CNN的攝影機拍下這個充滿希望的畫面傳送至全球各地，也送到至少10萬名莫斯科市民眼前，對那些市民來說，CNN是唯一不受政變領袖控制的新聞來源？（數天後，一位來自剛獨立成功的波羅的海三小國的外交官打電話給CNN，感謝他們協助促使強硬派敗退，最後讓他的國家脫離蘇聯的魔掌。）

1991年10月11日，許多媒體擠在參議院的一個會議室，CNN只是其中一個。43歲的聯邦法官湯瑪斯獲提名出任最高法院大法官約莫百日後，坐在參議院司法委員會委員面前作證。在此之前，參議院對湯瑪斯任命案的考量雖帶有政治爭議性，可是美國民眾卻覺得沒什麼大不了。現在情況不同了，因為他被控性騷擾而轟動社會。他在參議院極力反駁此一罪名。

許多人質疑他有出任最高法院大法官的資格，以為布希選擇他只是因為他是黑人，同時又是保守派。不過湯瑪斯的奮鬥故事很難不令人動容。他家境清寒，祖父是黑人佃農，在喬治亞州仍實施「吉姆．克羅」種族隔離措施的年代，湯瑪斯力爭上游，拿到耶魯大學法學院學位，並打進華府核心。他能出人頭地很可能是受惠於自由派人士，如今他卻站在排斥自由派觀點的保守立場，令有些人感到痛心，可是也有人認為這是以更成熟的態度看待種族關係的一個機會：這是黑人保守派的一種獨立宣言；黑人保守派急於擺脫一般認為黑人就一定會擁護自由派政客的刻板印象。

指控湯瑪斯性騷擾的艾妮塔．希爾的經歷也很精彩。希爾女士同樣出身寒微，家中兄弟姊妹連她在內共13人。她與湯瑪斯同是虔誠的教徒，也都曾在耶魯大學法學院就讀。1981年希爾加入雷根政府，遇到了湯瑪斯。事情發生在她於教育部及「公平就業機會委員會」為湯瑪斯工作時。她聲稱，湯瑪斯多次死纏著要跟她約會，對她開黃腔，並自誇床上功夫很高明，令她不勝其擾。

許多婦女認為希爾女士挺身指控湯瑪斯性騷擾是勇敢的表現，她們並指控成員清一色男性的參議院陪審團漠視女性的感受。「他們就是不明白」成為熟悉的抱怨。

她一身中規中矩的淺藍色套裝，音調平穩堅定，言行舉止完全是誠實可信的目擊者的模樣，而且她也是保守派，如果不是實話實說，她為何要抹黑湯瑪斯？動機何在？不過當湯瑪斯否認她的指控時，聞者也很難不寄予同情。畢竟參議院的會議室不是法庭，而且如果希爾女士的指控是莫須有的，那麼為什麼司委會要給她一個公共舞台，讓他在眾目睽睽之下接受如此殘酷、如此卑劣的控訴？當共和黨參議員開始惡意攻擊希爾女士，暗示她精神異常或是個騙子時，女性主義者也開始憤憤不平。沮喪又憤怒的湯瑪斯最後忍不住宣稱，這次聽證會已經演變成馬戲團表演，一齣鬧劇，國家的恥辱。他咆哮：「你們要嘛，就確認我的任命案；若要被人牽著鼻子走，就拉倒。」接著他形容這是「對一個不搖尾乞憐的黑人施加高科技私刑」。

「法官被誤解，希爾女士受委屈，整個過程走錯了方向……。」

——參議院司法委員會主席拜登承認處理希爾—湯瑪斯聽證會有所疏失。

那時，希爾女士與湯瑪斯之間的恩恩怨怨已經成為全美民眾談論的八卦話題。畢竟，看到兩人都眼睛直視前方、語氣堅定，可是兩人的說詞卻完全相反之後，可以肯定的一件事是其中必有一人說謊，這一來激起了人們的好奇心。參議院的黨團會議室，曾舉行過水門案與伊朗－尼游案等等許多國家大事的聽證會，可是現在卻迴盪著「陰莖」、「陰毛」的字眼，以及有如解剖A片明星般栩栩如生的描述。由於兩人各說各話難以斷定孰下圖:1992年洛杉磯發生暴亂，羅尼．金恩試圖平息這場暴亂，他問道：「我們可以和平相處嗎？」可是許多白人與黑人都不確定他們能否和平共處。洛杉磯在瓦茲發生首次暴亂的27年後，貧窮、犯罪、及種族仇恨顯然比以前更嚴重。

右圖：羅尼·金恩被毆的錄影帶畫面，是影像時代難忘的錄影帶圖像。

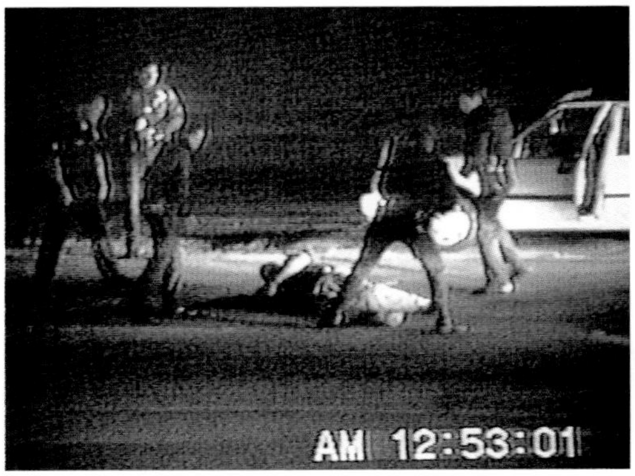

是孰非，大多數觀眾很快就把此一公眾事件變成私事，反思他們自己的行爲（男性）或經驗（女性），或者側重在這次聽證會的象徵意義，亦即眞相如何並不重要，重要的是此事已經使全美注意到長期被壓抑不談的性騷擾問題。事情終於落幕，湯瑪斯任命案在參議院以52對48票的微小差距過關，這時各方都覺得彷彿參加了一個醜陋的、麻木不仁的公開展示會，如果那不是「高科技私刑」，至少也是對兩個關係曖昧的人所做的「高科技羞辱」。這兩人的關係已經被參議院的委員會和有窺淫狂的電視觀眾挖得千瘡百孔。

全美民眾被電視轉播的希爾與湯瑪斯聽證會吸引的同時，洛杉磯的律師正準備爲數名被控動粗的警官辯護。一般說來，這類的故事不會受全國矚目，可是25歲的黑人羅尼·金恩被毆之際爲人拍下的錄影帶畫面令人印象深刻，使得史塔西·昆恩等四名白人警官的審判深具爆炸性。1991年3月3日的清晨，水管零件業務員喬治·威廉·郝樂岱在家把家庭攝影機對準窗外，卻意外拍下金恩被毆的證據，而施暴者就像種族歧視的暴徒。影片中的金恩在81秒內被痛毆56拳，這不僅是嚴重罪行的明證，也在全國激起檢討警察行爲的聲浪。許多黑人力陳，這種醜陋的攻擊行徑並非特例；黑人比白人更常受到執法人員的懷疑與嚴厲的對待。

事實上，有太多人看過這捲帶子，並深感憤怒，這種情況使人不禁懷疑昆恩等人在哪裡可以獲得公平審判。魏斯柏格法官最後在白人佔多數，距離洛杉磯市區60哩的西米山谷社區裁決本案。此外，爲警官辯護的律師運用何種策略與陪審員的種族比例如何同樣重要。辯護律師團決定以慢動作分解方式來反制那捲震懾人心的錄影帶。他們力陳金恩酒後駕車，超速躲避警察的追捕，而他對警察構成的威脅超出錄影帶畫面所呈現的。他們的論點扭轉了陪審員的觀點，陪審員不再從攝影機的角度來看這個案子，反倒開始從警方的立場來考量，因此最後做出了不可思議的判決：儘管證

1965年洛杉磯瓦茲暴動是黑人對抗白人，到1992年，洛城的族群更為多樣化。在洛城中南區，有許多拉丁美洲裔、韓裔和其他亞裔居民。圖為一名韓裔人士手持半自動武器，以防搶匪施暴。

Olympic Bl
2700 W

當你的商店成爲劫掠者的天堂：

「樂透機及電話不見了，盤子及電鍋也被搶走。」

我在電視上看到羅尼．金恩的錄影帶，我覺得警察反應過度，而且如果金恩是白人的話，他就不會被打。可是我沒有想到會發生暴亂。我從韓語電台得知暴亂的消息，知悉卡車司機丹尼被拖下車，後來我看到他被毒打的錄影帶畫面，覺得毛骨悚然。由於暴亂的中心在中南區，我擔心在那裡的韓裔商人開設的店家，也包括我家所開的酒品專賣店。

1978年我還在念高中時從南韓赴美。我的父母認爲我和兄弟在美國可以接受更好的教育。1983年他們賣掉聖塔夢尼卡的雜貨店，買下洛城中南區的酒品專賣店。暴亂發生時，我的父母告訴正在店裡的員工關上店門回家。

暴亂爆發初期，我的兄弟和我看著電視報導，我們父母則收聽韓語電台。由於許多韓國商店受到波及，韓語電台就一天24小時連續報導暴亂新聞。然後約莫7時30分，我們父母聽到電台訪問一個人，他說出我家店名，並表示有人闖入店裡，正在搬東西。他說，如果店主聽到新聞，請打他的行動電話。

我們打電話給他。原來此人站在我家商店對面的屋頂上，親眼目睹劫掠的情形。他告訴我們應在東西被搬光之前趕去。因此我的父母先去，我稍後趕到。那家店是我父母的生命。他們一周工作七天，每天勤奮工作12至14小時。我的父親連周日作禮拜的時間都犧牲了。許多韓裔美國人都是這麼努力。

我父母開的是一家小商店，顧客大多是黑人。我們也雇用黑人員工，我與黑人員工相處就像兄弟姊妹。可是搶劫我家商店的人多來自別的地區。這些人認爲我們不認識他們，而且所有韓國人所賺的錢都是來自他們的口袋，因而放膽搶劫。

當我們抵達，景象駭人。一位黑人鄰居幫我們擠進人群，進入店裡。在裡面，我們發現電話不見了，連盤子及電鍋都被搬走，店鋪也被破壞。當暴徒在搬運酒品時，部分酒瓶掉在地上，所以整個店裡充滿酒味。有一位太太仍呆坐在地上。她站不起來，因爲她坐在地上一直喝酒，已經喝得爛醉。

我們對電視報導內容感到憤怒，我覺得電視要負部分責任。暴亂初期，電視畫面出現許多人從一家電器行搬東西，民眾看到報導之後心想，爲什麼我們不到那裡分一杯羹？他們不覺得有罪惡感。我認爲電視報導激發他們拿走他人貨品的欲念。

我的兩個兄弟、表哥、和父親都站在屋頂上，拿著槍保護店面。我想他們待在屋頂上約有三、四天之久。我們也很掛慮他們，根本睡不著。雖然有人戒備，仍有歹徒想闖入。我們打電話叫警察，可是他們有太多的事要處理，無暇照顧一家小店。但也有人說，如果我們的商店位於比佛利山，不到一分鐘他們就會趕到。

暴動後，許多人爲我們蒙受的損失表達難過之意，可是他們不知道誰搶走我們的貨品。最後我們決定忘記此事，重新開始。我估計毀損的金額約五、六萬美元，保險只理賠一半。

後來我的父母考慮返回南韓。那次暴亂讓我們很傷心，我們的希望與夢想隨之幻滅。可是我們移民美國已15年。如果我們返回祖國，就必須從頭奮鬥。不過許多韓裔美國人已經重返南韓。我得知有一個男人的商店被燒毀，他痛不欲生，有過輕生念頭。

暴動後，我告訴每一個人要隨時面帶笑容，目的只是告訴大家，我們也是人。我有時心情不佳，笑不出來，可是我依然努力和善招呼顧客。有時我們父母烹飪韓國烤肉分送鄰居。我看到其他韓裔店主，也會互相勉勵和善待人。當你和顏悅色待人，別人不會以卑劣手段對你。他們也會以禮相待，至少我們希望如此。

左圖：張康妮（最左）與父母在自家店外合影。

——張康妮，1969年生於南韓。然後隨同父母移民美國，曾就讀聖塔夢尼卡高中和聖塔夢尼卡大學。1989年取得不動產仲介執照，除了管理家中自營的酒品專賣店，還在洛杉磯西部一家地產公司工作。她說，1992年暴亂造成自家商店財物損失，最近才剛剛補回。

據確鑿，陪審員依然判決白人警官無罪。

判決結果一宣讀，洛杉磯便爆發了本世紀美國最嚴重的暴亂。市內許多地方被縱火，暴徒趁機打破店家窗戶，劫掠數百萬美元的財物。汽車駕駛人被拖下車痛打一頓。洛城中南區商店在窗戶貼上紙條標明店家主人是黑人，希望暴徒能夠手下留情，可是暴力行徑不分青紅皂白，而且到後來有許多事件是黑人攻擊黑人。三天的暴動總計造成54人死亡，逾九億美元財物損失。

美國其他城市則爆發小規模暴亂。紐約的店家老闆在聽到判決之後，也緊張地提早打烊，即使如此他們依然擔心次日早上回來會看到狼藉不堪的景象。許多行業停業，讓員工回家以免遭受池魚之殃。金恩案的判決似乎使美國白人陷入害怕黑人的恐懼中，而美國黑人則群情激憤。一名盛怒的黑種女人看著成群白人朝紐約賓夕法尼亞車站的火車蜂擁而上時說：「讓他們感到恐懼也不錯。現在他們知道我們每天的感受。」

「不要為我感到難過。我已經擁有很棒的人生和很棒的朋友。請記住真正的O.J.（辛普森），忘記這個迷失的辛普森。

感謝你們讓我擁有特別的人生。我希望我也有助於你們擁有特別的人生。

和平與愛，O.J.（辛普森）」

——面對警方的追捕，辛普森寫下這封「遺書」準備自殺。

洛城的亂象透過電視傳到全美國及全世界，有一段畫面格外引人注目。畫面上一輛18輪的紅色大卡車在金恩案宣判當晚近7點，停在一個十字路口。卡車司機丹尼後來說，他注意到有一群打劫的暴徒那裡，但他心想，車上只載著泥沙，暴徒對他不會有興趣，應該可以「悄悄駛過十字路口」。可是他錯了。一名暴徒打開他的車門，把他拖到街上，開始一陣毒打。他不但被人重踢、遭拔釘錘敲打，暴徒還把從另一輛卡車搶來的一個五磅重的醫學儀器往他身上砸。最駭人的一幕是：當無辜的丹尼不省人事時，有一名男子拿起一塊水泥板敲丹尼的頭，還大跳勝利之舞。這名暴徒抬頭看著上空盤旋的採訪直升機，一手指向奄奄一息的丹尼，似乎在說：「如果攝影機沒有拍下來，我犯罪又能奈我何？」

接下來幾天，有人把丹尼遭攻擊與金恩被毆事件相提並論，認爲那是因爲對金恩案判決結果失望而轉以「錄影帶復仇」的方式來討回公道。其實這毫不相干，一如一位記者後來的評論，金恩與丹尼是截然不同的案子：一個是在驚慌失措的情況下，企圖制止不接受警察命令者的暴力行動，其中也許還帶有種族歧視色彩，另一個則是不分青紅皂白的暴徒攻擊無辜路人的行徑，這名路人的傷勢嚴重得多（丹尼的頭骨有91處裂傷，臉上一道大疤痕即使動整容手術也無法消除）。這兩捲錄影帶是最惡劣的種族漫畫，一個把白人畫成惡魔，一個把黑人畫成惡魔，但再次驗證了美國長年累月黑白種族分裂的現實。

辛普森的勃朗科座車與警車追逐的過程，在電視及現實生活都是超現實的經驗。圍觀者甚至在高架橋上等待辛普森，向他揮手致意。

諷刺的是，在暴亂發生的第二天晚上，許多美國人收看影集《天才老爹》完結篇。這部極受歡迎的情境喜劇描述一個溫馨的黑人中產階級家庭生活，不論黑人及白人觀眾都很容易認同這樣的劇情。現在隨著比爾寇斯比的家庭告別螢幕，種族和平的故事情節也跟著落幕。

就像寇斯比一樣，奧倫索・詹姆士・辛普森長期以來便是明星人物。1960年代及1970年代，他為南加大和水牛城比爾斯球隊打美式足球，令球迷為之瘋狂。辛普森的運動生涯結束後，他的魅力延伸到螢光幕前。他當美式足球電視評論員、電影演員，並為赫茲租車公司當廣告代言人。可是一切美好的名聲都在1994年6月17日破碎了。辛普森一夕之間成為90年代，也許是本世紀最聳人聽聞的社會新聞的注意焦點：他涉嫌殺了前妻妮可與她的友人高德曼。

凱托・凱林
強尼・柯克藍
馬西亞・克拉克
巴瑞・謝克
克里斯多福・達登
羅伯・夏皮洛
藍思・伊藤
馬克・傅爾曼
菲利浦・凡納特
李・貝利
羅伯・卡達士恩
A. C. 科林斯
費伊・芮斯尼克

O.J.辛普森年度大戲《世紀大審判》之知名卡斯陣容

辛普森從傳奇人物變成逃犯，變成殺人犯的那一幕，是美國電視史上非常值得紀念的時刻。那一幕發生在殺人案發後五天，也就是辛普森與孩子參加妮可葬禮之後三天。這位偉大的美國英雄在洛杉磯高速公路上前進，數十輛警車在後追蹤，電視台直升機從空中拍攝整個過程。這時全美民眾看著辛普森坐在白色福特野馬汽車後座，一手拿著左輪手槍，另一手拿著行動電話。他宣稱如果不能見母親一面，將舉槍自盡。

前後65分鐘，美國與全世界屏氣凝神看著這怪異的一幕。警車時速約60哩，看起來更像是護送辛普森的車隊，或者如《新聞周刊》的評語：那是一段「瘋狂的勝利路程」而非追捕行動；在高速公路上方的許多天橋上，都有觀眾聚集為辛普森歡呼，好像他仍穿著球衣，隨時準備搶攻得分。道路旁臨時立起的標語寫著：「O.J.（辛普森）加油！」他的朋友和以前的隊友都打電話到電台的扣應節目，呼籲他束手就擒。

要求辛普森試戴血手套為檢方之重大失策。辯方律師柯克藍在庭外消遣道：「手套不合，無罪開釋。」可是，辛普森先套上乳膠手套（避免證物遭到污染）、血手套縮水、還有辛普森企圖主控試戴的過程（據說，他故意彎起手指），構成這一幕讓觀者感覺檢方無能的景象。

辛普森終於在位於布蘭伍自家門前的私人車道上停車投降，可是這只是10年來最轟動社會的肥皂劇的開場。這齣劇碼包括有男女關係、種族糾葛、名人恩怨、正義與不公、媒體一窩蜂與媒體自我檢討等各種情節，除了檢察官與辯護律師之外，還有所謂的廣播電視專家及撈過界的專欄作家，亦急於從這起本質上屬於私人悲劇的案子尋找更深層的意義。

起初，辛普森案喚起社會大眾對家庭暴力問題的注意，一位記者形容「當愛遠去時，可能引發嚴重的暴力。」（辛普森以前曾因毆打妮可被捕，而且事後有證據顯示，他動輒拳腳相向，曾令妮可擔心性命不保；她打給警察局泣訴挨打的電話錄音帶當庭播放，顯示辛普森有暴力傾向。）在美國似乎任何事總是會扯上種族問題。辛普森絕對不是黑人圈子的寵兒（許洛杉磯一名黑人少男從手提電視上看到辛普森案判決結果而興奮不已。一度是美式足球英雄的辛普森淪為被告，而辛普森的世紀大審宛如美國體壇大事——「司法界超級盃」，全美民眾都在看他們的「代表隊」是否獲勝。

多黑人認爲他過於討好白人）。可是在金恩案的陰影下，他的辯護律師和許多人認爲，洛杉磯警察可能羅織對他不利的情節，尤其是蒐證警員馬克・傅爾曼說過太多帶有歧視黑人意味的言論，足以讓人把他打爲種族歧視者。一旦此一論點成立，對許多人來說，辛普森便從與白人同化最深的一個黑人公眾人物，搖身一變成爲美國黑人的代表人物。

辛普森涉殺前妻案的審判歷時八個月零九天，電視並做實況轉播，這件複雜案子被抽絲剝繭，包括狂吠的狗兒、血手套、911電話、布魯諾馬

格利皮鞋等細微情節，使整個案件的發展像一部19世紀的小說。檢察官方面掌握了許多證據，可是辛普森也有一支由法律專家組成的「夢幻隊伍」，並以高價聘請名聲遠播的強尼・柯克藍律師。打種族牌是柯克藍的點子，他在法院審理末期在庭上凸顯種族問題，甚至是在由法拉漢領導的「回教國家運動」成員的重重保護下出庭。法拉漢的反白人及反猶太傾向是眾所周知的。

柯克藍在結辯時不強調證據是否充分，反而藉機質疑警察的作爲。可是那時候，全美對辛普森案呈現兩極化反應，所以大家很容易預測別人的看法：白人普遍認爲辛普森是殺害兩人的兇手，黑人則認爲他是被誣陷的受害者，似乎沒有介於兩者之間的論調。華府一家電台脫口秀節目的非洲裔主持人茱莉安・馬佛克斯堅稱：「你可以是個整潔清秀的警察，像傅爾曼一樣，卻也是個有種族偏見的說謊者。你也可能整天笑容可掬，就像辛普森一樣和善可親，偏偏也會動手把女人揍個半死。」但至少在那個時候，很少人願意承認事情是如此複雜。

「種族融合只是惺惺作態？」

——《時代》雜誌隨筆作家莫洛對美國種族關係惡化感到沮喪。

1995年10月3日早晨，美國及世界許多地區的民眾收看電視及收聽廣播，等待宣判。可是陪審團宣布的結果是兩個字：「無罪」。你幾乎可以聽到全國涇渭分明的兩派角力的最後結果：美國黑人多歡聲雷動，白人的反應則是嫌惡不屑。

許多人認爲辛普森案是對美國刑事制度的一番嘲弄。《新共和》的一篇社論上問道，堅持選出具有種族代表性的陪審團的做法，是否已經拋棄我們長久尊奉的司法裁量原則，改爲以種族爲基礎的政治考量？堅持讓無罪開釋的被告重審，是否是爲了滿足大眾的直覺而背棄憲法？（辛普森案與金恩案都再度開庭，辛普森在民事法庭受審，昆恩等四名警員則被控違反民權的新罪名，結果令大多數人感到滿意。）透過電視轉播審判過程，我們是否把司法審判變成對社會弊端所做的象徵性電子公民投票？這麼做，是否犧牲對眞理的尊重？

可是，最重要的是人們把這次審判視爲美國種族問題依然存在的跡象。現在距離1960年代歷史性民權法案完成立法已有30年，美國在這方面已經有長足進展（不只最高法院有一位黑人大法官，還有黑人參謀首長聯席會議主席鮑威爾將軍，鮑威爾將軍一度被傳爲總統候選人的熱門人選）。不過實現眞正種族融合的夢想也許比以前更遙遠。辛普森案宣判後兩周，法拉漢在華府號召的「百萬人大遊行」，把女人和白人排除在外，顯然是發出隔離主義的呼聲，而隔離主義正是20世紀美國黑人最憤恨難平的經驗。

上圖：在華府舉行的「百萬人大遊行」。
非洲裔美籍社會評論家傑若．爾利寫道，
那次遊行宣示黑人的生活要由黑人自救，
不需要白人的協助或干預。

華府「又一次」大遊行：
「清一色黑人……清一色男性。」

美國人總是認爲黑人男性是世上最低級、最骯髒、最狡猾的罪犯。即使黑人都如此認爲。我是黑人男性，我每天生活都必須克服此一刻板印象。我在休士頓一家法律事務所擔任律師，表現優異。我在一棟64層樓高的現代大樓工作，那裡進出的人每天都穿西裝或套裝。有一天我搭電梯到我的辦公室，一位白人女性一進電梯看到我，立刻緊握她的皮包，深怕被我搶走似的。

所以當他們宣布將舉辦百萬人大遊行，以修正外界對黑人男性的負面印象時，我義不容辭參加。我不在乎路程有多遠和要付出多少代價，只要能開始改變外界的印象，一切都值得。法拉漢與「回教國家運動」正試圖證明黑人能夠積極、同心協力做些有意義的事。他們也想昭告世人，有許多黑人男性沒有坐牢，沒有毆打妻子與女友，也不會在街上見人就搶。

我從休士頓搭機，與一位來自密西根州的友人碰面，然後大約清晨4時45分一起到遊行地點集合。我的朋友在一家名列《財星》雜誌500大的公司擔任很高的職位，他是唯一一位位居此一高階職位的非洲裔美國人。他擔心參加此一遊行可能影響他的事業前途，所以他不想讓別人知道他有份參加。可是他又覺得這次遊行非常重要，不能錯過，所以他從密西根州與我會合後一起到華府。我們抵達集合地點一小時後，舉目所見人山人海。大家談論著華府的行程，從何處來，回家做些什麼，以及此行的目的。有許多男性帶著兒子參加，這令我感到訝異。那些是10歲、12、13、14歲的男孩。他們的父親希望孩子能夠見證此一活動，成爲遊行的一分子。因爲我沒有小孩，我未曾想過這個問題。也有許多以前參加過華府遊行活動的長者，他們說他們期待這樣能夠爲黑人做些事情的遊行已經很久了。他們說，以前的遊行目的都是以較大的議題爲訴求，屬於跨種族性質，可是這次遊行由於參加者都是男性，感覺上更親近，更有活力，更有參與感。在遊行的過程中，沒有推擠、衝撞，我不記得有任何爭執。如果有人跌倒，他們會說：「你還好嗎？要我幫忙嗎？」

一整天有許多人發言，他們來自四面八方，信仰不同宗教，有著不同背景。不過他們似乎都在談論相同的主題，就是大家必須同心協力繼續在社會扮演良性示範。雖然法拉漢的演講有點冗長，可是我認爲他的觀點很好。他說，我們必須計畫積極主動做事，而不是被動反應。其他人也暢談同一論點。

上圖：辦公時的華納攝於1998年。

——T．迪恩．華納，1959年生於北卡羅萊納州，哈佛大學法學院畢業，曾在德州南區聯邦地方法院擔任書記員。目前在德州一家法律事務所專攻公司法。

有一位12歲的孩子也發言。他對於有一位黑人父親，並參與遊行深感驕傲。他說，他代表參與遊行的每一位黑人男性的子女。他並要求遊行結束後，每一個人把丈夫和父親的角色扮演得更好，成爲社區的典範。他在最後問道：「你們能爲我做到嗎？」一個12歲的孩子，他的要求很簡單，可是令人難忘。

這次遊行過後，我特別留意外界對黑人男性的看法。每次看電視或報紙，都會看到黑人男性被捕的報導。可是黑人男性犯罪的比例不會高於其他族群。而你在強調注意人身安全的廣告中，看到的負面人物是誰？是黑人男性。黑人男性已經被描繪成美國社會的次文化。所以我們必須改變我們的形象。我不認爲我們必須改變我們的所作所爲，因爲我們已經稱職地善盡良好公民的職責。我認爲必須扭轉人們的想法。如果我們不做，別人不會幫我們做。人們必須了解黑人男性與美國其他族群一樣有個別差異，不能以偏概全。

我在唸小學時，我們每天早晨必須起立高唱〈天佑美國〉，可是我從來不知道，也感受不到歌詞的意義。可是遊行期間，有人開始唱著：「天佑美國，我熱愛的土地」時，我才眞正體會到，在人人可以受到公平待遇的美國，那才是你眞正可以熱愛的樂土。如果我們能夠到達人人平等的境地，我想每一個人，包括黑人在內，都會覺得這是一塊可以付出眞愛的土地。

法拉漢不是帶領美國黑人的唯一聲音，但他發起的百萬人大遊行有其崇高的宗旨。那次遊行的主要目標在於提升美國黑人男性的形象，但爲了達成目標，發言人強調友好情誼，以及重新建立一些正面價值觀（尊重女人、對家庭負責、以及譴責暴力）。不過由於這是排他與對立的遊行，在遊行中不可能聽不到呼應馬可士・葛維及馬爾坎・X的言論，也不可能聽不到否定馬丁・路德・金恩理念的聲音。的確，如果有任何呼聲長留青史的話，必定是那在1963年挑戰伯明罕市心胸狹小頑固分子的聲音，夢想著一個包容、融合的美國，令人爲之涕下。黑人導演史派克・李宣稱：「堅持非暴力，而且別人打你左臉，你把右臉湊上的做法實在不管用。這是爲什麼人們不戴著印有『K』字的帽子四處走動的原因之一。」

進入90年代，美國人的現代經驗將很快地走入歷史，事實上，20世紀的生活都將全部成爲歷史。而這段「歷史」將被妥善整理，並束之高閣，積著厚厚的灰塵緊靠在歷史名家吉朋的巨著《羅馬帝國興亡史》旁。這個世紀接近尾聲，這件大事，跟19世紀的90年代激起的世紀末恐慌一樣，再次顯示其重要性遠甚於數字占卜術的重要程度。舊法律越來越不適用，而新法律條文仍未寫就。不但如此，許多人反而把焦點放在他們不知道的未來，並且想像即將到來的生活方式。有線電視和全球市場只是開端。「眞正的」未來尚未到來，而對未來的預言已經出籠，那會是何種景象的未來呢！

信仰未來的徒眾有時會聚集在教堂，傾聽未來學佈道家如艾文・托佛勒等人的鴻論，（「未來學家」這種職業的存在，證明了人類關切未來的激情）艾文・托佛勒從1980年開始著書，預測世界將經歷激烈的轉變，而且這情形只有一萬年前的農業革命或19世紀的工業革命可資媲美。這次新的革命（托佛勒稱之爲第三波，以便跟上二次革命作明顯的區分）叫作「後煙囪革命」，亦即「資訊革命」，將改變人類的生活方式，也同樣改變經濟風貌——後來許多人視其爲作者托佛勒最具戲劇性的聲明。達成整個革命的主要媒介基本上就是眾所周知的新奇道具——電腦。

「通常，一部大機器供一整個組織使用。常常放置在一扇玻璃窗後面，由穿著白袍的人看管，想要使用的人還必須透過中間人。使用者就像個懇求者。」

——作家崔西・基德形容早期的電腦

電腦（computer）的英文字義就是「計算機」。電腦的發明者原先將電腦視爲一種計算的工具，就是做數字加減的運算，算是一種新式而美妙的算盤。可是，電腦後來的發展顯然遠甚於發明「計算機」者當初的謙沖胸懷。賓州大學在40年代建造出第一部電腦——由18,000個眞空管構成一單片電路的ENIAC組成——之後數十年，電腦的主要功能仍侷限在分類、建檔及數字運算等。電腦是行政體系使用的工具，60和70年代的人可能都記得「打片」（不可折疊、扭曲或毀損），或是規定考試答題時鉛筆不能畫出格子，避免電腦誤讀；那時，如龐然大物般的電腦被放在政府的辦公

1996年史丹福大學生使用麥金塔膝上型電腦，體會互動式多媒體教學法。一位大學校長感嘆，時下的教師只是引導學生自行透過電子配備探索知識的管道，而不再是知識的泉源。

室，或是大學的地下室機房，程式設計人員必須申請使用時間。那時的電腦令人神迷、具有魔力，也令人難以了解。大衛·葛倫那特回憶說，看著電腦的磁帶機來回迴轉、震顫、抖動，其情景簡直就像「古希臘特爾菲神廟女祭司即將透露太陽神阿波羅的神諭一般」。

托佛勒的驚人預言不只宣示電腦將開始發揮計算和分類以外的功能，而且電腦將成爲一種家電用品，就像洗衣機或吸塵器一樣普及每個家庭，電腦將比人類曾經擁有的其它機器更爲萬能。托佛勒爲了宣導他所稱頌的未來，甚至還得意地在其著作的第二部分談論到「文字處理器」，這在當時對大眾還是非常陌生的東西。《新聞周刊》一位終日與打字機爲伍的評論家形容這個新玩意（鍵盤鍵入的文字顯現在電腦螢幕上），就好像眼睛

Mouse 滑鼠
Modem 數據機
RAM隨機存取記憶體
ROM唯讀記憶體
MHz千赫
KB千位元
DOS磁碟作業系統

——隨著電腦的普及，
常見的縮寫用語

看著太空梭的控制面板。

要使電腦朝個人化領域發展，就必須朝向迷你化研發，特別是電晶體設計。更具體的說，就是晶片設計，那是一片很小的積體電路板。晶片問世距當時大約已有20年左右（晶片也是製作口袋型計算機或電子腕錶的重要科技零件），到了70年代末期，「車庫企業家」史提芬・賈布斯與史提芬・渥茲涅克開始研究桌上型電腦的可行性。當時幾乎沒有人想像到電腦會成爲一種實用的家庭用品（全錄公司曾經斥巨資進行研究，該項研究成爲現在桌上型電腦介面的基礎，不過後來全錄決定停止研發。這被許多人視爲美國商業史最糟糕的決定之一）。如果有人已經輕易看出電腦於未來生活之不可或缺，譬如，應用在投開票作業上、或是處理大量信件時，那麼，在書房的音響器材旁邊，除了電腦，還能放著什麼樣功能的東西呢？

事實上，當時人們對個人電腦並沒有立即的需求，（正如大衛・葛倫那特所指出的，這違反了過去幾乎一成不變的「需要爲發明之母」）不過，趨勢是無法抵擋的。當賈布斯與渥茲涅克發明蘋果二號之後，IBM跟著急起直追，並在1981年推出個人電腦（64KB、售價2,880美元的特價商品），這時個人電腦加入汽車的行列，成爲美國夢幻機器專屬俱樂部之一員。個人電腦的設計令人驚嘆，隨著每一款新型設計和新應用程式的出現，電腦機種不斷地升級。諷刺的是，儘管人們並不眞正需要個人電腦，可是沒多久，卻好像已少不了它，沒電腦就無法做事似的。

幾乎一夕之間，電腦改變了遊戲（打電玩）與研究（進入資料庫找資料）方式，改變了寫作與編輯方式（人們最常用個人電腦來做文書處理），也改變了記帳方式（不只是會計員，連家庭也可以利用電腦作財務收支記錄）。甚至也開始改變工作形態，因爲有了值得信任的「數據機（modem）」連接辦公室網路，現在人們可以有更多的時間在家上班、將住家搬到離辦公室較遠的地方，而且，拜這種日新月異的科技之賜，甚至可以舉行視訊會議。譬如，在明尼亞波利斯的美國科學家可以穿著睡衣，與遠在莫三比克的科學家辯論。的確，到80年代末，人們的問題已經不是「電腦能做什麼？」，而是「電腦還有什麼不能做？」似乎每一天電「腦」的功能都有所精進，執行得更好、更快、更有效率。

對許多人來說，電腦是一個相當神奇的發明，的確有別於一般機器。電腦不像機械腕錶、汽車，或任何人們熟悉的傳統機器，可以打開來觀察控制桿、齒輪的運轉情形。打開電腦根本看不出所以然，因爲電腦儲存與讀取資料的運作是以肉眼看不見方式進行。甚至以傳統對「工作」的感覺說來，電腦也不像在「工作」。大部分的機器像奴隸。例如，汽車接受駕

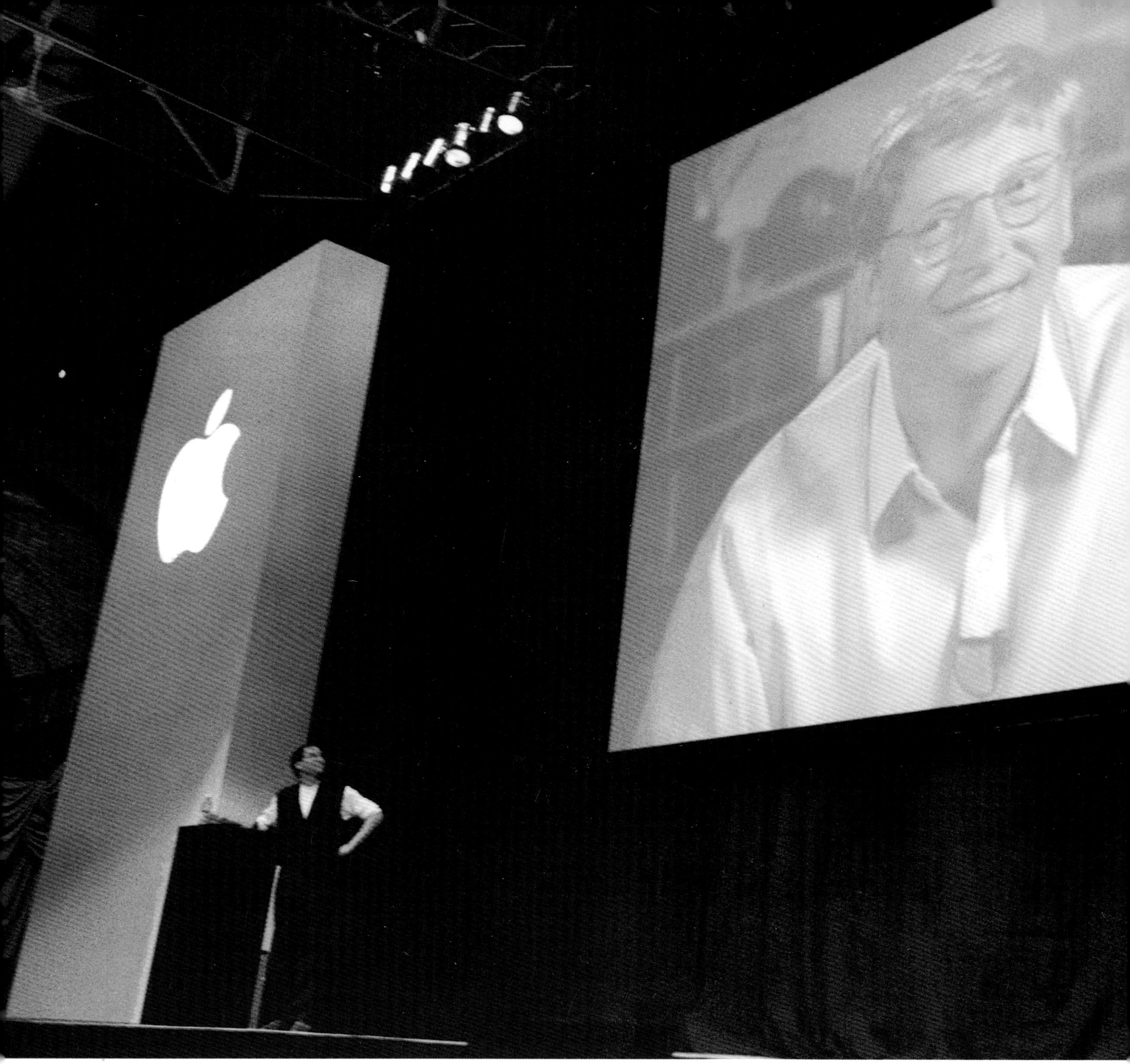

「當你進門時，你會拿到一個電子別針，把它別在衣服上。這個別針將使你連接上屋內的電子服務系統……『這枝別針』將告訴這間屋子你的身分以及你的所在位置，然後屋子將利用此一資訊，設法滿足，甚至預知你的需求……當外面天黑時，這枝別針將啓動電燈，你行經屋內任何地方，都會有明燈照亮前路。」

比爾．蓋茲在1995年著作《擁抱未來》（*The Road Ahead*）（多麼老套）中描述他自己的新屋。

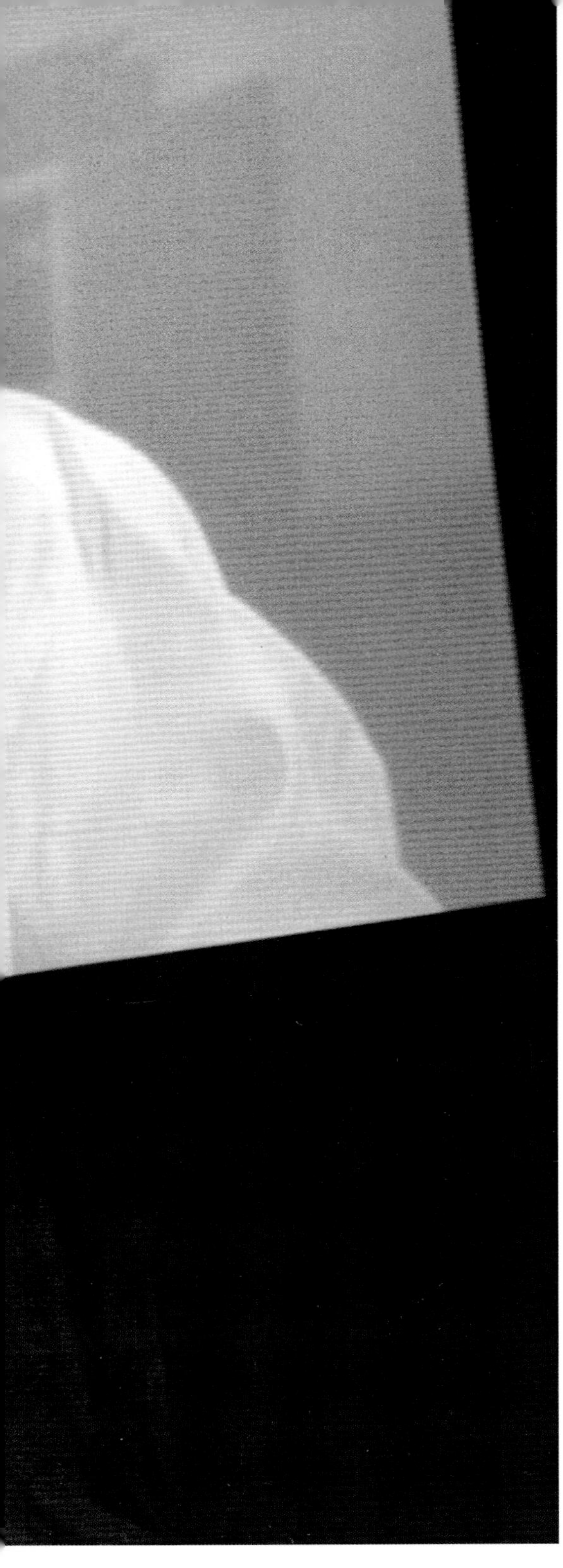

蓋茲的成功令人欽佩，而他的影響力也令人眼紅。上圖：1997年，蓋茲與史提芬．賈布斯共同宣布，蓋茲決定投資蘋果電腦1億5,000萬美元。大螢幕上的蓋茲使賈布斯（圖左）相形渺小。

駛人的駕御發動和前進。可是，電腦比較像是夥伴、合作者，電腦依使用者的命令執行功能，不過，電腦也接收資訊並加以詮釋，然後迅速反應給使用者，告訴使用者下達下一組指令。

不過，個人電腦的「個人」這兩個字，才是這部機器眞正令人興奮的地方。現在，連一般家庭都能夠使用功能相當於60年代龐大電腦的主機系統，套句90年代的流行話，許多人都覺得「功力大增」。雖然他們多用電腦來寫信、記帳、規劃一周的採購清單，以及追蹤股價（從蘋果公司推出的麥金塔，到後來微軟跟進的視窗作業系統，圖像化的執行方式，簡單易懂，達到眞正的個人桌上型電腦。）但是他們覺得桌上已經有件神奇寶物，那是通往未來刺激世界的關鍵，而且就像等待一個天才神童長大一般，只要想到它的下一步成長，就令人感到興奮無比。誠如一個軟體廣告所說：「想像⋯⋯」光是想像它的未來，就夠令人心醉神迷了。

賈布斯與渥茲涅克搶得先機，可是他們及其所推出的蘋果電腦最後仍被市場淘汰，大眾的焦點，很快轉移到一位稚氣未脫的哈佛大學輟學生的身上。比爾．蓋茲在這個時候異軍突起。如果這是新時代的黎明，那麼微軟公司總裁比爾．蓋茲註定是這個世代的靈魂人物，他對這世代的意義相當於福特之於他的世代。事實上，蓋茲與福特有許多相似之處：兩人均非那一行業（電腦業與汽車業）的開山祖師，可是，他們都找到使電腦或汽車普及化的方法（福特的T型車，蓋茲的MS-DOS作業系統），而且賺得傲人的財富。

身爲微軟總裁的蓋茲，31歲即晉身於億萬富豪行列，輕輕鬆鬆成爲美國的首富。在90年代，他的財富與事業成就幾乎同樣出名。一位作家於1998年說，如果蓋茲掉一張支票在地上，那麼要多少金額以上才值得他彎腰去撿？經過計算，蓋茲一秒鐘可賺150美元，而撿一張支票的過程大約花四秒鐘，這位作家認爲，撿一張低於500美元的支票，根本是浪費這位電腦鉅子的寶貴時間。

蓋茲在因緣際會之下與IBM締結協定，開啓了建立軟體帝國的契機。由於IBM公司急於推出個人電腦，於是與當時仍屬小公司的微軟簽訂合約，很快地MS-DOS作業系統就成爲電腦業的制式配備（當年IBM公司決定不由內部研發自己的作業系統，被視爲美國商業史上的另一個重大失策）。到了90年代中期，微軟已經稱霸軟體業（光是靠著微軟公司股票的上漲，就已經創造蓋茲等三個億萬級富豪人物及數百個百萬富翁），現在微軟就像一個跨國巨獸，壟斷市場的行爲令同業眼紅嫉妒。

個人電腦問市多年後，蓋茲及其同事靠著「電腦升級」就賺翻了。不

創立一個虛擬社區：
「你丟出文字……又有文字丟回來。」

1980年代中期，我服務的公司說，除了我有碩士學位，不然我無法獲得晉升。我對升職沒有興趣，可是我覺得繼續進修的點子不錯。於是我到紐約大學註冊，主修互動式電訊課程。起初我擔心這門課不有趣，後來發現這是一個很棒的新媒體計畫，可以透過新科技建立新的人際溝通。

第一個學期我必須從電腦叫出「井」這個地方，我立刻入迷了。「井」是設在加州的網站，是一個虛擬社區，人們可以到這裡高談闊論、交換想法，時間一久，你就知道誰是誰。我的挫折感是在那兒碰到的人大多住在加州。當我念到研究所最後一年，「井」上有人說：「我們聽說，你要設立東岸版的『井』。」我未曾說過那樣的話，不過那觸動了我的念頭。因此我鍵入：「是的。」

1990年3月，《回聲》網站設立。由於在網路上你丟出文字，而文字又會丟回來，因此我想到取《回聲》這個名字。在1989年沒有人看好網路的發展，所以我找不到投資者。我以一部電腦，大約六個數據機，電話線，以及對話軟體開始。那已經很多了。起初要讓民眾感興趣是很辛苦的事，在1990年代，紐約人的電腦配備並不是那麼齊全。我是一個接一個的找尋使用者。我在派對上，如果碰到有人感興趣，我就會說：「你有數據機嗎？」慢慢地，《回聲》的訂戶愈來愈多，如今已超過3,500戶。

《回聲》創立初期，上線的人多數是電腦玩家、數學家、或科學家，他們談電腦、科學並交換軟體。我實在不希望形成這樣的文化。我希望像葛楚．史坦（編按：美國旅法女作家）的客廳一樣。因此，我規畫了幾個不同的會議區，有讀書會、電影會、藝術會及紐約會，會議區裡的對話都圍繞著既定的主題，而且不採用即時對話。因此我可以隨時進入讀書會，說我想說的話。然後你可能明天進到讀書會，看看我的留言，你也可以發表意見。所以對話可以持續不斷，你可以跟任何時間進入讀書會的人交談。事實這樣的型式比即時對話要好，因爲你可以有時間思考，你說的話會更有內容。

網路世界與眞實世界各有優缺點，即使網路上人與人的關係只是虛擬，可是與眞實社會無好壞之別，不同只是的經驗感受。人就是人，他們在線上與在其他任何地方一樣，我們不會在電腦前面突然變得不眞實。如果我在電話上說：「我愛你」，那會不眞實嗎？如果我在電腦上說「我愛你」，又爲什麼會不眞實？

上到《回聲》我們都使用眞實姓名。可是在其他的網站會有借用他人身分的情形，可是不論你挑選什麼角色，常常會不自覺洩露自己的親身經歷，最後你仍會顯現個人的舊習慣。

我幾乎像個小鎭的鎭長。每當有嚴重的爭執發生，最後一定是我必須出面解決，就好像眞實社會的執法者。人們來到這裡，做一些很奇怪的事，而我們必須決定什麼可以接受，什麼不可接受。我們稱這個會議區爲「回饋」。人們可以談談對《回聲》的好惡，爭議出現時，大家討論解決辦法。我們不設言論檢查制度，不過唯一限制就是不准進行人身攻擊。一切就事論事。

《回聲》成立後的頭六年，我會參加討論，不過只以正式的方式參與。我覺得必須保持距離，以便在爭執發生時，能夠公正客觀。別人可能會上網訴說自己的生活點滴，可是我不會。後來有人發起組織私人會議區，限定12或18人加入。他們請我加入，因此我第一次有親身談論私生活的體驗。在這個私人空間，我不是《回聲》的創辦人史黛西，我只是《回聲》的一員。那讓我能夠安心地說出自己的夢想、恐懼與失望。起初他們感到很訝異，因爲他們以前看不到我這一面。我談我的男友，以及我學習打鼓和寫書的辛苦過程。參加私人會議的朋友成爲我在《回聲》的第一批朋友。過去幾年，我認識許多人，但是朋友很少。所以現在體會別人上到《回聲》的感受。即使我現在處於轉換生涯的階段，我仍難以想像沒有《回聲》的生活。

左圖：霍恩攝於1995年。

右圖：《回聲》的網頁。

——史黛西．霍恩，生於1956年，擁有杜福茲大學美術系學士學位，以及紐約大學互動式傳播碩士學位，並在紐約大學教授「虛擬文化」課程。在創立《回聲》網站之前，曾於一家電腦軟體公司任職，並在美孚石油擔任電訊分析師。

論硬體（記憶體容量更大，運作速度更快的電腦）或軟體（蓋茲的視窗95在全球已售出多達1億2000萬套），電腦產品「今年型號」的新鮮感深深地刺激人們的購買慾，就如同汽車業逐年推出不同車款的把戲一模一樣。事實上，蓋茲曾說，他在桌上擺著福特照片，除了向福特致敬之外，還具有警惕作用——他的眞正精神導師是福特的競爭對手，也就是1920年代通用汽車的總裁艾佛瑞德·史隆。他欣賞史隆的高瞻遠矚，準確掌握市場脈動（福特欠缺此一直覺，這也是福特最後落敗的原因）。不過，在1995年，連蓋茲都驚訝地發現，未來電腦產業的發展，將從軟體與硬體轉向方興未艾的網際網路。

網際網路，其實是冷戰時代的遺產，當時的美國國防部建立了另一套通訊系統，此系統最大目的在於一旦受原子彈攻擊時仍能保持通訊暢通（當時被稱爲「尖端研究計畫署網路」，簡稱爲ARPANET）。經過20幾年的沈寂之後，網際網路快速成長，在90年代備受矚目。任何科技產品——甚至電腦，都無法像網際網路這樣快速打入美國家庭中。網際網路帶領人們進入另一個浩瀚的世界，在那裡可以與世界各地的電腦使用者溝通，動一動鍵盤就可以進入外國的資料庫、瀏覽個人或機關行號的「網頁」公告（像網站就是人們最經常上網流連的地方）、也可以上網購買汽車、服飾，訂購書報雜誌。寄發電子郵件到尼泊爾，就跟發給隔壁辦公室同事一樣地

「我檢查我的電子郵件……電子暢遊烏齊菲美術館及羅浮宮……看看一個名叫泰德的人所寫的一些撬鎖訣竅……瀏覽不同的線上期刊……查看居住地區的氣象地圖……進入多倫多大學的詩詞檔案，並搜尋拜倫詩集中『薊』出現的次數……然後發現自己坐在網際旅館的水池邊，啜飲著第三、四杯馬丁尼。哦，那不是眞正的我。那是網路的我。讓我們稱呼他朱克。他23歲、六呎四吋高、220磅重，有著如雕像般的健壯體格，和藝術家的創意與熱情。」

——作家查爾斯·麥葛瑞斯在1996年12月的《紐約時報》雜誌上形容他的上網經驗

網路咖啡廳係90年代的產物。圖為一些X世代在舊金山的馬蹄鐵咖啡屋上網的情形。

過著反科技生活：
沒有電腦，沒有電視，沒有電力。

婚前，在電視播出湯瑪斯性騷擾案等事件時，我與妻子常常討論：我們能不能住到別的國家。我們總是覺得自己像是外來者。當我們愈嘗試融入現代文化，我們愈發清楚，必須在精神生活和現代生活間做一選擇。

我們覺得現代生活雖然充滿刺激，可是太過虛幻。我們想要反璞歸眞。我們不想只在冷氣房裡穿梭，我們想回歸眞正的「生活」。同時我們是教友派信徒，宗教生活愈來愈重要，我們非常關心現代生活方式對精神生活的影響。

我們的上一輩以許多重要的價值觀換取了科技新知，本世紀雖然擁有科技新事物，可是卻使我們喪失了更重要的，譬如社區之類的東西。我們夫妻倆決定不走父母親的老路，重蹈希望幻滅的覆轍。

我們當時住在俄亥俄州東北部，兩人都在公立圖書館任職。我們過著與大多數人一樣的生活，薪水幾乎是現在的兩倍，家電用品一應俱全。可是我們毅然決然拋開一切，去過19世紀的生活。先從烹調的食物開始。現代的食物已經變得非常奇怪，我們開始使用最天然的食物。而且我們不再使用微波爐。我們發現，花愈多的時間在烹飪上，會讓我們多思考食物的品質，然後開始與眞正關心土地的有機農民有更多的接觸。

我們才剛剛展開遠離現代生活之旅，可是我們投入愈多，就愈發現現代生活的反常。回顧過去五六百年，研究前人的生活，你會發現他們都是農民，過著田園生活，直到1900年以前，一直如此代代相傳。我們似乎在本世紀經歷了巨大轉變，變得只知道電腦，電腦以外的事幾乎一竅不通。因此我們正藉由反璞歸眞，從中發掘已經伴隨人類數千年的人生眞理。

就以工具爲例。我所用的工具相當於手的延伸。可是反觀現代的工具，你不必了解工具的本質，就好比你會使用電腦，可是你對電腦沒有眞正的了解。而且現代的工具都需要插電。我們希望遠離這一切，回歸與世界的基本關係。

我必須承認，此一轉變不是那麼容易。畢竟，我從一出生就接觸現代文化，那意味著我必須幡然改圖，任道重遠。例如當我們改用馬車代步是很辛苦，可是我們刻意限制行動自由，以便有更多的時間留在家中。這也意味著我們必須選擇「機動性」以外的事物。我們在本世紀看到滄海桑田。家父在果園蓋了我們的家，數年後，果園不見了。我玩耍的地方成了油氣田。我出生時相隔40哩的城市，現在就在家門口。你知道那種感覺是「我以前生活的地方消失了」。我所指的地方是社區不見了。

如今人們在「虛擬社區」熱烈交流。可是當你的房子被火焚毀時，他們不會在附近。你看不到網友，更不會和網友有眼神接觸。依照我們現在的生活，如果你眞心想與別人共組一個社區，你必須接受他們，你不能說不想看到他們，就把插頭拔掉。那樣的承諾與責任有其必要。我認爲，任何帶領我們離開現實世界的東西都

左圖：薩維吉辦的雜誌，強調簡單生活的喜樂

—史考特．薩維吉，生於1959年，現任《簡單》雜誌編輯兼發行人。《簡單》雜誌是一本鼓吹過簡單生活的刊物，以手工排版，並以手動式太陽能印刷機印製。薩維吉仍擁有一輛車，可是多以馬車代步。他住在俄亥俄州，家裡沒電，不過有一個電話，他說：「電話的使用正在評估中。」他拒絕拍照，理由是這個世界已經「影像氾濫」，照片有時會混淆人們傳遞的訊息。

存在危險，例如，電視、電腦、我們工作方式、長途通勤等等。退出吧！在虛擬社區的人們以不見其人的方式互相認識。而我所在的真實社區雖更髒亂卻更踏實。

想想現代人工作的方式。他們坐在椅子上，眼睛盯著一部機器螢幕，通常嘴巴微張。我最近在辦公室裡，注意到人們拿起話筒，打電話給另一個在小房間內的人，結果只聽到對方的語音信箱。然後他們留言，要對方回電。接著他們在等待對方回電的同時，又聽自己的語言信箱。這時對方回電，卻只能在語音信箱留言。如此一再循環。這就是現代人的生活——與機器互動。

我們不全然反對機器。可是我們想要過純人類的生活。我們想繼續當上帝的子女。我們想要繼續保有「人性」，不要讓科技導引我們偏離正軌。我們嘗試這麼做的同時，獲得了人們現在不再擁有的許多自由。這眞有趣。20世紀的科技表面上創造了新的自由，可是很少人談及如何不受這些科技束縛，及這些科技帶來的壓力。相反的，他們覺得這是無可避免的。他們覺得這些東西不好，可是他們認為要活在現代必須接受某種程度的污染。我們都不完美，都有問題，可是我認為我們的生活可以過得較無壓力，較為滿足。那是我們都應該思考的問題。

我喜歡田園式的鄉土生活。在柏油路的下面，在本世紀我們創造的世界底下，仍是泥土。我的意思是，放棄舒適與便利，擁抱眞實的社區和精神生活仍有其可能。我們出版《簡單》雜誌旨在希望更多的人知道，如果他們不滿意現代生活，大可不必這麼過一生。他們不會因此餓死，最後也不會落得在山洞裡啃骨頭的下場。

便捷。

網際網路單單應用在研究方面就很可觀。早在1930年代，著有《時光機器》、《星際大戰》的科幻小說家H.G.威爾斯，已經想像到建立一個「世界大腦」的事，所有人類知識都儲存在裡面，人們可輕鬆進出查詢。由於網際網路的問市，使得威爾斯昔日幻想的「世界大腦」美夢成眞。人們在螢幕上可以叫出巴黎羅浮宮的收藏品，查閱柏林圖書館的秘密文件，閱讀今天的國內外報紙(從美國本地到遠在印度的新德里的報紙一應俱全），而完全不需要離開電腦桌椅半步。由於網際網路，更精確地應該說是網站之間的「超連結」設計，使用者只要在所示的圖像上輕輕一點，即可進入相關網站，這使得網友可輕易從一篇莎翁名劇劇本連結到探討該劇頗具影響力的評論文，也可再到該劇本的原始手稿，最後進入論述伊莉莎白女王一世時代英國人民生活的論文網站。在探索的過程中，人們的好奇心不斷被激發。可以肯定的是，人類未曾有過這麼美好的探索工具。

網際網路的重要性是使人類可以輕鬆取得全球資訊，有些人認為網際網路對於現代的意義相當於古騰堡聖經印刷之於1400年代。網際網路讓人能夠進行互動式通訊，無異於使人進入另一個存在空間。網路線上的「宇宙」常常被形容為「網際空間」，一種透過電腦就可進行如愛麗絲夢遊仙境般的旅程。即便使用者的溝通主要仍限於文字交流，許多人已經覺得進入一個「虛擬實境」的世界。當他們在線上鍵入文字與他人溝通時，看到螢幕上出現對方回應的文字，那種興奮的感覺，就像是與另一種生物溝通的悸動。這種生物不是海豚、火星人或愛麗絲夢遊仙境裡那隻匆忙趕路的兔子，而是人類透過電腦螢幕進入「網際村」蛻變成似人生物之後，才可與之接觸的似人人生物。

網際網路快速發展，很快也淪為色情業者的天堂，這點令許多父母憂心忡忡。儘管如此，網路上還是有許多「使用者團體」和BBS站，讓支持者看到更多健康及革命性一面：新興的政治關懷、最純淨的民主樂園、一個電子市政廳。許多人宣稱，網際網路是傳統媒體之外的另一個眞正健康的選擇，它顚覆了長期以來由上往下的資訊權力架構。因為美國廣播公司、國家廣播公司、哥倫比亞廣播公司，甚至有線電視新聞網的節目內容是由紐約（和亞特蘭大）的少數主管決定，然後傳送給大眾；而網路的內容則由下往上，源自於上網使用者的公告和七嘴八舌。在網際網路世界沒有法律，沒有人擁有它，無人控制它，也不受法規約束。使用者可以爲所欲爲，想扮誰就扮誰，想說什麼就說什麼。資訊流通不受約束，而且人人發言平等，《紐約客》上曾有一幅漫畫就嘲諷說：「在網際網路上，沒有人知道你是一條狗。」

不論網路的性質爲何——其性質在科技突飛猛進的90年代幾乎天天都在變化——最重要的部分可能是令人愈來愈覺得天涯若比鄰，世界越來越小。有許多人認爲電腦及傳眞機是促成共產主義瓦解的主要媒介。在90年代，管制資訊的社會不可能存在，當市場比土地更有價値，資訊比武器更有威力（也更容易輸送）。由於網際網路的興起，大家也開始嚴肅討論網際網路引起的問題，在這個幾乎沒有國界的世界，人們對國家的忠誠度將逐漸消失。人們愈投入線上「社區」——可以與志趣相投的人在一起——並透過全球市場互相連絡，就愈不關心地方事務、公民投票甚至總統大選。

「這次革命可能會也可能不會運用暴力：它可能突然發生，也可能經過數十年循序漸進。我們無法預測……（而且）革命的目標將是推翻現今社會的經濟及科技基礎……而非推翻政府。」

——取自「大學炸彈客」宣言

不過人們熱中上網、以及在網際網路上製造的怪事，與90年代社會一樣也招致廣大的質疑。知識分子擔心這會對社會造成負面影響。網際網路的興起是否意味著今後書籍將與過去裝飾華美的手稿和石器時代的塗鴉一起被束之高閣？是否意味著一向備受庇佑的英語終將崩解？人們的一般對話會不會淪爲像螢幕上由影像主導的簡短文句？由於科技在我們生活中占有非常重要的地位，人類經驗是否有趨於同質化的隱憂？會不會淪爲機器神祇的奴隸？此外，建立這麼多五花八門的虛擬世界，是否會讓人們對於眞實的社會漠不關心？套句蘇珊·桑塔歌對拍照的評述，會不像「現實的過客」？新科技文明會不會更擴大擁有電腦者與沒有電腦者之間的鴻溝，富人與窮人之間的隔閡更深，使市中心的貧民區淪爲過去工業時代丟臉的產物？

最大的質疑聲浪是來自那些以歷史觀點來檢驗的人。因爲回顧20世紀，著實難把對「網際空間」懷有烏托邦的美好幻想當眞。畢竟，1914年第一次世界大戰爆發前，一些最優秀的思想家還認爲，國際貿易活動會使戰爭成爲歷史名詞。之後，共產黨及法西斯分子都將科學信仰與建造「完美」社會，當做合理化他們血腥暴行的藉口。1939年世界博覽會上曾經宣布未來有多麼美好，可是數小時後，希特勒就揮軍入侵波蘭。這些「一流」的想法究竟使20世紀的生活改善了多少？評論家羅勃·休斯寫道：「從骯髒的窗戶凝視我們居住的混亂城市，想著美食家從微波爐端出盛著『黏嗒嗒』食物的美麗盤子，尖峰時間塞在喇叭雷鳴的車河中，擔心孩子在郊區購物中心『吸』些什麼東西，這些讓我們絕望地承認，先前的烏托邦式幻

「4月19日最常被問到的問題是『為什麼？』而我只能說我不知道。」

——牧師提到1995年的奧克拉荷馬市爆炸案

爆炸案發生後數天，案發現場的斷垣殘壁繼續晃動，使得救援工作更加危險。一位奧克拉荷馬市居民說：「這個地方受到驚嚇。而且永遠不會平復。」

1997年奧克拉荷馬市爆炸案嫌犯麥克維受審，罹難者家屬及友人在等待宣判時，把圍繞案發現場的圍籬佈置成簡單的紀念碑。麥克維後來被判死刑。

想正江河日下……令人浩歎。」

無怪乎這時候會發生「大學炸彈客」事件。這位哈佛大學畢業的隱士，有系統地鎖定科技工業人士（16次的郵包炸彈攻擊造成三死、23傷），瘋狂的以爲可以以一人之力，阻斷科技的發展，如此也緊緊抓住了社會大眾的好奇心。諷刺的是，閱讀西奧多・卡辛斯基反科技「宣言」最簡單的方式，就是從網路上下載（網路上有卡辛斯基的宣言、以及批判卡辛斯基想法的文章，卡氏被捕時在其居住小屋找到的物品名單，以及如何識別郵包炸彈的要點等等），而「大學炸彈客政治行動委員會」還鄭重其事地敦促選民在1996年總統選舉選票寫上卡辛斯基的名字，這些訊息與其「討伐科技」理念宣揚自何處？就是從他們自己設立的網站。

若以90年代末期刑事被告的知名度來論，卡辛斯基只能排名第二。曾經參加波斯灣戰爭並獲頒青銅星獎章的29歲的退伍軍人麥克維，因爲犯下美國本土最駭人的恐怖暴行而更受矚目。1995年4月19日美國中部時間上午9時2分，一枚卡車炸彈在奧克拉荷馬市阿佛瑞德・穆拉聯邦大樓外面爆炸，九個樓層應聲塌陷。搜救人員連日來徒手在瓦礫堆找尋生還者的電視畫面深深吸引所有美國人的目光，美國史上很少有這麼駭人聽聞的畫面。一位婦人被嚇壞了，她神智不清地以爲這件事發生在別處，她說：「這就是我們住在奧克拉荷馬的原因。這種事不會發生在這裡。」

爆炸事件後，有親人身陷瓦礫堆中的家屬聚集在當地一所衛理公會教堂，紅十字會工作人員在那裡貼了許多用紅色粉蠟筆潦草書寫的失蹤者名單。有人認爲使用粉蠟筆頗爲恰當，因爲大樓二樓是托兒中心，爆炸發生時，有幾十名兒童正在那裡玩洋娃娃、吃鬆餅。爆炸破壞威力十分強大，搜尋到生還者的機會十分渺茫，有時搜救人員還得故意躲在瓦礫堆裡，讓搜救犬把他們找出來，因爲，如果一直都只能尋獲罹難者屍體，這樣連「犬類工作小組」都會深感沮喪，而失去繼續搜尋的意願。

最後，這起爆炸案造成168人罹難，包括19名兒童。當一個個悲慘故事傳出時，死者家屬傷痛欲絕，全美民眾義憤塡膺。吉米・丹尼必須從他三歲兒子布藍登大腿上的胎記才能辨識出兒子的身分，因爲他的臉已經被炸得血肉模糊。丹尼說：「眞是難以置信，父親居然認不出自己的兒子。」麥克・藍茲告訴記者說，在爆炸的前一天，他還和懷孕的妻子興高采烈地去照超音波。他們夫妻兩聽到胎兒的心跳，看到電腦螢幕上出現的小生命時，不禁相視而笑。現在藍茲的妻子與她腹中的小生命都離他而去。藍茲哀慟逾恆，正如他後來表示：「我眞的想將槍口對準自己的嘴巴。」

起初，有人傳說看到爆炸案發生後有「酷似中東人士」逃離現場，懷

武裝防止另一場「瓦可悲劇」發生：
「讓我們效法先人的做法……讓我們組織民兵。」

1992年我出任密西根州一所教會的牧師。現在我一直擔任侍奉上帝的工作。七年前我曾是教師，因此我能夠輕輕鬆鬆地在大眾面前佈道，並受到會眾歡迎。

1993年幾位家長來找我，因爲他們非常擔心政府的「目標兩千」措施，這將使學校教育的掌控權從州轉移至聯邦政府。雖然學校本身推動此一計畫，但教會許多人極力反對。這些會眾有子女正在公立學校就讀，而且他們是基督教徒，明白子女的教育權不再掌握在父母手中。聯邦政府現在正開始以自己設計的課程教育下一代。而這令我們害怕。因爲我們已經經歷過瓦可事件和露比山脈事件（1992年聯邦調查局圍攻白人分離主義分子藍帝・韋佛位於愛達荷的小屋）。我們已經目睹政府濫權的惡形惡狀。我們看到政府的殘暴與迫害。現在孩子將宣誓效忠聯邦政府？效忠聯合國？這令教會的父母惴惴不安。

——諾曼・奧森，1946年生於底特律。1964年進入美國空軍，越戰期間在關島和泰國擔任地面通訊官。20年的軍旅生涯使他行經大約22個國家。他退伍後回到密西根州當小學教師，最後在教會當牧師。他育有三名子女，兩個孫子女。

右圖：穿著民兵服裝的奧森。

對於瓦可事件，人們依然心有餘悸：冒煙的廢墟，失去的生命，以及聯邦政府策畫的大屠殺，因爲它燒毀了一間裡面都是人的教堂。聯邦探員用坦克、裝甲車包圍教堂，迫害裡面的人長達50天之久，然後放火燒了這個地方。而且他們一直表現出嘲笑、奚落的不當態度。那樣的情景在我們的心靈留下難以磨滅的傷痕，這讓我們明白，如果政府能夠這麼野蠻，那麼還有什麼它做不到的？當我看到柯瑞許的教堂被燒毀，我掉下淚來。我們看著事情發生，卻使不上力，那是令我難過的地方。

我們討論「目標兩千」的會議持續進行，開始談到愈來愈多聯邦政府濫權的劣行。來自各種不同的背景的人，包括美國原住民、猶太人和、基督徒，都對聯邦政府有所疑懼。有些人害怕聯邦政府干預行動背後的陰謀。有些人受夠了政府課徵財產稅，而且如果他們無力繳納，他們的土地就會被政府拿走。我們教會的執事雷・邵斯威爾問我：「牧師，我們該怎麼辦？有辦法可以帶給這些人希望嗎？」我回答：「讓我們效法先人在250年前的做法。他們集合民眾組織民兵。讓我們武裝對抗已經喪心病狂的政府。」到1994年四月，我們已經創立「密西根民兵」組織。

從一開始，我就要求民兵組織的活動要公開。許多人害怕會遭到監視或暗殺，於是希望活動祕秘密進行。可是我覺得正面面對是驅散恐懼與憂慮的最佳方法。所以民兵成立的第一年，我命名爲「行動透明化」年。我們穿制服，配戴槍械，公開受訓。擁有槍枝讓許多人覺得比較安全。我想要讓聯邦政府與司法部感到震驚。我想要告訴他們，我將成立一個擁有好幾百萬人的民兵，而且穿制服，有配槍。如果再有瓦可事件，我們會開戰。

然後在1996年，聯邦調查局（FBI）與「蒙大拿自由人」對峙。FBI擺出圍攻的姿態。我和雷搭機前去，試圖排解。我們的目的是希望讓媒體和FBI人性對待據守在克拉克農場小屋裡的人。我不想讓他們成爲一群沒有姓名的反政府、右翼極端分子。具有合格護士身分的雷與身爲牧師的我試圖進入。我帶了一本聖經和一隻大型的泰迪熊，打算送給屋裡的孩子。雷的肩上背著醫藥箱。

我在FBI設立的關卡告訴他們，如果他們製造另一起瓦可事件，民兵會反擊，全國各地的暗殺事件會層出不窮。他們邊聽邊笑。我們天天警告他們。有趣的是，專心聆聽我們說話的人是少數族群——女性、非洲裔美國人、和原住民。他們也覺得不公正。而想要衝進去，殘暴對付屋裡的人的是年輕白人男子，年齡在28到35歲之間，配戴槍枝和單刃獵刀。

我們認爲坦克隨時會出動，FBI會攻擊克拉克農場小屋，燒死裡面的人。如果那一刻來臨，我們必須決定下一步。我們已做好開戰的準備。不過80天後，「自由人」組織投降，慘劇沒有發生。

我有三名子女，我爲了保護孩子，犧牲生命也在所不惜，而且不假思索。我從軍20多年，發誓願意奉獻生命，保衛國人。我說到做到。身爲牧師，我會盡力保護我的信眾。身爲教師，我會盡力保護學生。從我無助地看著那些人在瓦可農莊被燒死的那天開始，我就發誓絕對不會讓類似的事情重演。

密西根州的「95槍械展」只是近十年衆多反政府裝備展示會中的一項。

疑的焦點也指向中東恐怖分子，不過，這只是種族主義者的幻想。沒有人願意相信美國人會殺美國人。不過在爆炸案發生後數小時，調查人員已經開始注意爆炸案發生在4月19日，這一天可能具有重大意義，後來證明調查方向正確。對愈來愈多的反政府極端分子而言，這一天不是普通日子。這一天是菸酒槍械管理局（BATF）1993年圍攻德州大衛教派瓦可農莊的紀念日。這件慘案震驚許多極右派人士，認爲政府迫害宗教自由。

「（我們的敵人）不僅是歐洲人，不只是非洲人、亞洲人，而是他們集合起來的一種霸權。」

——極右派運動的一捲錄影帶警告說，美國置身險境，呼籲大家拿起武器。

大衛教派在瓦可農莊囤積槍械，並拒絕接受聯邦當局調查是否有虐待兒童情事。瓦可農莊焚毀前數小時，數百萬人透過電視實況轉播目睹類似聖經預言的一幕。當BATF的M-60坦克與催淚瓦斯進入莊園時，教派信眾依然效忠他們的領袖大衛・柯瑞許（原名維農・霍威爾）他自奉爲「第二個彌賽亞（救世主）」。最後，連柯瑞許在內，總共造成84人喪生。不過數日後，瓦可成爲極右派的戰鬥口號，4月19日成爲悼念日，亦淪爲暴力報復的日子。

瘦弱如蘆葦的提摩西・麥克維在奧克拉荷馬市爆炸慘案發生數日後被捕。可是，這件事就像這個時代的許多大事，事件的象徵意義很快使事件本身黯然失色。麥克維被拘押時，他穿著一件T恤，背上有著「自由之樹不時須愛國志士以熱血灌溉」字樣。他的個人資料揭露愈多時，大眾開始注意到，有一大群人視聯邦政府爲被詛咒、腐敗和專制的勢力，視聯邦政府與聯合國聯手把「新世界秩序」強加在美國公民身上。

如今，網際網路是絕佳的傳播工具，網路上各種怪誕的陰謀論和不實的謠言就像野草般迅速蔓延，諷刺的是，極右派極力抗拒「世界大同」，可是難道網際網路難道不是通往「世界大同」的媒介嗎？奧克拉荷馬市爆炸案後，「活命主義者」團體的人數居然不斷成長（據《美國新聞》指出，到1997年，全美50州都有反政府組織，其中近400個有武裝），在電台、網站，以及一種名為「備戰狀態」的新型集會上，偏執的言論紛紛出籠：他們相信政府不久將在每個人的手上植入辨識身分的晶片，華府正準備對公民發動生物戰，以及政府不久將查扣人民的槍枝。這個世界許多地方可能都沐浴在通往電子社會的綠光中，可是對愈來愈多的人來說，彷彿正面對18世紀保皇黨的威脅，到了該召集愛國民兵的時刻。

本世紀走向終點之際，出現這麼多轟動社會的死亡新聞，是純屬巧合嗎？瓦可事件、奧克拉荷馬市事件，以及大學炸彈客事件都曾轟動一時。還有「天堂門」教派集體自殺，並在網路上留下遺書的夢魘；協助病人自殺的醫生凱佛基安（又名「死亡醫生」）；以及令人讚嘆的黛安娜王妃葬禮。在這些死亡事件吸引大眾目光的同時，還發生了同樣令人矚目的「誕生」大事，科學的進步製造了生命的驚奇。譬如63歲的婦人產子，麥考伊的七胞胎，以及複製羊桃莉，這也是偶然嗎？世界正在轉變，不只是本世紀的死亡，也有下世紀的誕生，不只是第二個千禧年結束，也有第三個千禧年即將來臨，如果這不算是眞正的啓示，那麼最起碼應該敏感地察覺到：一件顚覆「存在」傳統定義的大事正在發生。

科學已經延展了生死的定義，可是社會仍得跟上去，而且要設法妥善解決接踵而來的道德倫理難題。在這方面，令人關心的是醫學，尤其是美國醫學，似乎極不願意讓垂死者死亡。70年代中期，昏迷不醒的病人凱倫·安·昆藍的雙親訴請法院，要求允許拔除的女兒的維生系統，最後昆藍夫婦贏得勝利（凱倫昏迷九年後，於1985年自然死亡），並促成全美50州立法允許「生前簽署自然死遺囑」，即現在常說的消極安樂死（即拔除維生系統）。不過，醫生在診治時常常忽略此一指令（一項研究的作者指出：醫生習醫的目的在救人，認為病人死亡是醫術失敗的表現。），或者是他們努力遵循此一指令，可是卻發現患者家屬堅持會有奇蹟，由於病患本人的意願難以解讀，常令醫生左右為難。譬如，當病患拒絕接受，至少可能會使他們「生活品質不良」的治療，而「生活品質不良」的定義又因個人的個性和所處環境而異時，醫生該如何是好？

醫學也無法界定如何才構成死亡。長久以來，公認的死亡是以腦部停止活動為準，只要腦死即可拔掉維生系統。不過，有許多案例是腦部顯示持續有活動，可是病人成了靠機器延續生命的植物人。甚至有些腦死的案例，患者的心臟依然跳動，輸送血液給仍然功能正常的器官，這時稱患者

「死亡」顯然不合情理。1993年加州歐克蘭一位懷孕17周的腦死孕婦靠機器維持了三個半月的生命（她「死亡」的軀殼獲得營養、清潔及甚至運動與按摩），然而腹中的胎兒奇蹟似地發育成男嬰，並經由剖腹順利產下。

歐克蘭的高地醫院醫護人員爲他們奇蹟似的成功接生雀躍不已，不過，他們的行爲又暗示什麼？這些醫生不惜一切挽救生命，可是他們曾事先了解這名孕婦的願望嗎？或者只是因爲她已經「死亡」就喪失所有權利？如果一開始就發現這個胎兒已經受到永久傷害（這名孕婦行搶未遂被槍殺身亡），這些醫生還會以同樣大膽的方式讓他出生嗎？如果不會，他們認爲人命的價值也有輕重之分？最後，我們不能不注意到這名婦女的尊嚴。因爲如果依照法律規定，她已經死亡，那麼這家醫院可以被控利用她的身體充做「拋棄式營養補充物品」，就如同一位批評家對德國一起類似的個案所做的評論嗎？

1996年加工自殺在澳洲合法化時，有兩名程式設計師設計了這套軟體。這是由電腦控制靜脈注射液體的開關畫面，旨在滿足「出於自願而且經過慎重考慮」的病患的求死意願。

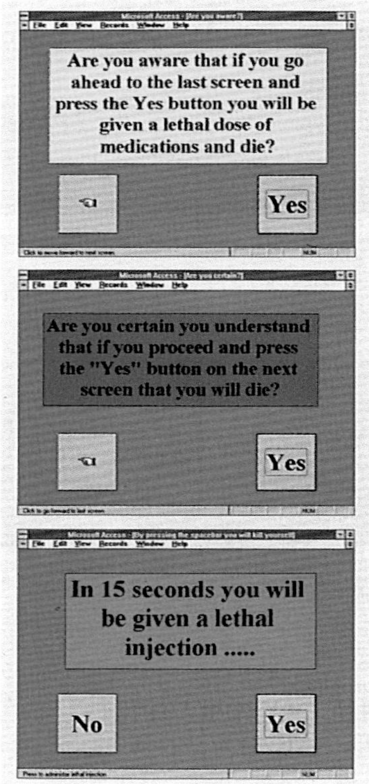

眾所周知與死亡有關的最大難題是「加工自殺」——即醫師協助下的自殺死亡。德瑞克・韓佛瑞1991年所著的暢銷書，寫到如何合併服用處方藥自殺（單單在1992年，紐約市就有12名自殺身亡者身旁放著這本書）雖然此書「教導自殺方法」的論調令人震驚，不過此書出版適逢「死亡權利」聲浪高漲的時機。許多支持人有死亡權利的人士堅稱，應該考慮讓醫生協助生無可眷戀、寧可早點辭世的人，依照自己意願有尊嚴地離開人間。

大多數人會注意到加工自殺這個問題，是起自於密西根州一位名叫傑克・凱佛基安的醫生所發明的自殺「機器」。這個奇妙的機器看似30年代漫畫家魯貝・歌德保設計的複雜機制，是規避法令規範的精心設計。凱佛基安只要把注射管插在病患身上，然後讓患者按下開關，鎮靜劑與致命的氯化鉀就會注射進入患者體內。一旦開始進行「加工自殺」，醫師通常會通知警方到場收拾，好像醫師做完手術之後，由其他非醫療的服務人員進行善後一樣。

凱佛基安是個性情狂熱、自傲敢言、特立獨行的人（也是業餘藝術家，喜歡畫些殘忍恐怖的事物），可是他所提出的這個問題一點也不極端。許多人認同他，認爲結束自己的生命是一種權利，甚至可能是受憲法保障的權利，他們堅持應該賦予醫生開立藥方結束絕症末期病患的自由。1996年一個上訴法院甚至裁定他們的說法合理，該法院說：依靠維生系統的患者可以拿掉身上的呼吸器「自殺」，可是忍受癌症末期痛楚的人卻沒有求死的權利，其實這兩者應該一視同仁，享有同樣的權益。

「即使將來有人要求，我也不會提供任何致命藥物給任何人。」

—— 希波克拉提斯誓詞，在鼓吹加工自殺合法化運動中，遭到質疑

沒多久，許多反對「死亡權」的人預測醫生將掌控病患的生殺大權，

90年代的死亡觀察：
嗎啡、維生系統，「什麼時候我們才會承認生命已經走到終點？」

下圖：湯姆．坎彼。
左圖：這是湯姆生前最喜歡的一張照片，克莉絲蒂娜與兩個孩子，攝於1980年。

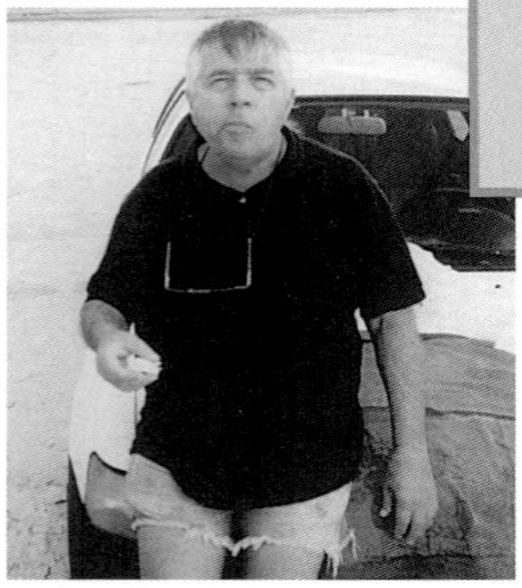

——克莉絲蒂娜．華克．坎彼，生於1951年。曾在紐約州立大學研究比較文學。1981年她在紐約大學研究所就讀時，開始在「紐約公民自由聯盟」兼職，時間達六年。然後擔任紐約食物與飢餓熱線主任，現在在紐約市從事管理及募款顧問工作。

1996年我的丈夫湯姆生病，我們認爲是支氣管炎。抗生素治療無效後，他做了一連串的檢查：胸部X光、骨質檢測、超音波、肝切片等等。最後斷定他罹患了肺癌，而且已經擴散至氣管和肝臟。當晚我回家立刻上網查資料，發現了數百個有關癌症的網站。我得知即使早期發現，肺癌患者的預後很少超過五年。隔天，我問醫生，他還有多久的壽命？他說：「六至九個月。」

湯姆在接下來的七個月不停接受化療，可是不能阻止癌細胞擴散。10年或15年前，腫瘤科醫生會一直使用放射線治療直到患者死亡。現在他們會提早放棄，諷刺的是，這卻是件好事。不過當你知道持續治療也無濟於事之時，放棄治療仍是艱難的決定。我決定不再治療湯姆的那一天，核磁共振檢查結果顯示他的癌細胞已蔓延至腦部。他已經出現神經方面的症狀。看到原本聰明活潑的湯姆開始說話顛三倒四，無法自我控制的感覺很嚇人，他也覺得很丟臉。癌細胞已經侵蝕到他的骨頭，那是所有癌症中最疼痛難當的。我決定以嗎啡幫他止痛，我知道這將加速他的死亡。我的母親與姐姐都在數月前因癌症病逝。她們到最後都依賴嗎啡。當時醫生並未告訴我們，注射嗎啡會加速她們死亡。結果我的母親孤伶伶的走了。我不會讓那樣的事發生我丈夫身上。我很清楚我在做什麼。不過我覺得自己備受煎熬。

湯姆和我簽署了「不急救」同意書之後，他被送到個人專用病房，吊起嗎啡點滴。一陣子，我在這家醫院工作的一位朋友告訴我，他拖不過幾小時了。我開始哭泣，因爲他的子女正從加州趕來見他最後一面，我擔心他等不到那一刻。我的朋友告訴我，先關掉正在注射的點滴，然後他會清醒一會兒。次日早晨，他醒過來，看到子女，並親吻、擁抱他們。他輕握我的手，然後一睡不醒。幸運的是，我讓護士減少嗎啡劑量，他才能撐到看子女最後一面。如非我的朋友指點，湯姆可能在那晚就過世，抱憾以終。

醫生幫助我們，提供各種治療，可是隨著治療停止，他們的幫助也停止。我的丈夫受到許多好醫生的幫助，可是他們所受的訓練是如何延長生命，而不是如何幫助患者與家屬面對死亡。我待在私人病房裡有強烈被遺棄的感覺。我們只是需要更多被關懷的感覺，而不是被安置在一間關上房門的房間內。

我丈夫所在的私人病房，可以看到優美的景致。我讓兒子從家中帶來CD唱盤和湯姆的一些CD。我挑了兩張他最喜歡的30年代早期的爵士樂CD。我坐在丈夫的身邊聽了不下20遍。我就是不想讓音樂停止。那時我知道爲什麼患者家屬會希望患者插上維生系統。你會覺得，只要身體還在人世，生命就沒有結束。

那晚眞是很難熬。他開始輾轉反側，因此我要求增加嗎啡劑量。然後他似乎就要在我眼前窒息身亡，那種景象非常駭人，我驚恐萬分。我打電話告訴我的醫生朋友。他告訴我要醫生增加嗎啡劑量到30毫克。我不斷問他：「我會殺了他嗎？」他對我大吼：「不會。他是死於癌症。如果他喘不過氣來，增加劑量吧！」護士一增加劑量，他的不適就停止，呼吸順暢許多。我坐著細數他的呼吸次數。兩小時後，他嚥下最後一口氣時，我握著他的手。

這番經驗讓我明白生與死是同等重要，可是我們都只注意生命的誕生。你閱讀有關死亡的書籍，無可避免會讀到凱佛基安醫生，以及醫生加工自殺的種種。其實這是轉移對「死亡」全面性討論的注意力。我認爲，凱佛基安係幫助人自殺，與一般疾病及瀕臨死亡不相干。死亡就像一個見不得人的小祕密。我們都假裝生命不會結束。美國人尤其怕死，死亡對我們似乎是一大失敗。世上只有美國有這樣的文化：如果我們死亡，就一定有地方出錯，是醫生醫術不精，或是死者的生活方式不健康。我們四處找代罪羔羊，就是不願意承認每個人都會死。

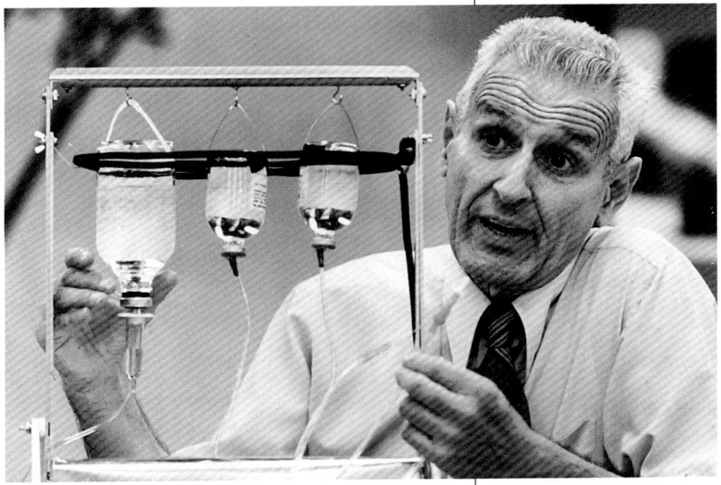

「你為絕症、嚴重缺陷、重大傷殘所苦嗎？……拿出你應該結束生命的醫生證明，凱佛基安會幫你解脫。」這是「死亡醫生」於1980年代刊登的廣告文案。數年後，凱佛基安（上圖）引發加工自殺是否屬於公民權的爭議，而成為特立獨行的名人。

而且決策的過程只是考慮到作業方便與否。有人質疑爲什麼一定得明文確立某一種權利，合法化只會造成濫用而醫生可以巧妙地「協助」有意結束生命的人。隨筆作家查爾斯·柯勞瑟莫問道：「在這個社會，『殺人』難道不該是充滿惶恐的行爲嗎？如果這種可怕的行爲非做不可 ……就偷偷摸摸地進行，同時輕聲承認，即使基於惻隱之心，仍踰越了基本道德規範。」

當最高法院的法官重新考量上訴法院的決定時，考慮到較務實的一面。如果憲法保障「死亡權利」，那麼要如何設限？而且如果只是患者抱怨肉體或精神痛苦無力承受，即可享有死亡權利，那麼要如何拒絕任何一位想以死尋求解脫的人？其中有可能包括只是飽受單戀之苦的16歲少女。

這個議題的爭論點，基本上與已經激辯數十年的墮胎是否應該合法化如出一轍（而且上訴法院多數法官甚至引用「羅伊對韋德案」支持婦女有墮胎權的判例，來證明人對自己的身體有決定權）。這場論戰又是「人爲控制對抗聽天由命」，「生命品質對抗生命神聖」，以及「人類當家作主對抗上帝至上」，而且沒有定論。甚至，在1997年底最高法院一致駁回上訴法院的判決，斷然否定憲法賦予人民「死亡權利」之際，奧勒岡州正自行立法，成爲全美第一個讓加工自殺合法化的州（限定心智健全、但壽命剩下不到六個月的成人，並獲得兩位專業醫生同意）。而密西根州的眾議院則正在通過一項法案，視加工自殺行爲爲重罪。在此同時，「死亡醫生」繼續協助病患自殺，到1998年春天，凱佛基安經手協助的自殺人數已經達到100人。

「科技賦予人類必須盡的義務：『如果我們能夠做到，我們將會去做。』可是道德上質疑：『我們能夠做到，可是我們應該去做嗎？』」

——彼得·辛格，反思生與死的課題。

1997年11月新聞雜誌封面上一對喜形於色的愛荷華州夫婦，中產階級、單純、篤信基督教的麥考伊夫妻，是七胞胎的父母。在麥考伊之前，完全沒有人一次生下健康七胞胎的例子。這是空前，但可能不是絕後。（其中有一胎兒兩磅五盎司，最大也只超過三磅多一點）在1934年加拿大曾有一組五胞胎出生，並成爲特殊的觀光點（五胞胎的父親甚至考慮把五胞胎放在1939年的世界博覽會展示）。到1990年代，對抗不孕症的醫學已經有長足的進展，由於促進排卵藥的功效，一胎多胞不再罕見。

1995年光在美國就誕生了365組四胞胎、57組五胞胎和一組六胞胎。若非有現在常見的「選擇性墮胎」術（捨棄一個或更多的胚胎，以紓解其他胚胎的生存壓力），數目可能更多。麥考伊夫婦不願意放棄任何一個胚胎（妻子在懷孕期間服用刺激女性荷爾蒙分泌的藥而有多胞胎現象，但他們是虔誠的基督徒，反對墮胎），雖然大多數專家堅稱這樣的危險性很大，若不「減少至雙胞胎」，他們帶回健康嬰兒的機率很小。麥氏夫婦的信仰讓他們毫不猶豫地下定決心留下全部胎兒。在90年代，也有許多夫婦面對有關生育的痛苦抉擇，「選擇性墮胎」只是其中之一。

克莉絲蒂（姓氏保留，圖中）讓她的45歲母親代她懷孕，懷孕真的成為一家人的事。這個「大」家庭和樂融融，克莉絲蒂聆聽她的小孩在她母親肚裡的心跳，而她的父親在旁觀看。

1978年第一個試管嬰兒誕生之後，數十萬名輸卵管阻塞婦女成功地透過試管完成人工受孕。可是生化界已經把注意力轉向其它不孕原因，開發出「協助生殖技術」，爲不孕夫婦帶來「生」機。如果婦女有排卵問題，可以像麥考伊太太接受荷爾蒙治療，讓卵巢一次釋出多個卵子。如果婦女有生產的問題，那麼，完成的受精卵可植入「代理孕母」的子宮裡。如果婦女有不易受孕的困擾，丈夫的精子（或捐贈者的精子）可以直接注入卵子，然後植入妻子的子宮，必要時，還可以借腹生子。或者他們可以到「卵子捐贈」診所，從幾百張附有照片等資料的婦女名單中，挑選孩子的血緣母親。

這些新技術令人振奮，尤其對那些長期爲不易懷孕或不能懷孕（以及不能生育小孩的同性戀伴侶）所苦的人更是一項福音。不過利用這些技術也要付出代價，不只是費用昂貴得只能造福中產階級以上人士，而且分割式的生殖過程衍生出許多法律、倫理、道德以及社會問題。用金錢購買卵子合法嗎？或者此一過程涉及金錢買賣人體器官的行爲？如果那是合法行爲，那麼應該如何規範，使之不致變成一種生活方式，使貧窮婦女淪爲替有錢婦女的懷孕工具？該讓所有人都可以利用這些新的協助生殖技術？或者該設限，以避免發生63歲洛杉磯婦女謊報年齡、借卵生女成功之類的案例發生？此外，現在一個小孩的父母可能多達五人（捐精子的父親、捐卵子的母親、懷胎的母親、養育他的雙親），這些「家人」未來還會牽扯出許多的問題。再者，這個小孩應該被告知他的生母是「茱蒂阿姨」，或者應該保守這個秘密？「茱蒂阿姨」可能覺得孩子有她的血脈，使孩子的教養問題趨於複雜？當安・泰勒・傅萊明的一位朋友提議代她懷孕時，她直覺那是「超越愛的提議」。可是當這位友人建議，在產後前幾天由她親自哺乳，以讓孩子「有好的開始」，傅萊明勃然大怒：「『我的』孩子？你要哺育『我的』孩子？」

「經過這麼多年只要性愛不要小孩的日子，現在的我積極『做人』。這是令人訝異的大逆轉，一個宇宙大笑話……以前我想著窮一生之力嘗試在20世紀末的美國做大事，獨立思考，一生不想當媽媽……現在的我則抱著希望，也存著疑慮，我想拉起百葉窗大喊：『嗨！嗨！葛羅莉亞！姬曼！凱特！告訴我們：沒有孩子的生活感受如何？你們以前是真的不想當母親或那只是道聽途說？』」

——安・泰勒・佛萊明38歲在《紐約時報》記下「進入不孕階段」的心情

90年代生兒育女之道：
「這個女孩絶對是我們愛的結晶。我們只是獲得一些協助。」

我一直不知道我想要有小孩。我雖然愛小孩，可是也熱愛我的生活方式。我在華府開業當心理醫生。我與朋友、家人和狗狗一起過著滿意的生活，並住在我們一直夢想居住的房子裡。即使如此，是否要有孩子一直是我思考好幾年的問題。對傑夫和我而言，這項決定需要審慎思量。傑夫與前妻生了兩個孩子，他已經結紮了。要再生小孩的話，他必須再動手術，而且未必保證一定成功。

基本上，我是相信只要努力就可以達成目標的人。可是在沒有一定把握之前，我不會讓自己期望過高。我也不像我的母親，生小孩對我是天人交戰的決定，不像上一代，生小孩是天經地義的事。終於我在坐三望四的年紀，非常清楚我渴望生育自己的孩子。

然後我們去找喬治華盛頓大學的哈利・米勒博士。他是輸精管復原手術的權威，儘管如此，他很少碰到像傑夫結紮長達20年的求診者。米勒檢查我倆之後，認為我們成功懷孕的機率很高，所以安排手術時間。可是傑夫在手術前一天臨陣退縮。他很害怕手術失敗令我失望。

最後傑夫回心轉意，手術後一切順利。米勒還握著傑夫的手說：「恭喜要做爸爸了。」傑夫的精蟲數、精蟲活動力等等都很好。我們開始嘗試懷孕。過了五個月，還是沒有懷孕的消息。雖然五個月不算長，為求慎重起見，我特別求教於一位研究不孕症的醫生。他說，許多結紮男性在動過復原手術之後，精蟲仍無法立刻恢復活力。我們又做了兩項新的檢驗，結果發現傑夫的精蟲無法穿透卵子。我們唯一的辦法就是以最新的ICSI技術，進行試管內人工受精。他們把一隻精蟲直接注入取自母親體內的一枚卵子。諷刺的是，如果我們沒有等待如此之久，我們可能永遠不會知道此一新科技。事實上，在幾年前，醫生根本無法檢查出我們的問題。

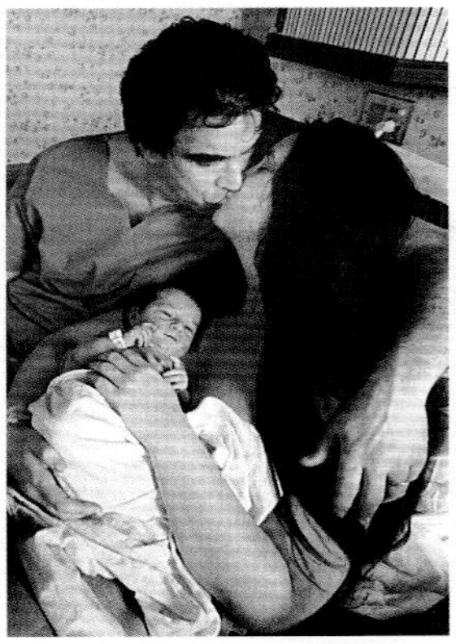

普查特與丈夫和孩子的全家合影。

——辛西亞・普查特生於1956年，1985年取得俄亥俄州立大學臨床心理學博士學位。目前在華府開業當心理醫生。

經過研究之後，我發現紐約康乃爾醫學中心擁有世上最佳的試管嬰兒計畫。我們會見該計畫的召集人羅森瓦克斯博士。他接受我們加入這個計畫，讓我激動不已。我覺得我們竭盡所能地完成生育下一代的夢想，不論結果如何，我都能夠承受，我知道我們盡力了。

在製造試管嬰兒的過程，我必須服藥刺激排卵，必須每天到醫院抽血及做超音波，檢查藥效及卵巢濾泡的變化。那是一種微妙的平衡，你不能過度刺激，也不能刺激不夠，你必須在卵子正好發育成熟時，動手術取出這些卵子，而且就在那一天取得傑夫的精液樣本，然後把精蟲注入每個卵子裡。

這些受精卵發育成胚胎時，他們挑選四個最大、最強壯的胚胎植入我的子宮。護士告訴我：「你可以活動，隨心所欲做你想做的事。它們不會掉出來。」可是我覺得我總是想要夾緊我的雙腿。

我們必須等一個禮拜再做懷孕測試，以判定是否成功。這次等待是最難熬的過程。要去拿檢查報告那天我照常上班。我想和傑夫一起知道結果。可是我們又不想等我回家之後謎底才揭曉。所以我們決定由傑夫先去拿報告，然後直到他接我下班才告訴我結果。他絕對不能用電話告知。

從胚胎植回我體內的那一刻開始，我就覺得自己懷孕了。直到那一天下午，我沒有接到傑夫的消息，我這才相信我沒有懷孕。雖然我和傑夫約定不能透過電話通消息，可是我不相信他在知道我懷孕的好消息之後，還能克制拿起話筒的衝動。我下班後在辦公室等著他來接我，當時正下著傾盆大雨。他下車之後，站在大雨中，手拿著紅玫瑰。我在辦公室向工作夥伴說：「我沒有懷孕，因為他帶玫瑰花來安慰我。」我害怕下樓，於是慢慢穿上外套，並把一切收拾妥當。這時，傑夫只是靜靜站在大雨中，全身溼透了。我走出去，他看著我，抱著我說：「你懷孕了。」九個多月後，我們生了一個健康的女娃，取名叫希妮・德莎・瑟夫。瑟夫是她的希伯來文名字，也是以羅森瓦克斯醫生的名字命名。

人們對我說：「哦，辛西亞，你眞是辛苦了。」可是我認為，我們的經歷擴大了我們的經驗。這個孩子絕對是我們愛的結晶。我們只是在過程中獲得一些協助。醫生、科技都幫助我們創造生命。他們給予我們生兒育女的機會。經歷製造試管嬰兒的過程，像談戀愛與生產一樣難以忘懷。這在幾年前不可能發生，現在我們都在享受科技的好處。

新的生殖技術不僅代表醫學的驚人進步，也滿足某一部分人口的需求。許多嬰兒潮世代婦女一心發展事業，而把生育大事延後，到了較不易懷孕的年齡，她們反而急於爲人母。爲了滿足這些婦女的需求而推動了生殖研究，促成新生殖技術的發展，不過在這場命中註定及自由意志的拔河賽中，人們仍不免感到疑惑，當父母是權利或是特權？而且是否應該爲求得一子而把與社會利害攸關的問題擺在一旁。

1997年春，一位拘謹的蘇格蘭胚胎學家完成了一項極其不可能的任務。伊恩．魏穆特博士，利用一隻成年母羊的乳腺細胞，複製出一隻名叫桃莉的小羊，立刻激發全球無盡的想像力。基本上桃莉羊是隻複製羊，牠的誕生意味著複製技術將可運用在繁衍瀕臨絕種動物、培育冠軍乳牛，更駭人的可能是複製人類。如果不加以規範，複製人的出現只是時間問題。

「別了，英國薔薇……。」

——流行歌手艾爾頓強，於黛安娜喪禮

零點過後幾分鐘的一個深夜，在巴黎艾瑪廣場附近隧道停留的人都記得一聲轟然巨響，然後就像被捕獸器抓住的野獸發出的一聲哀嚎，彷彿一根針劃過一張老舊唱片發出高音C的音調。接近隧道的觀光客仔細查看，發現一輛黑色賓士撞得面目全非。前座司機顯然已經氣絕，他全身壓在方向盤和扭曲變形的喇叭上。那就是高音C聲音的來源。可是車上乘客生死不明，而他們的生死使這起車禍成爲歷史大事。

救難人員花了一小時鋸開車體，從後座救出一名金髮女子，小心翼翼地把她送到三哩外的醫院。最早的報導說她只是手臂折斷，有一些割傷，可是那只是在拖延正在蘇格蘭北部渡假的兩位英國小王子獲悉此一悲慘事實的時間。威廉和哈利兩位小王子被父親從睡夢中喚醒，得知母親車禍身亡的噩耗。不久之後，全世界與兩位小王子同聲哀悼，黛安娜王妃的喪禮也許是人類史上對某個人的辭世舉行的最大悼念盛會。

黛妃能夠獲此待遇非比尋常，畢竟她不是國家元首，也絕對稱不上女英雄。她以前不是，以後也不會是。她與查爾斯王子的一段童話般戀情，從1981年向全球轉播的世紀婚禮，演變成今日英國小報熱炒的混亂與不堪，充斥婚外情與嫉妒的變調音符。

黛妃身亡時，距離英國法院宣布她與查爾斯離婚生效還不到一年。她的離婚粉碎了世界各地許多女性的幻夢，黛妃舉世知名，她的知名度將比她與皇室的關係更歷久不衰是可以確定的。查爾斯挑選了一位迷人的王妃，也許他選得太好了，幾乎從世紀婚禮舉行的那一刻開始，黛安娜就擄獲英國人民的心。英國人民對她的崇拜，現任女王或其他皇室成員都望塵莫及，即使黛妃婚姻觸礁，他們的愛慕之意未曾減少。

黛妃車禍發生後數日，響起一片惋惜聲。黛妃與男友多迪．法耶德的座車是被狗仔隊追逐而高速疾駛入隧道，導致許多人，包括黛妃的弟弟都說，是媒體捧紅了黛妃，也是媒體殺了她。可是此一說法忽略了一個事實：駕著法耶德的賓士車疾馳巴黎街頭的司機是酒後駕車。他的判斷力可能很快，可是已經受到酒精傷害。更令人感興趣的是，外界盛傳車禍當時黛妃業已懷孕，而且有陰謀論說他倆的死，是因爲有人不想看到英國王位繼承人有信奉回教的同母異父的阿拉伯人弟弟。不過這些都只是傳聞，或許是人們對這起噩耗感到悲傷、無法置信，而想運用想像力來求取心理的平衡。

在倫敦，超過100萬人夾道目送她的靈柩離去，他們對靈車拋擲鮮花，不停啜泣。靈車後面的隆重送葬隊伍，最前面的是黛妃的男性親人——她的前公公、前夫、兄弟、及兩個兒子，然後是黛妃生前支持的數百名慈善團體代表，有些還坐著輪椅，他們每一個人都在昭告世人，這名有錢的女子肯定並協助許多不幸的人：愛滋病患、痲瘋病人、乳癌病患、以及誤觸地雷的受害者。天主教修女德蕾莎一生奉獻給「窮人中最貧窮的人」，她死後一周，人們才注意到，她才是窮人「眞正」的僕人，一如她

英國肯辛頓宮放滿了悼念黛妃的花束與卡片，形成一片花海。

所說：「致力於疼愛窮人，因爲其他人都在疼愛富人」。不過戲劇自有其短暫的邏輯，而黛安娜的離去則是較爲壯麗的戲劇。

這場葬禮是自1965年英國向前首相邱吉爾致上最後敬意以來的最盛大喪禮，可是邱吉爾死時並未有衛星直播，把畫面傳送到世界各地。好幾10億電視觀眾見證的黛妃葬禮是近10年來網路上的大事，比辛普森殺妻案更盛大。只要想到一個青春美貌的生命香消玉殞，就令許多原本應該不會關心一個35歲英國離婚名媛境遇的人感傷落淚。不然如何解釋美國東岸數千萬人被鬧鐘喚醒收看葬禮轉播，以及全球許多與英國皇室無關的人熬夜盯著葬禮的連續報導？

對有些人來說，那一周的電視節目彷彿是一部密集播出的迷你連續劇，日後若有人憶及節目的扣人心弦，還可能會覺得有點反應過度了。網路上也很悲情。不過當鏡頭出現棺木上的白玫瑰，以及旁邊一張寫著「給媽媽」的卡片，很難不令人落淚。黛安娜可能盛名在外，不過她終究是個母親。

「我們應該如何生活？我們必須如何做才能維護自由的社會？這是我們這個年代未完成的事。」

——神學家麥可・諾瓦克在1998年5月24日《紐約時報》的投稿。

本世紀之初，就以一個儀式開始，現在覺得又到了吟誦退場讚美詩的時刻。同樣寂靜街道，同樣的「馬蹄答答聲」，同樣的「軍刀揮動聲以及馬鐙嗒嗒作響」都曾在1901年出現，當時全世界的教堂鐘聲齊鳴，向英國維多利亞女王溘然長逝致意，也送走1800年代。迷人的黛安娜與創造「維多利亞時代」的維多利亞女王截然不同。維多利亞女王費心建立了一個非常龐大的帝國，連非洲酋長都尊她爲「偉大的白人皇后」，可是20世紀的紛擾與19世紀的安定不可同日而語。黛安娜喪禮的有關細節——超速的汽車、對名人的追逐、全球轉播的電子喪禮、偶像崇拜的膚淺，甚至促銷紀念黛安娜的T恤、鑰匙環和慈善錄音帶，都是這個即將邁入另一個千禧年時代的圖像。維多利亞女王葬禮上彈奏蕭邦及貝多芬的曲子，黛安娜葬禮上則由艾爾頓強獻唱。

維多利亞女王統治百年來，人類生活的改變比她登基前1000年還要多，這雖是已經老掉牙的話，卻也是鐵錚錚的事實，20世紀不得不再老調重彈，而且20世紀的改變是生活變得更好。只要看看：1905年人們的壽命平均只有49歲，到1998年則延長至76歲。本世紀之初世上許多人過著沒有電力、電話、汽車、電影院、廣播、電視、電腦和網路的日子，連現在享有的基本自由都缺乏。在擁抱「人民的王妃」以及輕侮黛妃的皇室姻親的現象中得到一個的20世紀的教訓：一切要以民意爲依歸。

20世紀的特色是許多人相信生命是可知的、可控制的，而且人定勝天，生活只會更好，美好的黃金年代近在咫尺。可是隨著本世紀接近尾聲，現代瓦解，人們覺察到一種新的謙卑，一種後啓蒙運動時代對生命

「不可知」的領悟，以及理智與秩序只能在實驗室而非在現實中提供解答。套句已故的隨筆作家伊塞・柏林的話說，理智與秩序應用在實際生活上往往成爲「靈魂的桎梏」。

即使有依循民主制度建立的政府以及驚人的機器，迎接21世紀的一定是一個更謙卑的世界，怎麼說呢？儘管未來的科技世界充滿刺激，可是有著痛苦與死亡慘痛回憶的人數畢竟比接觸科技世界的人多。因爲沒有一個傳播媒體會比家族的切身故事更令人刻骨銘心，本世紀留下了古拉格（前蘇聯集中營）的悲涼、納粹大屠殺的恐怖、歧視黑人的不義，以及愛滋病的痛楚。1999年每個人的先人都經歷過1914年、1929年、1945年、1968年及1989年的大事，這每一個日子都代表著一次勝利——世界已經安度一次次危機，可是人類也付出慘痛的代價。政治與科學造成了這個殺戮的世紀，也帶給人類生命與希望。即使現在，促使人類繼續前進的動力仍是「希望」。

1996年一位波士尼亞少女越過一座連接摩斯塔市內回教徒與克羅埃西亞人居住地區的便橋。這裡的一座石橋不久前被摧毀。1997年交戰雙方達成脆弱的和平協議，兩方都有團體呼籲重建這座橋樑做為修好的象徵。

索　引

■5畫

■6畫

■7畫

■8畫

■9畫

■10畫

■11畫

■12畫

■13畫

■14畫

■15畫

■16畫

■17畫

■18畫

■19畫

■20畫

■21畫

■22畫

■23畫

國家圖書館出版品預行編目資料

珍藏20世紀/彼德・詹寧斯(Peter Jennings),
陶德・布魯斯特(Todd Brewster)合著；李月
華等譯. --初版. --臺北市：時報文化,
1999[民88]
面；　公分. --(歷史與現場；106)
譯自：The century
ISBN 957-13-2831-6(平裝)

1. 世界史 - 20世紀

712.8　　　　88001065

珍藏20世紀 (The Century)

作　者／彼德・詹寧斯 (Peter Jennings)
　　　　陶德・布魯斯特 (Todd Brewster)
譯　者／李月華、劉蘊芳、諶悠文、黃琛瑜
審校人員／鄭清榮、李芬芳、林彩華、王德萍、李濰美
董事長暨發行人／孫思照
社　長／莊展信
出版者／時報文化出版企業股份有限公司
　　　　台北市108和平西路三段240號四樓
　　　　發行部專線：(02) 23066842
　　　　讀者免費服務專線：080-231-705
　　　　(如果您對本書品質與服務有任何不滿意的地方，請打這支電話。)
　　　　郵撥：0103854～0時報出版公司
　　　　信箱：台北郵政79～99信箱
　　　　電子郵件信箱：cthistory @ mail.chinatimes.com.tw
　　　　網址 http://publish.chinatimes.com.tw/
主　編／侯秀琴
編　輯／李玉琴
美術編輯／姜美珠、張瑜卿
製　版／凱立國際印前印刷股份有限公司
印　刷／詠豐彩色印刷股份有限公司
初版一刷／1999年2月8日
初版四刷／2000年5月20日
精裝定價／3,000元

行政院新聞局局版北市業字第80號

ISBN 957-13-2831-6
Printed in Taiwan

THE CENTURY

THE CENTURY